옮긴이

니얼 퍼거슨
Niall Ferguson

금융사와 경제사를 전문으로 하는 21세기 최고의 경제사학자. 하버드대
학 역사학과와 비즈니스스쿨에서 교수로 재직 중이다. 밀접한 교역을 바
탕으로 공생해온 중국과 미국의 관계를 '차이메리카Chimerica'라는 신조어
로 설명하며, 세계사적 전환의 시점에 경제위기를 예측해 집중 조명을 받
았다.

1964년 영국 글래스고에서 태어나 1985년 옥스퍼드대학을 최우등으로
졸업했으며 런던정경대, 뉴욕대, 옥스퍼드대의 초빙교수, 스탠퍼드대 후
버 칼리지 선임 연구교수를 지냈다. 2004년 〈타임TIME〉이 선정한 '가장
영향력 있는 100인', 2005년 외교 전문지 〈포린폴리시Foreign Policy〉와 정
치 평론지 〈프로스펙트Prospect〉가 선정한 '이 시대 최고 지성 100인'에 올
랐다. 2007년부터 시작된 전 세계적 금융위기와 주식시장의 폭락을 파
헤쳐 2009년 국제 에미상 최우수 다큐멘터리상을 수상하고 한국에서는
KBS에서 방영된 BBC 〈돈의 힘Ascent of Money〉의 진행을 맡았으며, 〈블
룸버그Bloomberg〉와 〈뉴스위크Newsweek〉의 칼럼니스트로도 활동했다.

주요 저서로는 《금융의 지배》《니얼 퍼거슨의 시빌라이제이션》《둠: 재
앙의 정치학》《증오의 세기》《제국》《광장과 타워》《콜로서스》《로스차
일드》(전2권)《니얼 퍼거슨 위대한 퇴보》《현금의 지배》등이 있다.

버추얼 히스토리

지식향연 '뿌리가 튼튼한 우리말 번역'은
신세계그룹과 김영사가 함께 만든 인문 출판 브랜드입니다.

버추얼 히스토리

발행 | **지식향연**
기획 | **신세계그룹**

버추얼 히스토리

니얼 퍼거슨 엮음 | 김병화 옮김

지식향연

발간사

───

신세계는 인문학의 가치를 믿습니다.

밤하늘의 별이 더는 길을 일러 주지 않는 시대입니다. 이제는 삶의 의미와 인간성에 대한 믿음을 회복하는 데 인문학이 새로운 길잡이 역할을 하고 있습니다. 내 본질을 들여다보고 삶을 바꾸게 하는 힘, 이제까지 인류가 살아온 모든 시간과 얻어 낸 모든 통찰의 다른 이름이 바로 인문학이기 때문입니다.

신세계 '지식향연'은 인문학 중흥으로 행복한 대한민국 만들기를 희망합니다. 인간과 문화 지식으로 지혜를 나누고 향유하는 '지식향연'은 인문학 예비 리더 양성, 인문학 지식 나눔을 목표로 2014년부터 수준 높은 인문학 강연과 공연을 제공해 왔습니다. 그리고 이제 인문학 콘텐츠 발굴과 전파를 위해 '뿌리가 튼튼한 우리말 번역'을 세상에 내놓습니다.

뿌리가 튼튼한 나무는 바람에 흔들리지 않습니다. 우리 시대 최고의 인문학 서적을 번역하는 '뿌리가 튼튼한 우리말 번역'이 어떠한 시련과 도전에도 흔들리지 않는 나무를 키울, 작지만 소중한 씨앗이 되길 바랍니다.

신세계그룹

《버추얼 히스토리》를 내며

———

역사의 궤적은 명확합니다. 미국의 남북전쟁에서는 북부가 승리했고, 남부가 패배했습니다. 제2차 세계대전에서는 미국과 연합군이 이겼고, 전쟁을 시작한 독일과 일본이 졌습니다. 조선은 1392년 이성계의 역성혁명으로 건국되었고, 임진왜란은 1592년 일본의 침략으로 시작되었지만 결국 일본의 패배로 끝났습니다. 이런 사실들이 바로 역사입니다. 오늘날 이 같은 역사적 사실에 반론을 제기하거나 의심을 품는 사람은 없습니다.

그러나 타임머신을 타고 어떤 사건이 일어났던 당시로 되돌아갈 수 있다면 어떨까요? 남북전쟁이 한창이던 시기에 북부의 승리가 당연했을까요? 남부에게는 정말 승리의 가능성이 전무했을까요? 제2차 세계대전도 마찬가지입니다. 미국이 패배하고 독일과 일본이 승리할 가능성은 처음부터 없었을까요? 고려왕조가 망하지 않았을 가능성 혹은 이성계가 아닌 다른 사람이 고려를 멸망시켰을 가능성은 어떨까요? 임진왜란에서 일본이 지지 않을 가능성은 정말 전혀 없었던 것일까요? 역사가 한창 진행 중일 때는 누구도 자신 있게 혹은 정확하게 결과를 예측하기 어렵습니다. 그때 우리는 마치 안개 자욱한 계곡을 지나는 것과 다름없기 때문입니다. 그러나 일단 계곡을 빠져나와 높은 곳에 오르면 지나온 길이 선명하게 보입니다. 역사가 이와 같습니다. 앞이 잘 보이지 않는, 방향도 제대로 알지 못하는, 미로를 지나는 것과 같지만 지나고 보면 모든 것이 너무나 명확하고, 심지어 당연하기까지 합니다.

이 책은 우리가 지금까지 당연하게 받아들이고 있는 역사가 사실은 여러 가능성 중 하나에 불과했다는 사실을 지적합니다. 세계적인 스타 역사학자 니얼 퍼거슨을 필두로 앤드루 로버츠, 조너선 해슬럼 등 저명한 학자들이 참여했습니다. 이들은 역사적 가정이나 반(反)사실적인 질문을 쓸데없는 일로 치부하지 않습니다. 상상 가능한 다양한 결과를, 역사적 결과보다 더 가능성이 컸던 결과를 포괄적이고 근본적이고 입체적인 연구로 우리 앞에 제시합니다. 예를 들면 1642년 영국에서 일어나 왕당파의 패배와 의회파의 승리, 찰스 1세의 처형과 올리버 크롬웰의 집권으로 이어진 내전의 결과는 당연한 역사적 결과였을까요? 존 애덤슨은 찰스 1세에게 다양한 선택지와 가능성이 있었음을, 아예 내전이 일어나지 않았을 수도 있고, 일어났다 해도 왕이 승리할 수 있었다는 것을 '사실'에 근거해 풀어나갑니다. 이 책은 그렇게 영국 내전을 시작으로 미국 혁명, 아일랜드 자치, 제1차 세계대전, 제2차 세계대전, 냉전, 존 F. 케네디에 이르기까지 오늘날의 역사를 형성하는 데 결정적이었던 아홉 가지 주제에 대해 흥미로운 가상의 시나리오를 담고 있습니다.

결론은 역사에 당연한 결과는 존재하지 않는다는 것입니다. 우연과 행운, 교만과 실수, 무지와 성급함 등 다양한 요소가 복잡하게 작용한 가운데 많은 가능성 중에서 우리가 역사라 배우는 단 하나의 결과가 도출되었다는 뜻입니다. 결국 오늘날 우리 주변, 더 나아가 전 세계에서 현재 진행되고 있는 무수히 많은 사건들은 정해진 답을 향해 나아가는 것이 아니라, 다양한 요소들의 조합 속에서 하나의 역사로 수렴되어 가고 있다는 것입니다. 우리 모두에게 역사를 만드는 데 참여할 기회가 있다는, 그럼으로써 역사의 방향을 바꿀 수 있다는 해석도 가능해집니다. 멋진 전망입니다. 대한민국을 비롯해 전 세계의 모든 국가가 자기 앞에 놓인 심각하고 근본적인 문제를 해결하기 위해 분투하는 지금이야말로 더 많은 독자의 손에 이 책이 들리기를 간절히 소망합니다.

지식향연 기획위원 송동훈

차례

일러두기

1. 이 책은 Niall Ferguson, ed. *Virtual History: Alternatives and Counterfactuals*(London: Picador, 1997)을 완역한 것이다.
2. 독자의 이해를 돕기 위한 옮긴이의 주는 [ ] 안에 넣었다.
3. 논문, 단편 등은 〈 〉, 단행본 등 저서는 《 》로 표기했다.
4. 표지 이미지는 저작권자가 확인되는 대로 허가 절차를 밟겠습니다.

들어가는 글

가상 역사
과거의 '카오스적' 이론
-니얼 퍼거슨

이미 실현한 역사는 언제나 살아 있고 늘 작동하는 존재의 카오스다. 카오스 속의 무수한 원소에서 어떤 형태가 저절로 형성되어 나온다. 역사가들이 묘사하고 과학적으로 측정하는 대상이 바로 그 카오스다. -토머스 칼라일

특별대우를 받는 과거는 없다. … 무한한 과거가 있고 모두 똑같이 타당하다. … 하나하나의 모든 순간, 제아무리 짧은 순간도 시간은 쌍쌍으로 가지를 뻗는 나무둥치처럼 사건 노선으로 갈라져 나간다. -앙드레 모루아

역사 연구에서 오래 살아남을 업적은 사건이 일어나지 않은 이유에 관한 역사적 감각, 직관적 이해다. -루이스 네이미어

역사가는 반드시 이미 알려진 요인이 실제와 다른 결과를 낳을지도 모를 과거 지점에 끊임없이 서 보아야 한다. 이 공식을 살라미스 해전에 대입해보면 그것은 페르시아 해군이 승리할 여지가 있는 지점이어야 한다. 브뤼메르 쿠데타라면 보나파르트가 굴욕적으로 패퇴할 가능성이 있는지 알아봐야 한다. -요한 하위징아

영국 내전이 없었다면 어땠을까? 미국 혁명이 일어나지 않았다면 어떻게 되었을까? 아일랜드가 분할되지 않았다면 어떠했을까? 영국이 1차 세계대전에 참전하지 않았다면? 히틀러가 영국을 침공했다면? 소련이 히틀러에게 패했다면? 러시아가 냉전에서 승리했다면? 케네디가 살았더라면? 고르바초프가 등장하지 않았다면?

역사적 가정이나 '반사실' 질문에 곧바로 튀어나오는 반응은 간단하다. 왜 굳이 그런 것을 묻는가? 왜 일어나지 않은 일에 신경을 쓰는가? 이런 사람들은 우유를 엎지르고 울어봤자 소용없는 것과 마찬가지로 엎지르지 않을 방법을 궁리하는 것은 쓸데없는 일이라는 입장을 보인다(병에 안전하게 담겨 있는 우유를 보며 엎질렀다면 어찌 될지 상상하는 것은 더 쓸모없는 짓이다).

여기에 쉽게 내놓을 수 있는 반박은 우리가 일상생활에서 반사실 질문을 끝없이 던지고 있다는 사실이다. 속도제한을 지켰다면 어땠을까? 그 마지막 한 잔을 마시지 않았다면? 내 아내나 남편을 만나지 않았다면? 경마에서 등외로 처진 A가 아니라 B에 걸었다면?

사람들은 대안 시나리오를 상상하고 싶은 유혹을 쉽게 뿌리치지 못하는 모양이다. '그렇게 했더라면' 혹은 '그렇게 하지 않았다면' 상황이 어떻게 바뀌었을까? 우리는 과거에 저지른 잘못을 떠올리며 그 반대 상황에 있는 자신이나 간신히 모면한 오류를 기어코 저지르고 만 자신을 상상하기도 한다. 그것이 그저 몽상에 불과한 것은 아니다.

물론 우리는 시간을 거슬러 여행할 수도 없고 그 일을 다르게 하지도 않았으리라는 것을 잘 알고 있다. 그럼에도 불구하고 반사실 상황을 상상하는 것은 우리가 하는 학습의 결정적인 일부분이다. 미래에 관한 결정은 대개 과거나 현재와 다르게 행동했을 때 나타날 결과를 평가한 내용을 기반으로 한다. 그렇다면 과거에 실제로 행한 일과 했을 수도 있는 일을 바탕으로 상상 가능한 결과를 비교해보는 것은 타당하다.

할리우드는 사람들이 열광하는 가정 조건법Subjunctive Conditional 상황(문법학자들이 사용하는 표현, 'x가 없었다면 y도 없을 것이다')을 활용하는 데 지치는 법이 없다. 가령 프랭크 카프라Frank Capra 감독의 〈멋진 인생It's a Wonderful Life〉에서는 주인공 제임스 스튜어트가 자살하려 할 때 그의 수호천사가 그가 없었다면 세상이, 적어도 그의 고향이 얼마나 더 나빠졌을지 슬쩍 보여준다. 〈페기 수 결혼하다Peggy Sue Got Married〉는 중년이 된 캐슬린 터너가 오래전 남편과 함께한 시절을 후회하는 내용을 중심으로 전개된다. 〈백 투 더 퓨처Back to the Future〉에서는 시간을 거슬러 여행하던 마이클 폭스가 의도치 않게 어머니가 될 여자를 아버지가 될 남자로부터 꾀어내는 바람에 자신의 탄생 자체를 막을 뻔한다. 〈슈퍼맨Superman〉의 경우 지진으로 여자친구가 죽자 경악한 크리스토퍼 리브는 시간을 되돌려 자신과 관객이 방금 목격한 미래의 재앙에서 그녀를 빼내온다.

공상과학소설 작가들은 거듭해서 같은 환상 속으로 들어간다. 예를 들면 존 윈드햄John Windham의 《랜덤 퀘스트Random Quest》에서 물리학자 콜린 트래포드는 평행우주로 쏘아 보내지는데 그 우주에는 2차 세계대전도, 원자탄도 없고 자기 분신은 바람둥이에다 아내를 학대하는 소설가로 나온다. 이와 비슷한 이야기에서 레이 브래드버리Ray Bradbury는 어느 시간 여행자가 선사시대로 갔다가 미처 알지 못하는 사이에 나비를 짓밟는 바람에 모든 것이 미묘하지만 심오하게 바뀐 현대 세계를 상상한다[1952년 발표한 브래드버리의 소설 《천둥소리The Sound of Thunder》 - 옮긴이].*

물론 할리우드 영화와 공상과학소설은 학술적으로 인정받지 못한다. 하지만 흠 잡을 데 없는 평판을 자랑하는 작가들도 그 아이디어에 마음을 빼앗긴다. 오스트리아 소설가 로베르트 무질Robert Musil은 바이마르시대에 쓴 걸작 《특성 없는 남자Man without Qualities》에서 반사실로 생각하기를 좋아하는 우리의 성향을 길게 성찰했다.

만약 현실 감Sense of Reality이라는 게 있다면 그리고 아무도 그 존재 이유를 의심하지 않는다면, 가능성 감각Sense of Possibility이라 불러도 좋을 어떤 것 역시 반드시 있다고 봐야 한다. 그 감각을 지닌 사람은 "이런저런 일이 일어났고, 일어날 것이고, 반드시 일어난다"라고 말하지 않는다. 대신 상상력을 동원해 "이런저런 일이 일어날 것이고, 일어나야 한다"라고 말한다. 어떤 일이 존재하는 그대로의 어떤 것이라는 말을 들으면 그는 '그것은 얼마든지 다르게도 존재할 수도 있어'라고 생각한다. 그러니까 가능성 감각이란 직설적으로 말해 모든 일이 어찌해서 '똑같이 쉽게' 그렇게 되는지 의심하는 능력, 존재하지 않는 것보다 존재하는 것을 … 더 중요시하지 않는 능력으로 규정할 수 있다. (왜냐하면) 가능성이란 … 아직 명백하지 않은 신의 의도에 속하는 것이니 말이다. 가능한 경험과 진실은 실제 경험이나 진실과 대등하지 않으며 '실재Real'라는 가치가 결여되어 있다. … 그 열성 신도들의 견해로 보건대 그 속에는 뭔가 외적이고 신적인 것이 있다. 불같은 것, 날아 오르려는 성질, 창조 의지, 현실 앞에 움츠러들지 않고 반대로 그것을 … 창조Invention로 다루는 의식적인 유토피아주의Conscious

---

* 이런 상상 속 대안 세계의 매력을 분석해야 한다면 Thomas Pavel, *Fictional Worlds* (Cambridge, Mass., 1986)를 보라.

Utopianism 성향을 지니고 있다.

　무질이 주장했듯 이런 가능성 감각을 지녔으리라고 강하게 짐작이 가는 사람은 언제나 있다.

　불행히도 (그런 성향은) 다른 사람들이 찬양하는 것을 잘못된 것으로 보고, 다른 사람들이 금지하는 것을 허용 가능한 것으로 여기며, 심지어 어느 쪽이든 상관 없는 대상으로 치부한다. 그 낙관주의자들은 보다 섬세한 그물 속, 즉 흐릿한 상상과 환상과 가정법의 그물 속에서 산다. 만약 아이들이 그러한 성향을 보이면 그것을 없애려고 애쓴다. 그 성향을 보이는 사람들은 미친 사람, 몽상가, 얼간이, 만물박사, 트집쟁이, 혹평가 등으로 불린다. 가끔 이들을 찬양하고 싶을 때는 이상주의자라 부른다.*

　그리고 그것은 여러 세대에 걸친 역사가들의 태도, 특히 카E. H. Carr의 거만한 문장을 빌리자면 반사실 역사는 일개 '살롱의 게임'이나 '붉은 청어Red Herring[사람들의 관심을 다른 곳으로 돌리는 일 – 옮긴이]'에 불과하다고 보는 태도를 간결하게 요약한다.** 이 관점에서는 어떤 상황을 바라보는 두 가지 상이한 방식은 존재하지 않으며 "만약 그렇다면 어떻게 될까What if?"로 시작하는 질문은 물어볼 가치도 없는 것으로 전락한다. 일어날 수 있었던 일을 생각해보는 것은 '나쁜 왕 존', '클레오파트라의 코' 이론에 동의하는 정도에 그치지 않는다. 그것은 한심한 패배자이기도 하다.

---

* 　Robert Musil, *The Man without Qualities*, vol. 1, trans., Eithne Wilkins & Ernst Kaiser (London, 1983), p. 12.

** 　E. H. Carr, *What Is History?* (2nd edn., London, 1987).

볼셰비키의 승리로 직접적으로든 대리로든 고통을 겪은 수많은 사람은 … 그 반대를 기록해두기를 원한다. 그것은 그들이 역사를 읽을 때 일어날 수도 있었던 더 기분 좋은 상황을 마음대로 상상하도록 해준다. … 이는 순수하게 감정적 문제이자 비역사적인 반응이다. … 역사적 사건의 능선에 올라간 것이 아니라 협곡에 빠져버린 집단과 국가에서는 역사 속에서 기회나 우연이 차지하는 역할을 강조하는 이론이 득세한다. 3등 칸에 탄 사람들은 항상 '시험 결과는 복권 당첨' 같은 것이라는 견해를 좋아한다. … 역사는 … 사람들이 실패한 일이 아니라 실행한 일의 기록이다. … 역사가는 뭔가를 달성한 … 사람들에게 관심을 보인다.*

역사가들 사이에는 반사실 주장을 향한 적대감이 예나 지금이나 똑같이 놀랄 정도로 널리 퍼져 있다. 심지어 톰슨E. P. Thompson은 반사실 허구를 '반역사적 쓰레기Geschichtswissenshlopff'로 치부하기까지 했다.**

그렇다고 모든 역사가가 자신을 결정론자로 부르는 것은 아니다. 카와 톰슨 같은 영국의 마르크스주의자들이 좋아하는 느슨한 의미라 할지라도 말이다. 역사의 예정된 운명, 다시 말해 사건은 미리 어떤 방식으로 짜여 있어 일어날 일은 일어난다고 믿는 입장과 더 좁은 의미의 인과관계 개념을 신봉하는 사람들 사이에는 큰 차이가 있다. 단선적 연쇄나 인과관계의 흐름을 신봉하는 사람, 즉 모든 사건은 그 흐름 속에서 그것을 결정한 이전 사건이 빚어낸 유일한 결과라고 믿는 사람이라고 해서 모두가 사건에는 의미 있는 목적과 방향이 있다는 19세기 결정론자들의 믿음을 공유하는 것은 아니다.

*   Carr, *What Is History?*, pp. 44f, 90. 96, 105.
**   E. P. Thompson, "The Poverty of Theory", idem, *The Poverty of Theory and Other Essays* (London, 1978), p. 300.

종교 역사가와 유물론자, 관념론자 사이에는 분명 깊은 차이가 있다. 종교 역사가는 신적인 주체를 사건의 궁극(유일하지 않더라도) 원인으로 보고, 유물론자는 역사를 자연과학과 비슷한 혹은 그것에서 유래한 용어(자연법 따위)로 이해 가능한 것으로 본다. 관념론자에게 역사는 과거 사유가 역사가의 상상으로 만든 이해 가능한(그리고 흔히 목적론적인) 구조로 변형되는 과정이다. 그럼에도 불구하고 이 모든 차이를 뛰어넘는 합의가 있다. 이 세 학파는 모두 '만약 그랬더라면'이라는 물음을 근본적으로 허용할 수 없는 것으로 본다.

카와 톰슨 부류가 선호하는 유물론적 결정론의 굳건한 반대자인 베네데토 크로체Benedetto Croce는 반사실 질문의 '터무니없음'을 명확히 공격했다.

사실을 두고 판단해야 그 사실이 다른 여지없이 있는 그대로 받아들여진다. … 역사적 필연성은 역사에서 정당한 자리를 차지할 자격이 없는 '조건 요소'를 배제하기 위해 확인하고 또 확인해야 한다. … 금지해야 할 것은 … 반사실에다 비논리적인 '만약'이다. '만약'은 역사 과정을 제멋대로 필연적 사실과 우연한 사실로 나눈다. … '만약'이라는 가정 아래 어느 내러티브 속의 사실 하나는 필연적인 것으로, 다른 사실은 우연한 것으로 등급을 매긴다. 필연적 사실이 우연한 사실의 방해를 받지 않고 자체 노선을 따라 혼자 발전했다면 어찌 되었을지 상상하느라 우연적 사실은 머릿속에서 배제된다. 이것은 정신이 산만하거나 나태해질 때 탐닉하는 정신 게임이다. 그럴 때 우리는 어떤 사람을 만나지 않았다면 자신이 어찌 되었을지 생각하고 … 그 상상 속에서 우리는 자신을 마치 필연적이고 고정된 상수처럼 즐겁게 다룬다. 그러나 … 그 순간 모든 회한과 경험을 변주하는 것이 … 바로 그 인물을 실제로 만났기에 가능하다는 생각은 하지 않는다. … 만약 우리가 실재를 전면 탐구하면 게임은 곧 끝나버리고 만다. … 철저하게 동떨어진 역사에서 이런 종류의 게임을 하려 할 경우 그 결과가 너무 피곤한 것이라 오래 지속되지 않는다.*

반사실 추구에 더욱 격렬하게 적대감을 보인 인물은 영국 관념주의 철학자 마이클 오크숏Michael Oakeshott이다. 오크숏의 관점에서 역사가는 "일종의 관념적 실험에 따른 증거에 의거해 실제로 일어났다고 믿는 일과 일어났을 수 있는 일을 고려할" 때 역사 사유의 흐름을 벗어난다.

바울 성인이 친구들의 도움을 받아 다마스쿠스 성벽을 내려갔을 때 붙잡혀 죽었다면, 기독교는 문명의 중심에 자리 잡지 못했을지도 모른다. 그 연장선상에서 기독교 확산은 바울 성인의 탈출 덕분이라 할 수 있다. … 그렇지만 사건을 이런 식으로 다룰 경우 그것은 더 이상 역사 사건이 아니다. 그 결과는 그저 나쁜 역사나 수상쩍은 역사 정도가 아니라 전적인 역사 거부다. … 본질 사건과 부수 사건의 … 차이는 역사 사유에 속하지 않는다. 그것은 역사라는 세계 속에 들어온 과학의 무서운 유입이다.

오크숏은 계속한다.

역사를 향한 질문은 무엇이 일어나야 하는가, 아니면 무엇이 일어날 수 있었는가가 아니라 오로지 증거에 따라 '실제로 무엇이 일어났다고 결론지을 수 있는가'라야 한다. 미국 식민지에서 문제가 생겼을 때 조지 3세가 영국 왕이었다면 그 문제가 전쟁으로 이어지지 않았을 수도 있다. 그러나 여기서 조지 3세가 그 결정적인 시점에 사건의 '자연스런 순서를 바꾼 핵심 요소라고 결론짓는 것은 역사를 더 재미있을지는 몰라도

---

* Benedetto Croce, "'Necessity' in History", *Philosophy, Poetry, History: An Anthology of Essays*, trans., Cecil Sprigge (London/New York/Toronto, 1966), p. 557ff. 크로체는 역사가가 그 자신의 삶보다 과거에 반사실 질문을 던지는 것이 실제로 더 쉬울 수 있다는 가능성을 얼버무린다.

이익은 적은 어떤 것과 바꾸는 짓이다. … 역사가는 절대 상황이 달랐다면 어떤 일이 일어났을지 생각해보라는 요구를 받지 않는다.*

오크숏에 따르면 사건의 대안적 진행 과정을 상상하는 것은 그저 신화에 불과하며 상상력 낭비다. 이 점은 그가 카와 톰슨에게 동의하는 몇 안 되는 일 중 하나다.

이질적인 인물들이 보여주는 그처럼 적대적인 견해는 내가 보여주려는 목록에 나오는 반사실 질문에 왜 역사가보다 소설가가 더 많이 응답했는지 부분적으로 설명해준다. 예를 들어 로버트 해리스Robert Harris의 최근 소설《당신들의 조국Fatherland》은 유럽을 무대로 나치가 승리한 지 20년이 지난 뒤를 상상하는 탐정소설**로 그 장르치고는 비교적 고증이 잘 되어 있다. 하지만 이는 대중 스릴러의 전형적인 패턴을 따라가는 내러티브Narrative [실제나 허구 사건을 설명하는 것 또는 기술writing에 내재된 이야기적 성격을 지칭하는 말. 문학, 연극, 영화 같은 예술 텍스트에서는 이야기를 조직하고 전개하고자 동원하는 다양한 전략·관습·코드·형식 등을 포괄하는 개념으로 쓰인다 - 옮긴이]로 한심하기 짝이 없는 허구다. 더구나 그런 장르의 작품이다 보니 역사 설정이 그럴듯하다는 장점이 줄어드는 경향도 있다. 2차 세계대전에서 나치 승리라는 반사실은 거의 일어날 뻔한 재앙이 아니라, 그리고 그것을 피하기 위해 수백만 명이 목숨을 잃은 재앙이 아니라 공항 출국장에서 가볍게 읽어치우는 소설의 자극적인 배경으로만 끝난다.

그 외에도 반사실 가정을 전제로 하는 역사소설은 많다. 영국 혁명을 자신이 원하는 대로 전개한 킹슬리 에이미스Kingsley Amis의《변화The Alteration》는 또 다른 좋은

* Michael Oakeshott, *Experience and its Modes* (Cambridge, 1933), pp. 128-145.

** Robert Harris, *Fatherland* (London, 1992). 독일 승리라는 생각은 그리 뛰어나다고 보기 힘든 여러 권의 저작에 동기를 제공했다. 가령 Philip K. Dick, *The Man in the High Castle* (New York: 1962); Gregory Benford and Martine Greenberg (eds), *Hitler Victorious: Eleven Stories of the German Victory in World War Two* (London, 1988); Peter Tsouras, *Disaster at D-Day: The Germans Defeat the Allies, June 1944* (London, 1994)가 있다.

본보기다.* 그렇지만 그 책이 역사를 다루는 수준은 영국 도서관이 예의바르게 '상 상 역사'로 분류해놓은 미래학Futurology 도서의 수준을 넘지 못한다. 미래학자들이 흔히 하는 일은 현재 우리가 직면한 그럴싸한 대안 가운데 어느 것이 미래시대에 우세할까를 추측하는 것으로, 과거 추세에서 추출한 기초 위에 예측을 전개한다. 그 러한 연구의 정확도를 고려하면 차라리 점성술이나 타로 카드를 믿는 게 나을지도 모른다.**

물론 감히 반사실 질문을 던지기로 한(적어도 제기하기로 한) 진지한 역사가들도 있 었다. 에드워드 기번Edward Gibbon은 언제나 특정 역사의 지루한 발전 과정에 이끌렸 고 가끔 명백히 반사실에 입각한 방식으로 글을 썼다. 733년 카롤루스 마르텔이 사 라센군을 격퇴하지 않았다면 어떻게 되었을까 하는 다음의 짧은 글이 좋은 사례다.

승리의 행진이 지브롤터에서 르와르 강둑에 이르는 천 마일에 걸쳐 이어졌다. 사라센 인도 폴란드 국경과 스코틀랜드 하이랜드에 이르기까지 똑같은 보조로 지나갔을 것이 다. 라인강은 나일강이나 유프라테스강만큼이나 넘을 수 없는 장애물이 아니니 아라비

---

*   Kingsley Amis, *The Alteration* (London, 1976). 이와 비슷한 가톨릭 유토피아가 키스 로버츠Keith Roberts의 *Pavane* (London, 1968)에도 나온다. 놀랄 일도 아니지만 미국 남북전쟁에서 남부의 승리 를 가정한 이와 비교할 만한 소설들도 있다. Ward Moore, *Bring the Jubilee* (New York, 1953); Harry Turtledove, *The Guns of the South* (New York, 1992). 영어권 독자에게 덜 알려진 것으로 스페인 내 전에서 공화파가 승리했다고 가정한 판타지 소설도 두 편 있다. Fernando Diaz-Plaja, *El desfile de la victoria* (Barcelona, 1976); Jesus Torbado, *En el dia de hoy* (Barcelona, 1976). 이 참조문헌을 알려준 Brendan Simms 박사에게 감사한다.

** 이 장르의 어처구니없는 보기를 두어 가지 인용하자면 다음과 같다. H. G. Wells, *The Shape of Things to Come: The Ultimate Revolutions* (London, 1933); R. C. Churchill, *A Short History of the Future* (London, 1955); Sir John Hackett, *The Third World War: The Untold Story* (London, 1982); William Clark, *Cataclysm: The North-South Conflict* (London, 1984); Peter Jay & Michael Stewart, *Apocalypse 2000: Economic Breakdown and the Suicide of Democracy, 1989-2000* (London, 1987); James Dale Davidson & William Rees-Mogg, *The Great Reckoning: How the World Will Change in the Depression of the 1990s* (London, 1992).

아 부대는 바다에서 싸우는 일 없이 템스강 하구로 들어갈 수 있었으리라. 어쩌면 옥스퍼드대학에서 코란 해석을 가르치고 있었을지도 모른다. 그 대학 연단에서 할례를 받은 사람들에게 무하마드의 신성성과 계시의 진리를 예시했을 수도 있다.*

  이것은 하나의 아이러니한 방백傍白이자 자신에게 가르쳐준 것이 거의 없는 대학을 희생양으로 삼은 기번 식 농담이었다. 더 야심적인 인물은 프랑스 작가 샤를 르누비에Charles Renouvier로, 그의 《유크로니아Uchronie》(기번이 《로마제국 쇠망사》 첫 권을 출판한 지 100년 뒤에 출간함)는 말 그대로 '그것이 아니었다면 또는 혹시라도 그랬다면 어떻게든 전개되었을 유럽 문명에 관한 역사적이고 묵시록에 가까운 에세이'다. 르누비에는 자신을 "역사의 스베덴보리Swedenborg, 말하자면 과거를 꿈꾸는 몽상가"로 묘사하며 자신의 책을 '실제 사실과 상상한 사건의 혼합'으로 규정했다.** 17세기 반결정론자가 서술하고 그의 후손이 증언 형태로 보완한 《유크로니아》의 중심적인 반사실은 기번의 그것과 완전히 다르지 않다. 가령 마르쿠스 아우렐리우스Marcus Aurelius의 치세 말에 발생한 사건의 경로가 살짝 바뀌면서 기독교는 서구에서 자리 잡지 못한다. 기독교는 동양에서만 뿌리를 내리고 서구는 고전문화를 천 년간 더 누린다. 마침내 기독교가 서구에 도달하지만 본질은 세속적인 유럽에서 허용하는 다른 여러 종교 중 하나일 뿐이다. 르누비에의 자유주의 기질을 반영해 그 책은 뚜렷하게 반교권 성향을 띠고 있다.***

---

*   Edward Gibbon, *The Decline and Fall of the Roman Empire* (London, 1994년 edn.), vol. V (ch. lii), p. 445.

**   Charles Renouvier, *Uchronie (l'utopie dans l'histoire): Esquisse historique apocryphe du développement de la civilisation européenne tel qu'il n'a pas été, tel qu'il aurait pu être* (1st edn., Paris, 1876; 2nd edn., Paris, 1901), p. iii.

*** 르누비에는 그 책을 "결국 자유가 만든 과거에서 인간의 자유를 찾으려 하는 새 파르티잔들에게" 바쳤다. 그는 "우리의 일차적 구원은 자신을 위해 결정하는 일이다"라고 단언했다. 앞의 책, p. 31.

1907년, 그러니까 르누비에가 《유크로니아》 재판을 찍은 지 6년 뒤 가장 자의식에 의거하는 문필 성향을 보인 에드워드시대의 역사가 트레벨리언G. M. Trevelyan이 (〈웨스트민스터 가제트Westminster Gazette〉 편집자의 권고를 받아) '만약 나폴레옹이 워털루 전투에서 승리했다면'이라는 제목으로 에세이를 썼다. 트레벨리언의 에세이는 기번의 에세이처럼 파헤치기보다 해소하는 데 목적을 둔 대안형 과거다. 승리를 거둔 나폴레옹은 대륙 지배자로 군림하고 영국은 '독재와 망각의 초라한 길'을 걷는다. 바이런이 이끈 혁명은 잔혹하게 짓밟히고 자유를 위해 싸우는 젊은 급진파는 먼 남아메리카의 팜파스로 내몰린다. '앙시앵 레짐과 민주적 자유 모두의 적'인 나폴레옹은 1836년 마침내 죽는다. 간단히 말해 워털루가 없으면 휘그당의 역사도 없는 셈이다.[*]

그렇지만 이것은 진지한 역사가들이 다루고 싶어 하는 장르가 아니다. 그로부터 25년 뒤 스콰이어J. C. Squire가 이와 비슷한 반사실 에세이 선집을 편집했을 때 기고자 11명의 이력은 잡다했고 대부분 소설가와 저널리스트였다.[**] 스콰이어의 《만약 상황이 달랐다면If It Happened Otherwise》은 전반적으로 자기비하 식 어조로 이뤄졌다. 심지어 '상상 역사 속으로 빠져들다lapses into imaginary history'라는 부제를 달기도 했다. 스콰이어는 기고자들이 모두 현실을 엄밀하게 반영해서 글을 쓴 것은 아니라고 처음부터 인정했다. 예측할 때 다른 사람보다 풍자를 더 많이 집어넣은 사람도 있었다. 실제로 그들의 판타지 글 몇 편은 "인간은 반지에 새긴 서약을 지키지 않는다"라는 새뮤얼 존슨의 말을 떠올리게 한다. 불운하게도 스콰이어 본인의 서문은 약간

---

[*]   G. M. Trevelyan, "If Napoleon had won the Battle of Waterloo", *Clio, a Muse and Other Essays* (London, 1930), pp. 124-135. 프랑스에서 더 최근에 나온 반론은 Robert Aron, *Victoire à Walerloo* (Paris, 1968) 참조.

[**] J. C. Squire (ed.), *If It Happened Otherwise: Lapse into Imaginationary History* (London/New York/ Toronto, 1932).

은 반지에 새긴 서약이라 할 만했다. 그는 "실상을 아는 사람이 아무도 없으니 반사실 역사는 그다지 도움을 주지 않는다"라고 결론지었지만 설득력은 없었다.

스쾌이어의 책이 반사실 역사 개념의 신뢰성을 한 세대 동안 떨어뜨렸을까? 사실 그 책에 실린 몇 편의 기고문은 역사가들이 그 분야를 살롱의 게임 정도로 여긴 이유를 알게 해준다. 필립 게달라Philip Guedalla의 〈만약 스페인의 무어인이 승리했다면 If the Moors in Spain had won〉은 스페인이 1491년 랑하론에서 패했다는 반사실에 기초한다. 이로써 그라나다의 이슬람 왕국이 아랍이 주도하는 르네상스의 중심에 위치하고 18세기 제국으로 우뚝 선다(이 대안 세계에서 벤저민 디즈레일리Benjamin Disraeli는 그라나다의 재상 노릇을 한다). 더 변덕스러운 것은 체스터튼G. K. Chesterton이 쓴 〈만약 오스트리아의 돈 후안[스페인 필리프 2세의 이복동생 - 옮긴이]이 스코틀랜드의 메리 여왕과 결혼했다면If Don John of Austria had married Mary Queen of Scots〉인데, 이 반종교개혁적 로맨스에서는 스코틀랜드의 칼뱅교를 비웃는 왕족 부부가 영국 왕좌에 올라 종교개혁을 무한정 유보한다. 피셔H. A. L. Fisher의 〈만약 나폴레옹이 아메리카로 탈출했다면If Napoleon had escaped to America〉은 보나파르트가 (체념한 채 벨레로폰호에 승선해 세인트헬레나섬으로 호송되지 않고) 대서양을 건너간 다음, 볼리바르와 힘을 합쳐 라틴아메리카를 교황령과 군주국들로부터 해방시키려 한다고 상상한다. 해럴드 니콜슨Harold Nicolson은 〈만약 바이런이 그리스 왕이 되었다면If Byron had become King of Greece〉에서 이와 대동소이한 이야기를 한다. 이야기 속 바이런은 1824년 미솔롱기에서 그를 죽게 한 열병을 떨치고 일어나 어울리지도 않게 신격화된다. 이어 그리스의 조지 1세(1830~1854)로 즉위하지만 아내에게 휘둘려 점점 더 혼란에 빠진다(니콜슨은 그답게도 "아크로폴리스 정상의 쓰레기[파르테논 신전 유적을 의미함 - 옮긴이]를 치우고, 그 자리에 뉴스테드 수도원의 완벽한 복제 건물을 세운 것"을 바이런의 가장 영원한 업적으로 꼽는다). 밀턴 월드먼Milton Waldman이 쓴 〈만약 부스가 링컨을 맞히지 못했다면If Booth had missed Lincoln〉은 경박성이 좀 덜한데, 이 글에서 링컨은 관대하지만 남북의 기대와 거리가 먼 평화조약 때문에 모두에게 불신을 받고 의회에서는 더 심한 보복을 원하는 자신의 당과 충돌한다. 그리고 마침내 임기가 끝난 뒤 그는 가망 없는 선거전에 매달리다 결국 탈진해 괴팍하게 늙어가는 '좌절한 독재자'로 그려진다.* 스콰이어 자신이 쓴 〈셰익스피어의 작품들을 쓴 실제 작가가 베이컨이라는 사실이 1930년에 밝혀졌다면If it had been discovered in 1930 that Bacon really did write Shakespeare〉에 관해 할 수 있는 말은 그저 당대의 잡지 〈펀치Punch〉에 실렸어도 어색하지 않았을 거라는 말뿐이다 (그나마 속이 시원한 글귀는 제목과 달리 셰익스피어가 베이컨의 저술을 썼다는 문장이다). 이런 말은 성공적인 총파업을 유보한 일을 풍자한 로널드 녹스Ronald Knox의 1930년 6월 31일자 〈더 타임스The Times〉 패러디 버전에도 할 수 있다.**

공정하게 말하자면 《만약 상황이 달랐다면》에 실린 모든 글에 역사적 가치가 없는 것은 아니다. 앙드레 모루아André Maurois가 쓴 장은 왕실의 커다란 결단과 1774년 의회 패배로 파리 경찰국의 개혁이 이뤄지면서 튀르고Turgot가 실시한 재정 개혁이 성공했다는 상상으로 프랑스 혁명을 건드리지 않고 넘어간다. 처칠은 미국 남북전쟁 중 게티즈버그 전투에서 남부 연방군이 이겨 결국 남부가 승리했다는 상상을 두고 똑같이 흥미로운 질문을 제기한다. 그리고 에밀 루트비히Emil Ludwig의 글은 만약 독일 황제 프리드리히 3세가 1888년(즉위한 지 고작 99일 만에) 죽지 않았다면 독일의 정치 발전이 당시 널리 퍼졌던 믿음처럼 좀 더 자유주의 경로를 걸었을 거라고

---

* 링컨 이전 시절의 반사실 논의를 보고 싶으면 Lloyd Lewis, "If Lincoln Had Lived", M. Llewellyn Raney, Lloyd Lewis, Carl Sandburg and William E. Dodd, *If Lincoln Had Lived: Addresses* (Chicago, 1935), pp. 16-35 참조.

** 보고된 입법 활동 목록에 그 작품의 취향이 드러난다. '필수고용법', '신문 만화 검열 법안Bill for the Censorship for the Comic Newspaper', '도시 회사 청산 법안' 등. 이들 목록은 어쩐지 광대처럼 보이는 소비에트화한 영국의 비전을 불러내지만, 현대 독자는 그 개념이 그리 낯설지 않을지도 모른다. 그것이 녹스에게는 똑같이 초현실적인 것으로 느껴졌다. 회사 사장의 최대 봉급 설정 법안, 과잉 우유 저장소, 옥스퍼드에서 고전인문학을 공학으로 대체하기 위한 '대학의 합리화' 같은 것처럼 말이다.

주장한다.

그러나 《만약 상황이 달랐다면》에 실린 상대적으로 나은 에세이들도 명백히 해당 저자의 당대 정치와 종교 편향의 산물이다. 그 점에서 우리는 글을 읽고 19세기의 대안 역사보다 가령 1차 세계대전에 관한 1930년대 견해를 훨씬 더 많이 알게된다. 모루아는 통합한 앵글로아메리카(영국이 미국 독립전쟁에서 승리했다면) 덕분에프랑스가 영구히 안전을 확보했다고 상상하고, 처칠은 그 대서양 양안연합체를 지지한다(영국이 미국 남부와 패한 북부를 회유하는 데 성공했다면). 루트비히는 영국-독일동맹(프리드리히왕이 오래 살았다면 완결했으리라고 그가 상상하는)이라는 사라진 기회를안타까워하며 오래된 독일 자유주의 일파의 비가를 부르고 있다. 다시 말해 각각의저자는 과거 사건에 접근하거나 그 이후에 벌어진 사건 관련 정보에는 의식적으로관심을 보이지 않고 당대의 핫 이슈, 즉 '1차 세계대전이라는 재앙을 어떻게 피할수 있었을까?' 같은 질문을 출발점으로 삼는다. 본질상 그 결과는 회고를 기반으로한 희망적 사고다.

상상 속 반사실 결과를 실제 역사보다 더 나빠진 상황으로 설정한 사람은 힐레르벨록Hilaire Belloc뿐이다. 벨록도 모루아처럼 프랑스 혁명을 다루지만 그의 상상에서는 강국 프랑스의 쇠퇴 속도가 더 빨라져 신성로마제국이 발트해에서 시칠리아까지또 쾨니히스베르크에서 오스텐드에 이르는 유럽 연합을 결성하게 만든다. 그리하여1914년 독일제국과의 전쟁에서 패한 영국은 유럽연방의 속주 신세로 전락한다.

보다 최근에 나온 또 다른 반사실 에세이 선집 《만약 내가 그랬더라면If I Had Been》에도 같은 결점이 드러난다.* 여기에서 두 기고자(한 명은 셸번 백작 방식으로 또 한명은 벤저민 프랭클린 방식으로)는 미국 독립전쟁 결과를 뒤바꾸고, 다른 한 명은 1867년 멕시코 독립전쟁을 변조해 1867년 멕시코 황제 막시밀리안을 사면한다. 또 다

---

* D. Snowman(ed.), *If I Had Been … Ten Historical Fantasies* (London, 1979).

른 기고자는 (티에르 방식으로) 1870~1871년 보불전쟁을 예방한다. 오웬 더들리 에드워즈Owen Dudley Edwards는 (글래드스턴Gladstone 방식으로) 자치령 대신 더 많은 토지 개혁을 선택해 아일랜드 문제를 해결한다. 해럴드 슈크먼Harold Shukman은 (케렌스키 방식으로) 코르닐로프Kornilov를 더 신중하게 다뤄 볼셰비키 쿠데타를 모면하고, 루이스 앨런Louis Allen은 (토조처럼) 일본이 진주만이 아니라 영국과 네덜란드 제국을 공격해 태평양 전쟁에서 이기도록 설정한다. 이는 일본뿐 아니라 미국 관점에서도 희망적인 사고에 속한다. 이것으로 부족하다는 듯 로저 모건Roger Morgan의 글에서는 아데나워Adenauer 덕분에 독일이 1952년 재통합한다. 필립 윈저Philip Windsor의 글에서 프라하의 봄은 둡체크의 활약으로 짓밟히지 않는다. 해럴드 블레이크모어Harold Blakemore의 글에서는 아옌데Allende가 칠레의 민주주의를 지킨다. 이 모든 명백한 반대는 사후 지혜에서 기인한다. 각각의 경우 필자의 주장은 당시 인물이 쓸 수 있던 선택지와 자료를 바탕으로 나온 귀결이 아니라, 지금 우리가 아는 사실을 기반으로 나온 것이 더 많다.

스콰이어와 스노맨이 펴낸 선집에는 여러 글에서 단 하나의 사소한 변화가 중대한 결과로 이어지도록 설정했다는 결함도 있다. 물론 사소한 일이 중대한 결말로 이어지면 안 된다는 논리적 이유는 없지만, 바로 그렇기 때문에 사소한 일이 큰 사건의 원인이라는 환원 추론을 조심해야 한다. 여러 환원적 설명 중에서도 가장 악명 높은 것은 클레오파트라의 코 이론(원래 파스칼의 이론임)이다. 그녀의 오뚝한 코에 반한 안토니우스의 열정이 로마의 운명을 결정지었다는 얘기다. 또 다른 사례는 리처드 3세의 운명을 잃어버린 나사못이 결정지었다는 이론이다.

나사못 하나 때문에 편자를 잃었고
편자 한 짝이 없어서 말을 잃었고
말 한 마리가 없어서 기수를 잃었고

기수 한 명이 없어서 전투에 졌고

전투 하나에 져서 왕국을 잃었다!

14세기 오스만제국의 술탄 바자제트Bajazet가 통풍으로 고생하지 않았다면 그가 로마를 섬멸했으리라는 기번의 주장에도 같은 논리가 기저에 깔려 있다.* 남북전쟁에서 자신들이 진 것은 오로지 리Lee 장군의 특별 군령 191호가 북군의 맥클렐런McCellan 장군에게 발각되었기 때문이라고 고집하는 남부인의 주장도 그렇다. 그리스와 터키 간의 큰 전쟁 중 하나는 1920년 그리스의 알렉산드로스왕이 원숭이에게 물려 감염으로 죽었기 때문에 벌어졌다는 주장도 마찬가지다.** 그 환원적 설명이 반사실 연쇄를 함축하는 것(원숭이에게 물리지 않았으면 전쟁도 없다)만큼 스콰이어의 선집에 실린 여러 반사실도 똑같이 환원적 설명에서 추론한 것이다. 가령 루이 16세의 우유부단함이 프랑스 혁명으로 이어졌다거나 프리드리히 3세의 요절이 1차 세계대전으로 이어졌다는 식의 이야기다.

이와 유사하게 스노맨의 책은 처음부터 끝까지 몇몇 위인의 잘못된 결정이 미국의 식민지 상실, 보불 전쟁, 볼셰비키 혁명 같은 중대한 위기로 이어졌다는 가정에 의거하고 있다. 환원적 설명처럼 가끔은 이런 경우도 있었지만 여기에는 단지 추정뿐 아니라 입증이 필요하며 설명만으로는 그럴듯하지 않다. 나아가 그것이 근거로 삼은 반사실 결말이 와해된다.***

이와 관련된 또 하나의 문제는 유머 효과다. 스콰이어 선집에 실린 에세이들은 정도는 각기 다르지만 재미를 위해 쓴 글이다. 그런데 거의 모든 환원적 설명이 재

---

* Gibbon, *Decline and Fall*, vol VI (ch. lxiv), p. 341.

** Winston Churchill, *The World Crisis: The Aftermath* (London, 1929), p. 386.

*** William Dray, *Laws and Explanation in History* (Oxford, 1957), p. 103.

미있을수록 타당성은 약해진다. 다른 말로 하자면 그것은 더욱더 그럴듯해 보인다. 다음 표현은 재미는 덜하지만 신뢰성은 더 크다. '안토니우스가 이집트를 좀 더 일찍 떠났다면 그는 시저(옥타비아누스)에게 승리했으리라', '리처드 3세가 보스워스에서 승리했다면 그는 요크왕조의 통치력을 굳건히 다졌을 것이다', '바자제트가 헝가리에서 승리한 뒤 이탈리아를 공격했다면 로마를 섬멸했을지도 모른다', '북군이 리 장군의 의도를 몰랐다면 그들은 앤티텀에서 패했을지도 모른다', '그리스 왕이 죽지 않았다면 터키와의 전쟁이 벌어지지 않았을 수도 있다'

같은 맥락에서 만약 1926년에 발생한 영국 총파업이 더 성공적이었다면 노동당 정부가 더 오래 지속되고 실제보다 많은 업적을 쌓았을 수 있다는 주장도 터무니없지는 않다. 그 반사실이 더 신뢰받지 못한 것은 오로지 〈더 타임스〉의 풍자만화로 표현되었기 때문이다.

설령 그럴지라도 스콰이어의 책은 정신 놀이, 희망적 사고, 환원적 설명 수단 그리고 식탁용 고급 유머라는 반사실 에세이의 성격을 확고하게 굳혔다. 버트런드 러셀은 《자유와 조직Freedom and Organisation》(1934)에서 그답게 짓궂은 말투로 마르크시즘을 비판하며 스콰이어가 설정한 기준을 유지했다.

헨리 8세가 앤 볼린과 연애하지 않았다면 지금의 미국은 존재하지 않을지도 모른다는 주장은 설득력 있게(틀림) 거론할 수 있다. 이 일로 교황령을 등진 영국이 아메리카를 스페인과 포르투갈에게 나눠준 교황의 결정을 인정하지 않았기 때문이다. 만약 영국이 계속 가톨릭 국가였다면 현재 미국은 스페인계 아메리카의 일부일 가능성이 크다.

같은 익살스러운 맥락에서 러셀은 '엄숙성을 배제하고 산업혁명의 인과관계에 관한 대안 이론'을 제안했다.

산업화는 근대 과학 덕분에 이뤄졌고 근대 과학은 갈릴레오 덕분에 가능했다. 갈릴레오의 이론은 코페르니쿠스 덕분이고, 코페르니쿠스의 등장은 르네상스 덕분이다. 르네상스는 콘스탄티노플 함락 덕분에 이루어졌고, 콘스탄티노플 함락은 튀르크인 이주에 기인한다. 튀르크인 이주는 중앙아시아의 가뭄 덕분이다. 따라서 역사적 원인을 찾으려는 연구의 근본은 수로학水路學, Hydrography이다.[*]

이 전통은 1984년 존 메리먼John Merriman이 출간한 에세이 선집《말 한 마리가 없어서For Want of a Horse》에 살아남아 있다.[**] 이 선집에는 미국과 관련된 세 편의 가정이 등장한다. 포카혼타스가 존 스미스 대위를 구하지 않았다면? 볼테르가 1753년 미국으로 이주했다면? 허치슨 총독의 딸이 아버지를 설득해 보스턴 티파티를 유발한 다트머스호를 돌려보내지 않았다면?(배를 돌려보내는 바람에 보스턴 티파티가 벌어졌으므로) 그 밖에 프랑스 관련 주제도 두 편이 있다. 바렌느에서 루이 16세 일가가 탈출에 성공했다면? 부르봉 왕가가 1820년 단절되지 않았다면? 영국과 관련된 주제도 하나 있다. 윌리엄 3세가 해전에서 제임스 2세에게 졌다면?

전체적인 내용이 식후의 담소거리라 할 만한 역사다. 전체 어조를 설정한 것은 첫 장으로 그 내용은 만약 피델 카스트로가 뉴욕 자이언츠와 야구경기를 하겠다는 계약을 했다면 어찌 되었을지 추측한다. 피터 게이Peter Gay가 쓴 터무니없는 글도 한 편 있다. 게이의 글은 정신분석학 창시자가 유대인이 아니었다면 더 진지하게 받아들여졌을 거라는 의미를 담고 있다. 콘래드 러셀Conrad Russell이 1688년에 관해 쓴 '가톨릭 바람The Catholic Wind'이라는 제목의 에세이는 그나마 제대로 된 역사적 가치

---

[*]   Bertrand Russell, "Dialectical Materialism", Patrick Gardiner (ed.), *Theories of History* (Glencoe, Illinois/London, 1959), p. 294f.

[**]   J. M. Merriman (ed.), *For Want of a Horse: Chance and Humour in History* (Lexington, Mass., 1984). 사실 제대로 된 반사실은 전체의 절반뿐이다.

를 조금 갖추고 있다.*

러셀은 스콰이어 선집에 실린 체스터턴의 글이 던진 질문을 재생했다. '윌리엄 3세의 함대보다 제임스 2세의 함대에 유리하게 바람이 불어 영국 종교개혁[곧 명예혁명 – 옮긴이]이 이뤄지지 않았다면?' 실은 2, 3년 전 휴 트레버로퍼Hugh Trevor-Roper가 같은 주제의 변형을 제기한 바 있다. 그는 스튜어트 왕가가 1640년대와 1680년대에 실패할 수밖에 없었음을 반박하는 질문을 던진다. (찰스 1세나 제임스 2세보다) 더 현명한 왕이 있었다면 영국 전제군주제가 유럽의 여러 국가에서처럼 유지 혹은 복원되지 않았을까? 트레버로퍼는 만약 찰스가 몇 년 더 버텼다면 의회 반대자들이 나이가 들어 생각이 바뀌었을 수도 있다고 주장한다.

만약 제임스 2세가 그의 형처럼 정치를 종교보다 우위에 뒀다면 스튜어트 왕가의 반동은 뿌리내릴 수도 있었다. 그 뒤 영국에서 휘그당 거족이 프랑스 위그노 거족처럼 새로 떠오르는 태양을 숭배했을지도 모를 일이 아닌가?** 최근 존 빈센트John Vincent는 이 주제를 연장해 르누비에가 제시한 세속적 유럽의 '대안' 역사에 가톨릭 영국의 대안 역사를 대비했다. 빈센트가 다루는 시대는 러셀과 트레버로퍼보다 더 이르다.

16세기 스페인 정복은 비교적 적은 출혈로 합리성을 강제한 사례였다. … 하지만 세금을 전례없이 일관성 있게 부과해 노리치의 우상파괴 사건 같은 간헐적 반란을 초래했다. 더 심각한 것은 그 때문에 영국이 탈군사화한 위성 역할을 맡을 선택지가 사라진 점이다. 30년 전쟁에서 적어도 넷 이상의 외국 군대가 영국 땅 소유권을 놓고 쟁패

---

*   Conrad Russell, "The Catholic Wind", 앞의 책, pp. 103-107.

**   Hugh Trevor-Roper, "History and Imagination", Valerie Pearl, Blair Worden and Hugh Lloyd-Jones (eds.), *History and Imagination: Essays in Honour of H. R. Trevor-Roper* (London, 1981), pp. 356-369. 1940년 이후 서유럽에서 독일이 최종 승리할 수 있었던 '네 가지 가설적 사건'을 소재로 구상한 좀 더 현대적인 반사실 설정이 같은 강연에 들어 있다. '처칠이 없었다면', '울트라 정보부가 없었다면', '프랑코가 추축국에 가담했다면', '무솔리니가 그리스를 침공하지 않았다면'이 그것이다.

했고, 브리스틀 유혈 분쟁은 민중의 뇌리에 오래도록 남았다.

빈센트는 이 재앙의 여파로 '정체' 시대가 18세기까지 이어졌다고 상상한다. 이 정체기는 또 다른 재앙으로 깨진다. "프랑스 전쟁에서 패배한 뒤 국가신용도가 몰락하고 천연 국경인 템스강까지 프랑스에 내주는 지경"에 이른 것이다.

이후 상황은 급속도로 나빠지고 19세기 영국은 최전성기가 아니라 총체적 난국에 빠지고 만다.

뒤이어 왕이 양위하자 시민 버크Citizen Burke[18세기 후반을 배경으로 한 딜런 엘리스Dillon Ellis의 소설 – 옮긴이]의 젠트리[신흥지주층과 자영농민층 – 옮긴이] 공화국과 해군 급진파 사이에 수시로 내전이 발생하면서 결국 웰즐리 원수가 섭정을 시작하고 프랑스 중상주의 시스템에 복속된다. 웰즐리가 통치하는 영국은 공평무사한 정부였지만 인구통계적 재앙을 향해 치닫는 한편 무역권까지 빼앗긴 채 급속히 산업화한 프랑스의 곡물창고 노릇을 하느라 단일작물 경작에 의존하면서 상황이 더 나빠진다. 여기에다 비가 지나치게 많이 내려 밀이 썩고 대량 기근이 발생하면서 인구가 급감한다. 정치적으로 프랑스의 구조 노력이 수포로 돌아가자 소위 잃어버린 템스강 이남에 있는 프랑스 속주의 해방 운동을 중심으로 강박적 민족주의가 등장한다. 이 운동은 휘그당 영주들이 마데이라로 달아나고 글래드스턴이 세인트헬레나에 유폐되면서 일찍 끝나버린다.

그렇지만 아직은 최악이 아니었다.

그다음 세기의 결정적인 사건은 독일 전쟁이다. 영국 과학이 장기적으로 퇴보하면서 독일이 원자탄 최초 제조국가로 부상하는 것은 구조적으로 필연이었다. 완전히 쇠퇴한 리즈와 셰필드는 서둘러 항복했고 적어도 영국은 침공당하는 일은 모면했다. 진실로 영국이 유럽 연합에 가담하게 만든 일등공신은 다른 무엇보다 이 사건이었다. …*

스콰이어와 메리먼 선집에 참여한 많은 기고가와 달리 러셀, 트레버로퍼, 빈센트는 희망적인 생각을 했다고 비난하기 어렵다. 또 그들의 가정은 그저 재미만을 위한 환원 사고도 아니다. 그들은 모두 영국 '예외주의'의 우발성에 관해 진지한 역사적 논점을 제시하고 있다. 물론 그들의 다양한 기고는 그저 제안에 불과하며 지지 증거도 지극히 빈약하다. 그들은 반사실 대답이 아닌 질문만 휘황찬란하게 던지고 있다.

반면 소위 신경제사New Economic History 지지자들은 반사실 논의를 이와 다르게 활용했다.** 수량 측면에서 반사실 논의를 진지하게 시도한 최초 사례는 철도가 미국 경제성장에 미친 영향을 다룬 포글R. W. Fogel의 연구다. 그는 미국 경제가 철도 없이 발전하는 모델을 구축해 미국 산업화에 철도가 필수불가결했다는 전통 가정에 도전했다. 그의 계산에 따르면 철도가 없을 경우 토지 개발 면적은 상당히 줄어들지만 미국 GNP는 1890년 당시의 실제 수준에 비해 약간만 낮았다.*** 맥클로스키와 다른 사람들도 이와 유사한 방법으로 1870년 이후 영국의 상대적 경제 쇠퇴에 관한 논의를 진행했다.****

---

* John Vincent, *An Intelligent Person's Guide to History* (London, 1995), p. 39f. 또 45ff에 실린 그의 반사실 논의도 볼 것.

** 일반적인 고찰로는 R. W. Fogel, "The New Economic History: Its Findings and Methods", *Economic History Review*, 2nd series, 19(1966), pp. 642-651; E. H. Hunt, "The New Economic History", *History*, 53, 177(1968), pp. 3-13 참조.

*** R. W. Fogel, *Railways and American Economic Growth: Essays in Interpretative Econometric History* (Baltimore, 1964). 같은 방법을 영국 사례에 적용한 것을 보려면 G. R. Hawke, *Railways and Economic Growth in England and Wales 1840-1870* (Oxford, 1970) 참조.

**** 일반적인 고찰로는 R. Floud and D. N. McCloskey, *The Economic History of Britain since 1700* (2nd edn., Cambridge, 1994), vol. II 참조.

여기에는 희망적인 생각과 유머는 없는 반면 '계량경제사적' 논의를 진지하게 반대하는 주장은 있다. 가장 자주 등장하는 것은 '19세기 통계'라는 비교적 좁은 기초는 그 위에 지어진 엄청난 규모의 외삽Extrapolation[자신이 실험한 범위 밖의 자료를 실험 속에 가지고 들어오는 것─옮긴이]과 계산을 지지해주지 못한다는 것이다.* 이 중 포글의 노예제 경제학 연구를 반박하는 것에는 정치적 서브텍스트Subtext가 깔려 있다. 남북전쟁이 아니었다면 경제적으로 노예제가 지속되었을 것이라는 그의 주장은 미국의 수많은 자유주의자에게 당연히 인기가 없을 주제였다.** 그런데 그것은 그의 철도 연구에도 상당한 압력으로 작용했다.

포글은 '앞뒤 연결'이라는 매우 영웅적인 가정을 토대로 하지 않고서는 비록 컴퓨터로 출력한 그림에 불과할망정 철도가 없는 미국의 형상을 그려낼 수 없었다. 그의 접근을 더 진지하게 반대하는 주장은 문제의 그 반사실 시나리오에 역사적 개연성이 부족하다고 꼬집었다. 그것이 환원적이거나 사소해서가 아니라 시대착오적이기 때문이다. 현대 철도 논의는 그것을 놓을지 말지가 아니라 어디에 놓을지에 관한 문제다. 포글에게 최선의 방어는 철도가 안겨준 '사회적 절약'을 계산하는 목적이 개연성 있는 대안 역사를 만드는 것이 아니라, 철도가 경제 성장에서 담당한 역할을 가설로 시험하려는 데 있음을 알리는 일이었다.

실제로 철도가 없는 19세기 미국을 상상하려 하는 사람은 없다. 이러한 반사실의 궁극적 효과는 그것이 경제에 미친 (상당히 큰) 전체 기여도를 수량화함으로써 철도가 왜 지어졌는지 정확히 보여주는 데 있다. 마찬가지로 바이마르공화국 말기의 경

---

*   G. R. Elton and R. W. Fogel, *Which Road to the Past? Two View of History* (New Haven, 1983) 참조.

**   R. W. Fogel and Stanley L. Engerman, *Time on the Cross: The Economics of American Negro Slavery* (Boston, 1974); R. W. Fogel, *Without Consent or Contract: The Rise and Fall of American Slavery* (New York, 1989). 이것의 반대 입장은 H. G. Gutman, *Slavery and the Numbers Game: A Critique of 'Time on the Cross'* (London, 1975) 참조.

제 정책 논쟁에는 1930~1932년 브뤼닝Brüning 총재가 시행한 디플레이션 방안에 견줄 만한 유효한 정책 대안이 없음을 보여주려는 의도가 있다.[*]

역사가들이 활용한 반사실에는 두 종류가 있다. 하나는 본질상 상상의 산물로 경험적 기초가 (일반적으로) 부족한 것이고, 다른 하나는 가설을 시험하고자 경험적 수단(이라고 주장하는 것)으로 고안한 것이다. 이때 계산에 유리하도록 상상은 배제한다. 전자에서 개연성 결여를 낳는 것은 사후 판단으로 영감을 얻거나 환원 설명을 설정하는 경우고, 후자는 시대착오적 가정을 제기하는 경향이다.

제프리 호손Geoffrey Hawthorn은 두 접근법의 요소를 복합 연구해 이러한 어려움을 극복하는 것이 얼마나 어려운지 보여준다.[**] 그는 자신이 설정한 개연적 세계 중 하나, 즉 프랑스 중세 역사에서 역병이라는 요소를 '추출해' 프랑스 시골 지역의 출산율 저하를 상상한다. 나아가 이로 인해 18세기 프랑스 경제와 정치의 근대화 속도가 빨라졌다고 본다. 또 다른 글에서는 2차 세계대전이 끝난 뒤 미국이 한국에 개입하지 않았을 때의 결과를 상상한다. 세 번째 글에서는 이탈리아 미술사에서 1200년대 후반과 1300년대 전반의 추세를 바꿔 르네상스의 전조가 된 혁신이 아닌 다른 길을 따르게 만든다. 두 번째 사례는 미국의 외교 자료를 근거로 한 것이라 개연성 확률이 가장 높다.[***] 반면 호손의 다른 '세계'는 그만큼 신빙성이 높지 않다. 첫 번째 사례는 중세 인구학과 18세기의 경제적, 정치적 발전 논의를 포함하고 있는데 아무리 과감한 기상학자도 그 연관을 의심의 눈으로 바라볼 만하다. 한편 미술에서 그가 내놓은 '르네상스 부재' 견해는 미술 양식 변화 동력에 관해 전적으로 의심할

---

[*] 보르하르트 토론Borchardt debate의 요약문은 J. Baron von Kruedener (ed.), *Economic Policy and Political Collapse: The Weimar Republic, 1924-1933* (New York/Oxford/Munich, 1990) 참조.

[**] Geoffrey Hawthon의 획기적인 저서 *Plausible Worlds: Possibility and Understanding in History and the Social Sciences* (Cambridge, 1991) 참조.

[***] 앞의 책, pp. 81-122.

만한 추정에 의존하고 있다.[*] 1980년대 노동당 르네상스를 윤곽만 그린 서론적 스케치, 20세기 무어왕국을 다룬 스케치(이것은 1932년 게달라가 쓴 글의 확장판이다) 같은 글은 스콰이어의 《만약 상황이 달랐다면》에 수록해도 어색하지 않을 정도다.[**]

반사실주의가 존속하지 못한 이유는 거의 대부분 이처럼 반사실 분석 시도가 안고 있는 명백한 결함에 있다. 개연성 없는 질문을 하든 개연성 없는 대답을 하든 반사실 역사는 그 자체로 신빙성을 잃는 경향이 있다. 그렇지만 이 방식으로 논의를 시도한 역사가가 그토록 드문 이유와 대안적 결말 가능성은 인정해도 반사실 암시를 일종의 언외의 의미 정도로 남겨두는 데는 분명 또 다른 이유가 존재한다. 그처럼 베일에 가려진 반사실주의는 최근 수많은 '수정주의' 역사 연구의 놀라운 특징이다. 그도 그럴 것이 가장 심한 수정주의자는 결정론 해석의 일부 형태에 도전하는 경향이 있다.

예를 들어 포스터R. F. Foster가 정당하게 제기한 《근대 아일랜드Modern Ireland》는 영국 통치에서 독립할 수밖에 없는 민족주의 목적론을 거듭 문제 삼는다. 그러나 포스터는 어떤 지점에서도 암묵적 대안(가령 초기 자치법안 중 하나가 성공적으로 통과돼 아일랜드가 영국의 일원으로 남았다는 식)을 명확히 드러내지 않는다.[***] 처칠을 논쟁적으로 비판한 존 참리John Charmley의 주장에도 같은 말을 할 수 있다. 그 비판은 실제 실현 방법을 설명하지 않은 채 1940년 이후 히틀러와 평화협정을 맺는 방식으로 대영제국을 유지했을 수도 있다는 뜻을 함축하고 있다.[****] 과거의 반사실 역사 시도에 따른 결함뿐 아니라 다른 어떤 것이 역사가들이 그들의 책이 함축하는 역사적 대안을 서

[*]   앞의 책, p. 123-156.

[**]   앞의 책, pp. 1ff, 10f.

[***] R. F. Foster, *Modern Ireland, 1600-1972* (Oxford, 1988).

[****] John Charmley, *Churchill: The End of Glory* (Dunton Green, 1993).

술하지 못하게 막은 것이다. 반사실주의에는 더 심각한 의혹이 제기되고 있는데 그 의혹의 가장 깊은 뿌리는 역사철학에 박혀 있다.

신의 개입과 예정설

역사적 결정론이 얻은 승리에 필연적인 것은 아무것도 없다. 허버트 버터필드 Herbert Butterfield가 주장하듯 문자 이전 세계는 결코 결정론적이지 않았다. 삶의 일부에 규칙이 있고 예측 가능한 자연력(사계절 같은)의 지배를 받았으나 다른 것은 초자연적 힘의 작용으로 돌리지 않으면 이해하기가 어려웠다.

원인이 결과와 양립하지 않거나 세속적 설명이 적합지 않을 때마다, 우연이나 기묘한 만남이 예상과 어긋나는 뭔가를 빚어낼 때마다, 정상적으로는 파악할 수 없는 외적 요소가 … 내러티브 경로를 충격적으로 비틀 때마다, 사람들은 여기에 (신이) 개입했다고 믿는다. 이처럼 예측하지 못한 일을 신의 개입으로 돌려 설명하는 것은 역사적 우연의 중요성을 예시한다. 사건의 초기 단계에 사건 간의 관련성이 보이지 않는 상황, 사건의 촉매 캐릭터나 사소한 원인에서 거대한 결과가 나오는 상황, 이해 불가능한 전개로 공포감이 느껴지는 상황, 역사란 인간이 만들어가는 어떤 것이 아니라 인간에게 일어나는 무엇이라는 느낌 그리고 이해할 수도 통제할 수도 없는 자연의 움직임, 자연의 신비 앞에서 느낄 수밖에 없는 의존감은 삶의 많은 일이 신에게 달려 있다고 믿게 만든다.[*]

[*] Herbert Butterfield, *The Origins of History*, ed., Adam Watson (London, 1981), p. 200f.

그러니까 신이라는 주체는 일종의 최후의 설명 수단으로 시작한 것이지만 다신교는 이것을 그저 상충하는 자연력에 이름을 붙이는 문제로 받아들인다. 솔직히 말해 에피쿠로스는 다신교의 불만족스러운 점 때문에 일체의 신적 주체를 거부하기도 했다. 이것이 아마 반결정론 철학의 가장 이른 발언일 것이다. 루크레티우스Lucretius는 원자와 본질상 자의적이고 다이내믹한 요소로 구성된 무한한 우주가 존재한다고 단언했다.

> 세상은 자연의 자발적이고 인과적인 충돌과 분산, 우발적·임의적이며 목적 없는 원자들의 이합집산과 융합으로 형성되었다. … 자연은 자유롭고 거만한 주인의 통제를 받는 게 아니라 신의 도움 없이 스스로 우주를 운영한다. 이처럼 헤아릴 수 없는 것들의 총합을 누가 다스리겠는가? 그 누가 이 헤아릴 수 없는 것들의 강력한 고삐를 고압적으로 휘어잡겠는가? … 그 누가 모든 곳에 언제나 존재하면서 맑은 하늘을 구름으로 뒤덮어 어둡게 하고 천둥으로 뒤흔들겠는가? 그 누가 번개를 내던져 자신의 사원을 부수고 사막에 분노를 내리꽂아 그 폭탄이 걸핏하면 죄인을 비껴가고 죄 없이 청렴결백한 자를 도살하게 하겠는가?*

루크레티우스의 사유에서 흐릿하게라도 엿보이는 결정론의 유일한 면모는 그의 원시적 엔트로피 이론이다.

"모든 것은 점차 쇠퇴하고 바위에 걸려 좌초하며 시간이 흐르면서 닳는다."**

이 생각이 궁극의 합목적성을 지닌 초자연적 중재자라는 생각으로 발전하는 속도는 빠르지 않았다. 그 역할을 맡은 옛 시대의 '운수Fortune' 개념이 발전한 좋

---

*   Lucretius, *On the Nature of the Universe*, trans., R. E. Latham (개정판, Harmondsworth, 1994), p. 64f.

**   앞의 책, p. 66.

은 예는 폴리비우스Polybius의 《로마제국의 성장Rise of the Roman Empire》에서 찾아볼 수 있다.

누구든 … 내 체계적인 역사를 연구하게 만들 … 도전과 자극과 동기부여를 위해 내가 선택한 설명 도구는 사건에서 예상치 못한 요소다. … *운수가 세상의 거의 모든 사건을 한 방향으로 뒤흔들고 그 단일한 목표에 수렴하도록 강제하듯*, 역사 독자들에게 운수가 전체 설계를 달성한 과정을 하나의 종합적 시야 아래 소개하는 것이 역사가의 과제다. … 사건 전체의 포괄적인 구도, 그것의 시작과 유래 그리고 최종 산출이 운수의 업적이(었)다. … 비록 운수가 뭔가 새로운 것을 영구히 산출하고 인간의 삶의 드라마에서 영원히 활동하긴 하지만, 결코 어느 한순간에 그 구성을 창조하는 것은 아니며 우리가 살아오는 동안 목격한 전시작품을 어느 한순간에 전시하지도 않는다.*

운수의 흥망성쇠에 사실은 로마의 승리라는 목적이 있다는 폴리비우스의 주장은 신적 주체라는 좀 더 결정론 개념으로 나아가는 중요한 역사학의 발걸음이었다. 이와 비슷한 개념이 타키투스Tacitus의 저술에도 나오는데 여기서는 신적인 목표가 로마의 파멸이다.

"로마의 전례 없는 고난은 신들이 … 우리를 처벌하고 싶어 안달한다는 충분한 증거다."

폴리비우스와 마찬가지로 타키투스의 글에서도 "사건 진행 과정의 실제 결과는 흔히 우연의 지시를 받는다." 물론 사건에는 "기저에 깔린 논리와 원인이 있다."**

---

* Polybius, *The Rise of the Roman Empire*, trans., Ian Scott-Kilvert (Harmondsworth, 1979), pp. 41, 44. 강조는 필자.

** Tacitus, *The Histories*, trans., Kenneth Wellesley (Harmondsworth, 1975), p. 17.

폴리비우스가 인정한 또 다른 초인간 요소는 역사가 순환하면서 주기적인 자연재앙이 일어나 절정을 맞는다는 스토아 식 개념이다.

> 홍수나 역병, 흉년이 … 인류의 많은 부분을 파멸로 몰아갈 때 … 전통과 예술도 인류와 함께 사라지지만, 시간이 흐르면 그 재앙이 남긴 잔재에서 살아남은 자들로부터 다시 새로운 인간이 생장한다. 마치 땅에 흩어진 씨앗이 작물로 자라나듯 사회생활의 재생이 시작된다.*

이 같은 순환 역사 개념은 구약성서의 전도서에도 나온다. 과거에 있었던 것, 그것은 미래에도 있을 것이다. 행해진 것, 그것은 미래에도 행해질 것이다.** 그렇지만 히브리 신의 신성한 계획은 그레코-로마의 운수가 제시하는 계획보다 상당히 복잡하다. 구약에서 야훼의 목적은 창조, 타락, 이스라엘 선택, 예언자들, 유배, 로마의 등장 등 복잡한 역사적 내러티브로 펼쳐진다. 여기에다 초기 기독교도의 신약성서는 화육, 십자가 처형, 부활이라는 혁명적 꼬리를 덧붙였다. 결과적으로 유대 역사와 기독교 역사는 고전시대의 역사학에 비해 초기 단계부터 훨씬 더 결정론 구조를 보였다.

"초기 기독교도에게는 신이 세계 사건을 지시할 뿐 아니라 그 개입(과 기저에 깔린 목적)이 *역사에 어떤 의미든 부여하는 유일한 것이었다.*"***

에우세비오스Eusebius의 글(서기 300년쯤)에서 사건과 개인은 일반적으로 그리스도

---

* Butterfield, *Origins*, p. 125.

** Ecclesiastes I: 5-9. Stephen Jay Gould, *Time's Arrow, Time's Cyde: Myth and Metaphor in the Discovery of Geological Time* (London, 1987)도 참조.

*** Butterfield, *Origins*, p. 207.

40   버추얼 히스토리

를 좋아해 신의 애호를 받거나 그리스도를 반대해 저주를 받는 것으로 그려진다.*

하지만 교회 역사의 결정론을 과장하는 것은 문제가 있다. 아우구스티누스의《신국De Civitate Dei》에서 신은 기독교도를 편애해 그들에게 상을 주고 사악한 자를 벌하는 유치한 편견을 범하지 않는다. 선한 자나 악한 자 모두 똑같이 원죄로 오염된 탓이다. 아우구스티누스의 신은 전지전능한 존재로 인간에게 자유의지를 준다. 다만 그 의지는 원죄 때문에 약해져 악으로 흐르는 경향이 있다. 이에 따라 아우구스티누스는 신학 기준에서 마니교의 절대 숙명론과 자유의지는 원죄에 따른 불완전성으로 훼손되지 않는다고 보는 펠라기우스Pelagius 일파 사이에서 중간 입장에 선다. 역사학에서 그는 그 입장 덕분에 예정된 유대-기독교 신의 계획이라는 발상을 상대적으로 자율적인 인간 주체의 초상과 혼합할 수 있었다. 이는 그 이전 그리스와 로마 시대 공식을 탁월하게 정련한 결과물이다.

실질 관점에서 이것은 상대적으로 유연한 기독교 역사 서술 프레임을 제공했다. 그와 동일한 유연싱은 이후 1,000년도 더 지난 뒤 보쉬에Bossuet의《보편 역사 논의 Discourse on Universal History》(1681)에 나타난다. 아우구스티누스가 그랬듯 모든 것에 우선하는 신의 의도라는 주제가 있긴 해도 제2의 원인에 약간의 자율성이 있었던 것으로 보인다.

제국의 성쇠를 좌우하는 특정 원인들의 긴 연쇄는 신의 섭리라는 천명天命에 의존한다. 천국에 있는 신은 모든 왕국의 고삐를 쥐고 있다. 그는 모든 존재의 심장을 자기 손에 쥐고 있다. 때로 그는 열정을 억제하고 또 때로는 그것을 마음대로 풀어놓아 인류가 동요하게 한다. 이는 신이 자신의 가공할 만한 판단을 언제나 오류 없이 규범에 따라 실행한다는 뜻이다. 가장 멀리 떨어진 원인으로 거대한 결과를 준비하는 자, 그

---

* 앞의 책, pp. 176-180.

울림이 널리 퍼지도록 거대한 타격을 가하는 자가 신이다. 신은 그렇게 모든 국가를 지배한다.*

물론 아우구스티누스에서 보쉬에 이르는 노선은 결코 곧게 나아가지 않았다. 예를 들면 르네상스시대에는 신의 목적과 인간의 자유행동에 관한 본래의 고전 개념이 약간 부활했다. 마키아벨리가 저술한 역사에서 포르투나Fortuna는 개인 운명의 궁극적 중재자다. 비록 '덕망 있는' 남자의 구애에 넘어가기도 하는 변덕스럽고 여성스러운 중재자이긴 해도 말이다. 반면 본질상 순환적이면서도 '이상적인 영구 역사'라는 비코Vico 모델에서 섭리의 역할은 현저하게 아우구스티누스 식이다.

(자유의지는) 모든 덕, 특히 정의의 집이자 자리다. … 그런데 인간은 타락한 본성 탓에 자기애의 독재 아래에 있고, 자기애는 사적인 효용성을 그들의 주된 안내자로 삼기를 강요한다. … (인간이) 가족, 국가, 인류 사회 구성원으로서 정의를 실천하라는 명령을 받드는 것은 신의 섭리 아래서만 가능하다.

그러므로 비코의 《새로운 과학The New Science》은
"신의 섭리에 대응하는 합리적 민간 신학론 … 말하자면 섭리의 역사적 사실을 입증하려는 이론이다. 이는 섭리가 인간의 의도나 분별의 개입 없이 또 인간의 구상에 반해 인류라는 거대한 국가에 내린 명령 형태의 역사여야 하기 때문이다."**
비코의 접근법과 20세기 기독교 역사가 중 가장 야심적인 아널드 토인비Arnold

---

*   Ernest Nagel "Determinism in History", William Drat (ed.), *Philosophical Analysis and History* (New York/London, 1966), p. 380에 인용.
**   Giambattista Vico, "The New Science", Gardiner (ed.), *Theories of History*, p. 18f.

Toynbee의 접근법 사이에는 밀접한 유사성이 있다. 토인비는 자신이 '문명'이라 부른 것의 흥망성쇠와 엇비슷한(몇몇 비평가에게는 근본적으로 결정론인) 순환 이론을 지지하면서도 '자유의지'를 굳건히 믿었다.*

  결정론 쪽으로 더 강하게 기우는 성향은 기독교 신학 내에 언제나 있었다(아우구스티누스도 이 점을 알고 있었다). 신이 누구에게 은총을 내릴지 이미 결정했다는 결론은 신의 전지성全知性부터 논리적으로 충분히 도출할 수 있다. 동시에 여기서 불거진 문제는 9세기에 예정설 신봉자predestinarian 논쟁이라는 형태로 처음 표면화되었다. 오르베의 고트샬크Godescalc of Orbais[Godescalchus of Orbais, Gottschalk of Orbais. 9세기에 활동한 독일의 수사, 시인, 신학자 – 옮긴이]에 따르면 신이 일부를 구원하기로 예정했다는 것은 그 외에 다른 사람은 저주받을 운명이라는 말이다. 그렇다면 그리스도가 이 두 번째 그룹을 위해 돌아가셨다고 말하는 것은 논리적으로 잘못이다. 그들에 관한 그리스도는 헛되이 돌아가신 게 아닌가. 이 '이중 예정설' 교리는 리미니의 그레고리우스Gregory of Rimini와 오르비에토의 휴골리노Hugolino of Orvieto 같은 중세 신학자의 가르침에 계속 남아 있었고, 칼뱅의 강의(비록 예정설을 칼뱅파의 중심 교리로 승격시킨 것은 테오도르 베자Theodore Beza 같은 칼뱅의 추종자들이었지만)에서 다시 부상했다. 그러나 칼뱅파의 예정설을 역사적 결정론과 동일시하면 이 또한 잘못이다. 신학자들의 예정설 논의는 대부분 내세와 관련된 것으로 현세의 인간사에 그다지 명료한 영향을 미치지 않았기 때문이다.

  간단히 말해 '역사에 개입하는 신'이라는 발상은 개인에게 가능한 행동 경로 중에서 약간은 선택할 자유가 있다는 생각을 제한하긴 해도 배제하진 않았다. 고전주의도 유대-기독교 신학도 역사 질문에서 반사실 접근을 완전히 배제하지 않았으

---

* Pieter Geyl and Arnold Toynbee, "Can We Know the Pattern of the Past?-A Debate", Gardiner (ed.), *Theories of History*, p. 308ff. 토인비의 *A Study of History*는 Arthur Marwick, *The Nature of History* (3rd edn., London, 1989), p. 287f 참조.

나, 하나의 궁극적인 신의 목적이라는 개념이 그 접근법을 명백히 권장한 것도 아니었다.

그러므로 신학과 만개한 역사적 결정론의 연결이 있다면 이는 18세기 자의식적인 합리주의 철학이 중재하는 간접 연결일 것이다. 그 세기는 흔히 종교의 '세속화' 그리고 과학에 비해 종교의 상대적인 쇠퇴와 연관된다. 그런데 역사학에서는 계몽주의와 마찬가지로 그 구분이 첫인상만큼 명확하지 않다. 계몽주의의 사유는 버터필드가 말했듯 많은 부분이 자연, 이성, 그 밖에 불분명한 실체가 신의 자리를 대신 차지한 '효력이 다한 기독교'에 불과했다. 비록 진보의 교리는 경험을 기초로 한다고 하지만 이는 명백히 기독교 교리의 세속적 적용이다. 차이가 있다면 새로운 교리는 보통 그것의 연원인 종교보다 더 엄격하게 결정론일 때가 많다는 점이다.

과학적 결정론: 유물론과 관념론

뉴턴이 본 중력과 세 가지 운동 법칙의 '계시'는 진정으로 결정론적인 우주 개념의 탄생 표시였다. 뉴턴 이후 "모든 물체는 절대적인 운명에 따라 운동의 특정 각도와 방향이 결정되어 있다는 것, … 따라서 물질의 움직임은 필수적인 행동으로 간주될 거라는 것"이 (흄의 표현을 빌리자면) 자명해 보였다. 이 법칙을 신의 지시로 볼지 아닐지는 지금도 어느 정도 의미론Semantics에 속하는 문제다. 흄은 '절대 운명'을 거론했다. 라이프니츠는 다르게 표현해 "신이 계산한 대로 세상이 만들어졌다"라고 말했다. 요는 과학이 물리 세계의 우연성을 제거한다는 점이다. 특히 라이프니츠가 모든 현상의 '복합 속성', 즉 만물의 상호관련성을 강조한 점은 과거·현재·미래의 본성이 변경 불가능하다는(상상 세계를 제외한 다른 세계) 것을 함축하는 듯 보인다. 이 입장에서 라플라스Laplace의 엄격한 결정론까지는 한 걸음 거리에 불과하다. 라플라스의 관점에서 우주가 할 수 있는 일은 "오직 하나뿐"이다.

> 자연을 활성화하는 온갖 힘과 그것을 구성하는 모든 존재의 각 상황을 한순간에 이해하는 지성, 그리고 그 자료를 모두 분석할 만큼 방대한 지성을 갖췄다면 우주의 가장 큰 물체와 가장 가벼운 원자의 움직임을 동일한 공식으로 포용할 수 있을 것이다. 또 그 어떤 것도 불확실하지 않으며 미래와 과거도 눈앞에 현재처럼 펼쳐지리라.[*]

이러한 결정론의 유일한 한계는 데카르트 등이 제기한 가능성, 즉 사유와 물질은 엄연히 별개의 실체이고 결정론 법칙의 지배를 받는 것은 물질뿐이라는 가능성이다. 이 차이의 수정 버전을 라플라스와 동시대를 살았던 비샤M. F. X. Bichat[1771~1802. 프랑스의 해부학자, 의사, 조직학의 아버지 - 옮긴이]의 저술에서 찾아볼 수 있다. 비샤는 결정론은 무기물에만 적용될 뿐이며 유기물은 "모든 종류의 계산을 저해하고, … 유기물 현상은 어떤 것도 예견 및 예측히거나 계산하는 것이 불가능하다"라고 주장했다.[**] 한데 이들 제한 조건은 두 가지 방식 가운데 하나로 반박할 수 있다.

첫 번째는 인간 행동을 단순히 유물론 용어로 설명하는 것이다. 이런 논의는 이전에도 시도한 적이 있었다. 예를 들어 히포크라테스는 "아시아인의 사기와 용기 결여"를 계절에 따른 편차가 작은 그 대륙의 기온 탓으로 돌렸다. 나아가 그는 동양인의 우유부단함을 설명하면서 제도 요인, 구체적으로는 전제 통치의 건강하지 못한 영향을 인용했다.[***] 이 설명은 콩도르세와 몽테스키외 같은 프랑스 계몽주의자들이 채택하면서 발전했다. 몽테스키외는 《법의 정신De l'esprit des lois》에서 사회, 문

---

[*]   Pierre Simon de Laplace, *A Philosophical Essay on Probabilities*, trans. F. W. Truscott and F. L. Emory (New York, 1902), p. 4.

[**]   Ian Hacking, *The Taming of Chance* (Cambridge, 1990), p. 14.

[***]   Butterfield, *Origins*, p. 135.

화, 정치 차이를 기후나 다른 자연 요인과 연관지었다. 그는 그 유물론 이론을 확신하며 독특하게도 이를 "만약 한 전투의 우연한 결과라는 특정 원인이 한 국가를 무너뜨렸다면, 한 번의 전투로 그 국가의 몰락을 유발한 일반적인 원인이 있었을 것"이라고 표현했다. 왜냐하면 "맹목적 운명은 우리가 세상에서 보는 모든 영향을 만들어내(지 않)기 때문이다." 영국에서 애덤 스미스Adam Smith의 《국부론Wealth of Nations》은 순환 역사 과정을 함축한 사회의 경제를 엄격히 분석하는 기초를 놓았다. 여기서도 개인이 자신의 이기적인 목적을 추구하는 과정에서 부지불식간에 공통의 이익에 따라 행동하도록 이끄는 것은 눈 먼 운명이 아니라 '보이지 않는 손'이다.

이와 비슷하게 결정론으로 다가가는 변화가 독일 철학에서 발생했는데 그 형태는 매우 달랐다. 칸트는 데카르트처럼 자신의 철학에 인간의 자율성이 들어설 여지를 남겨놓았다. 그러나 그것은 초현상Noumena이라는 불가지不可知의 평행 우주에서만 가능한 일이었다. 그는 물질세계에서 "인간 행동으로 나타나는 의지의 명백한 표현은 다른 모든 외적 사건처럼 우주의 자연법이 결정한다"라고 주장했다.

> 우주 역사의 거대한 척도로 인간 의지의 자유로운 활약을 검토할 때, 그 움직임에서 꾸준히 나아가고 있음이 보인다. … 같은 방식으로 개개인 차원에서는 뒤엉키고 통제되지 않는 것처럼 보이는 것이 종種 전체 역사에서는 속도는 느려도 원래의 능력과 재능을 향상시키며 계속 전진하는 것으로 인식된다. … 개별 인간, 심지어 민족 전체도 스스로의 목적을 추구하고 있을 때는 … 그들이 알지 못하는 자연의 목적에 따라 인도를 받아 무의식적으로 전진하고 있다는 생각은 … 거의 하지 못한다.*

---

* Immanuel Kant, "Idea of a Universal History from a Cosmopolitan Point of View" (1784), Gardiner (ed.), *Theories of History*, pp. 22f, 29.

칸트는 《보편 역사를 위한 사유Idea for a Universal History》에서 새로운 역사철학 과제를 설정했다.

"사건 진행 과정의 배후에 있는 자연의 무심한 목적을 발견하려는 시도, 결국은 확정적인 자연의 계획에 따라 자기 계획 없이 행동하는 생물 역사를 형성하는 것이 가능한지 판단하려는 시도가 그것이다."*

독일 철학자 가운데 누구보다 이 과제를 중요하게 다룬 인물이 헤겔이다. 칸트와 헤겔은 "인간의 자의성과 외적 필연성까지도 더 높은 필연성"에 종속된다고 보았다. 헤겔은 《역사철학강의》에서 이렇게 말했다.

"철학 탐구의 유일한 목적은 우연성을 제거하는 데 있다. … 역사에서 우리는 세계의 궁극적 목적, 일반 설계를 찾아내야 한다. 우리는 의지 영역이 그저 우연성에 내맡겨지는 게 아니라는 믿음과 확신을 역사 속에 가져와야 한다."

헤겔의 '더 높은 필연성'은 물질적인 것이 아니라 초자연적인 것이었다. 그것은 다양한 측면에서 전통 기독교 신과 비슷한데 그가 "절대적이고 궁극적인 종말 그 자체로 또 그 자신을 위한 진리인 영원한 정의와 사랑"을 이야기할 때 특히 닮은 점이 돋보인다. 헤겔은 어쩌다 자신의 신을 '이성'이라 부르게 되었을 뿐이다. 그의 전제는 "이성이 세계를 지배하며 역사란 이성적 과정이라는 발상"이었다.

세계 역사가 궁극적인 설계의 지배를 받는다는 것, … 그 세계의 합리성은 … 신적이고 절대적인 이성이라는 것, 이것이 우리가 그 진실함을 당연시해야 하는 전제다. 그 증거는 세계 역사의 연구 자체에 있으며 세계 역사는 이성의 이미지이자 실천이다. … 세계를 이성적으로 바라보는 사람은 누구나 그것이 이성적 면모를 띤다는 것을 알아챈다. … 세계 역사의 전체 내용은 합리적이고 또 합리적이어야 한다. 신의 의지는 최

---

*   Michael Stanford, *A Companion to the Study of History* (Oxford, 1994), p. 62.

고의 지배이며 전체 내용을 결정할 만큼 충분히 강력하다. 우리의 목적은 이 실체를 식별하는 데 있어야 하며 이를 위해 우리는 이성적 의식을 지녀야 한다.[*]

어딘가 순환논법적인 이 논의는 비물질 세계에 결정론을 적용하지 않는다는 데 카르트 식 주장을 처리하는 두 번째 방법이었다. 헤겔은 유물론에 우선권을 주고 싶어 하지 않았다. 그는 "정신과 그 발전 과정은 역사의 진정한 실체다"라고 주장했다. 또한 그는 '물리적 자연의' 역할은 확고하게 정신의 역할에 종속되지만, 정신도 물리적 자연으로써 결정론의 힘에 종속된다고 주장했다.

이 힘은 무엇인가? 헤겔은 자신이 정신이라 부른 것을 '인간 자유의 관념'과 동일시하면서, 역사 과정은 이 자유 관념으로 '세계정신'을 연이어 거치며 자기 인식을 달성하는 과정으로 이해할 수 있다고 했다. 그는 소크라테스식 철학적 대화 형태를 채택해 국가 정신 내에서(그가 가장 관심을 기울인 사례를 가져와서) 본질적인 것과 현실적인 것 혹은 보편자와 개별자 사이의 이분법을 설정했다. 변증법적 왈츠와 비슷한 과정을 거쳐 역사가 위를 향해 전진하도록 몰아붙이는 요소는 이들 사이의 변증법 관계였다. 그러나 이것은 왈츠, 즉 계단을 올라가면서 추는 프레드 어스테어Fred Astaire[미국 무용가이자 배우 – 옮긴이] 스타일의 춤이었다.

"그 자체의 더 높은 개념을 향한 정신의 발전, 진전, 상승은 … 그 이전 현실 양식의 타락 · 파쇄 · 파괴로 이뤄진다. … 보편자는 개별적이고 결정적인 것 그리고 그것의 부정에서 발생한다. … 이 모든 것은 자동으로 일어난다."

헤겔 모델에 담긴 함의는 여러 면에서 당대의 어떠한 유물론 역사 이론보다 급진적이었다. 모순에서 힘을 얻는 사물 구도에서는 개별자의 열망과 운명은 전혀 중요

[*] G. W. F. Hegel, "Second Draft: The Philosophical History of the World" (1830), idem, *Lectures on the Philosophy of World History* (Cambridge, 1975), pp. 26-30.

하지 않다. 그것은 "세계 역사의 관심 대상이 아니다. 세계 역사는 개별자를 역사적 진전을 밀어붙이기 위한 도구로만 쓴다." 개인에게 어떤 불의가 닥치든 "철학은 현실세계를 그렇게 존재해야만 하는 그대로 이해하도록 도와준다." 세계 역사에서 "인간 행동은 그들이 의도한 것과 전혀 다른 영향을 산출"하며, "개별자의 가치는 그들이 국가 정신을 반영해 표상하는 정도로 측정한다." 결국 "역사적 위인은 … 더 높은 보편자를 붙잡고 그것을 자신의 목표로 삼은 사람들이다." 따라서 도덕성은 단순히 초점이 어긋난 문제다. "세계 역사는 도덕성을 적절히 적용하는 곳보다 더 높은 층위에서 움직인다." 물론 "주체 의지와 보편성 통합"의 "구체적인 현시", "윤리적 삶과 자유 실현의 전체성"은 헤겔 세대의 숭배 목표 곧 프러시아 국가였다.•

헤겔은 칼뱅의 신학적 도그마를 역사 영역으로 번역해 들여오고 예정설을 세속화한 셈이다. 이제 개별자는 내세에서 구원받는 것뿐 아니라 지상에서 자기 운명을 통제하는 권한도 잃었다. 같은 맥락에서 헤겔은 결정론을 향한 철저한 신학적 추세의 절정을 대표한다. 지고한 신의 존재를 받아들이기만 한다면 충분히 논리적인 결론이라 볼 수 있으나 그 결론을 완화하기 위해 아우구스티누스 등이 한 일이 많다. 동시에 헤겔의 관념론 역사철학과 다른 곳에서 등장한 유물론 사이에는 적어도 피상 수준의 유사성이 있다. 헤겔의 '이성의 간지'는 아마 칸트의 '자연'이나 스미스의 '보이지 않는 손'에 비해 더 가혹한 주인일 것이다. 그러나 이런 다른 준★신들도 그와 비슷한 역할을 담당해왔다.

헤겔 추종자는 관념론과 유물론 접근법의 종합은 필연적인 것이라고 말할 법하다. 그렇지만 헤겔이 세상을 떠날 무렵 그럴 가능성은 거의 희박해 보였다. 그 대관념론자와 동시대를 살았던 영국인들 역시 암묵적으로는 종교 모델 위에 자신의 정

•   앞의 책, pp. 33-141.

치경제학 모델을 구축했지만(보이드 힐턴Boyd Hilton 같은 사람들이 주장했듯), 외적 · 자의식적으로는 경험과 유물론 원리에 따라 계속 작업해 나갔다. 그뿐 아니라 19세기 초반에 발전한 정치경제학은 칸트와 마찬가지로 역사는 전진한다는 것을 기본 가정으로 삼은 헤겔의 상대적 낙관주의에 비해 비관적 성격이 강했다. 리카도가 제시한 농경에서의 한계효용체감 · 수익률 감소 · 부동의 임금률이라는 경제 법칙은 맬서스의 인구 원리처럼 경제학을 자기규제적이고 자기평형적이며 도덕상 인과응보 체계, 성장 뒤에는 정체와 수축이 따라오지 않을 수 없는 시스템으로 나타냈다. 결과적으로 영국 정치경제학에서 나온 논리적 결론은 전진하는 역사 모델이 아니라 순환 모델이었다.

또한 헤겔의 관념론 역사 과정 모델과 같은 시기에 프랑스에서 등장한 여러 유물론 이론 사이에도 그다지 현저한 유사성은 없었다. 콩트는 《실증철학강의Cours de Philosophie Positive》에서 또 다른 '위대한 근본 법칙'을 파악했다고 단언했다. 우리의 대표 개념, 즉 각각의 지식 분야에서 대표적인 개념은 세 가지 다른 이론 조건을 연속해서 거쳐 간다. 그것은 신학에 가깝거나 허구, 형이상학, 추상, 과학, 실증적이라는 말이다.[*] 히폴리트 아돌프 텐Hippolyte Adolphe Taine은 환경Milieu, 순간Moment, 인종Race이라는 또 다른 '실증주의' 삼중주를 제안했다. 두 사람은 모두 자신의 경험적 방법에 자부심을 느꼈는데 텐에 따르면 기록은 역사가의 최고 도구다.

"그는 과거 속으로 그것을 창처럼 던졌다가 완전하고 진정한 표본을 잔뜩 꿰어 끌어낸다. 사람들은 그 야단스러운 선언이 있은 지 20년이나 30년 뒤 그것을 이해한다."[**]

---

[*] Auguste Comte, "The Positive Philosophy and the Study of Society", Gardiner (ed.), *Theories of History*, p. 75.

[**] Isaiah Berlin, "The Concept of Scientific History", Dray (ed.), *Philosophical Analysis*, p. 28.

버추얼 히스토리

간단히 말해 영국 정치경제학과 결정론 독트린 가운데 가장 성공 사례인 헤겔 철학과의 종합에 미리 예정된 것은 아무것도 없다는 얘기다.

마르크스는 다른 19세기 역사철학자들과 달리 자유의지에 별로 신경 쓰지 않았다. 과학적인 사상가들에게 "보편 역사의 사실을 이론으로 연결"하고 "사회 질서와 사회 진보의 파생 법칙을 찾아내라"고 한 존 스튜어트 밀은 이전의 콩트와 칸트가 한 요구를 되풀이했다. 그러나 밀도 다른 수많은 19세기 자유주의자처럼 결정론에서 운명론으로 미끄러질까 봐 남몰래 겁을 먹고 있었다. 어쨌든 자유주의자가 자유의지와 개인의 역할을 포기하기는 쉽지 않은 일이었다. 밀의 해결책은 "필연성 독트린이라는 적절치 않은 이름의 인과관계 독트린"을 재규정해 "인간 행동은 인간적 본성과 그들의 특정 성격, 교육을 구성하는 자연적이고 인위적인 상황, 그 속에서 그들이 의식적으로 받아들여야 하는 상황의 결과물인 성격이 놓인 환경 그리고 일반 법칙이 합쳐진 결과"라는 의미만 갖도록 하는 것이었다. 한데 좀 더 가까이에서 살펴보면 이것은 매우 성급한 자격 요건이다. 더구나 밀은 반사실 질문을 명확히 제기한 어떤 단락에서 "일반 원인의 비중이 크지만 개인 역시 역사에 큰 변화를 불러온다"라고 공개적으로 인정했다.

> 테미스토클레스가 없었다면 살라미스 해전의 승리도 없었으리라는 것은 역사 사건에 관한 어떤 우연적 판단만큼 확실하다. 또 그 승리가 없었다면 우리의 문명은 어찌 되었을까? 카레스[BC 4세기에 활동한 아테네의 용병대장. 나중에 마케도니아에 항복함 – 옮긴이]와 리시클레스 대신 에파미논다스[BC 4세기에 활동한 그리스의 장군 혹은 지도자 – 옮긴이], 티몰레온, 심지어 이피크라테스가 카이로네이아 전투[BC 338년 마케도니아의 필리포스 2세가 그리스에 최종 승리를 거둔 전투 – 옮긴이]에서 지시를 내렸다면 사태는 얼마나 달라졌을까?

사실 밀은 두 가지 반사실 논점을 긍정적 의미로 인용했다. 카이사르가 없었다면 유럽의 문명 장소가 바뀌었을 수도 있다는 것과, 정복왕 윌리엄이 없었다면 영국 역사나 국민의 성격이 지금과는 달랐으리라는 게 그것이다. 그러다 보니 개인의 의식적 노력은 집단 차원이나 장기적으로 인간의 삶의 법칙에 종속된다는 그의 결론에 설득력이 없다.

> 우리 종이 오래 존속할수록 … 과거 세대가 현재에 미치는 영향도 오래 존속하고, 인류 전체가 각각의 구성원에게 미치는 영향은 다른 힘에 비해 우세해진다. … 종의 집단적 주체의 지배력은 모든 사소한 원인의 그것보다 점점 더 커져 인종의 일반 진화를 어떤 예정된 궤도에서 덜 이탈하는 무언가로 끊임없이 만들어 나간다.•

이러한 불확실성은 헨리 토머스 버클Henry Thomas Buckle[1821~1862. 영국 역사가. 미완의 저서《History of Civilization》을 남겼다 – 옮긴이]의 연구에서도 발견할 수 있다. 그의《영국 문명의 역사History of Civilization in England》(제1권을 1856년 출간함)는 과학적 역사라는 밀의 설명에 대답하는 것으로 보인다. 다음 글에서 그는 자신감 있으면서도 공공연하게 역사를 자연과학과 비교한다.

> 외견상 특이하고 변덕스러운 자연적인 사건은 어떤 고정적인 보편 법칙에 따라 설명하거나 밝혀져 왔다. … 만약 인간사도 그와 비슷하게 처리한다면 우리는 비슷한 결과를 기대할 수 있을 것이다. … 이전 세대는 몇몇 사건이 불규칙적이고 예측 불가능하다고 단언해왔으나 모든 세대가 그 사건들이 규칙적이고 예측 가능하다는 것을 입증하고 있다. 이처럼 문명 진보의 뚜렷한 경향은 방법의 질서와 법칙의 보편성에 관한

• John Stuart Mill, "Elucidations of the Science of History", Gardiner (ed.), *Theories of History*, pp. 96-99, 104f.

버추얼 히스토리

우리의 믿음을 강화해준다.

버클의 관점에서 사회적 통계 연구(지금도 이어지는 기하급수 규모의 성장이 막 시작 단계에 있던 무렵의 연구)는 "실제로는 어느 정도 일관성이 있는 인간 행동이 겉으로 아무리 변덕스럽게 보여도 방대하고 어긋남 없는 우주 질서 … 도덕 세계 규칙 시스템의 일부에 불과함"을 밝혀준다.[*] 하지만 버클 역시 자유의지에는 우려를 표했다. 그가 세운 인과 모델은 밀의 그것처럼 다음과 같이 단언했다.

"우리는 하나 혹은 다수의 동기가 작용한 결과로 어떤 행동을 수행한다. 그 동기는 이전 단계의 결과물이므로 우리가 이전 단계 전체와 그 움직임의 법칙까지 모두 알면 우리는 즉각적인 결과 전체를 정확히 예견할 수 있다. … 오로지 그 선례에 따라 결정하는 행동은 균일한 특징을 보인다. 이는 엄밀히 같은 상황 아래서는 언제나 동일한 결과를 낳는다는 뜻이다."

버클이 쓸데없이 다음 말을 덧붙이지 않았다면 이것은 100퍼센트 순수한 운명론이 될 뻔했다.

"역사 속에 가득한 모든 변화는 … 두 가지 행동의 결실임이 분명하다. 외적 현상이 마음에 미치는 행동과 마음이 현상에 영향을 주는 행동이 그것이다."[**]

19세기 저술가 가운데 자유의지와 결정론 역사 이론 간의 상충 문제와 힘들게 씨름한 사람 중 《전쟁과 평화War and Peace》 결말 부분의 톨스토이에 견줄 사람은 아마 없을 것이다.[***] 톨스토이는 1789~1815년 세계를 뒤흔든 사건들, 특히 그가 쓴

---

[*]   Fritz Stern (ed.), *The Varieties of History from Voltaire to the Present* (London, 1970), pp. 121ff, 127-132.

[**]   Henry Thomas Buckle, "History and the Operation of Universal Laws", Gardiner (ed.), *Theories of History*, p. 114f.

[***] Tolstoy, *War and Peace*, vol. Ⅱ (London, 1978), pp. 1400-1444.

대서사시의 역사 무대인 프랑스의 러시아 침공과 그 최종 실패를 설명하려 한 대중 역사가의 빈약한 시도뿐 아니라 헤겔 식 관념론자의 시도도 비웃었다. 그는 신의 섭리, 우연, 위대한 인물, 관념의 역할은 나폴레옹시대에 발생한 수백만 명의 거대한 움직임을 설명하기에 충분치 않다고 일축했다. 톨스토이에게 "(역사의) 새 학파는 힘을 명백히 드러내는 것이 아니라 그것을 창조하는 원인을 연구하는 것이어야 했다. … 만약 역사의 목적이 인류의 흐름과 민중을 묘사하는 데 있다면 제일 먼저 답을 찾아야 할 첫 질문은 … 이것이다. 국가를 움직이는 힘은 무엇인가?" 그는 뉴턴의 용어를 빌려 "민중의 움직임을 설명할 수 있는 유일한 개념은 민중의 움직임 전체와 양립 가능한 힘의 개념"이라고 주장했다. 또한 그는 지배자와 피지배자의 관계에 관한 법리상의 정의, 그중에서도 계약을 근거로 한 피지배자에서 지배자로의 권력위임 관계 개념을 기각했다.

> 집행한 모든 지시는 언제나 집행하지 않은 엄청난 수의 지시 가운데 하나다. 모든 불가능한 지시는 사건 과정과 들어맞지 않으며 실행할 수 없는 것들이다. 실행 가능한 지시만 사건의 연쇄에 상응하는 지시의 일관성 있는 연쇄관계에 들어맞아 실행한다. … 모든 사건은 겉으로 드러난 어떤 욕구와 필연적으로 동시에 발생하며 그 나름대로 정당화 근거를 찾은 만큼 한두 명의 의지의 산물로 보인다. … 어떤 일이든 언제나 예견하고 선포한 그대로 일어난 것으로 보인다. … 역사적 인물과 그들의 지시는 사건에 의존한다. … 한 인물이 견해와 이론과 집단 행동의 정당화를 더 많이 표출할수록 그의 직접적인 참여도는 낮다. … 사건에서 직접적으로 가장 큰 몫을 차지할 자들이 가장 적게 책임지며 그 반대도 참이다.

이런 노선을 견지한 그는 어딘가 막다른 골목에 도달한 것처럼 보였다.

"도덕적으로는 힘이 사건의 원인인 듯 보인다. 물리적으로는 그 힘에 종속된 자들이 원인이다. 그러나 도덕적 행동이 물리적 행동 없이 잉태될 수 없는 한, 그 사건의 원인은 다른 것이 아닌 그 둘의 접합에 있다. 다른 식으로 표현하자면 원인 개념은 우리가 검토하는 현상에 적용 가능하지 않다."

그런데 톨스토이는 이 상황을 물리학 법칙에 견줄 만한 사회적 움직임의 법칙이라는 자신의 목표에 도달했음을 의미하는 것으로 받아들였다.

"전기는 열을 만들어낸다. 열은 전기를 만든다. 어떤 원자는 유인하고 또 어떤 원자는 서로를 밀어낸다. … 그 발생 원인을 알지 못하는 우리는 이것이 현상의 본성이고 저것이 법칙이라고 말한다. 역사적 현상에도 같은 말을 적용한다. 전쟁과 혁명은 왜 일어나는가? 우리는 모른다. 그저 인간은 이런저런 사건을 만들고자 모두 제 역할을 하는 특정 조합에 참여한다는 것만 알 뿐이다. 그리고 이것이 인간의 본성이고 저것이 법칙이라고 말한다."

물론 잠시만 숙고해도 자연법의 이 정의(말하자면 우리가 설명할 수 없는 것의 상호관계가 곧 법칙이라는 정의)에 아무 내용이 없음을 알 수 있다. 한데 그 뒤에 이어지는 말은 더 혼란스럽다. 톨스토이는 자신의 '법칙'에 담긴 함의를 연장해 개인의 자유의지라는 발상을 논한다.

"인간 행동을 통제하는 단 하나의 법칙이 있다면 자유의지는 존재할 수 없다."

모든 소설가 중에서도 가장 위대한 이 사람은, 결정론을 위해 개인의 행동동기를 통찰함으로써 《전쟁과 평화》에 영원한 힘을 부여한 이 사람은, 자유의지가 존재하지 않음을 입증하려 했다. 정말 피에르의 오랜 고뇌가 어떤 것이든 그것이 그 자신의 필연적 운명과 아무 관련이 없음을 의미할까? 그렇게 보일지도 모른다. 톨스토이에 따르면 개인은 뉴턴의 중력 법칙에 종속되듯 톨스토이 식 힘의 법칙에도 종속되니 말이다. 그저 인간이 자유를 비합리적으로 이해하는 까닭에 중력 법칙은 인정하면서도 힘의 법칙은 같은 방식으로 인정하지 않을 뿐이다.

경험과 추론으로 돌이 아래로 낙하한다는 것을 알게 된 인간은 이 법칙이 의심의 여지 없이 모든 경우에 작동한다고 확신한다. … 그런데 그와 똑같이 자신의 의지가 법칙에 종속된다는 것을 확실히 알게 된 사람은 그것을 믿지도 않고, 믿을 수도 없다. … 만약 이성이 보기에 자유의식이 무의미한 모순으로 여겨지면 … 이는 그저 의식이 이성에 종속되지 않음을 증명할 뿐이다.

역사의 이분법식 암시는 톨스토이의 또 다른 법칙(지적으로 좀 더 만족스러운)에도 드러난다.

"우리가 탐구하는 모든 행동에서 우리는 어느 정도의 자유와 어느 정도의 필연성을 본다. … 필연성 대비 자유의 비율은 그 행동을 바라보는 시각에 따라 늘었다 줄었다 한다. 하지만 그것은 언제나 반비례 관계다."

톨스토이는 역사가가 자신이 다루는 주제들이 "외적 세계와 맺는 관계"를 더 잘 알수록, 자신이 서술하는 사건과 시간적으로 떨어져 있을수록, 이성이 요구하는 "끝없는 인과의 사슬"을 더 잘 이해할수록, 자유의지를 중요시하려는 마음이 줄어들 것이라고 결론짓는다.

"인과의 사슬 속에서 이해할 수 있는 모든 현상은 … 그 이전 단계 사건의 결과이자 추후에 일어날 일의 원인으로써 확고한 자리를 얻는다."

흥미롭게도 톨스토이는 이 지점에서 역사 글쓰기에 "절대 필연성이란 결코 있을 수 없음"을 인정한다.

"인간 행동이 어떠한 자유도 없이 필연성 법칙에만 종속된다고 상상하면 우리는 무한한 공간 여건, 무한히 긴 시간, 무한한 인과의 사슬 지식을 갖춰야 한다."

자유는 내용이고 필연성은 형태다. … 우리가 아는 인간의 삶은 그저 자유의지와 필연성의 특정 관계에 불과하다. 말하자면 이성 법칙과 의식의 관계다. … 시간과 공간 속에서 원인에 의존하는 자유의지의 힘을 표현하는 것이 역사 주제를 형성한다.

사실 위 문장의 어떤 요소도 엄격한 결정론을 논리적으로 함축하지 않는다. 그런데 그는 이런 글을 덧붙인다.

우리는 우리에게 알려진 것을 필연성 법칙이라 부른다. 알려지지 않은 것은 자유의지라 한다. 자유의지는 우리가 모르는 인간의 삶의 법칙을 가리키는 역사학의 표현일 뿐이다. … 역사학에서 인간의 자유의지를 역사 사건에 영향을 미칠 수 있는 어떤 힘으로 인정하는 것은 … 말하자면 천문학에서 천체를 움직일 자유로운 힘이 있다고 인정하는 것이나 마찬가지다. … 자유의지에서 비롯된 인간 행동이 하나라도 있다면 단 하나의 역사 법칙도 존재할 수 없다. … 이 자유의지 요소를 무한소로 축소해야 … 우리는 원인의 절대 불가해성을 스스로 납득할 수 있는데, 이 경우 원인을 찾으려 애쓰는 대신 역사 법칙을 탐구하는 것이 역사학의 과제다. … 개인이 공간, 시간, 인과관계에 종속된다는 것을 인정하지 못하게 방해하는 걸림돌은 그 법칙에서 자신이 독립적이라는 개인적 인상을 포기하는 일이 어렵다는 점이다.

그러나 역사적 인물이 실제로 그것을 의식할 때, 역사가들이 거의 무한한 지식을 갖추지 않으면 진정으로 이해할 수 없는 결정론 법칙을 위해 왜 자유의지의 역할을 무한소까지 축소해야 하는지는 분명치 않다. 결국 납득할 만한 역사의 결정론 이론을 세우려던 톨스토이의 시도는 거창한 실패작으로 남았다.

그가(다른 많은 사람도) 실패한 부분에서 성공했다고 진심으로 말할 수 있는 사람은 한 명뿐이다. 이제 그의 시대가 사실상 종식된 것으로 보이는 지금, 우리는 적어도 마르크스의 역사철학을 적절한 맥락에 세워볼 수 있다. 결정론의 다양한 브랜드 가운데 가장 강력한 브랜드라는 위치에 말이다. 그것은 비현실적이긴 해도 헤겔 식 관념론과 리카도 식 정치경제학의 깔끔한 종합이다. 비록 이것은 변증법적 역사 과정이지만 정신적 모순이 아니라 물질적 갈등에서 유래하는 까닭에 "스스로 사유하는 정신"을 대체한 "생산의 실제 과정"을 "모든 역사의 기초"로 삼는다(《독일 이데올로기The German Ideology》에서처럼). 프루동Proudhon은 그것을 실제로 시도한 바 있다. 마르크스는 국가가 후원하는 계급 간 조화 개념을 버림으로써 헤겔을 '시정'하고, 《철학의 빈곤The Poverty of Philosophy》에서 프루동을 분쇄해 그것을 완성했다.[*] 19세기 선전구호 가운데 가장 생명이 긴 공산당 선언은 간단하고 귀에 쏙 들어온다.

"지금까지 존재해온 모든 사회의 역사는 계급투쟁 역사다."

헤겔에게서 변증법 이상의 것을 가져온 마르크스는 자유의지를 경멸하는 것도 흡수했다.

"인간은 자신의 역사를 만들지만 자신이 그것을 만들고 있다는 사실을 모른다." "역사적 투쟁에서 사람들은 당의 구호와 환상을, 실제 … 이해관계와 그들 자신의 개념을 현실과 … 구별해야 한다." "사회적 생산수단 생산에서 인간 존재는 그들의 의지와 무관하게 유한하고 필연적인 관계에 들어간다." "인간에게 스스로의 힘으로 이런저런 사회 형태를 선택할 자유가 있는가? 절대 아니다."

그런데 헤겔의 배후에는 그만큼 눈에 잘 보이는 칼뱅의 그림자와 그보다 더 오래된 예언자들의 그림자가 있다. 마르크스 독트린은 자본주의를 내던지고 지구를 물려받을 운명에 놓인 새로운 선제후를 특정 개인, 비참하게 소외된 프롤레타리아 구성원으로 대체했다. 마르크스는 《자본론》에서 그 유래를 성경에서 찾아볼 수 있는 예언을 하고 있다.

자본 독점은 생산양식을 옭아매는 족쇄다. 그것은 생산양식 옆과 아래에서 솟아올라

---

[*]   전체적으로는 M. Rader, *Marx's Interpretation of History* (Oxford, 1979)를 볼 것.

무성하게 자란다. 사회화한 생산수단과 노동의 중앙집중화는 마침내 자본주의적 외피 속에서 공존할 수 없는 지점에 도달한다. 사유재산 자본주의의 조종이 울린다. 수탈자들은 수탈당한다.*

　인정해야 할 것은 마르크스와 엥겔스가 항상 수많은 해석자만큼 교조적이지는 않았다는 점이다. 솔직히 말하면 그들은 더 묵시록에 가까운 정치적 예언에 실패해 가끔 가장 유명한 저술에 담긴 결정론 논조를 누그러뜨려야 했다. 마르크스는 전반적인 발전 추세의 '가속과 감속'이 개인의 성격을 포함한 우연 요소의 영향을 받을 수 있음을 인정했다.** 엥겔스도 "역사는 흔히 점프와 지그재그 형태로 흘러가며" 불편하게도 "사유의 사슬을 방해하는 일이 수없이 생긴다"는 것을 인정해야 했다.*** 그가 마르크스와 나눈 최후의 서신이 보여주듯 그는 경제 기저와 사회 '상부구조' 사이의 단순한 인과관계라는 발상을 입증하려(헛수고임이 드러나지만) 노력했다.

　바로 이 문제가 러시아의 마르크스주의자 게오르기 플레하노프Georgi Plekhanov를 혼란스럽게 했다. 사실 그의 에세이 〈역사에서 개인의 역할The Role of the Inidividual in History〉은 결정적인 역할을 한 개개인의 설득력 있는 사례들이 주는 충격과 거리를 두려는 노력에도 불구하고 마르크스의 사회경제 결정론을 지지한다기보다 그에 반대하는 훨씬 더 강력한 주장으로 끝난다. 플레하노프는 만약 루이 15세가 다른 성격의 인물이었다면 프랑스 영토는 (오스트리아 계승 전쟁 이후) 더 확장되고 경제와 정치 발전도 다른 경로를 따랐을 거라고 인정한다. 루이에게 끼친 퐁파두르 부인의

---

*　Karl Marx, *Capital*, vol. I, ch. 32.

**　Carr, *What Is History?*, p. 101.

***　P. Abrams, "History, Sociology, Historical Sociology", *Past and Present*, 87 (1980), p. 15. Rader, *Marx'd Interpretation*, pp. 4, 8f; E. P. Thompson, "The Poverty of Theory", idem (ed.), *The Poverty of Theory and Other Essays* (London, 1978), p. 307.

영향력이 좀 약했다면 불쌍한 수비즈Soubise 원수는 더 오래 자리를 지켰을 테고, 바다에서 전쟁을 더 효과적으로 치렀을 수도 있다. 부툴린Buturlin 장군[7년 전쟁 당시 러시아 장군으로 1761년 프로이센에 진주했으나 전투를 제대로 지휘할 능력이 없었다 – 옮긴이]이 러시아의 엘리자베타 여제가 세상을 떠나기 몇 달 전인 1761년 8월 스트레가우Streigau[남서 폴란드의 소도시 스트셰곰Strzegom의 독일명 – 옮긴이]에서 프리드리히를 공격했다면 그는 왕을 몰아냈을지도 모른다. 만약 미라보Mirabeau가 살아 있었다면 또는 로베스피에르Robespierre가 사고로 죽었다면 어땠을까? 만약 보나파르트가 전투 초반에 죽었다면? 이런 이상한 우연성과 반사실을 모두 붙잡아 마르크스주의 식 결정론의 족쇄 속에 묶어놓으려는 플레하노프의 시도는 아무리 가볍게 말해도 비비 꼬였다.

> (개개인은) 필연성의 … 도구 역할을 하는데 그의 사회적 지위와 그 지위에 따른 정신 상태 및 기질 때문에 그렇게 하지 않을 수 없다. 이것 역시 필연성의 한 측면이다. 그의 사회적 지위가 그에게 그 성격을 주입한 만큼 그는 필연성의 도구 노릇을 하고, 그렇게 해야 할 뿐 아니라 그것을 열렬히 원하며 그런 열망을 품지 않을 수 없다. 이것이 자유, 그것도 필연성에서 자라난 자유의 한 면모다. 더 정확히 말하자면 그것은 필연성과 동일한 자유, 자유로 변형된 필연성이다.

따라서 "한 개인의 성격이 사회 발전의 한 '요소'로 작용하는 것은 사회관계가 그렇게 되기를 허용하는 시간과 공간에서만 가능하다." 재능이 있고 사회적 세력을 갖춘 모든 인간은 사회관계의 산물이다. 플레하노프는 심지어 베리J. B. Bury가 나중에 펼칠 논의, 즉 역사 사건은 결정론 인과관계 사슬 사이의 충돌의 산물이라는 논의를 예고한다. 그런데 그는 거기서 훨씬 더 결정론적인 결론을 이끌어낸다. 아무리 사소한 심리적·생리적 원인이 교묘하게 교차해 짜였어도 그것은 어떤 상황에서든 프랑스 혁명을 일으킨 거대한 사회적 요구를 제거하지 못했을 것이다. 설사 미라보

버추얼 히스토리

가 더 오래 살았어도, 로베스피에르가 더 일찍 죽었어도, 보나파르트가 일찌감치 총알에 맞아 쓰러졌을지라도 말이다.

여하튼 사건은 같은 경로를 따라갔을 것이다. … 어떤 상황에서도 혁명적 움직임의 최종 결과는 실제와 반대로 나타나지 않았으리라. 유력한 개개인이 사건의 개별 특징과 그것의 특정 결과 중 일부를 바꿀 수도 있지만 그 전체 추세를 바꿀 수는 없다. … (왜냐하면) 그것 자체가 추세의 산물이기 때문이다. 그 추세가 아니었다면 그들은 절대 가능태와 현실태 사이에 그어진 문턱을 넘어서지 못했을 테니 말이다.[*]

플레하노프는 "생산력 발전과 생산의 사회경제적 과정 속에서 인간의 상호관계"가 어떻게 오스트리아-러시아가 프리드리히왕을 상대로 승리할 수 있던 결과를 뒤집었는지 말하지 않는다. 또 그가 실제로 제안한 하나의 반사실 결과가 나폴레옹이 없는 프랑스에 미칠 반향도 고려하지 않는다.

"루이 필리프가 친애하던 친척의 왕좌에 오른 것은 1830년이 아니라 1820년이었을 것이다."

그가 시사하듯 이것이 그토록 하찮은 일이었을까? 그런데 그들이 의심하며 마르크스주의자들을 막 공격하기 시작했을 때, 관련 없던 과학의 한 분야에서 이뤄낸 돌파구가 그들이 주장하는 사회 변화 모델의 정당성을 입증할 만한 결정적 근거를 제공했다. 다윈이 혁명적인 자연 선택 이론을 내세우자 엥겔스는 즉각 그것을 계급투쟁 이론의 새로운 증거로 채택했다.[**] 비록 오래지 않아 다윈의 복잡한(때로는 모순

---

[*] Georgi Plekhanov, "The Role of the Individual in History", Gardiner (ed.), *Theories of History*, pp. 144-163.

[**] Stanford, *Companion*, p. 284. 이와 비슷하게 다윈을 인용한 트로츠키의 말을 보려면 Carr, *What Is History?*, p. 102 참조. "생물학 언어로 말하자면 역사 법칙은 사건의 자연 선택으로 실현된다고 할 수 있다."

적인) 메시지를 조야하게 오독하고 왜곡한 인종 갈등 이론가들도 같은 주장을 했지만 말이다. 토머스 헨리 헉슬리Tomas Henry Huxley와 에른스트 헤켈Ernst Haeckel 같은 저술가는 그 이전에 나온 고비노Gobineau의 인종 이론을 단순화한 자연 선택 모델을 적용하고 현대화해 개별 생물 간의 경쟁을 인종 간의 조야한 투쟁으로 바꿔놓았다. 그 개념은 19세기 말 20세기 초의 세기 전환기에 벌어진 수많은 정치 논쟁의 공통적인 흐름이었다.

사회주의 지적 발달을 어떤 식으로든 통제하는 정당정치 규범이 없는 상태에서 '사회적 다윈주의'는 순식간에 다양한 형태로 나타났다. 우생학 이론가들의 유사과학 연구, 영국 역사가 프리먼E. A. Freeman의 과도하게 자신만만한 제국주의, 슈펭글러Spengler의 바이마르 식 염세주의, 궁극적으로는 20세기 가장 폭발적인 이데올로기로 등장하는 히틀러의 폭력적 반유대주의 환상이 그 예다. 이들 사이의 연결고리는 그들의 결정론적(어떤 경우에는 묵시록적) 경향성이자 개인의 자유의지 개념을 향한 무관심이다. 마르크스와 다윈의 확연하게 다른 지적 기원에도 불구하고 외견상 둘의 이론이 수렴하는 현상을 고려할 때, 역사의 결정론 법칙에 관한 믿음이 그들의 생전과 사후 그토록 널리 퍼졌다는 것은 그리 놀랄 일이 아니다.

분명한 것은 19세기에 모두가 결정론을 받아들인 것은 아니라는 점이다. 사실 랑케와 그의 추종자들의 연구는 역사가가 과학 세계에서 다른 교훈을 끌어올 수 있음을 보여주었다. 랑케는 그 이전의 역사가와 철학자들이 무(아니면 기껏해야 다른 역사가와 철학자의 책에서)에서 보편 역사 법칙을 끌어내려 애쓰는 방식에 의구심을 품었다. 빈틈없고 철저한 사료 연구와 적절한 과학적 방법으로만 역사에서 보편 이해에 도달하리라는 희망을 품을 수 있다는 것이 그의 신념이었다. 그가 초기에 '있는 그대로'의 역사를 쓰겠다는 소원을 품고 과거 사건과 시대의 고유성을 반복해서 강조한 이유가 여기에 있다.

랑케가 세운 것으로 알려진 역사주의Historicism 운동의 목적은 특정 현상을 그 적절한 맥락으로 이해하는 데 있다. 그렇다고 이것이 결정론의 전적인 거부를 뜻하는 것은 아니다. 랑케는 여전히 여러 중요한 측면에서 헤겔 철학에 신세를 진 입장이었다. 방법론 방향은 보편자에서 개별자로가 아니라 개별자에서 보편자로 뒤집어졌을지 몰라도 랑케의 저술에 나오는 보편자의 본성과 기능은 여전히 헤겔 식이고 프러시아 국가를 찬상하는 것도 마찬가지다. 무엇보다 역사가는 과거를 있는 그대로(아니면 그것이 '본질적으로' 어땠는지) 서술하는 데 관심을 기울여야 한다는 생각은 그것이 어떤 것이었을 수도 있는지 진지하게 성찰하는 것도 암묵적으로 배제한다. 랑케는 헤겔처럼 역사는 일종의 정신 계획 전개라는 가정을 유지했다. 그는 헤겔만큼 그 계획의 본성에 확신이 없었을 수도 있지만 계획이 있다는 사실은 의심하지 않았고, 그 종결점이 프러시아의 자기실현이라는 것도 마찬가지였다.

헤겔 식 서브텍스트를 제외한 랑케의 방법론을 영국으로 도입한 역사가도 그와 유사한 목적론 위에 자신의 연구를 구축했다. 스텁스Stubbs는 프러시아 대신 전통적으로 학술 색채가 덜한 매콜리Macauly가 주로 다룬 영국 헌법 발전을 주제로 삼았다. 또 다른 영국의 랑케주의자 액튼Acton은 유럽 전체 역사에 이와 비슷한 개념을 적용했다. 세기 전환기의 자유주의 역사가들은 프랑스의 실증주의자처럼 그들의 과학적 방법론이 실용성과 정치적 '교훈'을 드러내고, 그들 이전에 레키Lecky를 그토록 매혹한 일반 발전 과정을 잘 보여주었다는 것에 자부심을 느꼈다. 실제로 액튼은 역사 연구 자체를 유럽이 중세의 어둠에서 빠져나오게 해준 동력 중 하나로 보았다. 그는 이 점을 놀라울 만큼 독일 식 화법으로 표현했다.

"탐구와 발견의 보편 정신은 … 작동을 멈추지 않고 계속 도전해온 반동을 견뎌낸 끝에 … 결국 승리했다. … 종속에서 독립으로 나아가는 … 이 점진적 경로는 … 우리에게 커다란 의미가 있는 현상이다. 왜냐하면 역사학이 그 도구 중 하나이기

•   Herbert Butterfield, *The Whig Interpretation of History* (London, 1931).

때문이다.[*]

역사가는 진보의 필연적 승리를 서술하는 데만 관심이 있는 것이 아니라, 그 과정에서 실제로 진보의 승리에 기여하기도 했다. 더 최근의 존 플럼 경Sir John Plumb과[**] 마이클 하워드 경Sir Michael Howard[***] 같은 자유주의 역사가도 이러한 낙관주의를 암시하고 있다.

우연성, 기회, 인과관계를 향한 반발

물론 관념론 발상에서 나왔든 유물론 발상에서 나왔든 그 진보적 낙관주의에 반박이 없지는 않았다. 토머스 칼라일은 에세이 〈역사에 관하여On History〉의 한 유명한 단락에서 이렇게 단언했다.

최고의 재능을 갖춘 사람만 자신의 일련의 인상을 관찰하고 기록할 수 있다. 그 관찰은 … 반드시 연속적이어야 한다. 한편 행해진 일은 흔히 동시적이다. … 그 행동은 글로 기록한 역사와 같지 않다. 실제 사건은 그렇게 단순히 부모와 자식의 관계처럼 서로에게 연결되어 있지 않다. 하나의 사건은 모두 다른 한 사건의 후속이 아니라 그 이전 혹은 동시적인 다른 온갖 사건의 후속이다. 그리고 그것은 또 다른 모든 사건과 합쳐져 새로운 사건을 낳는다. 이는 늘 살아서 작동하는 존재의 카오스다. 그 속에서 형

---

[*]   Lord Acton, "Inaugural Lecture on the Study of History", W. H. McNeill (ed.), *Essays in the Liberal Interpretation of History* (Chicago, 1967), pp. 300-359.

[**]   J. H. Plumb, *The Death of the Past* (London, 1969), 특히 pp. 17, 77f, 97-100, 129f 참조.

[***]   특히 Michael Howard, "The Lessons of History", idem, *The Lessons of History* (Oxford, 1991), pp. 6-20 참조.

태는 계속 무수한 요소를 기반으로 스스로를 형성한다. 역사가들이 몇 엘ell[직물의 길이 단위. 약 115센티미터 – 옮긴이]의 실 한 올을 꿰어 서술하고 과학적으로 탐사할 대상이 … 바로 이 카오스다! 모든 행동은 본성상 길이와 마찬가지로 폭과 깊이도 차지하는 것으로 간주되기 때문이다. … 모든 내러티브에는 그 본성상 하나의 차원만 있다. … 내러티브는 선적이고 행동은 입체적이다. 애석하도다, 우리의 '원인과 결과'의 사슬 그리고 사슬 줄이여. … 전체는 넓고 깊고 엄청나게 거대한데 각 원자는 서로 '사슬로 묶여' 모두가 연결되어 있다!*

이 반과학 견해의 더 극단적인 표현은 칼라일에 맞먹을 만한 러시아인 도스토옙스키가 쏟아냈다. 합리주의 결정론에 반대한 도스토옙스키는《지하생활자의 수기 Notes from Underground》에서 타의 추종을 불허하는 포격을 가하며 인간이 이기적으로 행동한다는 경제학자의 가정과 버클리의 문명 이론, 톨스토이 식 역사 법칙을 조롱했다.

인간이 자유의지로 오류를 범하기를 포기할 것이라고 확신하는 모양이지. … 우주에는 자연법칙이 있다고 또 그에게 일어나는 일은 무엇이든 그의 의지 밖에서 일어난다고 믿는 것 같군. 인간의 모든 행동은 회계장부 같은 것에 기록되고, 그러니까 10만 8,000번까지 기록되다가 시간표로 옮겨진다. … 그것은 발생할 모든 일을 자세히 계산하고 정확히 예고한다. … 그렇다면 인간은 지루함을 피하려고 무슨 일을 할지 모른다. … 인간은 … 이성과 이익이 지시하는 것보다 자신이 하고 싶은 방식으로 행동하는 편을 선호하기 때문이다. … 인간의 자유롭고 제약을 받지 않는 선택, 극도로 야단스러운 변덕, 가끔 광기로 보일 만큼 자극적인 환상은 그 어떤 테이블에도 들어맞지

* Thomas Carlyle, "On History" (1830), Stern (ed.), *Varieties*, p. 95.

않는 가장 유리한 이점이다. … 인간은 가장 터무니없는 소망을 품을 권리를 확보하기 위해 … 해롭고 어리석고 심지어 철저하게 터무니없는 줄 완벽하게 알면서도 그런 소망을 품는다.

이를 역사에 적용하면 그것은 진보의 발상을 사전 차단한다. 역사란 거대하고 다채로울지 몰라도 도스토옙스키의 '병든' 분신Alter Ego 관점에서는 본질적으로 단조롭다.

"그들은 싸우고 싸우고 또 싸운다. 그들은 지금 싸우고 과거에도 싸웠고 미래에도 싸울 것이다. … 당연히 세계 역사에 관해 무슨 말이든 할 수 있다고 하지 않겠는가. … 단 한 가지는 제외해야 한다. 세계 역사가 합리적이라는 말은 할 수 없다."

그러나 도스토옙스키도 그의 가장 큰 작품 전체에서 이 노선을 계속 유지하지는 않았다. 다른 작품에서(《카라마조프가의 형제들》이 가장 명백하다) 그는 마치 러시아 정교가 《죄와 벌》의 막바지에 라스콜리니코프의 악몽으로 예언한 무정부주의의 재앙에 맞설 예방접종이 되어줄 것처럼 종교 신앙으로 후퇴했다. 칼라일의 사유도 이와 비슷하게 바뀌지만 면밀히 살펴보면 그의 신적 의지는 도스토옙스키의 러시아 정교보다 헤겔의 것에(칼뱅의 것에도) 더 가깝다. 칼라일은 헤겔의 말을 반복하면서(수정한 것이긴 하지만) 보편 역사를 밑바닥에서 본 위대한 인물들의 역사라고 했다.

"성취로 우뚝 선 세계의 (모든) 일은 위대한 인물들의 마음속에 거주하던 생각이 세계 속으로 파견된 … 외적·물질적 산물이다. 세계 역사 전체의 영혼은 … 하늘의 선물로 빛을 내는 (이들) 자연 광원체의 … 살아 있는 빛의 분수이며 … 이러한

•   Fyodor Dostoevsky, *Notes from Underground*, trans. Andrew R. MacAndrew (London, 1980 edn.), pp. 105-120.

생각의 역사다.*

이것은 반결정론 역사철학의 조리법은 아니다. 이와 반대로 칼라일은 과학적 결정론이라는 신식 버전을 거부하고 구식인 신적 버전을 지지했다.

> 역사는 … 전과 후를 모두 바라본다. 다가오는 시간the coming Time은 보이지 않지만 도래한 시간 속에in the Time come 예정되어 있고, 필연적으로 확실한 형태를 갖춘 채 기다리고 있다. 두 시간의 복합 속에서만 둘의 의미가 완성된다. … (인간은) 두 영원성 사이에서 살아가며 … 미래 전체와 과거 전체의 명료하고 의식적인 관계 속에 … 그 자신을 기꺼이 통합한다.**

사실 격세유전 같은 칼뱅주의까지 포함한 칼라일의 소박하면서도 완전한 결정론에 도전한 기록을 만나려면 베리, 피셔, 트리벨리언Trevelyan 같은 세기 전환기 영국 역사가의 저술을 기다려야 한다. 세기 전환기의 옥스브리지[옥스퍼드+케임브리지 – 옮긴이] 역사학에서 불순한 우연성의 역할을 가장 잘 알린 것은 반칼뱅주의였다.*** 베리와 피셔는 찰스 킹슬리Charles Kingsley가 '인간 자신의 존재 법칙을 깨뜨리는 수수께끼 같은 힘'이라 부른 것을 새로운 종류의 역사철학으로 제안했다. 피셔의 《유럽 역사 History of Europe》 서문에는 다음과 같이 퉁명스럽게 인정하는 말이 나온다.

---

*   Stern (ed.), *Varieties*, p. 101에 인용.

**   앞의 책, p. 91.

***   이처럼 가벼운 분위기를 보여주는 전형적인 사례가 1905년 모리스 에반 헤어Maurice Evan Hare가 쓴 5행 속요limerick다.
There once was a man who said 'Damn!
It is borne in upon me I am
An engine that moves
In predestinate grooves,
I'm not even a bus, I'm a tram.

나보다 더 지혜롭고 유식한 인간들은 역사 속에서 플롯, 리듬, 예정된 패턴을 식별한다. 내 눈에는 이런 조화가 보이지 않는다. 나는 그저 파도가 꼬리를 물고 이어지듯 한 사건이 다른 사건에 이어 발생하는 것만 볼 수 있다. … 진보는 자연법칙이 아니다.*

피셔는 역사가들에게 "인간 운명의 발전 과정에서 우연성과 예견하지 못한 것의 역할을 간파하라"라고 요구했다(그 자신은 주요 저술에서 그렇게 했는지 따져볼 문제지만). 베리는 이 노선에서 더 나아갔다. 그는 에세이 〈클레오파트라의 코〉에서 우연성 역할에 관해 완전히 성숙한 이론을 개발했다. 그 이론은 코가 원인일 거라고 추정하는 사건 등 결정적이지만 우연한 역사 사건의 연쇄를 참조해 "독립적인 한두 개 인과 사슬 간의 귀중한 충돌"이라 정의했다. 사실 이것은 결정론과 우연성의 화해를 유도하려는 시도이기도 하다.

베리의 좀 혼란스러운 공식에 따르면 '우연한 마주침Chance Coincidence' 요소는 사건을 결정짓는 데 기여한다.** 그런데 베리와 피셔는 그다음 단계, 즉 대안 역사 발전을 자세히 탐구하는 단계로 넘어가지 않았다. 베리의 사슬과 피셔의 파도가 다른 지점에서 충돌해 다른 결과를 낳을 수도 있었는데 말이다. 시간이 흐르면서 베리는 자연을 향한 인간의 힘 증대와 민주주의 제도가 정치가에게 부과하는 개인적인 제한으로 "우연성은 … 인간의 진화에서 덜 중요해졌다"라고 주장함으로써 자신의 논의를 정당화했다. 이 말은 수상할 정도로 밀과 톨스토이가 자유의지 쇠퇴를 거론한 말과 비슷하게 들린다.

트리벨리언은 에세이《뮤즈인 클리오Clio, a Muse》에서 이보다 더 나아가 인간사에서 원인과 결과의 과학이라는 생각 자체를 "물리학과의 비교를 잘못 적용"한 소치

*   H. A. L. Fisher, *A History of Europe* (London, 1936), p. v.
**   J. B. Bury, *Selected Essays*, (ed.), H. W. V. Temperley (Cambridge, 1930), pp. 60~69.

라고 보아 부정했다. 역사가는 "원인과 결과를 일반화하고 추측할" 수도 있지만 그의 첫 번째 임무는 "이야기를 전하는" 일이다. "의심할 것도 없이 세계 조수潮水의 들고남에 영향을 주는 수천 가지 혼란스러운 파도 중 하나로 크롬웰의 병사들이 한 행동에는 결과가 따른다. 하지만 그들의 최종 성패는 대체로 계산 불가능한 우연에 지배된다." 트리벨리언에게 전장戰場은 이 논점을 보여주는 고전적 예시였다.

> 우연은 수많은 싸움터 중 이곳을 선택해 … 전쟁의 추세를 바꾸고 국가와 신조의 운명을 결정하기로 했다. … 그러나 저쪽 마을에 가한 결정적인 맹습에서 일부 정직한 병사가 발휘한 용기나 행운의 관점에서 찾아내지 못한 원인은 이제 그 어떤 것도 방향을 바꿀 수 없는 "필연적 추세의 물결"로 칭송받을 것이다.*

이 접근법은 다른 위대한 역사 저술가 테일러A. J. P. Taylor의 많은 저술에 전해졌다. 테일러는 외교 역사에서 기회(실수blunders와 사소한 일들trivialities)의 역할을 지치지도 않고 강조한다. 물론 그는 수행했어야 하는 일을 말하는 것은 역사가의 임무가 아님을 분명히 알고 있었지만,** 그랬을 수도 있는 일을 암시하는 걸 즐겼다.

이처럼 어떤 일의 우연한 성격을 강조하는 것이 영국 역사에만 있는 것은 아니다. 드로이젠Droysen 같은 후대 독일 역사학자에게 역사철학 과제는 "객관적 역사 법칙이 아니라 역사 탐구와 지식 법칙을 확립하는 일"이었다. 드로이젠은 비정상성, 개별성, 자유의지, 책임감, 천재성, … 인간의 자유, 개인적 특이성의 움직임 및 영향의 역할에 랑케보다 훨씬 더 관심이 많았다.*** 이 논의 노선을 정교하게 다듬

---

* G. M. Trevelyan, "Clio, a Muse", idem, *Clio, a Muse*, pp. 140-176, 특히 pp. 157f 참조.

** A. J. P. Taylor, *The Origins of the Second World War* (2nd edn., London, 1963).

*** Stern (ed.), *Varieties*, p. 142에 인용.

은 인물은 빌헬름 딜타이Wilhelm Dilthey다. 그는 역사의 상대성 이론뿐 아니라 그 불확정성 원리의 설립자라 불릴 만한 사람이다.* 프리드리히 마이네케Friedrich Meinecke는 역사주의 접근법을 더 개발해 결정론자의 기계적Mechanistic 요인에서 '인간의 자발적 행동'에 이르는 인과관계의 여러 층위를 구별하고자 했다.** 그 구별은 최후 저작이자 국가사회주의(처참한 결과를 낸 두 위대한 관념의 헤겔식 종합)의 일반 원인을 비롯해 1933년 히틀러를 권좌에 올려준 우연 요인을 강조한《독일의 재앙The German Catastrophe》에서 그가 무엇보다 명백하게 실행한 것이다.***

그러나 19세기 결정론의 완전한 폐기를 가로막은 중요한 지적 제약이 있었다. 영국 관점에서 중요한 것은 두 역사철학자 콜링우드Collingwood와 오크숏의 저술이었다. 이들은 브래들리Bradley의《비판적 역사의 전제들Presuppositions of Critical History》에 큰 영향을 받은 후대 관념론자다. 콜링우드는 역사적 사실의 단순하고 실증적인 개념에 비방을 퍼부어 널리 알려졌다. 그가 볼 때 모든 역사적 사유는 그저 사유의 반영물일 뿐이다.

"역사적 사유는 … 반쯤 확인된 세계에 관한 사유를 설명한 그 자체다."****

이 경우 역사가가 할 수 있는 최대치는 자기 경험의 영향을 받을 수밖에 없는 상황에서 과거 사유를 재구성하거나 재활성화하는 것에 그친다. 놀랍지도 않지만 콜링우드는 인과관계의 결정론 모델을 거부했다.

---

* 딜타이는 "사물의 관련성에 관한 인간의 모든 사유의 상대성뿐" 아니라 모든 역사 증거가 어쩔 수 없이 주관적으로 구축되는 점도 강조했다. M. Ermarth, *Wilhelm Dilthey: The Critique of Historical Reason* (Chicago, 1978).

** Friedrich Meinecke, "Causalities and Values in History", Stern (ed.), *Varieties*, 특히 pp. 269, 273 참조.

*** Friedrich Meinecke, *Die deutsche Katastrophe* (Wiesbaden, 1949).

**** R. G. Collingwood, "The Nature and Aims of a Philosophy of History (1924-1925)", *Essays in the Philosophy of History: R. G. Collingwood*, ed. W. Debbins (Austin, Texas, 1965), p. 44.

버추얼 히스토리

"역사에서 드러난 계획은 그것의 계시에 미리 존재하지 않은 것이다. 역사는 드라마지만 그중에서도 즉흥 연극, 즉 공연자들의 협동으로 즉흥 공연하는 드라마다."*

소설 플롯과 달리 '역사 플롯'은 그저 "특이하게 중요한 것으로 간주하는 사건을 선별한 것"에 불과하다.** 역사가는 소설가와 달리 '참된' 내러티브를 구축하려 노력한다. 비록 모든 역사적 내러티브가 "우리의 역사 탐문의 진전에 관한 중간보고서"에 불과하지만 말이다.***

특히 콜링우드는 시간의 본성에 깊은 통찰력을 보였으며 현대 물리학자들이 그 주제에 관해 할 만한 이야기를 예견했다.

> 일반적으로 시간을 … 하나의 은유로, 시냇물이나 지속적이고 균일하게 움직이는 어떤 것으로 … 상상한다. (그러나) 시냇물 은유는 그 시내에 둑이 있음을 드러내지 않는 한 무의미하다. … 미래의 사건은 마치 극장 앞에 줄지어 서서 표를 구매하는 사람들처럼 등장할 차례를 기다리고 있는 게 아니다. 미래의 사건은 아직 존재하지 않기에 어떤 순서로도 무리 지을 수 없다. 실제로 존재하는 것은 현재뿐이다. 과거와 미래는 관념적인 것에 불과하다. 특히 이 점을 강조할 필요가 있다. 왜냐하면 시간을 공간화하거나 공간 용어로 상상하는 버릇으로 인해 우리가 과거와 미래가 (옥스퍼드의) 하이 스트리트를 걸어갈 때 퀸스, 모덜린, 올소울스 칼리지가 차례로 나타나는 것과 똑같은 방식으로 존재한다고 상상하기 때문이다.

콜링우드의 결론은 역사가의 목표는 '현재 지식' 특히 "어떻게 현재 상태가 존재

---

*   R. G. Collingwood, "Lectures on the Philosophy of History, 1926", *The Idea of History: With Lectures 1926-1928*, ed. J. van der Dussen (Oxford, 1993), p. 400ff.

**   Collingwood, "Nature and Aims", pp. 36f, 39f.

***   Collingwood, "Lectures", p. 390f.

하는지" 아는 데 두어야 한다는 것이었다. "현재는 실제Actual다. 과거는 필연성이다. 미래는 가능성이다." "모든 역사는 현재를 결정하는 요건을 재구축함으로써 현재를 이해하려는 시도다." 이런 의미에서 그는 그냥 패배를 인정했다. 역사는 목적론일 수밖에 없다. 역사가는 사건이 일어난 이후 유리한 입지에 서서 편견을 갖고 현재 관점에서 글을 쓰기 때문이다. '지금 여기'만 유일하게 가능한 참조점이다. 이것은 새롭고 훨씬 더 약한 종류의 결정론이지만 그 어떤 반사실 대안을 논의하는 것도 확실하게 배제한다.

물론 인과관계 개념 자체를 거부함으로써 현재에 '결정 요건'이 있다는 생각마저 거부할 수도 있다. 양차대전 사이에 관념론자와 언어철학자가 이 추세를 따르는 유행을 일으키기도 했다. 루트비히 비트겐슈타인Ludwig Wittgenstein은 인과관계에 관한 믿음을 간단하게 '미신'으로 치부했다. 버트런드 러셀은 이 말에 동의했다.

"인과관계라는 지난 세대의 유물이 … 군주제처럼 아직도 살아 남은 것은 그것이 해를 끼치지 않는다는 잘못된 믿음 때문이다." **

마찬가지로 크로체도 원인 개념을 "역사와는 근본적으로 다른" 것으로 보았다. *** 언뜻 이러한 견해는 심오하게 반결정론 명제처럼 보인다. 그러나 오크숏의 단호한 관념론 발언에 분명히 드러나듯 그것은 어떤 결정론 이론과 마찬가지로 반사실주의를 무조건 배제했다.

(우리는) 역사에서 한순간을 추출해 그것을 잔존하는 것 전체나 그 일부의 원인으로 생각할 때마다 … 역사 경험을 배신한다. 모든 역사 사건은 필연적이나 그 필연성의

---

*   앞의 책, p. 363f, 412f, 420. Marwick, *Nature*, pp. 293ff도 참조.

**   Eavid Hackett Fischer, *Historians' Fallacies: Toward a Logic of Historical Thought* (London, 1970), p. 164ff.

***   Croce, "'Necessity' in History", p. 558.

                                            버추얼 히스토리

중요도를 구분하기란 불가능하다. 온통 부정적이기만 한 사건도, 아무런 기여도 하지 않는 사건도 없다. 단일하고 구별이 가지 않는 사건(어떤 역사 사건도 그 주위 환경과 확실하게 구별할 수는 없으니)을 원인 혹은 해명이라는 의미에서 결정적인 것이라고 말하면, 전체의 후속 사건 과정은 ⋯ 나쁘거나 의심스러운 역사가 아니라 역사 자체가 아니다. ⋯ 역사 사유를 구성하는 전제 자체가 그러지 못하도록 금지한다. ⋯ 전체 사건 과정을 그 전에 일어난 다른 사건이 아니라 어떤 하나의 사건 탓으로 돌릴 이유는 없다. ⋯ 원인과 결과라는 엄격한 개념은 ⋯ 역사 설명과 관련이 없는 것 같다. ⋯ 원인이라는 개념은 ⋯ 원천적으로 서로 연결되어 있고 그 사이사이에 어떠한 공백도 허용하지 않는 사건 세계의 나열로 대체된다.

여기에 어떤 철학 논리가 들어 있을 수도 있지만 그 실질 함의는 결코 만족스럽지 않다. 오크숏의 공식을 인용해 말하자면 "역사 변화에는 그 자신의 설명이 들어 있다."

사건 과정은 내용을 다 채우고 완결하면 어떤 외적 원인이나 이유를 찾지 않고 또 그럴 필요도 없는 것이 아니다. ⋯ 역사의 통합성과 연속성은 ⋯ 역사 경험의 다른 공준公準과 공명하는 유일한 설명 원리다. ⋯ 사건 간의 관계는 언제나 다른 사건이고, 사건들의 완전한 관계에 따라 역사 속에 자리를 잡는다.

그러므로 역사가가 어떤 사건을 설명할 때 기여하는 유일한 방법은 더 자세한 세부 내용을 제공하는 것밖에 없다.* 오크숏이 말했듯 이것은 전체 역사를 위한 요리법이 아니다. 중요한 관계와 우연한 관계 중에서 일종의 선별 작업을 할 필요가 있

* Oakeshott, *Experience and its Modes*, p. 128ff.

다. 왜냐하면 "… 어떤 역사 질문에 답하고자 중요하게 관련된 사건의 패시지Passage를 … 구성하겠다는 약속을 시행하는 역사 탐문에는 무의미한 관계가 차지할 자리는 없기 때문이다." 그렇다면 무엇이 어떤 사건을 중요하게 만드는가? 여기서 오크숏은 주어진 질문에 "역사가에게는 일종의 내적 논리가 있어야 한다"라고 막연한 대답밖에 하지 못한다. 그 목적은 "살아남은 인공물과 과거 발언을 추론해 살아남지 못한 관련 사건을 끌어옴으로써 과거의 패시지를 한데 모아 역사 질문에 대답하는 데 있다."** 이는 콜링우드가 그렸던 내러티브 구조를 암시하는 듯하지만 사실 어떤 종류든 논리적으로 이해할 수 있는 구조면 그것으로 충분하다.

19세기 결정론에 도전한 관념론은 수많은 현실 역사가의 저술에 중대한 영향을 미쳤다. 특히 외교사와 정치 구조를 탐구한 버터필드Butterfield와 네이미어Namier의 연구는 결정론(특히 유물론적 결정론 유형)에 깊은 적대감을 드러낸다. 모리스 카울링Maurice Cowling도 같은 관념론을 다뤘는데 캠브리지의 다른 동년배 동료와 달리 그는 고위급 정치를 비롯해 19세기와 20세기의 '대중 독트린'에 담긴 유사종교 성격에 몰두했다.*** 좀 더 희석한 형태지만 제프리 엘튼Geoffrey Elton의 연구에서도 관념론적 반결정론의 흔적을 발견할 수 있다.****

여하튼 오크숏이 설정한 이론의 입장은 불완전했다. 자연과학에서 끌어온 결정론적 인과관계 모델을 무너뜨린 오크숏은 사실상 그와 똑같이 엄격한 또 다른 족쇄로 그것을 대체했다. 그가 내린 정의에서 역사가는 살아남은 사건 자료의 기초 위에 실제로 그랬던 것처럼 보이는 중요한 과거 사건의 관계에 한정해 연구해야 한

---

*   Michael Oakeshott, *On History and Other Essays* (Oxford, 1983), p. 71.

**   앞의 책, p. 79.

***   Michael Bentley (ed.), *Public and Private Doctrine: Essays in British History Presented to Maurice Cowling* (Cambridge, 1993), 특히 Bentley의 "Prologue", pp. 1-13 참조.

****   G. R. Elton, *The Practice of History* (London, 1969), 특히 pp. 42, 57, 63-66 참조.

다. 그러나 역사가가 중요한 사건과 중요하지 않은 사건, 우연한 사건을 구별하는 과정을 분명하게 말로 표현한 적은 한 번도 없었다. 그것은 명백히 주관적 과정일 수밖에 없다. 역사가는 주어진 질문의 답을 찾는 과정에서 발견한 과거의 흔적에 자신의 의미를 덧붙인다. 똑같이 명백한 문제지만 그 대답을 발표할 때는 반드시 타인에게 어떤 종류의 의미가 있어야 한다. 그러면 그 본래 질문은 누가 선택하는가? 텍스트를 다 읽고 난 뒤 독자의 해석이 저자의 의도와 일치하는지 말할 사람은 누구인가? 무엇보다 왜 반사실 질문은 배제하는가? 이런 질문에 오크숏은 만족할 만한 답변을 하지 않았다.

과학적 역사—계속

관념론과 결부된 영국 역사가는 대부분 보수적인 정치 입장으로 주목을 받았다. 사실 1950년대와 1960년대 영국 역사학 내부의 갈등이 보여주듯, 역사철학 내의 반결정론과 정치학에서의 반사회주의 사이에는 밀접한 연관이 있다. 관념론 관점에서는 불행하게도 이것은 사실상 상대편이 승리한 분쟁이다. 예상과 달리 19세기 결정론은 1917년 이후 그 이름으로 자행한 참상에도 불구하고 신뢰를 잃지 않았기 때문이다.

마르크스주의가 그 신뢰를 계속 유지한 것은 그들이 계급을 민중Volk으로 대체한 국가사회주의의 가까운 친척이 아니라 완전한 상극이라는 믿음이 널리 퍼진 덕분이다. 전후에 일어난 마르크스주의의 르네상스는 이탈리아, 프랑스, 영국 마르크스주의자들이 스탈린뿐 아니라 레닌이나 마르크스와도 기꺼이 분리하기로 결정한 데서 기인했다. 여기서 사르트르Sartre나 알튀세Althusser 같은 부류가 도입한 여러 가지 이론 수정에 면밀히 관심을 쏟을 필요는 없다. 그들의 주목적은 마르크스를 역사의 불편한 복잡성에서 떼어내 안전하고 높은 헤겔의 자리로 올려놓는 데 있었다. 또 연관이 있고 역사적으로 적용 가능성도 더 큰 그람시Gramsci의 이론도 깊이 생각할 필요가 없다. 그람시는 프롤레타리아가 줄곧 헤게모니 집단, 거짓 의식, 종합적 동의라는 마르크스의 예언대로 행동하지 못하는 이유를 설명하려 애썼다.* 그 발상은 그저 마르크스주의 버전의 결정론이 새로운 생명의 끈을 얻는 데 도움을 주었다는 말만으로도 충분하다. 영국에서 대륙의 영향을 빠르게 감지하지 못한 것은 사실이다. 하지만 여기서도 하층계급 급진주의에 반응하는 엘리트들의 감성인 노블레스 오블리제라는 영국 식 의미에 더 심취해 마르크스 사상의 재생이 이루어졌다.

영국 사회주의 역사가 중 가장 독창성이 떨어지는 사상가는 볼셰비키 체제의 연대기 작가 카다. 그렇지만 결정론을 옹호한 카의 영향력은 매우 컸고 다른 누군가가 《역사란 무엇인가》처럼 유혹적인 제목의 더 나은 책을 쓸 때까지 그 영향력은 계속될 것 같다. 카가 헤겔이나 마르크스의 엄격하게 단인론적單因論的 결정론과 거리를 둔 것은 사실이다. 그는 자신이 "발생한 모든 것에는 하나 이상의 원인이 있는데, 그중 어떤 것이 다르지 않는 한 다른 일이 발생했을 수 없다고 믿는" 정도의 의미에서만 결정론자라고 말한다. 굉장히 융통적인 이 정의는 사건의 비결정성을 허용한다는 의미도 함축한다.

> 작업할 때 역사가들은 사건이 발생하기 전에는 필연적이라고 추정하지 않는다. 그들은 선택지가 열려 있다는 가정 아래 그 이야기에 등장하는 인물들이 취할 수 있는 대안 경로를 자주 논의한다. … 역사에서 필연적인 일은 아무것도 없다. 그것이 다르게

---

* T. J. Lears, "The Concept of Cultural Hegemony: Problems and Possibilities", *American Historical Review*, 90 (1985), pp. 567-593.

발생하려면 그 이전 원인도 달랐어야 한다는 공식 의미를 제외한다면 말이다.

이러한 견해는 그 자체로는 어쨌든 좋다. 카는 여기에다 역사가의 과제는 단순히 "왜 다른 경로가 아니라 결국 어느 한 경로를 채택했는지", "실제로 무슨 일이 일어났고 왜 일어났는지" 설명하는 것이라고 재빨리 덧붙인다. 그리고 그는 인내심을 잃고 이렇게 지적한다.

"현대 역사의 문제는 사람들이 그 모든 선택지가 남아 있던 시간을 여전히 기억하는 까닭에, 그것을 기정사실화해 종료된 것으로 보는 역사가들의 태도를 받아들이기 힘들어 한다는 데 있다."

여기에서만 카가 구식 결정론자라는 게 드러나는 것은 아니다. 그는 (마치 양보라도 해야 하는 것처럼) 묻는다.

"역사에서 우연한 사건이 … 어떤 역할을 담당한다면 우리가 어떻게 역사 속에서 일관성 있는 원인과 결과의 배열Sequence을 찾아내고 또 역사에서 약간의 의미라도 건질 수 있겠는가?"

카는 마지못해 관념론자 쪽으로 고개를 끄덕여주면서("내가 어떤 철학적 모호성을 범할 필요는 없다") 오크숏처럼 "원인의 역사적 중요성"을 위해 우리가 원인을 선별해야 한다고 판단한다.

원인과 결과가 그리는 배열이 여러 개라 (역사가는) 역사적으로 중요한 것만 추출하는데, 역사적 중요성을 판단하는 기준은 그 자신의 합리적 설명과 해석 패턴에 끼워 맞추는 그의 능력이다. 원인과 결과의 다른 배열은 우연한 이유로 거부되며 이는 원인과 결과의 관계가 달라서가 아니라 그 배열 자체가 부적절해서다. 이런 식으로는 역사가가 할 수 있는 게 아무것도 없다. 그것은 합리적 해석에 유리하지도 않고 과거든 현재를 위해서든 아무 의미가 없다.

그러나 카에게 이것은 역사를 합리적이고 목적론 과정으로 보는 헤겔 역사관의 또 다른 버전으로 남는다. 그는 "승리한 세력을 전면에 내세우고 패배한 세력을 뒤쪽으로 치워버리는 것이 역사가들이 하는 일의 핵심"이라고 결론짓는다. "역사는 본질상 … 진보"이기 때문이다. 이것이 감정적 입장이라는 것은 쉽게 입증할 수 있다. 카는 《역사란 무엇인가》의 2판에 붙인 주석에서 "우주는 임의 방식으로 빅뱅에서 출발했고 블랙홀로 소멸할 운명이라는 이론"을 그 시대의 문화적 염세주의를 반영한 것으로 간주해 선험적으로 거부했다. 골수까지 결정론자인 그는 이 이론의 암묵적 '자의성'을 "무지를 떠받듦"으로 여겨 거부했다.[*]

톰슨도 이와 다르지 않은 경로를 따라 결정론자의 위치로 돌아갔다. 카처럼 카를 포퍼Karl Popper의 엄격한 반이론 경험론과 알튀세의 철저한 반경험 이론 사이에서 중도를 찾으려 한 톰슨의 시도 역시 그 동기는 의미를 찾고자 한 열망, 즉 "사회 현상(과) 인과관계 사이의 상호연관성을 이해"하기 위한 열망이다.[**] 톰슨은 카처럼(솔직히 말하자면 크리스토퍼 힐처럼) 본능적으로 우연성 개념 자체에 반발했다. 그는 역사 과정의 합리성(그리고 인과관계 등)을 간절히 이해하고 싶어 했다.

"그것은 … 확고한 증거와 함께 대화 속에서 밝혀지는 객관적 지식이다."

하지만 톰슨이 제안한 "역사 논리, 개념과 증거 사이의 대화, 성공적 가설과 경험 연구 사이에서 이뤄지는 대화"가 카가 선별한 '합리적' 원인보다 더 만족스러운 것은 아니다. 근본적으로 그것은 헤겔을 다시 데워놓은 것에 불과하다.

이 관점에서 카와 톰슨 모두 반사실 논의를 무시하는 게 별로 놀랍지 않다. 그러나 심지어 영국 마르크스주의자들도 반사실 분석을 전적으로 거부할 수는 없다는 것을 알았다. 카 자신은 스탈린주의가 빚어낸 참상을 앞에 두고 그것이 본래의 볼

---

[*]   앞의 책, pp. 88, 95-106, 126, 132, 164.

[**]   Thompson, "Poverty", p. 227; D. Smith, *The Rise of Historical Sociology* (Cambridge, 1991), p. 87f.

셰비키 프로젝트가 불러올 필연적 결과인지, 아니면 레닌이 "20년대와 30년대까지 살아 자기 능력을 충분히 발휘했다면" 이보다 덜 전제적으로 행동했을지 물어보지 않을 수 없었다. 2판에 붙인 주석에서 카는 실제로 이렇게 주장했다.

"레닌이 더 오래 살았다면 결속력 요소를 최소화하고 희석했을 것이다. … 레닌 치하였더라면 역사 경로가 완전히 부드럽지는 않아도 실제 있었던 일과 전혀 달랐으리라. 레닌은 스탈린이 즐겨 저지른 기록 왜곡을 허용하지 않았을 가능성이 크다.*"

이와 똑같은 논의가 영국 마르크스주의자의 위대한 업적으로 남을 만한 에릭 홉스봄Eric Hobsbawm의 1789년 이후 세계사 네 권 중 마지막 권의 기초를 이룬다. 그의 책《극단의 시대The Age of Extremes》는 여러 면에서 암묵적이지만 거대한 반사실 질문을 중심으로 돌고 있다. 만약 2차 세계대전 동안 독일을 무너뜨리고 자본주의를 '구원'할 만큼 충분히 산업화한(그리고 독재화한) 소련이 없었다면 어찌 되었을까?** 카와 홉스봄이 이 질문에 답한 내용을 어떻게 생각하든, 그들이 이데올로기 면에서 결정론에 바친 온갖 헌신에도 불구하고 둘 다 궁극적으로 그러한 질문을 제기해야 한다고 느꼈다는 것은 놀라운 일이다.

안타깝게도 목적론 논의에서 엄격하게 멀어지려는 그 움직임은 더 젊은 세대 마르크스주의 역사가 중에서는 찾아보기 힘들다. 그람시의 영향을 받은 그들은 노동계급 문제를 비롯해 페미니즘(마르크스주의적 갈등 모델에서 계급을 성별로 대체한 이론)을 기반으로 여성의 억압과 수탈에 질문을 제기한다. 어찌 보면 뉴레프트[1960~1970년대 영국 비공산당의 신좌익 운동 - 옮긴이]의 '아래로부터의 역사'는 역사란 승자의 기록(어떤 의미에서는 어제의 패자를 의식적으로 오늘과 내일의 승자로 연구하고 있지만)이라는

---

*   Carr, *What Is History?*, p. 169f.

**   Eric Hobsbawm, *The Age of Extremes* (London, 1994).

카의 구조를 결론적으로 뒤집었는지도 모른다. 그런데 그것은 역사 발전의 결정론 모델에 더 굳건히 달라붙었다.

현대 결정론자가 모두 마르크스주의를 추종한 것은 아니다. 사회학이 하나의 과목으로 독립하면서 덜 엄격한 다양한 이론이 등장했고 역사가들은 그 이론을 재빨리 도입했다. 마르크스처럼 사회학의 지적 '아버지'인 토크빌Tocqueville과 베버Weber는 사회 문제에 과학적으로 접근하는 신념을 유지했고 경제, 사회, 문화, 정치 분야를 분석적으로 구별했다. 그렇지만 하나의 분야가 다른 분야로 이어지며 역사 발전을 가차 없이 앞으로 몰아붙이는 단순한 인과관계를 주장하지는 않았다. 특히 토크빌은 《앙시앵 레짐과 프랑스 혁명L'Ancien Régime et la Révolution》에서 '구체제'의 문제해결이라는 관점 아래 혁명 이전 프랑스의 행정부 변화, 계급 구조, 계몽주의 사상의 역할을 우선순위를 가리지 않고 각각 논의했다. 가령 지역 행정부서 기록을 검토한 그가 선구적인 연구에서 이끌어낸 결론은 행정부서의 기본 프레임은 혁명을 겪고도 크게 변하지 않았다는 것이다. 그가 흥미를 보인 절차, 즉 자유에 방심할 수 없는 위협을 가하는 것으로 본 정부 집중화와 경제 평준화 절차는 장기적인 과정이었다. 그것은 1790년대 사건들보다 먼저 일어났고 1815년 이후에도 오래 지속되었다.*

베버는 더 멀리 나아갔다. 어떤 면에서 그의 사회학 구상은 인과관계를 배제한 세계 역사이자 본질적으로 사회 현상의 유형론이었다.** 역사를 사유할 때 그는 서구 자본주의 발전을 개신교의 한 종파가 지닌 특정 문화(신학이 아니라)와 연결한 《프로테스탄트 윤리와 자본주의 정신Protestant Ethic and the Spirit of Capitalism》처럼(예를 들면)

---

*   Alexis de Tocqueville, *L'Ancien Régime et la Révolution* (Paris, 1856).

**   G. Roth and W. Schluchter, *Max Weber's Vision of History* (Berkeley, 1979).

선별적으로 예시하고 폭넓은 손길로 다루는 경향이 있었다.* 여기서 키워드는 '연결한'이라는 부분이다. 베버는 종교와 경제 행동 사이의 단순한 인과관계를 시사할 만한 말을 쓰지 않으려 애썼다.

"문화와 역사에 들이댄 일방적인 유물론적 해석을 똑같이 일방적인 정신주의적 해석으로 대체하는 것은 … 내 목적이 아니다. 그것은 각각 똑같이 가능하다. …"**

베버가 흥미를 보인 역사 경향성, 이를테면 삶의 모든 분야에 나타나는 합리화와 탈신비화 현상은 저절로 전개되는 것처럼 보였다.

이 같은 인과관계 배제, 구조를 사건 위로 올리는 것, 단기 변화보다 장기 변화에 몰두하는 것은 20세기 역사학 발달에 중요한 의미가 있다. 그 경향이 가장 현저하게 나타난 나라는 역사가들이 처음 사회학적 접근을 체계적으로 적용한 프랑스다. 아날 학파Annales School로 알려진 이들의 궁극적 목적은 '전체 역사'를 쓰는 데 있었다. 다시 말해 어느 사회의 모든(아니면 최대한 많은) 측면, 즉 그 사회의 경제·사회 형태·문화·정치 제도 등을 모두 고려하는 것이었다. 마르크 블로크Marc Bloch가 구상한 바에 따르면 역사는 상이한 학문 분야들의 아말감이다. 기상학에서 법적 제도에 이르기까지 모든 것은 저마다 맡은 역할이 있고 이상적인 역사가는 대개 수많은 전문 분야의 대가다.*** 그런데 이 전체성은 역사가가 고려하는 시대에도 적용해야 한다. 브로델Braudel의 전형적인 용어를 빌려 말하면 아날 학파 역사가는 "언제나 … 상이한 층위와 시간대, 상이한 종류의 시간·구조·국면·사건을 한데 모아 … 전체를, 즉 사회생활의 전체성을 파악하길 원했다."****

---

*   Max Weber, *The Protestant Ethic and the Sprit of Capitalism* (London, 1985 edn.).

**   앞의 책, pp. 91, 183.

***   Marc Bloc, *The Historian's Craft* (Manchester, 1992).

****   Fernand Braudel, *On History* (London, 1980), p. 76.

물론 어떤 종류의 조직 원리 없이, 어떤 중요성의 서열 없이 그런 역사를 쓸 수는 없다(매콜리가 한 세기 전에 지적한 이유들 때문에).* 실제로 아날 학파 역사가는 지리학과 장기 변화 부문에 우선권을 주었는데, 이는 브로델의 저술에서 가장 명백히 나타난다. '농민 역사가'를 자처하는 브로델은 "어떠한 사회 현실이든 그것이 발생한 차원으로 환원하기"를, 그러니까 지리학이나 생태학을 본능적으로 가정했다.**

"누군가를 인간Man이라고 할 때 그것은 그가 속한 집단을 의미한다. 어떤 개인은 그 집단을 떠나고 또 다른 개인은 합류하지만, 집단 그 자체는 주어진 공간과 친숙한 땅에 밀착해 존재한다. 그것은 그곳에서 뿌리를 내린다."***

이 지리적 결정론, 즉 프랑스 계몽주의의 유물론적 이론과 외견상의 유사성에 그치지 않고 더 큰 유사성을 담은 결정론에서 단기 발전보다 장기 발전을 더 높이 평가하는 브로델의 입장이 나온다. 그는 《필리프 2세 시대의 지중해 연안 세계 Mediterranean World in the Age of Philip II》에서 역사의 세 층위를 명확히 구별했다. 첫째는 이행 과정을 거의 알아차리기 힘든 역사, 인간 및 인간과 환경의 관계의 역사, 모든 변화가 느리게 이뤄지는 역사, 끊임없는 반복과 끝없이 돌아가는 순환 역사의 층위다. 둘째는 느리지만 감지 가능한 리듬이 있는 역사, 무리와 무리짓기 역사, 경제 시스템·국가·사회·문명 그리고 전쟁이 밀려드는 물결의 역사다. 셋째는 전통 역사, 개별 인간과 사건의 역사, 표면의 동요·역사의 파도가 강인하게 지고 온 거품

---

*   "완벽하고 절대적으로 진실한 (역사는) 있을 수 없다. 완벽하고 절대적으로 진실하려면 지극히 사소하고 덧없는 것도 모두 기록해야 하는데 … 만약 역사가 그렇게 쓰이면 보들리언 도서관은 일주일 동안 발생한 일도 담아내지 못할 것이다." Stern (ed.), *Varieties*, p. 76에 인용.

**   Braudel, On History, p. 51; Smith, Historical Sociology, p. 104f. 이 지리학적, 생태학적 결정론의 독일 쪽 뿌리를 알려면 Roth & Schluchter, *Weber's Vision*, p. 169f를 볼 것. 몽테스키외도 비슷한 기준에 따라 사고했다.

***   Smith, *Historical Sociology*, p. 114.

이 만든 능선의 역사, 짧고 급속하고 불안한 기복의 역사다.* 이 중에서 마지막은 확실하게 중요성이 가장 덜하다. 브로델은 이렇게 경고했다.

"우리는 이들 (사건의) 역사를 불신하도록 배워야 한다. 그것은 동시대인이 느끼고 서술하고 살아간 흔적이기 때문이다. … 그것은 하루살이처럼 무대 위를 휙 스쳐갈 뿐 어둠 속으로 돌아가기 전에 거의 눈에 띄지도 않고, 대개는 잊고 마는 덧없는 것을 대상으로 한다."**

한 사건을 착각 속에서 바라보게 하는 연기가 "동시대인의 마음을 채우지만 그것은 오래 지속되지 않으며 그 불꽃은 거의 알아보기 힘들 정도로 작다." 브로델에게 새로운 사회학 역사의 임무는 "완강하고 극적이며 숨 가쁘게 몰려가는 (전통 역사의) 내러티브"의 지위를 낮추는 것이다. '단기적인 것'은 그저 "변덕스럽고 착각에 빠진 저널리스트들의 … 시간"이다.*** 반면 장기적인 것은 이렇다.

> 언제나 결국에는 장기적인 것이 이긴다. 수많은 사건, 주류에 합류하지 못하는 것 그리고 가차 없이 한쪽으로 밀려난 그것을 파괴하면서 이는 의심의 여지없이 개인의 자유와 기회의 역할까지 제한한다.****

이처럼 '과거의 사소한 일', 몇몇 왕공과 부자의 행동을 "느리고 강력한 역사의 행진 밑으로" 치워버리는 것은 단순히 새로운 종류의 결정론이었다. 브로델은 무의

---

* Fernand Braudel, *The Mediterranean and the Mediterranean World in the Age of Philip II*, trans. S. Reynolds (London, 1972, 1973). 삼중 모델은 확연히 마이네케에게 빚진 면이 약간 있다. 뤼시앵 페브르Lucien Febvre가 제시한 역사적 인과관계에서의 세 변수, 즉 우연성, 필연성, 관념은 그 빛이 더 두드러진다.

** 앞의 책, vol. II, p. 901.

*** Braudel, *On History*, p. 27f.

**** Roth & Schluchter, *Weber's Vision*, p. 176에 인용.

식적으로 19세기 결정론자들의 특징 있는 언어로 후퇴하기까지 했다. 마르크스와 톨스토이가 그랬듯 다시 한 번 일개 개인은 가차 없이 옆으로 밀려나 초인적인 역사의 힘에 짓밟혔다. 이 입장에는 두 가지 명백한 반대가 있었다. 첫 번째는 동시대인이 느끼고 기록한 것으로 브로델은 역사를 무시함으로써 엄청난 분량의 역사 증거, 심지어 그의 일용 식량이던 경제 통계까지 거부했다. 케인스의 말대로 "장기적으로 보면 우리는 모두 죽었다." 어쩌면 그렇기에 우리에게는 브로델의 역사 서열을 뒤집을 자격이 있는지도 모른다. 결국 선조들이 일차로 관심을 보인 것이 단기적인 일이었다면, 우리가 무슨 자격으로 그들의 관심사를 일개 하찮은 것이라 일축하겠는가? 두 번째 반론은 환경 변화의 본성에 관한 브로델의 추정이다. 그는 장기적인 생태 변화는 인지 불가능하고 기후 변화는 리드미컬하며 예측 가능한 성질이라고 가정함으로써 자연 세계를 심각하게 오해했다.

브로델을 위해 공정하게 말하자면 그는 나중에 '장기적 지속Élongue Durée'에 관한 이 교조적 고집을 정당화했다. 자본주의가 발달하면서 지형과 원소의 지배력은 분명 줄어들었다.

"자본주의의 가장 중요한 특권(은) … 선택할 능력이 있다는 점이다."[•]

자본주의 사회에서는 우선순위 서열을 매기기가 힘들다. 브로델은 《물질문명과 자본주의Civilisation and Capitalism》 제3권에서 어떤 것이 더 중요한지 자문했다. 부인가, 국가 권력인가, 문화인가? "그 답을 말하라면 시간과 장소와 질문자에 달려 있다고 하겠다."[••] 따라서 주관 요소는 장기 기준의 객관 억제에서 적어도 잠시 동안은 구조되었다. "사회적 시간은 균일하게 흐르는 것이 아니라 수천 가지 다른 속도로, 즉

[•]   Smith, *Historical Sociology*, p. 111에 인용.

[••]   앞의 책, p. 120.

느리게도 빠르게도 흘러간다."* "구조라는 엄격한 포장재 바깥에 … 자유롭고 조직되지 않은 현실 구역"이 존재할 여지가 조금은 있었다.**

이 통찰은 마르크 블로크가 더 오래 살았다면 더욱 발전했을지도 모른다. 나중에 집필할 예정으로 있다가 끝내 저술하지 못한 《역사가의 기술The Historian's Craft》 중 6장과 7장 관련 메모를 보면 그가 인과관계, 기회, '예지Prevision'라 부른 것을 브로델보다 훨씬 더 잘 이해했음이 분명하다.*** 그 책의 완성한 부분에서 분명히 밝혔듯 블로크는 '유사지리학적 결정론'에 관여할 시간이 없었다.

"물리 세계 현상이든 사회적의 사실이든 그것과 직면할 때 인간의 반응이 시계처럼 언제나 같은 방향으로 움직이는 것은 아니다."****

이것은 그 나름대로 반사실 물음을 제기한다. 블로크가 전쟁에서 살아남았다면 어찌 되었을까? 그가 있었다면 프랑스 역사학이 브로델과 나중에 나온 아날 학파의 암묵적 결정론에 굴복하지 않았을 수도 있다.

프랑스 밖에서 사회학의 역사가 환경 결정 요소에 그처럼 관심을 보인 경우는 없었다(어쩌면 다른 나라는 19세기와 20세기에 주민 이주와 토지의 물리적 변형을 훨씬 더 대규모로 겪었기 때문인지도 모른다). 그렇지만 비슷한 종류의 결정론을 찾아볼 수는 있다. 독일의 경우 이것은 부분적으로 1960년대와 1970년대에 마르크스주의 사상이 부흥한 데서 기인한다. 바이마르의 반체제파 인물 에카르트 케르Eckart Kehr가 사도 바울의 역할을 한 '사회역사 학파Societal History School'는 경제 발전과 사회적 후진성의 불일치라는 발상을 기초로 상궤를 벗어난 독일 역사 모델을 구축했다.***** 19세기 독

---

*   Braudel, *On History*, p. 12.

**   앞의 책, p. 72.

***   Bloch, *Historian's Craft*, p. xxi.

****   앞의 책, p. 162.

*****   사회역사학자 알렉산더 거센크론Alexander Gerschenkron은 이 모델을 독일뿐 아니라 다른 유럽 국가에

일은 근대적 · 산업적 경제 발전에 성공했으나 사회 · 정치 제도에서는 전통 귀족계급 융커의 지배를 받았다. 가끔 이들은 마르크스주의 법칙에 따라(이를테면 영국처럼 부르주아 의회주의와 민주주의를 향한 발전) 발전하지 못한 것을 두고 명백한 그람시 식 용어로 설명하기도 한다. 조작하고 통제하는 엘리트들의 헤게모니 블록이 1968년 이후 지겹도록 본 수많은 독일 역사학의 특징으로 자리 잡았다. 더 최근에는 베버 사상 부흥이 원로 사회역사가 한스-울리히 벨러Hans-Ulrich Wehler의 최신 연구처럼 덜 노골적인 결정론으로 이어졌다. 그런데 자본주의, 부르주아 사회, 의회제 민주주의의 전형적인 관계라는 그 이상형의 가치를 의문시하려는 비독일계 역사가들의 노력에도 불구하고 독일계 역사 주류 내에서는 대안 결과를 고려하길 꺼려하는 분위기가 있었다. 사회역사가들Societal Historians은 여전히 독일의 재앙에 깊은 뿌리가 있다는 생각에 깊이 몰두했다. 심지어 보수 역사가도 우연성의 역할에 비교적 관심이 없었다. 몇몇은 실제로 일어난 것만 연구하라는 랑케 식 명령을 준수했다. 미하엘 슈튀르머Michael Stürmer 같은 사람은 지리학적 결정론의 더 오래된 버전 속으로 피신했다. 그 입장에서는 유럽 한복판이라는 독일의 위치가 문제의 전부는 아니어도 많은 부분을 설명한다고 본다.**

영미계 역사학도 사회학에서 영감을 얻은 결정론이 상당한 비중을 차지하고 있다. 일부는 마르크스주의고 또 일부는 베버 쪽으로 더 기울었다. 로렌스 스톤Lawrence Stone의 《영국 혁명의 제원인Causes of the English Revolution》은 또 다른 종류의 삼중 모델에 크게 의존하는데 그것은 필수전제조건Precondition, 촉매요인Precipitants, 방아

도 적용했다.

*   David Blackbourn & Geoff Eley, *The Peculiarities of German History* (Oxford, 1984).

**   독일 역사가라면 Henry A. Turner, *Geissel des Jahrunderts: Hitler une seine Hinterlassenschaft* (Berlin, 1989)에서 제기한 것 같은 '히틀러가 권력을 잡지 않았다면 독일 역사에 무슨 일이 일어났을까' 라는 질문은 감히 던지지 못할 것이다.

쇠Trigger를 말한다. 브로델과 달리 스톤은 이것을 명확히 중요도에 따라 정렬하지 않았다. 오히려 그는 "찰스 1세의 고집스러움이 청교도 전파보다 더 큰 비중으로 혁명을 유발했는지 아닌지 판정하길" 공공연히 기피했다.* 그러나 이 책에서 강하게 암시하는 것은 이런 요인과 다른 요인의 복합이 필연적으로 시민혁명 발발을 유발했다는 주장이다. 똑같이 신중한 어조를 취한 폴 케네디Paul Kennedy의 《강대국의 흥망Rise and Fall of the Great Powers》은 "생산적인 수익 증대 능력과 군사력 사이의 장기간에 걸친 중요한 상호 관련"보다 더 강한 원인을 설정하지 않았다.** 그 책을 꼼꼼히 읽어보면 조야한 경제적 결정론 입장이라는 그의 혐의는 확실히 벗겨진다. 그럼에도 불구하고 논의의 추세는 경제 요인과 국제 세력 사이에 인과관계가 있다는 쪽으로 쏠리므로, 비록 미묘한 수준의 경제적 결정론일지언정 결정론인 것은 사실이다. 어떤 사회학 모델을 기초로 심오한 거대 이론을 구축하려는 다른 시도는 발러슈타인Wallerstein의 마르크스주의 식 《현대 세계 시스템Modern World System》부터 더 미묘한 차이가 있는 만Mann의 《사회 권력의 연원Sources of Social Power》, 그루Grew와 비엔Bien의 《정치 발전의 위기Crises of Political Development》, 웅거Unger의 《권력의 가소성Plasticity into Power》까지 매우 다양하다.*** 최악의 유사과학 경지에 이른 거대 이론의 전형적인 보기는 일곱 가지 자연재해에 관한 환원론 위상학을 곁들인 '재앙 이론'이다.**** 권력과

---

*   Lawrence Stone, *The Causes of the English Revolution* (London, 1986), p. 58.

**   Paul Kennedy, *The Rise and Fall of the Great Powers: Economic Change and Military Conflict from 1500 to 2000* (London, 1989), 특히 pp. xvi, xxiv-xxv 참조.

***   I. Wallerstein, *The Modern World System*, 3 vols. (New York/ London, 1975-1989); Michael Mann, *The Sources of Social Power*, 2 vols. (Cambridge, 1986); Raymond Grew & David D. Bien (eds.), *Crises of Political Development and the United States* (Princeton, 1978); Roberto Unger, *Plasticity into Power: Comparative-Historical Studies on the Institutional Conditions of Economic and Military Success* (Cambridge, 1987).

****   Alexander Woodcock & Monte David, *Catastrophe Theory: A Revolutionary Way of Understanding How Things Change* (London, 1991), 특히 pp. 120-146 참조. 이 책의 절정 부분은 로마제

관련해 통일 사회학 이론을 찾으려는 노력은 말할 필요도 없이 계속될 것이다. 그것이 결국 불로장생의 영약을 만들려던 연금술사의 연구처럼 쓸모없는 일이 될지, 아니면 대머리 치료약 연구처럼 계속 이어질지는 아직 두고 봐야 한다.

최근 여러 역사가가 선호하는 거대한 단순화는 여느 때보다 더 좁은 범위로 전문화했다. 물론 블로크는 역사가 다른 학문 분야에서 최대한 많이 영감을 끌어오길 희망했다. 그런데 그 노력은 그와 브로델이 갈망한 전체 접근법을 희생해야 가능한 방향으로 흘러갔다. 최근에는 과학적 역사가 곤혹스러울 정도로 파편화함에 따라 대체로 연결되지도 않는 '학제 간' 잡종 학문이 다양하게 성행하고 있다.

정신분석학을 역사에 도입하려는 시도가 있었던 것도 사실이다. 프로이트 자신은 뼛속부터 실증주의자로 주목적은 개인의 무의식 법칙을 밝히는 데 있었다. 그가 요구한 "엄격하고 보편적인 결정론을 정신생활에 적용할 것"도 그 때문이다. 하지만 그의 이론을 역사에 엄격하게 적용하면 전기를 쓰게 될 것이다. 사회 집단의 '정신 역사'를 쓰려는 시도 자체도 개개인의 증언 분석에 크게 의존해야 한다.* 그러한 증언이 프로이트가 자기 환자에게 적용한 종류의 분석 대상이 될 가능성은 없다. 그는 자기 환자에게 중요한 질문을 하고 때로 최면술까지 써서 내면을 탐색했다. 이러한 이유로 프로이트가 역사 서술에 미친 실제 영향은 간접적인 편이다. 그는 직접적인 모방보다 일반적이고 인과 사용 영역으로 건너간 용어 차원(무의식, 억압, 열등감 콤플렉스 등)에서 영향력을 발휘했다.

더 최근의 행동주의 심리학을 역사에 적용할 때도 이와 비슷한 문제가 발생한다.

국의 흥망을 묘사한 3차원 도표다(p. 138). 더 귀중한 시도는 W. G. Runciman의 *A Treatise on Social Theory. II: Substantive Social Theory* (Cambridge, 1989), 특히 p. 449에 나오는 자연 선택의 현대 견해를 문화 발전에 연결하려는 시도다.

* 엄격하지 않은 프로이트식 접근법의 좋은 사례는 Klaus Theweleit, *Male Fantasies*, 2 vols. (Cambridge, 1987, 1989) 참조.

여기에도 결정론적 경향이 있는데 가장 현저한 사례는 게임 이론과 합리적 선택 이론을 역사에 도입하려는 시도다. 실제로 죄수의 딜레마 게임과 그 다양한 변종에 적용한 인간 행동의 가정은 흔히 프로이트의 것보다 더 쉽게 관찰이 가능하다. 그러나 그것 역시 결정론의 성격이 덜하지 않다. 심리역사가들이 자신의 모델에 들어맞지 않을 때 '거짓 의식'이라는 낡은 그람시 식 평계를 대면서 당대에 많이 쓰이는 의도 표현을 거부하려는 성향도 그 때문이다. 게임 이론은 정신분석학처럼 개인주의적이다. 이 이론을 사회 집단에 적용하려는 역사가들이 이 문제를 피해가려면 오직 유서 깊은 전통 속에서 국가를 의인화할 수 있는 외교 역사를 선택하는 길밖에 없다.*

　부분적으로는 이 같은 개인화 성향 때문에 그것은 집단 심리학의 인류학 모델 혹은 역사가들에게 가장 인기 있는 사고방식Mentality이었다.** 특히 클리포드 기어츠Clifford Geertz의 접근법, 즉 '상징화하는 상징Signifying Signs' 세트를 이해 가능한 구조 속에 끼워 맞추는 두터운 기술Thick Description은 영향력 있는 모방자들을 끌어 모았다.*** 그 결과 등장한 것이 새로운 종류의 문화사인데, 그 속에서 문화(광범위하게 규정한)는 대개 전통적으로 설정해온 물질 기반이라는 역할에서 해방되었다.**** 그것은 인류학자가 현장조사를 하는 방법, '국민적 성격' 개념이 맞닥뜨린 나쁜 평판, 정치적 유행 같은 다양한 공동체형 이유로 상위 국민 문화보다 대중과 지역 문화를 의미하는 경우가 더 많았다. 에마뉘엘 르 루아 라뒤리Emmanuel Le Roy Ladurie의《몽타이유:

---

* 　마르크스주의자도 게임 이론을 바탕으로 계급 개념 없이 같은 작업을 할 수 있다.

** 　N. Z. Davis, "The Possibilities of the Past", T. K. Rabb & R. I. Rotberg (eds.), *The New History: The 1980s and Beyond* (Princeton, 1982), pp. 267-277.

*** 　C. Geertz, *Local Knowledge: Further Essays in Interpretative Anthropology* (London, 1993).

**** 　W. J. Bouwsma, "From the History of Ideas to the History of Meaning", Rabb & Rotberg (eds.), *New History*, pp. 279-293.

중세 말 남프랑스 어느 마을 사람들의 삶Montaillou》과 나탈리 제먼 데이비스Natalie Zemon Davis의《마르탱 게르의 귀향Return of Martin Guerre》은 나중에 미시사Microhistory로 알려지는 것의 고전적 사례다.* 이와 비슷한 기법을 국민적, 심지어 국제적 층위에서 고급문화에도 적용했는데 가장 성공적인 사례가 사이먼 샤마Simon Schama의 저술이다.**

그런데 이 신종 문화사에 명백히 반대하는 입장도 있다. 우선 미시사가 지극히 사소한 것을 연구 주제로 택하다 보니 골동 연구로 후퇴할 수 있다는 입장이다(사실 역사가의 주제 선택은 그 자신과 편집자, 도서시장에 맡겨두는 편이 제일 좋다). 이보다 더 나은 반론은 인과관계 문제와 관련이 있다. 인류학자도 사회학자처럼 전통적으로 변화 과정보다 구조에 더 관심을 기울인다. 따라서 인류학 모델을 채택하려 노력하는 역사가는 예를 들면 신뢰를 잃은 마법 현상을 설명하려 할 때 역사학 자체의 전통적 자료에 의지하는 경향이 있다.*** 마지막이자 가장 진지한 반대는 사고방식에 관한 '두터운 기술記述'이 퇴보하여 주관주의가 만연하는 경향이 있다는 점이다. 즉, 경험적 증거는 우회 연결만 있는 자유연상 게임이 될 수 있다는 얘기다. 이것이 어떤 의미 있는 기준에서 과학적 역사가 될 수 있다는 주장은 좀 의문스럽다.

---

*   G. Levi, "Microhistory", P. Burke (ed.), *New Perspectives on Historical Writing* (Cambridge, 1991), pp. 93-113.

**   사이먼 샤마의 가장 야심적인 최근작 *Landscape and Memory* (London, 1995)를 보라.

***   K. Thomas, *Religion and the Decline of Magic Studies in Popular Belief in Sixteenth and Seventeenth Century England* (London, 1971).

내러티브 결정론: 그냥 역사를 발명하면 될 텐데?

최근 내러티브 형태에 관심을 보이는 사람이 늘어난 것은 이처럼 몰래 다가오는 주관주의는 물론 구조와 대립해 확연하고도 끈질기게 변화에 몰두하는 역사가의 집착 때문이다.* 역사가의 일차 역할은 과거 사건의 혼란 속에 내러티브 질서를 부과하는 것이라는 견해는 오래전부터 있었다. 칼라일과 매콜리는 각기 다른 방식으로 이 기준에서 자신의 역할을 파악했다.

이러한 빅토리아시대의 발상을 다르게 표현한 것이 루이스 밍크Louis Mink가 요약한 "역사 지식의 목적은 사건의 문법 발견과 사건의 집합Congeries을 연쇄Concatenations로 변환하는 것에 있다"는 말이다.** 이것은 헤이든 화이트Hayden White 등이 지난세기의 위대한 문학 유물에 새롭게 보인 흥미를 설명해준다.*** 또한 그것은 내러티브 재생이 왜 몇몇 전통주의자, 특히 과학적 역사를 계량경제학 식 수치 처리와 동일시하는 사람들(단순하게 말하면)에게 환영받았는지 보여준다.**** 자크 바선Jacques Barzun은

---

*   P. Abrams, "History, Sociology, Historical Sociology", *Past and Present*, 87 (1980), pp. 3-16; P. Burke, "The History of Evans and the Revival of Narrative", idem (ed.), *New Perspectives*, pp. 233-248.

**   Louis O. Mink, "The Autonomy of Historical Understanding", Dray (ed.), *Philosophical Analysis*, pp. 182, 189.

***   Hayden White, "The Historical Text as Literary Artefact", R. H. Canary & H. Kozicki (eds.), *The Writing of History: Literary Form and Historical Understanding*. 이와 함께 볼 것으로 Frederic Jameson, *The Political Consciousness: Narrative as a Socially Symbolic Act* (London, 1981); Paul Ricoeur, *Time and Narrative*, trans. Kathleen McLaughlin & David Pellauer (London, 1984-1988) 가 있다.

****   J. Barzun, *Clio and the Doctors: Psycho-History, Quanto-History and History* (Chicago, 1974). 또 다른 전통주의자 거트루드 히멜파브Gertrude Himmelfarb는 최근 새 경제사의 수량적 방법과 역사심리학의 주관적 방법을 한데 뭉뚱그려 보수파의 논의를 상당히 혼란스럽게 만들었다. G. Himmemlfarb, *The New History and the Old: Critical Essays and Reappraisals* (Cambridge, Maa., 1987).

'새로운' 역사 비판에서 역사 서술의 주관주의에 환호했고, 근본적으로 혼란스러운 과거 사건의 본성에 관한 칼라일의 견해를 다시 읊었다.

> 자연과학은 하나지만 역사는 여러 개다. 서로 중첩되고 상충하는 것, 논쟁적이고 초연한 것, 편견에 빠지고 모호한 것이 있다. 역사가는 누구나 자신의 탐구 능력과 비전으로 과거를 개작하며 그 결함은 언제든 그의 작업에서 밝혀진다. 아무도 기만당하지 않는다. (그러나) 역사 버전이 여러 개라고 해서 그 모두가 거짓 역사는 아니다. 오히려 그것은 인류의 성격을 반영한다. … 인간이 강렬한 욕망과 올바른 표현을 찾기 위해 분투한다면, … 사람들이 … (과거의) 변덕스럽고 비구조적Unstructured 무질서를 … 찾아 그 주된 영향을 극복하려 언제나 노력한다면, 역사를 쓰는 것은 무의미하다. 인류의 실천, 신념, 문화, 행동은 모두 같은 표준으로 잴 수 없는 것으로 나타난다.*

이것은 바전에게 명백한 '상식'이었다. 역사가의 과제는 사회과학자가 되는 게 아니라 "독자가 사건이나 감정과 접하게" 해주는 것, 이야기를 제공해 "원초적 즐거움"을 충족해주는 데 있다.

내러티브의 부흥은 문학 비평 기법을 궁극의 텍스트, 즉 과거 기록 그 자체에 적용하는 것이 최선이라고 생각하는 유행 추종자에게도 똑같이 기분 좋은 일이다. 따라서 내러티브 부흥에는 양면성이 있다. 한편은 역사 서술에 도움을 줄 전통 문학 모델에 보이는 관심이고** 다른 한편은 그것의 읽기와 관련된 유행 용어(텍스처 해체, 기호학 등) 유입이다.*** 포스트모더니스트들이 역사를 "객관성과 중립성을 갖춘 과학

---

*   Barzun, *Clio.*, pp. 101, 123, 152f.

**   N. Z. Davis, "On the Lame", *American Historical Review*, 93 (1988), pp. 572-603.

***   일례로 다음을 참조할 것. G. M. Spiegel, "History, Historicism and the Social Logic of the Text in the Middle Ages", *Speculum* 65 (1990), pp. 59-86.

이 아니라 해석상의 실천"이라고 선언했을 때, 그들은 그저 낡은 관념론에 가까운 만병통치약을 재탕한 것에 불과하지만 그래도 역사에 충격을 주었다.* "역사가 우리에게 주는 것은 오로지 논의 형태뿐"이라거나 "과거의 사건, 구조, 과정은 다큐멘터리 표현 형태나 그것을 구축하는 역사 논의와 구분이 불가능하다"라고 한 조이스의 말은 콜링우드가 반세기도 더 전에 (더 잘) 했던 말의 반복이다.

내러티브 부흥에 따른 문제는 오직 하나, 역사에 문학 형태를 적용하는 결코 사라지지 않는 문제다. 문학 장르는 어느 정도 예측이 가능하다. 솔직히 그것은 부분적으로 문학의 매력이기도 하다. 우리는 흔히 어떻게 끝나는지 잘 알면서도 좋아하는 소설을 다시 읽거나 고전 영화를 또 본다. 설령 모르는 작품이어도, 그 줄거리를 알려줄 표지나 프로그램이 없어도, 여전히 장르상 어떤 식으로 끝맺을지 추측이 가능하다. 연극이 애당초 희극이라면 우리는 마지막 장에서 살육이 벌어질 가능성을 무의식적으로 배제한다. 물론 명확한 비극은 그 반대를 예상한다. 살인자를 찾는 추리소설처럼 작가가 일부러 독자를 '미시 상태'에 두는 경우에도 어느 정도 결말을 예상할 수 있다. 그 장르의 관습에 따르면 범죄자는 붙잡히고 범죄는 처리된다.

전문 작가는 이미 결말을 마음에 두고 글을 쓰며 아이러니든 다른 효과를 위해서든 독자에게 힌트를 자주 던져 결말을 암시한다. 갤리W. B. Gallie가 주장했듯 "어떤 이야기를 따라가는 일은 … 그것이 흘러가는 방향의 막연한 파악 … 뒤에 발생한 일이 앞에 일어난 일에 어떻게 의지하는지, 앞선 일이 아니었다면 뒤의 일은 일어나지 않거나 그런 식으로 일어나지 않았으리라는 의미에서의 파악을 포함한다."** 스

---

*   J. W. Scott, "History in Crisis? The Others' Side of the Story", *American Historical Review*, 94 (1989), pp. 680-692; P. Joyce, "History and Postmodernism", *Past and Present*, 133(1991), pp. 204-209. 마르크스주의식 비판을 보려면 다음을 참조할 것. D. Harvey, *The Condition of Postmodernity: An Enquiry into the Origins of Cultural Change* (Oxford, 1989).

**   W. B. Gallie, "Explanations in History and the Genetic Sciences", Gardiner (ed.), *Theories of History*, p. 389f.

크리븐Scriven도 같은 논점을 지적했다.

"좋은 희곡은 우리가 … 그 발전 과정을 필연적으로 … 보는, 그러니까 설명 가능한 방식으로 발전해야 한다.*"

마틴 에이미스Martin Amis의 소설《시간의 화살Time's Arrow》은 모든 내러티브 속에 암묵적으로 들어 있는 것을 그저 명확히 드러내기만 한다. 무엇보다 결말이 문자 그대로 시작에 앞선다.** 에이미스는 어느 나치 의사를 내면의 화자로 가장해 그의 일생을 후진으로 풀어 나간다. 그 화자는 "스스로 직면하지 않을 것 같은 어떤 일을 알고 있는데 … 미래는 언제나 실제로 일어난다." 미국의 어느 병원에서 병상에 누워 죽어가다가 '일어난' 노인은 나치수용소에서 포로들에게 생체 실험을 하고, 순진무구한 아기로 세상을 '떠날' 운명을 맞는다. 에른스트 블로흐Ernst Bloch의 표현을 빌리자면 문학에서 "진정한 창세기는 출발점이 아니라 종결부에 있다." 시간의 화살은 언제나 암묵적으로 다른 방향을 가리킨다. 에이미스는 체스게임을 역순서로 설명하면서 그 요점을 잘 표현한다. 체스게임은 '흐트러진 채'로 출발하고 "왜곡과 상반된 목적의 일화를 거쳐 간다. 그래도 사태를 처리한다. … 그 모든 고뇌를 모조리 해결한다. 흰색 졸을 마지막으로 한 번 끌어다놓으면 완벽한 질서를 복구한다."

소설이나 희곡의 관례에 따라 역사를 쓰는 것은 과거에 새로운 종류의 결정론을 덮어씌우는 일이다. 바로 전통 내러티브 형태의 목적론이 그것이다. 특정 사건을 다룰 때 우연성 요소를 충분히 인지했으면서도 기번은 1,500년 유럽 역사를 최고의 목적론적 제목 아래 포괄했다. 그가 자신의 위대한 작업을《로마제국 쇠망사》가 아니라 '서기 100년에서 1400년 사이의 유럽과 중동 역사A History of Europe and the Middle

---

* Michael Scriven, "Truism as Grounds for Historical Explanations" Gardiner (ed.), *Theories of History*, p. 389f.

** Martin Amis, *Time's Arrow or The Nature of the Offence* (London, 1992).

East, AD 100~1400'라는 제목으로 출판했다면 그의 내러티브는 통합 주제를 잃었을 것이다. 매콜리도 마찬가지다. 《영국 역사History of England》에는 17세기 사건을 19세기의 헌정憲政 제도로 연결하려 한 부정할 수 없는 추세가 있다. 이것은 콜링우드가 나중에 역사의 본질로 본 목적론 형태다. 그것은 현재는 언제나 역사가가 선택한 내러티브의 종결점(암묵적으로는 유일한 종결점)이라는 가정이다. 하지만 (소설에서처럼) 이런 식으로 쓰인 역사는 역순이어도 괜찮다. 마치 1914년 작가 'AE'가 상상한 아일랜드의 거꾸로 가는 역사처럼 말이다.

> 19세기와 20세기 소지주는 점차 대지주의 지배 아래 들어간다. 18세기에는 발전이 이뤄지고 자치정부의 첫 불씨가 등장하며, 종교 갈등과 전쟁이 이어지다가 최후의 영국인 스트롱보가 나라를 떠난다. 문화가 시작되고 서기 400년경 패트릭[아일랜드의 성인-옮긴이]이 사라지면서 종교적 불관용은 멈춘다. 우리는 영웅과 신의 위대한 시대에 가까워진다.*

이것은 AE 스스로도 농담했듯 잘못해서 앞뒤가 거꾸로 놓인 민족주의자의 '신화 역사Mythhistory'에 지나지 않는다.

갈림길이 있는 정원

과거는 다르다. 현실의 체스처럼 또는 다른 어떤 게임처럼 과거에는 미리 예정된

---

*   R. F. Foster, *The Story of Ireland: An Inaugural Lecture Delivered before the University of Oxford on 1 December 1994* (Oxford, 1995), p. 31.

들어가는 글   95

종말이 없다. 신적이든 아니든 작가도 없이 등장인물만 있고 그것도 (게임과 달리) 등장인물이 너무 많다. 플롯도 필연적인 완벽한 질서도 없고 오직 종결부만 있다. 사건은 여러 개가 동시에 일어나는데 어떤 것은 잠깐 동안 지속되고 또 어떤 것은 한 개인의 일생보다 더 길게 이어진다. 본격적인 역사와 일개 이야기 사이의 이 핵심적 차이에 손을 댄 인물은 또다시 로베르트 무질이다. 《특성 없는 남자》의 '왜 우리는 역사를 발명하지 않는가'라는 제목의 장에서 상징적이게도 전차를 타고 있는 울리히는 계속 생각한다.

> 그것은 결코 일반적인 해답에 도달할 순 없으나 개별 해답을 결합하면 일반적인 해답에 가까워질 수는 있는 수학문제에 관한 생각이었다. … 그가 보기에는 모든 인간의 삶 또한 그런 종류의 문제였다. 시대라는 것, … 이 무질서하게 흘러가는 상태들의 넓은 강물은 만족스럽지 못하고 (하나하나 따로 보면) 잘못된 해답을 구하려는 시도들의 혼란스러운 연속이나 마찬가지다. 그런 시도는 인류가 그 모든 것을 전부 종합하게 되어야 비로소 옳은 해답을 얻을 수 있다. … 생각해보면 역사란 얼마나 이상한 문제인지 … 역사는 손에 쥐고 가까이서 바라볼 때는 안전하면서도 지저분한 반쯤 굳은 늪처럼 보이다가 결국 이상하게도 그것을 가로질러 달려가는 궤적, 언제 그것이 등장하는지 아무도 모르는 역사의 길이 드러난다. 바로 이 역사의 질료가 울리히를 분노케 한다. 그가 타고 가는 이 번쩍이고 흔들거리는 상자는 … 수백 명의 인간이 그 속에서 미래라 불리는 무언가로 만들어지는 과정 중에 이리저리 흔들리는 기계처럼 느껴졌다. … 그런 기분이 들자 변화와 조건에 그대로 응할 수밖에 없는 그 무능한 상태에, 그 구제불능의 동시대성과 비체계적이고 굴종적·굴욕적으로 시대에 끌려가는 상태에 반발감이 치솟았다. … 자신도 모르게 일어난 그는 나머지 구간을 걸어서 갔다.[*]

[*]   Musil, *Man without Qualities*, vol. II, pp. 65-68.

울리히는 "세계 역사가 다른 모든 이야기와 똑같은 방식으로 존재하는 … 이야기"일 가능성을 부정했다. 작가에게는 "어떤 새로운 일도 일어나지 않고 단지 다른 것들을 복제하기" 때문이다. "역사는 … 거의 모든 부분이 작가 없이 존재한다. 그것은 중심이 아니라 주변부 그리고 사소한 원인에서 진화해왔다." 더구나 그것은 근본적으로 혼돈스러운 방식으로 전개된다. 이는 마치 '상사는 대열의 앞쪽으로 이동하라'는 지시를, 병사들 대열의 한쪽 끝부터 귓속말로 전달하면 나중에는 '부대원 8명을 즉각 총살하라'는 지시가 되어버리는 것과 같다.

현재의 유럽인이 아직 아기일 때 한 세대 전체를 기원전 5000년의 이집트로 데려가면, 그리고 그들을 그곳에 놓아두면 역사는 5000년에 전부 다시 시작될 것이다. 처음에는 원래대로 한동안 되풀이되다가 누구도 짐작할 수 없는 이유에서 점차 본래 궤적에서 벗어나기 시작한다.

세계 역사의 법칙은 단순히 "그럭저럭 진행된다."

역사 과정은 … 당구공 같은 방식으로 움직이지 않는다. 당구공을 치면 그것은 확실한 길을 따라 달려간다. 그와 반대로 역사 경로는 구름이 지나가는 것이나 길거리를 달려가는 사람의 흔적과도 같다. 여기서는 그림자, 저기서는 작은 군중 때문에 길이 달라진다. 그러다가 자신이 알지도 못하고 원래 가려고 했던 곳도 아닌 곳에 도착한다. 역사 경로에는 길을 벗어나기 일쑤인 어떤 요소가 원천적으로 내재해 있다.*

이런 방향으로 계속 따져가던 울리히는 마음이 불편해져, 그것도 너무 심하게 불

*　앞의 책, pp. 69-71.

편해져(마치 그 논점의 정당성을 입증이라도 하듯) 집으로 가는 길을 잃고 헤맨다.

간단히 말해 역사는 전차 여행도 아니고 이야기도 아니다. 그것을 이야기처럼 쓰려고 애쓰는 역사가는 차라리 에이미스나 AE를 따라 역순으로 쓰는 게 나을지도 모른다. 무질이 주장하듯 역사의 리얼리티는 여정을 시작할 때 그 끝을 알지 못한다는 데 있다. 예측 가능하게 미래로 이어지는 철로도, 목적지가 검고 흰 글씨로 적힌 기차시간표도 없다. 호르헤 루이스 보르헤스Jorge Luis Borges가 단편《갈림길의 정원The Garden of Forking Paths》에서 지적하는 요점도 대체로 같은 내용이다. 작가는 상상 속의 중국인 현자 추이 펜Ts'ui Pen이 고안한 소설로 갈림길을 상상한다. 그 속에서 시간은 수많은 미래를 향해 영원히 갈림길로 갈라진다.

> 나는 갈림길이 있는 정원을 다양한 미래(모두의 미래는 아니다)에 내맡긴다는 문장에서 당연히 머뭇거렸다. 거의 즉각 나는 이해했다.《갈림길의 정원》은 혼란스러운 소설이다. 다양한 미래(모두에게는 아니다)라는 구절은 내가 볼 때 공간이 아니라 시간의 분지分枝를 떠올리게 한다. … 모든 허구 작품에서 사람이 여러 대안 앞에 설 때마다 그는 하나를 택하고 다른 것은 배제한다. 추이 펜의 소설에서 그는 그 모두를 동시에 선택한다. 이런 식으로 그는 다양한 미래를, 각각이 가지를 쳐서 다른 갈림길의 출발점이 되는 다양한 시간을 창조한다. … 추이 펜의 작품에서는 발생할 수 있는 모든 결과가 발생한다. 각각의 결과는 다른 갈림길의 출발점이다.

작품의 상상 속에서 작가는 계속 말한다.

> 《갈림길의 정원》은 거대한 수수께끼 혹은 우화다. 그 주제는 시간 … 불완전하지만 거짓은 아닌, 우주의 모습을 본뜬 시간이다. … 뉴턴이나 쇼펜하우어와 달리 (추이 펜은) 균일한 절대 시간을 믿지 않았다. 그는 갈라지고 수렴하고 평행하는 시간이 지속적으

로 확장돼 눈이 어지러운 그물망 같은 시간의 무한한 연속을 믿었다. 서로에게 접근하고 갈라지고 단절하고 서로를 수백 년씩 모르고 지내는 이 시간 네트워크는 시간의 모든 가능성을 포용한다. …•

이 주제의 변형태가 보르헤스의 작품 전체에서 되풀이된다.《틀뢴, 우크바르, 오르비스 테르티우스Tlön, Uqbar, Orbis Tertius》에 묘사한 관념론자의 상상 세계에서 "허구 작품에는 그 모든 상상 가능한 순열 조합을 가진 단일한 플롯이 있다."••《바빌론의 복권》에서는 상상 속의 고대 복권이 모든 것을 포용하는 생활방식으로 진화한다. 여기서는 "우연의 강화, 카오스의 우주로의 주기적인 융해"로 시작한 것이 "어떤 결정도 최종적인 것이 아니라 다른 결정으로 가지치기하는" 무한한 과정이 된다. "바빌론은 우연의 무한한 게임 바로 그 자체다."•••《바벨의 도서관The Library of Babel》과《자히르The Zahir》에서도 은유는 바뀌지만 같은 주제를 다룬다. 이와 유사한 이미지는 말라르메Mallarmé의 시 〈주사위 던지기Un Coup de dès〉나•••• 로버트 프로스트Robert Frost의 〈가지 않은 길The Road Not Taken〉에서도 볼 수 있다.

한숨 쉬며 이 말을 하겠지.
어딘가, 지금부터 오래 오래전에,
숲 속에 두 갈래 길이 있었다고, 그리고 나–
나는 사람들의 발길이 더 적게 난 쪽을 택했노라고,

• Jorge Luis Borges, "The Garden of Forking Paths", idem, *Labyrinths: Selected Stories and Other Writings*, ed. Donald A. Yates and James E. Irby (Harmondsworth, 1970), p. 50ff.

•• Borges, "Tlön, Uqbar, Orbis Tertius", 앞의 책, p. 37.

••• Borges, "The Lottery in Babylon", 앞의 책, p. 59ff.

•••• Stéphane Mallarmé, *Igitur. Divagations. Un coup de dés*, ed., Yves Bonnefoy (Paris, 1976).

그리고 그럼으로써 모든 차이가 생겼다고.[*]

역사가에게 이 시의 함의는 명료하다. 심지어 스크리븐도 그것을 인정했다.

우리가 갖고 있는 어느 지점까지의 역사 자료를 고려하면 그에 따라 일어날 수 있는 여러 운수의 전환이 나오는데, 그중 어느 것도 설명 가능한 것으로 보이지 않는다. ⋯ 필연적이었다는 것은 돌이켜볼 때만 할 수 있는 말이다. ⋯ 그리고 결정론의 필연성이란 예견보다 설명에 가깝다. 선택의 자유, 즉 미래의 대안 사이에서 누리는 선택의 자유는 모든 사건에 원인이 있다는 사실과 양립 불가능하지 않다. ⋯ 의외의 사건을 배제하길 원한다면 (우리는) 역사를 포기해야 할 것이다. ⋯[**]

카오스와 과학적 결정론의 종말

무질이나 보르헤스 같은 작가들이 제기한 내러티브 결정론의 질문과 20세기 과학자들의 고전적인 라플라스 식 결정론의 질문 사이에는 밀접하게(결코 우연이 아닌) 닮은 점이 있다. 애석하게도 이것은 역사가들이 무시하거나(카가 블랙홀 이론 앞에서 취했던 태도) 오해하는 경향이 있던 바로 그 점이다. 그 때문에 이 세기 들어 역사가 과학인지를 놓고 논쟁한 수많은 역사철학자는 그들의 과학 개념이 시대에 뒤진 19세기식 유물임을 깨닫지 못한 것 같다. 그들이 자신의 과학 동료가 실제로 무슨 일을

---

[*]   L. Untermeyer (ed.), *The Road Not Taken: A Selection of Robert Frost's Poems* (New York, 1951), p. 270f.

[**]   Scriven, "Truisms as Grounds for Historical Explanations", p. 470f.

하는지 보다 밀접하게 관심을 기울였다면, 아마 자신이 잘못된 질문을 하고 있음을 알고 놀라거나 아니면 기쁘기까지 했을 것이다. 자연과학의 관심 대상이 시간에 따른 변화라는 점에서 근본적으로 역사의 성격을 띤다는 것이 현대 자연과학에서 수없이 이뤄진 발전의 놀랄 만한 특징이니 말이다. 이런 이유로 '역사가 과학인가?'라는 오랜 질문이 아니라 그것을 뒤집어 '과학이 역사인가?'라고 묻는 것도 완전히 가치 없는 일은 아니다.

고립된 시스템의 엔트로피는 언제나 증가한다고 단언하는 상대적으로 오래된 열역학 제2법칙에서도 이것은 사실이다. 말하자면 사물은 그냥 내버려두면 무질서 정도가 증가하는 경향이 있으며, 질서를 조성하려는 시도조차 궁극적으로는 활용 가능한 질서 있는 에너지의 분량을 줄이는 결과를 낳는다는 내용이다. 여기에는 심오한 역사적 의미가 있다. 특히 그것은 인간 생활과 우주 역사에 궁극적이고 무질서한 종말이 온다는 것을 함축한다. 아인슈타인의 상대성 이론도 절대시간 개념을 쓰지 않기에 역사적 사유를 암시한다. 아인슈타인 이후 우리는 모든 관찰자에게 각각 고유의 시간 척도가 있다는 것을 깨달았다. 만약 내가 지구 위로 높이 솟아오르면 아래에서 벌어지는 사건의 진행 시간이 더 길어지는 것처럼 보일 것이다. 이는 지구의 중력장이 빛의 속도에 미치는 영향 때문이다. 그러나 상대시간조차 하나의 방향 혹은 하나의 '화살'만 갖는다. 엔트로피를 비롯해 엔트로피가 시간에 관한 우리의 심리적 지각에 영향을 미쳐서 그렇다. 어떤 사건을 우리의 기억에 기록하는 데 쓴 에너지도 우주에서 무질서의 분량을 늘린다.

무질서는 증가한다. 그 어떤 것도 빛보다 빨리 움직이지 않는다. 하지만 19세기 실증주의자의 기대와 달리 자연 세계에서 일어나는 모든 과정을 이처럼 명확한 법칙으로 요약할 수는 없다. 19세기 후반에 이뤄진 중요한 과학 발전 중 하나는 자연 현상 간의 관계를 표현한 것이 대부분 확률 성격의 발언에 불과하다는 것을 깨달은 점이다. 사실 미국의 피어스C. S. Pierce는 1892년 이미 자신의 저서 《검토된 필연성 원칙The Doctrine of Necessity Examined》에서 결정론의 종말을 선언했다.

"우연 자체가 모든 감각 통로로 쏟아져 들어온다. 그것이 다른 무엇보다 가장 두드러진다."

피어스는 이렇게 단언했다.

"우연이 첫 번째, 법칙은 두 번째, 습관을 들이는 경향은 세 번째다."[*]

이 주장의 결정적 증거는 1926년 하이젠베르크가 입자의 미래 위치와 속도를 정확히 예측하기가 불가능하다는 것을 증명했을 때 등장했다. 그 현재 위치를 측정하려면 최소한 광자 하나를 사용해야 하기 때문이다. 사용한 빛의 파장이 짧을수록 입자의 위치 측정도는 더 정확해진다. 그러나 그 속도 방해는 더 커진다. 이 '불확정성 원리'로 인해 양자역학은 특정 관측에 몇 가지 가능한 결과를 예측하고, 그중 어느 것이 더 확률이 높은지 제안하는 것만 가능하다. 스티븐 호킹이 말했듯 이것은 가장 근본적인 층위에서 "과학이 피할 수 없는 예측 불가능성이나 자의성을 소개한다."[**] 사실 이것은 라플라스 식 우주의 이상형에 그처럼 충실한 아인슈타인이 도저히 반대하지 않을 수 없던 바로 그 부분이었다. 막스 보른Max Born에게 보낸 유명한 서한에서 그는 이렇게 말했다.

당신은 주사위 놀이를 하는 신을 믿지요. 나는 객관성이 존재하고 내가 거칠게 투기적인 방식으로 파악하려 애쓰는 세계에 완벽한 법칙과 질서가 있음을 믿습니다. 나는 굳게 믿지만 누군가가 좀 더 현실적인 방식을, 아니면 내 세대가 한 것보다 더 구체적인 근거를 찾아내길 바랍니다. 양자 이론이 처음 거둔 큰 성공조차 내가 근본적인 주사위 놀이를 믿게 만들지는 않습니다. 당신의 더 젊은 동료들이 이것을 나이가 든 탓이라고

---

[*]   Hacking, *Taming of Chance*,

[**]   Stephen Hawking, *A Brief History of Time* (London, 1988), p. 53ff.

해석하는 줄 잘 알고 있지만 말입니다.*

　불확정성은 아인슈타인보다 더 오래 살아남았다. 또 그것은 역사적 결정론 못지않게 불편한 함의를 담고 있다. 비유하자면 역사가들은 자신의 불확정성 원리를 절대 놓치지 않아야 한다. 어떠한 역사적 증거 관찰도 그것을 사후의 지혜 프리즘으로 선택한 탓에 그 중요성이 굴절될 수밖에 없다는 것 말이다.

　중요한 역사적 함의가 있는 또 다른 현대 과학 개념은 소위 '인류 지향' 원리 Anthropic Principle다. 그것의 '강한' 버전을 보면 "수많은 우주 또는 단일한 우주 구역이 많고 그것은 저마다 본래의 구성이 있으며 그 자체의 과학 법칙이 있다고 주장한다. 그러나 지능을 갖춘 존재가 진화하는 곳은 우리 우주와 비슷한 소수의 우주뿐이다."** 이것은 당연히 제기될 문제를 유도한다. 우리가 존재하지 않는 곳의 다른 '역사'에 우리가 어떤 의미를 부여해야 할지는 분명치 않다. 호킹에 따르면 "우리 우주는 가능한 여러 역사 가운데 하나가 아니고 가장 가능성 높은 것 중 하나다. … 다른 것보다 훨씬 더 가능성이 큰 역사의 특정 일가가 있다."*** 이 다중 우주 Multiple Universe 개념은 미치오 가쿠 같은 물리학자가 많이 다뤘다. 내가 볼 때 역사가는 가쿠의 환상적 개념을 문자 그대로 받아들일 필요는 없을 것 같다. 워낙 엄청난 에너지를 요하는 일이다 보니 '통과 가능'한 웜홀을 지나가는 시간 여행을 이론적으로나마 가능한 것으로 묘사할 수 있을지조차 의심스럽다(다른 모든 것은 차치하고라도 시간 여행이 가능하다면 우리 세계에는 이미 미래에서 온 여행자로 넘쳐나야 한다. 또한 지금보다 더 과거로 돌아가 링컨의 죽음을 저지하기로 마음먹거나 갓 태어난 아돌프 히틀러의 목을 조르려

---

* 　Ian Stewart, *Does God Play Dice? The New Mathematics of Chaos* (London, 1990), p. 293.

** 　Hawking, *Time*, p. 123f.

*** 　앞의 책, p. 137.

는 사람도 있을 수 있다).* 그렇긴 해도 무한수의 우주라는 발상은 중요한 자기발견 학습 목적에 도움을 준다. 어느 물리학자의 말처럼 클레오파트라의 그 유명한 코끝에 보기 흉한 사마귀가 붙어 있는 다른 세계가 있다는 발상은 기발하다. 그런데 그 생각은 과거란 확정적이지 않다는 사실을 생생히 떠올리게 해준다.

생물학은 그와 비슷하게 최근 결정론에서 멀어졌다. 가령 리처드 도킨스Richard Dawkins의 연구는 인간을 포함한 개별 유기체를 단지 "수명이 긴 유전자가 단기간 연합해서 만들어진 생존 기계"로 정의한 점에서 결정론 성향을 보인다. 그렇지만 그는 《이기적 유전자The Selfish Gene》에서 유전자가 "행동을 결정한다는 것은 오직 통계적 의미일 뿐이다. … (그것은) 자신의 창조를 통제하지 않는다"라고 대놓고 단언한다.** 그의 다윈 식 진화론은 미래를 못 본다. 자연에는 운명을 예정하는 청사진이 없다. 사실 진화의 핵심은 복제 분자Replicator Molecule(DNA 같은)가 실수를 범하고 재생산하는 까닭에 "외견상 사소해 보이는 미세한 영향이 진화에 중대한 영향을 미칠 수 있다"는 점이다.

"유전자에는 예지력이 없고 미리 앞서서 계획하지도 않는다."

도킨스는 오직 한 가지 의미, 즉 자연 선택에서 '불운'의 역할을 배제한다는 점에서만 결정론자다.

"정의상 운은 제멋대로 온다. 줄곧 지는 쪽에 서는 유전자는 불운한 것이 아니라 나쁜 유전자다."

운수의 돌팔매와 화살을 피해 살아남는 유기체는 그렇게 되도록 가장 잘 설계된 유기체다.

---

*   Michio Kaku, *Hyperspace: A Scientific Odyssey through the 10th Dimension* (Oxford, 1995), p. 234ff. 물론 성공적인 시간 여행자라면 이동 과정에서 시간 여행자라는 의식이 사라질 것이다.

**   Richard Dawkins, *The Selfish Gene* (2nd edn., Oxford, 1989), pp. 267, 271.

                                                        버추얼 히스토리

"유전자는 예견과 유사한 과제를 수행해야 한다. … (그러나) 복잡한 세계에서 예견하는 것은 불확실한 일이다. 생존 기계가 내리는 모든 결정은 도박이다. … 유전자가 옳은 도박을 하도록 두뇌를 구축한 개체는 그 직접적 결과로 살아남을 확률이 높고 바로 그 유전자를 증식한다. 이에 따라 고통과 쾌락이라는 기본 자극의 특혜를 얻고 오류를 기억하는 능력과 선택을 자극하고 다른 '생존 기계'와 소통하는 능력도 생긴다."*

한데 다른 진화론자들은 강력한 개별 유기체(혹은 도킨스의 또 다른 복제유전자 형태인 밈Meme이나 형질형Phenotype 같은)가 경쟁 단위라는 결정론적 함의가 담긴 이 주장에 반기를 든다. 스티븐 제이 굴드Stephen Jay Gould가《생명, 그 경이로움에 대하여 Wonderful Life》에서 보여주듯 우연한 특정 사건, 이를테면 캄브리아기 대폭발 이후 일어난 것으로 보이는 대규모 환경 재앙 등은 자연 선택 과정을 방해한다.** 그러한 사건은 장기 생태 조건을 완전히 바꿈으로써 무가치한 단기 속성이 그 조건에 부응해 수천 년 동안 다듬어지게 만든다. 생존자의 생존은 그들의 유전자가 우월한 생존 기계를 설계하고 구축해서가 아니라 흔적만 남아 있던 속성이 갑자기 횡재하는 일이 흔했기 때문이다. 간단히 말해 선사시대에는 우연성의 역할을 피할 길이 없었다. 굴드가 보여주듯 진화론의 전통 차단장치는 브리티시컬럼비아에서 발견한 5억 3천만 년 묵은 버제스 셰일 동물군Burgess Shale[버제스 혈암頁岩은 캐나다 로키의 왑타Wapta산 혹은 버제스산에 발달한 중부 캄브리아계 지층이다. 두께가 수 피트인 암회색 내지 검정색의 치밀한 혈암층 속에 삼엽충이나 완족류 외에 보통 암석에 남아 있기 어려운 조류, 규질해면, 진정해파리, 익족류, 모악류, 다

* 앞의 책, pp. 4, 8, 15ff, 24f, 38f, 45. 우리와 공유하는 유전자의 수, 그들의 연령과 미래의 다산성을 우리와 비교한 비율에 따라 다른 생존 기계의 생명을 방어하려는 본능이 있는 것도 그 때문이다. 도킨스의 모델에 따르면 출산 규제도 살아남는 후손의 수를 극대화하고 부모의 유전자 가운데 가장 잘 살아남을 것을 전해주기 위함이다.

** Stephen Jay Gould, *Wonderful Life: The Burgess Shale and the Nature of History* (London, 1989), 특히 p. 47f 참조.

모류, 원시절지동물 등이 화석화되어 있다. 이 동물군에는 무척추동물 주요 문의 대표 종을 망라한 현생 70속 130종이 포함된 것으로 알려져 있다 – 옮긴이]의 다양한 해부학적 디자인에 눌려 구식이 되어 버린다. 어떠한 자연 선택의 다윈 법칙도 버제스 셰일층에 보존된 유기체 중 어떤 것이 2억 2,500만 년 전 지구를 뒤흔든 거대한 위기를 이기고 살아남을지 결정하지 않았다. 그들은 그저 재앙이 만들어준 '복권'을 운 좋게 따낸 것뿐이다. 만약 재앙이 다른 형태로 밀려왔다면 지구 위의 생명은 예측 불가능한 방식으로 진화했을 것이다.*

호모사피엔스가 아니라 "풀 뜯는 해양 초식동물", "호두까기 같은 턱과 쥐는 팔이 몸의 앞쪽에 달린 해양 포식자"가 사는("새예동물Penis Worm이 바다를 지배했다면 오스트랄로피테쿠스가 아프리카 사바나에서 언젠가는 직립보행했으리라고 믿기 힘들다") 굴드의 대안 세계를 비웃기는 쉽다.** 그렇지만 우연성이 역사에서 하는 역할을 말한 굴드의 언급은 결코 터무니없는 게 아니다. 반복으로 증명하는 과학 절차가 없는 상황에서 진화역사가들이 할 수 있는 것은 오로지 내러티브 구축, 말하자면 자신의 표현 속에서 상상의 테이프를 반복 플레이한 다음 원래의 조건이나 그에 이어지는 어떤 사건이 달랐다면 어떤 일이 일어났을지 성찰하는 것뿐이다. 이것은 버제스 시기 이후 다모류Polychaetes가 예상 외로 새예동물Priapulida[앞에 나온 Penis Worm과 동일 – 옮긴이]을 이긴 것이나 시신세Eocene에 포유류가 거대 조류를 이긴 것에만 적용되는 이야기가 아

---

* 사실 베리가 같은 논점을 지적했다. "과거에 존재했고 현재 존재하는 다양한 식물과 동물 종의 출현은 우연성에 달려 있는 것으로 보인다. 생명 논리에서 참나무나 하마를 반드시 존재해야 하는 것으로 만드는 것은 없었다. 또 인간Anthropos을 반드시 존재해야 하는 것으로 만든 뭔가가 있음이 증명되지도 않았다. 역사의 까마득한 문턱에서 우리는 원초적인 우연성, 인간의 기원을 찾는 것 같다." Bury, "Cleopatra's Nose", p. 68.

** 앞의 책, pp. 238f, 309-321. 굴드의 작업에 반발해 결정론을 복구하려는 설득력 없는 시도로는 다음 예가 있다. Roger Lewin, *Complexity: Life at the Edge of Chaos* (London, 1995), p. 23-72, 130ff. 굴드의 몇몇 비판자는 신적인 주체 개념과 대지의 여신 가이아로 위장해 전체 우주 개념을 복구하려다가 우스운 처지에 놓였다. 이것은 뉴에이지판 헤겔이다.

니다. 그것은 이 행성 역사의 1,800분의 1에 불과한 인류의 짧은 생존 기간에도 적용된다.

굴드의 논의에서 외계 물체가 유발한 충격으로 발생한 대규모 변동의 비중이 큰 것은 사실이다. 그러나 역사 과정에 우연성이 개입하는 방식이 이것만은 아니다.

카오스 이론 지지자들이 입증했듯 추락하는 운석이 없어도 자연 세계는 정확한 예견이 거의 불가능할 정도로 예측 불가능하다. 수학자, 기상학자 등이 말하는 현대적 의미의 카오스는 무질서한 상태를 뜻하지 않는다. 이는 자연 세계에 아무 법칙도 없다는 뜻이 아니라 그 법칙이 너무 복잡해 우리가 그에 따른 현상 변화를 예견하기가 사실상 불가능하다는 것을 의미한다. 그 결과 우리 주위에서 벌어지는 많은 일이 자의적이거나 카오스처럼 보인다는 얘기다. 이언 스튜어트Ian Stewart가 말했듯 "신은 주사위 놀이를 하는 동시에 복잡한 법칙과 질서를 갖춘 우주도 창조할 수 있다. 간단한 공식만으로도 너무 복잡하고 민감해 측정이 불가능한 탓에 무작위로 보이는 동작을 할 수 있다는 말이다." 엄밀히 말해 카오스 이론은 결정론 시스템 내에서 일어나는 추측통계학적Stochastic(무작위로 보이는) 행동 이야기다.

이것은 본래 프랑스 수학계의 개척자 앙리 푸앵카레Henri Poincaré의 제자들만 관심을 보인 현상이었다. 푸앵카레는 한 가지 변형을 수학 시스템에 반복 적용하면 궁극적으로 주기성이 발생한다고 주장했다. 그런데 스티븐 스메일Stephen Smale 등이 깨달았듯 다차원에서 몇몇 동역학적 시스템은 푸앵카레가 2차원에서 밝힌 안정 상태의 네 종류로 정리되지 않는다. 푸앵카레의 위상학 지도 시스템을 쓰면 그 시스템을 길들이는 수많은 '이상한 끌개Strange Attractors'[끌개는 한 특정 계수값의 체제 변화를 나타내며 그 체제가 일정한 행태 패턴을 유지하게 해준다. 이는 안정점일 수도 있고 규칙적 사이클 혹은 보다 복잡한 행태 유형일 수도 있다. 자연 체제에서 규명한 끌개의 존재는 사회 체제에 많은 시사점을 준다. 개인 행동

Stewart, *Does God Play Dice?*, pp. 2f, 6.

은 변화무쌍해 예측 불가능하다고 여기지만 실은 일정한 행동을 유도하는 끌개가 존재한다 – 옮긴이](칸토어Cantor가 설정한 것 같은)를 확인할 수 있다. 이 시스템은 행동을 예견하기가 극도로 어렵다. 무엇보다 초기 조건에 굉장히 민감하므로 정확히 예견하려면 출발점을 상상을 초월할 만큼 정확히 알고 있어야 한다.* 외견상 제멋대로인 듯한 행동이 완전히 그런 게 아니고 그저 단선적이지 않은 행동으로 드러나기 때문이다.

"우리 이론이 결정론적일 때도 그 예견이 전부 반복 가능한 실험으로 이어지지는 않았다. 초기 조건이 조금 변하더라도 굳건히 변함없는 것만 그렇게 된다."

동전을 던질 때 수직 속도와 1초당 회전수를 정확히 알면 이론적으로는 그 결과를 예측할 수 있다. 그러나 실제로는 예측하기가 매우 어렵다. 과정이 복잡할 경우 이 원리는 더 강력하게 적용된다. 어쨌든 우주가 개념상 결정론적일지라도 "모든 결정론적 내기는 실패했다. 우리가 할 수 있는 최선은 (sic) 확률뿐이다. … 그 패턴을 알아내기에는 우리가 너무 우둔하기 때문이다."**

카오스 이론의 적용(및 파생물)은 수없이 많다. '세 물체Three Bodies'라는 고전 물리학 문제도 그 적용 사례 중 하나다. 크기가 같은 두 행성의 예측 불가능한 중력이 먼지 한 알갱이에 미치는 영향은 무엇인가. 천문학자들은 토성 주위를 도는 위성 히페리온의 외견상 제멋대로인 것 같은 궤도에서 실제로 이것을 관측했다. 카오스는 액체와 기체에서 일어나는 소용돌이에도 적용된다. 특히 미첼 파이겐바움Mitchell Feigenbaum이 여기에 깊은 관심을 보였다. 브누아 만델브로Benoit Mandelbrot는 《자연의 프랙털 기하학The Fractal Geometry》에서 또 다른 카오스 패턴을 발견했다. 그의 정의에

---

* 앞의 책, pp. 57ff, 95ff. 구체적인 보기로 로지스틱 사상寫像($x \to kx(1-x)$(즉, 비선형 공식 $x_{t+1}=kx_t(1-x_t)$)는 k가 3보다 더 큰 값이면 이후로 랜덤이 되는 것 같다. 그러나 k가 점진적으로 증가하면 어떤 패턴이 나타난다. x가 k에 대치될 경우 그 결과는 무한정 가지치기 도형, 소위 말하는 '무화과나무'가 된다(발견자 미첼 파이겐바움의 이름을 딴 명칭); 앞의 책, p. 145ff.

** 앞의 책, pp. 289-301.

버추얼 히스토리

따르면 프랙털은 "다양한 규모로 세밀한 구조를 계속 보여준다." 이는 파이겐바움의 '무화과나무'도 동일하다. 에드워드 로렌츠Edward Lorenz의 대류와 기후 연구는 활동하는 카오스의 놀라운 사례 중 하나다. 그는 기후가 초기 조건에 보이는 민감한 의존성을 특징적으로 표현하기 위해 '나비 효과'(오늘 나비 한 마리의 날갯짓 한 번으로 다음 주 영국 남부에 허리케인이 몰아칠지 아닐지 개념적으로 판정할 수 있다는 것)라는 말을 썼다. 이는 대기에서의 미세한 동요가 큰 결과를 낳을 수 있음을 뜻한다. 그래서 앞으로 나흘 뒤의 기상을 정확히 예보하는 것은 불가능하다. 로버트 메이Robert May와 다른 사람들도 곤충의 움직임과 동물 무리에서 카오스 패턴을 발견했다. 어떤 의미에서 카오스 이론은 마르쿠스 아우렐리우스와 알렉산더 포프Alexander Pope가 오래전에 본능적으로 알았던 것을 확인해준다. 언뜻 세상은 "우연의 결과"처럼 보이지만 비록 알 수는 없어도 "규칙적이고 아름다운" 구조를 갖추고 있다.

"모든 자연은 그대에게 알려지지 않은 예술이다. 다만 그대가 모든 우연, 방향을 못 볼 뿐이다."

사실 카오스 이론은 사회과학에 중대한 영향을 미치고 있다. 카오스 이론은 경제학자가 왜 거의 모든 경제학 모델의 기반인 단선적 공식을 기초로 예측 및 예보한 것이 그처럼 자주 틀리는지 설명하는 데 도움을 준다.* "단순한 시스템이 반드시 단순하고 역동적인 특성을 보유하는 것은 아니다"라는 원리는 정치학 세계에도 적용된다.** 그것은 모든 전문가에게 보내는, 최소한 선거의 결정 요인에 관한 단순한 이론을 피하라는 경고다. 카오스 시스템과 관련해 우리의 이해로 할 수 있는 최대치는 로저 펜로즈Roger Penrose가 주장했듯 "전형적인 결과를 모방하는 일이다. 예견한 기후가 실제로 일어나지 않을지도 모르지만 그것은 날씨로는 완벽하게 그럴듯했

* John Kay, "Cracks in the Crystal Ball", *Financial Times*, 29, 1995. 9월호.
** Stewart, *Does God Play Dice?*, p. 21.

다.[※] 같은 일이 경제와 정치 예견에도 적용된다. 일기예보자가 할 수 있는 최선의 장기 예보는 그럴듯한 시나리오를 몇 개 내놓고 그중에서 선택하는 것은 예보가 아니라 추측에 불과하다는 사실을 인정하는 일이다.

카오스토리를 향해

그렇다면 미래 예측이 아니라 과거를 이해하는 데 관심이 있는 역사가들에게 카오스의 함의는 무엇인가? 그저 인간이 다른 모든 생물처럼 자연 세계의 카오스적 행동에 예속되어 있다고 말하는 것으로는 충분치 않다. 물론 19세기 후반까지만 해도 기후는 거의 모든 인간의 복지를 결정하는 주된 요인이었다는 말은 사실일 터다. 그러나 현대 역사에서는 다른 인간의 행동이 차지하는 비중이 점점 더 커지고 있다. 20세기에는 자연이 아니라 타인 때문에 수명이 단축되는 일이 그 어느 때보다 많아졌다.

카오스 이론의 철학적 의미는 그것이 인과관계와 우연성 개념의 융화를 이끌어내는 데 있다. 그것은 원인도 결과도 없는 오크숏 같은 이상주의자의 비상식적인 세계나, 법칙에 근거해 미리 예정된 인과의 사슬만 존재하는 똑같이 비상식적인 결정론자의 세계에서 우리를 구해주는 것에 그치지 않는다. 카오스, 즉 결정론 시스템에서의 통계 확률적 행동은 연속하는 사건이 인과로 연결될 때도 예측할 수 없는 결과가 나온다는 것을 의미한다.

사실 이 중간 위치는 카오스 이론이 나오기 전인 1940년대와 1950년대에 역사

●   Roger Penrose, *Shadows of the Mind: A Search for the Missing Science of Consciousness* (London, 1994), p. 23.

철학자들이 인과관계를 다룬 이야기 속에 많이 함축되어 있다. 인과 발언은 법칙에 따라서만 예측할 수 있다는 근본 결정론자의 발상 연원을 추적해가면 결국 흄에게 닿는다. 흄은 《인성론A Treatise of Human Nature》에서 X_1과 Y_1이라는 두 현상 사이의 인과 연결은 X_1, X_2, X_3, X_4,··· 사건에 뒤이어 Y_1, Y_2, Y_3, Y_4,··· 사건이 발생하는 사건 시리즈를 발견하는 경우에만 확립된다고 말한다. 그것도 X_n 다음에는 언제나(아니면 아주 높은 확률로) Y_n이 발생한다는 추론을 입증할 만큼 길게 이어지는 시리즈라야 한다. 헴펠Hempel이 더 정교하게 다듬은 이 입장은 인과관계의 '포괄 법칙Covering Law' 모델로 알려졌다. 그것은 어떤 발언이든 인과적 성격을 띠면 반복 관찰에서 도출한 법칙(혹은 "일반 규칙성[이라고 추정한 것]의 명확한 발언")으로 서술할 수 있다고 단언한다.*

그러나 카를 포퍼는 만약 '법칙'이라는 것이 물리학의 고전 법칙과 유사한 예언적 발언을 의미한다면 역사 변화에 그 법칙의 확립이 가능한지 의심한다. 간단히 말해 포퍼의 논점은 과거를 연구할 때는 과학적 방법론, 즉 실험으로 가설을 체계적으로 시험할 수 없다는 얘기다. 그렇지만 포퍼가 약간은 혼란스럽게 역사주의Historicism라고 부른 결정론을 거부한 것이 오크숏처럼 인과관계라는 개념 전체를 거부한다는 뜻은 아니었다.** 포퍼는 실제로 사건이나 추세가 초기 조건에서 유래한다는 점을 인정했다. 요점은 그런 일반적인 발언이나 연역적 확실성에 의존하지 않는

---

*   Carl Hempel, "The Function of General Laws in History", Gardiner (ed.), *Theories of History*, pp. 344-355; idem, "Reasons and Covering Laws in Historical Explanation", Dray (ed.), *Philosophical Analysis*, pp. 143-163. 뒤 책에서 헴펠은 보편 법칙과 통계 관계에 근거한 확률 설명을 구별한다. 역사 설명 중에 전자보다 후자에 기초하는 것이 많기 때문이다. Nagel, "Determinism in History"의 여러 부분도 볼 것. 수량화한 결정론을 옹호하면서 나겔은 플레하노프-베리의 충돌하는 사슬Colliding Chains 은유를 다시 불러내 외관상 우연한 사건을 설명하려 한다.

**   핵심 텍스트는 Karl Popper, *The Open Society and its Enemies* (London, 1945), *The Poverty of Historicism* (London, 1957)이다.

역사에서는 인과 설명을 얻을 수 있다는 것이었다. 콜링우드는 헴펠 식(법칙적인) 인과 설명 유형과 '실용과학' 설명 유형을 구분한 바 있다. 후자의 경우 원인이란 "그것의 원인이라고 말하는 것을 우리가 생산하거나 방지할 때 발생하는 사건 혹은 사물의 상태"다.* 여기서 인과 관계를 확립한 최고 기준은 헴펠 식 포괄 법칙이 아니라 소위 '그것이 아니었다면but for' 원칙, 즉 결과는 원인이 존재하거나 발생하지 않는 한 존재 혹은 발생할 수 없다는 원칙을 적용하는 필수조건 테스트였다. 포퍼도 같은 요점을 지적했다.

"헤아릴 수 없이 많은 가능 조건이 있다. 어떤 추세의 참된 조건을 찾으려는 시도에서 그 가능성을 점검하려면 우리는 항상 문제의 그 추세가 어떤 조건 아래 사라질지 상상해봐야 한다."**

사실 역사주의를 향한 포퍼의 가장 의미심장한 공격은 그들이 '변화하는 여건 속에서 변화를 상상하라'는 말을 하지 못한다는 것이었다(오크숏 같은 이상주의자도 이 점에서 똑같은 잘못을 범했다). 프랭클Frankel은 이 통찰에 담긴 함의를 더욱 상세하게 탐색했다. 그는 역사 설명 사례를 몇 개 인용하는데 이는 단지 "그것이 없었다면 문제의 그 사건이 발생하지 않았을 여건"과 관련된 발언이다.

> 루소Rousseau가 《사회계약론Social Contract》을 쓰지 않았다면 프랑스 혁명이 달라졌을까? 부스Booth가 거의 모든 미래의 암살자처럼 조준 솜씨가 나빴다면 남북전쟁 이후 국가 재건 시기가 달라졌을까? 특정 유형의 인과 영향을 명백히 루소나 링컨의 몫으로 돌릴 때, 우리는 이들 질문이 긍정의 대답을 얻을 것이라고 짐작한다. … "클레오파트라의 미모가 안토니우스를 이집트에 붙잡아두었다" 같은 역사적 인과관계 발언의

---

*   R. G. Collingwood, *An Essay on Metaphysics* (Oxford, 1940).

**   Popper, *Poverty of Historicism*, pp. 122, 128ff.

배후에는 정확히 어떤 일반화가 놓여 있는가?*

갤리에 따르면 "역사가는 … 그때까지 인지하지 못한, 적어도 과소평가한 이전 사건을 지적함으로써 특정 사건이 어떻게 일어났는지 말해준다. 그들은 그것이 아니었다면 문제의 그 사건은 발생하지 않았거나 거의 발생하지 못했을 것이라며 귀납적 기반 위에서 느슨하게 주장한다."** 과학과 역사의 한 가지 차이는 역사가는 흔히 설명에 의지하지만, 과학자는 그것을 실험으로 증명해야 하는 가설로 쓴다는 점이다. 결국 포괄 법칙을 끌어대지 않고 과거의 인과관계에 관해 어떤 말을 하고 싶을 때는 인과 가설을 시험하기 위해서라도 진정 반사실을 써야 한다.

인과관계를 분석하는 법률 이론가들은 다른 경로로 같은 결론에 도달했다. 그들도 과거 사건의 원인을 이해하는 문제에 역사가만큼 관심이 있다. 리델 하트Liddell Hartt와 토티 오노레Tony Honore가 입증하듯 법률가의 관점에서 볼 때 밀이 내린 원인Cause 정의에는 실질적인 문제가 있다. 원인이란 "실현하면 언제나 결과가 따라오는 … 긍정적이고 부정적인 조건, 우연성 전체를 함께 고려한 총합"이다.*** 책임, 부채, 보상, 처벌 등을 다룰 때 법률가는 다수의 원인 예를 들면 화재나 사망 원인 중 무엇 때문에 상황이 달라졌는지 확실히 판단해야 한다.**** 여기서 그렇게 하는 유일한 길은 '그게 아니라면' 또는 필수조건 질문을 던져보는 것이다. 우리는 법률 목적을 위해 피고의 잘못된 것으로 추정하는 행동 없이 특정 가해가 일어날 수 있는지 아

*   Charles Frankel, "Explanation and Interpretation in History", Gardiner (ed.), *Theories of History*, pp. 411-415.

**   Gallie, "Explanations in History and the Genetic Sciences", p. 387; Michael Scriven, "Causes and Connections and Conditions in History", Dray (ed.), *Philosophical Analysis*, pp. 238-264.

*** H. L. A. Hart & Tony Honoré, *Causation in the Law* (2nd edn., Oxford, 1985), p. 10ff.

**** 앞의 책, pp. 22-63.

닌지, 그 행동이 가해의 원인인지 아닌지 말할 수 있다. 브레이스웨이트Braithwaite에 따르면 인과로 연결된 사건들은 이렇다.

> 그것은 발생했거나 발생할 일뿐 아니라 어떤 사건이 실제로는 발생했지만 발생하지 않았다면 어찌 되었을지 반사실 추론을 증명하는 데도 쓰인다. … 법률가는 인과 발언에 담긴 일반 요소에 접근할 때 … A가 B의 원인이라고 주장할 때 … A가 없었다면 B가 일어났을지 (물어본다).[*]

하트와 오노레는 필수조건의 실제 한계를 인정한다(가령 두 사람이 동시에 총을 쏘았는데 제3자가 죽는다는 가설 사례처럼).[**] 그럼에도 불구하고 현실주의자가 입법가의 의도에 품는 똑같이 주관적인 가정보다 그것을 선호한다는 데는 의심의 여지가 없다.

철학 측면에서 반사실은 복잡하게 갈라진다. 가디너Gardiner가 지적했듯 반사실 질문이 취하는 형태에는 많은 것이 달려 있지만 흔히 그것은 불완전하다.

> "대로에서 발생한 총격이 1848년 프랑스 혁명의 원인인가?" 이 문장은 "만약 대로에서 총격이 없었다면 혁명은 그것이 발생한 바로 그 시간에 일어나지 않았을까"라는 의미인가, 아니면 "총격이 없었어도 혁명은 늦든 빠르든 발생했을까"라는 의미인가? 만일 두 번째 질문의 대답이 긍정이면 그다음에 우리는 "그렇다면 혁명의 진짜 원인은 무엇인가?"라고 묻고, 추가로 그 구체적인 내용을 요구할 것이다. 가능한 대답이 여러 개이기 때문이다. … 역사가가 발견하기를 고대하는 절대적인 진짜 원인은 없다.[***]

---

[*] 앞의 책, pp. 15f, 21n.

[**] 앞의 책, pp. 101, 109-114.

[***] Patrick Gardiner, *The Nature of Historical Explanation* (London, 1952), p. 107ff.

이 공식의 문제는 논리학자들이 길게 탐구해왔다.* 그러나 역사가의 관점에서는 애초에 어떤 반사실 질문을 던질지 결정하는 것이 더 중요하다. 대안 시나리오를 고려한다는 발상 전체에 가하는 가장 강력한 반론은 우리가 고려할 수 있는 질문의 수가 무한하다는 점이다. 보르헤스의 추이 펜처럼 역사가 앞에는 무수히 많은 '갈림길'이 있다. 이것이 크로체가 본 반사실 접근법의 주된 결점이었다.

그러나 실제로는 가능한 모든 반사실 질문을 해도 실질 의미가 거의 없다. 가령 상식이 있는 사람은 1848년 모든 파리 시민에게 갑자기 날개가 돋았다면 무슨 일이 일어났을지 알고 싶어 하지 않는다. 개연성 있는 시나리오가 아니니 말이다. 반사실 질문을 구성하는 일에서 개연성의 필요를 처음 지적한 사람은 이사야 벌린 경 Sir Isaiah Berlin이다. 벌린의 결정론 비판은 마이네케처럼 역사가가 "개개인의 성격과 목적과 동기"의 가치를 판단할 필요와 결정론이 양립 불가능하다는 점에서 출발한다.** 하지만 그는 실제로 일어난 것과 일어날 수 있던 것, 일어날 수 없던 것 사이의 중요한 차이를 구별했다(원래 이 차이를 지적한 사람은 네이미어다).

(아무도) 현재·과거·미래에서, 허구와 꿈속에서, 인간에게 열려 있는 가능한 행동 경로 가운데 무엇이 최선인지를 두고 흔히 논쟁한다는 것을 부정하지는 않을 터다. 역사가도(판사와 심판도) 그 가능성을 확인하려 하며 또 그렇게 할 수 있음을 부정하려 들지 않는다. 그 경로를 긋는 방식이 믿을 수 있는 역사와 믿을 수 없는 역사 사이의 경계를 표시한다는 것을, 리얼리즘(환상이나 삶에 관한 무지 또는 유토피아식 꿈과 대비

---

* David Lewis, *Counterfactuals* (Oxford, 1973); Hans Reichenbach, *Laws, Modalities and Counterfactuals* (Berkeley, 1976); Igal Kvart, *A Theory of Counterfactuals* (Indianapolis, 1986).

** Isaiah Berlin, *Historical Inevitability* (London, 1954). 특히 p. 78f를 볼 것. "(결정론 견해를) 보이는 사람들은 어떤 이유에서인지 역사를 비개인적 실체가 증오의 대상이 된 세계에서 도피해 그들의 원한을 갚아주고 모든 것을 제자리로 돌려놓는 판타지로 만드는 수단으로 이용한다." P. Geyl, "Historical Inevitability: Isaiah Berlin", idem, *Debates with Historians* (The Haque, 1955), pp. 237-241도 볼 것.

되는)이 발생한 것(혹은 발생할지도 모르는 것)을 발생했을 수 있는(혹은 발생할 수 있는) 것의 맥락에 놓고 발생할 수 없는 것과 구분하는 데 있음을, 이것이 모두 … 역사의 의미이자 결국 역사의 의미가 도달하는 전부임을, (그리고) 모든 역사적 정의(사법적 정의도)가 이 능력에 의지한다는 것을 … 부정하고 싶지 않을 것이다.[*]

실제로 일어난 것과 일어났을 법한 것 사이의 구분은 결정적으로 중요하다.

역사가가 무슨 일이 일어났는지 왜 일어났는지 판정하려 할 때, 논리적으로 열려 있는 무수한 가능성과 터무니없음이 뻔히 보이는 수많은 대다수를 거부할 때, 탐정처럼 적어도 약간의 원초적 개연성이 있는 가능성만 조사할 때, 삶의 패턴과 일관성 있게 의미를 구성하는 것은 무엇이 개연적인지 또는 사람들이 인간으로서 무엇을 했을 수 있고 했는지 감지하는 감각이다.[**]

이것을 다른 방식으로 표현하면 과거에 그럴 수도 있을 것 같은 가능성에 우리가 관심을 기울인다는 말이다. 이는 마르크 블로크가 익히 알고 있던 논점이다.

한 사건의 확률을 평가하는 것은 그것이 일어날 기회를 측정하는 일이다. 그렇다면 과거 사건의 가능성이라는 말은 합당한가? 결코 그렇지 않다. 우연성은 미래에만 있다. 과거는 가능성의 여지없이 이미 주어진 어떤 상태다. 주사위를 던지기 전에 어떤 수가 나타날 확률은 6분의 1이다. 일단 주사위 통을 비우면 그 문제는 사라진다. … 그러나 올바른 분석에서는 역사 연구가 활용하는 확률이라는 발상이 전혀 모순적이지 않다.

[*]   Isaiah Berlin, "Determinism, Relativism and Historical Judgements", Gardiner (ed.), *Theories of History*, p. 320f.
[**] Berlin, "Concept of Scientific History", p. 49.

역사가가 과거 사건의 확률을 자문할 때 그는 상상력을 발휘해 그 사건이 일어나기 전의 시간 속으로 들어가고, 그것이 실현되기 직전 단계에 실제로 발생할 기회를 헤아린다. 이때의 확률은 분명 미래의 일이다. 그렇지만 상상 속에서는 현재의 선이 뒤로 물러나 있으므로 그것은 사실 과거의 어떤 파편 위에 만든 지나가버린 시간의 미래다.[*]

트레버로퍼도 거의 같은 논점을 설정했다.

역사의 어떤 순간에든 진정한 대안은 있다. … 우리가 일어난 일만 보고 그것이 아닐 수 있었던 대안을 전혀 고려하지 않는다면 … '무엇이 일어났고 왜 일어났는지' 어찌 설명할 수 있을까. … 과거의 대안 앞에 서보아야, … 잠시 당시로 돌아가 그 사건이 아직 유동적인 맥락 속에서 해결하지 못한 채 남아 있는 시간을 잠시라도 살아보아야, 그 문제가 우리에게 닥쳐오는 것을 보아야, … 우리는 역사에서 유용한 교훈을 얻을 수 있다.[**]

간단히 말해 우리는 우리가 고려하는 대안 역사를 개연성 있는 수준으로 좁혀서, '우연'이라는 수수께끼를 확률 계산으로 대체해서, 단일한 결정론적 과거와 상상하지 못할 정도로 많은 가능한 과거 사이에서 선택해야 하는 딜레마를 풀어낸다. 우리가 구성해야 하는 반사실 시나리오는 그저 환상만은 아니다. 그것은 혼란스러운 세계에서 나온 그럴듯한 결과의 상대 확률을 계산해 그것을 기초로 하는 시뮬레이션이다(그래서 '가상 역사'다).

---

[*] 앞의 책, p. 103.

[**] Trevor-Roper, "History and Imagination", p. 363ff. 엘튼은 *The Practice of History*에서 이와 비슷한 점을 강조했다. 하위징아Huizinga도 마찬가지다.

당연한 얘기지만 이것은 우리가 확률을 좀 알아야 한다는 뜻이다. 예를 들어 우리는 룰렛에서 빨간색이 다섯 번이나 연이어 올라오면 다음번에는 검은색이 올라올 기회가 더 많다고 믿는 도박자의 오류를 피할 필요가 있다. 실제로 검은색이 올라올 기회가 더 많은 것은 아니며 동전을 던지든 주사위를 굴리든 확률은 모두 동일하다.*

역사가들이 다루는 것은 주사위와 달리 기억과 의식이 있는 인간이다. 주사위 던지기에서 과거는 현재에 정말 영향을 미치지 않는다. 여기서 중요한 것은 주사위를 던졌을 때 그 움직임을 지배하는 공식이다. 반면 인간에게는 과거가 영향을 미치는 경우가 많다. 간단한 예를 들어보자(게임 이론에서 가져온 예). 어느 정치가가 교전을 두 번 기피했다면 그 굴욕적인 기억 때문에 세 번째 도전을 받을 경우 과감하게 무기를 들지도 모른다. 그가 싸울 가능성을 내다보는 발언은 과거의 도전에 대처한 그의 행동과 현재 태도를 평가한 내용을 근거로 해야 한다. 따라서 역사 확률은 수학 확률보다 더 복잡하다. 신이 주사위 놀이를 하지 않는 것과 마찬가지로 인간은 주사위가 아니다. 결국 우리는 콜링우드가 인과관계의 진정한 '역사적 형태'라고 부른 것으로 돌아온다. 그 형태에서 "'원인'은 의식적이고 책임성 있는 주체의 자유롭고 의도에 따른 행동이다."** 또 드레이Dray의 말처럼 과거 주체의 '행동 원리'가 항상 엄밀하게 합리적이라고 여길 만한 것은 아니다.***

그렇지만 의문은 여전히 남는다. 우리는 실현되지 않은 있을 법한 대안과 있을

---

*   Lewis Wolpert, *The Unnatural Nature of Science* (London, 1992), p. 20f.

**   실제로 피셔는 비정상, 구조, 촉매, 우연의 연쇄 선례에 기초한 것 등 인과관계의 여러 유형을 추가한다. 그러나 이들 유형론이 쓸모 있는지는 의심스럽고 그 구별 자체도 명백하지 않다.

***   Dray, *Laws and Explanations in History*. 또한 같은 책에서 "The Historical Explanation of Actions Reconsidered", Sidney Hook (ed.), *Philosophical and History* (New York, 1963), p. 105ff도 볼 것. 헴펠의 다른 비판자를 보려면 다음을 참조할 것. Alan Donagan, "The Popper-Hempel Theory Reconsidered", Dray (ed.), *Philosophical Analysis*, pp. 127-159.

          버추얼 히스토리

법하지 않은 대안을 정확히 어떻게 구별하는가? 반사실 접근법에 가장 자주 제기되는 반대는 그것이 "명백히 한 번도 존재하지 않던 사실"에 의존한다는 점이다. 우리에게는 그저 반사실 질문에 대답할 정보가 없다고 말하지만 이는 사실이 아니다. 그 대답은 너무 단순하다. 우리는 동시대인이 실제로 고려한 동시대의 증거를 근거로 제시할 수 있는 대안만 개연적이거나 있을 법한 것이라고 간주한다.

이것은 중요한 핵심 요점인데 오크숏은 이를 간과한 것 같다. 흔히 말하듯 우리가 과거라 부르는 것도 한때는 미래였고, 우리가 미래를 알지 못하는 것처럼 과거 사람들도 자신의 미래를 알지 못했다. 그들이 할 수 있는 것은 오로지 가능한 미래, 그럴법한 결과를 고려하는 것뿐이었다. 과거의 몇몇 사람은 미래에 관심이 없었을지도 모른다. 반면 과거의 많은 사람이 미래가 어떻게 될지 안다고 확신했고 때론 그 예견이 옳았다. 그런데 과거의 거의 모든 사람에게는 가능한 미래를 하나 이상 고려하는 경향이 있었다. 그 가능한 미래 가운데 실현된 것이 하나뿐이어도 실현하기 전에 그것이 다른 것보다 더 실재에 가까웠던 것은 아니다(지금은 그것이 더 있을 법한 것으로 보이지만). 모든 역사가 (기록된) 사유의 역사라면 우리는 당연히 고려하는 모든 결과에 동등한 중요성을 부여해야 한다. 그 결과 중 어느 것이 나중에 다른 사람이 개연적인 것으로 고려하는 다른 결과를 지워버릴지 아는 사람이 "실제로 있었던 그대로의" 과거를 캡처해두기를 바랄 수는 없다. 사실 실현 가능성만 고려하면 그는 가장 기초적인 목적론 오류를 범하기 때문이다. 그것이 현실에서 어떠했는지 이해하려면 우리는 그것이 실제로 어떠하지 않았는지, 그러나 동시대인에게는 어떠했을 수 있는지 알 필요가 있다. 실제 결과가 아무도 예상치 못한 것일 때, 그것이 발생하기까지 실제로 생각하지 못한 것일 때, 이는 더욱 옳다.

이 경우 반사실 분석 범위가 상당히 좁아진다. 더욱이 우리가 정당하게 고려할 수 있는 것은 동시대인이 고려했을 뿐 아니라 문서화(아니면 다른 기록 형태로 저장)해 지금까지 살아남은, 그리고 역사가들이 유효한 자료라고 확인한 가설 시나리오뿐이다. 이 경우 또 다른 우연성 요소가 개입한다. 어떤 자료가 살아남고 어떤 것이 그렇지 못했는지 결정하는 필연적 요인이 아무것도 없으니 말이다. 하지만 동시에 그런 이유로 반사실 역사는 실용적이다.

그렇다면 반사실 분석에는 이중 명분이 생긴다. 첫째, 인과관계에서 '그것이 아니었다면' 질문을 제기하고 또 우리가 말하는 원인이 없었으면 무슨 일이 일어났을지 상상해보는 것은 논리적으로 필요하다. 이 때문에 우리는 확률 판단 근거를 기반으로 개연성 있는 대안 과거를 구성할 필요를 느끼는데, 이것은 역사적 증거라는 기초 위에서만 가능하다. 둘째, 이 일은 과거가 '실제로 어땠는지' 이해하려 할 때 엄밀한 랑케 식 의미에서 역사적으로 필요하다. 우리는 당시 사람들이 사실이 발생하기 전에 성찰한 모든 가능성에 동등한 중요도를, 또 그들이 고대하지 않던 결과보다 이런 결과에 더 큰 중요도를 부여해야 하기 때문이다.

필수조건을 논의해 반드시 명확히 설정해야 한다는 전제를 제외하면, 이 책이 준수해야 하는 방법론에 걸려 있는 핵심 제약은 동시대인이 성찰한 반사실을 다뤄야 한다는 점이다. 각 장에 나오는 내용은 논의의 본질을 다루던 시점에 현실적인 것으로 간주하던 대안이다. 이 점을 고려할 때 수많은 논점이 등장한다.

우선 실제로 발생한 일은 흔히 식견 있는 동시대인 대다수가 가장 가능성 있다고 여기던 결과가 아니었다. 그런 의미에서 반사실 시나리오는 실제로 그 뒤에 이어지는 사건보다 결정적인 순간에 처한 결정권자에게 더 '진정한' 것이었다.

그다음으로 결정론 이론이 진정 역사에서 어떤 역할을 담당하는 지점, 즉 사람들이 그것을 믿고 자신이 그 이론에 빠져 있음을 믿을 시점이 우리 눈에 보이기 시작한다. 위에서 지적했듯 자연 세계 카오스와 역사 카오스의 차이는 기체, 유체, 하등 유기체와 달리 인간에게는 의식이 있다는 데 있다. 인간의 유전자가 살아남기로 작정했을 뿐 아니라 그 인간 역시 대체로 그렇게 작정했다. 그는 현재에 앞서 행동하고 과거를 의미 있게 만들며 그것을 기반으로 미래를 예측한다. 문제는 그가 예측

근거로 삼는 일반 이론에 결함이 있을 때가 많다는 점이다. 그것이 최고의 존재, 이성, 이상형, 계급투쟁, 인종투쟁, 아니면 다른 어떤 결정적 힘의 존재든 그 존재는 그가 자신의 정확한 예측력을 과장하게 만들어 잘못 이끌었다. 토크빌은 이렇게 주장한 바 있다.

"사람은 기억이 너무 많으니 정치로 인해 죽기 쉽다."

오히려 그는 '결정론적 역사학이 너무 많으니'라고 말했어야 했다. 다른 측면에서 보면 여기서 연구하는 모든 큰 갈등은 결정론 이론을 신뢰한 탓에 빚어졌다. 영국 시민전쟁, 미국 독립전쟁, 영국-아일랜드 분쟁, 1차 세계대전, 2차 세계대전, 냉전 등 따져보면 이보다 훨씬 더 많을 것이다. 궁극적으로 이 책에서 살펴보려 하는 것은 이들 분쟁에서 목숨을 잃은 사람들은 다르게 전개될 수도 있던 혼란스럽고 예측 불가능한 사건의 희생자였는가 하는 점이다. 아마 결정론 예언의 의도치 않은 결과로 죽은 것만큼 많은 사람이 자기본위 성향 때문에 죽었을 터다. 그럼에도 불구하고 그들을 죽인 자들이 종교, 사회주의, 인종주의 등 흔히 결정론의 명분을 내걸고 그렇게 행동했다는 것은 충격적인 일이다. 이 관점에서 "왜 굳이 반사실 질문을 던지려 하는가?"의 최선의 답은 간단히 '던지지 않으면 어찌 될까?'라는 질문이 아닐까 싶다. 가상 역사는 결정론에 필요한 해독제다.

따라서 이 책이 본질적으로 상상의 시간 속으로 떠나는 일련의 독립된 여행이라는 사실을 사과할 필요는 느끼지 못한다. 독자는 평행우주 여덟 곳으로 넘어가는 웜홀을 흘끗 보여주는 공상과학소설의 냄새를 맡을지도 모른다. 그렇지만 각 장에 있는 가정은 단순한 상상이나 환상 이상이다. 세계는 신의 질서도, 이성의 지배도, 계급투쟁도, 그 어떤 결정론 법칙도 준수하지 않는다. 우리가 확실하게 말할 수 있는 것은 그것이 엔트로피로 인해 무질서가 증가하도록 되어 있다는 것뿐이다.

과거를 공부하는 역사가는 이중으로 불확실할 수밖에 없다. 그들이 증거로 여기는 유물은 대개 우연히 살아남는다. 그런데 유물을 역사 증거물로 확인하는 과정에서 역사가는 그 의미를 즉각 왜곡한다. 그들이 자료에서 추출하려는 사건은 원래 통계 확률적이다. 다시 말해 외견상으로는 카오스에 가깝다. 물질세계 행동은 단선적 공식뿐 아니라 비단선적 공식의 지배도 받기 때문이다. 인간에게 의식(공식으로 표현할 수 없는)이 있다는 사실 자체는 카오스 같은 인상만 더해준다. 이러한 여건 아래에서 역사의 보편 법칙을 찾으려는 노력은 헛수고다. 역사가가 할 수 있는 최대치는 확률 판단을 기초로 구축한 개연성 있는 반사실에 관련된 인과관계에 대해 잠정적으로 발언하는 것뿐이다. 마지막으로 대안 시나리오의 확률은 그 동시대인의 미래형 발언 가운데 살아남은 것에서 추론할 수밖에 없다. 이 논점은 새로운 카오스토리Chaostory, 즉 역사에 카오스적으로 접근하기 위한 선언문으로 내걸 수 있다. 그러나 그것은 여러 측면에서 많은 역사가가 각자의 사적인 상상 속에서 오랫동안 해오던 일을 드러내놓고 하는 것에 불과하다.

아직 한 가지 질문이 남아 있다. 만약 이 책을 출간하지 않았다면 이와 비슷한(아마 더 나은) 책이 조만간 나왔을까? 그랬을 것이라고 말하고 싶은 마음이 큰데, 이는 단순한 겸양의 표시만은 아니다. 최근 몇십 년간 과학에서 인과관계에 관한 발상이 어찌나 많이 변했는지, 역사가도 그 주제에 사로잡혔을 것이라는 추정은 타당할 듯하다. 솔직히 지금 세대의 역사가가 사회학·인류학·문학 이론에 보인 관심만큼 수학·물리학·고생물학에도 관심을 쏟았다면, 이 책은 10년 전에 나왔을지도 모른다. 그러나 역사는 과학처럼 전진하지 않는다. 과학 혁명은 도약하는 스타일로 전진한다는 쿤의 말은 아마 맞을 것이다. 구식 패러다임이 실정에 맞지 않는다는 것이 드러난 뒤에도 대개 한동안 버티고 있으니 말이다.* 그런데 적어도 패러다임은 특별히 중요한 질문으로 간주하는 것에 연구 자원을 집중 투입하는 현대 방식 때문에라도 결국은 사라진다(설사 질문이 중요하지 않은 것으로 밝혀져도 한계효용체감이 발생

---

*   Thomas Kuhn, *The Structure of Scientific Revolutions* (2nd edn., Chicago, 1970).

           버추얼 히스토리

해 패러다임의 시대 착오성은 조만간 두드러진다).

역사 패러다임은 더 제멋대로 변한다. 현대의 역사 관련 직업은 앞을 향해 주기적으로 이동하는 것이 아니라 게을러터진 수정주의에 빠져 있다. 그 속에서 학생들의 주관심사는 예전 세대의 해석을 익혀 시험에 합격하는 것뿐이고 그 가정에 도전하는 일은 드물다(도전하려면 경력을 포기해야 한다). 가끔 역사의 역사가 이 책이 그 존재를 부정하는 보편 수준에서의 순환적 품질을 드러내면 그것은 간단히 말해 그 직업의 근본 한계를 반영한다. 사실 '내러티브 부흥' 같은 유행은 방법론의 참신함을 찾아 앞으로 나아가기보다 뒤로 물러나려는 역사가의 성향을 완벽하게 보여준다. 그런 이유로 멀리까지 울려 퍼지는 가능성주의자Possibilitarian의 목소리로 결론을 내리는 것이 옳다고 여겨진다.

이 책과 관련해 필연적인 것은 하나도 없었다. 오히려 생각이 비슷한 역사가들이 도무지 쉽지 않은 만남을 계속 이어가지 않았다면 정확히 이와 똑같은 책은 나오지 못했을 것이다. 그래서 우리는 이 서문의 출발점, 즉 일상생활의 진정한 카오스적 본성이라는 주제로 깔끔하게 돌아온다. 실현하지 못한 그럴싸한 여러 대안보다 실제로 실현한 결과물이 더 나은지는 지금부터 논의할 각각의 반사실 사례에서처럼 독자가 판단할 몫이다.

1

크롬웰이 없는 영국

찰스 1세가 내전을 겪지 않았다면 어떠했을까?

-존 애덤슨

——————

영국을 괴롭히던 불만은 어떤 성질의 것이든 그 자체로만 보면 불만이라는 이름으로 불릴 자격이 거의 없었다. 국민 재정에 부담을 주는 것도 아니고 인류 본연의 인간성에 충격을 주는 것도 아니었다. … 그 불만이 인내심 있게 표출될 경우 그런 전례가 결국 의회 전체의 무용화와 자의적 권위 확립으로 귀착되리라는 정당한 우려가 있긴 했으나, 찰스(1세)는 국민의 반대를 두려워하지 않았다. 국민은 통상적으로 결과에 별다른 영향을 받지 않는 존재이므로 그들을 끌어들여 기존 정부에 저항하게 만들려면 뭔가 충격적인 동기가 필요했다.
— 데이비드 흄David Hume,《영국 역사The History of England》(1778), 13장.

1638~1640년 찰스 1세는 재정 위기와 스코틀랜드 전쟁에 신경 쓰는 사이사이 그가 고대하던 화이트홀에 지을 새 궁전 설계에 관심을 쏟았다.* 이니고 존스Inigo Jones의 유능한 제자이자 협업자인 존 웨브John Webb가 고전 스타일로 설계한 이 기획은 튜더왕조에게 물려받은 허름한 구식 궁전을 대신할 곳을 찾던 왕의 오래된 야심을 실현하는 일이었다. 거대한 규모로 구상한 새 화이트홀은 루브르나 스페인 에스코리알 궁전의 장대함에 견줄 만한 궁정활동 무대였다. 적절한 자금을 지원받으면(1638년 당시 이것은 완전히 무리한 가정이 아니었다) 1640년대 중반에서 후반까지는 완성할 수 있을 터였다. 그곳은 찰스 1세가 1629년 의회를 무시한 뒤 확립해놓은 '개인 통치Personal Rule' 시스템[찰스 1세가 1629년 의회를 무시하고 통치하기 시작한 독재 체제. 올리버 크롬웰Oliver Cromwell이 쿠데타를 일으킨 1640년까지 11년간 이어진다-옮긴이]에 잘 어울리는 정부 소재지가 될 것이었다. 적어도 1639년까지 찰스가 그다음 10년과 이후까지도 자신의 영토를 통치하리라고 기대한 장소는 웨브의 바로크 식 궁정 정원과 주랑

*   이 논문의 초고를 읽고 코멘트해준 니얼 퍼거슨 박사, 앨런 매신 교수, 존 모릴 박사Dr. John Morrill, 러셀 백, 데이비드 스콧 박사에게 감사한다.

들 사이였다.[*]

그 야심찬 기획에 암묵적으로 깃든 것은 찰스 1세 체제가 살아남을 뿐 아니라 번영을 누리리라는 자신감 넘치는 가정이었다. 그 자신감에 근거가 있었는가? 아니면 그것은 여러 역사가가 주장했듯 소원해지고 고립된 체제의 자기기만적 어리석음이자 찰스 1, 2세 왕정의 특징이던 비현실감의 또 다른 사례였는가? 이 질문을 그 자체의 역사적 미덕이라는 관점에서 고려한 적은 거의 없었다. 지난세기 동안 역사 저술 분야에서 가장 영향력이 컸던 두 정치철학인 휘그주의와 마르크스주의의 입장에서 보면 1630년대 찰스 1세 체제의 와해는 불가피했다. 군주제의 권위를 드높이려 한 찰스 1세는 역사의 조류를 거스르며 일개 군주의 통제권을 넘어 크누트왕처럼 고집스럽게 버텼다. 그 조류란 의회 권위의 상승, 관습법으로 보장받는 개인적 자유의 신념, 심지어 젠트리(17세기 영국에서 마르크스의 부르주아에 가장 가깝다고 할 존재)의 부상을 말한다. 이들 세력이 가차 없이 밀어붙여 의회는 1640년대 내전(청교도 혁명)과 1688~1689년 명예혁명에서 승리했고, 마침내 글래드스턴과 디즈레일리 시대에는 의회 정부의 찬란한 고지에 도달했다는 이론이 등장했다. 빅토리아시대 역사가 새뮤얼 로슨 가디너Samuel Rawson Gardiner가 볼 때 왕의 반대자들은 미래가 자신들 편이라고 여겼다. 그의 저술은 100년 이상 찰스 1세 치세의 가장 유력한 내러티브 자리를 고수하고 있다. 1640년대에 의회주의자가 내놓은 왕국 정착을 위한 제안은 모든 핵심 지점에서 빅토리아 치세 때 지배적이던 시스템의 예고편이었다.[**]

---

[*] 웨브가 제작한 이 일련의 방대한 기획안과 설계도면의 시기 측정 및 분석을 보려면 *Proceedings of the Walpole Society*, 31 (1942-1943), pp. 45-107에 실린 Margaret Whinney, "John Webb's Drawings for Whitehall Palace"를 볼 것. 설계도면 중 하나에는 국왕에게 '선택됨'이라고 표시되어 있지만, 이 기획을 실현할 확률은 매우 낮은 것으로 평가받았다. Timothy Mowl & Brian Earnshaw, *Architecture without Kings: The Rise of Puritan Classicism under Cromwell* (Manchester, 1995), pp. 85-87.

[**] S. R. Gardiner, *History of the Great Civil War, 1642-1649*, 4 vols. (1893), vol. IV, p. 242. 가디너는 크롬웰과 아이어턴Ireton이 1648년 11월 제시한 제안을 서술하고 있다.

그리고 1630년대에 개인 통치, 즉 의회의 통제를 받지 않는 강력한 군주제 정부를 창출하려 한 찰스 1세는 단지 자신의 비판자뿐 아니라 역사 그 자체와도 대립했다.

물론 체제 와해가 불가피했다는 가정은 최근 들어 수정주의 비판Revisionist Criticism 이라는 포화를 맞았다.* 하지만 더 섬세하게 들여다보면 마르크스주의와 휘그주의 의 목적론 접근법을 거부하는 역사가들 사이에 의회 없는 정부라는 찰스의 체제 실 험이 내재적으로 실행 불가능했다는 믿음이 지속되었음을 알 수 있다. 그만큼 왕의 정책이 인기가 없었던 탓에 언제든 반란 가능성이 있었고, 의회의 재정 지원이 없 으면 왕이 전쟁 준비에 만전을 기할 수 없었으므로 제약받지 않는 군주제 통치라는 사치는 말 그대로 찰스가 누릴 수 없는 사치였다는 것이다.**

이 관점에서 왕이 저지른 엄청나게 어리석은 행동은 1637년 영어판 기도서의 로 드Laud 개정판을 스코틀랜드 교회에 강요하기로 한 결정이었다. 스코틀랜드 교회 입장에서 보면 그것은 로마가톨릭과 미신의 냄새를 풍겼다. 그 결정 이후 줄줄이 불거진 일련의 사건은 의회 없는 체제를 유지하는 것이 정치적으로나 재정적으로 불가능함을 보여주었다. 새 기도서를 촉매로 스코틀랜드에서 전면적인 반란이 일

---

* Caroline Hibbard, *Charles 1 and the Popish Plot* (Chapel Hill, 1983); Peter Donald, *An Uncounselled King: Charles I and the Scottish Troubles* (Cambridge, 1990); Conrad Russell, *The Causes of the English Civil War* (Oxford, 1990) 및 *The Fall of the British Monarchies, 1637-1642* (Oxford, 1991); Allan I. Macinnes, *Charles 1 and the Making of the Covenanting Movement, 1925-1941* (Edinburgh, 1991); Kevin Sharpe, *The Personal Rule of Charles 1* (New Haven, 1992); Mark Charles Fissel, *The Bishops' Wars: Charles I's Campaigns against Scotland, 1638-1640* (Cambridge, 1994). 이 논쟁에서 존 모릴이 중요하게 기여한 부분은 편리하게도 그의 저서 *The Nature of the English Revolution: Essays* (London, 1993)에 수록되어 있다.

** Esther S. Cope, *Politics without Parliaments, 1629-1640* (London, 1987); L. J. Reeve, *Charles I and the Road to Personal Rule* (Cambridge, 1989). 리브 박사는 "그 세기의 시작 무렵부터 영국이 내 전으로 가는 고속도로를 달려가고 있었다"는 것을 부정하지만, 찰스 1세의 성품상 그가 "그 추세를 받아 들이는 입장이었을 것"이라고 주장한다(앞의 책, p. 293). 어느 시점에 재앙이 오리라는 것은 거의 확실했 다.

어났으나 왕은 비판자들과 타협하길 거부했고 오히려 칼날을 빼들어 스코틀랜드에 왕의 권위를 재확립하기로 결심했다.*

그의 체제가 정치적 · 재정적으로 파산 상태에 빠진 것은 서약파The Covenanters의 요구에 굽히지 않겠다는 왕의 완강한 태도, 심지어 1639년 전투에서 패주한 뒤에도 계속 싸우겠다는 그의 결심, 왕의 개인 자문관들의 잘못된 행동 그리고 1640년 5월 소집한 단기 의회에서 또 다른 전쟁 자금을 모으는 데 실패한 탓이 크다. 서약파는 1640년 8월 '2차 주교들의 전쟁'에서 이겼다. 그리고 스코틀랜드 군대가 영국 북부를 점령한 상황에서 11월 찰스가 즉위한 이후 처음 의회가 열렸지만, 여기에는 왕이 원해도 의회를 해산시킬 수 없다는 조건이 달려 있었다. 양원을 소집한 이상 국왕의 장관들이 청문대에 오르고 찰스 체제의 핵심인 '혁신', 즉 선박 건조비용 집행부터 교구 교회들의 헌금상자를 제단 쪽에 비치하는 것에 이르기까지 모든 것을 불법적인 일로 선언하는 것은 시간 문제였다.

홍수처럼 쏟아져 나온 '영국 군주제의 몰락' 연구는 이들 사건 사이를 연결해 고도로 우연적인 성격을 강조했다. 러셀Russell 교수는 적어도 1641년 2월까지는 찰스가 스코틀랜드나 영국의 비판자들과 잠정적 협정Modus Vivendi에 도달하고 이로써 청교도 혁명을 무산시킬 수 있었을 것이라고 주장했다.** 이 책에 실린 그 논문은 질문의 수준을 한 단계 더 높였다. 찰스가 내전을 피했을지와 그가 개인 통치 구조에 해를 끼치지 않고 스코틀랜드 위기를 넘기고 살아남았을지 질문을 던지는 것이다.

찰스 1세가 의회에 기대지 않고 적어도 1637년까지 그랬던 것처럼 1640년대와 그 이후까지 계속해서 세 왕국을 통치할 수 있었을까? 이 질문을 곰곰 생각할 때 결

---

*　　현대에 볼 수 있는 최고의 설명은 Macinnes, *Charles 1 and the Making of the Covenanter Movement*의 5~7장 참조.

**　　Rusell, *Fall of the British Monarchies*, ch. 9.

정적인 순간이 1639년이었다는 것은 분명하다. 서약파의 반란을 진압하려 한 그가 첫 진압에서 실패하지 않았다면(그 실패가 연쇄적인 재앙의 시작이 아니었다면), 찰스가 1640년 11월 장기 의회를 열도록 절대 강요당하지 않았으리라는 데는 현재 광범위한 합의가 이뤄진 상태다. 개인 통치라는 전체 구조물의 해체 작업을 진행한 것은 그 집단이었다. 그러나 1639년 군사적 실패가 없었다면 찰스 체제의 미래는 다른 경로를 걸어갔을 터다. 스코틀랜드와의 싸움에서 승리했다면 왕좌에 명예가 더해지는 한편 인기를 얻었을 테고, 예견 가능한 미래를 추측컨대 이후 수십 년 동안 의회가 필요한 상황을 제거했으리라.

그 가능성을 입 밖에 내기 힘든 이유 중 하나는 당시 상황에 대해 이미 받아들여진 설명이 워낙 깊이 뿌리박혀 있어서 그것 외에 다른 역사 진행 경로를 만드는 것이 거의 상상이 불가능해 보이는 영역을 건드리기 때문이다. 의회가 강력하게 발전하지 않은 영국, 신교이자 (적어도 17세기 유럽 대부분의 지역과 비교할 때) 상대적으로 관용적인 종교집단이 등장하지 않은 영국, 사유재산의 신성성을 군주와 속민의 관계를 지배하는 결정적인 원리로 하는 관습법 체계가 없는 영국은 상상이 불가능하다.* 만약 찰스 체제의 와해가 '불가피하다'는 논의가 유지되지 않는다면 이러한 사태 발전의 어떤 부분도 미리 결정될 수 없다. 이 경우 영국(과 아일랜드) 역사가 나아간 궤적은 많이 달라졌을 것이다. 거의 확실하게 시민혁명과 국왕시해, 명예혁명도 없고 올리버 크롬웰은 일리Ely의 시골 주민 사이에서 나무랄 데 없는 생애를 이어갔으리라.

---

* 몇 편의 연구는 이 가능성을 진지하게 고려했다. 다음이 그런 예다. Geoffrey Parker, "If the Armada Had Landed", *History*, 61 (1976), pp. 358-368; Roy Strong, *Henry, Prince of Wales and England's Lost Renaissance* (London, 1986); Conrad Rusell, "The Catholic Wind", idem, *Unrevolutionary England, 1603-1604* (London, 1990), pp. 305-308; Charles, M. Gray, "Parliament, Liberty and the Law", J. H. Hexter (ed.), *Parliament and Liberty from the Reign of Elizabeth to the English Civil War* (Stanford, 1992), pp. 195-196.

이것을 '만약'이라는 질문으로 역사를 갖고 장난하는 자기탐닉적인 재미나 카가 그토록 조롱한 사감선생들의 '거실 놀이'로만 여긴다면 마음이 놓일지도 모른다. 하지만 휴 트레버로퍼의 유명한 구절을 빌리자면 "역사는 그냥 발생한 일뿐 아니라 일어났을 법한 일의 맥락에서 일어난 것을 포함한다."* 에드워드 로싱엄Edward Rossingham이 1639년 8월 동시대인에게 보고했듯 그해에 국왕이 승리할 가능성은 가망 없는 반사실 추측이 아니라 확률이 높은 있을 수 있는 일이었다.** 1640년 8월까지도 왕의 궁정 관리장 토머스 저민 경Sir Thomas Jermyn은 "우리는 이 난관을 훌륭하고 성공적으로 종결지을 것"이라고 확신했다.*** 가능성을 저울질해본 비서장 윈드뱅크Windebanke도 여기에 동의했다.

"나는 반군을 별로 걱정하지 않는다."****

그러면 1639년의 전쟁 상황을 검토해보자. 국왕과 그의 지근거리에 있는 자문관들은 사건에 질질 끌려다녔는가? 서약파와의 전투는 찰스 1세가 이길 수 있던 전쟁이었는가?

*   Hugh Trevor-Roper, "History and Imagination", Valerie Pearl, Blair Worden and Hugh Lloyd-Jones (eds.), *History and Imaginations: Essays in Honour of H. R. Trevor-Roper* (London, 1981), p. 164.

**   British Library(이하 BL), Add. MS 11045, fo. 45r-v, 'Edward Rossingham'에서 'Viscount Scudamore' 항목까지, 1639년 8월 13일.

***   Bodleian Libray, Pxford(이하 Bodl. Lib.), MS Tanner 65, fo. 100v, 'Sir Thomas Jermyn'에서 'Sir Robert Crane' 항목까지, 1640년 8월 20일(이 참조 항목은 데이비드 스콧이 알려주었다).

****   공공기록물보관소Public Record Office(이하 PRO), SP 16/464/71, fo. 159, 'Sir Francis Windebanke'에서 'Viscount Conway' 항목까지, 1640년 8월 22일.

1639년의 스코틀랜드: 포기해버린 승리

1639년 찰스가 의회를 소집하지 않고 전쟁을 하겠다고 결정한 것은 그의 체제가 영국 지역 영주 엘리트들의 감정에 폭넓게(궁극적으로는 치명적으로) 무관심했음을 보여주는 상징으로 여겨져 왔다.* 에드워드 2세(1323년) 이후 영국 왕이 양원을 소집하지 않은 채 중대한 전쟁을 시작하려 한 적은 없었는데, 그런 일은 단정하건대 행운의 조짐이 아니었다.** 물론 더 최근, 더 길조에 속하는 엘리자베스 1세의 사례가 있긴 하다. 의회를 싫어하기로는 찰스 1세보다 별로 많이 뒤지지 않는 여왕은 1559~1560년 입법부에 의존하지 않고 스코틀랜드 저지에서 프랑스군을 몰아내기 위해 사실상 군대를 편성했다. 그리고 1562년에도 다시 양원을 소집하지 않고 르 아브르로 원정대를 파견했다.*** 전쟁을 준비할 때면 대개 의회를 소집했으나 의회 소집이 실질적인 군사 원정의 필수요건은 아니었다.

1639년 아첨에 능한 궁정신하들만 국왕이 의회의 지원금을 받을 필요 없이 전쟁을 일으켜 승리하리라고 믿은 것은 아니었다. 1639년 2월 국왕이 쥐고 있는 다양한 자원을 조사한 에드워드 몬태규(노스햄튼셔 청교도 영주 버튼의 몬태규 경Lord Montague of Boughton의 아들)는 그 가능성이 명백하다고 생각했다. 왕은 의회가 필요 없을 터였다.**** 찰스와 그의 자문단은 1639년 국왕이 개인 통치의 보루로 삼고자 한 전통 제도

---

*   전통적 사건의 최근 재평가는 Cope, *Politics without Parliament*, pp. 153-154, 163-177 참조.

**   Conrad Russell, "The Nature of an Parliament in Early Stuart England", Howard Tomlinson (ed.), *Before the English Civil War: Essays in Early Stuart Politics and Government* (London, 1983), p. 129.

***   Fissel, *Bishops' Wars*, p. 8.

****   Historical Manuscripts Commission, *Buccleuch and Queensberry (Montague House) MSS*, 3 vols. (1899-1926), vol. 1, p. 276, 에드워드 몬태규가 1대 버튼의 몬태규 경에게 보낸 글, 1639년 2월 9일자 (이 참조 문헌 정보는 피슬 교수가 알려주었다).

를 시험하는 동시에 강화하는(그들의 희망사항이겠지만) 방식으로 전쟁을 벌일 계획을 세웠다. 이로써 왕실의 오래된 재정적 특권(북부 국경에 인접한 지방에서 왕실 소유지 소작인이 국경 경비대에 복무하는 의무, 영주가 병역면제금Scutage을 내는 봉건적 의무 등)이 부활하고 확장되었다. 그리고 지역주민 동원령을 내릴 때 영주지휘관(각 카운티의 민병대 책임자)과 그 부관, 지역행정관(평화 시에는 판사)의 지위 서열을 최대한 확대했다. 그 결과는 모범적인 것에서 코미디에 가까운 것까지 매우 다양했다. 아무튼 1639년 봄 영국은 의회 없이 오로지 개인 통치의 행정 구조에만 의존해 1580년대 스페인 전쟁 이후 최대 동원령을 실행할 문턱에 도달했다.

서약파를 제압할 찰스의 전략은 1638~1639년 겨울 동안 구상한 것으로 육군과 해군의 통합 작전 계획이었다. 여기에는 네 가지 주된 요소가 있었다.* 첫째, 해밀턴 후작Marquess of Hamilton(심히 영국화한 스코틀랜드의 거물급 인사로 스코틀랜드 주재 국왕 군대의 장군) 휘하의 상륙작전용 부대로 이들은 전함 8척, 수송선(1630년대 선박세가 낳은 구체적인 결과물) 30척, 병사 5천 명으로 구성된 부대였다. 그들은 에든버러를 봉쇄하고 스코틀랜드 동부 해안에 거점을 마련하는 임무를 맡았다.** 둘째, 교묘한 정치적 생존자인 앤트림 2대 백작 랜들 맥도넬Randall MacDonnell이 이끄는 부대로 이들은 스코틀랜드 서부 해안 공격을 맡았다. 그의 임무는 서약파 세력을 쪼개고 그들을 서부에 붙들어두는 것이었다. 셋째, 찰스의 강력하고 근면한 남작인 총독 웬트워스 경Lord Deputy Wentworth이 아일랜드에서 공격 요소를 제공하기로 했다. 그의 임무는 스코틀랜드 서부 해안에 상륙해 앤트림의 공격을 보강하고 에든버러를 공격할

---

* 　최근 나온 1639년 전투 설명은 Fissel, *Bishops' Wars*, pp. 3-39 참조.

** 　Macinnes, *Charles 1 and the Making of the Covenanter Movement*, p. 193; Fissel, *Bishops' Wars*, p. 5; 해밀턴의 역할을 가장 철저히 평가한 것을 보고 싶다면 다음을 참조할 것. J. J. Scally, "The Political Career of James, 3rd Marquis and 1st Duke of Hamilton (1606-1649) to 1643" (University of Cambridge, 박사학위 논문, 1993).

수 있는 거리 안에 1만 명의 아일랜드 부대(대부분 가톨릭교도)를 주둔시키는 것이었다. 넷째, 그리고 공격 면에서 가장 중요한 요소는 잉글랜드 군대의 동원이었다. 이들의 임무는 트위드강(잉글랜드와 스코틀랜드 사이의 천연 국경선)으로 진군해 잉글랜드 국경 바로 너머에서 서약파의 침공을 물리치고 필요하다면 트위드강을 건너 서약파의 심장부 속으로 뛰어들 준비를 갖추는 것이었다. 찰스가 처음 계획했던 대로 * 에든버러성을 다시 점령할 의사가 있었든 없었든 군수국의 전쟁 준비에는 기습작전으로 스코틀랜드의 요지를 점령할 가능성이 분명 포함되어 있었다.** 찰스는 공격을 개시하는 자의 위치에 서길 바랐다.

하지만 계획대로 진행된 것이 거의 없었다. 의회가 재정 지원을 하든 하지 않든 전쟁은 재무성의 한계를 시험하게 마련이고, 이 점에서 1639년 전쟁도 예외는 아니었다.*** 1639년 재무성이 실제로 할당받은 액수는 대략 20만 파운드로 상대적으로 적었고 관련 비용을 확실히 낮춰 잡은 액수였다.**** 재무성 보급이 부족해 부분적으로 지역 젠트리가 공출한 상당한 액수로 민병대의 지출을 메웠다(1639년 3월 무렵 요크셔의 젠트리만 해도 2만 파운드를 썼다고 주장했다. 이 비용은 재무성 중앙회계에는 전혀 나오지 않는다).***** 그 전략의 주된 단점은 스코틀랜드 하일랜드에서 가톨릭계인 헌틀리

---

*   Bodl. Lib., MS Clarendon 16, fo. 20., Sir Francis Windebanke to Sir Arthur Hopton, 1639년 3월 15일.

**   PRO, WO 49/68, 랜 22v-23.

***   J. D. Alsop, "Government, Finance, and the Community of the Exchequer", Christopher Haigh (ed.), *The Reign of Elizabeth 1* (London, 1984), pp. 101-23; Fissel, *Bishops' Wars*, pp. 137-143. 피셀 교수는 (p. 151에서) 이렇게 결론을 내린다. "당시 재무성은 그들의 능력을 초과하는 과제를 수행하리라는 기대를 받았다. 그러나 결국 돈(국왕이 전쟁 자금으로 요구한)을 지불했다는 사실은 그 기관의 회복력과 그들의 끈질김을 입증한다."

****   PRO, E 403/2568. fo. 72.

*****   PRO, SP 16/414/93. fo. 219, 요크의 부지사가 제이콥 애슬리 경Sir Jacob Astley에게 보낸 글, 1639년 3월 14일자.

Huntly 후작과 그의 아들들, 애보인 경Lord Aboyne이 이끄는 반서약파 저항군에게 때맞춰 지원을 해주지 못한 데 있었을 것이다. 이로써 국왕은 1639년 스코틀랜드에 왕당파의 핵심을 만들어낼 기회를 날려버렸다.* 다른 곳에서는 찰스의 전략 요소를 구축했다가 포기해야 했다. 웬트워스의 군단은 제때 동원되지 않았고, 앤트림 역시 약속대로 부대를 데려오지 못했다. 해밀턴은 자신에게 할당된 이스트 앵글리아의 병사 징집에 심각하게 주저하는 입장이었다. 그리고 작전을 응원하기 위해 귀족들을 요크로 소집했을 때 세이 경Lord Saye과 브루크Brooke는 찰스가 전쟁을 치르기 위해 채택한 비의회 원정 방침에 반대하는 대중 항의를 전개했는데, 이는 오히려 피해가 컸다. 5월 22일에는 불길하게도 일식까지 일어났다.

그러나 동원이 진행되면서 다른 곳에서는 희망의 여지도 있었다. 무엇보다 스코틀랜드로의 모든 전진 예봉을 감당할 기대주인데다 그곳 젠트리의 지지가 작전 성공에 결정적 역할을 할 확률이 높은 요크셔가 열정적으로 응했다. 그곳의 과묵한 담당자이자 북부 위원회Council of the North 의장인 웬트워스조차 그곳 카운티의 근면성에 감명을 받아 요크셔의 부관들(민병대 소집 책임자)에게 편지를 보내 "언제라도 국왕의 명령을 따르겠다는 약속을 … 흔쾌히 해준" 그들의 "충성심과 지혜"를 칭찬

---

* 북동부의 전략적 중요성을 알아차린 해밀턴은 1639년 초반 전함 3척을 애버딘으로 보냈는데, 이는 그 지역에서 서약파 운동을 상대하는 국왕파의 저항을 강화해주었다. 하지만 그것은 4월 무장한 국왕파 헌틀리가 서약파의 무력(몬트로즈가 이끄는)에 압도당하지 않도록 막아주기엔 너무 미약했다. 북동부에서 국왕파가 제대로 지원받고 싸웠다면 입혔을지도 모를 잠재적 피해 비슷한 것을 1639년 봄 애보인이 재개한 작전에서 실현하기는 했다. 서약파는 영국의 군사적 지원을 받지 못한 그의 봉기를 버윅의 화해Pacification of Berwick [1639년 6월 8일 1차 주교 전쟁을 마무리한 휴전. 이때 찰스 1세가 선호한 주교 주도의 교회 체제 대신 장로들이 주도하는 스코틀랜드식 교회 체제를 허용한다 – 옮긴이]를 마무리하고 나서 이틀 뒤인 1639년 6월 20일까지도 진압하지 못했다. 이런 내용은 Macinne, *Charles 1 and the Making of the Covenanter Movement*, p. 193; P. Gordon, *A Short Abridgement of Britane's Distemper, 1639 to 1649* (Spalding Club, Aberdeen, 1844), pp. 12-28 참조(이 요점을 논의해준 앨런 매신 교수에게 감사한다).

했다.[*] 1639년 3월 국왕이 다가오는 작전 준비를 몸소 감독하고 궁정을 설치하기 위해 요크에 도착하자 자발적인 충성심으로 몰려든 사람들이 그를 환영했다. 북부의 귀족과 젠트리는 그의 궁정에 엄청나게 몰려들었고, 이는 국가 수호를 위한 원정에서 국왕을 섬기겠다는 의사를 표명한 민병대 지휘관도 마찬가지였다.[**]

4월 중순 해밀턴은 자신의 비관적인 생각이 근거 없는 것이고 "(자신의 지휘를 받을) 병사들의 상태가 일반적으로 매우 좋고 의복도 양호하며 우려한 것만큼 무장 상태가 엉망이 아님"을 알고 기뻐했다.[***] 한계까지 몰리긴 했으나 찰스 체제는 아직 무너지지 않았다. 그리고 1639년 5월 말 그의 체제는 1만 6천 명에서 2만 명의 병사로 구성된 부대를 전장에 투입했다. 이는 시민혁명의 신형군New Model Army(2만 1,400명이라는 서류상의 인원수가 제대로 갖춰진 적은 거의 없었다)과 비슷한 규모로 1650년 던바에서 스코틀랜드군을 물리친 잉글랜드군의 세 배가 넘는 규모였다.[****] 찰스의 부대가 원정을 위해 위풍당당하게 요크를 벗어나 국경을 향해 행진할 때, 그 모습에는 국왕에게 승리를 바치는 것 외에 다른 결과를 염두에 둔 낌새는 진혀 없었다.[*****] 5월 부대가 집결해 훈련을 시작하면서 사기는 나아졌고 예전에 남루하던 병사들은 점차 진지한 전투원의 모습으로 변해갔다. 플리트우드 대령Colonel Fleetwood은 이렇게 뽐

[*] Sheffield Central Library, Wentworth Woodhouse Muniments, Strafford Papers 10 (250-1)a, 웬트워스 자작Viscount Wentworth이 요크 부지사에게 보낸 글. 1639년 2월 15일(이 문단에 나오는 이후의 참조 내용은 의회 신탁, 런던, 주교들의 전쟁에 요크셔가 보인 반응을 다룬 데이비드 스콧 박사의 중요한 논문의 도움을 받았다. 논문 발표 이전에 미리 논문을 인용하게 해준 스콧 박사의 관대함에 감사한다).

[**] John Rushworth, *Historical Collections*, Part II (1680), vol. II, p. 908; 다음을 참조할 것. Sheffield Central Library, Wentworth Woodhouse Muniments, Strafford Papers, 19 (29), 윌리엄 새빌 경Sir William Savile이 웬트워스 자작에게 보냄. 1639년 4월 26일.

[***] Scottish Record Office, Hamilton MS GD 406/1/11144, 1639년 4월 19일.

[****] 신형군의 규모를 알고 싶으면 Ian Gentles, *The New Model Army in England, Ireland and Scotland, 1645-1653* (Oxford, 1992), pp. 10, 392 참조.

[*****] Yorks. Archaeological Society Library, Leeds, DD53/111/544 (annals of York), unfol.

냈다.[*]

"싸움을 시작하면 유례없이 피비린내 나는 전투가 될 것이다. 우리는 (반군들의) 얼굴 바로 앞으로 달려들기로 작심했다. 우리 쪽 사기는 충만하고 기술도 그에 상응한다."

6월 초 집결한 군대를 묘사한 국왕의 말은 객관적인 평가였다.

"컨디션이 확연히 좋았고 적을 맞대면하려 열심히 노력하고 있다."

찰스는 낙관적이었고 "이제 그가 받아야 할 복종에 걸맞게 적을 상대하기로 결심했다."[**] 그렇지만 양쪽 부대가 교전할 시기가 다가오던 1639년 6월 4일과 5일 왕은 의구심에 사로잡혀 우유부단한 반응을 보였다. 4일 보병 3천 명과 기병 1천 명의 수색부대를 지휘하던 홀랜드 백작Earl of Holland은 켈소에서 스코틀랜드 군대와 마주 쳤는데, 상대의 규모가 훨씬 더 큰 것으로 착각해 후퇴하기로 결정했다.[***] 6월 5일 서약파의 지휘관 알렉산더 레슬리Alexander Lesli는 국왕 부대가 볼 수 있는 거리인 트위드의 북쪽 강둑 던스 로Duns Law 고지에 부대를 정렬해 병사수가 더 많은 것으로 착각하게 만듦으로써 이 오해를 심화했다.[****] 두 진영은 전투 개시 직전까지 갔다. 국왕

[*]   Bodl. Lib., MS Ashmole 800 (Misc. political papers), fo. 51v (first series of foliation), 플리트우드 대령 이 부친 자일스 플리트우드 경Sir Giles Fleetwood에게 보냄, 1639년 4월 5일.

[**]   BL, Add. MS 11045, fo. 27, 에드워드 로싱엄이 스쿠다모어 자작Viscount Scudamore에게, 1639년 6월 11일.

[***] 홀랜드가 서약파의 규모를 왕에게 보고할 때 전투를 시작할 의욕을 꺾기 위해 의도적으로 그들의 무력을 과장했을 가능성이 있다. Russell, *Fall of the British Monarchies*, p. 63 참조. 서약파 지도부(아마 옳게 파악했을 것)는 홀랜드가 그들의 명분에 동조한다고 믿었고, 두어 주일 전 영국 귀족층의 대표적인 인물들에게 접근하기 위해 그를 중재자로 이용했다. 던스 로에서 그가 국왕에게 불공정한 조언을 했을 가능성은 없어 보인다. National Library of Scotland, Crawford MS 14/3/ 35 (과거에는 맨체스터의 존 라이랜즈 도서관John Rylands Library이었음), 1639년 5월 25일(서약파의 접근에 관해). 이 항목은 러셀 교수가 알려주었다.

[****] John Aston, "Iter Boreale, Anno Salutis 1639", J. C. Hodgson (ed.), *Six North County Diaries* (Surtees Soc. 118, Durham, 1910), p. 24 (printing BL, Add. MD 28566). Henry Guthrie, Bishop of

은 자기 대열 내의 불화를 과도하게 의심한 데다 부대 규모를 상대적으로 훨씬 더 크게 보이도록 만든 서약파의 전술에 미혹되어 스코틀랜드 침공이 불가능하다고 판단했다.[*] 대신 협상을 선택한 그는 압도적으로 불리하다고 믿는 상황을 대면하기보다 시간을 벌어보려 했다. 6월 6일 찰스 못지않게 싸움을 피하고 싶어 한 서약파의 지휘관은 국왕을 초대했고 이 제안은 즉각 받아들여졌다.[**]

서약파와 협상하기로 한 1639년 결정은 아마 찰스의 인생에서 가장 큰 실수일 것이다. 뒤이은 버윅 평화협정Pacification of Berwick으로 스코틀랜드 요새들은 다시 그의 관할로 들어왔고 서약파의 반군정부 테이블The Tables을 해체하라는 그의 요구도 받아들여졌다.[***] 그 대가로 그는 스코틀랜드 의회와 스코틀랜드 교회의 총회소집에 동의해야 했다. 전자는 스코틀랜드에서 찰스가 절대 통치권을 행사하는 데 깐깐한 조건을 붙일 가능성이 컸고, 후자의 경우 스코틀랜드 교회에서 주교들을 제거하는 추세를 지원할 수도 있었다. 어느 쪽도 왕이 받아들일 수 없는 조건이라 그 협정으로 그가 얻은 것은 시간뿐이었다. 스코틀랜드를 안달하게 만들려면 그는 다시 전쟁

Dunkeld, *Memoirs [of] … the Conspiracies and Rebellion against King Charles 1* (1702), pp. 49-50 (printing Clark Memorial Library, Los Angeles, MSO14M3/c. 1640/Bound, "Observations upon the arise and progress of the late Rebellion").

[*] Scottish Record Office, Hamilton MS GD 406/1/1179, 헨리 베인 경 시니어Sir Henry Vane Sr.가 해밀턴에게 보냄, 1639년 6월 4일. 이 편지는 국왕의 의심을 이야기하고 있다. "전하께서는 (화이트홀) 갤러리에서 전하와 그대(해밀턴)가 나눈 대화 중 본인의 판단을 명확히 보시고 그것에 완전히 만족하셨으며, 나 자신도 더없이 정당하다." 이 편지를 필사한 넬슨이 갤러리에서의 그 대화를 영국 귀족층과 젠트리가 '스코틀랜드 침공'에 보인 내키지 않는 태도의 보기로 판단한 것은 비교적 정확한 일이다. John Nalson, *An Impartial Collection of the Great Affairs of State*, 2 vols. (1682-1683), vol. I, p. 230.

[**] Nalson, *An Impartial Collection*, vol. I, pp. 231-3. 국왕이 협상을 개시했다는 주장에는 증거가 없는 것으로 보인다. S. R. Gardiner, *History of England*, 10 vols. (London, 1891), vol. IX, p. 36; Sharpe, *Personal Rule of Charles 1*, p. 808.

[***] 실제로 이 조건은 부분적으로만 충족되었다. 5차 회의Fifth Table(또는 서약파 집행부)는 다음 해 2월까지 여전히 위원회 지위를 유지했다(이 논점을 함께 토론해준 매신 교수에게 감사한다).

을 일으켜야 했다. 더 심각한 것은 이 군사적 실패에 따른 잉글랜드 내의 반응이었다. 잉글랜드 동원령에 가담한 사람들은 자신이 쏟은 시간과 돈이 "무익하고 쓸모없으며 성공적이지 않은 결과만 남기고" 산산이 흩어져버렸다고 생각했다. 막강한 군대를 소집해놓고 총알 한 방도 쏘지 않은 채 승리를 내다 버렸으니 말이다.

협상을 벌이기로 한 국왕의 결정에는 초보적 오산이 숨어 있었다. 찰스의 판단 근거인 스코틀랜드 군대의 규모와 위력 평가가 크게 부풀려졌던 것이다. 사실 1639년 6월 초 국왕의 군대는 서약파 군대와 대등하거나 수가 더 많았다. 4천 명 정도 더 많았던 것으로 보인다." 존 템플 경sir John Temple이 당시 보고했듯 잉글랜드 군대는 규모가 나날이 커졌고 말(전술적으로 군사력의 가장 중요한 요인)은 약 4천 기였다.""" 홀랜드가 레슬리의 군대와 켈소에서 마주쳤을 때도 스코틀랜드군의 사기는 허물어지던 중이었다.

"(켈소에서) 스코틀랜드군에 있던 사람들 사이에는 만약 싸웠다면 그들(잉글랜드군)이 우리를 무너뜨렸을 거라는 생각이 널리 퍼져 있었다.""""

그뿐 아니라 스코틀랜드군은 식량 재고와 무기, 당장 써야 할 자금이 부족해 심각한 문제에 봉착해 있었다.""""" 6월 초 레슬리 부대에서는 탈주자가 나오기 시작했다. 그 부대의 실상이 드러나는 것은 시간 문제였다. 그 전투에서 찰스 왕의 체제가 보인 단점에 가장 혹독한 현대 비판자들도 1639년 6월 국왕은 성공 직전에 있었다고

*   Sharpe, *Personal Rule of Charles 1*, p. 809.

**   E. M. Furgol, "The Religious Aspects of the Scottish Covenanting Armies, 1639-1651" (University of Oxford, 박사학위 논문, 1982), pp. 3, 7. 그 전투에 관해 가장 철저한 현대판 설명을 제시한 피셀 교수는 퍼골 박사의 평가를 인정했다. *Bishops' Wars*, p. 31n.

***   J. Bruce (ed.), *Letters and Papers of the Verney Family* (Camden Soc. 56, 1853), p. 251.

****   BL, Add. MS 11045, fo. 32r, 로싱엄이 스쿠다모어 자작에게 보냄, 1639년 6월 25일.

*****   Fissel, *Bishops' Wars*, p. 31n; David Stevenson, "The Financing of the Cause of the Covenants, 1638-1651", *Scottish Historical Review*, 51 (1972), pp. 89-94.

주장했다. 아이러니하게도 찰스는 자신이 생각한 것보다 훨씬 더 성공에 가까이 가 있었다. 그가 협상을 한두 주일만 미뤘다면 스코틀랜드 군대는 돈과 식량 고갈로 아마 와해되었을 것이다.* 그러면 에든버러까지 국왕을 막을 방해물은 아무것도 없었을 테고 그의 군대는 피해 없이 그대로 유지되었으리라. 6월 6일 서약파 지도자들은 평화를 요청했다. 어쩌면 보름 뒤에는 항복을 청했을지도 모른다.

찰스의 동시대인에게 그 일이 뜻하는 바는 명백했다. 당시 소식지 필자 중 가장 사정에 밝았던 에드워드 로싱엄은 1639년 8월 그 합의안을 보도했다.

"판단력이 뛰어난 여러 사람들에 따르면 국왕 폐하께서 유리한 입지를 이용해 (스코틀랜드인의) 오만함을 처벌하고자 하셨다면 폐하는 에든버러로 진군해 평민들 사이에 혼란을 야기함으로써 그들이 어쩔 수 없이 서약파 귀족을 저버리도록 만들었을 것이라고 한다.**

국왕이 직면한 모든 문제, 즉 꾸물대는 소집 감독관, 세이 경과 브루크 같은 다루기 힘든 귀족, 한도를 넘어선 군수국 회계에도 불구하고 동시대인은 1639년 전쟁을 찰스 1세가 이길 수 있던 전쟁으로 여겼다.

청교도 측의 행운: 노화와 쇠퇴?

판단력이 뛰어난 여러 사람들이 1639년 여름 옳은 판단을 내려 왕이 서약파 반군과 교전 끝에 그들을 물리쳤다고, 아니면 단순히 스코틀랜드군이 와해되기를 기다려 우세를 점했다고 가정해보자. 1639년 왕이 승리했을 경우 그가 1640년대 들

---

*   Fissel, *The Bishops' Wars*, p. 38.

**   BL, Add. MS 11045, fo. 45, 로싱엄이 스쿠다모어 자작에게 보냄, 1639년 8월 13일.

어 또 그 이후까지 장기간 살아남을 가능성은 어느 정도였을까? 그 시나리오에 반대하는 여러 견해가 있다. 설사 휘그파나 마르크스주의 목적론을 배제하더라도 주어진 어느 역사적 순간의 우연한 상황은 한 정부의 장기 성공 가능성을 평가하기에 잘못된 척도라는 반박이 나올 수 있다. 1639년 찰스가 승리했다면 그 체제의 와해가 일시적으로는 유예될지 몰라도 장기간 생존을 보장받지는 못한다는 반박도 가능하다. 스코틀랜드의 시기적절한 도움이 없었어도 그 체제는 언젠가 잉글랜드의 비판자들로 인해 거꾸러지지 않았을까?

찰스 1세 체제가 살아남았을지 아닐지의 평가는 그들에게 정치적 강압의 잠재적 근원에 저항할, 아니면 최소한 무효화할 능력이 있는지부터 시작해야 한다.* 찰스 1세의 세 왕국 가운데 가장 부유하고 인구가 많은 잉글랜드에서 강압이 생길 근원은 거의 없었다. 찰스는 즉위한 1625년에 사실상 결결한 귀족 비무장화의 수혜를 받았다. 16세기에 이뤄진 군비와 전쟁 기술 분야의 급속한 변화로 옛날 귀족식 무기는 거추장스러워졌다.** 1601년에 일어난 에섹스 반란의 재앙은 콘래드 러셀의 표현을 빌리자면 "잉글랜드 정치에서 더 이상 힘의 위협이 중요한 무기가 되지 못하게 된 순간"을 의미했다.*** 1630년대에 찰스 1세를 압박하고 싶어 한 사람이 있었

---

* 최근 찰스 정부가 1630년대에 내적으로는 "한 번도 안정적인 적이 없었다"는 주장이 제기되었다. "그 정부가 엘리자베스 1세나 그 아버지(제임스 1세)의 정부처럼 합의에 기초하지 않았기" 때문이라는 것이다 (Reeve, *Charles 1 and the Road to Personal Rule*, p. 296). 하지만 이것은 '선결 문제 요구' 오류에 속한다. 누구의 합의를 말하는가? 찰스는 통치할 때 대중의 위임에 의존하지 않았고, 젠트리가 망설이면서 합의를 미루면 지역 정부는 애를 먹을 수 있으나 반란이 성공하지 않는 한 찰스의 백성이 불만을 터뜨릴 방도는 확실히 제한적이었다.

** Geoffrey Parker, *The Military Revolution: Military Innovation and the Rise of the West, 1500-1800* (Cambridge, 1988), ch. 1.

*** Conrad Russell, *The Scottish Party in England Parliaments, 1630-1642, or The Myth of the English Revolution* (킹스칼리지 취임 강연, London, 1991), p. 8. 귀족 가운데 소수만 하인들 중에서 사병을 모집해 훈련과 무장할 힘이 있었다는 의미에서 왕국은 비무장화되었다. 그러나 군사 복무가 상층 젠트리와 귀족 신분의 합당한 부수물이라는 믿음은 1640년대 들어 한참 후까지도 강하게 남아 있었

버추얼 히스토리

다면 그 수단을 잉글랜드 백성에게 제공받을 가망이 거의 없다는 사실을 알아차리고 포기해야 했다.* 아무리 인기 없는 체제여도 마찬가지였다.

만약 찰스 1세가 단순히 도전만 받는 게 아니라 압박당하는 일이 생긴다면 그 수단은 잉글랜드 외부에서 찾아야 했다. 1633년부터 웬트워스 총독의 철권통치 아래 놓인 아일랜드는 이따금 말썽을 부렸지만, 왕위에 무력 저항을 할 만큼 즉각적인 위협 상대는 아니었다.** 오로지 '군사혁명' 영향을 사실상 받지 않고 대규모 무기고가 개인의 손에 남아 있는 스코틀랜드에서만 왕의 속민이 체제에 반대하는 사병을 일으킬 가능성이 있었다. 서약파가 1639~1640년에 거둔 군사적 승리, 그들과 찰스 휘하의 잉글랜드 반대자 사이에 1640~1641년에 일어난 충돌이 없었다면 장기의회는 그 선배들이 으레 그랬듯 국왕 앞에서 무력했을 것이다.*** 1639년 스코틀랜드가 패했을 경우 찰스가 백성에게 압박당할 가능성은 정말로 희박했다.

그런데 1639년 국왕이 승리해 더 이상 무장 반란이 일어나기 힘들었어도 그 체

다. 젠틀맨이나 귀족이 유럽 전쟁의 최신 상황을 인지한 사례는 많다(글이나 개인적 체험으로). Barbara Donagan, "Codes and Conduct in the English Civil War", *Past and Present*, 118 (1982), pp. 65-95; J. S. A. Adamson, "Chivalry and Political Culture in Caroline England", Kevin Sharpe & Peter Lake (eds.), *Culture and Politics in Early Stuart England* (London, 1994), pp. 161-197.

* 근간 연구에서 헌팅턴 도서관의 바버라 도너건 박사는 1630년대에 수많은 영국 가정이 상당량의 개인 무기를 보유했다는 증거를 제시했다. 그렇긴 해도 무기 사용 허가나 공조와 관련해 보편적으로 인정하는 권위가 없는 상황(의회의 휴회 기간)에서 찰스의 개인 통치 치하에 반란이 발생할 가망은 거의 없었다. 또 정치 엘리트층 내에 무장 저항이 현실적이라거나 필요한 선택지라는 일반적인 인식도 없었다(이 점을 논의해준 존 모릴 박사에게 감사한다).

** Hugh Kearney, *Strafford in Ireland, 1633-1641: A Study in Absolutism* (2nd edn., Cambridge, 1989). 아일랜드의 반란은 1641년 스트래포드가 총독에서 해임된 뒤에야 발생했다. 그 저항 대상은 독재적인 총독이 아니라 국왕의 호전적인 신교도 반대자로 구성된 훈타junta[혁명이나 쿠데타가 일어난 뒤 합법 정부가 들어서기 전까지 국가를 통치하는 혁명위원회 또는 평의회, 집행위원회–옮긴이]의 통제권 아래 있는 것으로 보인 영국 의회였다. Conrad Russell, "The British Background to the Irish Rebellion of 1641", *Historical Research*, 61 (1988), pp. 166-182.

*** 이 담합의 증거는 다음을 참조할 것. Peter Donald, "New Light on the Anglo-Scottish Contracts of 1640", *Historical Research*, 62 (1989), pp. 221-229.

제가 마주했을 잠재적으로 더 방심할 수 없는 도전은 또 있었다. 잉글랜드의 정치 문화에 일어난 두 가지 변화가 개인 통치 정책이 넘어서기 힘든 걸림돌이었을 거라는 주장은 자주 제기된다. 첫째는 1640년대 절정에 달한 청교도 혁명의 등장이고, 둘째는 '자의적 정부Arbitrary Government'를 향한 사법적·헌법주의적 반대 물결이었다. 선박세에서 삼림 범칙금에 이르는 세금, 성실청과 국왕대권재판소Prerogative Courts의 권력, 속민의 자유와 전통 관습법에 보인 국왕의 고답적인 무관심 등 온갖 분야에서 비의회 강제 징수에 반대가 거세진 것이다.[*]

1630년대 후반과 1640년대 초반 잉글랜드 사회를 가장 크게 불안정하게 만든 것은 다른 무엇보다 정부와 영국 교회가 교황의 몇 가지 음모에 곧 굴복할지도 모른다는 공포였다.[**] 직접적으로는 개인 통치의 말년이라는 맥락에서 영국 가톨릭이 1639년 전쟁 준비에 보조금을 내고 궁정이 교황 사절단을 맞아들인 일 등이 가톨릭이 침투한다는 소문에 실체적 근거를 주었고, 그 이야기는 소문으로 전해지는 동안 점점 더 심하게 부풀려졌다.[***] 반교황파의 두려움과 스캔들이 1639~1641년에 계속 이어지지 않았다면 웨스트민스터(와 지방)의 정치적 온도가 시민전쟁이 일어날 수준까지 높아지는 것은 거의 생각지도 못할 일이었다.[****]

[*] 찰스 체제의 이 인식을 말해주는 당대의 증거는 John Morrill, "Charles 1, Tyranny, and the English Civil War", idem, *The Nature of the English Revolution*, pp. 285-306 참조.

[**] 역사가들 가운데 가장 심한 수정주의자도 '교황을 향한 공포'가 1630년대 후반과 1640년대 초반 찰스 체제를 매우 불안정하게 만들었다는 점을 인정한다. Sharpe, *Personal Rule of Charles 1*, pp. 304, 842-844, 910-914, 938-939.

[***] John Rylands Library, University of Manchester, Eng. MS 737(가톨릭의 공헌과 관련된 논문), 랜 3a, 5-6; Caroline Hibbard, "The Contribution of 1639: Court and Country Catholicism", *Recusant History*, 16 (1982-1983), pp. 42-60 참조.

[****] 1641년과 1642년의 불길한 '교황의 음모' 보고는 장기 의회 내 왕의 비판자들에게 스스로를 '임시 권력자'로 사칭하고 신교도 종교를 옹호하며, 국왕을 사악한 자문관에게서 구출하기 위한 엄격한 정당(처음에는 양원에서, 나중에는 광범위한 지방에서) 소집 명분을 제공했다. 이 루머를 알고 싶으면 Caroline Hibbard, *Charles 1 and the Popish Plot* (Chapel Hill, 1983), pp. 168-238; Anthony Fletcher, *The*

버추얼 히스토리

그러나 교황 측의 위협 범위와 확률은 최소한 본국의 찰스 궁정과 추밀원의 다른 어떤 인식만큼 당대 유럽에서 일어나는 여러 사건의 제약을 받았다. 30년 전쟁에서 개신교도가 겪은 재앙적인 소식은 토착 가톨릭교도의 음모가 초래한 위협 수준을 평가하는 잉글랜드인에게 영향을 미쳤고, 그것은 실제 위협보다 훨씬 더 크게 위협적으로 느껴졌다. 당시 합스부르크와 스페인 동지들이 유럽에서 승리를 거둘 경우, 잉글랜드에서 개신교 운명이 위태로워지리라는 이야기가 나돌았다. 영국의 수많은 열성 개신교도에게 30년 전쟁은 세상의 종말 같은 투쟁이었고, 적그리스도와 의로운 자들 간의 경쟁이었으며, 계시록에 나오는 성 미카엘과 적그리스도 간의 전쟁이 실제 무대에서 벌어진 사건이었다. 청교도 열성 신도뿐 아니라 애벗Abbot 대주교(로드의 전임 캔터베리 대주교) 같은 영국 개신교의 '주류'도 그렇게 생각했다.* 그리하여 1639~1640년 스코틀랜드 위기(그리고 그들이 소집한 의회)는 30년 전쟁이 막바지로 치닫는 시기와, 스페인의 아르마다[무적함대 – 옮긴이] 이후 잉글랜드가 그 어느 때보다 강하게 유럽에서 가톨릭파의 호전성을 우려한 시기와 맞아떨어졌다.

　　그런데 1630년대 후반과 1640년대 초반, 그러니까 본국 내 교황의 제5열[교황을 암살하려는 반체제 집단 – 옮긴이] 이야기에 가장 쉽게 넘어가던 시기에 잉글랜드의 특권층이 합스부르크의 호전성에 매우 예민하긴 했어도 1640년대 초반 이후 위협 수위는 눈에 띌 정도로 낮아지고 있었다. 그 하향 추세는 1650년대까지 꾸준히 이어졌다. 한때 가톨릭 세력 가운데 가장 무서운 적이던 스페인은 1640년에 발생한 내란에 시달렸고, 합스부르크 군대는 1643년 로크루아에서 콩데공에게 궤멸되었다(결국 무적의 군대라는 명성을 갑자기 상실했다). 1640년대 중반 무렵 유럽에 가톨릭교를 다

Outbreak of the English Civil War (London, 1981), chs. 4-5 참조.

* 　Anthony Milton, *Catholic and Reformed: The Roman and Protestant Churches in English and Protestant Thought, 1600-1640* (Cambridge, 1995), pp. 93-127.

시 구축하려던 십자군은 확실히 동력을 잃었고 1648년 전쟁이 끝났다.

　찰스 체제가 1630년대 후반의 급박한 폭풍우를 견뎌냈다면 유럽의 종교 정치 개선 혜택을 상당히 받았을지도 모른다. 1640년대 중반(그 세기의 사사분기 동안 계속) 유럽에서 신교가 살아남으리라는 것은 거의 확실했다. 허스트Derek Hirst 교수가 주장했듯 호전적 가톨릭교에 보인 이 종말론 공포는 17세기 중반 잉글랜드에서 청교도의 호전성을 유지해준 주요 영향력 가운데 하나였다. 가톨릭의 위협이 물러가자 "적그리스도의 유령은 점점 줄어들었고", "반가톨릭주의의 쇠약은 … 개혁론 열정이 사그라지는 데 일조했다." 1640년대 후반에서 1650년대까지 신교가 가톨릭 괴물에게 먹힐지도 모른다는 주장은 확연히 공허하게 들렸다. 이 상황 변화는 1650년대 '신의 통치 실패'에 크게 기여했다.* 만약 1640~1650년대에 찰스 왕정이 유지되고 장기 의회와 크롬웰 체제 양쪽이 제공한 열성적 지원이 없었다면 청교도 '실패'는 더 빨리 다가왔을 수도 있다.

　시간이 흐르면서 다른 영향력도 찰스 1세 반대자의 대열을 약화했을 가능성이 크다. 그 체제의 대표적인 비판자들은 1640년대에 늙어가고 있었다. 물론 그들 모두가 엘리자베스 추종자인 백발의 멀그레이브 백작Earl of Mulgrave 같이 태곳적 인물은 아니었다. 1640년 8월 찰스에게 장기 의회 소집을 요구한 그는 1645년 대리투표로 철기군을 창설하게 한 12인의 청원 귀족 중 한 명이었다. 실제로 그는 전함의 함장으로서 1588년 스페인 아르마다를 상대로 싸우기도 했다. 그렇지만 찰스의 가장 유력한 반대자 가운데 절대다수는 1580년대와 1590년대, 즉 합스부르크 스페인이 영국 신교를 섬멸할 수도 있다는 절박한 위협감을 피부로 느끼던 시절에 태어난 세대에 속했다. 그들의 종교적 세계관은 칼뱅주의가 영국 국교회 신학에 미치는

---

* 　Derek Hirst, "The Failure of Godly Rule in the English Republic", *Past and Present*, 132 (1991), p. 66.

영향력이 절정에 달한 1590~1620년에 형성되었다. 그러나 1640년에는 그 세대의 가장 유능한(찰스의 관점에서 가장 성가신) 사람 중 일부가 이미 세상을 떠났다.

1629년 의회 해산 뒤 옥에 갇힌 존 엘리엇 경Sir John Eliot은 1632년 사망했고(수감 생활이 무덤으로 가는 길을 재촉한 것이 틀림없다), 1620년대 국왕이 의회에서 겪은 어려움을 유발한 사법부의 현인 에드워드 코크 경Sir Edward Coke(1552년 출생)은 1634년 세상을 떠났다. 또 다른 찰스 정부의 통렬한 비판자로 충분히 의회 지도자에 오를 만했던 너대니얼 리치 경Sir Nathaniel Rich은 1636년 죽었다.* 다른 사람들도 1640년대 중반 무렵에는 모두 세상을 떠났다. 1640년 귀족들이 국왕에 반대해 연대했을 때 핵심 역할을 한 베드포드Bedford(1593년 출생)는 1641년 죽었고, 존 핌John Pym은 1645년, 윌리엄 스트로드William Strode도 1645년, 시민혁명 초반에 의회 측 총지휘관이던 에섹스Essex(1591년 출생)는 1646년 죽었다. 사실 의회 소집 운동의 전위부대이던 1640년의 청원 귀족 12인 가운데 절반이 1646년에는 세상을 떠났는데, 한 명을 제외하면 모두 자연사였다.** 1639년 찰스는 여전히 30대였다. 그의 대표적인 비판자 진영은 시간이 급속도로 줄어들고 있었다. 키스 페일링 경Sir Keith Feiling이 말했듯 죽음이 있는 한 희망은 있다. 이 측면에서 볼 때 스코틀랜드 위기를 넘기는 데 성공했다면 찰스 체제는 희망의 여지가 많았다.

1640년의 하원을 분석한 통계는 연령대와 찰스 체제에 보인 그들의 태도에 어떤 관계가 있는지 좀 더 예리하게 밝히고 있다. 충성 대상을 판별할 수 있는 하원의 538명에게는 현저한 패턴이 드러난다. 브런턴Brunton과 페닝턴Pennington은 1954년

---

*   Conrad Russell, "Parliament and the King's Finances", idem (ed.), *The Origins of the English Civil War* (London, 1973), p. 107.

**   6명 가운데 4대 베드포드 백작이 1641년 사망했고 3대 엑스터 백작과 2대 브루크 경(리치필드 포위 때 전사함)은 1643년, 3대 에섹스 백작과 1대 볼링브로크 백작 그리고 1대 멀그레이브 백작은 1646년 사망했다.

에 나온 고전적인 연구에서 "왕당파는 모든 지역에서 의회파보다 연령대가 더 낮았던 것이 분명하다"라고 결론지었다.

"전국적으로 두 당의 평균 연령은 각각 36세와 47세로 나왔다. 이는 매우 큰 연령차다."

적어도 하원에서 찰스의 적들은 1580년대와 1590년대 출생자들이 (상대적으로 연로한) 지배적인 세대에 속했다. 거꾸로 말하면 국왕 지지자들은 어울리지 않게 30대 세대, 즉 전임 국왕(제임스 1세)이 스페인과 친선까지는 아니어도 회유 정책을 추진하던 '제임스의 평화Jacobean Peace' 시절에 성장한 세대였다. 당시 수명이 상대적으로 낮았던 터라 엄청난 격차라 할 수 있는 11년의 세대차는 찰스 1세와 함께 전쟁을 벌인 측과 왕당파의 명분을 옹호하기 위해 들고 일어난 더 젊은 세대를 갈라놓았다. 1640년 의회 소집을 요구한 12인의 청원 귀족 평균 연령은 그보다 더 많았고 최연장자(러틀랜드Rutland와 멀그레이브)는 각각 예순 살과 일흔네 살이었다. 의회파와 왕당파의 연령 불일치는 귀족계급 전체 서열에도 거의 똑같이 나타난다."

1630년대에 대학에 다닌 사람들이 찰스왕 체제에 어떤 반응을 보였는지 검토해보면 비록 통계적 증거는 엉성하지만 유사한 패턴이 드러난다. 30세 이하의 종교적 감수성에 관해 힌트를 주는 대학교는 학부생뿐 아니라 대다수 교수를 포함한 연령 그룹이 1630년대 '로드 주교의 혁신'에 강제로 순응한 것이 아니라 기꺼이 받아들이는 태도를 보였다. 때론 적극적인 열정도 드러냈고 국왕에게 충성심도 강했다. 1630~1641년 옥스퍼드 총장으로 있던 로드가 정부 간섭을 적극 지지한 40년대가 저물어갈 무렵, 샤프Sharpe 교수에 따르면 그 대학은 "교회와 왕권의 보루"로 등

---

* D. Brunton & D. H. Pennington, *Members of the Long Parliament* (London, 1954), p. 16.

** J. B. Crummett, "The Lay Peers in Parliament, 1640-1644" (University of Manchester, 박사학위 논문, 1970), 부록.

장했다. 1642년 장기 의회가 왕당파와 의회파[또는 원두당, 원정당 – 옮긴이]로 분열되었을 때 "로드가 총장으로 있던 시절 입학한 옥스퍼드 출신자는 대부분 군주제를 지지했다."* 케임브리지도 상황은 비슷했다. 1640년대 초반 대학에는 "지나치게 왕당파가 많았다."** 로드의 교회 혁신도 유권자에게 광범위하게 지지를 얻은 듯했다. 1641년 독실한 로버트 할리 경Sir Robert Harley이 의장으로 있던 하원의 한 위원회는 1630년대 대학 상황을 조사했고, 대학가가 로드가 요구한 전례적 혁신을 넘어 가톨릭 전통에 보이는 관심을 확실히 공유하고 있음을 밝혀냈다.*** 신식인 로드 일파가 볼 때 구식인 칼뱅주의는 오류일 뿐 아니라 지나간 유행이었다. 칼뱅주의 옹호자 스티븐 마셜이 1641년 장기 의회에서 말했듯 그것은 "마치 신이 우리에게 약속한 진실을 조심하는 것 같았다."**** 아직 남아 있던 몇 안 되는 청교도 칼리지(케임브리지의 에마뉘엘과 시드니 서식스 같은 곳)는 1630년대 대다수 대학생에게 위압적이고 선동적인 신학교라기보다 고색창연한 구식 뒷골목, 보수적인 아버지들이 그들이 젊던 20년 전에 유행한 방식으로 신을 배우도록 보상해주는 장소로 여겨졌다. 그런데 1641년 하원의 조사위원회는 에마뉘엘칼리지의 재학생조차 지극히 로드 식인 피터하우스에서 열리는 예배의 금지된 즐거움을 맛보기 위해 몰래 빠져나가고 있음을 알고 경악했다.***** 1639년 무렵 케임브리지에서 로드주의는 우세한 위치를 점하

---

*   Kevin Sharpe, "Archbishop Laud and the University of Oxford", Pearl, Worden & Lloyd-Jones (eds.), *History and Imagination*, p. 164.

**   John Twigg, *A History of Queens' College, Cambridge* (Woodbridge, 1987), p. 48.

***   BL, Harleian MS 7019, fos 52-93, "Innovations in Religion and Abuses in Government in the University of Cambridge"; *Commons Journals*, vol. II, p. 126; David Hoyle, "A Commons Investigation of Arminianism and Popery in Cambridge on the Eve of the Civil War", *Historical Journal*, 29 (1986), pp. 419-425.

****   Stephen Marshall, *A Sermon* (1641), p. 32; Russell, *Fall of the British Monarchies*, p. 26에 인용.

*****   BL, Harleian MS 7019, fo. 82, "케임브리지 에마뉘엘칼리지[1587년 개신교 설교자들을 훈련시킬 목적으로 세운 칼리지 – 옮긴이]의 몇몇 학자는 피터하우스 채플에 자주 가는 것 때문에 피해를 봤다.

고 있었다. 완전히 장악하는 것은 단지 시간 문제였다.[*]

　불완전할 수밖에 없는 그런 자료를 기반으로 한 추측은 신중하게 다뤄야 한다.[**] 의회의 연령대와 충성도를 나타낸 수치의 경우 그 3년 전인 1639년에 수집한 정보로 1642년 체제의 태도를 알아내려 하면 해석 문제가 생긴다. 특히 시민혁명 때 국왕 지지는 1630년대에 그 체제가 펼친 정책을 지지하는 것으로 읽힐 수 있으므로 더욱 그렇다.[***] 연령대의 평균값을 내면 의회 측에도 젊은층, 그러니까 브루크나 맨더빌Mandeville 같이 1640년에 30대인 사람들이 있었다는 사실이 은폐된다. 그들은 이후 수십 년 동안 그 체제 측에 박힌 가시였을지도 모른다. 이와 유사하게 1640년대의 충성도 증거는 기껏해야 개인 통치 말년의 정치적 태도를 엉성하게 시사하는 것 이상이 아니다. 그러나 500명 남짓한 하원의원에게 명백히 드러나는 연령대와 정치적 태도의 불일치가 국가 전체의 추세를 개략적으로나마 대변한다면, 그 정치적 함의는 중요하다. 이는 사회 전체의 연령대 분포를 배경으로 할 때 더 힘을 얻는 결론이다.

　1631~1641년 잉글랜드와 웨일스 인구의 연령대 그룹 분포는 대략 동일하게 유

　　Some of the scholars (of Emmanuel) have received harm by their frequent going to Peterhouse Chapel ⋯." Cf. Hoyle, "A Commons Investigation", p. 424.

[*]　John Twigg, *The University of Cambridge and the English Revolution, 1625-1688* (The History of the University of Cambridge: Texts and Studies, Woodbridge, 1990), vol. 1, p. 41.

[**]　브런턴과 페닝턴이 발견한 주요 내용의 추가적인 주의사항을 보려면 다음을 참조할 것. G. E. Aylmer, *Rebellion or Revolution? England, 1640-1660* (Oxford, 1986), p. 42(이 점을 함께 토론해준 토머스 코그스웰Thomas Cogswell 교수에게 감사한다).

[***]　일례로 포클랜드 남작과 에드워드 하이드 경은 1642년 이후 국왕파였다. 하지만 그들은 1630년대에 정부의 처신 중 많은 부분을 비난했다. 1642년 왕당파를 만들어 성공을 거둔 찰스는 그중 많은 부분을 장기 의회 첫 두 해 동안 자신의 대중적 페르소나를 비효율적으로 재발명한 탓에 상쇄하고 말았다. 그는 자신을 알려진 법과 기존 교회의 수호자로 나타냈고, 상원과 하원을 교회 및 국가 개혁을 위협하는 존재로 묘사했다. 특히 이 주제를 탁월하게 논의한 Russell, *The Fall of the British Monarchies*, pp. 230, 413, 420 참조.

버추얼 히스토리

지되었다. 전체 인구의 60퍼센트가 30세 이하였고, 인구의 약 3분의 1이 15세 이하 아동이었다.* 1640년 인구의 절반(49.7퍼센트)이 1616년 이후 출생자로 찰스 1세가 즉위한 1625년 9세 이하였다. 그러면 이 상황을 정치적 경험 문제로 표현해보자. 1640년 주민의 3분의 1이 아는 국왕이란 오로지 찰스뿐이었다. 그 3분의 1에게는 1628년의 권리청원 같은 최근 사건도 비교적 오래전 일로 보였을 터다. 찰스가 의회를 가장 최근에 해산한 1629년까지도 그들은 4세도 채 되지 않았다. 의회를 무시한 찰스 1세의 통치가 최소한 그의 실제 수명만큼(1649년까지) 오래 이어졌다면 잉글랜드는 인구의 절반 이상이 의회를 직접 경험하거나 기억하지 못할 뻔했다. 이것은 정치가 아니라 기억의 격차로 정부와 교회가 체제 '혁신'을 인지하는 방식에 깊은 영향을 미칠 확률이 높았다.

물론 문화적 기억 전달은 연령뿐 아니라 훨씬 더 섬세하고 광범위한 요인에 의존한다. '칼뱅주의 영성의 전통과 올바르게 정립한 연방의 본질은 의회'라는 신념은 엘리자베스와 제임스왕의 치세를 실제로 경험한 사람들이 인구의 다수파가 아니라는 이유만으로 쉽게 잊힐 것이 아니다. 심지어 의회가 휴회 중일 때도 소책자와 기사(흔히 필사본으로) 형태로 그 역사와 관습과 힘을 이야기했다. 설령 1639년 찰스

* 다음은 영국과 웨일스를 가장 믿을 만하게 평가한 내용이다.

연도	전체 인구	연령				
		0-4 (전체 인구 대비 %)	5-14	15-24	25-29	전체 〈 30
1631	4,892,580	12.45	19.87	18.19	7.89	58.40
1641	5,091,725	11.83	20.48	17.34	8.01	57.66

출처는 토니 리글리 교수와의 개인 서신. R. S. Schofield와 공동으로 진행한 방대한 조사 *The Population History of England 1541-1871* (Cambridge, 1981)을 위해 수집한 통계에서 뽑은 이 자세한 정보를 알려준 교수에게 심심한 감사를 전한다.

가 승리했어도 이 현상이 멈추었으리라고 추측할 이유는 없다.* 그렇긴 하지만 연령과 세대가 정치 인식에 미치는 영향은 가볍게 무시할 수 없다. 적어도 1642년 지지를 집결한 의회의 성공 중 일부는 제임스와 찰스 치세 초반의 의회, 특히 1626년과 1628~1629년 그 신랄했던 회기에 벌어진 '백성의 자유'를 향한 투쟁을 몸소 겪은 사람들이 발휘한 감정적 호소력에서 나왔다. 1639년 이들은 여전히 상당한 비중을 차지했으나(인구의 약 40퍼센트) 이미 소수파였다. 의회 수호를 위해 무기를 들라는 호소가 5년이나 10년 뒤에 울렸다면 그 호응이 훨씬 덜 뜨거웠을지도 모른다. 핌과 올리버 세인트 존Oliver St. John, 베드포드, 세이 같은 사람에게 1639~1640년은 진정 의회의 위기였다. 그것은 아마 지금 당장 행동하지 않으면 끝장인 문제였을 것이다.

영국 사법부의 개혁

1639년 국왕의 승리라는 가설에 따르면 찰스 1세가 국내 반란으로 압박을 받거나 자기 의사에 반해 의회를 소집하도록 강요당할 확률은 낮다. 해가 지날수록 그 확률은 더 낮아졌을 수 있다. 그러나 국왕이 자신의 정책을 변경하도록 강요받거나 행동의 합법성을 두고 공공의 비판을 받을 수 있는 분야가 하나 남아 있다. 그것은 법정에서다.

* Esther Cope, "Public Images of Parliament during its Absence", *Legislative Studies Quarterly*, 7 (1982), pp. 221-234. 중세의 *Modus Tenendi Parliamentum*은 초기 스튜어트왕조의 모든 정치 문헌 가운데 가장 널리 퍼뜨려진 것으로 보인다. N. Pronay & J. Taylor (eds.), *Parliamentary Texts of the Later Middle Ages* (Oxford, 1980), 부록 1. Modus의 사본 한 권은 단기 의회가 끝난 뒤 선동적 문건을 찾으려고 세이 남작의 서재를 수색했을 때 발견한 첫 항목으로 기록했다. Bodl. Lib., MS Tanner 88*, fo. 115.

1637~1638년 선박세의 합법성을 놓고 벌어진 국왕 대 햄프던Rex vs. Hampden 사건이 입증했듯 사법부에는 여전히 국왕의 재정 정책에 중대한 해를 가할 힘이 있었다. 재판관 전원 앞에서 진술한 그 사건은 국왕에게 유리한 판결을 내렸다. 의회의 동의 없이 부과한 선박세의 합법성을 인정해준 것이다. 그러나 동의하지 않는 판사들의 세력이 강해 국왕이 얻은 것은 기껏해야 상처뿐인 승리에 불과했다. 낮은 선박세는 불법이라고 솔직하게 선언한 리처드 허턴 경Sir Richard Hutton과 조지 크로크 경Sir George Croke의 의견은 광범위하게 권위를 인정받았지만 선박세의 합법성은 흘수선 아래에서 구멍이 났다.*

그렇긴 해도 햄프던 판례는 개인 통치 기간이 1640년대까지 이어졌다면 법과 법 해석자로서 재판관의 역할이 발전했을지도 모른다는 일련의 단서를 제공한다. 중요한 것은 17세기 초반 다양한 형태로 걸러진 문제였다. 관습법은 의회 동의 없이 과세할 수 없다고 명령함으로써 백성의 사유재산권을 보장했는가?** 햄프던의 자문관이나 영국 내에서 사법적 견해의 비중이 큰 부분에 따르면 분명 그렇게 했다. 백성의 재산은 의회 동의 없이는 양도할 수 없었다. 선박세에는 의회의 동의가 없었으므로 그것은 불법이었다.***

---

* 길Gill 박사가 확정했듯 햄프던 판례는 선박세 징세가 합법적이긴 해도 지역 보안관이 재무성의 허가만으로 압류하는(세금을 납부하지 않을 경우 채무 금액만큼 자산을 압수하는) 것은 허가하지 않았다고 판단했다. 이 결론은 세금 납부를 거부한 자들을 수감하는 대신 국왕이 집행할 수 있는 대안으로 남아 있었다. 물론 이쪽이 더 효율적이라 이미 기꺼이 활용할 마음이 있었다. A. A. M. Gill, "Ship Money during the Personal Rule of Charles I: Politics, Ideology, and the Law, 1634-1640" (University of Sheffield, 1990년 박사학위 논문). 만약 1640년대에 다른 의회를 소집하지 않았다고 가정하면 그리고 선박세를 연례적으로 부과했다면, 국왕이 1630년대 척도에 의거해 강제 투옥했을지 아니면 선박세를 반대하는 목소리가 점점 수그러들었을지는 알 수 없는 일이다(이 논점을 토론해준 존 모릴 박사에게 감사한다).

** 이 토론에서 다룬 논의를 투명하게 소개한 것으로 J. P. Sommerville, *Politics and Ideology in England, 1603-1640* (London, 1986), pp. 160-162 참조.

*** 1630년대에 런던 법학원Inns of Court에 입학한 세대를 향한 코크의 생각과 관련해 시사적 발언을 보고 싶으면 다음을 참조할 것. Alan Cromartie, *Sir Matthew Hale, 1609-1676: Law, Religion, and*

찰스에게(그의 아버지 제임스왕도 그랬듯) 법의 목적은 도구로서였다. 즉, 그것은 국왕의 규정에 따른 '좋은 정부' 목적을 달성하는 실용적 수단이었다. 결코 까마득한 옛날의 추상적 격언에 따라 법률을 제정하는 현자 집단(에드워드 코크 경 스타일로)이 규정하는 목적이 아니었다. 통상의 법률가들도 두 해석 가운데 어느 쪽이 이겨야 하는지 의견이 갈렸다. 여기서 관습법(헌법 원리에 따라 확정한 어떤 집단으로서)과 군주제의 절대주의가 아니라, 관습법이 어떤 것이어야 하는지에 관한 두 가지 상이한 해석 사이에 경쟁이 벌어졌다. 제임스왕 치세 때 이미 관습법은 사실상 코크의 숙적인 총리 엘즈미어 경Lord Chancellor Ellesmere(1617년 사망)과 프랜시스 베이컨Francis Bacon(훗날 세인트 알반 자작Viscount St. Alban, 1626년 사망)이 광범위하게 검색한 국왕 정부의 도구였다. 두 사람 모두 관습법 쪽으로 기울어진 입장이었다. 그들의 관점에서 속민의 권리 우위를 지지하는 코크의 주장은 착오였다.* 1620년대에 영토 방어 비용을 지불해야 했을 때 국왕은 의회의 징세로 거둔 액수는 그 과제를 달성하기에 어림도 없는 소액이라 주장할 수 있었고, 이는 어느 정도 타당했다.** 징세의 주된 형태인 보조금은 제도화한 사기나 다름없어 애를 먹었고, 젠트리의 과세표준은 실제 자산의 일부에 불과할 정도로 낮았다.*** 1620년쯤 보조금은 국왕이 그것을 놓고 의

    Natural Philosophy (Cambridge, 1995), pp. 11-29.

*   "The Lord Chancellor Egertons observacons upon ye Lord Cookes reportes" (1615), Louis A. Knafla, *Law and Politics in Jacobean England: The Tracts of Lord Chancellor Ellesmere* (Cambridge, 1977), pp. 297-318. 관습법의 지위와 목적에 관해 다양한 견해를 알고 싶으면 다음을 참조할 것. Clive Holmes, "Parliament, Liberty, Taxation, and Property", J. H. Hexter (ed.), *Parliament and Liberty from the reign of Elizabeth to the English Civil War* (Stanford, 1992), pp. 122-154.

**   이 주장에 반대한 의회는 1620년대에 영토 방어를 준비할 기회를 국왕에게 한 번도 얻지 못했다고 할 수 있다. 이와 관련된 것으로 Richard Cust, *The Forced Loan and English Politics 1626-1628* (Oxford, 1987), pp. 150-185 참조. 하지만 찰스왕 치하의 의회가 1630년대에 국왕의 함대를 위해 거두고, 오로지 그 용도로만 쓰이는 보조금을 승인해주었을지는 의문이라는 문제가 남는다.

***   과소평가 규모를 알려면 다음을 참조할 것. Felicity Heal and Clive Holmes, *The Gentry in England and Waled, 1500-1700* (London, 1994), pp. 185-186; Conrad Russell, *Parliaments and English*

회와 협상할 필요(예전에 로드가 팽팽하게 지적했듯)조차 없을 정도로 가치가 줄어들었다. 반면 선박세는 최소한 균형 있게 부과했고 백성의 지불 능력을 과세 기초로 삼았으며 현실적인 액수를 거둬들였다. 이는 정부의 주된 임무인 영토 방어에 쓸 함대 제작에 드는 실제 비용과 비슷했다.* 일단 정복당하면 피정복자의 모든 법률은 소멸되므로 영토 방어 없이는 자유란 전체적으로 존재하지 않으며, 속민의 개인적 자유와 재산권은 말할 나위도 없었다.** 찰스의 견해만큼이나 코크의 견해도 싫어한 홉스는 이러한 논의 노선이 향하는 지점을 깔끔하게 요약했다. 그는 실제로 국왕이 속민의 동의 없이 징세하지 않기로 한 약속을 철회할 도덕적 의무를 져야 하는 상황이 있다고 주장했다.

"만약 국왕이 자신의 보조금을 그대로 유지하느라 속민을 보호하지 못하면 그는 죄를 범하는 셈이다. 따라서 그는 그 보조금을 무시해도 되고, 무시해야 한다."***

1630년대에 관습법을 놓고 그런 '도구' 관점을 만장일치로 인증하지 않은 사법부의 태도는 국왕의 믿을 만한 비의회 수입원 창출에 주요 걸림돌이었다. 그렇지만 법원의 성격을 바꾸는 것은 어렵고 까다로운 문제였다. 판사는 예외적인 상황에서는 물러나기도 했지만 애초에 종신직이었다. 찰스가 몸소 값비싼 수업료를 치르고 알게 되었듯 법관을 정면으로 해고하면 법조계를 적으로 만들고 법원의 기초를

Politics, 1621-1629 (Oxford, 1979), pp. 49051.

* K. R. Andrews, *Ships, Money, and Politics: Seafaring and Naval Enterprise in the Reign of Charles I* (Cambridge, 1991), pp. 128-139.

** 이 논의 노선의 유래를 알려면 *English Reports*, vol. LXXVII, pp. 1294-1297에 실린 *The King's Prerogative in Saltpetre* (1607)를 볼 것. Holmes, "Parliament, Liberty, Taxation, and Property", p. 136에 인용.

*** Thomas Hobbes, *A Dialogue between a Philosopher and a Student of the Common Laws of England*, ed. Joseph Cropsey (Chicago, 1971), p. 63. 그리고 다음 절을 볼 것. "또한 국왕은 외국의 적으로부터 자기 백성을 보호하고 왕국 사이의 평화 유지를 책임져야 한다. 그가 최선을 다해 노력하지 않는다면 그는 죄를 범한 것이다. …"(앞의 책).

흔들어 역효과가 나기 십상이었다. 법원이 계속 국왕의 개인 통치를 지지하는 보루 역할을 수행하게 하려면 그들이 화이트홀의 강압을 받지 않고 자유롭게 판결을 내리거나 최소한 그런 것처럼 보일 필요가 있었다.

까다로운 판사들 문제에서 시간은 이번에도 찰스의 편이었다. 1630년대 후반 그는 목적 달성에 더 가까워질 수 있었다. 당시 판사 의석은 동료들의 존경을 받는 한편 국왕의 대권 대 관습법의 관계를 최대한 강령주의Maximalist[과격파, 급진파, 타협 없이 직접적인 행동을 호소하는 입장 – 옮긴이]로 해석하는 데 느슨하게 동조하는 사람들로 구성되어 있었다. 1637~1638년 선박세 사건에서 국왕에게 반대한 판사 5명 중 4명은 70대였고, 1580년대와 1590년대에 지적 기반을 형성한 그들은 엘리자베스시대부터 살아왔다. 그들의 경력은 곧 끝나려 하고 있었다. 70대인 존 데넘 경Sir John Denham(1559년 출생)은 햄프던을 지지하는 쪽이었지만 국왕에게 반대하는 판결을 한지 1년도 되지 않아 사망했다. 리처드 허턴 경(1561년 출생)은 데넘 사후 1개월 뒤 (1639년 2월 26일) 세상을 떠났다.[*] 민사소송법원의 조지 크로크 경(1560년 출생)은 1641년 건강 악화로 퇴임했다가 1642년 2월 16일 세상을 떠났다. 70대 노인 판사 가운데 네 번째인 험프리 대븐포트 경Sir Humphrey Davenport(1566년 출생)은 기술 측면에서만 햄프던을 지지했는데, 그는 1645년까지 살았다. 하지만 그의 판결에 분명히 드러나듯 그는 이 비의회 징세의 합법성에 긍정할 준비를 갖추고 있었다.[**] 허턴, 크로크, 데넘 이 3명은 아마 법정에서 가장 신랄한 체제 비판자였을 것이다. 1641년 이 3명은 모두 찰스 곁에서 사라졌다.[***] 선박세 비판자나 캐롤라인 체제의 다른 측면

---

[*]   허턴의 견해를 알고 싶으면 Wilfrid R. Prest (ed.), *The Diary of Sir Richard Hutton, 1614-1639* (Selden Soc. supplementary series, IX, 1991) 참조.

[**] Conrad Russell, "The Ship Money Judgements of Bramston and Davenport", idem, *Unrevolutionary England* (London, 1990), pp. 137-144.

[***] 존 브램스턴 경Sir John Bramston(1577-1654)은 전문 용어(그 세금을 누구에게 부과했는지는 기록상에 나오

을 반대한 사람들에게 1630년대 후반은 그 체제에 유효한 합법적 도전을 실행할 수 있던 최후의 순간이었을 터다.

1640년대 초반쯤 의회의 도전만 없으면 찰스는 시끄러운 숙청이나 해고 없이 사법부를 재구성하고, '왕좌 아래의 사자들lions under the throne'은 신규 재정 집행의 인준을 요청받으면 법관석에 앉아 고양이처럼 골골거리며 승인장을 읊어주었으리라. 그러한 비굴함, 즉 사법부의 특권을 줄이는 데는 대가가 따르게 마련이다.* 만약 2~3년만 더 시간이 있었다면 햄프던 사건(이 사건이 법정에 회부되었다면)은 아마 1638년 재판정이 내린 절반의 승인이 아니라 국왕의 재정 정책을 완전히 승인하는 소리가 울려 퍼지는 가운데 판결이 내려졌을 것이다.**

1639년 국왕 측이 승리한 뒤 법이 나아갈 방향은 분명하다. 찰스왕 치하에서 1640년대 잉글랜드는 여전히 관습법의 지배를 받겠지만 이는 코크가 설정한 경로가 아니라 베이컨과 엘즈미어가 예시한 방향, 다시 말해 국왕에게 정치적 권위를 더 크게 몰아주는 방향으로 발전한 법 체계였으리라. 전진하는 길은 로버트 버클리 경이 1638년 내린 선박세 판결문에 이미 나와 있다. 국왕은 "의회의 일반적 동의"

지 않았다) 문제로 국왕과 대립했지만, 세금이 국왕에게 귀속된다는 점에는 다수파에 동의했다. 브램스턴은 1629년 존 엘리어트 경을 변호했고 1640년대까지 체제 비판자로서 법관직을 유지했을 가능성이 있다. 물론 다수 의견에 눌려 영향력은 별로 없었을 것이다. 러셀의 "Ship Money Judgements", p. 143 참조. 법률 직업군 사이에서 각자의 입장을 결정하는 요소가 연령뿐은 아니었다. 젊은 매튜 헤일Matthew Hale은 복고 이후 사법부의 유력한 인물 중 하나였는데, 에드워드 코크 경과 존 셀든의 전통에 철저하게 물든 입장이었다. Cromartie, *Sir Matthew Hale*, chs 1-2 참조.

*   J. S. Cockburn, *A History of English Assize, 1558-1714* (Cambridge, 1972), pp. 231-237. 콕번 교수는 찰스 치세 동안 "(판사의) 절차 공정성에 관한 대중적 신뢰"가 감소하는 현상을 논의한다(p. 231). 이것이 의회가 없는 상황에서 영국 사법부 체계에 극복할 수 없는 위기를 만들어냈는지는 아직 답이 존재하지 않는다.

**   햄프던 사건에서 국왕을 지지한 판사들은 전체적인 재정 정책이 이슈화하지 않았으므로 결코 그런 승인을 할 수 없는 위치였다. 핀치와 동료들은 국왕에게 왕국을 수호할 임무가 있고, 이 목적을 달성하기 위해 필요한 방안을 취할 의무가 있다고 판단했다(이 점에 관해 러셀 교수가 해준 조언에 감사한다).

없이 "백성에게 세금을 걷을" 수 없다는 햄프던 변호인의 논의를 반박하며 버클리는 의심을 품지 않았다.

"법에 그처럼 국왕에게 족쇄를 채우는 정책은 없다. 법 그 자체는 국왕의 오래되고 믿을 만한 하인이다. 그것은 그가 백성을 지배하는 데 사용하는 도구이거나 수단이다.*

이것은 틀림없이 에드워드 코크 경의 사당에서 경배한 모든 사람의 심장을 오싹하게 만들었을 솔직함이었다.

스튜어트 왕가의 브리튼: 국가 쇄신

서약파의 반란을 진압하고 그 어느 때보다 고분고분한 사법부와 세계적인 '가톨릭의 위협'도 꺼져가는 상황이라면, 스튜어트 휘하의 세 왕국은 어떤 모습이었을까? 1639년 승리가 법정에서의 권력과 영향력 균형에 어떤 영향을 미쳤는가에 많은 것이 달려 있다. 말할 것도 없이 개인적인 명성과 평판에서 가장 커다란 이득을 얻는 존재는 국왕 자신이다. 승전한 왕은 대개 국가의 개선 환영을 기대할 수 있다. 잉글랜드 내에서 국민의 마음을 얻고자 행한 효율적인 스코틀랜드 선전 작전도 있겠지만, 서약파 제압이 폭넓은 인기를 끌고 국내에서 국왕을 향한 비판을 잠재우는 데 큰 역할을 하리라는 것은 의심의 여지가 없다. 군사적 승리는 찰스 1세에게 세 왕국을 통합한 '제국'을 만들고, 사실상 스코틀랜드와 아일랜드가 잉글랜드에 더 굴종하게 만들겠다는 야심을 실현할 기회를 주었으리라. 잉글랜드는 정부와 법 분야에서(종교 측면은 이미 실현했으므로) 켈트족 왕국이 순응해야 할 질서와 건전성의

*   Francis Hargrave, *A Complete Collection of State-Trials*, 11 vols. (1776-1781), vol. 1, col. 625.

모델이 되고, 국왕은 백성의 복지가 자신의 개인 통치에 의존한다고 보고 그 통치 의제를 계속 강요할 것이다. 몇 년 뒤 그는 이 야심을 다음과 같은 섬뜩한 문장으로 표현했다.

"누구든 자기 국왕과 나라와 자신의 행복을 반대할 만큼 비정상적으로 어리석다면, 우리는 그들의 의지에 반해 신의 축복과 함께 그들을 행복하게 만들어줄 것이다."

1637년 잉글랜드의 전례를 스코틀랜드에 강요하겠다는 결정을 내린 위원회 내 대표적인 열성분자, 로드 대주교의 입장에서는 1639년 국왕의 승리가 단순한 개인적 승리 이상이었을 공산이 크다. 섭리가 그의 명분의 정당성을 지지하는 일이었으니 말이다. 잉글랜드 교회에서 그의 영향력은 확고해지고 전쟁으로 중단된 1630년대 교회 정치를 다시 정력적으로 실행할 가능성이 컸다. 그 구체적인 내용으로는 교구 교회의 성찬식 테이블을 교회 동쪽 끝에 '제단처럼' 두고 줄을 맞추기, 설교보다 훈계 강조하기, 교조와 의식의 일치 그리고 성직자의 부와 사회적 지위 상승 등이 있다. 스코틀랜드가 1630년대 후반 영국식 전례의 수정 버전을 도입했다면 로드식 프로그램의 다른 요소도 따라갔을 확률이 높다. 그뿐 아니라 세 왕국 모두 정부의 교회화 추세, 즉 1636년 재무상을 런던 주교로 임명하도록(로드가 추진한) 법제화한 추세를 더욱 진행했을 것이다.

버턴Burton, 바스트윅Bastwick, 윌리엄 프린William Prynne 같은 청교도 측 유명 인사가 멀고 차가운 지하의 옥에 갇혀 고통을 받았다면 비국교파는 대주교의 언제나 주도면밀한(때로는 징벌적인) 통치 아래 괴로워했을 가능성이 크다. 60피트[약 18미터 – 옮긴이] 높이의 코린트 식 원기둥 위에 찰스를 교회 재건자로 선언하는 엔태블러처

　　BL, Add. MS 27402 (Misc. historical papers), fo. 79, 찰스 1세가 에섹스 백작에게 보낸 서한, 1644년 8월 6일.

Entablature[기둥으로 떠받치는 수평 부분의 쇠시리와 띠 장식의 집합체 – 옮긴이]를 얹은 이니고 존스의 성 바울 성당 개축은 1640년대까지 이어졌다. 그것은 로드 식 교회의 승리를 증명하는 눈에 보이는 기념물이다.*

가톨릭 역시 소득을 얻는다. 1639년 전쟁에 시기적절하게 기부금(1만 파운드 가량 모금함)을 보냈으므로 승리할 경우 넉넉한 배당을 약속받는 것은 당연하다. 1639년 4월 17일 왕비 앙리에타 마리는 수석 비서인 가톨릭교도 존 윈투어 경Sir John Wintour에게 편지를 보내 국왕을 재정적으로 도운 가톨릭을 "모든 … 불편함으로부터 보호"하라는 임무를 맡겼다.** 이는 제한적 관용을 의미하는 암호 문장이었다. 가톨릭은 완강한 성공회 기피법Recusancy Laws[17세기 영국에서 영국 국교회에 소속되기를 거부한 자를 처벌하는 법 – 옮긴이]을 계속 완화하고 궁정 관직을 교황파에게 열어둠으로써 이득을 보았을 터다(공적인 평판과 달리 강한 반교황파이던 로드는 매우 불쾌했겠지만). 가톨릭교도로 1639년 찰스가 전쟁 개시를 결정하게 만든 내부 자문가 그룹 중 한 명인 니스데일 백작Earl of Nithsdale은 스코틀랜드에서 대표적인 유력자 위치에 올라섰고,*** 친가톨릭계 국무장관이자 화이트홀에 있는 국왕 전쟁위원회 의원인 프랜시스 윈드뱅크 경Sir Francis Windebanke도 마찬가지였다. 그러한 움직임이 로마 가톨릭에 반대하는 반발심을 더 많이 만들어냈을지, 아니면 시간이 흘러 기정사실화한 관용(같은 시기 연합주United Provinces[즉, 인도 – 옮긴이]에서 발전한 것 같은 현상)이 등장하게 했을지는 짐작하

---

* John Harris & Gordon Higgott, *Inigo Jones: Complete Architectural Drawings* (New York, 1989), pp. 238-40. 엔태블러처에 새긴 명문은 다음과 같다. "CAROLUS … TEMPLUM SANCTI PAULI VETUSTATE CONSUMPTUM RESTITUIT ET PORTICUM FECIT"(찰스가 … 세월이 흘러 [허물어진] 성 바울 성당을 재건하고 [이] 포르티코를 세웠다).

** John Rylands Library, University of Manchester, Eng. MS 737, fo. 3a, 왕비가 존 윈투어 경에게 보낸 편지, 1639년 4월 17일. 영국 가톨릭 세속 사제장 앤소니 챔프니 경이 보낸 1738년 11월 30일자 회람 서신도 볼 것. 스코틀랜드 위기에 즈음해 가톨릭교도에게 국왕에게 한 충성 서약을 충실히 지키도록 요구하는 내용(Eng. MS 737, no. 32).

*** Donald, *An Uncounselled King*, pp. 320-327; Fissel, *Bishops' Wars*, p. 4.

기 어렵다.* 하지만 1640년대 장기 의회 통치에 따른 가톨릭교도의 잔혹한 박해 같은 것은 없었으리라는 점은 분명하다. 당시 의회의 박해로 가톨릭 사제 20명 이상이 교수형이나 잡아 늘이기drawing, 능지처참을 당해 목숨을 잃었다. 1640년대에 의회가 종교적 저항자에게 가한 섬뜩한 처벌에 비하면, 개인 통치 시절에 가한 처벌은 가장 엄중한 것도(버턴, 바스트윅, 프린에게 가해진 것도) 상대적으로 가벼워보인다.**

찰스의 참사관들에게는 1639년에 거두었을 승리의 반향이 넓게 퍼졌을 것이다. 즉각적인 수혜자는 국왕의 전쟁 결정을 지원하고 대스코틀랜드 작전 계획과 실행에 가장 밀접하게 개입한 추밀원 내의 그룹일 터다. 해밀턴 후작, 아룬델 백작Earl if Arundel 그리고 국왕이 1639년 4월 자신이 완전히 신뢰하는 유일한 조언자라고 말한 헨리 베인 경Sir Henry Vane이 그들이다.*** 1637년 에든버러에서 반란의 첫 징후가 나타난 이후 찰스의 가장 충성스러운 스코틀랜드 총독인 해밀턴은 가장 큰 혜택을 보았으리라. 높은 지위와 스코틀랜드의 광대한 영지, 세련된 잉글랜드 식 매너를 갖춘 해밀턴은 국왕과 수월하게 친밀해지고 화이트홀 궁정에서 따를 자 없는 위치를 차지했다. 실로 해밀턴은 살해당한 버킹엄 공작(거마관리관[Master of the Horse, 영국 왕실 제3의 직위 – 옮긴이]이라는 그의 직위는 1628년 공작이 죽은 뒤 해밀턴에게 넘어갔다)의 대리자 같은 존재로 아마 찰스에게 가장 가까운 인물이었을 것이다. 해밀턴이 누린 "국왕에게 미친 영향력과 얻은 신뢰"는 "스코틀랜드에 임명된 이후"인 1639년 1월 눈

---

* Jonathan Israel, *The Dutch Republic: Its Rise, Greatness, and Fall, 1477-1806* (Oxford, 1995), pp. 637-645.

** House of Lords Record Office, Main Papers 29/7/1648, 랜 59-60, 1643~1647년 투옥되거나 처형당한 사제들의 명단. 반면 찰스가 즉위한 뒤 1640년 하야할 때까지 그의 치세 동안 처형당한 사제는 3명뿐이었다. Robin Clifton, "Fear of Popery", Russell (ed.), *Origins of the English Civil War*, p. 164.

*** Scottish Record Office, GD 406/1/10543, 찰스 1세가 해밀턴에게 보낸 서한, 1639년 4월 18일자, Gilbert Burnet, @The Memories of the Lives and Actions of James and Williams, Dukes of Hamilton@ (1677), p. 155에 수록.

에 띄게 늘어났다. 1640년 12월 그는 국왕에게 영향을 미칠 수 있는 유일한 인물로 부상한다.* 1639년 서약파가 패했을 경우 궁정에서(또 국왕의 총애 면에서) 해밀턴의 위치는 무적이었을 확률이 높다.

승리의 결과로 잃을 주요 제도는 의회 자체 외에 잉글랜드 추밀원England Privy Council이 대표적이다. 그것은 그 법적 관할구역이 트위드강 북쪽에 미치지 못한다는 이유로 국왕의 스코틀랜드 위기 대응 계획에서 사실상 주변 존재가 된 상태였다. 추밀원의 정식 역할인 국왕에게 조언하는 업무는 갈수록 약화되었을 가능성이 크다. 세 왕국 모두와 관련된 제국 측면의 정부 책임은 국왕이 선발한 믿을 만한 소수 그룹이 결정했을 것이다. 그 소수자로는 로드, 아룬델, 해밀턴, 헨리 베인 그리고 시종인 패트릭 몰Patrick Maule, 조지 커크George Kirke, 윌 모리Will Morray 등이 있었다. 이 과정은 1637~1639년 위기 동안 이미 시작되었다.**

하지만 1639년 승리했을 경우 더욱 권위적인 왕정을 향한 이 추세는 스코틀랜드 패배에 따른 대항력 있는 궁정세력으로 인해 완화되었으리라고 생각할 강력한 근거가 있다.*** 1639년 국왕이 승리했다면 지위가 높아졌을 사람들 가운데 대다수는

* 노섬벌랜드가 스트래포드에게 보낸 1639년 1월 29일자 서한, William Knowler (ed.), *The Earl of Strafforde's Letters and Dispatches*, 2 vols. (1739), vol. II, p. 276에 수록되어 있음. 노섬벌랜드가 리스터에게 보낸 1640년 12월 31일자 서한, Arthur Collins (ed.), *Letters and Memorials of State … from the Originals in Penhurst Place*, 2 vols. (1746), vol. II, p. 666에 수록되어 있음. 해밀턴을 싫어한 노섬벌랜드는 과장했으나 해밀턴은 국왕에게 영향을 미치는 '유일한 권력'은 아니어도 1639~1641년 궁정에서 매우 유력한 인물 중 하나임은 분명했다.

** 가령 1638년 여름, 뉴버그 경Lord Newburgh(랭커스터 공작령의 형평법 대법관)은 비서 코크에게 스코틀랜드 위기 때 국왕의 주된 의논자가 스코틀랜드 출신 시종인 패트릭 몰과 해밀턴 후작이라며 불만을 털어놓았다. Kevin Sharpe, "The Image of Virtue: The Court and Household of Charles I, 1625-1642", David Starkey (ed.), *The English Court: From the Wars of the Roses to the Civil War* (London, 1987), p. 251.

*** 닥쳐올 일의 조짐처럼 보이지만 전쟁위원회(아룬델이 주재하고 1639년 전투 계획을 수립할 책임을 진 추밀원위원회)는 국왕을 설득해 1638~1639년 겨울 동안 인기 없는 특허와 여러 독점 건을 되살리게 했다. Bodl. Lib., MS Clarendon 15, fo. 36, 프랜시스 윈드뱅크 경과 코팅턴 경의 메모, 1638년 11월 11일자.

1630년대에 '시골'의 여론을 주도하던, 즉 "궁정에서 밀려난" 귀족들의 지도부와 가까운 관계에 있었다. 해밀턴 그룹에는 세이 앤드 셀 자작Viscount Saye and Sele(결과적으로 햄프던이 이어받을 선박세에 법률적 도전을 처음 시작한 사람)이 있었고 얼마 지나지 않아 맨더빌 자작(나중에 동부연합군에서 크롬웰의 지휘 장교가 됨), 존 댄버스 경Sir John Danvers(나중에 국왕 처형자)과 스코틀랜드 서약파 지도부 멤버도 여기에 속했다. 실제로 체제 비판자들과의 토론에 개방적인 해밀턴은 1639년에 극왕당파 그룹으로부터 충성심을 의심받기도 했다. 바로 "후작(해밀턴)이 서약파 파벌의 주모자들과 사적으로 서신 교환을 지속하고 있었기 때문"이다.**

1639년 등장한 다른 주요 인물도 그랬다. 1639년 전투의 총지휘관인 아룬델 백작은 찰스가 신뢰하는 단 3인이라고 선언한 조언자 3인방 중 해밀턴 바로 다음이었다. 그런데 아룬델은 1620년대 내내 버킹엄의 최대 숙적이었고 "옛날 귀족계급"의 특권을 지지하는 것으로 널리 알려져 있었다. 이들은 스튜어트왕조 이전부터 귀족계급으로 찰스를 반대하는 귀족은 주로 그 계급 출신이었다.*** 체제 비판자들과 더

또 Fissel, *Bishops' Wars*, p. 69에 실린 토론도 볼 것.

* Scottish Record Office, Hamilton MSS GD 406/1/1505, 1506, 1509, 1510 (Saye 항목); GD 406/1/1426 (Mandeville 항목); GD 406/1/1316, 1319 (Danvers 항목). 해밀턴은 정부 개혁 의견에 개방적이라는 평판이 높았다. 따라서 댄버스는 1642년 세이와 셀 자작의 조카인 헨리 파커에게 위촉한 두 왕국의 개혁 문제를 다룬 논문 사본을 그에게 보냈다. Scottish Record Office, Hamilton MS GD 406/1/1799, 댄버스가 해밀턴에게 보낸 서한, 1642년 7월 1일자; Henry Parker, *The Generall Junto, or the Councell of Union* (16420, BL, 669, fo. 18/1; Michael Mendell, *Henry Parker and the English Civil War: The Political Thought of the Public's "Privado"* (Cambridge, 1985), pp. 18-19, 54-55, 97. 이 문제를 토론해준 존 스컬리 박사에게 감사한다.

** Clark Memorial Library, Los Angeles, MS O14M3/c. 1640/Bound([Bishop Guthrie], "Observations upon the arise and progress of the late Rebellion"), p. 82. 해밀턴은 왕비의 시종장이 그가 배신해 스코틀랜드와 충돌하도록 만들었다고 고발한 탓에 왕비의 총애를 확실히 잃은 상태였다. Barbars Donagan, "A Courtier's Progress: Greed and Consistency in the Life of the Earl of Holland", *Historical Journal*, 19(1976), p. 344.

*** 아룬델과 '옛날 귀족'은 Kevin Sharpe, *Sir Robert Cotton, 1586-1631* (Oxford, 1979), pp. 140, 213-

---

가까운 사람은 아룬델의 두 전투 지휘관 홀랜드 백작(거마관리관)과 에섹스 백작(아룬델의 부관)이었는데, 두 사람 모두 '신성한' 명분[청교도 사상을 말함-옮긴이]의 후견자로 알려졌다.* 청교도인 워릭의 2대 백작Earl of Warwick의 동생 홀랜드는 교회의 권위에 위협을 받던 비국교파 목사들을 위해 개입하는 바람에 로드의 증오 대상이 되었다. 그의 형 워릭은 베드포드 백작, 세이 자작, 브루크 경, 존 핌, 올리버 세인트 존 같은 체제 비판자가 속한 그룹과 친한 사이였다.

　1639년 군사적 승리를 얻었다면 궁정에서 에섹스 백작의 지위도 공고해졌을 것이다. 홀랜드(에섹스의 사촌)는 궁정에서 그가 다시 국왕의 총애를 받도록 하려고 무진 애를 썼다.** 엘리자베스시대에 불발에 그친 1601년 쿠데타로 처형당한 인기 있는 영웅의 아들 에섹스는 잉글랜드에서 청교도 영웅에 가장 가까운 생존 인물이었다.

　패전한 탓에 국왕은 1640년 정책 변경과 인사이동을 시행했고 이는 교황이 궁정에서 음모를 벌인다는 파괴적인 소문에 실체를 안겨주었다(아룬델, 에섹스, 홀랜드는 지휘권을 박탈당했고 교황령에서 자금을 빌려오려는 협상이 시작되었다). 만약 승리했다면 그런 헛소문을 받아들이게 만든 대다수 요인을 제거했을 터다. 홀랜드, 에섹스, 해밀턴(교황권에 저항한 '맹렬한' 적들)은*** 신교도로서 흠잡을 데 없는 자격을 갖추고 있었다. 홀랜드와 에섹스는 둘 다 유럽에서 합스부르크에 맞서는 군대에서 복무했다. 해밀턴은 1631년 30년 전쟁의 신교도 성자인 스웨덴의 구스타부스 아돌푸

214; Kevin Sharpe(ed.), *Faction and Parliament: Essays on Early Stuart History* (Oxford, 1978), pp. 209-244에 실린 그의 논문 "The Earl of Arundel, his Circle and the Opposition to the Duke of Buckingham, 1618-1628" 참조.

* 　아룬델은 원래 거마관리관 직위에 에섹스를 앉히고 싶어 했다. 노섬벌랜드가 스트래포드에게 보낸 1639년 1월 29일자 서한, Knowler (ed.), *The Earl of Strafforde's Letters*, vol. II, p. 276에 수록됨.

** 　BL, Loan MS 23/1 (Hulton of Hulton corr.), fos 170-84, 190. 홀랜드 백작이 에섹스에게 보낸 서한(날짜 표기 없음).

*** 　이 구절은 버넷Burnet의 것, *Lives of the Hamiltons*, p. 518.

스Gustavus Adolphus와 함께 전투에 참가했다. 그러면서도 궁정에서 그와 가장 가까운 동지는 헨리 베인 경, 즉 국왕의 가내 대신이자 1639년 찰스가 "가장 신뢰하는 자문관"이라 칭한 3인방 중 세 번째 멤버였다.* 그들의 위치가 높아졌다면 1639년 국왕의 승리로 궁정에서 강력하게 가톨릭의 대항세력 역할을 했을 테고, 이는 궁정이 교황의 음모에 휩쓸리고 있다는 주장의 신빙성을 줄여주었으리라. 찰스는 계속 교황령 사절단을 예의바르게 상대했겠지만** 로마의 재정 지원금을 얻기 위해 그들과 협상하는 굴욕적인 일을 할 필요는 사라진다. 그와 함께 그 협상으로 누가 봐도 빤한 군주권의 대중적 이미지가 겪을 위험도 사라졌을 것이다.

물론 1639년 서약파와 싸워 승리했다고 찰스의 정책에 반대하는 사람이 영영 소멸했으리라고 가정하는 것은 순진한 생각이다. 그 발화점은 어디일 확률이 높을까? 설령 스코틀랜드 위기를 성공적으로 해결해도 국왕은 거의 틀림없이 국가 내에서 교회 권력의 적절한 한계라는 문제를 두고 벌어진 궁정 내 파벌 투쟁에 직면할 수밖에 없다. 궁정에서 교회의 영향력은 추밀원(펨브로크Pembroke, 노섬벌랜드, 솔즈베리Salisbury에게 대주교는 경멸 대상이었다) 내에 강력한 반교권주의를 야기했다. 교권주의는 이미 1630년대에 4계 법원Quarter Sessions이 교구 목사들을 신규 치안판사로 임명하자 자리를 빼앗긴 지역 지주들이 불만을 품고 있던 지방에서도 갈수록 말썽거리로 부상하고 있었다. 여기에 우선권Precedence[옛 교회 법전에서 상위 등급 권리에 기반을 두고 예배나 행렬 위치, 앉는 자리에 등급을 매긴 제도. 새 교회 법전에서는 이런 내용을 삭제했다. 대개는 교황, 추기경, 주교, 사제, 수도자, 재속회, 평신도순이다―옮긴이]과 사법 관할구역을 두고 개인 분쟁이나 사소한 다툼이 끝없이 벌어질 원인은 풍부하게 있었다. 승리한 스코틀랜드 군대

---

* 구스타부스를 위한 해밀턴과 베인의 노력은 Scally, "The Political Career of James, 3rd Marquis & 1st Duke of Hamilton", pp. 50-67 참조.

** Hibbard, *Charles I and the Popish Plot*, pp. 104-124.

가 잉글랜드 내에 있는 한 그러한 긴장감은 현저하게 두드러질 수밖에 없었다. 로드와 동료 자문관들의 관계 역시 당연히 부드럽지 않았다. 그러나 1639년에 승리했다면 대주교가 자신이 램버트에 있는 자기 집 침대에서 편안하게 죽으리라고 추측할 이유는 얼마든지 있었다.

스코틀랜드는 더욱 골치 아픈 문제였을 것이다. 이전 군주들이 수업료를 치르고 배웠듯 스코틀랜드를 무너뜨리는 것과 그 나라를 굴복 상태로 계속 묶어두는 것은 전혀 다른 문제였다. 서약파의 반란 규모와 격렬함 정도를 보면 설사 찰스가 1639년에 이겼더라도 스코틀랜드가 계속해서 체제에 두통거리로 남았으리라고 짐작할 수 있다. 물론 찰스왕 체제가 잉글랜드를 확고하게 장악하는 한 서약파의 남은 거점을 소탕하지 못할 이유는 없다. 이는 16세기 후반 엘리자베스여왕 체제에서 아일랜드가 자주 도발했지만 그것이 심각한 위협인 적은 거의 없었던 것과 마찬가지다. 더구나 서약파 지도부 자체에도 파벌의 분열과 개인 분쟁이 없지 않았다.* 찰스가 1639년에 이겼다면 그는 실제로 1641년 여름 결국 발생한 강경파(아가일 백작Earl of Argyll 같은 일파)와 더 온건한 귀족들(몬트로즈Montrose 등의 부류) 간의 분열을 훨씬 더 앞당겼을 것이다.**

---

* BL, Add. MS 11045, fo. 27, 로싱엄이 스쿠다모어 자작에게 보낸 서한, 1639년 6월 11일자. 해밀턴은 "스코틀랜드 상황이 곧 종결될 것이며 서약파들 사이에도 의견이 많이 다르다"(앞의 책)라고 예견한 것으로 전해졌다. 이것은 아가일이 젠트리 계급과 도시에서 누리던 확고한 지지를 해밀턴이 과소평가한 것으로 어디까지나 과장이다. 그렇긴 해도 서약파 지도부 내의 분열은 충분히 가능했고 서로를 비난하다 보면 실제로 일어날 수 있었다. 만약 그랬다면 1639년 여름 서약파가 패했을 것이다(이 문제를 토론해준 앨런 맥신 교수에게 감사한다).

** 스코틀랜드의 반항적 분위기를 장기적으로 해결하려면 국왕이 서약파의 요구 가운데 일부는 허용해야 했고, 스코틀랜드의 친왕당파 세력을 키워 국왕의 이름으로 나라를 다스리게 해주는 것이 마땅했다. 몬트로즈 백작처럼 새로운 친왕당과 정부로 집결할 가망이 있던 사람들도 서약파의 목표를 한꺼번에 포기하라는 데는 동의했을 것 같지 않다. 물론 찰스 1세는 승리한 뒤 관대함을 베푸는 성향이 아니었다. 하지만 아이러니하게도 1639년 잉글랜드가 승전했다면 서약파 영주들과의 유연한 전후 합의안을 촉구할 가능성이 큰 잉글랜드 자문관들의 세력이 강해졌을 것이다. 홀랜드(서약파가 선택한 중재자)와 해밀턴이 바

1639년 이후 10여 년은 불가피하게 정치와 재정 측면에서 입지를 굳건히 다질 필요가 있었을 테고, 이는 찰스가 1630년대 초반 이후 채택해온 외교 자세인 외국과의 전쟁 기피라는 입장을 유지하는 데 달렸으리라. 스페인과 전쟁을 치를 가능성은 극히 낮았다. 추밀원 내 의견은 1638년 이후 스페인과의 동맹 쪽으로 강하게 기울었다. 1639년 7월쯤 이 추세를 알아채고 실망한 주영 프랑스 대사 퐁폰 드 벨리에브르Pompone de Bellièvre는 거의 모든 추밀원 의원이 스페인 연금을 받는 사람들이라고 보고했다.* 그리고 1640년 카탈루냐에서 반란이 일어난 뒤 스페인은 이후 10년간 그리 위협적인 존재가 아니었다. 반면 프랑스와 전쟁을 벌일 가능성은 훨씬 컸다. 찰스는 1638년 리슐리외의 최대 숙적인 마리 드 메디시스와 그녀가 줄줄 달고 온 거창하고 까다로운 반정부인사들(방돔 공작Duc de Vendome, 수비즈 공작Duc de Soubise 등을 포함한)에게 피난처를 제공했다. 그러나 프랑스가 합스부르크왕가에 극심하게 반대 입장에 서 있었고, 1643년 이후로는 국왕파가 소수파로 몰려 내분이 벌어진 상황이라 잉글랜드와 또 다른 전쟁을 벌일 가능성은 거의 없었다. 네덜란드와의 상업적 경쟁도 분쟁의 잠재 원인이긴 했다(1650년대와 1660년대에 일어난 전쟁이 입증하듯). 여하튼 목전에 닥친 일만 생각하면 그들과의 관계는 순탄했고(네덜란드 해군 제독 트롬프Tromp가 1639년 10월 스페인 함대를 인도하고자 영국 내부 수로에 잠입했음에도 불구하고), 찰스 1세의 딸 메리가 네덜란드국왕의 아들이자 계승자인 오라녜-나사우가의 프레데릭 헨드릭Prince of Frederik Hendrik of Oranje-Nassau과 결혼함으로써 관계가 더욱 공고해졌다.**

간단히 말해 찰스가 밖으로 나가 싸움을 걸지 않는 한 1650년대까지 그의 정부

로 그런 사람들이었다.

*   PRO 31/3/71, fos 85, 141v. 이 참조에 관한 정보를 얻은 것은 케빈 샤프Kevin Sharpe 교수 덕분이다.

**   Israel, *Dutch Republic*, pp. 537-538; 찰스의 전망에 관해 대안으로 제기한 견해를 알고 싶으면 Derek Hirst, *Authority and Conflict: England 1603-1658* (London, 1986), pp. 174-177 참조.

는 전쟁을 기피했을 가능성이 크다. 1620년대 경험으로 찰스는 외국과의 전쟁에 드는 파괴적인 비용을 잘 알았다. 설사 그가 1639년에 승리했어도 정부 채무는 갚았어야 한다. 만약 스코틀랜드에 국왕 정부를 재건한다면 여기에도 상당한 액수의 연금비용이 필요하다. 이런 상황에서 정부가 외국과 전쟁을 벌일 가능성은 거의 없다. 노섬벌랜드 백작이 1639년 전쟁이 끝난 뒤 주장했듯 "우리는 스코틀랜드의 힘을 약화하는 일에 몰두해야 하므로 필요가 생기기 전에는 궤멸된 유럽 영지를 재건할 생각을 할 수 없다."*

아직 남아 있는 가장 큰 불확실성 영역은 왕실 재정이다. 의회의 지원금 없이 국왕이 수지를 맞출 수 있을까? 평화 시였다면 그 대답은 이의의 여지없이 긍정이었을 터다. 찰스는 자기 아버지가 평생 달성하지 못한 일을 실현했다. 즉, 그는 1630년대 중반쯤 회계 수지를 정상으로 맞췄다. 그의 주요 문제는 부채 정산과 재무상 비상 요청이 있을 때 신용거래를 허용하는 일이었다. 1639년 사건으로 그는 의회에 호소하지 않고 귀족계급 멤버와 부유한 런던 시티 상인에게 빌려 지출 자금을 융통함으로써(세관 세금징수원 폴 핀다르 경Sir Paul Pindar[평민 출신 상인으로 오스만제국과 거래하다가 콘스탄티노플 주재 영국대사 자리에까지 올랐다 – 옮긴이] 한 명에게만 10만 파운드를 빌렸다고 한다) 이 일을 간신히 해낼 수 있음을 알았다.** 만약 1639년에 승리했다면 런던 정부는 1640~1641년 시의회의 늙은 특권층 의원의 지배를 허물고 국왕의 시티 신용거래선을 사실상 차단한 쿠데타를 틀림없이 예방했을 것이다. 서약파가 패했다면 국왕은 1639년 6월까지 계속된 시의회 정부와의 전반적으로 안락한 호혜관계도 무한정 유지했으리라.***

---

*   Collins (ed.), *Letters and Memorials of State … from the Originals at Penhurst Place*, vol. II, p. 636, 노섬벌랜드가 리스터에게 보낸 서한, 1640년 2월 13일자.

**   Valerie Pearl, *London and the Outbreak of the Puritan Revolution* (Oxford, 1961), p. 96.

*** Robert Brenner, *Merchants and Revolution: Commercial Change, Political Conflict, and*

진짜 문제는 소득 측면에 있었다.* 국왕의 수입이 1630년대 수준 이상으로 올라가 의회 없이 장기적으로 전쟁비용까지 충당할 만큼 증가할까? 이를 위해서는 두 가지 문제를 해결해야 했다. 국가가 정치적으로 비의회 추가 징세라는 부담을 감당할 수 있는가? 그리고 그 세금을 부과할 때 대다수 납세자가 정치적·사법적으로 그것을 받아들이는가?

첫 번째 문제에는 의문의 여지가 없다. 영국은 1630년대에 찰스가 부과한 세금을 전부 떠안더라도 유럽 전체에서 세금이 제일 가벼운 나라에 속했다. 우리가 보았듯 1580~1630년 잉글랜드의 젠트리는 그들 자산의 과소평가에 기초한 과세표준 시스템을 사실상 제도화했다. 보조금 명단을 보면 그들은 거의 모든 자산을 실질가치의 10분의 1에 불과한 수준에서 등록했다.** 그런데 찰스가 선박세를 걷기 위해 도입한 평가 시스템은 훨씬 더 현실적인 가치를 기반으로 개인 자산의 실질가치를 매겼다(아이러니하게도 1643년 의회는 이것을 주간 평가를 위한 기반으로 채택했다). 찰스가 선박세를 연례 세금으로 만들 계획이었다는 것은 거의 확실하다. 만약 전국적인 부과에 성공했다면 그는 규칙적이고 수익성 높은 수입원, 즉 클라렌든Clarendon이 "어떤 경우든 영구히 지속되는 공급원"이 될 것이라며 두려워한 수입원을 확보했

London's Overseas Traders, 1550-1653 (Cambridge, 1993), pp. 281-306; 국왕과 런던 시티의 관계를 더 비판적으로 바라본 견해가 필요하면 Robert Ashton, *The Crown and the Money Market, 1603-1640* (Oxford, 1960), pp. 152-153, 174-184; idem, *The City and the Court, 1603-1643* (Cambridge, 1979), pp. 202-204 참조.

* 17세기 초반 토지에서 들어오는 왕실 수입 감소 현상은 R. W. Hoyle, "Introduction: Aspects of the Crown's Estate, c. 155801640", idem (ed.), *The Estates of the Crown* (Cambridge, 1994) 참조. 호일 박사는 1600년 무렵 국왕의 전체 수입 가운데 약 39퍼센트가 영지에서 들어왔다고 지적한다. 1641년쯤에는 그 수치가 14퍼센트로 하락했다(앞의 책, pp. 26-28).

** Conrad Russell, "Parliamentary History in Perspective", *History*, 61 (1976), pp. 1-27; Michael Braddick, *Parliamentary Taxation in Early Seventeenth-Century England* (Royal Historical Society, Studies in History, 70, London, 1994). 이 점을 토론해준 브래딕 박사에게 감사한다.

을 것이다.[*] 1630년대에 이미 과세로 매년 21만 8천 파운드 가량 징수했고 이는 현금 기준으로 의회에서 나오는 연례 보조금의 세 배에 해당했다.[**]

소비세나 영업세(오래전부터 선택지로 고려해왔고 장기 의회가 1643년 처음 도입한 것)도 체제의 자금원 가운데 주요 항목일 수 있다. 법관들의 출신 성분을 재구성한 상황이므로 국왕이 대권 자금을 더 늘려달라고 요구하면 사법부는 틀림없이 허가해주었을 터다. 1640년대와 1650년대 초반의 경험에 따르면 젠트리는 의심할 여지없이 훨씬 높은 세율도 감당할 수 있었다. 1651년 무렵 영국 내 거의 모든 부분에서 세금을 개인 통치 때보다 6~7배 더 부과했다.[***] 제럴드 에일머Gerald Aylmer가 주장했듯 1640년대와 1650년대 새로운 세금 징수에서 '가장 놀라운 일'은 "세금으로 걷힌 액수와 징수 과정에서 지속적인 반대가 별로 없었다는 사실"이다.[****] 같은 기간에 찰스가 개인 통치를 지속했다면 그 체제는 십중팔구 크롬웰 치하와 같거나 최소 수준 이상의 반대를 도발하는 일 없이 수입을 상당히 늘렸을 것이다. 더구나 찰스가 더 큰 규모의 전쟁을 하지 않는 한 연방에서 부과한 것 같은 수준의 세금을 걷을 필요는 전혀 없었다. 이미 선박세로 받고 있던 수입이 두 배, 세 배로 늘었다면 찰스는 부유한 왕이 되었을 확률이 높다.

---

[*] Edward Hyde, *Earl of Clarendon, The History of the Rebellion and Civil Wars in England*, ed. W. D. Macray, 6 vols. (Oxford, 1888), vol. I, p. 85. 선박세가 없었어도 외국 전쟁에 개입하지 않는 한 찰스는 수지를 맞출 수 있었을 것이다(이 점은 모릴 박사가 지적해주었다).

[**] Russell, "Parliamentary History in Perspective", p. 9.

[***] 1640년대와 1650년대에 세금이 가한 충격을 알려면 Ann Hughes, *Politics, Society, and Civil War in Warwickshire, 1620-1660* (Cambridge, 1987), pp. 262-266, 280-282; John Morril, *Cheshire, 1630-1660: County Government and Society during the English Revolution* (Oxford, 1974), p. 107 참조.

[****] Aylmer, *Rebellion or Revolution*, p. 172; "Attempt at Administrative Reform, 1625-1640", *English Historical Review*, 72 (1952), pp. 232-233. 물론 이것이 내전의 여파였다는 반론도 나올 수 있다. 그러나 최근 연구들은 군대가 무력으로 강요해 거둔 것이 아니라 지역 인물들이 징수한 세금이라고 강조했다. Hughes, Warwickshire, 5장을 볼 것.

버추얼 히스토리

물론 모든 법률가가 승인했을 리는 없다. 특히 에드워드 코크 경의 찬미자들이 넘쳐나는 링컨스인Lincoln's Inn 법학원은 국왕에게 의회 동의 없이 세금을 부과할 권리를 부여하는 그 어떤 법률 결정에도 반대하는 지연작전을 취했으리라. 그러나 법률가 직업군 전체로 보면 1639년에 승리한 국왕이 법률가에게 심각한 저항을 받았을 확률은 낮다. 법률가도 정치인처럼 권력에 관한 한 악명 높은 아첨꾼이니까. 만약 찰스 체제가 1640년 무렵 번영을 누렸다면 그들 중에서 자신의 성공을 위해 양심을 버리고 새로운 재정 지출을 승인해줄 사람은 충분히 있었을 터다. 로드의 친구로 1630년대에 궁정에서 엄청난 찬양을 받은 《마레 클라우숨Mare Clausum》[영해 領海라는 뜻 - 옮긴이]을 저술한 셀던은 1640년대에 의회를 섬길 때와 똑같이 헌신적으로 승리한 찰스왕 체제를 섬겼을 것이다.* 올리버 세인트 존이나 윌리엄 프린 같은 짜증스러운 법률가도 있었지만, 언제나 그때그때의 체제에 영합할 준비를 갖춘 말주변 좋은 벌스트로드 화이트로크Bulstrode Whitelocke 같은 사람도 그만큼 많았다.

실제로 개인 통치 기간에 법조계는 평소처럼 융통성을 발휘해 거의 모든 경우에 입법의 필요를 우회하는 절차를 악용하면서(담합 행위 같은 것) 의회 없는 정부라는 상황에 적응했다. 러셀 교수에 따르면 1640년쯤 "법률가가 국가의 도움이 없으면 달성할 수 없었던 일"은 오로지 외국인 귀화와 교구 경계의 변경 정도밖에 남지 않았다.** 정부와 백성 간의 '계약의 접점'이라는 의회 기능을 무시하기는 더 힘들었을 것이다. 그렇긴 해도 의회가 없는 상황에서 시골의 순회법정, 즉 순회판사와 각 카운티의 귀족 및 젠트리의 정기모임이 1614년 프랑스에서 신분제 의회Estate General[귀족, 성직자, 평민의 각 신분 대표들이 모인 의회. 1789년 마지막으로 소집됨 - 옮긴이]가 와해된

---

*   Richard Tuck, "'The Ancient Law of Freedom': John Selden and the English Civil War", John Morrill (ed.), *Reactions to the English Civil War, 1642-1649* (London, 1982), pp. 137-161.

**   Russell, *Fall of the British Monarchies*, p. 227.

후 각 주의 의회가 그랬듯 각 지역의 불만을 훨씬 더 독단적인 방식으로 처리했을 것으로 상상할 수 있다.[*]

찰스가 자기 아버지만큼 오래 살았다면 그는 1659년 세상을 떠났을 가능성이 크다. 많은 것이 불확실하지만 적어도 찰스 1세가 아들에게 강력하고 재정이 튼튼하며 중앙집권적인 왕국을 물려줬을 가능성은 있다. 그 왕국에서는 1629년 하원에 참여한 최후의 고참 의원 몇 명이 난로 곁에서 30년 전 격동기의 마지막 나날을 두고 이야기꽃을 피웠으리라. 그리고 역사가들은 돌이켜보는 사람들이 으레 그렇듯 확신을 담아 의회는 무너질 수밖에 없었노라고 썼을 것이다.

그런 국가를 '절대주의' 국가라 부를 수 있는지는 여전히 의문스럽다. 실질적으로 찰스의 권력은 프랑스 루이 14세와 마찬가지로 지역 엘리트들이 국왕과 협력하기를 원하는 정도에 따라 제한적이었다. 또한 프랑스처럼 잉글랜드도 군대가 각 지역에 따른 방해물일 수 있었다. 하지만 그 세기가 끝날 무렵이면 찰스 1세는 상설군대 없이도 1625년 그의 아버지에게 물려받은 혼합군주제, 즉 국왕, 귀족, 평민이 통치권을 공유하는 체제보다 루이 14세의 프랑스와 훨씬 더 비슷한 잉글랜드를 만들 가능성이 있었다(최악의 상황에서도 찰스가 강한 왕정 정부를 구축할 전망은 절대 프롱드의 난 동안 루이가 직면한 것만큼 암담하지 않았다).[**]

전혀 다른 궤적을 따라갈 수도 있었던 것은 국왕의 경력뿐이 아니다. 1640년대에 의회파 의원이 된 사람 가운데 상황이 달랐다면 군주제의 충성스러운 신하가 되었을 사람이 얼마나 될까? 이것은 거의 모든 사람에게 물음표로 놓아두어야 할 것

[*]   이 점을 토론해준 에콜 노르말 쉬페리외르의 올리비에 샬린Olivier Chaline 교수에게 감사한다.

[**] 17세기 후반 프랑스 정부의 한계를 알려면 Roger Mettam, "Power, Status, and Precedence: Rivalies among the Provincial Elites in Louis XIV's France", *Transactions of the Royal Historical Society*, 38 (1988), pp. 43-82; idem, *Power and Faction in Louis XIV's France* (Oxford, 1988); Jeroen Duindam, *Myths of Power: Norbert Elias and the Early Modern European Court* (Amsterdam, 1995), pp. 43-56 참조.

이다. 그러나 적어도 한 가지에는 의심의 여지가 없다. 1640년대에 토머스 페어팩스 경Sir Thomas Fairfax(1612년 출생)은 의회 옹호자로서 칭송을 받았다. 그는 신형군 지휘관이자 1645년 네이즈비 전투에서 왕당파와 맞서 거둔 결정적 승리의 기획자이며 의회의 재생을 보장해준 장군이었다.[*] 그런데 1639년 페어팩스는 국왕을 지지했다. 반스코틀랜드의 명분을 지지하는 열성분자였던 그는 요크셔 중장비 기병(용기병) 160인을 모집해 부대를 결성했고, 그 전투에서의 뛰어난 활약이 찰스 1세의 눈에 띄어 특별히 포상으로 기사 작위를 얻었다. 페어팩스가 1639년 그토록 열심히 섬긴 명분이 꽃을 피웠다면 잉글랜드에서 의회는 수십 년 동안 또는 수백 년 동안 열리지 못했으리라는 것은 역사의 특별한 아이러니에 속한다. 그 의회는 1789년까지도 닫힌 채로 있지 않았을까?

---

[*] Clark Memorial Library, Los Angeles, MS W765M1/E56/c. 1645/Bound, John Windover, *"Encomion Heroicon* … The States Champions in honor of … Sir Thomas Fairfax" [c. 1646]; *The Great Champions of England* (1646), BL, 669, fo. 10/60.

2

영국령 아메리카

만약 미국이 독립하지 않았더라면?

-J. C. D. 클라크

———————

독립하는 것이 그(매사추세츠주) 정부나 대륙의 다른 어떤 정부의 개별적 혹은 집단적 희망과
이익이 아님을 기정사실로 선언해야 한다고 생각합니다. … 나는 북아메리카 전역의 생각 있
는 사람이면 누구나 그 일을 원치 않는다는 데 지극히 만족합니다. 반대로 헌법 기반 위에서
평화와 협정을 복구하고 시민이 불화하는 참상을 예방해야 한다는 것은 자유를 가장 열렬히
옹호하는 사람들의 강력한 소망입니다.

– 조지 워싱턴이 로버트 매켄지Robert MacKenzie 대령에게 보낸 편지, 1774년 10월 9일°

°   John C. Fitzpatrick (ed.), *The Writings of George Washington*, 39 vols.
     (Washington, 1931-44), vol. III, pp. 244-247.

영국-미국 역사의 필연성

자의적인 정의로움과 필연성 감각으로 충만한 사회에서는 역사가 큰 불이익을 겪는다. 세속적 이데올로기든 공유하는 종교적 신념이든 합의에 따른 낙관주의든 그 어떤 힘으로 추진해왔든 말이다. 그런 사회는 가지 않은 길을 바라보는 느낌, 그 길의 수효, 그것이 실현 가능했는지를 비롯해 그것의 매력을 알았든 몰랐든 예지력이 있었든 없었든 그것을 선택한 사람들에게서 이를 지워 없애고자 지적 전략을 고안해낸다.

영국은 이 모든 방식에서 원본 노릇을 했지만 과거를 돌아보고 재구성하는 일에서 미국보다 더 체계적이고 더 성공한 서구문화는 없다. 미국 예외주의는 아직도 강력한 집단 신화이자 건국 경험까지 거슬러 올라가 그 기원을 찾아야 하는 신화다. 미국 역사가들 가운데 반사실 탐구를 통해 미국의 '명백한 운명'에 진지하게 의문을 제기하는 용기를 낸 사람이 그토록 적다는 것은 놀랄 일이 아니다. 독립하지 않은 미국 역사를 상상해본 극소수 저자는 그 생각을 농담으로 돌리는 경향이 있다.* 새

---

* 몇몇 사람이 이 질문을 제기했지만 진지한 제기는 아니었다. Roger Thompson, "If I Had Been the

공화국 초기 미국 역사가들은 최소한 청교도 유산 속 신의 섭리가 만들어놓은 필연성 의미에서 벗어나려 노력하고, 우연성 의미에 적절한 관심을 돌리려고 애썼으나 그 시도는 계속 이어지지 않았다. 독립한 미국의 명백한 운명을 찬양하라는 압박은 현대 서구 역사에서 가장 큰 반사실 두 가지를 진지하게 다루는 일을 완전히 불가능하게 만들었다.

미국 독립이 없었다면, 미국 독립전쟁에 참여하느라 프랑스 정부가 짊어진 재정 부담이 아니었다면, 1788~1789년 프랑스에서 앙시앵 레짐이 마치 기정사실이기라도 한 듯 와해되지는 않았을 것이다. 1776년의 반사실을 재구성하는 데는 상처받은 영국 식 감수성을 달래는 문제보다 1789년 두 번째로 앙시앵 레짐 문화를 유럽 전역에서 궤멸시킨 '위대한' 국가 혁명의 연쇄가 발생하지 않는다는 위험이 따른다. 그러면 유럽 역사가들이 받아들인 연쇄적 붕괴의 찬양이라는 역할은 이 도미노를 촉발한 미국의 사건이 필연적인지 의문을 품을 이유를 없애 버렸다.

이처럼 미국공화국 외부에서 미국의 자족성을 문제 삼지 않는다는 사실은 프랑스 혁명이 남긴 알려지지 않은 유산 가운데 하나다. 그래도 예전 북아메리카 식민지와 브리튼의 관계에서 건설적, 비판적인 참여 결여는 유독 눈에 띈다. 그 이유 가운데 일부는 정의상의 문제였다. 1783년 독립은 미국 문제를 영국 역사의 본질 문제라는 과거 위치에서 옮겨 그 자체만의 질문과 응답이 있는 별개의 과목으로 확립하는 듯 보였다. 더 중요한 점을 말하자면 영국이 미국과 관련된 반사실을 분석하지 않는다는 것은 영국 역사 자체에도 그런 분석이 사실상 없음을 방증한다. 최근까지도 영국 역사가들은 실제 결과가 자신의 관점에서 무척 마음에 들 경우 달리 존재했을 수도 있는 일을 고려할 필요를 거의 느끼지 않았다. '휘그 식 역사 해석'에

Earl of Shelburne in 1762-1765", Daniel Snowmen (ed.), *If I Had Been* … (London, 1979), pp. 11-29; Esmond Wright, "If I Had Been Benjamin Franklin in the early 1770s"; 앞의 책, pp. 33-54 참조.

버추얼 히스토리

포함된 목적론은 그 미국 측의 상대방과도 완전히 조화를 이뤘다. 휘그 역사가들은 달리 존재했을 수도 있는 일을 잠깐은 생각해봤을 수도 있으나 그것은 그 혐오스럽고 받아들이기 힘든 본성을 조명하기 위해서였을 뿐이다. 반사실은 유령 이야기처럼 빅토리아인이 지금은 그것의 불가능함을 알기에 안전한 상황에 있으면서 견딜 수 없는 일로 스스로를 겁주는 일에 불과했다.

그러나 몇몇 저자는 영국 역사가 전통적으로 폐쇄한 것으로 규정해온 질문을 용감하게 다시 꺼내기로 했다. 제프리 파커Geoffrey Parker는 반사실의 틀을 1588년 스페인 육군의 강함과 그 상대인 잉글랜드 군대의 약함을 대비하는 증거로 삼았고, 스페인 군대가 잉글랜드에 상륙했다면 제한적인 승리만으로도 어떤 광범위한 결과를 낳았을지 상상했다.* 더 도발적으로 정통 이론을 뒤집으려는 시도는 제임스 2세가 1688년 오라네공 윌리엄에게 승리를 거둔다는 패러디 식 서술이 제공했다. 그리하여 장기적 우연성이 사라지고 가톨릭교와 절대군주제가 잉글랜드에서 뿌리 깊고 장기적인 명분을 확립하는 데 성공한다는 것이다.** 존 포콕John Pocock도 1688년 혁명이 낳은 이데올로기적 결과를 검토하면서 제임스 2세가 나라 밖으로 달아나지 않았다면 지배 계급은 절대로 그의 하야에 동의하지 않았을 거라고 지적했다.*** 이러

---

*   Geoffrey Parker, "If the Armada Had Landed", *History*, 61 (1976), pp. 358-368.

**   Conrad Russell, "The Catholic Wind", idem, *Unrevolutionary England, 1603-1642* (London, 1990), pp. 305-308.

*** "그렇지만 가정법을 쓰는 순간부터 우리는 반사실을 고려했다. 여기에는 명백한 반대가 있다. 역사에는 우연성 변수가 무수히 따르며 그런 이유로 반가정 선택은 필연적으로 무질서하다. 그러나 반역사는 무슨 일이 일어났을지보다 무슨 일이 일어날 수 있었는지의 연구다. 일어나지는 않았지만 그 사건과 관련된 사람 또는 이후 사정을 아는 우리의 관점에서는 그것이 일어났을 수 있음을 상정한 결과를 생각하는 것을 옹호한다. 이는 그 사고방식이 관련 인물들이 얽힌 문제점을 더 잘 이해하도록 해주기 때문이다. 역사적 사건은 모두 실제로 일어난 일과 일어났을 수 있지만 일어나지 않은 일로 나뉜다. 가능성이 극히 낮은 일, 그중 몇 가지는 이따금 일어나는 일을 거리를 두고 생각하면서 평생을 보낸 우리만큼 그 점을 잘 아는 사람은 없다." J. G. A. Pocock, "The Fourth English Civil War: Dissolution, Desertion and Alternative Histories in the Glorious Revolution", *Government and Opposition*, 23 (1988),

한 탐구에는 정당한 근거가 있다. 러셀이 주장했듯 1688년 명예혁명에서 일어나지 않을 수 없었던 일은 조금도 없었으므로 우리는 미국 독립에도 반사실 질문을 제기하는 일을 피할 수 없다. '혁명'이라는 용어는 그 단어로 불리지만 피할 수도 있었을 사건들에게 어떠한 특별 지위도 부여하지 않는다.

스튜어트 왕권의 대안: 다수의 의회가 있는 제국 아니면 아무 의회도 없는 제국?

아메리카의 경우 대서양 양안에 걸친 영국제국이라는 헌법상 설정을 확립하려면 후기 스튜어트왕조와 망명한 후계자에게까지 연장한 반사실 시나리오가 필요하다. 18세기에 영국령 아메리카가 존재하려면 그곳이 기묘한 운명의 그 왕조가 여전히 통치하는 제국 내 소유물로 남는 것이 한 가지 방법이다. 이때 아메리카는 영국제국의 장기적 결속력을 강화해줄 두 가지 판이한 헌법상 설정 가운데 하나를 받아들여야 한다. 첫 번째는 제임스 2세가 1688년 왕위를 계속 유지하고 식민지 정부의 재조직 계획에 성공하는 경우다. 두 번째는 제임스가 잃은 왕위를 그의 계승자가 다시 얻고 이후 영국과 그 식민지의 관계가 영국제도에 속하는 왕국들 사이의 헌법상 관계를 반영하는 경우다.

식민지 아메리카를 지배하는 제임스 2세의 계획이 관료제형 중앙집중화를 향한 융통성 없는 집중과 대의제 의회 반대였다는 주장이 나올 수도 있다. 그러나 그것은 아메리카의 현실을 깊이 고찰한 끝에 나온 반응이었다. 그는 식민지 사태에 일찍부터 광범위하게 개입해왔다. 제임스는 요크공으로 있을 때 1664년 2차 네덜란드 전쟁에서 뉴저지와 뉴욕을 정복한 후 그 땅의 소유권을 인정받았다. 뉴욕의 소

pp. 151-166, 특히 p. 157 참조.

유자로서 식민지 분쟁 경험이 있던 그는 의회를 만들자는 지역의 요구를 끈질기게 물리쳤다. 1683년에야 마지못해 그 조직을 허용한 그는 1685년 즉위해 뉴욕을 국왕의 식민지로 재편하자마자 즉각 그것을 폐지했다.[*] 매사추세츠주 역시 1684년 그곳 헌장을 취소한 뒤 재발표했을 때 의회를 잃었다. 나아가 제임스는 코네티컷, 매사추세츠, 뉴햄프셔, 로드아일랜드 식민지를 새로운 집단인 뉴잉글랜드 자치령 Dominion of New England으로 묶어 총독의 통제 아래 두었다. 이것은 나중에 뉴저지와 뉴욕까지 포함했고 제임스가 이를 모델로 삼아 아메리카 식민지 전체를 두세 개의 자치령으로 묶을지도 모른다는 두려움을 유발했다.[**] 식민지 의회 탄압과 총독의 권력 확대는 일차적으로 식민지를 방어 가능한 군사 단위로 편성하려는 의도였을 테고, 고집 센 회중교회파Congregationalist에게 종교 관용을 베푸는 것은 부차적인 목적에 불과했을 것이다. 그런데 이 두 가지 의도가 합쳐져 잉글랜드에서 익히 보던 '교황과 자의적 권력'이라는 망령을 전면으로 불러내는 결과로 발전했다. 이어 제임스가 1688년 12월 영국에서 달아났다는 소식이 식민지에 닿자 갑작스럽게 저항이 터져 나왔다. 아메리카 역시 그들의 명예혁명을 일으킨 셈이다.[***]

영국에서 1688년 사건이 일어나지 않았을 경우 아메리카 식민지 정부가 당시 발전 단계에서 세 '자치령'으로 집중되고 식민지 의회를 폐지 혹은 축소하는 추세에 저항할 수 있었을지는 분명하지 않다. 또 18세기에 의회가 제공하는 구조 없이 식민지의 헌법 논의가 당시 같은 형태를 취했을 가능성도 없다. 초기 단계에 사실상 영국 집행부에 종속된 웨스트민스터, 에든버러, 더블린 의회는 물론 의회가 맡은 역

---

[*] Robert C. Ritchie, *The Duke's Province: A Study of New York Politics and Society, 1644-1691* (Chapel Hill, 1977).

[**] Viola Florence Barnes, *The Dominion of New England: A Study in British Colonial Policy* (New Haven, 1923), pp. 35-36, 44.

[***] David Lovejoy, *The Glorious Revolution in America* (2nd edn., Middletown, Conn., 1987).

할이 훨씬 더 적고 본국의 헌정 구도와 나란히 간 아메리카는 1760년대와 1770년대에 저항 잠재력이 더 낮았을 것이다.*

첫 번째 대안에 따르면 당시 휘그파가 굳게 믿은 것처럼 스튜어트왕조 통치는 곧 의회의 종식을 의미한다. 적어도 이것은 확인할 길이 있다. 만약 찰스 1세, 찰스 2세, 제임스 2세가 의회와 협력하기가 그토록 힘들었던 까닭이 주로 종교 갈등 때문이었다면 그 문제에서 타협해 스튜어트왕가가 다른 왕조에 비해 민주 의회에 더 많이 등을 돌리지 않을 대안 시나리오를 만들 수 있다.

1688년 이후의 스튜어트 역사는 이 대안을 약간은 지지한다. 사실 1688년 제임스 2세의 도피는 왕조가 직면한 문제를 해소하지 못했다. 1689~1690년, 1692년, 1695~1696년, 1704년, 1706~1708년, 1709~1710년, 1713~1714년, 1714~1715년, 1716~1717년, 1720~1722년, 1725~1727년, 1730~1732년, 1743~1744년, 1750~1752년, 1758~1759년 왕정복고 음모 계획이 실제로 드러나거나 사전에 관련자를 검거해 조사했다.** 1692년, 1696년, 1708년, 1719년, 1744년, 1746년, 1759년에는 제임스 일파가 촉발한 외국의 침입을 자연현상과 영국 해군이 막아냈다.

이 시도는 예전에 위협적인 것으로 보던 헌정 형태를 점점 존중한다고 고백하는 제임스 2세와 그 아들 및 손자의 선언과 함께 이뤄졌다. 1689년 이후 대의제 의회에 참을성을 잃어간 쪽은 오라녜공 윌리엄, 휘그당, 하노버왕가 지지자였고 관료의

---

* 대의원 의회보다 군 총독과 관료들이 중심인 아메리카는 스티븐 손더스 웹Stephen Saunders Webb의 작품, *The Governors-General: The English Army and the Definition of the Empire, 1569-1681* (Chapel Hill, 1979); idem, *1676: The End of American Independence* (New York, 1984), idem, *Charles Churchill* (New York, 1996)에서 재구성하고 있다. 이 테제는 지배적인 추론의 조류를 거역하는 것이라 정당한 인정을 받지 못했다.

** Geoffrey Holmes & Daniel Szechi, *The Age of Oligarchy: Preindustrial Britain 1722-1783* (London, 1993), p. 97.

관대함으로 부패하지 않은 자유 의회를 요구한 쪽은 망명 중인 스튜어트 일족이었다.* 웨스트민스터 · 에든버러 · 더블린 의회 해방이라는 목표와 함께 군주제를 강조함으로써 잉글랜드, 스코틀랜드, 아일랜드 왕국 통합이 오로지 공동 지배자를 향한 충성으로만 나타난다고 보는 정통주의 헌정 이론은 사라졌다. 1660년에 복고된 왕정은 크롬웰이 행한 스코틀랜드와 아일랜드의 통합을 고의적으로 해체했다. 스튜어트왕조는 스코틀랜드에 지원을 요청하면서 1707년 통합도 해체하기로 작정했다. 스코틀랜드의 제임스 일파는 스튜어트왕조와 에든버러 의회의 복구를 함께 원했고, 아일랜드의 제임스 일파는 1780년대에 아일랜드의 휘그당 정치인들이 가장 큰 소리로 내세운 잉글랜드와 아일랜드의 입법적 평등성 주장을 수십 년 먼저 예고했다.** 제임스 2세가 만약 종교적 열정 때문에 파멸하지 않았다면 그도 그런 헌법 작업 방식을 실행했을지도 모른다.

그 구조는 영국제도나 북아메리카에서 똑같이 쓸모 있었을 것이다. 1770년대까지는 식민지 아메리카인도 마음 든든한 제국의 틀 안에서 가끔씩 더 큰 입법상의 자율성을 요구했다. 하노버왕가에 그들은 충격적일 만큼 토리[토리당은 영국 보수당의 전신인 잉글랜드 정당이다. 토지 귀족과 지주 계층을 기반으로 한다 – 옮긴이]적으로 보였고, 왕좌에 지나치게 복종하는 방향으로 논의를 진행했다. 그러니까 각 식민지 의회는 웨스트민스터 의회 관점에서 동등한 권위를 누리고, 제국의 각 지역은 공동 지배자를 향한 충성으로만 통합해야 한다는 것이었다. 이 주장이 몇 안 되는 아메리카 식민지에서

---

* E. g., "His Majestie's Most Gracious Declaration to all his Loving Subjects", 1693년 4월 17일자. Daniel Szechi, *The Jacobite: Britain and Europe 1688-1788* (Manchester, 1994), pp. 143-145.

** 뒤늦게나마 찰스 에드워드 스튜어트의 요점 메모를 1753년에 행한 다음번 선언에 포함한다. "7번. 세 왕국 간의 통합을 자유 의회에 제안할 것.": Szechi, *Jacobites*, pp. 150-151. 그러나 이것은 비현실적인 반사실로 프랑스의 1759년 침공 계획은 여전히 1707년에 체결한 통합 해체를 기대하고 있었다.: Claude Nordmann, "Choiseul and the Last Jacobite Attempt of 1759", Eveline Cruickshanks (ed.), *Ideology and Conspiracy: Aspects of Jacobitism, 1689-1759* (Edinburgh, 1982), pp. 201-217.

만 나온 것은 아니었다. 영국의 반정부 목사이자 철학자인 리처드 프라이스Richard Price 같은 개혁가의 글에도 그러한 주장이 있었다.* 후반기 제임스 일파가 왕조 원리의 핵심에 존 윌크스의 설교를 예고하는 것 같은 일련의 사회적 분노를 추가해 뭔가 저항 운동 분위기를 띤 것과 마찬가지로, 그 헌정 원리 역시 정치 스펙트럼 내의 예상치 못한 지점에서 동조하는 목소리를 발견할 수 있다. '스튜어트왕조의 영국'이라는 생각은 대서양 양안의 선거 구민에게 호소력이 있을 만했다.

아메리카 식민지가 항상 열렬한 반군주제 입장이었다는 인상은 독립 이후 만들어졌다. 이러한 해석이 나오게 된 책임은 부분적으로 건국 선조들이 쓴 글이 져야 한다. 가령 1775년 자기 세대에서 완전한 독립을 이루자는 운동을 최초로 펼친 사람 중 하나로 나중에 미합중국 제2대 대통령이 된 존 애덤스John Adams는 아메리카 내의 '영국제국'이라는 생각은 헌법으로 공인할 수 없으며, 여기에는 "로마제국을 암시하는 한편 귀족과 평민을 제외한 잉글랜드의 황제가 누리는 특권이 절대적이라는 생각을 넌지시 내보이려는 의도가 있다"라고 주장했다.** 그러나 거의 모든 식민지인이 오로지 왕좌를 통해서만 각 식민지가 연결된다는 간편하고도 언뜻 애국적으로 보이는 주장에 이끌렸다. 이 주장은 독립 이후에도 많은 미국인에게 호소력 있는 모델이었다. 1800년 연방정부와 주정부 사이의 권력 균형을 숙고하던 버지니아 출신의 혁명가이자 《연방주의자The Federalist》의 공동저자이며, 1809년

• Richard Price, *Observations on the Nature of Civil Liberty, the Principles of Government, and the Justice and Policy of the War with America* (London, 1776), p. 28: "제국은 어떤 공통의 연대 및 연줄로 통합한 국가와 공동체의 집합이다. 이들 국가가 각자 자유로운 정부 헌법을 보유하고 세금과 국내 입법 문제에서 다른 국가로부터 독립적인 동시에 조약 및 동맹이나 전체를 대표하는 대위원회 혹은 최고 집행권을 위임받은 군주를 중심으로 통합하면 제국은 자유인의 제국이 된다."

•• John Adams & Jonathan Sewell [sc. Daniel Leonard], *Novanglus and Massachusettensis; or Political Essays, published in the Year 1774 and 1775, on the Principal Points of Controversy, between Great Britain and her Colonies* (Boston, 1819), p. 30의 John Adams 부분, 1775년 2월 6일.

184   버추얼 히스토리

미국 제4대 대통령이 된 제임스 매디슨James Madison은 다음과 같이 주장했다.

> 혁명의 근본 원리는 식민지가 다른 어떤 공통 입법 통치자가 아니라 공통 행정 수반이
> 통합하는 제국에서 대영제국 및 다른 식민지와 공동 멤버라는 데 있다. 입법 권력은
> 영국 의회처럼 아메리카의 각 의회에서 완결하는 것으로 유지한다. 그리고 국왕 특권
> 은 브리튼에서 국왕을 그곳 최고행정관으로 인정하는 것과 동일하게 각 식민지에서
> 도 그렇게 인정함으로써 유효하다.[*]

이것은 헌장, 성문법, 관습법의 특권을 둘러싼 토론에서 오래된 관용적 표현이다.
식민지 논의는 결국 전혀 다른 자연법 관용어로 표현했는데 이는 폭발적인 위력을
발휘했다. 그 기원은 1760년대 중반으로 거슬러 올라간다. 예를 들어 1764년 최초
의 애국 논쟁가 중 한 명인 보스턴의 법률가 제임스 오티스James Otis는 로크의 반스
튜어트 자연법 논의에 의거해, 입법 무기가 신뢰를 어기고 "이 근본적이고 신성하
며 변경 불가능한 자기보존의 법칙"을 위해 사회 속으로 들어온 인간의 자기보존
법칙을 깨뜨리면 정부는 언제나 해체되었다고 주장했다.[**] 모국을 떠나 다른 곳에서
새로운 사회를 세우려는 인간은 '자연법'에 따라 천연의 자유와 독립을 회복한다는
혁명적 원리는 1766년 버지니아 정치가로 소책자를 쓴 리처드 블랜드Richard Bland
의 입을 통해 전해졌다. 그에 따르면 "그들이 떠난 국가의 사법 관할 구역과 주권은
효력이 중지된다." 그들은 "자신이 떠난 국가로부터 독립해 하나의 주권 국가가 된
다."[***] 그러한 주장은 혁명 이후 과거로 거슬러 올라가면서 체계를 갖춰 독립으로 나

---

[*]   Gaillard Hunt (ed.), *The Writings of James Madison*, 9 vols. (New York, 1900-1910), vol. VI, p. 373.

[**]   James Otis, *The Rights of the British Colonies Asserted and Proved* (Boston, 1764), p. 23.

[***]   Richard Bland, *An Inquiry into the Rights of the British Colonies; intended as an Answer to "The Regulations lately made concerning the Colonies, and the Taxes imposed upon them considered."*

아가는 고속도로를 만들었다. 그렇긴 해도 자연법 관용어로 넘어가는 이 이행 과정은 피치 못할 일이 아니었고, 1770년대까지는 널리 퍼져 나가지도 않았다. 1688년 이후 진작 각 식민지의 독자성과 국왕을 향한 그들의 개인적인 연대 위에 제국을 구축했다면 이런 자연법 주장이 일반화하지 않았을지도 모른다. 특히 영미 간의 논쟁은 특정한 자유와 특권을 다루는 구체적이고 협상 가능한 맥락에서 이뤄졌을 수 있다.*

영국 법은 그 논쟁이 다른 방향으로 나아갔을지도 모를 또 다른 영역이다. 형식적으로 아메리카의 모든 땅은 국왕이 "자유롭고 공통적인 소케지Soccage[또는 socage. 농역에 따른 토지보유권. 토지소유권은 계속 지주나 영주에게 있지만 소작과 달리 상속세에 해당하는 금액을 내고 상속할 수 있다-옮긴이] 형식"으로 정착민에게 나눠주었다. 이는 켄트주의 이스트 그리니치 영지에 정착하는 것과 동일한 방식이다.** 법적으로 그들은 국왕 직영지 Demesne 소속이었다. 1766년 벤저민 프랭클린Benjamin Franklin은 이 영국 식 토지법의 구식 원리를 조롱했으나 다른 사람들은 이를 공화제 명분에 포함해 활용했다.*** 그것은 양편 모두가 의지할 수 있는 원리였다.

존 애덤스는 이것을 독립에 유리한 쪽으로 인용해 "영국 법은 식민지화를 전혀 준비하지 않았고 대서양 너머 혹은 사대양 너머의 식민지를 의회의 권위로 다스릴 … 준비를 갖추지 못했으며, 백성이 외국 땅에 정착하도록 국왕이 헌장을 승인

In a Letter addressed to the Author of that Pamphlet (Williamsburg, 1766; reprinted London, 1769), p. 12.

* 새로운 사회를 수립하는 민중의 권리와 관련해 블랜드와 오티스의 독트린을 반영한 토머스 제퍼슨의 *A Summary View of the Rights of British America* (Williamsburg, 1774)도 자연권이라는 새 관용어와 함께 불만사항을 다시 처리해달라고 국왕에게 청원하는 구식 관용어로 표현했다.

** Barnes, *Dominion of New England*, p. 178; Charles M. Andrews, *The Colonial Period of American History*, 4 vols. (New York, 1934-1938), vol. 1, p. 86n.

*** Franklin, "On the Tenure of the Manor of East Greenwich", Gazetteer, 1766년 1월 11일자, Leonard W. Labaree et al. (eds.), *The Papers of Benjamin Franklin* (New Haven, 1959-), vol. XIII, pp. 18-22.

버추얼 히스토리

할 준비가 되어 있지 않다"고 주장했다. 이 논의는 식민지인이 특정 해석을 대서양 양안의 헌법에 적용하기 위해 그것을 사용할 때 더욱 강력해졌다.* 그러나 다른 사람들은 같은 원리를 다르게 사용했다. 사람들이 왕국을 떠날 때 자연법에 따라 자신의 권리를 다시 얻는다는 논의는 이주를 막는 관습법 권리(영토 이탈 금지령ne exeat regno 아래 유효한)가 국왕에게 있었기에 언제나 취약했다. 식민지가 국왕의 하사물이라면(식민지가 자유롭고 독립적인 국가라는 블랜드의 주장과 반대로) 식민지는 자신들이 잉글랜드 영토의 일부이므로 영국인이 누리는 '대표 없는 징세 없음' 권리를 포함해 모든 권리를 누릴 자격이 주어져야 한다고 주장할 수 있었다. 완전한 독립은 1763~1776년 아메리카에 나타난 헌법과 정치 이론의 놀라운 발전이 낳은 유일한 혹은 불가피한 결과물이 아니었다.

자연법 논의와 그 논의에서 드러난 독립선언문의 자명한 진실에도 불구하고 이 오래된 헌법 관용어는 독립전쟁이 터질 때까지도 여전히 기초로 남아 있었다. 1775년 법무장관 맨스필드 경Lord Mansfield은 상원에서 토론하던 중 식민지의 원망은 논쟁거리인 입법의 세부내용이 아니라 영국의 패권이라는 원리에 집중되어 있다고 주장했다.

> 내가 잘못 본 것이 아니라면 의회는 그들이 품은 원망의 전부를 선언법Declaratory Act(1765)[영국 의회가 식민지의 설탕법과 인지법을 폐지하는 대신 규정한 것으로, 영국뿐 아니라 미국 식민지에도 과세권이 있음을 선언한 법 ─옮긴이]을 통과시킬 때 이미 요약한 바 있다. 그것은 대영제국의 우위와 어떤 경우든 아메리카 관련 법률을 제정할 권력을 쥐겠다는 단언이다. 그것이 그 다툼의 진정한 골자다. 그들(의회)은 권리 행사 방식이 아니라 권리 자체를 적극 부정한다. 그들은 대영제국 국왕에게 명목상의 통치자 자격만 허용할

---

*   *Novanglus and Massachusettensis*, p. 94.

것이다. 그들은 하나의 암호 취급을 받을 국왕 개인이 아니라 대영제국 왕위에 의지하는 의존성을 벗어던질 것이다. 마지막으로 그들은 현재 하노버와 대영제국 같은 관계에 설 것이다. 더 정확히 말하면 스코틀랜드가 통일조약 이전 잉글랜드에 취한 입장을 취할 것이다.*

헌정 원리와 현실적인 목적은 상호의존적이었다. 스튜어트가의 왕들이 통치하던 18세기 영국에서 그 원리는 식민지의 인구, 번영, 정치적 성숙도가 증가하는 가운데 제국과의 관계를 재규정하는 방식으로 더 쉽게 통용되었을지도 모른다. 제국의 권력 이양은 1839년에 나온 더럼 보고서Durham Report[정식명칭은 영국령 북아메리카의 정세에 관한 보고Report on the Affairs of British North America - 옮긴이] 이후 런던이 결국 개척해 나가야 할 경로였다. 스튜어트 체제가 계속 이어지거나 복구되었다면 그들은 의도치 않게 제국의 권력 이양을 이르게 진행하는 과정을 촉진하고, 영국제도 내에서의 헌정 질서라는 공식에 헌신해 아메리카의 야심에 저항하기보다 그것을 수용했을 가능성도 있다. 그런데 그 어떤 스튜어트 왕정복고도 정치 지형을 개조하지 않았고, 진취적인 영국은 그 자체로 의회 내에서의 국왕의 절대 권위라는 블랙스톤 원리Blackstonian Doctrine에 점점 더 몰두했다. 그리고 17세기 법률가 에드워드 코크 경에게 여전히 사로잡힌 퇴영적인 아메리카는 마침내 무기를 들고 그것에 저항했다.

<hr>

* William Cobbett & T. C. *Hansard, The Parliamentary History of England from the Earliest Period to the Year 1803*, 36 vols. (London, 1806-1820), vol. XVIII, cols. 957-958.

비극의 두 유형? 1688년과 1776년

브리튼제도에서 일어난 1688년 혁명과 영국의 북아메리카 식민지에서 일어난 1776년 혁명은 그 본질적 특징 면에서 공통점이 많았다. 처음에는 불가능해보였다는 점, 정부에 아무리 비판적이어도 거의 모든 사람이 무력에 호소하기를 꺼렸다는 점, 결국 뭔가를 해야 한다는 판단에 고도의 만장일치로 합의했으나 역사적으로 돌이켜보면 실제로 행한 일의 원인에는 의견이 상당히 엇갈렸다는 점, 혁명의 의미가 심오하고 모호하지 않다고 주장할 정치적 필요가 강했다는 점이 그것이다. 그러나 인과관계 측면에서 볼 때 지금은 두 일화가 상당히 다르게 보인다.

제임스 2세 몰락 사건은 짧은 시간 내에 이뤄졌다. 당대 사람들이 어리둥절해할 만큼 역사가들이 우연의 지배를 받았다고 설명하는 일련의 사건이 그런 결과를 낳은 것이다. 그것은 당시에도 그 이후에도 이해 불가능할 정도로 확실한 면이 없던 혁명이었다. 반면 1770년대와 1780년대의 갈등을 다룬 역사가들은 언제나 혁명이 지나치게 확정적이었고 법과 종교 분야에서 오래 준비해온 사회, 종교, 이데올로기 갈등이 너무 미뤄진 결과라고 주장해왔다. 영국 정책을 지적하는 사람들과 더 최근에 혁명을 주로 식민지 자체의 내적 원인의 결과로 설명하는 사람 모두가 여기에 해당한다.*

한데 미국 혁명의 강력한 선행 사례를 이처럼 인정하는 것도 반사실과 여전히 양립이 가능하다. 혁명이 완전히 이질적인 점령 권력을 몰아내는 것을 목표로 합의에 따라 지원을 받는 식민지 해방 전쟁이라기보다 양측 모두가 그럴듯한 대안을 포

---

* 혁명의 원인이 본질적으로 식민지 내부에 있다는 주장의 최근 버전이 필요하면 Gordon Wood, *The Radicalism of the American Revolution* (New York, 1992); J. C. D. Clark, *The Language of Liberty 1660-1832: Political Discourse and Special Dynamics in the Anglo-American World* (Cambridge, 1993) 참조.

용하는 내전이었기 때문이다. 1688년 잉글랜드와 스코틀랜드는 양측의 절대다수가 양다리를 걸치며 어느 한쪽이 우세해질 때까지 기다렸던 데 반해, 1776년 13개 식민주의 상황은 전혀 달랐다. 그곳 사람들은 흔히 정치적으로 동원되었고 정치 원리 때문에 벌어지는 분쟁과 1760년대 초반에서 유래하는 지역 결속력에 따라 어느 한쪽에 헌신해왔다. 1688년 잉글랜드에서는 정부 교체가 평화적으로 이뤄졌으나 그 일의 이론 함의를 놓고 고민하는 과정이 뒤따랐다. 반면 1776년 아메리카 식민지에서는 이론 논쟁은 이미 끝났고, 반대 측과 동맹한 이웃 공동체와의 치열한 내전 속으로 신속하게 끌려 들어갔다. 영국 지지파들이 영국을 완전히 배제한 것은 1783년 평화가 온 뒤의 일이다. 그 여파인 승전 물결로 국가의 목적이 통합되고 완전히 독립한 미합중국이 세워질 수밖에 없었다는 착각이 만들어진 것이다.

이 과잉 결정은 필연성이 아니라 두 가지 반사실, 즉 각각 뚜렷이 구분되고 화해 불가능한 두 가지 대안을 암시한다. 하나는 더없이 든든하게 교회와 국왕, 상업과 과학이라는 영국 근대성 속에 통합된 영국적 아메리카다. 다른 하나는 평민 정치 양식이나 파벌 갈등과 토지를 기초로 자기본위로 물러난, 다시 말해 많은 영국인 관찰자에게 1640년대와 1650년대를 떠올리게 하는 공화제 아메리카다.* 물론 이 선택지를 규정하는 것은 정치적 우연성이었다. 장래 아메리카 사회에 영국 식 모델을 전도하려 강력하게 애쓰지는 않았으니 말이다. 한마디로 귀족과 젠트리를 식민지의 대농장에 수출하려고 지속적으로 시도하지 않았다. 식민지 사회가 이미 영국식 가부장제의 이상형을 충분히 수용하고 있었기 때문이다. 설령 그럴지라도 다원 사회에 관용 체제를 구축하기 위해 미국에 영국 국교회를 선전하려는 시도는 있었다. 그것은 반대파뿐 아니라 수많은 식민지인에게 전혀 다른 문제, 즉 영적 권력을

---

*   Drew R. McCoy, *The Elusive Republic: Political Economy in Jeffersonian America* (Chapel Hill, 1980); Doron S. Ben-Atar, *The Origins of Jeffersonian Commercial Policy and Diplomacy* (London, 1993).

버추얼 히스토리

요구하는 불길한 주문으로 여겨졌다.*

영국의 헤게모니가 갈수록 문화 모방 과정에서 표출되다보니 흔히 음흉하다는 해석이 뒤따랐다. 영국 식 미적 감각, 상업 규범 그리고 소비자주의를 수입하면서 아메리카의 예의 바른 사회는 점점 더 영국 지향적으로 바뀌었다.** 독립과 헌법 제정에 처음 성공했을 때 느낀 환희는 나중에 이러한 영국 식 형태 위에 재빨리 더해졌다. 젊은 사회가 구세계의 정치 부패를 거부하고 공화제의 무결성을 받아들이는 한편,*** 근대의 오염된 소비성 사치를 거부하고 촌스러운 단순성을 좋아한다는 상상은**** 너무 매력적이라 새로운 국가 신화로 녹아 들어갔다. 당연하다는 듯 부패와 사치가 돌아 왔지만 그것은 그 신화에 복종했고 그것을 뒤집도록 허락받지 못했다. 식민지 문화의 예외주의는 미국의 정치 독립이 나아갈 방향을 가리킨다고 여겨졌다. 그래도 돌이켜보면 그 시기에 미국적 가치가 진화해 독립이 일어날 수밖에 없었다는 것은 명백해 보이지 않는다.

1770년대 이전에는 반란과 자율의 길이 도저히 가능할 것 같지 않았다. 영국의 앙시앵 레짐, 17세기 초반 유럽을 무섭게 만든 종교 전쟁의 참상, 사회 동요로 뒷걸음치는 일을 불가능하게 만들기 위해 1660년대에 등장한 국가 형태는 그 일을 잘

---

*　Carl Bridenbaugh, *Mitre and Sceptre: Transatlantic Faiths, Ideas, Personalities, and Politics, 1689-1775* (New York, 1962); William H. Nelson, *The American Tory* (Oxford, 1961).

**　T. H. Breen, "An Empire of Goods: The Anglicization of Colonial America, 1690-1776", *Journal of British Studies*, 25 (1986), pp. 467-499; "'Baubles of Britain': The American and Consumer Revolutions of the Eighteenth Century", *Past and Present*, 119 (1988), pp. 73-104.

***　Durand Echeverria, *Mirage in the West: A History of the French Image of American Society to 1815* (Princeton, 1957); François Furet, "De l'homme sauvage à l'homme historique: l'expérience américaine dans la culture française", *La Révolution américaine et l'Europe* (Colloques Internationaux du Centre National de la Recherche Scientifique, Paris, 1979), pp. 91-105.

****　J. Hector St. John de Crèvecoeur, *Letters from an American Farmer* (London, 1782); trans., Paris, 1787; Leipzig, 1788-1789.

2. 영국령 아메리카　　　　　　　　　　　　　　　191

해냈다. 많은 당대인이 1770년대 중반에 벌어진 중대하고 격세유전적인 사건들을 경외감에 가득 차 믿을 수 없다는 눈빛으로 바라보았다. 표면상의 이유로는 비극의 규모를 설명하기에 전적으로 부적합했다는 반응이 흔히 나왔고 실제로도 그러했다.

몇몇 해설자가 가설로 막연하게 먼 미래에 미국이 독립한다고 예견하긴 했으나 누구도 1770년대 중반이라는 빠른 시기에 그 위기가 닥치리라고 예상하지는 못했다. 벤저민 프랭클린은 인지법 재심을 숙고하던 기간인 1766년 2월 13일 하원에서 증언하며, 식민지 공화주의자들이 1763년 이전 상황을 따지러 왔음을 관례적으로 확인해주었다. 그는 이렇게 단언했다.

> 당시 식민지들은 기꺼이 국왕 정부에 복종했을 것이다. 또 그들은 법정에서 의회의 법령에 복종했을 터다. 오래된 여러 주의 수많은 주민은 자신을 복종 상태로 두는 요새, 성채, 병영, 군대를 유지하는 어떤 비용도 여러분에게 요구하지 않는다. 그들은 고작 펜, 잉크, 종이에 드는 비용만으로 나라의 다스림을 받았다. 그들은 실오라기 하나를 따라왔다. 그들은 대영제국과 그 법률을, 관습을, 예절을 존경할 뿐 아니라 애정을 보였다. 심지어 그곳의 패션도 좋아하여 상업의 규모를 엄청나게 키웠다. 영국 국민은 언제나 특별한 존경 대상이었다. '친애하는 영국인'이란 그 자체로 존경받을 만한 품성이며 우리에게는 일종의 지위 같은 것이었다.[*]

경험 많은 식민지 행정관들의 관점도 이와 마찬가지였으리라. 1757~1759년까지 매사추세츠 주지사를 지낸 토머스 파우널Thomas Pownall은 1764년 식민지들이 연합할 일체의 가능성을 조심스럽게 피하면서 화이트홀과 각 개별 식민지 간의 관계를 강화함으로써 중상주의 제국에 대한 런던의 장악력 강화를 추구했다. 파우널에

---

[*] Franklin, *Papers*, vol. XIII, pp. 124-159, 135.

　　　　　　　　　　　　　　　　　　　　　　　　　　　버추얼 히스토리

따르면 상업관계를 강화할 경우 대서양 양안관계는 와해되지 않는다.

만약 독립한다는 것이 반란을 뜻한다면 그것만큼 그들의 본성, 이익, 생각과 동떨어진 것은 없다. 모국과의 연대에서 이탈하라는 제안을 들으면 그들은 진심으로 그 말을 혐오할 것이다. 또 그래야 한다. 하노버왕가의 신교도 왕위 계승에 보이는 그들의 집착은 언제까지나 흔들리지 않을 것이며, 그 어떤 것도 대영제국을 향한 자연스럽고 거의 기계적인 애정을 지울 수 없다. 그들은 그곳을 집 이외의 다른 어떤 의미로도, 다른 어떤 이름으로도 부르지 않는다.[*]

인지법에 반대하는 식민지의 외침이 터져 나온 뒤인 1765년 출간한 이 저작의 2판에서 파우널은 이 구절을 바꾸지 않았고, "선동가들"이 최근의 소요를 어떻게 일으켰는지 설명한 조지 그렌빌George Grenville에게 바치는 헌사를 책머리에 올렸다.

진정 위대하고 현명한 자는 열정을 기준으로 사람을 판단하지 않는다. 그는 그들의 사고 원리와 전체 행동을 바라본다. 그가 사람들이 국왕에게 똑같이 충성하고 그의 정부에 복종하며 공적 정신의 모든 지점에서 공공복지 목적을 위해 활동하는 것을 보는 한, 그들이 이러한 경고와 불 지르기 식 발작으로 어떤 말이나 행동을 하도록 유도되든 상관하지 않는다. 마지막으로 그는 그들이 자신의 참되고 선한 기질, 선한 의식과 원리로 돌아오는 모습을 보면 기뻐한다.[**]

---

[*] Thomas Pownall, *The Administration of the Colonies* (London, 1764), p. 25.

[**] Thomas Pownall, *The Administration of the Colonies* (2nd edn., London, 1765), Dedication, sigs A2v-A3r.

혁명이 일어났을 때 사람들이 느낀 경악은 이런 기대로 설명할 수 있다. 나중에 인지법에 반대한 버지니아 의회 의원 에드먼드 랜돌프Edmund Randolph는 1765년 5월 버지니아 입법의회Virginia House of Burgesses에서 패트릭 헨리Patrick Henry가 행한 유명한 항의와 관련해 글을 썼다.

> 직접적인 억압 없이, 이론적 추론 같은 성급한 감정 정도에 의거한 명분 없이, 군주제에 보이는 혐오감 없이. 지배자 왕을 향한 충성으로, 대서양 양안의 제국 멤버를 향한 형제애 같은 애착으로, 그들의 천재성·학식·미덕을 향한 찬탄으로, 순종하는 태도로 그들의 예절과 패션을 가꿔 나감으로써 한마디로 위대하고 존경할 만한 모든 것의 모델로써 영국을 떠받든다. 1765년 하원에서 행한 원리에 가까운 발언은 2년도 지나지 않아 혁명으로 확대되었다.[*]

1766~1775년 펜실베이니아 의회 하원의장이던 조지프 갤러웨이Joseph Galloway는 1779년 관점에서 7년 전쟁 동안 "폐하의 영토 가운데 13개 식민주만큼 충성스러운 백성이 많은 지역은 하나도 없었다. … 이 시점에 불충이라는 생각은 아메리카에 거의 존재하지 않거나 설사 있었어도 결코 처벌받는 일 없이 표출되지는 않았다"라고 주장했다.

이는 모순을 심화할 뿐이었다. 그 정도로 뿌리 깊은 애착이 그토록 갑작스럽게 뒤집어질 수 있을까?

그렇게 충성스런 국민이 그처럼 갑작스럽게 일반적으로 불충하고, 공화제 정부에 그

---

[*] MS history of Virginia, Virginia Historical Society, Kate Mason Rowland, *The Life of George Mason 1725-1792*, 2 vols. (New York, 1892), vol. 1, pp. 123-124.

어떤 원망이나 억압도 없이 마냥 기다렸던 것처럼 집착하는 일이 일어날 수 있을까? … 식민지에 그런 결과를 만들어낼 만한 벌금도 수감도 억압도 없었다. … 인간사의 모든 역사를 찾아보아도 그토록 갑작스러운 변화 사례를 만나지 못할 것이다. 가장 완벽한 충성에서 보편적인 혐오로 변화한 사례 말이다. 정반대로 국가를 향한 애착이 전체적으로 사라지는 일은 대개 서서히 점진적으로 일어나며, 탄압이 예상뿐 아니라 실제로도 오래 지속되는 경우에만 발생했다.[*]

갤러웨이는 이 모순 앞에서 근본적인 해법을 내놓았다. 식민지인은 전체적으로 공화파의 일부 열심당원이 주장하듯 애정이 사라진 것이 아니며, 그들의 충성을 다시 얻을 수 있다는 것이었다. 이것은 혁명을 오래 준비해온 아메리카 민족주의의 절정으로 보는, 즉 이미 받아들여진 관점에 여전히 도전하는 주장이었다. 이는 갤러웨이 혼자만의 주장도 아니었다. 보스턴의 판사 피터 올리버Peter Oliver는 아메리카 혁명을 '유일무이한' 현상이라고 말했다.

"역사 속으로 들어가 보면 로마나 다른 국가에서 발생한 식민지 반란은 모두 심각한 탄압 때문에 일어났다."

그러나 아메리카는 "탄생 때부터 최고로 다정한 손길과 관심으로 … 보살핌을 받았고 … 모든 은혜에 흠뻑 젖었으며 … 긴박하게 파괴될 위험에서 여러 번 거듭해서 구제받았다." 이것은 "버림받은 소수의 선동가", 소수파에 속하는 식민지인이 촉발한 "부자연스러운 반란"이다.[**] 식민지 문제 담당자 다트머스 백작의 차관인 앰브로즈 설Ambrose Serle은 뉴욕 사태를 지켜보며 뉴저지와 버지니아 건설 소식을 들었을

---

[*] Joseph Galloway, *Letters to a Nobleman, on the Conducts of the War in the Middle Colonies* (London, 1779), pp. 8-10.

[**] Douglas Adair & John A. Schutz (eds.), *Peter Oliver's Origins & Progress of the American Rebellion: A Tory View* (San Marino, 1961), pp. 3, 145.

때와 같은 반응을 보였다.

"지난세기 매사추세츠만의 프로빈스에서 벌어진 마법보다 더 놀랍고 전반적인 유행 현상이다! 그 어떤 나라의 연감에도 이 불행한 족속이 주장하는 것처럼 사소한 이유에서 발생한 그처럼 유독하고 무자비한 광기와 분노의 반란 사건은 없을 것이다."

매사추세츠주의 법률가이자 정치가인 대니얼 레너드Daniel Leonard는 이렇게 썼다.

"현재의 소요는 의회가 차 1파운드에 부과한 1실링[1실링은 12펜스 - 옮긴이]의 세금을 없애고 3펜스의 세금을 물린 데서 발생했는데, 그것을 마법보다 더 설명이 불가능한 미친 짓이며 아메리카 연감에서 불명예스러운 일로 부른다는 말을 듣고 후손은 놀라지 말기를!"

초기에 애국자들은 정당성을 이해받지 못했으나 점차 그들은 혁명을 엄청난 내적 압력에 응해 터져 나오는 화산으로 설명했다.

1688년 혁명의 비극적 성질은 보카치오가 쓴《De Casibus Virorum Illustrium》(위대한 인물들의 몰락) 시구에 담겨 있다. 가장 고귀하고 빛나는 인물을 아주 하찮은 이유로 가장 저열한 존재로 만드는 운세 수레바퀴의 사악한 회전, 돌이켜보면 그것은 우연성의 비극이다. 1776년에도 사정은 같았다고 주장할 수 있다. 설령 그럴지라도 1770년대 중반의 사건을 종합해 위대한 국가의 건국 신화를 만들어내면 인상은 달라진다. 지금 보면 1776년의 비극적 성질은 다가오는 종말, 연쇄적으로 일어나는 사건, 재앙 전개, 비극적 실수가 아니라 고귀한 이상과 선한 의도를 추구하

---

*   Edward H. Tatum Jr. (ed.), *The American Journal of Ambrose Serle, Secretary to Lord Howe 1776-1778* (San Marino, 1940), pp. 46-47.

**   Daniel Leonard, *The Origin of the American Contest with Great-Britain, or The present political State of the Massachusetts-Bay, in general, and The Town of Boston in particular* (New York, 1775), p. 12. 이 출처를 알고 싶으면 Gordon S. Wood, *The Creation of the American Republic 1776-1787* (Chapel Hill, 1969) 참조. 혁명의 '설명할 수 없는 이상한' 원인관계는 특히 pp. 3-4를 보라.

다 재앙을 촉발하고 퍼뜨린 무자비한 논리 속에 담겨 있는 듯하다. 역사가들은 그 인과의 연쇄가 후대에 그렇게 보이도록 만들어질 만큼 불가피했는지 아닌지 의심해봐야 한다. 그리고 불가피함이라는 요소를 제거하면 곧 반사실을 향해 문이 열린다.

'외적 이유'와 목적론의 부적절성

최근까지 역사가들은 1776년 독립전쟁을 영국의 정책과 그에 따른 식민지의 대응을 여러 단계로 늘어놓는, 즉 익히 들어온 목적론 형태의 비가로 설명하는 경향이 있었다. 그 비가는 인지법, 타운센드 관세Townshend Duties, 보스턴 티파티, 관용 불가능한 법령 등 세속적인 헌법 관용어로 이뤄졌다.* 아무튼 독립을 선언한다는 결정으로 독립전쟁 원인이 외적이고 표면상의 갈등이 진정한 이유라고 주장할 필요가 생겼다.** 그 설명 패턴은 암묵적으로 반사실이지만 부적절했다. 그것은 웨스트민스터와 화이트홀이 내놓는 식민지 정책의 사소한 변화로는 제국에 별 탈이 없으리라고(확신도 없이) 주장해야 했다. 런던의 정책을 이 방식으로 조사하는 것은 맞지만, 문제를 이런 기준으로 표현하면 식민지 미국인이 설득력 있게 선택할 수 있던 선택지를 덮어버리고 만다. 특히 그것은 그들의 주요 반사실, 즉 제국 내에서 누리는 정치 자율성은 더 커지고 문화 자율성은 더 작아지는 방향으로 나아가는 평화로운 식

* 여전히 이 안건에 속하는 문제인데 Ian R. Christie와 Benjamin W. Labaree의 *Empire or Independence 1760-1776* (Oxford, 1976) 같은 연구에서 다루는 붕괴의 불가피성에 의혹이 불거지기 시작했다. 또 이 안건 내의 문제로 Robert W. Tucker & David C. Hendrickson, *The Fall of the First British Empire: Origins of the War of American Independence* (Baltimore, 1982)에서 강력한 반사실 분석을 제기했지만, 이 연구가 도달한 결론은 영국의 정책이 달라질 수 없었으리라는 쪽이었다.

** 최근 Jack P. Greene은 "Why Did the Colonists Rebel?" (*Times Literary Supplement*, 1994년 6월 10일)에서 이 신화를 하나의 역사 설명으로 재천명했다.

민지 개발이라는 확실한 중도의 길을 체계적으로 제거한다.

한 국가의 문화적 필수 요건을 존중하는 한, 그 사건의 이유가 식민지에 외적인 것이었다는 생각은 최근 미국 독립전쟁 역사가들이 놀랄 만큼 이구동성으로 공유하는 입장이었다.* 그 논제의 어느 것도 지금 그대로 인정해서는 안 되지만, 그것의 강력한 학술적 버전 두 가지가 현재 우세를 점하고 있다. 하나는 버나드 베일린Bernard Bailyn이 1960년대에 고안한 것이다. 이 모델에서 18세기 초반 식민지들은 '연방 국민The Commonwealthmen'이라는 정치 수사학을 영국에서 배워왔다. 이것은 정치적 덕성을 토지를 소유한 독립, 대의제도, 종교적 회의주의, 젠트리의 지배권, 민병대로 규정한다. 반면 상설군대, 하급 관리, 임의적 과세, 성직제도, 독단적 왕권은 정치적으로 타락한 세력으로 본다. 1760년대 초반 식민지인은 영국의 정착 정책에 이러한 폐단이 있다고 생각했다. 베일린은 영국의 정책과 혁신 성향을 감안할 때 그들이 그런 생각을 하는 것은 합리적이었다고 주장했다.**

그 '외재론적' 해석의 두 번째 버전은 기원이 더 오래된 것으로 가장 최근 버전은 잭 그린Jack Greene이 고안했다. 이것은 18세기 초반 무렵 등장한 식민지와 런던 간의 관계를 합의적이고 암묵적으로 받아들이는 헌법 구조를 보여준다. 그 구조는 추정컨대 각 식민지 의회에 사실상 자율성을 보장하고 준연방제 형태의 식민지 자치 시스템을 만들어낼 가능성이 크다. 그렇다면 1760년대 영국의 정책에 도전한 것은 식민지인이 합의했고 이미 광범위하게 존재한 아메리카의 자율성에 관한 이해다.

---

* 대각성 운동Great Awakening(18세기 전반 북아메리카의 영국 식민지에서 일어난 신앙 부흥 운동)이 정치적 동원에 미치는 영향을 논의함으로써 '구체적인 혁명 원인'의 세속적 탄원을 다양화하려는 시도가 일찌감치 있었다. 그러나 각성 없이는 "식민지의 저항이 같은 연대 내에서 실제로 일어난 것과 비슷한 형태로 일어났을 것"이라는 반사실 주장이 이것을 부정했다." John Murrin, "No Awakening, No Revolution? More Counterfactual Speculations", *Reviews in American History*, 11 (1983), pp. 161-171, 164.

** 특히 Bernard Bailyn, *The Ideological Origins of the American Revolution* (Cambridge, Mass., 1967), *The Origins of American Politics* (New York, 1968) 참조.

영국이 그것을 계속 침해하겠다고 고집하는 상황에서는 무장 저항이 최종적이고 자연스러운 반응이라는 얘기다.*

베일린과 그린은 모두 요점을 입증하지 않은 채 런던의 혁신이 아니었다면 영국과 식민지 간의 연대가 장기간 도전받지 않고 존속했을 것이라고 주장했다.** 그들은 영국 정부가 실제와 다르게 행동했더라면 제국 내에서 식민지의 요구 사항을 모두 수용할 수 있었을 것이라고 말했다. 정말 그렇다면 수많은 역사가가 미국 정책보다 영국 정책의 반사실에 주목하는 것이 더 의미 있을 터다.

화이트홀의 권좌에 한 사람이 올라가고 그다음에 또 다른 사람이 올라가게 만든 우연성이 제국의 독립전쟁에서 그 역할을 발휘했다. 거의 모든 사건의 전환점에서 사태는 다르게 벌어질 수 있었다. 1765년 조지 3세가 그렌빌과 언쟁하지 않았다면, 컴벌랜드Cumberland가 그해 가을에 죽지 않았다면, 1766년 초반 그래프턴Grafton과 콘웨이Conway가 피트가 내각 수반이 되어야 한다고 그토록 끈질기게 고집하지 않았다면, 지금은 채텀 백작Earl of Chatham으로 불리는 피트가 그래프턴이 망설이던 타운센드를 속여 자신을 재무상 자리에 앉히도록 내버려두지 않았다면, 채텀이 건강을 유지했다면, 타운센드가 실제로 그랬던 것보다 12개월 먼저 고집을 꺾었다면, 1767년 로킹엄Rockingham이 그래프턴을 끌어내리려는 권력 쟁투에 말려들어 그를 억지로 베드포드당Bedford Party 품안으로 밀어 넣지 않았다면, 재무성 수장 그래프턴에게 1769년 자신의 재정 정책을(차세에 관한) 밀고 나갈 확고한 목적의식이 있었다면 그리고 1775년에 비해 식민지 자원을 덜 개발하고 물질적 · 정신적으로 준비가 부족할 때 무장 갈등

---

*   특히 Jack P. Greene, *Peripheries and Centre: Constitutional Development in the Extended Politics of the British Empire and the United States, 1607-1788* (New York, 1986) 참조. 하지만 1960년대 이후 그린의 여러 저술에서 예상한 내용이었다.

**   Tucker & Hendrickson, *Fall of the First British Empire*, p. 71.

이 벌어졌다면 어땠을까? 아니면 결국은 일어나겠지만 신중한 입장이 우세해져 제국 내에서 덜 적대적이고 폭력 없이 적응을 추구했다면 어찌 되었을까?*

위 문단은 1776년 출간된 저술에 실린 것인데 이것을 쓴 저명한 두 필자, 즉 영국인 한 명과 미국인 한 명은 놀랍게도 식민지 측과 관련해 엇비슷한 반사실 목록 하나를 빠뜨렸다. 그렇다고 런던 정치에 관한 반사실 통찰력이 거부당한 것은 아니지만 갈수록 관심은 사회적·인구적 갈등, 법과 종교에서의 이데올로기적 토론 분야로 옮겨가 식민지 입장이 충성심에서 적대감 쪽으로 신속하게 뒤집힌 까닭을 설명한다.

최근 학계 입장은 1765년과 1775년의 영국 내각 정책에 얼마나 근접했든 또 현직 담당자가 어떤 인물이든 영국 식민지 정책이 선택할 수 있던 선택지는 그 자체로 결과에 중대한 차이를 만들기 힘들었으리라는 견해 쪽으로 꾸준히 바뀌었다. 1750년대 가장 정통한 식민지 행정관들은 식민지를 무력으로 억눌러야 할지, 친절함으로 마음을 얻어야 할지를 놓고 극적으로 상반된 견해를 보였다. 그런데 무력을 선호한 강경파 헨리 엘리스Henry Ellis와 비둘기파로 알려진 토머스 포널Thomas Pownall 같이 상반된 인물도 런던의 권위를 주장할 때는 공통점이 많았다. 포널은 1764년 식민지연합 결성 가능성을 주도면밀하게 피하면서 화이트홀과 개별 식민지 간의 연대를 강화하는 방법으로 중상주의 제국에 관한 런던의 지배력을 강화하려 했다. 그러나 존 샤이John Shy에 따르면 포널의 소위 평화주의 정책이란 사실상 설탕법·통화법·인지법·타운센드법·부제독 사법관할권 확장과 서인도 자유무역항 건설 및 식민지 전담 국무장관 임명 심지어 로드아일랜드 헌장 위협, 매사추세츠 의회 변경, 식민지 내 의회를 완강하게 반대하는 일까지 예견하는 것이었다.

*   Christie and Labaree, *Empire or Independence*, pp. 277-278.

그로부터 "만약 토머스 포널과 헨리 엘리스가 1763~1775년 아메리카 정책에서 구상 가능한 것의 한계를 대변하는 역할을 담당한다면 역사적 가능성의 범위는 매우 좁아진다"는 결과가 나온다. 그 반대는 이렇다.

아메리카 독립전쟁에 관한 수많은 역사 저술에는 적어도 영국 정책에 활용 가능한 대안이 있었다는 암시가 담겨 있다. 실제로 발생한 일이 사고와 무지와 오해와 약간의 악의가 버무려진 슬픈 이야기로 보일 수 있다는 것도 말이다. 조지 그렌빌은 편협하고 찰스 타운센드Charles Townshend는 재능은 뛰어나지만 어리석으며 힐스버러Hillsborough는 멍청하고 독재적이다. 채텀은 비극적으로 병이 들었고 다트머스는 비정상적으로 허약하며 국왕은 머리도 별로 좋지 않은 주제에 고집불통이다. 그러나 만약 정치적으로 혼란스러운 상황이 아니었다면 옛날의 휘그당이나 유능한 채텀 내각이 정권을 잡았을 테고, 진정으로 자유주의 식민지 정책을 세워 그것을 유지함으로써 제국 붕괴를 면했을 것이다. 그런 식으로 이야기가 나아간다.

1763년 영국 정치가들, 특히 조지 그렌빌의 마음속에는 위협받는 제국을 위한 새로운 마스터플랜이 없었다(현재의 역사가들이 인정하듯). 이 상황을 감안할 때 좀 더 알았다면, 좀 더 솜씨가 있었다면, 좀 더 정치적 감수성이 있었다면 모든 것이 다르게 돌아갔을 텐데 하는 말이 더 그럴듯하게 들릴 수 있다. 하지만 토머스 포널처럼 본능적으로 친아메리카였던 관찰자조차 채택한 정책과 충돌하지 않았다면, 이 시기 "영국 식민지 정책이 요행도 아니었고 변화 가능성이 크지도 않았다는 것은 자명한 사실"이다. 대영제국을 독립전쟁 쪽으로 몰아가는 충동은 강력했고 그 어떤 실질적인 선택도 허용하지 않았다.*

* John Shy, "Thomas Pownell, Henry Ellis, and the Spectrum of Possibilities, 1763-1775", Alison

전략적 반사실들

 그처럼 운명론 같은 진단을 받아들이기 전에 우리는 몇몇 사람이 그때나 나중에나 주장했듯, 제국(제국을 어떻게 규정하든)이 식민지를 계속 유지할 만한 다른 노선 정책을 채택했을 가능성을 점검해볼 필요가 있다. 그러한 정책 선택지 가운데 하나는 13개 식민주의 전략적 위치와 관련된 것이었다. 1760년대와 1770년대에 많은 미국인이 1763년 파리조약 이전의 지배적 분위기라고 주장한 당시 상황을 감안할 때, 그 첫 번째 방향 변화는 1756~1763년에 벌어진 7년 전쟁에서 그리고 일부 설명에 따르면 런던의 통제권을 재확립하고 관습적 관계를 무효화하며 과세권을 포함한 새로운 권력을 주장하던 중에 결정적인 어떤 일화에서 일어났다. 여러 학자, 특히 미국인 학자는 예전에 영국이 북아메리카에서 프랑스를 물리친 뒤 창출한 기회와 책임에 적응해가던 시절에 드러낸 제국의 새로운 태도를 알아차린 바 있다.[*]

 설령 실제로 그랬을지라도 그 전쟁의 후반부에 영국이 승리하리라고 장담할 수는 없었다. 전반부에 연속해서 일어난 미노르카 상실 등 반전의 연속이 당대 사람들에게 그런 인식을 심어주었다. 퀘벡에서 울프wolfe가 거둔 승리는 전형적인 우연의 산물이었고, 정복당한 캐나다가 계속 손에 남아 있을지는 예측 불가능했다. 프랑스 측에 가장 중요한 캐나다 요새 루이스버그는 그 직전 전쟁에서 식민지인의 전투로 점령당했다가 전쟁이 끝날 무렵인 1748년 반환되었다. 1759~1761년 점령지 캐나다와 프랑스령 서인도제도 두 곳을 모두 보유할 수 없다면, 평화 시에 둘 중 어

Gilbert Olson & Richard Maxwell Brown (eds.), *Anglo-American Political Relations, 1675-1775* (New Brunswick, 1970), pp. 155-186.

[*] Jack P. Greene, "The Seven Years' War and the American Revolution: The Causal Relationship Reconsidered", *Journal of Imperial and Commonwealth History*, 8 (1980), pp. 85-105에서 이 해석을 강조했다.

버추얼 히스토리

느 쪽을 계속 유지할지를 놓고 열띤 토론이 벌어졌다.[*] 결국 전자를 선택했으나 얼마든지 다른 쪽을 선택할 수도 있었다. 당시 북아메리카의 방대한 넓이에 예언자 같은 확신이 있거나 그 상업적 잠재력을 알아본 정치인은 거의 없었다. 심지어 파리협정에 반대하고 과달루페를 보유하는 쪽을 선호한 윌리엄 피트William Pitt조차 북아메리카를 점령해도 교역 수준은 지극히 낮을 거라고 보았다. 또한 그 장래는 위태롭고 아무리 낙관적으로 평가해도 호전될 가능성이 매우 낮다고 주장했다.[**]

캐나다를 얻지 못했을 수도 있었다. 얻었더라도 보유하지 않을 수 있었다. 사실 그것을 보유할지 말지 토론할 때 윌리엄 버크William Burke는 프랑스의 위협을 없애면 영국의 다른 식민지들을 런던에 예속하는 강력한 유인 요소도 없어지리라고 예견한 것으로 유명하다. 이는 과달루페는 소유하고 캐나다는 프랑스에 돌려주자는 얘기다. 독립을 추구하는 식민지의 노력은 아예 가설로만 취급했다.

"만약 캐나다가 식민지 주민을 제지하지 않으면 그들은 거의 무한히 몸을 뻗어 … 넓은 영토를 욕심스럽게 움켜쥐고 내륙으로 들어갈 테고, 그리 멀지 않은 시기에 지금 우리의 것을 잃을 위험이 있다. … 우리가 약간은 경외케 하는 이웃은 언제나 그리 나쁜 이웃이 아니다."[***]

이것은 결코 사심 없는 주장이 아니었다. 윌리엄 버크는 1759년 과달루페를 점령했을 때 그곳에서 사무장과 등기인 직위를 얻었다가 1763년 캐나다가 아닌 그곳을 평화롭게 반환했을 때 직위를 잃었으니 말이다. 거의 모든 관찰자의 눈에 장차

[*] 참고할 팸플릿 목록이 필요하면 Clarence W. Alvord, *The Mississippi Valley in British Politics*, 2 vols. (Cleveland, 1917), vol. II, pp. 253-264를 볼 것. 토론은 William L. Grant, "Canada versus Guadeloupe, and Episode of the Seven Years' War", *American Historical Review*, 17 (1911-1912), pp. 735-753 참조.

[**] Cobbett(ed.), *Parliamentary History*, vol. XV, col. 1265.

[***] William Burcke, *Remarks on the Letter Address'd to Two Great Men. In a Letter to the Author of that Piece* (London, 1760), pp. 50-51.

영국 정착지의 내륙 식민지를 상실할 가능성은 희박해 보였다. 북아메리카가 장래에 독립하리라는 경고가 있었으나 영국 정치가들에게 비중이 더 컸던 것은 프랑스의 위협으로부터 식민지 전체를 방어하는 일이었다. 캐나다의 경우 그곳 남쪽 식민지를 안전하게 영국 소유지로 만들기 위해 계속 보유하고 있었다. 그러한 움직임이 오히려 그들의 독립을 부채질했다는 사실은 아직 거의 누구도 중요시하지 않던 반사실이었다.

1760년 벤저민 프랭클린은 윌리엄 버크의 소책자에 답변하면서 평화 시에 캐나다를 보유해야 하며, 이 조처는 북아메리카 식민지의 영국 지배권에 아무런 위협도 가하지 않는다고 열정적으로 주장했다. 익명 혹은 영국인으로 위장해 글을 쓴 프랭클린은 다음과 같이 언급했다.

"미시시피강 이쪽 편과 캐나다에 우리 손으로 확정한 지역 전체에 퍼져 있는 국민은 몇백 년 동안 농업에서 일자리를 구할 것이며, 이로써 아메리카 제조업이 유발하는 두려움으로부터 사실상 우리를 해방시킬 것이다."

실제로는 영국 제조업에 의존했고 또 거기에 얽매였다. 프랭클린은 이렇게 예견했다.

> 아메리카의 급속한 인구 증가로 바다 이쪽 편에 영국 백성의 수가 현재보다 더 늘어날 것이다. 그렇지만 나는 그런 이유로 그들이 우리에게 무용지물이나 위험한 존재가 될 거라고 여겨 두려워하지 않는다. 그러한 두려움은 있을 법한 어떤 근거도 없고 상상에 불과하다.

한데 이미 존재하고 있던 북아메리카의 14번째 주정부도 뒤섞일 수 없음을 알았다.

> 지금 우리에게 있는 것은 그저 다른 총독뿐 아니라 다른 형태의 정부, 다른 법률, 다른

이해관계다. 그 가운데 일부는 상이한 종교적 설득과 상이한 예의범절이다. 식민지의 공동 방어와 안전을 위해 오래전부터 식민지연합이 필요했어도 또 각 식민지가 그 필요성을 감지했어도 서로서로 시기심이 너무 커서 그들은 그러한 연합을 결코 성사시킬 수 없었다. 심지어 자기들을 대신해 그것을 만들어달라고 모국에 부탁하는 데도 동의하지 않았다.

만약 식민지들이 "끊임없이 정착촌을 괴롭히고 마을을 불태우며 사람들을 살해하던 프랑스와 원주민에게 맞서 연합할 수 없었다면, 그들을 보호하고 격려하고 그토록 많은 관련과 혈연과 이해관계와 애정이 있는 또 그들끼리 서로 사랑하는 것보다 훨씬 더 큰 사랑을 품고 있는 본국에 대항해 통합할 가능성이 조금이라도 있으리라고 추정하는 것이 타당할까?" 프랭클린은 그런 통합은 '불가능하다'고 예언했다(비록 한 번은 '지독한 독재와 탄압이 없을 경우에는'이라고 조건을 붙였지만).*

7년 전쟁의 두 번째 결과는 그것을 종식한 양식에서 연유한다. 프러시아 프리드리히왕이 해석한 상황대로 분쟁을 종식하기로 한 영국 재건 내각의 결정이 종전의 핵심이었기 때문이다. 그 결정으로 영국은 1776년 유럽 대륙에서 주요 동맹국 없이 미국과 전쟁을 시작했다. 영국은 다른 곳에 신경 쓰지 않고 아메리카 식민지 반란을 유보하거나 진압할 수도 있었다. 그러나 1780년대에 영국은 부르봉왕가, 프랑스와 스페인, 무장 중립국들과의 대규모 전쟁에 끌려 들어갔다. 한 역사가는 영국이 해군력의 우위를 유지하는 데는 대륙 동맹이 꼭 필요했다고 주장한다.

"요크타운에서의 굴욕적인 재난의 원인은 약한 행정부도, 육군과 해군의 무능도

* Benjamin Franklin, *The Interest of Great Britain considered, With Regard to her Colonies, And the Acquisitions of Canada and Guadeloupe* (London, 1760), Franklin, *Papers*, vol. IX, pp. 47-100, pp. 73, 77, 90.

아니었다. 가장 큰 원인은 정치적 고립이었다.*

　1763년에서 1776년에는 대륙 동맹국이 하나만 있어도 차이가 났을 것이다. 그런데 이 기간에 유럽 대륙에 프랑스의 팽창주의 위협이 없었다는 것은 곧 대륙의 다른 강대국이 대륙에서 영국과 함께 싸워주는 데 흥미를 보일 필요가 없다는 뜻이었다.** 이 관점에서 영국이 아메리카 식민지를 놓친 것은 대체로 그 군사적 역량을 과도하게 확장한 결과였다. 하지만 이 사실은 캐나다 보유가 낳을 결과와 마찬가지로 널리 예견하지 못했다.

　대서양 양안관계의 장기 관측과 미래 전략은 보통 다른 주제에 초점을 두고 있었다. 몇몇 해설가는 영국과 미국의 인구 균형 변동이 결국 제국관계의 재규정을 불러왔을 것이라고 분석했다. 1776년이면 리처드 프라이스Richard Price 같은 친미파가 이 분석을 독립의 필연성을 주장하는 결정적인 이유로 활용할 수 있었다.

> 이제 그들은 우리 인구의 거의 절반에 육박한다. 그들은 처음의 소규모 정착민 집단에서 급속도로 이만큼 성장했다. 앞으로도 그들은 계속 늘어날 전망이다. 50~60년 내에 그들은 우리 인구의 두 배가 되고 … 인간의 삶에 존엄과 행복을 가져다줄 온갖 기술 및 업적 면에서 우리와 대등하거나 우리보다 우월한 여러 주로 구성된 강력한 제국을 형성할 것이다. 그때가 되어도 그들이 지금 우리가 주장하는 우리의 우월성을 계속 인정할까?***

　이런 주장을 편 사람들 중에서도(어쩌면 이 주장은 수십 년 전부터 나왔을지도 모른다)

---

* Gerald S. Graham, *The Politics of Naval Supremacy: Studies in British Maritime Ascendancy* (Cambridge, 1965), p. 27.

** Tucker and Hendrickson, *Fall of the First British Empire*, pp. 50-53.

*** Price, *Observations on the Nature of Civil Liberty*, pp. 43-44.

1770년대에 일어날 어마어마한 재앙을 예견한 사람은 아무도 없었다. 1769년 벤저민 프랭클린에게 식민지 인구 자료에 관해 편지를 쓴 프라이스 자신도 마찬가지였다. 왕립학회에 보낼 논문으로 작성한 편지 버전에서 프라이스는 식민지에 관한 문장 하나를 추가했다.

"과거에는 친구 수가 늘었지만 지금은 뒤집혔을 가능성이 크다. 그 이유는 부당하고 치명적인 정책으로 인해 적의 수가 늘어났기 때문이다."[*]

그러나 여기서도 프라이스가 따지는 것은 인구학의 어떤 냉혹한 논리가 아니라 영국의 정책이다. 혁명이 일어나기 전에 쓴 프라이스의 편지에는 그 중대한 사건을 예견한 흔적이 없고 대다수 동시대인이 그랬던 것처럼 명백한 맹목 증상을 보인다. 1760년대 대륙에서 일어난 분쟁은 협상으로 해결했으나, 1770년대 중반에 터진 폭발은 독립을 향한 움직임의 최전선에 선 식민지들에게도 충격적이었다. 성공회에 반대한 프라이스가 아메리카 문제에 처음 관심을 기울인 것은 식민지인이 '진리와 자유의 적'인 주교들에게 맞서 싸우던 자신과 비슷한 싸움에 가담하는 모습을 보았을 때였다.

"만약 그들이 그곳에 거점을 마련하면 시간이 흘렀을 때 영성을 넘어 확장되는 힘(여기 있는 친구들의 도움과 보호 아래), 다른 종교적 설득의 동등하고 공통적인 자유와 일관성 없는 힘을 얻을 가능성이 아주 높다."[**]

곧 일어날 미국 독립이나 그 헌법상 요구가 아니라 격세유전적으로 나타나는 영국의 반성공회 공포증이 프라이스의 출발점이었다.

---

[*] 리처드 프라이스가 벤저민 프랭클린에게 보낸 서한, 1769년 4월 3일자. W. Bernard Peach & D. O. Thomas (eds.), *The Correspondence of Richard Price*, 3 vols. (Cardiff, 1983-1994), vol. 1, pp. 58-79. 왕립학회에서 낭독할 때 '부당하고 치명적인 정책unjust and fatal policy'이라는 단어는 삭제했다.

[**] 리처드 프라이스가 에즈라 스타일스Ezra Stiles에게 보낸 편지, 1773년 11월 2일자, Price, *Correspondence*, vol. 1, p. 165; 스타일스가 프라이스에게 보낸 답장, 1772년 11월 20일자, 앞의 책, p. 149.

물론 돌이켜보는 유리한 위치에 있으면 다르게 주장할 수 있다. 1773년 무렵 자기 식민주 의회의 논쟁에 말려든 매사추세츠주 부지사 토머스 허친슨Thomas Hutchinson은 캐나다를 선택한 것은 큰 실수라고 회상했다.

"그 일이 없었다면 모국을 반대하는 사상은 아직 나타나지 않았을 것이다. 나는 그것(캐나다 획득)의 영향이 프랑스나 북미 원주민이 우리에게 떠안기는 온갖 두려움보다 더 나쁘다고 생각한다."

같은 의미에서 이제 캐나다 획득은 미국 혁명의 '주요 이유'로 인정받는다." 그러나 그것은 충분조건이 아니라 필요조건이었다. 이는 반란이 일어날 맥락은 형성했어도 반란이 일어나도록 결정하지는 않았다. 같은 원인(이웃의 위협을 제거한다는 동기)은 캐나다 안에도 똑같이 존재했으나 1770년대에 런던과의 정치적 연결을 끊고자 한 것은 캐나다가 아니었다.

국내의 반사실: 식민지연합, 과세, 민주주의

정책의 두 번째 조합은 식민지 내의 발전과 관련된 것이었다. 미국 혁명이 일어날 확률이 낮다고 생각한 이유 중 하나는 프랭클린이 주장했듯 그 이전 수십 년 동안 식민지연합 계획에 눈에 띄게 열정이 부족했기 때문이다. 1754년 뉴욕주 올버니에서 열린 회의에서 토론한 계획을 실행했다면 식민지 의회의 하원들이 임명한

- Lawrence Henry Gipson, "The American Revolution as an Aftermath of the Great War for the Empire, 1754-1763", *Political Science Quarterly*, 65 (1950), pp. 86-104, 104.

- John M. Murrin, "The French and Indian War, the American Revolution, and the Counterfactual Hypothesis: Reflections on Lawrence Henry Gipson and John Shy", *Reviews in American History*, 1 (1973), pp. 307-318.

버추얼 히스토리

대위원회Grand Council가 과세권을 포함해 실질적인 권력을 쥐었을 터다. 그런데 그 통합 정부가 워낙 유력해 보인 탓에 지방의회 스스로 그 계획을 만장일치로 거부했다.* 1754년 핼리팩스 경Load Halifax이 무역위원회Board of Trade에서 식민지 내에서의 군사와 원주민 문제에 관한 좀 더 소박한 협동 계획을 제안했을 때 찰스 타운센드는 이를 기각했다.

"그처럼 많은 상이한 지방의 판이한 대의원들이 이해관계도 다르고 시기심과 편견으로 소외된 상태에서 상호 안전과 상호보완적인 지출을 부담할 계획을 결의하리라고는 … 상상할 수 없다."

타운센드는 식민지 의회가 통합 자금 마련에 필요한 공급법Act of Supply을 통과시키지 않을 것이라고 생각했다. 그것은 각 식민지의 재정 통제권을 꾸준히 얻어넘으로써 "국왕이 현명하게 보존하는 기존의 옛 시대 대권을 그들에게 끌어오려는 확정한 기획안"과 상충할 것이었다.**

설령 식민지 의회 측에서 말하는 이 '권력 추구'를 실제로 행했더라도 독립이 불가피하리라는 추측은 등장하지 않았다. 심지어 혁명의 가장 큰 불티를 던진 것으로 알려진 사람도 그것을 식민지인이 오래 알아온 추세의 결실이라고 주장하지 않았다. 1776년 필라델피아에서 출판한 《상식Common Sense》에서 토머스 페인Thomas Paine은 1775년 식민지인의 정책을 다루고 있다.

"당시의 문제에 관해 양편 옹호자들이 무엇을 주장했든 모든 것은 똑같이 한 가지로 귀결된다. 바로 대영제국과의 연합 문제다. 당파 간의 유일한 차이는 그것을 실현하는 방법에 있었다. 한쪽은 무력을 주장하고 다른 쪽은 우정을 제안하는 식이

---

*   Alison Gilbert Olson, "The British Government and Colonial Union, 1754", *William and Mary Quarterly*, 17 (1960), pp. 22-34.

**   Sir Lewis Namier and John Brooke, *Charles Townshend* (London, 1964), pp. 39-40.

었다. …**

잭 그린에 따르면 대서양 양안관계의 배후에 놓인 잠재적 불신은 "월폴Walpole 휘하에서 작동해온 미묘하고 불편한 수용을 계속 유지하는 한 그것이 영국과 식민지간의 관계를 무너뜨리는 적극적인 원인이 될 수는 없었다. 또 그것을 유지하지 않을 것인지는 절대 예측할 수 있는 일이 아니다."** 그들이 공통 유산이라고 주장한 헌법 관행에 보인 식민지의 열성을 감안할 때, 당시 그토록 많은 사람이 대서양 양안간의 논쟁점이 협상과 조정 가능한 일이라고 여긴 것은 이해할 만하다. 그러나 페인의 주장은 최근 이주해온 이민자인 그가 깨닫지 못했을 많은 증거와 상충한다. 그가 아메리카에 발을 딛기 오래전인 1760년대 초반 여러 식민지의 정치적 수사법은 상대적으로 짧은 기간에 제국 내 영국인으로서 그들이 누린 자유를 향한 조가^弔歌에서 영국 사회가 알면서도 빠져든 부패와 독재를 비난하는 것으로 변해갔다.

"사람들이 광범위하게 영국 헌법에 열정적으로 환호하던 와중에 검토가 이뤄진 아메리카 혁명은 아이러니와 이해 불가능이라는 어조를 띤다. 독립주의자들 역시 그 어조를 알아차렸다."

그 근거를 영국 헌법에만 존재하는 화법에 의거하자면 이렇다.

"아메리카인은 스스로를 영국인이 까마득한 옛날부터 귀중히 여겨온 어떤 것을 보존해온 사람으로 쉽사리 인식할 수 있었다. … 그러나 전혀 새로울 것 없는 어떤

*   Thomas Paine, *Common Sense; Addressed to the Inhabitants of America* (Philadelphia, 1776), p. 31.

** Jack. P. Greene, "An Uneasy Connection: An Analysis of the Preconditions of the American Revolution", Stephen G. Kurtz and James H. Hutson (eds.), *Essays on the American Revolution* (Chapel Hill, 1973), pp. 32-80. 그린은 혁명의 '침묵하는 조건'이 "영국 내 식민지 당국(특히 1748~1761년 무역위원회 의장이던 핼리팩스 경)이 월폴의 수용 정책을 포기하고 강압에 따른 의존을 선호하기로 한 결정"이었다고 주장했다. 이는 터커와 헨드릭슨의 *Fall of the First British Empire*에서 제시한 증거에 맞서 이제는 주장하기 힘든 테제다.

버추얼 히스토리

것을 갈망하면서 옛날 시스템과 영국 헌법의 본질이 돌아오기를 바란다는 대륙 식화법은 단지 겉치레일 뿐이다."

옛 시대 헌법의 요점, 독립전쟁의 '구체적인 이유'를 문제시하는 상황에서 식민지인은 스스로 하나의 반사실을 제안했다. 1760년대만 해도 인지법에 보인 반응은 만약 새 입법을 청원하면 모든 것이 잘될 것이라는 가정이었다. 이와 동일하게 존 디킨슨John Dickinson의 베스트셀러 《농부의 편지Farmer's Letters》는 1767년 타운센드 관세에 반대하는 주장을 함축하고 있다. 정부가 어쩌다 잘못된 방안을 채택할 수도 있었다.

"하지만 그 방안이 통치자와 피통치자의 임무를 모두 없애지는 않는다. 오류는 시정하면 그만이고, 열정은 누그러뜨리면 그만이다.""

1769년 벤저민 프랭클린은 다음과 같이 썼다.

> 최근 조정 계획을 제안할 사람이 아무도 없느냐는 외침이 들려오기 시작했다. 우리는 내부 다툼으로 스스로를 망쳐야 하는가? 나는 여러 사람과 함께 있을 때 어느 고귀한 나리에게 그것을 제안할 계획이 있는지 질문을 받았다. 내 대답은 이랬다. "계획을 제안하기는 쉽지요. 말 몇 마디 정도는 저도 할 수 있습니다. 법을 물리치고, 권리를 포기하고, 부대를 불러오고, 돈을 비축하고, 옛날의 징수 방식으로 돌아가라고."***

의회 스스로 1774년 9월 5일자 '대영제국 국민에게To the people of Great-Britain'라는 발언에서 7년 전쟁 이전의 헌법 관계가 합법적이었다고 주장했다. 그런데 그 결론

---

*   Wood, *Making of the American Republic*, pp. 12-13.

**   John Dickinson, *Letters from a Farmer in Pennsylvania, to the Inhabitants of the British Colonies* (Philadelphia, 1768), pp. 7-13, 16.

***   프랭클린이 조지프 갤러웨이에게 보낸 서한, 1769년 1월 9일, Franklin, *Papers*, vol. XVI, p. 17.

은 이러했다.

"아메리카에 있는 당신의 동료 국민을 노예로 삼는 계획을 고안했다. … 우리가 지난번 전쟁이 끝날 때와 같은 상황으로 돌아간다면 우리 사이의 예전 화합은 복구될 것이다."

이것은 사실이 반증해준 반사실이었다. 런던 정부는 1760년대에 문제시하던 요점에 타협할 의사를 거듭 보여주었으니 말이다." 오래전의 역사학이 한때 주장했듯 1760년대 영국의 식민지 무역 정책이 중상주의에서 제국주의로 거대한 변화를 겪지 않았음은 현재 밝힐 수 있다. 1764년 설탕법은 식민지 수입을 늘리는 동시에 교역이 전통 중상주의 물길 안에서 계속 흐르도록 유도하기 위해 시도한 것이었다. 1767년에 나온 아메리카 식민지로 재수출하는 차에 적용한 채텀의 관세 축소안도 사정은 마찬가지였다.""" 이와 비슷하게 식민지의 지폐 발행으로 발생한 인플레이션은 1764년 웨스트민스터 통화법으로 규제했다. 이 방안은 식민지의 항의로 뉴욕은 1770년, 다른 식민지는 1773년 법안으로 완화했다. 이러한 사건을 기반으로 문제를 완전히 해결할 수도 있었다.""""

나중에 조지 그렌빌은 하원 토론에서 인지법에 따른 저항 강도를 자신이 예견하지 못했음을 인정했다.""""" 이 말은 그럴듯하다. 제국 정부가 식민지에서 걷어야 하는

---

*   Worthington Chauncey Ford (ed.), *Journals of the Continental Congress 1774-1789*, 34 vols. (Washington, 1904-1937), vol. I, pp. 84, 89.

**   Tucker & Hendrickson, *Fall of the First British Empire*, pp. 114-117.

***   앞의 책, pp. 117-127.

****   Jack P. Greene & Richard M. Jellison, "The Currency Act of 1764 in Imperial-Colonial Relations, 1764-1776", *William and Mary Quarterly*, 18 (1961), pp. 485-518; Joseph Albert Ernst, *Money and Politics in America 1755-1775: A Study in the Currency Act of 1764 and the Political Economy of Revolution* (Chapel Hill, 1973).

*****   J. Wright (ed.), *Sir Henry Cavendish's Debates of the House of Commons during the Thirteenth Parliament of Great Britain*, 2 vols. (London, 1841-1843), vol. 1, pp. 494-495, Tucker and

액수를 고려하면 얼마 되지 않는 인지세는 그리 영향을 주는 방법이 아니었다. 그 세금으로 얻고자 기대한 액수는 고작 11만 파운드였고, 그중 5만 파운드는 서인도 제도에서 걷을 예정이었다.* 국내 과세라는 임박한 이슈가 없었다면 런던의 장관은 해군력을 동원해 강력하게 부과한 기존 관세와 소비세로 훨씬 더 큰 수입을 얻을 수도 있었다. 식민지의 항의를 받은 웨스트민스터 의회는 그 법을 폐지했다.

타운센드의 소득법도 인지법처럼 식민지의 저항을 예상하지 않은 채 1767년 통과되었다. 당시 국내 과세에 전혀 의문을 제기하지 않았고, 식민지 자체의 합법적인 외래 과세와 불법적인 국내 과세라는 구분만 기초로 삼은 것 같았다. 식민지 주체들도 어떤 일이 벌어질지 예견하지 않았으며 그것에 반대해 경고하지도 않았다.** 심지어 벤저민 프랭클린도 1767년 4월 〈런던 크로니클London Chronicle〉에 쓴 기사에서 '국내 세금'만 반대할 뿐 외국 교역에 제국이 과세하는 것은 헌법상 정당함을 인정했다.*** 반면 차 관세를 파운드당 1실링에서 3펜스로 낮추는 것에 반대해 아우성친 것은 이문이 많은 밀수가 억압당해 손해를 보는 식민지 상인이었다는 결론에는 항의하기 힘들다. 북아메리카 해역에서 밀수를 몰아내기 위해 일찌감치 영국 해군을 투입해 이 사태가 정치적으로 뜨거운 감자가 되지 않도록 예방했더라도 심각한 강압이 없는 상황이라 아메리카 측에서 타협할 여지는 거의 없었다. 1776년은 1688년만큼 우연성의 비중이 지배적이지 않았다.

'표면상의 이유'라는 전통 시나리오를 고수하는 역사가들은 분쟁 외에 너무 단순한 대안을 세운 것 같다. 1767년 6월 당시 재무상이던 찰스 타운센드의 발의로 통

Hendrickson, *Fall of the First British Empire*, p. 217에 인용.

* Tucker and Hendrickson, *Fall of the First British Empire*, p. 226n.

** 앞의 책, p. 238.

*** Franklin, *Papers*, vol. XIV, pp. 110-116.

과된 세금에 식민지의 항의가 늘어나자 내각은 1769년 5월 1일 이 문제를 토의하기 위해 모였다. 이제 내각은 그 모든 세금을 폐지하고 하나만 남겨두기로 했다. 그러나 유화적 입장인 1대 재무상 그래프턴 공작Duke of Grafton이 낸 차 관세 폐지 동의안은 4 대 5로 부결되었다.

"이 운명적인 결정은 아메리카 독립전쟁으로 이어지는 여러 사건의 연쇄에서 돌이킬 수 없는 지점이 되었다. 차 관세가 없었다면 보스턴 티파티도 없었을 테고 그에 따른 영국과 식민지 간의 최종 분쟁도 없었을 것이다."[*]

식민지의 반란 원인으로 알려진 이 자신감 있는 판단이 역사 기록으로 받아들여지면서 개연성이 줄어드는 것 같다. 반사실은 영국 정책과의 관련성 위에 구성할 수 있으나, 더 중요한 반사실은 모두 사회 발달 패턴 및 식민지 자체 내의 이데올로기 갈등 패턴과 관련이 있다.

이 식민지 반사실은 옛 시대 헌법 이슈, 독립전쟁의 불가피한 구체적인 원인을 주로 다루지 않는다. 대의제 문제는 합의안에 이르기까지 가장 현저한 장애물이었으나, 이것조차 나중에 그렇게 보인 것에 비해 그 정도로 넘을 수 없는 장벽은 아니었다. 물론 과세와 대의제는 연관된 이슈였지만 협상한 합의안에 더 개방적으로 보인(과세 문제는 공화제 정부를 포함해 모든 정부의 특징이므로) 세입 문제와 달리 대의제 문제는 더 원칙적이고 타협 불가능한 것으로 간주하는 경향이 있었다. 런던에서 벌어진 논쟁 가운데 일반적으로 가장 약한 고리로 여긴 헌법적 허구Constitutional Fiction도 반드시 그렇지는 않았다. 토머스 웨이틀리Thomas Whately(영국 정치인)가 주장했듯 "영국 백성은 모두 똑같다(동일한 상황에 있다). 실제로는 의회가 그들을 아무도 대표하지 않지만 관념적으로는 모두 대표한다. 모든 의회 의원은 선거구민의 대변인으

---

[*]   Peter D. G. Thomas, *Revolution in America: Britain and the Colonies, 1763-1776* (Cardiff, 1992), pp. 29, 37.

로서가 아니라 대영제국의 모든 하원을 대표하는 존엄한 총회의 일원으로서 의석을 차지한다.** 다시 말해 상원이나 하원의 의석을 차지한 사람들과 별개로 하원의원은 모든 영국인의 대리인Delegate이 아니라 대표자Representative의 위치, 즉 선거구민이 무급으로 고용한 대표자지만 그들의 제안을 받아들일 의무의 구속을 받지는 않는다. 관념적 대표제 원리Doctrine of Virtual Representation[18세기 중반 주민이 직접선거로 뽑은 대표를 의회에 보내지 않으면 세금을 부담하지 않겠다는 아메리카 식민지의 주장에 반해, 영국 의회가 식민지에 사는 영국인을 관념적으로 대표한다고 본 본국의 입장–옮긴이] 문제는 그것이 자명한 진리가 아니라는 것보다 말 자체가 진부하고 훈련이나 어떤 이론적 설명 없이 토론에 도입했다는 데 있었다. 그러나 그것이 영국에서 실제로 이뤄지는 정치와 제국의 관계를 더 잘 이해하도록 일종의 이론적 기초를 제공했을 수 있다.

영국의 하원의원이 자신의 선거구민뿐 아니라 전체 정치 집단을 대표한다는 것은 속이 빤한 말이다. 그는 남녀노소를 막론하고 소수파까지 포함한 모든 주민을 대표한다. 그는 투표자가 아닌 주민의 10분의 8이나 9를 대표하며, 자신에게 투표한 사람을 비롯해 반대투표를 했거나 기권한 모든 유권자도 대표한다. 물론 이것은 정부에 필요한 허구다. 하지만 그것은 한 사람이 투표했을 때만 대표한다는 성공한 신화보다 정부의 일상적 업무 수행과 더 관련이 많다. 투표라는 신화는 그 정의상 보통선거 시스템에서 모든 비투표자, 패한 후보에게 표를 던진 투표자, 의회에서 패한 쪽에 속하는 하원의원에게 표를 던진 모든 투표자가 다수파의 독재에 예속된다는 이론이다. 두 사례 모두에서 국가를 운영하는 것은 사실상 소수 그룹이다. 첫 번째 사례에서 이 현실은 그리 은폐되지 않았고 오히려 무게가 더해졌다. 정치적 엘리트가 아닌 다른 사람들에게 관념적 대표제와 실제 대표제는 똑같이 형식상의 개

Thomas Whately, *The Regulations Lately Made concerning the Colonies, and the Taxes Imposed upon Them, considered* (London, 1765), p. 109.

넘이다. 역사가들은 여기서도 신권 군주제를 대의제 민주주의로 대체할 때처럼 역사적 필연성이라는 논리 때문에 근대 초기의 '허구'를 현대의 자명한 '진실'로 대체하게 한 시나리오를 폐기해야 한다.[*]

1766년 윌리엄 피트는 이렇게 말했다.

"이 의회가 아메리카를 '관념적으로' 대표한다는 생각은 인간의 머릿속에서 나온 것 중 가장 경멸스러운 발상이다. 그것은 진지하게 반박할 가치도 없다."[**]

한데 이것은 정치적 도박이었다. 피트 자신도 (기껏해야) 유권자가 7명뿐인 올드 새럼Old Sarum 자치구를 포함해 작은 선거구 여러 개만 대표하고 있었으니 말이다. 1757~1766년 그는 바스 선거구의 두 의원 가운데 한 명으로 하원 의석을 차지했는데, 그곳 유권자는 약 30명이었다. 그 의석에서 피트는 여론조사를 받을 일이 한 번도 없었다.[***] 언변은 화려했으나 하원에서든 1대 채텀 백작으로 상원에 올라갔을 때든 그가 정확히 누구를 대표하는지는 분명치 않았다. 그를 민주주의자로 추어올리고 아첨한 미국은 그가 전체 의원 경력 동안 경쟁자가 있는 선거를 치른 것이 단 한 번뿐이라는 사실은 간과했다. 그 선거도 아주 작은 시포드의 싱크 포트Cinque Port 선거구에서였다.

몇몇 연설가가 관념적 대표제라는 발상을 아무리 경멸해도 아메리카를 건국하고 싶어 한 그들은 강한 열망으로 그것을 다시 도입했다. 토머스 페인은 독립의 명분을 찬양했다.

---

[*] 신권 군주제와 대의제 민주주의를 모두 똑같은 '허구'로 다루는 중요한 연구를 보려면 Edmund S. Morgan, *Inventing the People: The Rise of Popular Sovereignty in England and America* (New York, 1988) 참조.

[**] Cobbett(ed.), *Parliamentary History*, vol. XVI, col. 100.

[***] Sir Lewis Namier & John Brooke (eds.), *The History of Parliament: The House Commons 1754-1790*, 3 vols. (London, 1964), vol. 1, pp. 366, 419.

"이것은 어느 하루나 일 년, 한 시대만의 문제가 아니다. 지금 벌어지는 사태에 따라 후세는 관념적으로 이 경연에 가담하고 시간의 종말까지 크든 작든 그것의 영향을 받을 것이다."*

식민지인은 '관념적' 대의원을 거부했지만 웨스트민스터에서 '실제' 대의원으로 등원한 사람은 그들 자신이나 영국 내에서 그들의 지지자가 일반적으로 바라는 인물이 아니었다. 그러니 식민지와 상호 이해관계라는 기준에서 논의를 펼친 런던에서는 분쟁을 앵글로색슨족 간의 연대감이라는 새 맥락에서 해결하지 않고 하원 안으로 갖고 들어온 데 그쳤을 것이다. 유일하게 실행 가능한 대안은 점점 커지는 식민지 의회 권력을 통하거나 그들과 함께 일하는 것이었다. 심지어 나중에는 확고한 왕당파로 알려진 조지프 갤러웨이도 1774년 필라델피아에서 열린 1차 대륙 의회에서 웨스트민스터 의회의 법이 식민지를 구속하지 않는다는 점을 명백히 했다.** 만약 그처럼 호의적인 사람이 오로지 연방 노선에 따라 제국관계를 재규정하려는 꿈을 꿀 수 있었다면 웨스트민스터와 식민지 의회를 대등하게 두지 않는 합의안이 식민지에서 실질적인 지지를 받았을 가능성은 없다.

1776년이면 주지사의 권력에 대항하는 의회의 이 같은 상승세가 두드러진 지 반세기에 이른다. 이 의회는 증가하는 식민지의 부와 인구를 내세우려는 욕구는 명백히 드러냈으나, 이 추세를 모국과의 분리를 지시하는 것으로 추정하려는 공개적인 신호는 거의 보이지 않았다. 1774~1776년 독립이라는 주장을 다듬은 것은 의회가 아니라 자체 승인하는 대의제 집단을 세우고자 각자 자신이 속한 의회를 우회한 일군의 열성당원이었다. 갤러웨이처럼 박식하고 실용적인 사람들은 나중까지도 협상을 통한 타협이 가능하다는 믿음에 따라 행동했다. 갤러웨이는 1774년 9월 28일

---

*   Paine, *Common Sense*, p. 30.

**   Tucker and Hendrickson, *Fall of the First British Empire*, pp. 335-341.

대륙 의회에서 국왕이 임명한 총통을 수반으로 하고 식민지 의회에서 선발한 위원으로 구성한 아메리카 입법위원회를 설립하자는 조정안을 냈다.* 그날 의회에서 투표한 결과 그 안은 6 대 5로 다음 의제로 넘기기로 했는데, 이는 사실상 기각한 것이나 다름없었다.** 만약 그 투표 결과가 달랐다면 런던이 긍정적 반응을 보이면서 협상으로 타결하는 길이 열렸을 수도 있다. 런던 내각은 그런 발상에 개방적인 태도를 보였기 때문이다.

1775년 1월 내각은 노스North의 소위 '올리브 가지', 즉 화해 제안에 동의했다. 비협조적이라고 알려진 식민지와의 교역을 중지하기로 한 강압적 방안의 지원을 받은 그 제안은, 만약 식민지가 정상적이고 합법적인 통로로 공동 방어에서 자기 몫을 감당하고 민간 정부와 사법부 운영비용을 낸다면 의회가 식민지에 과세하는 권리 행사를 참는다는 것이었다.*** 그것은 대륙 의회를 무시하지 않을 수 없게 만드는 제안이었다. 의회가 그 제안을 다루려면 대륙 의회의 합법성을 인정해야 하는데, 당시 문제시된 것이 그 합법성이었으니 말이다. 동시에 의회는 각 식민지와 따로따로 상대함으로써 그들의 공동 전선을 깨뜨릴 수 있으리라고 합리적인 희망을 품었다. 노스의 제안이 부적절하다고 여겨 거부한 것은 2차 대륙 의회였다. 그 제안은 자신들의 판단에 따라 적절하다고 생각하는 것은 무엇이든 허용할 권리를 인정하라는 식민지의 요구를 충족해주지 못했고, 의회는 다른 문제에서도 식민지를 대신해 입법할 권리를 요구한 문제를 다루지 않았다. 가장 최근에는 강압법Coercive Act이 있었

---

*   Julian P. Boyd, *Anglo-American Union: Joseph Galloway's Plan to Preserve the British Empire 1774-1788* (Philadelphia, 1941), pp. 34-38.

**   Galloway, Edmund C. Burnett (ed.), *Letters of Members of the Continental Congress*, 8 vols. (Washington, 1921-1936), vol. 1, p. 59.

***   1775년 2월 20일 북부가 내놓은 제안에 관한 하원의 토론은 Cobbett(ed.), *Parliamentary History*, vol. XVIII, col. 320 참조.

고 가장 일반적으로는 식민지 헌법을 변경할 권리가 있었다.* 하지만 갤러웨이의 제안을 채택했더라도 타협안에 도달할 길은 여전히 남아 있었을 것이다.

그것을 채택하지 않은 상황에서 그 문제의 가장 극적이고 단호한 해결책은 글로스터 성당 참사회장Dean of Gloucester 조시아 터커Josiah Tucker가 제안한 것이었다. 그는 두 당파의 주장이 용어 자체에서 타협을 미리 배제하고 있음을 명확히 알아챘다. 영국의 이해관계는 식민지를 정치적으로 통제하는 것이 아니라 그들과 교역하는 데 있었다. 터커의 해결책은 북아메리카 식민지가 자유롭고 독립적인 국민임을 선언함으로써 완전히 분리하자는 것이었다.** 그 선제 행동은 공화국이 움직일 이유 자체를 단숨에 박탈해버릴 터였다. 그 제안을 독립선언 이전에 언제라도 적용했다면 조지 3세에게는 개인적으로 큰 상처를 주었겠지만, 각 식민지가 개별적으로 국왕에게 충성의 입장을 취해 웨스트민스터 의회와의 대등성을 주장하는 순간 식민지인의 마음을 사로잡았을 것이다. 독립은 그들이 왕당주의와 멀어질 가장 큰 동기를 제거하고 아메리카인은 조지 3세의 백성이라는 위치에 갇혔을 터다. 조지 3세가 입헌주의 군주로 알려지긴 했지만 말이다.

마찬가지로 독립을 쟁취하려는 전쟁이 없었다면 식민지를 통합하는 단일한 중심 명분이 애당초 등장하지 않았을지도 모른다. 연방 헌장에 나오는 지루한 연방제 시스템조차 힘겨운 군사적 필요의 응답으로만 합의한 것이었다. 북아메리카 식민지 간의 시기심, 경쟁심, 다양성으로 보건대 전쟁 없는 설령 연합을 해도 지금보다 훨씬 허약한 연합일 수밖에 없었다. 자연스러운 통합의 구심점이 없을 경우 새로운 주들은 십중팔구 군주를 향한 충성심을 그들 정부의 합법성을 보장받는 귀중한 담

---

*   Tucker and Hendrickson, *Fall of the First British Empire*, pp. 367-378.

**   Josiah Tucker, *The true Interest of Great Britain set forth in regard to the Colonies in idem, Four Tracts, together with Two Sermons, On Political and Commercial Subjects* (Gloucester 1774), p. 195.

보물로 혹은 구세계와 그들의 문화적 대등성의 상징물로 보존했으리라. 1776년 이전 수십 년간, 심지어 독립전쟁 직전의 10년 동안 벌어진 정치 토론을 돌아보면 눈에 띄는 특징은 자연스럽고 명백한 핵심 구성 요소, 즉 공화주의 요소의 부재였다.

식민지 아메리카인은 1776년 페인의 《상식》이 출판되기 전까지만 해도 그 같은 군주제를 비난한 적이 거의 없었다. 식민지 통치를 위한 대안인 공화제 모델이나 공화제 사회를 생각해본 적은 더욱더 없었다.* 그렇다고 《상식》이 공화주의를 광범위하게 논의한 것은 아니다. 그것은 기존의 헌법 조치를 부정적으로 비판한 것일 뿐, 장래에 생길 새 조치의 청사진이 아니었다. 1776년 식민지인에게는 사용 가능한 그러한 청사진이 없었다. 동시에 민주주의라는 말이 새 공화국의 암호 용어로 부상했으나 그것이 독립전쟁의 명분은 아니었다. 이 두 '표면적 이유'가 왜 독립전쟁이 벌어졌는지 알려주는 바가 거의 없는 탓에 왜 독립전쟁이 불가피했는지 설명하는 데도 그것을 가져다 쓸 수 없다. 1776년의 붕괴가 없었다면 대서양 양안관계는 변함없는 고요 속에서 계속 유지되었을 것이다. 식민지에서 점차 커지던 강력한 이데올로기 압력을 그대로 내버려두지도 않았을 터다. 어쨌든 전통적인 '표면적 이유' 때문에 독립전쟁이 그런 형태를 취할 수밖에 없었던 것이 아님은 여전히 사실이다.

자유주의 정치 형태에서의 억압의 문제

근대 초기에 일어난 반란은 흔히 강한 독재 때문이지만 그에 못지않게 지방자치

---

*   W. Paul Adams, "Republicanism in Political Rhetoric before 1776", *Political Science Quarterly*, 85 (1970), pp. 397-421. 페인은 Rights of Man (1792), 제2부에서 공화주의의 의미에 관해 놀랄 만큼 모호한 내용을 기록했다.

의 실행과 기대가 커지도록 허용한 느슨한 정부 탓이기도 했다. 먼저 형성된 영국의 식민지에 대한 법적 지배권을 보다 효율적으로 행사했다면 행정 통제권을 계속 유지할 수 있었을 테지만, 그것이 왜 그토록 힘들었는지 이유를 따져볼 필요가 있다. 일단 1797~1798년에 벌어진 아일랜드의 반란 위협(면밀하게 준비한 봉기를 무산시킴)이나 1857년 인도 반란(비슷하게 군사력으로 억압함)을 상대하는 본국의 반응과 아메리카에 있는 동국인들에게 보여준 상대적인 절제는 엄청나게 대조적이었다.

싸움이 벌어지기 전 화이트홀 관리들은 식민지 입법자가 권력을 구축해가는 여러 작은 단계에 체계적으로 반대했을 수도 있다. 가령 런던은 식민지에서 나오는 수익을 식민지 예산에 배당하는 기간이 장기간 혹은 무한정 이어지도록 규정했을 수도 있다. 또는 지사와 다른 관료들의 봉급 지불이 지역 정치로부터 압박받지 않도록 방어해주거나, 식민지의 재무관리를 국왕이 임명하는 것, 런던에 있는 장관이 아니라 지사가 지방 후원권을 행사하도록 보강하는 것을 고려했을 수도 있다. 내각 동료들이 필수적인 지원을 해줬다면 활력 있는 개혁가이자 1748~1761년 무역위원회 위원장을 맡은 핼리팩스 백작이 그 단계들을 그럴듯하게 조처했을 수도 있다. 그가 지원을 받지 못한 이유 중 하나는 장관들이 영불 식민지 전쟁을 치르기 위해 식민지의 전면적인 협력을 확보해야 한다는 생각에 사로잡혀 있었기 때문이다.* 물론 또 다른 이유도 있다. 특히 장관들은 스튜어트왕조 후반과 결부된 행정 윤리로 돌아가기를 꺼려했다.

이런 행정적 침묵이 흔치 않게 깨진 예외 사례를 보면 그 상황을 이해하기가 더 쉽다. 1773년 1월 매사추세츠주 부지사 토머스 허친슨은 헌법 원칙과 관련된 문제만큼은 의회와의 의견 교환을 제도화하자는 이슈를 강제적으로 제기하려 했다. 그

---

*   Tucker and Hendrickson, *Fall of the First British Empire*, pp. 160-1. 그 방안은 찰스 타운센드가 1760년대 후반에 세운 계획(앞의 책, pp. 241-8)의 일부였을지도 모른다. 아마 그 무렵에는 너무 늦었고 또 수도 너무 적었을 것이다.

런데 이 선제 행동은 의회, 특히 하원의회가 이참에 런던의 특정 척도를 사실상의de facto 저항으로 전환해 런던의 권위에 도전적인 법률적de jure 거부로 바꿈으로써 허친슨이 원한 것과 반대 효과를 낳았다. 식민지 장관은 경악했다.

"지사는 당파들이 그들을 갈라놓는 중요한 이슈를 제기하는 일만 피하면 논쟁이 수그러들고 시간이 흐르면 아예 사라지지 않을까 하던 다트머스의 희망을 망쳐놓았다. 다트머스가 볼 때 허친슨은 무시하거나 내버려두었다면 치유되었을 상처를 다시 벌려놓은 셈이었다."

이후 사건을 보면 이쪽의 기대를 실현할 가능성은 낮아 보이지만, 그것이 한 가지 가능한 발전 경로를 대표한다는 것은 논의해볼 필요가 있다.

정치는 런던의 정책도 흔들어놓았다. 1760년대 내내, 1774년 말엽까지도 영국의 식민지 정책은 우유부단했고 내각 내부의 갈등과 불안정성으로 인해 이리저리 흔들렸다. 조지 3세가 나중에 미국인이 묘사한 것 같은 독재자였다면 이런 일은 일어나지 않았을 것이다. 사실 영국 상원과 하원의 여러 그룹이 수많은 잠재적 정책을 주장하는 상황에서는 정치가들이 타협안을 만들거나 아니면 정책을 원리상으로는 확고하지만 실제로는 우유부단한 양면적 상태로 내버려두는 것이 자연스러운 반응일 수 있다. 더 일관성 있는 행동과 더 명료한 의도가 힘을 얻었다면 아메리카의 저항은 더 일찍 왔을 수도 있다. 아니면 전혀 오지 않았을 수도 있다.

부분적으로 영국 정책의 비효율성은 하노버왕조 초기에 퍼졌던 자의적 권력을 향한 공포를 반영했고, 이는 스튜어트왕가의 복고라는 실체화한 위협으로 나타났다. 이것은 조지라는 이름의 첫 세 왕 휘하에서 연속으로 집권한 휘그당 내각은 휘그당이 반대하는 방향의 행정력 사용을 금지당한 적이 잦았다는 뜻이다. 로마가톨

---

*　　앞의 책, p. 304. Bernard Bailyn, *The Ordeal of Thomas Hutchinson* (Cambridge, Mass., 1974), pp. 212-220.

　　　　　　　　　　　　　　　　　　　　　　　　　　버추얼 히스토리

릭, 제임스 지지파, 비사법관 그리고 그들과 뜻을 같이 하는 부류는 흔히 박해받았고 때로는 피도 흘렸다. 토리당과 제임스 계열 언론사는 법적 괴롭힘과 사법적 탄압을 겪었다. 이와 반대로 연이어 들어선 내각은 휘그당과 반정부 일파를 신중하게 다뤘는데, 이는 그들이 권력 당국에 "교황처럼 자의적인 권력"이라는 비판을 던질까 두려워서였다. 그리하여 1769년 초반 이후 제국의 관료들은 식민지에서 모반 비슷한 반대가 형성되지 않도록 막는 예방 조치를 거의 취하지 않았다. 식민지 지사들은 선동적인 신문과 소책자의 입을 틀어막는 일, 인쇄소와 필자들을 관리하는 일, 선동자를 기소하거나 반란의 기지가 될 수 있는 인지세법 회의Stamp Act Congress 같은 조직의 성장을 예방하는 일에 대체로 실패했다. 오히려 이러한 조처는 첫 조지왕 2명 휘하에서 제임스왕 지지파를 지하로 몰아넣는 데 쓰였고 여기에 성공했다. 의식적으로 자유주의를 지향한 영국 체제는 그때 대중의 전복 위협에 맞서 목표 달성에 필요하면 어떤 수단이라도 동원해 무자비하게 자신을 방어했다. 그러나 1740년대에 스튜어트왕가의 위협을 분쇄한 하노버 체제는 방어 태세를 풀어버렸다. 영국제국 당국의 경계 태세를 예전 수준으로 유지하고 그것을 반체제파와 휘그당을 상대로 시행했다면 식민지 아메리카에서 그 결과가 어떠했을지 생각해볼 만하다.

물론 그런 일은 없었다. 시간이 좀 흐른 뒤 선동가들은 아메리카에 있던 영국 군대를 스튜어트 후반 치세에 식민지인의 기억에 작용할 상징으로 설정했고, 1768~1770년 보스턴 점령 후에도 영국군은 민간 불복종을 규제하는 역할을 하지 못했다. 장교들은 잉글랜드에서처럼 그러한 개입을 둘러싼 법적 위험에 노출되어 있었다.* 심지어 1768년 여름 내각이 보스턴에 파견한 영국 군대는 도착한 뒤 부대 지원을 요구할 수 있는 민간 당국(매사추세츠주 위원회와 평화의 판관들)이 그들의 존재를

---

*   Tony Hayter, *The Army and the Crowd in Mid-Georgian England* (London, 1978). Tucker and Hendrickson, *Fall of the First British Empire*, p. 322.

반대하는 입장임을 알게 되었다. 독립전쟁이 터질 때까지 부대를 지원하라는 법적인 요구는 없었다. 보스턴의 영국 군대는 적대적인 식민지인이 주재하는 지역 법정에서 계속 시달리는 입장이었다.* 이는 예상치 못한 상황이었으나 의회는 아메리카에서 군사력을 집행할 법적 상황을 바꿀 조치를 전혀 취하지 않았다. 조치를 취했다면, 그것도 일찍 그렇게 했다면, 군사력으로 식민지 수도를 예방 삼아 점령하는 것도 가능했을 터다.

1769년 2월 식민지 장관 힐스버러 경은 내각과 국왕에게 매사추세츠만 지역의 식민지위원회 임명권을 국왕에게 부여하고, 매사추세츠주의 헌법 박탈을 고려하는 것까지 포함해 더 강경한 수단을 취하라고 요구했다. 조지 3세는 "그 방안은 최후의 수단이며 헌법 개정이란 언제든 혐오의 대상인 만큼 최후까지 기피해야 한다"는 입장을 보였다. 결국 나중에 그 정책을 실행한 것이 제임스 2세에게 치명적인 결과를 안겨주었다. 상원에서도 매사추세츠주 지사 버나드가 요청한 헌법 변경에 관해 합의하지 않았다.** 노스 내각이 처음 출범하던 1770~1771년 헌법 개혁 청원이 임박했다는 소문이 돌았지만 그 청원은 의회에 올라오지 않았다.***

1763년 평화 이후 아메리카에서 상비군의 존재는 큰 불만거리로 부상했다. 일단 그것이 왜 있어야 하는지가 분명치 않았다. 아메리카에 정규군을 배치한 것은 런던이 아메리카의 자유를 말살하기 위해 꾸민 계획의 일부가 아니었고, 다만 7년 전쟁으로 얻은 광대한 새 영토에서 발생하는 전략 문제를 다루기 위한 자연스러운 반응이었다. 즉, 정복한 인구를 진압하고 실질 지배권을 행사하기 위한 것이었다. 영국 군대는 파견한 15개 대대 가운데 셋을 노바스코샤에, 넷을 캐나다에, 또 넷을 플로

---

*   Tucker and Hendrickson, *Fall of the First British Empire*, pp. 261-263, 322.
**   앞의 책, pp. 265-266.
***   앞의 책, p. 289.

                                                    버추얼 히스토리

리다에 배치했다. 더 오래된 소유지에는 고작 4개 대대만 남았고 그중 대다수는 변경 방어 임무를 맡았다.[*] 당시 반항할 식민지인은 거의 없었고 영국 군대를 전후 아메리카에 유지한다는 결정은 논란의 대상이 아니었다. 군대 규모와 배치는 대체로 맡은 임무에 따라 결정했다.[**]

몇십 년 전 군사 해설자들은 가끔 영국 군대 배치가 아메리카인의 충성을 확보하는 데 기여했을 것이라고 주장했으나, 증거를 보면 그렌빌 내각이 식민지를 억압하려 하거나 식민지에서 얻는 수입을 늘리려는 정책에 저항이 있으리라는 전망을 했다는 주장은 나오지 않는다. 벤저민 프랭클린을 포함해 다른 많은 식민지인도 조지 그렌빌과 마찬가지로 선견지명이 없었다. 심지어 식민지가 런던이 내린 과세에 반항하기 시작했을 때도 식민지인의 항의 대상은 군대가 아니라 과세 원칙이었다.[***] 드문드문 분산된 붉은 군복 부대는 훗날 감정이 더 격화된 다음에야 독재의 상징물로 부상했다. 그러나 이들은 결코 혐오 대상이 될 수밖에 없는 존재가 아니었고 충분한 상상력이 들어가지 않은 대안 시나리오가 더 그럴싸했다.

북아메리카에 있는 거의 모든 영국 소유지에 군대를 최소한으로 주둔시키는 것은 계속 논쟁거리가 아니었다. 그 무렵 아메리카에 파견한 부대는 군대의 사회적 역할에 관한 영국의 군대 정신을 그대로 유지했다. 그것은 정치에 발을 담그지 않는다는 것이다. 군대는 식민지 선거에 개입하지 않았고 식민지 의회를 압박하지도 않았다. 어쩔 수 없이 마지못해 정치적 역할을 맡으면 그들은 시민 질서를 그대로 보호하면서 동행했다. 발화점, 즉 민간 주민과 충돌이 생기는 경우는 지극히 드물었다. 이런 상태가 계속 유지되었을지는 충분히 의문을 품을 만하다. 확실히 그런 상

---

[*]   John Shy, *Toward Lexington: The Role of the British Army in the Coming of the American Revolution* (Princeton, 1965), pp. 52-68.

[**]   Tucker and Hendrickson, *Fall of the First British Empire*, p. 88.

[***]   Shy, *Toward Lexington*, pp. 142-143.

태에서는 강압하기가 지극히 힘들었을 테니까.

1774년 가을 북아메리카의 총지휘관 게이지Gage 장군은 올바른 판단으로 뉴잉글랜드 사태가 반란으로 이미 고조되었다고 경고했다. 그리고 제국의 권위는 군사력으로만 확보할 수 있는데 휘하 병사 3천으로는 부족하며 통제권을 재확인하려면 군사 2만이 더 필요하다는 소식도 보냈다. 런던은 이 조언을 환영하지도 이행하지도 않았다.* 갈등 초기 단계에 대규모 군대를 뉴잉글랜드에 파견했다면 갈등은 어떤 길로 나아갔을까?

전쟁이 길고 우유부단하게 이어진 까닭에 처음 싸움이 벌어진 이후에도 변수는 매우 많았다. 그것은 패배를 받아들이지 않은 강력한 선거구들이 계속 밀고 나간 내전인 데다 그 분쟁에서 양측 모두에 탁월한 군사적 인재가 없음이 드러났기 때문이다. 영국도 공화주의 식민지인도 결정적인 지휘관 한 명을 내세우지 못했다. 말버러Marlborough나 웰링턴Wellington에 필적할 만큼 혁혁한 전투를 치른 사람은 없었고, 전쟁은 처음에는 이쪽으로 다음에는 저쪽으로 이리저리 밀리고 쏠리면서 질질 이어졌다. 토머스 게이지는 본국 정부에 좋은 조언을 제공했으나 매사추세츠주의 반란을 미리 진압하지 못했다. 그를 지원하기 위해 파견된 중장 3명(존 버고인John Burgoyne, 헨리 클린턴Henry Clinton, 윌리엄 하우William Howe)도 더 나을 것이 없었다. 식민지 반군에도, 식민지 국왕파에도 군사적 천재는 없었다. 전투에 나선 인물은 주로 신속하게 승리하고 정복하는 재능보다 완강한 결단력과 불굴의 인내력을 갖춘 사람들이었다. 그런데 영국의 관점에서 그 전쟁은 식민지를 휩쓸어 재정복할 가능성은 희박해도 싸울 가치는 있었다. 군사력을 내세워 문제가 있는 헌법 요건을 협상할 때 협상에 따른 평화를 강제하고, 어떤 형태로든 정치적 연대를 유지할 가망이 있었기 때문이다. 북아메리카의 육지 전투에서 양측은 각각 승리를 기록했다. 영국

---

*   Tucker and Hendrickson, *Fall of the First British Empire*, p. 359.

지휘관들의 성공률이 조금이라도 더 높았다면 큰 차이가 생겼으리라는 시나리오는 어렵지 않게 상상할 수 있다.*

결과를 놓고 보면 영국의 군사적 행동은 불운하게도 같은 나라 국민과의 화해를 기반으로 한 협상 타결안과, 인명이나 자산을 아무리 많이 잃어도 적을 결정적으로 격퇴하는 승리라는 두 가지 목표 사이에서 나뉘어 있었다.** 이와 유사하게 영국은 아메리카 해안 지대에 중요한 기지를 마련함으로써 아메리카 교역을 통제한다는 전략과, 내륙에서 국왕파 세력과 연대해 넓은 영토를 정복하려는 전략으로도 나뉘어 있었다.*** 이러한 사회적 기반을 활용하지 못한 영국 당국의 실패가 그 분쟁의 중요한 특징이었다. 그 이전 몇십 년 동안의 준비 부족으로 독립전쟁 동안 "잠재력이 엄청난 국왕파 군사력은 그대로 잠들어 있었고 반란을 진압할 수단으로 선택받지도 못했다."**** 그 결과 국왕파는 영국군 지휘관들에게 가장 유식하고 가장 가차 없는 비판자로 남았다. 조지프 갤러웨이는 다음 질문을 던졌다.

영국 지휘부가 그토록 우세한 무력을 보유하고도 그 반란을 오래전에 진압하지 못한 이유는 무엇인가? 대서양 이쪽 편에서 그 원인을 제아무리 허위진술로 포장해도 미국에서는 전혀 비밀이 아니다. … 계획 차원에서는 어리석었지만 일을 진행할 때는 정력적이고 단호하게 선언하면서 친구와 적이 단합했다.*****

충분히 능력이 있다고 본 하우가 1776년 가을 롱아일랜드와 델라웨어강에서 워

* Jeremy Black, *War for America: The Fight for Independence 1775-1784* (London, 1991), pp. 24-27.
** 앞의 책, pp. 14-15와 여러 곳.
*** 앞의 책, p. 23.
**** Shy, *Toward Lexington*, p. viii.
***** Galloway, *Letters to a Nobleman*, p. 36.

싱턴의 부대를 무찌르지 못한 일, 버고인이 미국군을 매복으로 유인하지 못해 그 뒤를 이은 새러토가 전투 결과가 엉망이 된 일, 카우펜스 전투가 끝난 뒤 미국 군대가 영국군 추적자들을 뿌리치고 탈출한 일, 1781년 후반 워싱턴이 본래 계획한 뉴욕 공격에 집착하지 않고 남쪽을 공격함으로써 요크타운 승리를 이끌어낸 일 등 독립전쟁 역사는 결정이 달랐다면 최종 결과에 중대한 영향을 미쳤을 우연으로 가득차 있다.

명백한 운명? 미국 버전의 반사실 부정

자세한 군사 분쟁 내용에는 더 큰 의미가 있다. 전쟁 경로가 달랐다면 그 싸움에 대응하는 미국의 자세도 달랐으리라는 주장이 제기된 적이 있다. 영국의 무기가 더 성공적이었다면 또 그것을 극복하기 위해 미국이 더 체계적인 반응을 보여야 했다면 "결과적으로 미국 대중문화가 많이 달라져 개인보다 민족국가를, 권리보다 의무를 더 강조했을 것이다." 그러나 군사 분쟁은 돌이켜보면 그 결과를 의기양양하게 짚어낼 수 있으나 예측해야 하는 시점에서는 모든 것이 불확실하다. 당대 미국 혁명 역사가들은 이 점을 알고 있었다. 그들은 전투 결과가 사소한 사건에 달려 있는 사태를 흔히 만났고 그 난처한 사실에 익숙해졌다. 윌리엄 고든William Gordon처럼 그들도 불편하게 회고했다.

"거대한 왕국의 흥망성쇠나 까마득한 미래에 권력과 영광, 부, 예술, 과학이 유럽에서 미국으로 이동하는 사태가 이들 사건에 달려 있을 수 있다."**

*   Black, *War for America*, p. 249.

**   William Gordon, *The History of the Rise, Progress, and Establishment of the Independence of the*

고든의 이 어정쩡한 논의는 우연성의 힘에 어느 정도 역사적 엄격성을 부여한다. 또한 기능을 갖춰 진지하고 전문성 있게 새로운 공화국의 기원을 설명함으로써 현대 분석을 예고하고, 역사가가 그들의 청교도적이고 운명예정론에 가까운 과거와 단절하는 지점을 표시한다. 하지만 그들은 스스로를 부분적으로만 해방시켰다.

그들은 섭리와 우연 사이의 경계선을 흐리게 만들어 섭리의 전통 개념을 파괴했다. 그들은 그 두 용어를 섞어 쓰거나 그것을 있을 법하지 않고 예상 혹은 설명할 수 없는 사건이 실제로 발생했음을 시사하는 서술 용도로 사용했다. 나아가 섭리 언어와 우연성 언어를 모두 역사 설명이 아니라 엄밀히 말해 알려지지 않은 단계의 원인을 판단하지 않고 유보하는 데 사용했다. 역사가들은 섭리와 우연성 사이의 구분을 없앰으로써 섭리가 더 이상 그들에게 역사를 설명하는 적절한 방식이 아님을 분명히 했다.

섭리는 이데올로기와 심미 목적을 위해서만 살아남았다.* 그리고 그 최종 원인은 신이 아니라 미국의 명백한 운명이었다.

이에 따라 미국 독립전쟁을 역사 설명의 세속화에서 중요한 단계로 볼 수도 있다. 이 경우 사소한 사건(설명이 불가능한 우연성)과 거대한 반사실(섭리에 따른 운명)은 더 이상 섭리 차원에서 연합하지 않으며, 잠재적으로 상충하는 관계에 놓인다. 물론 이것 역시 의도하지 않은 결과일 수 있다. 독립전쟁 초기의 애국적 역사가들을 다룬 레스터 코헨Lester Cohen의 설명이 옳다면 말이다. "섭리와 우연성을 하나의 설명 양식으로 융합해 전통적인 섭리 개념 용도를 파괴함으로써 또 우연성을 섭리와 별

United States of America, 4 vols. (London, 1788), vol. II, pp. 568-569.

*   Lester H. Cohen, *The Revolutionary Histories: Contemporary Narratives of the American Revolution* (Ithaca, NY, 1980), pp. 58-60, 67, 71-85. "역사가들은 설명 개념으로는 섭리를 거부했으나 전통적으로 섭리와 연관된 이데올로기, 문화 가치는 보존했다," p. 82.

개로 사용함으로써" 역사가들은 흄이나 기번과 동일한 목적을 달성하고자 했다. "역사를 우연성 감각과 합치고 인과관계을 복합 문제로 다루는" 목적 말이다.* 그러나 그들이 성공한 것은 미국 역사에 더 세속적인 새로운 목적성을 도입한 것뿐이었다.

이들 역사가는 "두 가지 방식을 원했다. 한편으로는 공정한 역사 서술, 즉 진실에 헌신하고 인류애에 기여하며 순수한 언어와 스타일로 서술하는 것을 목적으로 했다. 또 한편으로 그들은 확연하게 미국식 역사를 개발하고자 했다. 그것은 독립 혁명을 정당화하고 미국의 미래 세대에게 공화제 원리를 심어주려는 의도가 있는 역사다." 그뿐 아니라 그들은 "자신의 노력을 객관화하는 것과 독립전쟁의 원리 및 가치를 주장하는 것이 상충한다고 여기지 않았"는데,** 이는 일부 지역에 끈질기게 남아 있는 문제다. 반사실은 식민지 역사의 청교도주의 단계에서든 새로운 미국공화국에서든 환영받지 못했다. 독립주의자들의 유산인 청교도 신학은 미래를 모르는 것은 인간뿐이라고 여겼다. 하지만 신이 창조한 시점부터 미래는 이미 예정되어 있고 인간은 자유의지로 그것을 바꿀 수 없다. 이와 달리 독립주의자들의 새로운 '열성적 수사학'은 "인간이 불확실한 미래와 미래 모습을 책임진다는 생각에 따르는 절박성, 불안, 도전정신"을 분명히 드러냈다.*** 그들은 미래를 구현하는 자유를 누리지만 한 가지 방식으로만 구현할 수 있다.

이어 독립주의 역사가들은 더 세련되고 전문적인 미국의 건국 역사 버전을 고안해내려 애썼다. 특히 그들은 청교도의 운명예정론에 우연성의 힘이라는 새로운 의미를 부여해 역사학으로서의 자격을 갖추도록 했다. 그렇지만 이 전문가주의를 향한 길에서 그들은 일부분밖에 나아가지 못했다. 왜냐하면 우연성 논리가 단일하고

* 앞의 책, p. 83.
** 앞의 책, p. 185.
*** 앞의 책, p. 119.

비추얼 히스토리

예정된 목적인 미합중국 독립의 정의로움과 필연성에 종속되기 때문이다. 그 대안인 반사실, 영국령 북아메리카 개발을 지향하는 똑같이 그럴싸한 또 다른 시나리오는 암묵적으로 애초에 배제했다. 결국 역사의 실제 동력인 반사실과 우연성 사이의 상호작용은 끝내 파악되지 않았다. 대신 독립주의 역사가들은 미국 운명의 합목적적 이해를 암시하는 데 늘 있어온 섭리 개념을 사용했고, 신학 배제가 아니라 섭리를 세속화하는 수단으로만 우연성을 사용하는 쪽으로 나아갔다. 이 방법으로 그들은 문제의 개괄적인 윤곽을 일찌감치 확립했다.

주변화한 자, 박탈당한 자, 억압된 자

미래가 위험에 처한 것은 백인 식민지뿐이 아니었다. 영국령 아메리카가 더 자유주의적이고 덜 대중주의적인 방향을 취했더라도 그 정책이 새 공화국에서 엄청난 손해를 볼 두 그룹, 즉 아메리카 원주민과 아프리카계 미국인 노예에게 주는 함의를 고려해봐야 한다.

7년 전쟁이 일어나기 전 각 식민지는 아메리카 원주민 정책을 각자 결정했다. 그 정책은 계속 이어진 마찰을 완화하는 데 거의 성공하지 못했고 가끔은 잔혹한 분쟁의 불이 붙기도 했다. 동화 정책은 대체로 실패했다. 원주민은 노예화를 수용하라거나 유목생활을 버리고 정착생활을 하라는 혹은 목축농업 대신 관개농업을 하라는 요구에 현저한 거부감을 보였다. 정착민, 특히 칼뱅주의 예정론자들은 17세기 초반의 신세계 탐험자인 영국 국교회교도와 달리 원주민을 기독교로 개종하려는 열성이 없었다. 반면 북아메리카 대륙에서 영국의 중요한 경쟁자인 프랑스는 북미 원주민과 훨씬 관계가 좋은 편이었다. 원주민을 개종하려는 가톨릭 활동은 뉴잉글랜드 청교도보다 상대방을 더 많이 존중했다. 원주민에게 크게 의존한 프랑스의 모피 무역도 이와 비슷하게 어느 정도 호혜성을 발휘했으나 영국인 정착민의 목적은 오로지 정착과 수탈에 있었다.

런던이 북미 원주민 정책에 직접 개입한 계기는 전시, 특히 7년 전쟁 때 원주민의 지지를 놓고 프랑스와 경쟁할 필요가 생긴 데 있었다. 아메리카 개척지에서 영국-프랑스 간의 갈등이 대규모 국제 분쟁으로 끓어오르자, 그 필요성이 절박해진 런던은 영국-원주민 교역을 규제하고 주된 문제인 토지 문제도 기꺼이 다루고자 했다. 전쟁 동안 런던 정부는 원주민과 세 차례(1758년 이스턴 조약, 1760년 랭커스터 조약, 1761년 디트로이트 조약) 협약을 맺었고 이를 내켜하지 않는 백인 식민지인에게 애팔래치아 경계를 정착지의 한계선으로 존중하도록 서약하게 했다. 이들 조약은 전쟁에서 이긴 뒤에도 유효했고 원주민 정책은 1763년 10월 7일 국왕 포고령으로 신속하게 표명했다.

이 원칙은 조지아주부터 퀘벡까지 마찬가지로 적용했다. 애팔래치아산맥 서쪽 땅은 원주민의 것으로 땅을 구입하거나 정착하려면 제국 정부의 허가가 필요했고, 교역자들은 허가증을 받아야 했다. 사실상 이 지역에서의 권위는 원주민 감독관 2명과 북아메리카에 주둔한 영국군 총지휘관의 손에 있었다. 명백히 런던 당국은 원주민 정책을 포괄적으로 시행하기 위한 구조를 설정했다. 그것은 서쪽으로의 팽창을 영구히 가로막으려는 것이 아니라 원주민 영토의 구매를 통제하는 제국 정책을 따라 규제하려는 목적으로 고안한 것이다.

1763년 원주민 폰티액의 대규모 반란과 식민지의 임기응변 식 대처로 런던은 원주민 정책을 통제할 필요를 더 강하게 느꼈고, 미개척지 변방을 순찰하기 위한 상비군의 필요성도 더 커졌다. 런던이 식민지에서 수익을 올리려 시급하게 시도한 일은 이러한 부대 주둔 비용을 조달하기 위해서였다. 이것이 어떤 어려움을 빚어냈든 식민지인과 원주민 모두를 주기적인 학살 위협에서 해방시키려 한 최종 목적은 납득할 만했다. 어차피 새로 얻은 캐나다와 플로리다가 유발하는 전략적 위협으로부터 더 오래된 영국 식민지를 안전하게 보호하려면 북아메리카에 영국군이 있어야 했고, 그 이유에서라도 식민지에서 들어오는 수입이 있어야 했다. 제국 정부가 원주민 문제를 무시하면 제국 징세로 야기된 헌법 문제를 해결하지 못했을 테니 말이다.* 그러나 영국령 아메리카는 서쪽으로의 이주를 통제받고 부분적으로 학살과 수탈의 긴장을 면해 간신히 인간적인 여건을 유지하는 그런 식민지였을 것이다.

영국령 아메리카가 지속되었다면 흑인 노예도 근본적으로 다른 운명을 겪었을지 모른다. 백인 식민지인은 버지니아 지사 던모어 경Lord Dunmore이 1775년 11월 영국의 명분에 합류하는 노예들을 해방시키겠다고 한 결정을 배신이라고 해석했지만,** 이 일화는 절박한 군사적 필요성이라는 이유 외에 노예제 문제에서 더 신속하게 멀리 나아간 영국의 발전 단계를 반영한 것일 수 있다. 이와 유사하게 식민지에서는 많은 그룹이 일면 17세기 트라우마를 떠올리게 하는 열렬한 반가톨릭 입장을 유지했으나, 영국 여론은 이미 가톨릭에 부과한 불이익을 취소하는 쪽으로 움직이고 있었다.

1772년 맨스필드 경이 서머싯 사건Somerset's Case에 내린 판결에서 관습법은 영국 땅에 있는 흑인 노예의 굴레를 단번에 잘라냈다. 영국령 아메리카가 영국인의 권리를 큰 소리로 주장하는 상황이었다면 얼마 지나지 않아 같은 원리가 식민지에도 전달되었으리라. 대체 얼마나 걸렸을까? 제국 내에서 런던에 자리 잡은 최고 정치적 권위는 해군력을 기반으로 1806~1811년 내린 관련 법령에 따라 노예무역을 끝냈다. 1833년 법안에서는 영국의 해외 식민지에 있는 노예해방으로 발전했다. 미국은 정치적 현실 때문에 제퍼슨이 독립선언문 초안에 넣은 노예제 비난 문구를 삭제

---

*   인도 문제는 Tucker and Hendrickson, *Fall of the First British Empire*, pp. 87-95 참조.

**   Benjamin Quarles, "Lord Dunmore as Liberator", *William and Mary Quarterly*, 15 (1958), pp. 494-507.

했다. 독립전쟁에서 국왕 편에 섰던 (수많은) 흑인 식민지인은 같은 이유에서 열심히 싸웠다.[*] 역사가들은 1860년대 미국 전쟁이 본질적으로 노예제와 관련된 것인지, 아니면 윌리엄 블랙스톤 경Sir William Blackstone이 내세운 계승에 따른 주권 분열 불가능성과 절대성 원리에 저항하는 부속 입법권 관련 싸움이었는지를 놓고 토론해왔다. 어느 쪽이든 1860년대에 일어났던 사건들은 2차 미국 독립전쟁이자 1차 독립전쟁이 해결하지 못한 문제로 회귀하는 사건으로 분석할 수 있다. 결국 1770년대 사건들이 다르게 전개되었다면 북아메리카 대륙을 고통에 빠뜨린 두 번째 거대한 재앙을 면하게 해줄 협상과 타협안이 나왔을 수도 있다.

대서양 양안의 반사실이 드리운 긴 그림자

　영국과 그 나라의 예전 식민지뿐 아니라 대륙의 유럽 관찰자들도 독립전쟁 결과를 놓고 반사실적 성찰을 계속해왔다. 프랑스의 정치경제학자 튀르고는 1776년 4월에 쓴 비망록에서 독립 아메리카가 출현하기를 기대했다. 만약 전쟁 결과가 정반대였다면 식민지에 할당한 영국의 군비 규모 때문에 뉴펀들랜드에서 파나마에 이르는 대륙 전체를 영국이 정복해 루이지애나에서 프랑스인을 추방하고, 멕시코에서 스페인인을 몰아내는 방향으로 나아갈 수밖에 없었을 것이다.[**] 그리고 대서양 양안의 평화와 교역은 식민지 아메리카의 경제 발전과 인구 증가를 촉진했으리라.

---

[*]　Sidney Kaplan, "The 'Domestic Insurrections' of the Declaration of Independence", *Journal of Negro History*, 61 (1976), pp. 243-255; Sidney Kaplan & Emma Nogrady Kaplan, *The Black Presence in the Era of the American Revolution* (Amherst, Mass., 1989년 개정판).

[**]　Anne-Robert Jacques Turgot, *Mémoire sur les colonies américaines* (Paris, 1791), Anthony Pagden, *Lords of All World: Ideologies of Empire in Spain, Britain and France c. 1500-c. 1800* (New Haven, 1995), p. 192.

식민지 경제를 산산이 부수고 수십 년 동안 발전을 가로막은 1776~1783년 전쟁이 없었으면 자유주의적 북대서양 정치 집단의 부와 힘은 프랑스에서 철학자들이 고취한 혁명이 아니라 개량주의 개혁을 퍼트렸을 확률이 높다. 이 논점은 워낙 명백해서 굳이 강조할 필요도 없다. 1776~1783년 미국 독립전쟁이 실제와 다르게 진행되었을 경우 프랑스가 치명적인 재정 부담 아래 헛되이 비틀거리다가 1788~1789년에 무너져버릴 가능성은 극히 낮았을 것이다.

이러한 반사실은 실제로 일어난 일과 너무 동떨어져 역사 연구 대상에 오르지 못했다. 반사실 분석가들은 초기에 빚어진 몇 가지 오류와 비극적인 착오만 아니었어도 모든 일이 잘 진행되고, 인류는 분쟁을 피해 평화로운 진보라는 황금시대로 들어갔으리라는 주장이 제공하는 손쉬운 도피를 잘 알고 있다. 영국 관찰자들은 1914년과 1939년 시점을 애석한 마음으로 돌아보기 십상이다. 그들이 보기에 놓쳐버린 그 커다란 기회에 영국은 평화로운 북대서양 영어권 정치체 혹은 자유주의적이고 상업적인 가치에 헌신하는 통일 정치체를 건설할 수 있었으니 말이다. 영국 역사학의 휘그-자유당 전통은 미국 혁명을 영국 정책상 쉽게 피할 수 있었던 오류, 특히 조지 3세의 개인적 결함 탓으로 돌림으로써 그런 경로를 있을 법한 일로 만들었다. 그러나 이 설명은 갈수록 설득력을 잃었다. 설사 1770년대에 분쟁을 피했더라도 그것이 미래의 평정을 무한정 보장하지는 않았을 터다.

노예제는 신생 아메리카공화국을 찢어발긴 것처럼 결국 1830년대나 1840년대에 이 찬란한 제국의 평화를 쳐부숐으리라. 1760년대 재산권에 그토록 미미한 침해(그들이 보기에)를 준 인지법에 아메리카 식민지가 거의 만장일치로 분노의 아우성을 쳤는데, 아메리카 노예를 해방시키려는 영국의 시도에는 얼마나 더 격렬하게 저항했을까? 1834년 영국의 다른 식민지에서 시행한 런던의 식민지 업무 개입을 아메리카에서도 시행했다면, 아메리카 식민지는 차 세금보다 엄청나게 더 중요한 경제 제도[즉, 노예제 – 옮긴이]를 둘러싸고 훨씬 더 격렬하게 단합했을 것이다.

사실 영국은 1860년대 노예제를 둘러싼 갈등을 방관할 수 있었다. 그 결과는 북부 주의 승리와 해방이었다. 그 갈등이 대서양 양안의 정치체 내에서 터져 나왔을 경우, 아메리카의 승리는 그 특이한 관행이 그 나라의 삶 속에 더 깊이 파고들어가는 효과를 낳았을지도 모른다.

실제 세계는 더 행복한 혹은 더 어두운 가능성 위로 똑같이 베일을 드리우며, 자신이 살고 있는 세계와 화해할 필요는 그 베일을 걷지 못하게 막는다. 그렇긴 해도 대안은 영국 역사의 여러 중요한 일화, 몇몇 사람이 찾아낸 불가피했던 것으로 보이는 사건을 있을 법하지도 않고 예견하지 못한 사건으로 설명할 수 있다. 1660년, 1688년, 1776년 사건이 그 범주에 들어간다. 그와 마찬가지로 성공할 기회가 많았던 여러 행동을 헤게모니 이데올로기로 설명하고 회고 속에서 확률이 낮은 도박 수준으로 치부하기도 한다. 예를 들면 1744년 프랑스 침공 시도와 1797~1798년 프랑스의 지원을 받을 수 있던 아일랜드 반란 같은 사건이 있다. 두 경우 모두 외국의 군사 개입에 맞춰 국내 봉기를 계획했으나 끝내 실현하지 못했다. 만약 1660년, 1688년, 1776년에 그랬듯 그 계획의 조각을 짜 맞췄다면 역사의 풍경은 바뀌었을 것이다.

암묵적인 반사실은 대사건의 역사 재건을 모두 지지한다. 대안의 개방적인 검토는 논의할 가치도 없고 실제와 거리가 먼 향수에 젖은 행동이라고 비난하는 것은 합목적적 성향이 강한 이데올로기뿐이다. 설령 그럴지라도 향수의 이론 구조는 선택하지 않은 선택지, 실현하지 못한 잠재력을 깨닫는 것 이상이 아닐지도 모른다. 가끔은 향수도 과거의 세부사항에 확고한 근거가 있을 수 있고, 때론 민족적이거나 파벌의 전설에 무비판적으로 의지하는 감정적 성향을 보이기도 한다. 하지만 그 감정적 내용이 무엇이든, 잘 판단했든 잘못 판단했든, 향수를 방법론으로 중요시하는 것은 대중의 역사 이해가 비목적론 쪽으로 기울어지는 성향이 있음을 시사한다.* 라파

*   나는 이것이 과감한 혁신 연구인 Raphael Samuel, *Theatres of Memory* (London, 1994)의 중심 주제라

엘 새뮤얼Raphael Samuel이 지적한 대로 분별 있는 사람이 본능적으로 과거를 대하는 대중의 태도에 반대하고, 그런 태도를 비난할 방법을 찾으려 애쓰는 데는 충분한 이유가 있다. 대중의 향수가 아무리 과거 상황의 존재 여건과의 진정한 경험적 접촉을 반영해도 그 비목적론 구조는 현대 세대의 입 가벼운 책임의식과 강하게 상충한다.

인간은 일반적으로 반사실에는 거의 관심을 보이지 않는다. 가능했을 법한 일에 논리적으로 그럴싸하게 접근해도 사후에 애석해하는 것은 소득 없는 짓이다.

> 자연스럽게 눈물 몇 방울이 떨어졌지만 곧 닦아버렸다.
> 세계는 그들 앞에 있고, 그곳에서 휴식처를 골라야 한다.
> 섭리가 그들의 안내자가 되어주리라.
> 방황하는 발걸음으로 손을 잡고
> 느린 걸음으로 에덴을 지나 외로운 길을 간다.

이러한 정신적 장벽이 생기는 이유 중 일부는 심리에 있다. 일단 중요한 결정을 내리고 중대한 반사실을 한 번 실현한 다음에는 돌이켜보니 그것이 불가피했다고, 그 상황에서는 타당한 것이었다고 합리화한다. 이어 성과물에 가치를 적용해 그 새로운 상황을 찬양한다. 그러나 더 큰 이유는 방법론에 있을지도 모른다. 갤리는 파괴적인 우연성이 역사 설명 속에 어떻게 흡수 및 수용되는지 설명(아마 지나치게 자기만족적인 설명일 것)을 하나 제시했는데, 그것은 우연성 영역에서 일어나는 "전례 없이 희망을 깨부수는 재앙"도 대안적 반사실을 억지로 선택하게 하지는 않는다는 의미를 담고 있다.[*]

고 본다.
[*] W. B. Gallie, *Philosophy and the Historical Understanding* (2nd edn., New York, 1964), pp. 40-41,

그렇긴 해도 더 면밀하게 점검하면 우연성과 반사실은 모든 역사 조사의 출발점에서만 사이가 좋다. 얼마 지나지 않아 둘은 다른 방향으로 갈라서기 시작한다. 반사실은 분명하게 확인 가능한 대안적 발전 경로를 따라가는데, 그 길의 명확함과 일관성은 역사가가 그것을 실현되지 않은 미래로 투사할 때 의지할 수 있는 요소다. 반면 우연성을 강조하는 것은 드러나지 않은 사건이 어떤 본안 사건으로 밝혀졌든, 원리와 제도의 훌륭한 주장 및 내적 논리로 확인했든, 전개되지 않은 사건이 그 경로를 따르지 않은 방식만 주장하는 게 아니다. 여기에는 모든 반사실 대안이 스스로 재빨리 가지를 쳐서 무한히 많은 가능성으로 퍼져 나가는 결과도 따른다.* 인간은 반사실[즉, 가지 않은 길 – 옮긴이]이 금세 사라지고 만화경 같은 우연성으로 결정한 무수한 선택지로 가지치기를 해나가면 가지 않은 길을 바라보며 크게 애석해하지 않는다. 이것을 우리 조사의 전경에 배치한 것은 바로 그러한 어려움 때문이다. 사실 위안의 필요성은 설명의 욕망을 압도한다. 우연성의 힘에 감명을 받은 역사가와 반사실을 강조하는 그의 동료들은 결국 만약 이브가 아담에게 사과를 주지 않았어도 어쨌든 다른 뭔가가 틀림없이 잘못되었을 것이라고 주장할 수 있다.

72, 87-91, 125.

* 　반사실과 우연성 사이의 긴장은 낡은 목적론을 해체하려는 최근의 여러 역사 저술에 나타나며, 이것은 역사적 방법 및 이야기의 실제 내용에서 아직 해소되지 않은 긴장이다.

　　　　　　　　　　　　　　　　　　　　　　　　　　버추얼 히스토리

3

영국령 아일랜드

자치가 1912년에 실행되었다면?

-앨빈 잭슨

친애하는 영국 독자 여러분, 간단히 말해 아일랜드 신교도는 당신들이 연합Union 또는 제국이라 부르는 영국 상호감탄협회 밖에 나와 있다. 당신들은 당신네 힘을 하원의원에게 위임해 아일랜드 신교도의 흔하지만 쓸모없지는 않은 하원의원 한 명을 사서 그를 압제자, 즉 휘둘리고 구박당하는 앞잡이이자 군사 관리자로 만들 수도 있다. 그러나 그 충성의 보수로 줄 수 있는 것은 영국 식 캐릭터에 담긴 천성적 우월함뿐이다. 자, 그 실험을 시도해보라, 무슨 일이 일어날지!

-조지 버나드 쇼, 《존 불의 또 다른 섬John Bull's Other Island》

글래드스턴의 선전에 따르면 '자치Home Rule'는 영국-아일랜드 관계의 온갖 문제점을 치유할 만병통치약이었다. 그런데 1914년 이후 글래드스턴 식 세 가지 자치권 이양 방안 가운데 마지막 것이 기각되면서 자치 문제는 영국 자유주의자들의 양심과 (일부의 경우) 자부심을 조롱했다. 제한적 자치정부 허용을 본질로 하는 자치는 아일랜드를 제국에 묶어두고 영국이 정복으로 저지른 죄를 사하며, 혼잡한 제국 의회에서 영웅적이지만 장황하게 사설을 늘어놓는 아일랜드 의원들을 치우는 아일랜드 민족의 열망을 동시에 충족시키는 수단이나 다름없었다. 이를 보여주듯 윈스턴 처칠은 1912년 하원에서 "우리는 아일랜드인이 쥔 권력이 이 나라에서는 너무 많고 자기 나라에서는 너무 적다고 생각한다"•라고 발언했다. 자치법은 글래드스턴(그는 1885년 12월 이양에 관한 확신을 공개했다)에게 마지막 큰 임무로, 그는 정치적이자 사적인 여러 용도의 정책(지적으로 몹시 섬세한 이 정치인이 고안한 여러 발의안은 대체로 그렇다)을 고안했다. 자치 문제는 후기 빅토리아 자유주의의 복잡성을 단순한 법안 하나의 판형 속에 집어넣는 것과 같았다. 그것은 그 위대한 노인Grand Old Man[글래드스

• *Hansard*, 5th ser., vol. XXXVII, col. 1721 (1912년 4월 16일).

턴의 애칭 - 옮긴이]의 리더십을 앞세워 지리멸렬하기 짝이 없는 당을 정렬할 기회를 제공했다.

그런데 1886년과 1893년 두 가지 방안이 기각되면서 글래드스턴은 정치 인생의 장대한 클라이맥스에 이르지 못했고, 혼란스러워진 추종자들은 방향을 잃었다. 1914년 3차 자치안도 기각되자 헌정 민족주의자Constitutional Nationalist는 빛나는 승리를 놓쳤고 1916년 반란군, 1919년 이후 아일랜드공화군Ireland Republical Army 자원병 등 호전적 공화주의가 활동할 정치 공간이 만들어지는 듯 보였다. 그렇다면 1916년 봉기, 피비린내 나는 영국-아일랜드 전쟁(1919~1921년), 간신히 현상유지만 하는 북아일랜드에서 발생한 폭력 사태(특히 1969~1994년)에서 자유당의 양심이 현대 아일랜드 역사의 거대한 반사실 문제를 돌이켜보는 쪽으로 입장을 바꾼 것은 전혀 놀랄 일이 아니다. 자치안이 성공했다면 평화로운 통합 아일랜드 국가가 만들어졌을지, 그 방안이 영국-아일랜드 관계를 단순화하고 개선할 수 있었을지 하는 문제 말이다. 그 가정이 고통받은 글래드스턴 지지자들만의 주장은 아니다. 북아일랜드 문제로 부담에 짓눌리고 1886년, 1893년, 1912~1914년 선배들의 극렬한 통합주의가 수치스러웠던 후반기 토리당은 이 시기 자유당 논쟁가들 쪽으로 눈길을 돌렸다. 동시에 자치를 이룬 아일랜드의 목가적 비전 쪽으로 입장을 바꾸었다. 이 글은 자치 선동Home Rule Agitation의 죽지 않은 역사에 바치는 한 걸음 더 나아간 기고문이다.

어떤 관념의 역사

19세기 말 자치 선동이 전면에 떠올랐을 때 아일랜드 헌정은 비정상 상태였다.*

---

* 예를 들면 다음을 참조할 것. Alan J. Ward, *The Irish Constitutional Tradition: Responsible*

버추얼 히스토리

아일랜드 정부의 형식상 기초는 통합법Act of Union(1800년)이었다. 그 법에 따라 아일랜드는 중세적 · 반독립적인 아일랜드 의회를 없애고 영국연합왕국 의회A United Kingdom Parliament를 창설해 상당 규모의 아일랜드 대의원을 웨스트민스터에 보냈다. 그런데 (통합론자들의 주장대로) 만약 자치가 헌법상 중간 지점이라면 이는 통합법에도 똑같이 적용할 수 있었을 것이다. 사실 1800년 발효된 그레이트브리튼과 아일랜드의 통합은 글래드스턴이 1886년에, 애스퀴스Asquith가 1912년에 제안한 입법 자율성 허용만큼 불완전했다.

통합 이전 행정부의 흔적은 여전히 남아 있었고 19세기 내내 아일랜드는 명목상으로는 연합왕국의 일부였으나 실질적으로는 다른 나라였다. 더구나 정부기관은 영국 기준에서 보면 구별이 갔지만 더블린성을 중심으로 한 아일랜드 지배 계급의 사고방식은 여전히 무모하고 식민지적이었다. 아일랜드 대리인은 웨스트민스터에만 있었고 (이론상으로) 통치 주체는 런던이었다. 물론 더블린에는 국왕이 임명한 부관을 비롯해 총독과 구별되는 집행부의 퇴화한 기관들이 있었다. 아일랜드에는 별도의 추밀원과 독립적인 사법부가 있었고 이는 각각 추밀원장과 대법원이 관장했다. 여기에다 별도의 사법부 관리와 1899년 이후에는 독자적인 농업 관련 장관에 해당하는 직책도 있었다(농업과 기술 교육부 부의장). 고위 공무원은 이 행정부 핵심에 집결해 있었는데 그들은 편협하긴 해도 일반적으로 건전한 관리로 영국인이 많았다. 그들은 각자의 직책에 자부심과 멸시가 특이하게 도발적으로 혼합된 성격을 가미했다. 별도 왕국의 지위를 누린 아일랜드 정부는 연합왕국의 새로운 제도를 혼합한 옛 시대의 반자율적인 기관으로 남았다. 여기에는 전체적으로 제국주의 그늘이 생생히 드리워져 있었다.

Government and Modern Ireland, 1782-1992 (Dublin, 1994), pp. 30-38; R. B. McDowell, *The Irish Administration, 1801-1914* (London, 1964). 영국과 아일랜드의 헌법상 차이를 간명하게 검토한 것은 *Hansard*, House of Lords, 5th ser., vol. XIII, col. 423 (1913년 1월 27일)에 실린 크루 경의 해설을 볼 것.

19세기 아일랜드 정부는 정교하게 배치한 제도, 비교적 온후한 장관과 관리들, 대체로 아일랜드 가톨릭교도인 지역 관리와 경찰(특히 세기 말)에도 불구하고 이 행정적 갑옷이 심각하게 인기가 없다는 모순을 안고 있었다. 제도 면에서 불완전한 연합왕국은 대중의 정치적 애착 면에서도 똑같이 초점이 어긋났다. 그 이유는 간략하게 요약할 수 있다. 먼저 연합왕국은 1798년 공화파 반군을 누른 정부의 유혈 승리로 억지로 법령집에 등록되었다. 그것은 애당초 영국의 안전에 기여하는 한편 아일랜드의 기존 토지 이해관계를 보호하기 위해 설계된 존재였다. 나아가 이것은 그 설계자 윌리엄 피트의 장기적인 정치 이익을 위한 것으로 연합왕국은 영국의 군사적 우위를 기반으로 존재했다.[•]

둘째, 본래 피트의 의도는 가톨릭교도에게 시민으로서 완전한 평등성을 허용하거나 그 방안을 혼합하려는 것이었지만 이처럼 정치적으로 꼭 필요한 당 의정은 나중에 폐기했다. 연합왕국의 제안을 잠정적으로 지지했던 가톨릭 성직자층Catholic Hierarchy은 양보해야 하는 상황에 놓이자 영국에 배신감을 느꼈다. 사실 영국은 연합왕국 실험을 구상할 때부터 협력했을 가톨릭공동체를 전체적으로 배제했다. 이 따돌림의 결과가 빚어낸 영향은 매우 컸다. 18세기 후반부터 아일랜드의 경제 호황과 일부 자유당 신교도 승인, 입법 분야에서 정부의 제한적 양보(예컨대 1793년 40실링의 세금을 납부하는 가톨릭교도에게 참정권 재부여)로 토대를 강화한 가톨릭교도의 정치적·경제적 자신감은 커지고 있었다. 전반적인 경제 팽창으로 아일랜드는 인구가 급속히 늘어났는데 특히 가톨릭 노동계급이 빠르게 성장했다. 토대를 강화하는 이 과정은 19세기 들어서도 이어졌고 1829년 가톨릭교도 '해방'(대체로 완전한 시민 평

[•]   통합법이 통과하기 전의 과정은 James Kelly, "The Origins of the Act of Union: An Examination of Unionist Opinion in Britain and Ireland, 1650-1800", *Irish Historical Studies*, 25 (1987년 5월), pp. 236-263 참조. 방안의 통과 과정을 알려면 G. C. Bolton, *The Passing of the Irish Act of Union* (Oxford, 1966) 참조.

등 달성), 1869년 영국 국교회와 아일랜드 국교회 분리 같은 정치적 승리를 얻어냈다. 사실 이러한 승리는 대부분 기득권 세력의 이익을 희생하고 그들의 반대를 넘어 간신히 얻은 것이었다. 이 피상적인 조사만으로도 연합왕국의 약점은 금방 드러난다. 피트의 의도에도 불구하고 그 방안은 사실 영국과 기득권의 이익에 봉사했다. 그리고 새로 등장한 체제는 인구가 가장 많고 가장 역동적이며 가장 주장이 강한 공동체를 사실상 배제했다.

이 배제로 인해 아일랜드 가톨릭 세력의 민족적 공감이 다져졌다.* 그렇지만 어느 모로 보아도 눈에 거슬리는 가톨릭 민족주의 등장이 예정되어 있었던 것은 결코 아니다. 당시를 돌이켜본 여러 민족주의 필자는 1640년대 가톨릭 연방Catholic Confederate의 항의, 1680년대 제임스왕 지지자들이 내건 명분, 1790년대 연합아일랜드의 명분, 19세기 다양한 민족주의자의 저항 운동 사이에 연속성이 있다고 보았으나 가톨릭 정치의 실상은 그 어떤 민족주의 야외극 비전보다 더 복잡했다.** 엘리 케두리Elie Kedourie가 주장한 것으로 알려진 '제국주의가 민족주의를 낳는다'는 관점대로 아일랜드에서 영국의 통치 상황이 어느 정도는 민족주의 세력의 강력한 연합을 키웠다.*** 나아가 이 필요성은 대중적 공화주의를 가로막았다(아일랜드 공화파는 독립전쟁 때 딱 한 번 다수파가 될 뻔했다).

해방 설계자 대니얼 오코넬Daniel O'Connell부터 아일랜드 의회당의 마지막 리더 존 레드먼드John Redmond까지 아일랜드의 여러 대중 정치가는 아일랜드 자치정부를 향

---

* 아일랜드 민족주의에 관한 문헌 자료는 상당히 많다. 특히 Tom Garvin, The Evolution of Irish Nationalist Politics (Dublin, 1981); idem, *Nationalist Revolutionaries in Ireland, 1858-1928* (Dublin, 1987); D. George Boyce, *Nationalism in Ireland* (2nd edn., London, 1991) 참조.

** 이 주제에 관한 탁월한 성찰은 R. F. Foster, *The Story of Ireland: An Inaugural Lecture Delivered before the University of Oxford on 1 December 1994* (Oxford, 1995) 참조.

*** Elie Kedourie, *Nationalism* (4th edn., Oxford, 1993).

한 열망을 영국 왕실에 보이는 충성심 혹은 제국에 참여하려는 헌신과 뒤섞었다. 이처럼 독특한(방법이 좀 달랐다면 성공적이었을) 충성심을 보인 아일랜드 애국주의 전통을 수용하지 못한 영국 정부의 연속된 실패는 더 호전적이고 철저한 민족주의자의 요구에 무게감을 실어주었다. 입헌 민족주의자 관점에서는 분명 영국과 아일랜드 정부 간의 혼인 서약이 가능했다. 이 관계가 실패한 이유는 아일랜드에서의 영국 정책과 분리파 공화주의가 마구잡이로 성장한 역사적 상황 때문이다.

1829년 가톨릭 세력은 의회와 정부 내의 거의 모든 공직에 참여했다. 그러나 해방법Emancipation Act이 가톨릭교도의 전진에 문을 열어주긴 했어도 입장하라고 강요할 수는 없었다. 새뮤얼 스마일스Samuel Smiles[19세기 스코틀랜드 작가, 정부와 사회 개혁가 - 옮긴이]처럼 하루아침에 얻은 성공이 몇 건(오헤이건 경Lord O'Hagan은 현대 아일랜드의 첫 번째 가톨릭 출신 총리Catholic Lord Chancellor[1868~1874년], 러셀 킬로웬 경Lord Russell of Killowen은 영국의 첫 번째 가톨릭 출신 대법원장[1894~1900년]이다) 있긴 했으나 전체적으로 공직에서든 다른 전문직에서든 가톨릭교도가 올라서지 못할 유리천장이 있었다. 웨스트민스터에는 일찍부터 아일랜드 가톨릭 대변인이 있었지만 이는 소수파의 관심 분야였고 간헐적인 영향력밖에 없었다. 결국 연합왕국은 가톨릭 일파가 사회적, 정치적 야심을 실현할 도구로는 매우 부적합했다.

가톨릭 일파는 갈수록 그 부적합성을 개량하거나 포기하라는 요구 형태로 반응했다. 특히 오코넬Daniel O'Connell은 민족주의 합병 철회 연합Loyal National Repeal Association을 설립한 1840년 이후 연합왕국 폐지를 선동했다.* 그는 가톨릭 대중에게는 상당한 지원을 받았지만 북부 신교도와 영국의 정치 엘리트층 중에는 전향자가 거의 없었다. 비록 오코넬은 부정적 측면, 즉 연합왕국을 대체할 정부 유형을 제시하기보다

---

* 오코넬에 관한 최근 학술 연구는 Oliver Macdonagh, *O'Connell: The Life of Daniel O'Connell, 1775-1847* (London, 1991) 참조.

버추얼 히스토리

그 폐지를 강조했으나 자치법안 운동의 핵심 선도자라 할 수 있다. 그는 법률적인 독립에 필요한 수많은 가톨릭 빈민(어떤 형태로든 정부를 접해본 적 없는 사람들)을 가르치고 의회의 압력과 대중의 항의를 특별한 방식으로 혼합했는데, 나중에 자치법안 지지자들은 이를 모방해 성공했다.

그러나 특정적으로 자치를 요구하는 움직임은 신교도 법률가 아이작 버트Isaac Butt가 불만을 품은 토리와 가톨릭 리버럴이라는 어울릴 것 같지 않은 혼합으로 자치정부연합Home Government Association을 창설한 1870년 이후에야 제기된다. 1874년 총선에 참여한 버트의 자치 정당은 아일랜드 자유당을 결집해 선거 토대를 만들었고, 웨스트민스터에서 아일랜드계의 최대 단일 정치 집단으로 등장했다. 선거를 기반으로 한 이 극적인 변화의 원인은 수많은 아일랜드 역사가의 상상력을 사로잡았다. 가령 1867년 많은 사람이 부당하다고 생각한 사건, 즉 한 경찰관을 살해한 죄명으로 처형당한 혁명 민족주의자 3명('맨체스터 순교자들')을 향한 대중의 동정심은 자치 추진자들을 통해 민족적 선동으로 발전했다. 여기에다 토지법Land Act(1870년)이 미적지근하고 대학 개혁안이 무산되자(1873년) 글래드스턴 정부를 향한 가톨릭 대중의 희망은 시드는 것을 넘어 실망으로 변했다.* 나아가 글래드스턴이 소책자 〈바티칸 칙령The Vatican Decrees〉에서 교황령을 공격한 탓에 아일랜드의 가톨릭 지지자 대다수가 등을 돌렸다. 이에 따라 자치 문제는 영국 사법제도의 확연한 부적절성에 따른 가톨릭 대중의 절망감은 물론 영국 내의 가까운 동조자들의 착오도 이용했다. 이처럼 자치는 형편이 불리한 혁명 민족주의자(소수 열성분자로 남아 있던 혁명 민족주의자에게 보내는 지지와 구별됨)에게 보인 대중의 동정을 토대로 세워졌다. 그리고 여기에는 아일랜드가 영국의 정당제도에서 누리는 기회가 매우 제한적이라는 인식

---

* 버트의 경력과 업적에 집중한 유일한 전공 논문 David Thornley, *Isaac Butt and Home Rule* (London 1964) 참조. 이 시기 아일랜드 민족주의 정치에 관한 고무적인 분석은 R. V. Comerford, *The Fenians in Context* (Dublin, 1985) 참조.

(자유당과 토리당 일부도 공유하는 인식)도 더해졌다.

궁극적으로 자치 문제의 불꽃을 계속 살려둔 것은 토지분배의 극심한 불안정이었다. 1870년대 초반 자치 운동은 농업의 상대적 번영을 배경으로 출발했다. 이것은 어느 정도 자치 당파의 성격과 그 프로그램의 본성을 결정했다. 초기에 자치파 하원의원은 과거 자유당에 속한 지주가 많았는데, 그들은 신사적이고 점진적인 태도로 자신의 헌법상 명분을 추구했다. 그러다가 1879~1880년 권위적인 새 의회 지도자 찰스 스튜어트 파넬Charles Stewart Parnell이 등장하면서 당 관리에 더 대중 지향적인 방향성을 부여했다. 파넬 자신은 신교도 지주였으나 1878~1879년 경제 쇠퇴가 유발한 불안정을 이용하여 자치 운동과 쪼들리는 농업의 이익을 한데 엮었다.* 다시 말해 파넬은 1840년대 초반 합병 철회 운동을 밀어붙인 추진력의 잠재적인 복합, 즉 대중 선동과 엄격하면서도 절박하고 또 시끌벅적한 의회 세력이라는 추진력을 재창조한 셈이다. 농업 위기는 풍작과 관대한 토지법안(1881년 글래드스턴의 영향으로 통과된 법안)으로 해소되었지만 농민과 자치 명분의 동일시는 여전했다. 1880년대 중반 파넬은 훈련받은 의회 정당과 지역 가톨릭협회의 양대 기둥으로 부농, 성직자들이 승인한 결속력 있는 지역 조직의 수장을 겸하고 있었다.

1870~1885년 버트와 파넬은 40년 전 오코넬이 착수했던 연합왕국 폐지를 위한 대중 캠페인을 되살렸다. 하지만 여기서 승리했어도 자치법안은 그 이전의 폐지 운동을 깨뜨리는 데 기여한 양대 걸림돌과 마주해야 했을 것이다. 아일랜드 가톨릭교의 심장과 머리를 얻으려는 싸움이 다시 벌어졌기 때문이다. 바로 영국 정당들의 반대와 북부 신교도들의 더 날카로운 적대감 말이다. 이 두 가지 반대 영역은 서로 관련이 있는데 이 관련성은 좀 더 집중적으로 알아볼 필요가 있다. 얼스터 신교도가 못마땅해 하면서도 자치를 묵인했다는 점을 감안할 때, 영국의 주요 정당 중 누구도 자

* 파넬의 경력을 짧게 소개한 것 중 최고는 Paul Bew, *C. S. Parnell* (Dublin, 1980)이다.

치를 반대하기는 사실상 불가능했을 터다. 그런데 자치 운동은 한 번도 아일랜드 북부에 있는 적들의 지지를 얻는 데 성공한 적도, 그들을 굴복시킨 적도 없었다. 자치 운동의 운명에 결정적 요소였을 신교도의 태도는 좀 더 자세히 살펴봐야 할 문제다. 아일랜드 가톨릭 일파에게 정치를 너무 단순화하거나 정치에 과도하게 결정론 식 분석을 제공할 위험이 있다면, 이 함정은 19세기 아일랜드 신교도의 정치 해석에도 존재한다.

아일랜드의 가톨릭 세력이 태생적으로 분리파가 아니듯 아일랜드 신교도는 자동적으로 연합파가 아니었다. 18세기 아일랜드 신교도는 영국과의 관계에서 차지한 우위와 신교도가 지배적인 국가 구조라는 맥락에서 입법 자율권을 요구했다. 한편 북부 장로파는 정치적으로는 분열되었으나 1798년 반란 때 반군 병사를 열성적으로 모집해주었다. 연합왕국의 경제 번영과 얼스터에서의 강력한 지역 정체성 성장, 영국 왕실과 제국 이미지 및 제국적 태도 같은 영국 식 성향 확대는 초기의 정치 태도를 억누르는 데 도움을 주었다. 결정적으로는 자신감 있고 대중적인 가톨릭 민족주의 성장이 아일랜드 신교도의 눈에 정치적 · 문화적 도전을 창출하는 것처럼 보였다. 분명 아일랜드 신교도는 그것이 연합왕국의 맥락 내에서만 극복이 가능하다고 믿었을 터였다. 그러나 19세기 후반 신교도 연합주의가 18세기 후반 신교도 애국주의에서 발전해온 과정을 설명하려 하면 아마 요점을 놓칠 것이다. 18세기 아일랜드 애국주의 사상 가운데 많은 부분이 자치 운동 시기의 일관성 있는(외관상으로는) 영국 연합주의 내에서 계속 살아남았다. 사실 아일랜드 연합주의는 자치에 보인 두려움만큼이나 아일랜드 신교도의 이익을 보호하려는 영국의 열의를 불신한 데서 태어났다는 중심 모순을 안고 있다.* 얼스터 연합주의를 유지하는 데는 가톨릭 세력

---

* Alvin Jackson, *The Ulster Party: Irish Unionists in the House of Commons, 1884-1911* (Oxford, 1989), p. 52. 이 시기 아일랜드 연합주의는 Patrick Buckland, *Irish Unionism 1: The Anglo-Irish and the New Ireland, 1885-1922* (Dublin, 1972); Patrick Buckland, *Irish Unionism II: Ulster Unionism*

의 성장에 따른 두려움과 경제적 제물이 될지도 모른다는 두려움이 민족 정체성이라는 추상 개념보다 더 큰 역할을 한 것으로 보인다. 확실히 이것이 아일랜드 연합주의 선전의 요점이었다.

얼스터 연합주의 반대는 더 상세히 검토할 예정이며 1912~1914년 그들에게 있었던 정치적 선택지는 아래에 조사해놓았다. 오코넬과 파넬도 얼스터 연합주의 문제를 실제로 다루지는 않았다. 또 두 사람 모두 북부 정치는 피상적으로만 알고 있었다. 파넬이 북부 신교도가 야기한 도전에 진지하게 관심을 기울인 것은 말년인 1891년에 이르러서였다.* 그렇지만 오코넬보다 파넬의 성취가 훨씬 더 앞선 것은 영국 정당정치의 장기적인 교착 상태를 깨부순 덕분이었다. 오코넬의 연합법 폐지에는 영국이 단합해서 반대했으나 파넬은 아일랜드 대중 여론의 장악력과 의회 내 강력한 세력 덕분에 글래드스턴을 자치라는 명분으로 끌어올 수 있었다. 글래드스턴의 동기는 철저하게 연구가 이뤄져 있다. 그가 파넬의 정치적 천재성을 과장하고 파넬 식 자치를 아일랜드와 영국 간의 연결을 유지하는 수단(아마 유일한)으로 간주했음은 확실한 일이다.** 또한 그는 오래전에 저질러진 오류 시정과 아일랜드 의회 재건을 위한 역사적 사례를 (그답게 다량의 독서로) 명백히 확신하고 있었다.*** 더 좁은 범위로 보자면 당파적이고 리더십과 관련된 고려도 있었다. 자치는 무척 변덕스러운 자유당 운동에서 점점 줄어들고 있던 그의 장악력을 공고히 하는 수단이었다.****

---

and the Origins of Northern Ireland, 1886-1922 (Dublin, 1973); Alvin Jackson, Colonel Edward Saunderson: Land and Loyalty in Victorian Ireland (Oxford, 1995) 참조.

*   Bew, Parnell, pp. 127-132.

**   H. C. G. Matthew (ed.), The Gladstone Diaries, 14 vols. (Oxford, 1968-1994), vol. XII, pp. xxxvi-xli.

***   James Loughlin, Gladstone, Home Rule and the Ulster Question, 1882-1893 (Dublin, 1986), pp. 172-196.

****   이 중 하나를 A. B. Cooke & John Vincent, The Governing Passion: Cabinet Government and Party Politics in Britain, 1885-1886 (Brighton, 1974)에서 제안했다.

확실히 자치는 전형적인 글래드스턴 식 '큰 안건'이었다. 다시 말해 외견상으로는 단순한 정치적 호소이자 도덕성이 고도로 충만한 안건이지만, 당파 내부의 도전자들에게는 어려움이 잔뜩 박혀 있는 문제였다. 글래드스턴의 정치적 개종은 1885년 12월 언론에 새어 나갔고, 1886년 초반 그는 자치법안 세부 내용을 조용히 작성하기 시작했다(내각 동료들이 아니라 주로 고위 공무원 2명의 자문을 받았다). 그는 완성한 법안을 1886년 봄 회기에 하원에 제출했다.*

물론 이 조치는 실패했다(그 법안은 1886년 6월 2차 상정되었으나 기각되었다). 하지만 글래드스턴의 그 행동은 1921년까지 영국 의회 정치의 형태와 주관심사 가운데 일부를 결정하는 데 기여했다. 그가 기습적으로 자치법안을 상정하면서 휘그당과 내각의 급진파 동료 중 일부가 서둘러 사임했다. 이는 토리 일파의 연합주의 확신이 순식간에 더 공고해지는 계기가 되기도 했다. 자치 문제에서 이 단기적인 이탈은 모순적이게도 연합주의 성향을 보였다. 영국의 커다란 정당 둘이 그 어느 때보다 더 아일랜드의 조연급 정당들 구속을 받았으니 말이다(글래드스턴의 마음에는 들었을 테지만). 자유당과 아일랜드 의회당은 비공식적이지만 꾸준히 활동한 '심장 연합 Union of Hearts'을 결성했고, 토리 일파는 아일랜드 연합주의자들과 더없이 굳은 신뢰 관계를 맺었다. 그러나 당파 재편에는 낡은 정치 연대와 우정의 균열도 따라왔다. 전체 결과는 내전 후유증과 비슷하게 낯설고 잔혹한 분쟁으로 상처 입은 전투원들이 새로운 소집령에 악착같이 매달리는 현상으로 나타났다. 자유당의 비주류파 장관 가운데 놀랍게도 극소수만(조지 트리벨리언도 그중 하나다) 왔던 길을 되짚어 중립지대를 넘어가서 글래드스턴 계열로 들어갔다. 그리고 토리 일파는 거의 모두 극렬한 연합주의 입장을 취했다(심지어 파넬의 지지를 받을 가능성에 아부했던 사람들까지도). 1893년 2차 자치법안이 다시 기각되고 또 다른 이슈가 일시적으로 전면에 등장했

*   Ward, *Irish Constitutional Tradition*, p. 60.

으나, 자치 문제는 1차 세계대전까지도 혹은 그 이후로도 영국 당파 간 연대의 시금석 노릇을 했다. 1894년 은퇴한 글래드스턴은 1898년 사망했으나 그의 각인은 자유당에 여전히 남아 있었다. 자유당의 신세대는 별다른 열성은 없었지만 자치 문제 유산에 충성했고 1906년과 1910년의 두 차례 선거에서 권한이양주의자 진영의 서약을 얻어 승리했다. 1910년 12월에는 경선이 긴박해지면서 아일랜드 민족주의 투표자들에게 새로이 의존했다. 자유당 출신 수상 애스퀴스는 자신에게 글래드스턴만큼 정의로운 확신은 없을지 몰라도 당파 면에서는 이익이 적지 않다고 생각했다. 결국 하원은 1912년 4월 글래드스턴의 노선을 따라 작성한 3차 자치법안에 착수했다.

해결책에 도달할 전망

3차 자치법안은 이 장의 남은 부분에서 제기하는 반사실 논의의 초점 역할을 한다. 법안의 세부사항을 약술하기 전에 이 안건(1886년과 1893년의 본래 글래드스턴 법안과 달리)을 선택한 배경을 설명해야 할 것 같다. 여기에는 두 가지 설명 혹은 제안이 있다. 첫째, 1912년 법안은 올바르게 제출하면 이전의 법안들보다 성공할 기회가 더 많았고 이는 반사실 추정을 위해서도 지적으로 가치 있는 초점이다. 둘째, 1차 세계대전 이전에 있던 반사실 가능성의 범위가 1886년이나 1893년보다 더 크고 더 복잡 미묘했다.

1912년과 그 이후 많은 자유당 당원이 1차 자치법안을 돌이켜보며 그것을 성공적으로 추진했다면 어떤 이점이 있었을지 분석하면서 애석해했다.* 사실 그 추측은

---

*   예를 들어 Lord Welby, "Irish Finance", J. H. Morgan(ed.), *The New Irish Constitution: An*

1886년 자치법안 앞에 놓여 있던 장밋빛 전망보다 그것이 하나의 안건으로써 겪은 내적 어려움과 그 사이 기간에 아일랜드 정부가 야기한 문제(및 더 늘어난 비용)에 기인한 측면이 더 크다. 1차 자치법안은 보수당과 자유당 내 반대파의 연정으로 하원에서 확실하게 패배했다. 자유당의 내부 분열을 해소했어도(그럴 가능성은 매우 작지만) 법안은 상원에서 기각되었을 것이다. 의회 내 압도적인 다수파가 연합주의 입장을 지지했기 때문이다. 그뿐 아니라 1886년 7월 자치법안을 놓고 선거를 치렀을 때 아일랜드 투표권자는 파넬당을 지지했으나 영국 투표권자는 연합을 지지했다. 만약 보수당이 자유당의 암묵적 승인을 등에 업고 그 정책을 포용했다면 자치법안이 통과되었을지도 모른다는 곤혹스러운 가능성은 남는다. 이것은 확률이 낮은 일이지만 언뜻 보이는 것만큼 비현실적이지는 않다. 1885년 1차 솔즈베리 정권의 짧은 기간에 보수당 내각의 고위 장관(랜돌프 처칠 경Lord Randolph Churchill, 카나번 경 Lord Carnarvon)은 어떤 형태로든 파넬을 수용한다는 생각을 장난삼아 만지작거렸다. 파넬은 1885년 11~12월 총선에서 영국 내 아일랜드 투표권자에게 보수당 후보를 지지하도록 권고한 것으로 알려져 있다.[*] 그런데 자치법안과 파넬을 향한 토리당의 열정은 진심이 아니라 그저 형식에 불과했음이 드러났다. 1885년 12월 글래드스턴이 자치 문제와 관련해 자유당이 보수당 측 법안을 지지할 가능성이 있다고 주장하자, 그 제안은 망설임 없이 거부당했다. 일부 토리당 장관은 소수파가 차지한 행정부를 공고히 하고자 파넬파 지지자를 키워볼 궁리를 하는 한편 아일랜드 연합주의자 또한 명예와 관직으로 위무했다. 솔즈베리 경과 그의 장관들은 소수파 정권을 보완하는 문제에서 선택지를 열어두고 있었던 것으로 보인다.[**]

Exposition and Some Arguments (London, 1912), p. 154를 볼 것.

[*] R. F. Foster, *Lord Randolph Churchill: A Political Life* (Oxford, 1981), p. 225; Bew, *Parnell*, pp. 72-73.

[**] Jackson, *Ulster Party*, pp. 25-39.

만약 1893년 2차 자치법안이 통과되었다면 "이 이슈를 평화적으로 해결할 가능성이 있었을 것"이라는 주장도 설득력 있게 제기되었다.[*] 이때까지 얼스터 연합주의자는 군대 비슷한 조직을 만들지 못했다(그 작업은 1910~1914년, 특히 1913~1914년에 이뤄진다). 그리고 더블린의 수동적인 왕당파 저항에 어떤 탄압이 가해지는가에 따라 무장 저항이라는 수사학적 위협을 하는 것도 여전히 합당했다. 한편 아일랜드 민족주의자는 자치법안의 재정적 요건에 지나치게 구애되어 그들의 적인 얼스터 연합주의자(동부 얼스터는 아일랜드 산업의 원동력)와 화해하는 것 외에 다른 선택의 여지가 없는 듯했다. 1893년 자치법안 기간에 아일랜드 전망은 그 정도로 낙관적이었으나 의회와 고위급 정치가 보여준 예후는 확연히 암담한 상태였다. 자치법안이 하원을 통과한 것은 사실이지만 그것은 열성도 없는 다수파를 근소한 차이로 이겼을 뿐이다. 그 안건은 1893년 9월 9일 상원에서 (웃음거리로 전락한 채) 419표 대 41표로 기각되었다. 분개한 글래드스턴이 동료들에게 의회 해산을 제안하고 또 귀족들의 고압적인 자세 문제를 유권자에게 회부하자고 주장한 것도 사실이다. 글래드스턴과 그의 문하생 존 몰리John Morley는 자유당 내각에서 몇 안 되는 자치 열성분자에 속했다. 그러나 동료들은 그 전략을 거부했다. 더구나 글래드스턴은 따돌림을 당하는 열성파였고 2차 자치법안을 제출할 무렵 여든네 살의 노인인지라 신체적으로 눈에 띄게 쇠약해져 있었다.[**] 글래드스턴의 건강에 관한 대중 선거운동의 요구를 감안해도 자유당이 그 경선에서 이겼을지는 의문스럽다. 자치법안을 영국 유권자에게 소개한 것은 대략 무관심한 자유당과 분열된 민족주의자가 합쳐진 수상쩍은 집단이었을 것이다.

이제 글래드스턴 방안의 마지막 단계인 1912년 3차 자치법안이 남는다. 이 방

---

[*]   Loughlin, *Gladstone*, p. 273.

[**]   Matthew, *Gladstone Diaries*, vol. XII, pp. lxi-lxii, lxxxiii.

안은 으레 이전의 것만큼 암담할 것이라고 전망하기 십상이다. 그 판단(얼스터 연합주의자의 반대가 얼마나 극렬한지 제대로 감안해야 하지만)에는 곧 1914년 중반 폭력이 몰아치려는 여건에 비춰 1912년을 해석한 내용이 포함될 가능성이 크다. 1914년 8월 무렵, 그러니까 1차 세계대전 직전 얼스터 연합주의자는 대규모 무장 조직인 얼스터 자원군Ulster Volunteer Force을 창설했다. 그들은 북부에 임시정부를 창설하는 방향으로 상당한 진척을 이루기도 했다. 더구나 그들은 외견상으로나마 영국 보수당 동맹의 끈질긴 지지를 받았다. 그렇지만 평화롭고 서로 만족스러운 해결책을 마련할 기회가 그처럼 희박했던 적은 없었다. 같은 맥락에서 독일의 벨기에 침공이 없었다면 아일랜드는 내전을 면할 수 없었으리라는 기존 판단을 비난하기는 힘들다.

한데 1912년에는 자치 문제 전망이 비록 복잡하긴 했어도 이와 다를 수 있었다. 얼스터 연합주의자의 어려움을 적절히 고려하면서도 (결코 낙천적이지는 않은) 자유당의 웰비 경Lord Welby은 1912년 자치 전망을 '매우 긍정적'으로 예견했다.* 하원 내에서 자유당, 아일랜드당, 노동당은 합심해 지지했다. 1893년 자치법안 암살자인 상원은 사실상 무장해제되었고 1911년 의회법으로 입법 거부권을 상실했다. 영국 내 의회 밖에서는 여전히 연합주의자가 다수파였으나 이 현상은 스코틀랜드, 웨일스, 아일랜드가 자치법에 공감하면서 상쇄되었다. 웰비의 견해에 따르면 영국 연합주의는 "1886년처럼 격렬하거나 폭력적인 반대 징후를 조금도 보이지 않았다."** 이 판단의 타당성은 영국 연합주의와 아일랜드 연합주의 쪽 입후보자들 경험이 입증해주었다. 그들은 익히 들어온 아일랜드 식 충성심이 겪는 곤경보다 토지와 사회복지 이슈에 더 큰 관심을 보였다. 이 문제 외에 다른 것에서는 동정적이던 영국 연합주의자는 1912년쯤 에드워드 왕조판 기부자 피로증Donor Fatigue이라 할 만한 것을

*   Welby, "Irish Finance", p. 140.
**   앞의 책.

겨고 있었다. 그 무렵 자치법 치하의 아일랜드 연합주의가 경험할 법한 운명은 관심 대상에서 밀려났다.

1912년 자치 문제 전망을 분석할 때 얼스터 연합주의자의 저항 범위를 정확히 측정하는 것 역시 중요하다. 얼스터 연합주의의 호전성을 과소평가하는 것은 잘못이다. 비록 1912년은 이른 시점이지만 말이다. 1910년 11월 얼스터 연합주의의 대표적인 강경파 크로퍼드F. H. Crawford는 총기 제조업자 5명을 초청해 라이플 2만 정과 총알 100만 라운드를 나누어 할당했다. 이는 다른 고위층 연합주의자의 양해를 받았을 확률이 높다. 극왕당파인 오렌지 결사단Orange Order은 1910년 12월 간단한 기초 훈련을 받기 시작했다.* 1911년 4월 보어 전쟁에 참전한 퇴역군인이자 벨파스트 오렌지군 지휘관인 로버트 월리스Robert Wallace 대령은 "벨파스트 내의 우리 구역이 몇 가지 간단한 움직임을 취하도록 4인과 2인 대형을 결성하고 재결성하는 따위의 간단한 훈련을 하려" 한다고 털어놓았다.** 그러나 무기 대량 구입은 연기하기로 신속하게 결정을 내렸다. 1911년과 1912년에는 민병대 훈련도 즉흥적으로 진행했지만, 1913년 1월 얼스터 자원군을 창설할 때까지 이는 중앙에서 통제하는 업무가 아니었다. 1912년 4월 3차 자치법안을 발주했을 때, 얼스터 연합주의자는 자신들의 관심이 진지하다는 것을 확실하게 입증했으나 아직도 대부분 무장하지 않은 상태였다. 군사 훈련(유명한 여러 퇴역장교의 감독을 받았지만)도 체계적으로 이뤄지지 않았다. 적어도 연합주의자 대중이 1914년 여름에 보인 것 같은 뜨거운 흥분과 호전성 따위는 없었다.

한편 1912년에는 영국과 아일랜드 연합주의 지도자에게 평화적 설득을 해낼 힘이 없었다. 당시 영국 연합주의당 대표 보너 로Bonar Law[캐나다 출신으로 영국 수상을 역임

*   Jackson, *Ulster Party*, pp. 315-316.
**   앞의 책, p. 318.

                        버추얼 히스토리

한 보수당 정치가. 1911~1921년, 1922~1923년 수상 직을 맡았음 - 옮긴이]와 카슨Carson의 대중 역사 비전은 대체로 연극적으로 표현한 호전성 사례에 의존했다(가령 1912년 7월 29일 블레넘 궁전에서 분개한 보너 로가 얼스터 연합주의 극단주의를 승인한 일).[*] 이 분개를 과소평가하는 것은 정말 잘못이다. 두 사람의 수많은 대중 연설은 그 위력이 대단했고 이는 가끔씩 던지는 사적 발언도 마찬가지였다(카슨은 1911년 7월 제임스 크레이그에게 보낸 편지에서 불퉁스럽게 자신은 "그저 허세 게임이나 하려는 게 아니며 자신들이 명확히 이해하는 큰 희생을 치를 준비를 하지 않는 한 레지스탕스를 이야기해봤자 소용없다"고 말했다).[**] 하지만 맥락을 떠나 그런 선언을 읽는 것은 이 연합주의 고참 정치가들이 3차 자치법안 시대에 맡은 복잡한 정치적 역할을 제대로 평가하는 데 도움을 주지 않는다. 각 정치가는 의회법으로 자유당이 헌법을 개정하는 데 성공했기 때문에 확실하게 분개한 상태였다. 또 각 정치가는 이전 법안들이 그랬듯 새로운 자치 제안이 연합주의의 양보를 이끌어내는 일은 거의 불가능할 거라며 겁을 냈다. 나중에 밝혀졌듯 여기에는 그럴 만한 이유가 있었다.

각 정치가는 대중에게 보인 호전적인 인상과 달리 개인적으로는 상당히 부드럽고 유연했다. 신교도 얼스터 구역에 가문의 연줄이 있던 보너 로는 이 공동체의 열망에 깊이 공감하는 입장이었다. 그래도 1910년 당 내부회의에서 인민 예산에 따른 헌법 이슈를 다룰 때, 보너 로(F. E. 스미스smith나 다른 토리당 당원들과 함께)는 자치 문제에 관한 양보를 포함한 타협안을 선호했다.[***] 1911년 토리당이 말썽 많던 자유

---

[*]   Robert Blake, *The Unknown Prime Minister: The Life and Times of Andrew Bonar Law, 1858-1923* (London, 1955), p. 130.

[**]   H. M. Hyde, *Carson: The Life of Sir Edward Carson, Lord Carson of Duncairn* (London, 1953), pp. 286-287.

[***]   Austen Chamberlain, *Politics from Inside: An Epistolary Chronicle, 1906-1914* (London, 1936), p. 193.

당 의회법을 두고 강경파와 온건파로 나뉠 때도 그는 더 유화적인 입장을 선호했다.* 그는 관세 개혁과 얼스터는 자신의 정치 배후에 있는 두 가지 동력이라고 단언할 정도로 열성적인 관세 개혁가였으나, 극단적 관세 개혁가(confederates, 연방주의자)와 덜 열성적인 연합주의자가 모두 수용할 수 있도록 노력했다. 그런데 1913년 1월 그는 국내 토리당 반대파의 면전에서 관세 문제 이관을 받아들이라는 설득에 넘어갔다.** 마찬가지로 그의 공격적 연합주의가 부분적으로는 토머스 존스Thomas Jones가 '원시적 열정'이라 부른 것의 산물일지라도 더 높이 평가할 만한 차원도 있었다.***

보너 로의 유달리 맹렬한 연합주의 방어가 자신의 당내 지도력을 공고히 하고, 자유당 정부의 해산과 총선을 끌어내기 위해 구상한 의식적이고 계획적인 전략이라는 설득력 있는 주장이 나온 적도 있다.**** 이 문제나 의회의 벼랑 끝 전술 게임에서 위험도가 높을 때 보너 로가 보인 망설임을 강조하는 보충 논의에 대해서도 할 말이 많다. 1913년 10~12월 얼스터에서(사실 아일랜드 전역에서) 고조된 긴장감과 관련해 보너 로는 평화적 해결 토대를 마련하려는 신중한 노력의 일환으로 자유당 수상 애스퀴스를 세 번 만났다. 그중 두 번째 만남 뒤인 11월 6일 얼스터의 카운티 4~6개를 몇 년 동안 자치에서 제외하는 것을 기초로 거래가 이루어질 듯했다. 이 기간이 끝나면 제외한 지역 내에서 장래 헌법 지위를 결정하는 국민투표를 치를 것이었다. 당시 보너 로는 애스퀴스의 의도를 오해했던 것 같다(그 교활한 수상은 결정적인 제안보다 반대파가 받아들일 만한 최소한의 조건을 평가하는 쪽에 더 관심을 기울였다). 그

---

*   Blake, *Unknown Prime Minister*, pp. 69-70.

** 앞의 책, pp. 115-116.

*** Thomas Jones, "Andrew Bonar Law", J. R. H. Weaver(ed.), *Dictionary of National Biography, 1922-1930* (London, 1937), p. 491.

**** Jeremy Smith, "Bluff, Bluster and Brinkmanship: Andrew Bonar Law and the Third Home Rule Bill", *Historical Journal*, 36, 1 (1993), pp. 161-178.

래도 이 회담에서 보너 로가 한 말은 의미심장하다. 만약 거래가 받아들여졌다면 그는 "선거를 위한 우리의 최고 카드가 사라졌으리라"는 것을 알았다.* 반면 확고한 제안이 나왔다면 "우리가 그것을 거절할 책임을 어떻게 질지 도저히 모르겠다"고 했다. 보너 로는 당파 이익에 민감했으나 분명 정치인다운 본능이 더 강했다. 사실 당파 이익과 고상함은 일치했다. 토리당은 영국 유권자가 합당하다고 해석할 해결 안은 거부할 수 없었으니 말이다. 그 뒤, 그러니까 1914년 그가 극단적인 의회 전략 (가령 얼스터의 군사적 결집을 예방하기 위한 군대법 수정안)을 따르지 않은 일은 묵시록의 예언자 뒤에 더 신중하고 유순한 인품이 숨어 있음을 보여준다.**

　이와 비슷한 해석을 카슨에게도 적용할 수 있다. 그의 부관 제임스 크레이그의 음울한 빅토리아 식 집이 있는 벨파스트의 크레이개번에서, 또 군대 행사에 즐겨 쓴 밸모럴 전시장에서 열린 어느 공개회의에서 카슨은 그의 지지자들의 분노를 격발하고 축복했다. 그러나 사적으로 웨스트민스터와 벨파스트의 닫힌 문(의사당) 뒤에서는 신중을 요구했던 것 같다. 1912년 12월과 1913년 5월 사이에 열린 연합주의자의 사적 모임과 관련해 믿을 만한 경찰 보고서에는 카슨이 자신의 대표적인 추종자들에게 "평화와 평화적 방식을 조언"한 일이 여러 번 기록되어 있다.*** 특히 그는 몇몇 강경파 부관이 주장해온 행동 노선인 얼스터 연합주의자의 전체 무장에 그다지 열성이 없었다. 1914년 1월 마침내 무기 대량 수입을 허가받았을 때, 그 결정은 얼스터 자원군 내 특정 인원의 조급함과 정부가 중대한 양보를 할 리 없다는 예상(애스퀴스와의 협상이 무산된 것으로 보아)의 압박을 받은 듯하다.**** 확실히 카슨은 호

---

* Blake, *Unknown Prime Minister*, p. 165.
** 앞의 책, p. 181.
*** Alvin Jackson, *Sir Edward Carson* (Dublin, 1993), p. 37.
**** A. T. Q. Stewart, *The Ulster Crisis* (London, 1967), pp. 116-120.

전적인 국왕파의 쿠데타(1914년 4월의 란Larne 총포 밀수입 같은)를 공개적으로는 찬양하면서도 그 행동에 내포된 함의를 깊이 우려한 것으로 보인다. 1914년 4월 그는 자신의 군대를 통제할 능력이 없음을 솔직히 인정했다. 1914년 5월에는 교착 상태에 빠진 자치 문제를 연방제로 풀어보려고 잠시 시도했지만 그의 지지자들이 이를 잔혹하게 거부했다. 1914년 초여름쯤에는 얼스터 자원군 내 강경파가 얼스터 연합주의의 지휘권을 장악한 듯하다.*

　1914년 무렵 평화적 해결 가능성이 정치인의 손에서 빠져나가고 있었다. 앞으로 분명해지겠지만 이것이 카슨이나 보너 로의 어떤 병적인 완고함에서 비롯된 것은 아니었다. 두 사람 모두 종말론 화법을 썼으나 본질상 입헌주의 정치가였다. 그러나 두 사람은 모두 (부분적으로) 정치 노선 면에서 불안정했고, 특히 내전을 지독히 겁낸 카슨은 점점 더 호전적으로 변해간 자신의 지지층을 통제할 능력을 상실했던 것 같다. 그렇다고 연합주의자의 열정을 유발한 그의 역할을 희석하려는 것은 아니지만(국왕파의 길고도 불안정한 역사를 감안하면 여기서도 어느 한 정치가의 영향을 과장했는지도 모른다), 카슨과 그의 영국 보수파 동맹자는 타협할 여지가 많았고 아마 타협안을 건네줄 입장이었을 것이다. 비록 자치 문제 위기의 더 이른 단계에서 그렇다는 것일 뿐 1914년 여름에도 그랬다는 뜻은 아니지만 말이다.

　자유당과 아일랜드 의회당 내 그들의 동맹자가 1912년 봄, 그러니까 자치 문제 위기가 처음 나타났을 때 얼스터를 배제하는 조건을 포함해 어떤 거래를 제안할 수는 없었을까? 그 해결책이 실용 정치 영역 내에 있다면 그것을 제안했어야 할까? 우리는 연합주의자와 민족주의자의 투쟁성이 이미 멀리 나아간 1914년에야 어떤 진지한 양보를 제안했다는 사실을 기억할 필요가 있다. 그렇다고 1912년에 평화적 해결 기회가 있었다는 것을 은폐해서는 안 된다. 만약 자치법안 안에 얼스터를 배

---

* 　　Jackson, *Carson*, p. 35.

버추얼 히스토리

제하는 모종의 형태가 담겨 있었다면 아일랜드 민족주의자는 당연히 분노했을 것이다. 그들은 아일랜드섬을 분할 불가능한 전체로 보았고 얼스터 연합주의자의 저항은 어떤 경우에도 진지하지 않은 것으로 치부하는 편이었다. 그뿐 아니라 어떤 형태로든 얼스터를 배제할 경우 북부 가톨릭 소수파는 자치법 행정부의 보호 아래 들어갔을 터다.

존 레드먼드의 유력한 보좌관 중 한 명인 조 데블린Joe Devlin이 벨파스트 가톨릭 교도가 아니었다면(데블린은 민족주의자의 지역 정당 조직 통합아일랜드연맹의 서기였다) 이 문제가 이토록 커지지는 않았으리라.* 단순히 정치적으로만 판단하면 아일랜드 의회당은 1914~1916년 굴욕스럽게 조금씩 포기하다가 마침내 전쟁 도중 6개 북부 카운티를 자치법에서 일시적으로 제외하는 방안을 받아들이기보다는 1912년 협상하는 편이 나았을 것이다. 물론 자유당 정부가 1912년 이보다 더 가벼운 양보를 요구했어도(가령 4개 카운티의 일시적 배제 같은) 민족주의자는 맹렬하게 저항했을 가능성이 크다. 그러나 아일랜드당은 이후의 굴욕을 면하고 대중의 기대치를 끌어올렸다가 짓밟히는 선거 결과를 얻지 않았을 확률이 높다. 사실 레드먼드는 자유당 결정을 수용하는 것 외에 달리 선택권이 없었다. 정부는 그의 정당의 지지에 의존하고 그는 자치를 위해 정부에 의존했기 때문이다. 비록 아일랜드 의회당은 분할주의자인 자유당 정부의 해산을 위해 표결에서 토리당을 지원하겠지만, 이는 하원에서 연합주의자가 다수당이 되거나 자유당 정부가 독자적으로 다수당이 되는 결과를 초래할 가능성이 컸다. 이것은 어느 쪽이든 자치법안의 기각을 뜻했다.

결국 1911년 후반과 1912년 초반 자유당 장관들의 견해가 어느 쪽이었는지에 많은 것이 달려 있었다. 그때 (얼스터) 배제가 실용적인 제안으로 여겨졌던가? 관련

---

* 데블린의 경력 설명 중 최고는 Eamon Phoenix, *Northern Nationalism: Nationalist Politics, Partition and the Catholic Minority in Northern Ireland, 1890-1940* (Belfast, 1994) 참조.

안건을 보자면 어떤 형태로든 북동부 얼스터의 특별 대접을 법안 소개 이전에 진지하게 다룬 것만은 분명하다. 이는 에드워드 7세 치하에서 자유주의의 여러 대표적인 학자가 전개했고 반박이 불가능한 것으로 보인다. 패트리샤 잘런드Patricia Jalland가 주장했듯 글래드스턴이 1886년 격렬한 연합주의의 반대를 과소평가한 점은 용서할지라도 애스퀴스(1886년부터 하원에 있던)가 얼스터 국왕파의 끈질김과 분노를 관찰할 시간은 무려 25년이나 있었다.[*] 연합주의의 감정적 · 제도적 세력은 1904∼1905년 권한이양에 반대할 때와 1907년 아일랜드위원회 법안에 반대할 때 격렬하게 반응했다. 특히 1905년 설립된 얼스터 연합주의 위원회는 3차 자치법안에 반대한 북부 국왕파의 버팀목으로 처음부터 강력하게 조직적으로 도구 노릇을 했다. 1910년 2월 하원에서 대단히 유능한 의원이자 법률가인 카슨을 아일랜드 연합주의 정당 대표로 임명한 것도 목전에 놓인 치열한 전투의 예고편이었다.

애스퀴스와 내각의 다른 멤버들은 사실상 얼스터를 별도로 다룰 필요가 있음을 납득했다. 북부의 특별대우를 지지한 대표적인 두 인물, 즉 데이비드 로이드조지David Lloyd George와 윈스턴 처칠은 내각의 가장 논쟁적이고 재능 있는 멤버였다. 재능은 더 적고 열성도 확실히 더 적은 아일랜드 주임장관Chief Secretary for Ireland 오거스틴 비렐Augustine Birrell이 그들에게 합세했다. 1911년 8월 비렐은 이미 카운티 선택과 일시적 제외라는 구상을 개인적으로 다듬고 있었다. 이는 1914년 2월에야 반대파 정당들 앞에 놓일(로이드조지에 의해) 제안이었다.[**] 비렐은 연합주의자의 비타협 태도라는 강력한 현실과 일상적으로 대면하고 있었다. 또 처칠(그의 부친 랜돌프 경은

---

[*] Patricia Jalland, *The Liberals and Ireland: The Ulster Question in British Politics to 1914* (Brighton, 1980), p. 56; Bentley Brinkerhoff Gilbert, *David Lloyd George: A Political Life: The Organizer of Victory, 1912-1916* (London, 1992), p. 94. 당시 비교적 중립적인 어떤 인물도 정부의 '정치적 상상력 결여'를 언급하며 "그것을 현재 봉착한 난국의 원인"으로 보았다. Sir Horace Plunkett, *A Better Way: An Appeal to Ulster Not to Desert Ireland* (London, 1914), pp. 7-8.

[**] Jalland, *Liberals and Ireland*, p. 59; Gilbert, *Lloyd George*, pp. 3-4.

얼스터의 목소리 큰 옹호자였다)과 로이드조지(비국교도)의 관심에는 가문과 종교적 동기가 있었다. 애스퀴스는 1913년 9월 자신이 "결국은 자치의 대가를 치르기 위해 얼스터에 관해 어떤 종류든 흥정해야 한다고 생각(그리고 말)했음"을 확인했다. 그러나 문제 전체에 보인 맥 빠진 관심과 어떤 내각 토론에서든 다수파 결정에 따르려는 자연스러운 욕망을 드러낸 자세는 그가 실제로는 매우 불확실한 배제주의자임을 뜻했다.* 1912년 2월 6일 처칠과 로이드조지가 내각 동료들에게 아일랜드 연합주의 카운티들을 자치에서 배제한다는 계획을 소개했을 때, 약간 지지가 있긴 했지만 결국 수상을 포함한 다수파가 투표로 그 제안을 기각했다.**

그렇지만 요점을 놓치면 안 된다. 자유당 내각에는 자치법안을 도입하기 두 달 전인 1912년 2월에도 배제 제안에 상당한 지지가 있었다는 점 말이다. 글래드스턴식 순수파들은 크루 경과 로번 경의 지휘 아래 상황을 주도했으나 홀데인Haldane, 홉하우스Hobhouse 그리고 적어도 내각 토론의 전반부까지는 애스퀴스를 포함해 배제파 수가 더 많았다.*** 카슨과 보너 로가 명백히 타협의 여지 없는 호전파는 아니었고 자유당 내각에도 배제파의 로비(시간이 흐르면서 규모가 더 커진)가 있었다는 사실을 감안하면, 일부 형태의 합헌적 해결책이 신뢰받지 못할 지경까지 넘어간 것은 분명 아니었다. 사실 제시된 증거를 토대로 이보다 더 멀리 나아가는 것이나 1912년 봄에 자치를 위한 최선의 기회, 즉 자치 순간이 왔다고 주장하는 것도 가능하다. 그런 의미에서 이 에세이의 마지막 부분은 그 해결책의 형태가 어떤 것일지, 얼마나 광범위한 영향을 미칠지 따져보는 데 할애한다.

*   Jalland, *Liberals and Ireland*, p. 67.

**   앞의 책, pp. 63-65.

***   앞의 책.

자치 아래에서 아일랜드가 놓일 법한 상황을 설명하기 전에 애스퀴스 방안의 세부 사실과 행정부가 제안한 행정권 이양의 성격을 규정해야 한다.* 앞의 논의로 명확해졌듯 그 법안은 아일랜드 전체를 하나로 간주했다. 더 시급한 얼스터 연합주의자의 공포를 처리하고자 구상한 수많은 보호 수단이 있긴 했지만 말이다. 그 법안의 원래 명분은 양원제로 구성한 아일랜드 새 입법부 그리고 그들과 웨스트민스터 의회와의 관계를 처리하는 것이었다. 비록 아일랜드가 웨스트민스터에서 흔적에 불과한 인원(기존의 103석이 아닌 42석)을 차지할 예정이었지만, 아일랜드 의회 대의제의 초점은 이제 더블린의 새 하원으로 옮겨갔다. 그 의회는 5년 임기의 의원 164명과 지명을 받은 상원의원 40명으로 이뤄졌다.

책임감 있는 집행부 설립 준비도 진행했다. 연합주의자는 아일랜드 하원의 164석 가운데 약 39석을 차지하고, 웨스트민스터 의석 42석 중 10석 정도를 차지할 것으로 보였다. 그러나 (최소한 단기적으로는) 상원에 원래 런던 정부가 지명하는 그들의 또 다른 정치 자산이 있었다. 아일랜드 정당 지도자 레드먼드는 그 지명 목표가 "엄격한 정당 노선에 의거한 선거로 배제될 수도 있으나 아일랜드의 공공 생활에 귀중한 부분을 틀림없이 포함하도록" 하는 데 있음을 명백히 했다. 이는 너무 산만하게 분포해 있어서 선거에서 유용한 영향력을 발휘하기 힘든 남부 연합주의자들을 가리키는 말이었을 것이다.**

이들 새 집단은 웨스트민스터에 소속될 예정이었고 실제로 애스퀴스는 "언제

---

* 현대 출판물로 재인쇄해 널리 퍼진 법안은 John Redmond, *The Home Rule* Bill (London, 1912), pp. 103-153; Pembroke Wicks, *The Truth about Home Rule* (Boston, 1913), p. 221-293 참조.

** Redmond, *Home Rule Bill*, p. 12.

든 아일랜드 의회가 제정한 어떠한 법령도 무효화하고 수정 및 변경할 수 있는 제국 입법부의 압도적인 위력"을 강조했다.* 이처럼 제국 우위는 일반적으로 표명하는 경우와 별개로 법안에서 새 입법부의 권한 밖 존재로 규정한 특정 부분이 있었다. 여기에는 왕위, 전쟁을 시작하고 끝내는 권한, 육군과 해군, 외교와 식민지의 관계, 훈장, 조폐, 등록상표, 외국 무역 및 항해 등 특정 면모가 속한다. '예비 업무 Reserved Service'로 알려진 추가 영역도 있었는데 이는 일시적인 근거에 따라 자치법안에서 배제한 것이었다. 이 범주에는 토지구매, 연금, 국민보험, 세금징수, 왕립 아일랜드 경찰, 우정저축은행과 신탁저축은행 규제, 친선 사교모임 등이 포함된다. 또 어떤 형태의 종교 관행을 애호하거나 선호해 차별대우를 할 입법은 광범위하게 금지 조처했다. 특히 의회는 "어떤 종교 신념이나 예식을 결혼의 타당성 조건으로 삼는" 법안을 만들지 못하도록 사전에 금지했다.** 법안의 나머지는 대부분 원래 글래드스턴이 작성한 것이지만, 이 금지조항은 그 무렵 발령된 교황 포고령 〈네 테메레 Ne Temere〉[1907년 비오 10세가 발표한 포고령. 제목은 라틴어로 '무모하지 않게'라는 의미이며 결혼에 관한 교회법을 다룬 내용-옮긴이]에 보인 신교도의 두려움과 그것이 다른 종교 사이의 결혼에 미칠 영향을 처리하기 위해 고안한 것이다. 그런데 유연제 역할을 해야 할 그 법안은 이상하게 효과가 없었다. 영구적이든 잠정적이든 배제 범위와 별개로, 또 종교적 차별에 관한 특별한 금지를 떠나 아일랜드 의회의 자유에는 국왕의 거부권이라는 브레이크가 걸려 있었기 때문이다. 자치법 구도 아래에서 아일랜드 집행부의 우두머리는 연합 때와 마찬가지로 아일랜드 총독이었다. 이 자리는 좀 더 대중적인 노선을 따라 재규정했고(모든 종교에는 개방하고 영국 정당 정치와는 분리함) 아일랜드 입법 아래 유보권과 거부권을 부여받았다. 물론 두 가지 모두 런던이 내놓은 지침에

---

* 앞의 책, p. 3.

** 앞의 책, pp. 5-6.

따라 실행해야 했다.

당시 많은 사람이 법안의 재정 규정을 기술적인 수렁이라 여겼는데 (평의원들이 그것을 충분히 이해하면서) 시끄러운 소동을 야기했다. 1912년 초반 자치를 합의했다면 그것은 거의 틀림없이 얼스터의 특별대우를 기반으로 이루어졌을 것이다. 이는 법안의 몇몇 부분(이를테면 이미 윤곽이 그려진 부분)을 수정한다는 뜻이지만, 아일랜드 단일 국가를 기초로 한 재정 해결안 전체가 와해된다는 뜻이기도 하다. 따라서 자유당 내각 내부에서 배제를 열성적으로 옹호한 몇몇 인물이 자치법안의 재정적 명분 구축과 가장 밀접히 결부된 사람(대표적으로 허버트 새뮤얼)이라는 것은 우연이 아니다.* 1912년 얼스터에 내린 타협안은 재정 해결안의 완전한 재조정을 의미하기도 했다. 이 모든 것을 받아들이되 법안의 재정 측면은 자치 출범의 토대인 몇몇 핵심 원칙의 사용 가능한(아무리 흠이 많아도) 증거를 제공하므로 언급해둘 필요가 있다. 앞으로 분명해지겠지만 당대에 아일랜드의 미래를 예측한 여러 의견 중 많은 비중을 차지하는 것이 자치 재정의 강점과 약점(당파의 전망이 달려 있는 문제)이다.

새뮤얼이 공들여 만든 제안서에 따라 모든 아일랜드 수입은 제국 재무성으로 넘어갔다. 그렇게 이양한 모든 업무의 수행비용(총액 약 600만 파운드)은 '이첩한 액수Transferred Sum'라는 이름으로 아일랜드로 돌아왔다. 여기에 50만 파운드라는 소액의 잉여(일단 시작할 때)를 추가해 아일랜드 새 행정부에 오차 처리 비용을 제공했다. 만약 아일랜드 정부가 신규 세금을 부과하면 그것 역시 환수하지만 새로운 세금의 범위는 상당히 제한적이었다. 새 행정부는 새로운 세금이 기존의 제국 과세와 상충하지 않는 한도 내에서만 세금을 물릴 수 있었다('상충'하는 것이 무엇인지는 영국 정부

---

*   Jalland, *Liberals and Ireland*, p. 161. 재정적 합의안을 연합주의 입장에서 지속적으로 비판한 내용을 알고 싶으면 A. W. Samuels, *Home Rule Finance* (Dublin, 1912) 참조.

가 통제하는 합동재무위원회가 판정했다). 또 기존 세금을 올릴 수도 있지만 그 한도는 10퍼센트 이내여야 했다. 제국 정부가 아일랜드에서 징수한 세금의 일부는 여전히 정부 신용대출로 농토를 구매한 농부들이 지불하는 토지구매 연부금이었다. 한데 이 연부금 체납액은 이체금 환원 방법으로 아일랜드 새 정부에 부과했다. 존 레드 먼드가 스산하게 언급했듯 "결국 아일랜드의 모든 수입은 토지구매법 아래 지불 보 증을 위한 저당금으로 묶였다." 당대인의 견해에 따르면 새 자치 행정부와 제국 의 회 사이에 첨예한 갈등의 씨앗이 될 이슈가 바로 여기에 있었다.

적어도 연합주의자에 관한 한 이 조항에서 갈등을 유발할 또 다른 특징은 아일 랜드의 재정 자율성을 높이기 위한 메커니즘에 있었다. 새뮤얼의 법안 설계가 재 정 이양 허용이라는 비참한 실상을 거창한 외관 뒤에 숨기고 있음은 분명해질 것이 지만, 그는 차후 재정을 재건할 가능성을 열어두었다. 합동재무위원회의 판단에 따 라 이 기간에 아일랜드의 수입이 계속해서 아일랜드의 지출과 일치하거나 초과할 경우 그들은 웨스트민스터에 자치 의회를 위한 더 완전한 재정 권한을 받아내야 했 다. 아일랜드 민족주의자들은 다른 면에서는 새뮤얼의 제안을 혐오했지만 나중에 더 관대하게 개정하리라는 희망에 매달렸다. 아일랜드 연합주의자는 재정 합의안 의 불확실한 본성을 근거로 한탄하면서 경제 종말론을 예언했다.

자치 방안의 운명은 금방 약술할 수 있다. 이후 많은 비판을 받아온 애스퀴스의 전략은 얼스터 수정안을 지연해 반대당이 한계에 도달하게 만들고, 이로써 예상 가 능한 양보 범위가 더 완전히 드러나게 만드는 방식인 것 같다.** 상대적으로 조용한 캐번디시 스퀘어[런던 웨스트엔드의 조용한 광장 – 옮긴이]나 서튼 코트니Sutton Courtney[옥스퍼 드현의 소읍 – 옮긴이]에서 또 좁은 범위의 교묘한 외교 정치High Political 술수라는 관점에

*   Redmond, *Home Rule Bill*, p. 23.

**   Roy Jenkins, *Asquith* (London, 1964), p. 279.

서, 이것은 명백히 논리적인 행동 노선이지만 이미 활활 타오를 준비를 갖춘 얼스터 연합주의에 불을 지르는 데 기여한 것도 사실이다. 실제로는 애스퀴스가 얼스터 연합주의 지도부에 엄청난 어려움을 던져주었고 이는 그의 본래 계산 중 하나였을 가능성이 크다. 하지만 이 전술적 압박이 치른 값은 어떤 이득을 얻었어도 수지가 맞지 않을 정도로 컸다.

사실 장관들의 가장 큰 관심과 융통성을 촉발한 것은 얼스터보다 재정적 제안이었다. 자유당 평당원이 일으킨 반란의 여파로 정부는 위원회에서 법안을 수정해 아일랜드의 새로운 체제가 관세 삭감 권력을 갖지 못하게 만들었다.[*] 법안에 들어 있는 사소한 보호 조처(또한 부적절하고 결함이 있는 것으로 간주된 것)를 제외하면 1914년 1월 수상이 얼스터 연합주의자에게 '제안'한 자치 내의 자치Home Rule within Home Rule 구도가 협상 테이블에 오르기 전까지 확고한 유화적 제안은 아무것도 건네지지 않았다. 1914년 3월 더 등급을 올린 제안(일시적 배제와 카운티 선택권)을 건네고 5월 이것을 수정 법안과 합쳤으나 여전히 영구 배제를 원하는 연합주의자의 요구에는 미치지 못했다. 더구나 이 무렵 얼스터 연합주의자의 호전성이 너무 광범위하게 발휘되어 카슨과 크레이그 같은 지도자도 운신할 여지가 거의 없어졌다. 나아가 1912년이었다면 협상 성공의 기반이 되었을 법한 제안을 지금은 묵인하지 않았다. 협상 상대자들은 유럽에서 곧 전쟁이 일어나리라는 것이 훤히 보이던 1914년 7월 30일에도 여전히 막다른 골목에 갇혀 있었다. 그러다가 얼스터 연합주의자 지도부 주도로 적어도 민족 통일성을 위해 아일랜드 분쟁을 연기한다는 합의가 이루어졌다. 애스퀴스는 이 당파 간 정전을 이용해 자치법안을 등록부에 올려놓게 했다. 전쟁이 끝날 때까지 아일랜드 의회 설립을 유보하는 부수적 방안도 함께 말이다.

법안의 세부내용을 읽거나 그것이 의회를 통과하는 비비 꼬인 과정을 지켜본 당

---

[*] Jalland, *Liberals and Ireland*, p. 47.

대 사람들은 민족의 장래와 관련해 수많은 전망을 추론했다.* 이 반사실 논의를 규정하는 특징은 당파성에 있었다. 연합주의자와 민족주의자는 자치 아일랜드에 관한 각자의 독특하고 흔히 상충하는 견해를 귀중히 여겼다. 가끔 그 전망은 풍자적이거나 극적인 형태를 보였지만 상상력이 지극히 풍부하고 모욕적인 문학에도 정치 현실(아니면 가상현실)을 보여주는 알맹이는 있었다. 아일랜드 신교도 출신으로 왕성하게 활동한 소설가 프랭크 프랑크포트 무어Frank Frankfort Moore는 3차 자치법안 시절 다양한 작품(《얼스터에 관한 진실The Truth about Ulster》[1914], 《얼스터 사람The Ulsterman》[1914])을 발표했는데 자치에 관한 그의 충실한 해설은 한 세대 먼저, 즉 2차 자치법안 제안 때 발표한 두 편의 풍자 단편에서 이루어졌다.** 《아일랜드 내각 장관의 일기Diary of an Irish Cabinet Minister》(1893)라는 만화에서 무어는 국왕파의 여러 편견을 어느 독립 아일랜드 정부의 팬터마임 식 전망 속에 꾸려 넣었다. 새 체제는 얼스터에 탐욕적인 태도(벨파스트 조선소에서 얻는 수익에 소급 징세해 이 제안에 나오는 소득세 인상을 보완한다)를 보이고 성직 권위에는 굴복하는(더블린의 가톨릭 대주교는 모든 입법에 거부권이 있고 공직 임명에 자문을 하며 전화라는 신기술로 내각실과 직접 소통이 가능하다) 특징을 드러낸다. 더블린의 트리니티칼리지나 〈아이리시 타임스Irish Times〉 같은 연합주의 기관지는 탄압 대상이다. 새 행정부의 경제 배경도 똑같이 암담해서 국가 채무를 갚지 못하고 공무원 월급이 밀리며 아일랜드 주식시장은 붕괴한다. 《아

---

* 자치를 다룬 초반의 소설을 토론한 내용은 Edward James, "The Anglo-Irish Disagreement: Past Irish Future", *Linenhall Review*, 3/4 (Winter, 1986), pp. 5-8 참조. 또 I. F. Clarke, *Voices Prophesying War, 1763-1984* (Oxford, 1966); D. Suvin, *Victorian Science Fiction in the U. K., The Discourses of Knowledge and Power* (Boston, 1983) 참조. 이 장르의 작품을 쓴 유명인사가 몇 명 있는데 그레고리 부인도 여기에 속한다. James Pethica (ed.), *Lady Gregory's Diaries, 1892-1902* (Gerrards Cross, 1996), p. 13.

** 프랑크포트 무어를 알고 싶으면 Patrick Maume, "Ulstermen of Letters: The Unionism of Frank Frankfort Moore, Shan Bullock, and St. John Ervin", Richard English & Graham Walker (eds.), *Irish Unionism* (London, 1996) 참조.

일랜드 내각 장관의 일기》보다 두어 주일 뒤에 발표한 무어의 《멀둔 총독The Viceroy Muldoon》은 새로 확립한 자치 행정부라는 동일한 전제에서 출발하며, 새 체제에 관한 광범위한 추정을 앞의 작품과 공유한다. 두 작품 모두에서 얼스터 연합주의자는 더블린 정부에 반항하고 또 사취 대상으로 나온다(《멀둔 총독》에서는 북부에서 아일랜드 세금 전체의 16분의 15를 걷으라고 강요하는 상황이 그려진다). 여기에서 그리는 교회주의는 체제에 미쳐 날뛰고 사업은 공적 · 정치적인 무정부 상태와 공식적 경솔함의 복합으로 정체 상태에 이른다. 두 풍자소설에는 낮은 수준의 정치적 도덕성과 토론이 깔려 있고 각 소설은 새 민족주의자 통치 엘리트 내부의 전형적인 패싸움으로 끝맺는다. 두 이야기 모두에서 자치는 민족주의자의 야심 때문에 주변 문제로 밀려날 것이라고 추정하고 있다(《멀둔 총독》에서 아일랜드 의회는 아일랜드 총독의 임명권을 재빨리 획득한다).

두 무례한 풍자를 지나치게 해석하는 것은 잘못이다(가령 두 작품은 모두 연합을 의기양양하게 다시 세우는 것으로 끝난다). 우습게도 이들 작품은 무어가 성직주의와 미래에 드러날 자치법 행정부의 광기나 폭력성 같은 일련의 대중적 · 연합주의적 가정을 재료로 작업한 덕분에 성공했다. (나중에 분명해지겠지만) 가장 근엄한 연합주의 주석가들도 이러한 가정을 했다.

어떠한 해결책도 얻을 수 없는 전제를 바탕으로 작업한 다른 작가들은 얼스터 연합주의의 그럴싸한 호전성에 무어보다 더 직설적으로 집중했다. 3차 자치법안이 통과될 즈음 적어도 소설가 2명은 북부가 취할 법한 태도를 상상했다. 상이한 정치적, 민족적 시각에서 작업한 두 사람은 모두 얼스터 연합주의의 호전성이 남기는 더 광범위하고 사적인 반향을 자세히 서술했다. 그 주인공은 바로 조지 버밍엄George Birmingham과 영국 소설가 더글러스 뉴턴Douglas Newton이다. 버밍엄은 자유당 신교도의 시각에서 《얼스터의 붉은 손The Red Hand of Ulster》(1912)을 썼고, 뉴턴의 작품 《불타는 북부The North Afire》(1914)는 얼스터 내전이라는 동일한 주제를 탐구했다. 두 저자 모두 유럽에서 1914년 8월 전쟁이 터지기 전에 작품을 썼으며, 둘 다 아일랜드에서 영국 정책이 놓인 더 넓은 외교 맥락은 전혀 고려하지 않았다. 그러나 우리는 두 사람에게 관심을 기울일 필요가 있다. 왜냐하면 1차 세계대전이 일어나지 않은 상태에서 자치를 시행하는 얼스터를 바라본 그들의 시각은 이 에세이의 마지막 절에서 다룰 반사실 가설 가운데 하나의 주제를 제공하기 때문이다.

조지 버밍엄은 은근한 재미와 풍자를 섞은 판타지의 한계 내에서 연합주의와 호전적인 정치의 몇몇 실제 형태를 명료하게 예견했고, 그 밖에 일어날 성싶은 사태 발전에도 근거 있는 추측을 제공했다. 아일랜드 내에서 영국에 가장 비판적이고 폭력적인 사람들이 얼스터 연합주의자임을 알고 있던 아일랜드 혈통의 미국 백만장자이자 펜 운동 동조자인 조지프 콘로이는 자치에 저항하는 그들에게 자금을 제공한다(언뜻 그럴 것 같지 않지만 이 방안은 실제로 북부 현체제 유지파의 도전에 일부 호전적 공화파가 내키지는 않지만 진정으로 감탄하는 모습을 예리하게 예고했다).* 콘로이의 지원을 받은 연합주의자는 여러 차례나 영국군이나 (아마 아닐 것 같지만) 영국 해군과 소소한 전투를 벌여 승리함으로써 섬 전체의 독립을 철저히 확보한다. 아일랜드에 관한 일차적 지식도 별로 없고 상당히 화려한 로맨스이야기의 제약 속에서 글을 쓴 것이 분명한 더글러스 뉴턴은 얼스터 연합주의자의 반란 형태와 개인적 반향을 설득력 있게 고찰했다. 영국군 장교 커민스 루던은 얼스터 봉기 와중에 동료 군인이자 연합주의 동조자에게 맞서 싸우지만 어느 반군 여성을 사랑해 임무에 충실하지 못한다. 버밍엄의 반란은 오렌지색 아일랜드공화국에서 그 정점에 달한다. 뉴턴의 반란은 잠깐 피비린내 속에서 피어오르다가 이주일 뒤 와해되고 그 자세한 경과는 알려

---

* 예를 들면 F. X. Martin (ed.), *The Irish Volunteers, 1913-1915: Recollections and Documents* (Dublin, 1963), pp. 57-61에 재수록한 Eoin MacNeill, "The North Began" 같은 것. 같은 자료 pp. 61-65에 재수록한 Padraig Pearse, "The Coming Revolution"도 볼 것("나는 북부가 시작해준 것이 반갑다. 오렌지당 당원들이 무장한 것도 반갑다. 아일랜드인의 손에 무기가 있는 것은 보기 좋은 광경이다").

지지 않는다.

버밍엄의 판타지 소설은 연합주의의 폭력이 보이는 복잡한 범위를 강조하고 또 자치에 반대하는 모든 얼스터 반란의 그럴싸한 정치적 움직임 몇 가지를 예언해 특히 흥미롭다. 연합주의의 반란 지도자 모인 경 부부와 재능 있는 연설가 배벌리(카슨과 약간 비슷한 점이 있는)는 봉기 초기만 해도 더 호전적인 세력 때문에 주변부로 밀려나 미국 재정과 독일 무기에 의존하는 신세다(실제로 국왕파 무력은 비록 공화파는 아니지만 북아메리카에서 나온 일부 자금과 독일의 개인이 제공한 수입 무기를 썼다).* 배벌리는 대중의 호전성과 사적인 겸손함을 카슨 스타일로 혼합하고 얼스터 연합주의자가 영국의 잠재적 지원에 가할 효과에 집중한다.

"나는 우리가 무법성과 폭력적인 주장에 호소하면 그들의 우정을 잃고 동정심이 소원해지리라는 것을 알고 있다."**

그 소설은 모순적인 결말에서 아일랜드 국왕파의 한계를 고도로 축약해 예시한다. 반군은 연합이나 어떤 형태의 자치로 돌아가기보다 아일랜드의 독립을 조건으로 내건다. 돌이켜볼 때 이것이 언뜻 우습고 있을 수 없는 결말처럼 보일지라도 이는 당대 아일랜드 연합주의자의 덜 아이러니한 견해를 반영한다. 예를 들면 다른 일에서는 침착한 남부 연합주의파 변호사 새뮤얼스A. W. Samuels는 영국의 관찰자들에게 장담하건대 아일랜드에 있는 사람들을 그들이 명예롭게 종속된 사람들에게 떠넘기고 방치하면, 그토록 철저하게 배신당한 그들의 후손이 장래에 가장 지독하게 영국을 적대할 것이라고 경고했다.***

---

* 연합주의자의 무기 밀수입과 관련된 최고의 서술은 Stewart, *Ulster Crisis* 참조.

** George Birmingham, *The Red Hand of Ulster* (London, 1912), pp. 214-215.

*** A. W. Samuels, *Home Rule: What Is It?* (Dublin, 1911), p. 32; A. V. Dicey, *A Fool's Paradise, Being an Constitutionalist's Criticism of the Home Rule Bill pf 1912* (London, 1913), p. 106; Jackson, *Ulster Party*, p. 122.

뉴턴의 판타지 소설은 자치법이 통과된 이후 여러 주일 동안 벌어진 이야기를 다룬다. 유혈사태로 번진 국왕파 봉기에서 경찰의 기습으로 어느 오렌지 당원[북아일랜드의 신교도—옮긴이]이 사망하자 불꽃이 튄다. 얼스터의 새 임시정부는 민족주의자에게 집과 재산을 두고 떠나라고 '조언하고', 연합주의자든 민족주의자든 얼스터 전역에서 지배적인 다수파가 소수파를 공격해 참화를 유발하거나 재산을 파괴한다. 여기에는 파벌주의 원한에다 경제적 동기에서 나온 상당한 폭력(노동자들의 공장 시설 방화 같은 일)이 더해진다. 처음에 갈팡질팡하던 영국인 장관들("정부는 풍향기처럼 빙빙 돌기 시작했다. 바람을 소모하는 일을 존재의 본질로 하는 정부가 으레 그렇듯.")은 마침내 계엄을 선포하기로 합의하고, 왕실 군대와 봉기자들 사이에 여러 차례 유혈사태가 벌어진 뒤 합의안을 체결한다.*

이 판타지는 세부적인 측면은 빈약하지만(얼스터에 탄광이 풍부하다거나 신교도 영웅이 게일계 아일랜드 기독교식 이름으로 불리는 등) 국왕파의 반란이 거쳐 갈 과정과 그것이 지역에 미친 영향은 상당히 설득력이 있다. 꾸물대긴 해도 궁극적으로 효과가 있는 영국 정부의 반응은 애스퀴스 행정부의 특징이던 꾸물거림과 신속하고 무모한 행동의 복합이다. 또한 간략하고 유혈적이며 무의미한 갈등이라는 전체 그림은 유력한 연합주의 지휘부의 열정 없는 호전성, 민간의 불안정에 말려들기를 꺼려하는 자유당 정부의 태도와 맥을 같이해서 제법 그럴싸하다.

역사와 정치 논쟁, 소설에서 민족주의자는 북부에 비해 영국이나 얼스터 신교도를 훨씬 더 많이 걱정하는 편이다. 반면 연합주의의 정치적 수사법과 문학적 허구에 자주 등장하는 종말론 주제는 그 상대편인 민족주의의 수사법이나 허구에는 대체로 보이지 않는다. 물론 몇 가지 공통점도 있다. 자치에 관한 당대의 반사실 추측 가운데 매우 의미심장한 것 중 하나는 조지 버나드 쇼가 《정치가들을 위한 서

---

*   W. Douglas Newton, *The North Afore: A Picture of What May Be* (London, 1914), p. 142.

문Preface for Politicians》(1907)에서 제시한 것이다. 여기에서 그는 희곡《존 불의 또 다른 섬》에서 국왕파와 아일랜드인으로 간주하는 자치주의자를 '부자연스러운' 모습으로(공화파 사회주의자 제임스 코널리James Connolly가 얼스터 연합주의를 허위의식의 한 형태로 간주한 것과 비슷한 방식으로) 묘사했다. 쇼는 그보다 아일랜드 신교 내의 급진적 잠재력을 강조했다.* 그는 아일랜드 국왕파와 신교도의 사회적 상승세가 서로 의존한다고 믿었다. 나아가 영국의 아일랜드 통치가 끝나고 그와 함께 출세한 계급들이 끝장나면 아일랜드 국왕파도 사라질 것이라고 보았다. 얼스터 연합주의자의 호전성이 세련미를 갖추기 전에 저술활동을 했고 더블린 신교도인 쇼는 같은 교파 신도들을 자치 행정부의 장기적인 적이 아니라 새 체제 내에서 활기차게 발전할 잠재력이 가장 큰 존재로 보았다. 쇼의 관점에서 민족의 삶에 영향력을 행사하려는 아일랜드 신교도의 결정은 갈수록 "가톨릭교Romanism나 사제주의Sacerdotalism[성직자를 통해서만 구원이 가능하다는 입장―옮긴이]에 반대하는 아일랜드 민족주의 혹은 민주주의의 전위 부대"와 동일시된다. 그리고 이 신교도적 관심은 민족의 자유 증진을 열망하는 가톨릭교도의 표로 지원을 받아 성직의 지배를 벗어던진다.** 이런 가설은 북부 신교도에게 그들의 상대편인 남부 신교도의 관심사 중 일부를 강제한다. 물론 이런 예측이 전체적으로 신교도의 민족 기만 탓이긴 하지만, 쇼가 조지 버밍엄이나 다른 사람들과 마찬가지로 극렬한 얼스터 국왕파와 발전한 아일랜드 분리주의자를 갈라놓는 가느다란 경계선을 강조하니 무척 당혹스럽다. 두 작가 모두 북부 신교도 호전파 내의 취약하기 짝이 없는 순수 연합주의와 각자가 제공하는 자치 아일랜드의 전망이 다분히 주류 신교도 분리주의에 물들어 있음을 강조한다.

*   George Bernard Shaw, "Preface for Politicians" to John Bull's Other Island (new edn., London, 1926), pp. xxiii-xxvi.

**   앞의 책, p. xxiv.

쇼가 바라본 자치 아일랜드에서 가톨릭의 전망 역시 이에 못지않게 당혹스럽다. 교회가 가톨릭 대중의 정치적, 종교적 원한을 결집하는 구심점 역할을 하는 한 쇼는 연합을 성직주의의 대리인으로 보았다. 그렇다면 연합을 재고하고 자치를 확립하는 것은 아일랜드 가톨릭교도를 로마에 얽매이는 굴종 상태에서 해방시켜 그들 자체의 아일랜드-켈트 식 교회를 세우게 해줄 것이었다.

"자치는 바티칸이 더블린성에서 물러날 날을 널리 알리고, 성자들의 섬은 그 자체로 교회의 수장이 될 것이다."*

그 자신의 모순이 빚어내는 롤러코스터로 흥분한 쇼에 따르면 자치는 아일랜드 신교도를 상급 분리주의자Advanced Separatist로, 경건한 가톨릭을 상급 갈리아주의자로 개종한다.

그럼 자치의 허구 버전 가운데 마지막 하나인 분리주의를 확신하는 대변인을 살펴보자. 신페인당 당원으로 1916년 봉기 때 신분이 '노출'된 테렌스 맥스위니Terence MacSwiney는 74일간의 단식투쟁 끝에 1920년 10월 옥사했다. 그는 1914년 희곡 《혁명가The Revolutionist》를 발표했는데, 이는 동조하지 않는 자치 행정부에서 분리주의자들이 겪는 고난을 다루고 있다.** 이제껏 논의한 다른 문학적 증거도 그렇지만 그 희곡의 기저에 깔린 전제는 3차 자치법안의 성공적인 실행이다. 주인공 휴 오닐 (아마도 16세기 후반 게일족 귀족이자 반군이던 사람[2대 티론 백작으로 16세기 후반 아일랜드에서 로마 가톨릭교도의 민족봉기를 이끈 티론 휴 오닐을 가리킴. The Great O'Neill로 불림 - 옮긴이]을 의도적으로 지칭한 이름일 것)은 상급 민족주의자 서클에서 거친 소란과 소심함을 마주하고 가톨릭교회 내부에서는 저명인사들의 강렬한 적대감을 접한다. 그의 친지들은 아

---

* 앞의 책, p. xxx.

** 맥스위니와 그 연극 내용을 알려면 Francis J. Costello, *Enduring the Most: The Life and Death of Terence MacSwiney* (Dingle, 1995), pp. 38-40 참조.

일랜드의 나머지 민족주의자들과 함께 제국을 향한 저항 자세를 누그러뜨리는 중이다. 교회 측은 오닐을 신뢰할 수 없는 혁명가로 비난하고(사실 그는 진지한 가톨릭교도다), 그의 지인들은 개인적인 출세 욕심으로 정치 신념을 포기하고 타협하는 모습을 보인다. 희곡의 배후에 웅크리고 있는 것은 '제국의 사육제'로 이 대중 오락의 표면상 목적은 자치 달성을 축하하는 것이지만, 실은 선량한 민족주의자를 꾀어 제국주의자의 길로 들어서게 만드는 행사다. 분리주의 원칙을 외치는 오닐의 투쟁은 외롭고 비극적이다. 치열한 전도 운동을 펼친 뒤 그는 아름답고 영웅적인 죽음을 맞이한다.

이러한 자치 아일랜드의 문학 비전은 세세한 내용에서는 희극적이지만 가끔 기괴하고 더 엄숙한 표정을 한 해설자들의 의견에 놀랄 만큼 가까웠다. 문학 판타지가 원래 그렇듯 이들의 특징은 당파에 따라 결정되며 일부 가설은 당파의 경계에 걸쳐 있다. 연합주의 풍자가 프랭크포트 무어 같은 사람은 자치법 통과 이후 민족주의자 대열에서 무정부주의 분파 쪽으로 기울었을지도 모르지만, 이것은 존 레드먼드 자신이 예견한 내용의 과장된 버전일 뿐이었다. 레드먼드는 (농민 급진파 마이클 대빗Michael Davitt처럼) 자치 정당이 목적을 달성한 뒤 몰락하기를 기대했다.* 이는 한마디로 펑투스 오피시오Functus Officio[어떤 직책의 수명이 다하면, 즉 본래의 목적을 완수하면 그 직책을 폐기하는 일 - 옮긴이]다. 실제로 레드먼드는 일반적 혹은 기술적인 적들의 비난을 정치 자산으로 바꿔놓았다. 연합주의자들이 자치가 영국 헌법을 불안정하게 만들 것이라고(저명한 판사 다이시A. V. Dicey는 자치가 논쟁을 종결하는 것이 아니라 혁명을 개시한다고 말했다) 예언했을 때, 레드먼드는 그 일반 논점을 수용하면서도 자치가 영국 연

---

* Redmond, *Home Rule Bill*, p. 65. Francis Sheehy-Skeffington, *Michael Davitt: Revolutionary Agitator and Labour Leader* (London, 1908), p. 261. 윌리엄 레드먼드는 형의 노선을 그대로 따라 했다. *Hansard*, 5th ser., vol. XXXVII, col. 149 (1912년 4월 15일). 조지프 데블린의 언급도 볼 것. *Hansard*, 5th ser., vol. LII, col. 1548 (1913년 6월 10일).

방Federation of the United Kingdom 형태로 건전한 개혁을 촉진할 것이라고 주장했다.[*] 그러나 그는 연합주의자처럼 그 방안의 면모가 무척 불만스럽다는 점을 인정했다. 또한 그는 관점은 달랐지만 연합주의자와 비슷하게 그 방안의 재정 여건이 기껏해야 잠정적인 것에 불과하다고 비난했다. 어쩌면 그가 연합주의자처럼 토지구매 보조금에 포함된 일체의 불이행을 이월금액 축소에 연결하는 법률 조항의 구체적인 문제를 예견했기 때문인지도 모른다.[**]

물론 민족주의자와 자유당 해설자들이 제공한 전체적인 비전은 '미래의 아르카디아'이며, 이는 보수파와 연합주의 정치가가 꾸며낸 음울한 판타지와는 대조적이다.[***] 자치주의자와 연합주의자 모두(이유는 서로 다르지만) 아일랜드 새 행정부에 할당된 권력의 범위를 강조하는 경향이 있었다. 그렇지만 레드먼드는 자치법안을 영국인과 아일랜드인 사이의 역사적 다툼의 최종해결책으로(몇 가지 세부사항에 문제가 있다는 점은 인정했다) 본 데 반해, 연합주의자는 더 많은 자율성으로 나아가는 중간 단계로만 보았다. 자유당의 몇몇 해설자는 더블린으로의 권력이양과 웨스트민스터 내 아일랜드 대의원단 규모 축소를 "효율적인 제국으로 나아가는 첫걸음"으로 보았으나, 연합주의자는 고조된 헌법상의 혼돈 가능성(카슨의 개인비서 펨브로크 윅스Pembroke Wicks는 "자치법안 통과가 웨스트민스터 내부의 정체 상태를 풀어줄 것이라는 발언은 명백히 거짓"이라고 단언했다)만 보았다.[****] 레드먼드는 법안이 더블린에 유능한 국민의회가 설립되리라는 소식을 미리 알렸다고 믿었다(아일랜드의 정치 기술이 더 이상 웨

---

[*]   Redmond, *Home Rule Bill*, p. 67; A. V. Dicey, *A Leap in the Dark: A Criticism of the Principles of Home Rule as Illustrated by the Bill of 1893* (London, 1911), p. 127.

[**]   Redmond, *Home Rule Bill*, p. 23.

[***] Richard Bagwell, "The Southern Minorities", S. Rosenbaum (ed.), *Against Home Rule: The Case for the Union* (London, 1912).

[****] Wicks, *Truth about Home Rule*, p. 204; Cecil Harmsworth, "The State of Public Business", Morgan (ed.), *New Irish Constitution*, p. 387.

스트민스터로 대량 방출되지 않을 테니).* 연합주의자는 자기중심적이고 골육상쟁하는 평범한 자들의 의회가 들어설 것이라고 예견했다(다이시는 "위원회실 15호에서 벌어지는 장면은 자치를 시행하는 더블린에서 열릴 의회 생활의 리허설"이라고 주장했다). 레드먼드는 자치법안으로 아일랜드인의 해외 이민이 원활해지고 영국과도 관계 개선을 이룰 것이라고 보았다. 특히 영국은 아일랜드계 미국인과의 관계 개선으로 이익을 얻을 것이라고 주장했다. 그러나 연합주의자는 자치법안은 민족의 원한을 더 전면적으로 표출할 공간을 제공할 뿐이며, 영국은 깊이 고려하지 않은 낙관주의의 비싼 대가(특히 전쟁이 터질 경우)를 치를 것이라고 믿었다.**

가장 완벽한 자유당 혹은 권한을 이양한 정부의 자치 비전을 하나 꼽으라면 모건J. H. Morgan이 편찬한 《아일랜드의 새 헌법The New Irish Constitution》(1912)을 들겠다. 여기서는 법안을 현명한 제국의 절제가 빚어낸 관대한 이양의 완벽한 복합으로 묘사했다. 해설자들은 종교 불안이라는 요인을 인정했으나 (버나드 쇼가 상당히 화려한 용어로 추구한 논의를 따라) 불관용을 녹여 없애는 유일한 최선의 매체는 완전하고 자유로운 정치적 삶이라고 강조했다.*** 장로교의 주목받는 자치주의자 아머J. B. Armour 목사는 자치가 프로테스탄티즘을 그 파괴적인 반민주주의, 반민족주의 연상에서 해방시킴으로써 아일랜드 신교를 파괴하는 것이 아니라 이롭게 할 것이라고 주장해 관습적 두려움을 뒤집어놓았다. 자치법안은 "신교가 그 자체의 장점으로 평가받을 기회"를 주었다는 것이다.****

---

*   Redmond, *Home Rule Bill*, p. 66; Dicey, *Leap in the Dark*, p. 166-7. '위원회실 15호'는 1890년 11월 아일랜드당에서 파넬의 지도력에 관해 악명 높은 신랄한 토론을 벌인 장소를 가리킨다.

**   Redmond, *Home Rule Bill*, pp. 75-76.

***   Sir John MacDonell, "Constitutional Limitations upon the Powers of the Irish Legislature", Morgan(ed.), *New Irish Constitution*, p. 111.

****   Revd J. B. Armour, "The Presbyterian Church in Ulster", Morgan (ed.), *New Irish Constitution*, p. 468.

재정 문제를 다루는 필자 웰비 경은 이와 유사하게 아일랜드 입장에서는 영국 시장이 굉장히 중요하므로 설령 자치를 하더라도 (연합주의자가 주장하듯) 맹렬한 보호주의를 취하는 아일랜드 정부를 만들지는 못할 것이라며 연합주의자의 두려움을 일축했다.* 부도덕한 행정부가 될 것이라는 연합주의자의 예언 역시 무시했다. 통찰력이 뛰어난 자치 문제 해설자 조너선 핌Jonathan Pym은 새로운 아일랜드에서 발생 가능한 위험은 과잉 소비가 아니라 과도한 인색함에서 온다고 주장했다.

"압도적인 농민 표로 행정부가 부당하게 인색해질 수 있고, 토지 소유자에게 일체의 추가 부담을 지우는 것을 꺼릴 수도 있다. 이로 인해 일종의 정치적 정체 현상이 발생할지도 모른다."**

이것은 프랭크포트 무어의 부패하고 낭비가 심한 자치정부의 희극적인 초상과는 한참 거리가 멀지만, 1920년대 독립 아일랜드의 재정 행정과 관련해서는 놀랄 만큼 선견지명이 있는 예보였다. 무정부 상태에 놓여 왕립 아일랜드 경찰대가 모욕당하고 사기를 잃는 아일랜드 연합주의의 비전은 그 책의 다른 부분에 나오지만 무시되었다. 또 집행부는 사법 절차에 간섭할 수 없다고 주장한 그 책은 민주제도를 도입할 경우 농업 부문의 불안정이 사라질 것이라는 예언을 제시했다.***

오랫동안 국왕파의 호령에 휘둘리느라 둔감해진 민족주의자는 폭력을 가하려는 얼스터 연합주의자의 위협을 바보짓이라며 무시했다. 실은 자치 문제의 어떤 해결책에든 들어 있는 얼스터 연합주의의 힘 자체가 그것의 집행을 예방할 것이라는 주장이(다시 한 번 논의가 교묘하게 전환되면서) 있었다. 레드먼드는 자치 정당은 그 목적

*   Welby, "Irish Finance", p. 146.

**   Jonathan Pym, "The Present Position of the Irish Land Question", Morgan (ed.), *New Irish Constitution*, p. 169.

***   T. F. Molony, "Judiciary, Police and the Maintenance of Law and Order", Morgan (ed.), *The New Irish Constitution*, pp. 157-165.

달성에 성공하면 해체되고 아일랜드 연합주의자는 더블린 하원 내에서 강력한 위치를 점유할(전체 의석의 약 4분의 1) 것이라고 예견했다. 쪼개진 민족주의자 그룹과 강력한 연합주의자 그룹이 모인 집단은 연합주의자가 자치 아일랜드 내에서 중요한 영향력을 행사하리라는 것을 의미했다.[*] 그뿐 아니라 민족주의자는 3차 자치법안이 연합주의자의 감수성을 적절히 반영한다고 믿었다. 예를 들어 자치법안의 요건에 따르면 아일랜드 의회는 종교 신념에 유리하거나 해로운 방향의 입법 활동을 일체 허용하지 않았다. 결혼의 타당성에 관해 어떠한 종교적 조건을 부여하는 일도 마찬가지다. 이 마지막 제한(1912년 법안에 새로 추가한 내용)은 이교 사이의 결혼에 관한 교황 포고령 〈네 테메레Ne Temere〉에 따라 추가했는데, 이는 곧 등장할 국왕과 가톨릭 세력 가운데 더 난폭한 사람들을 무장해제하고자 고안한 내용이기도 했다.

연합주의 해설자들 역시 자치 아래에서 겪을 운명에 그리 침착하지 못했다. 연합주의자의 자치 아일랜드 비전은 대략 알려져 있었으며, 그 비전은 민족주의자와 마찬가지로 곧 닥쳐올 종말 예보를 자세히 제공했다. 풍자작가 프랭크포트 무어든 엄숙한 전직 아일랜드 법무차관 캠벨J. H. M. Campbell이든 연합주의자는 무정부 상태를 예고했다. 무어의 자치법 의회주의자는 태머니홀[뉴욕시 민주당 중앙위원회 본부. 원래 중산층을 대변했으나 나중에 파벌주의와 부패, 정치적 모략의 대명사로 변질됨 - 옮긴이]로 보내 정치 관리 기술을 배우라고 한 반면, 캠벨은 (표면적으로는 아이러니 없이) 자치법 이후 아일랜드 정치는 스테파노 성인보다 태머니홀을 모델로 삼아 이루어질 것이라고 예언했다.[**] 다이시, 피터 커-스마일리Peter Kerr-Smiley (유력한 얼스터 연합주의자 하원의원), 그 밖에 다른 사람들은 민족주의자가 국내 분쟁을 처리할 때 보인 무자비함을 자치 의회 내에

---

[*]   Redmond, *Home Rule Bill*, pp. 13, 65.

[**]   J. H. M. Campbell, "The Control of Judiciary and Police", Rosenbaum (ed.), *Against Home Rule*, p. 156.

더 보편적으로 적용할 것이라고 믿었다.[*]

거의 모든 연합주의 작가와 해설자가 아일랜드와 영국의 관계는 레드먼드가 묘사한 우정 어린 조화보다 지속적인 균열을 보일 것이라고 예고했다. 실제로 많은 사람이 온갖 견제와 균형 사례를 복잡하게 첨부한 자치법안을 원한과 불신의 온상이라고 믿었다. 펨브로크 윅스는 아일랜드 새 행정부에 지워진 권리와 제한의 혼합물이 제국의 권위와 계속 갈등을 일으킬 것이라고 주장했다. 특히 앞서 서술한 재정적 합의안은 "아일랜드 재무부에는 최소한의 수입을, 영국 재무성에는 최대한의 갈등을 만들어낼 수 있었다."[**] 평화 유지 메커니즘으로 창설한 합동재무위원회는 영국이 지배하는 기관으로 아일랜드 민족주의에 더 많은 갈등 요소로 작용했다.

연합주의자는 그 지속적인 갈등이 자치 문제 합의안을 위태롭게 만들고, 아일랜드 내에서 분리주의 감정에 불을 붙이는 데 일조할 것임을 인정했다. 어떤 연합주의자도 자치 문제를 레드먼드 식 기준으로 판단하지 않았다. 그러니까 그것을 최종적이거나 심지어 지속 가능한 헌법 조처로 여기지 않은 것이다(다이시는 "우리의 새 헌법은 오래 지속하도록 만들어지지 않았다"라고 한탄했다).[***] 거의 모두가 아일랜드의 자율성을 검열하는 정교한 시스템이 (작동할 경우) 민족주의 감수성을 비방하고, (작동하지 않을 경우에는) 실질적으로 무가치함을 알고 있었다. 한 예로 피터 커-스마일리는 아일랜드 총독의 거부권을 "가짜"라며 무시했고 영국 추밀원에 청원하는 사법적 청원권을 "가치 없다"고 일축했다.[****] 연합주의의 여러 필자는 영국과 아일랜드 간의 긴장이 앞으로 지급할 토지구매 보조금 때문에 발생할 것이라고 예견했다. 리처드

[*]   Peter Kerr-Smiley, *The Peril of Home Rule* (London, 1911), p. 56.

[**]   Wicks, *Truth about Home Rule*, p. 196.

[***] Dicey, *Leap in the Dark*, p. 127.

[****] Kerr-Smiley, *Peril of Home Rule*, p. 53.

배그웰Richard Bagwell 같은 몇몇 연합주의자는 테렌스 맥스위니가 쓴《혁명가》의 가정을 공유했고, 온건파 자치 행정부는 상급 분리주의자의 감정 때문에 점점 더 압박을 받을 것이라고 예측했다.* 그리고 영국-아일랜드 간의 긴장과 자치의 치명적인 불안정성으로 인해 그 감정에 불이 붙으리라고 짐작하는 사람이 많았다.

정치 불안정은 업무의 건전성에 영향을 준다. 무질서한 경제 때문에 자치에서 이탈하는 상황을 묘사한 프랭크포트 무어의 풍자적 발언은 몇몇 둔감한 북부 연합주의자 사업가의 관찰과 근본적으로 다르지 않다. 무어는 자치 의회가 북부인과 북부의 사업에 징벌적 조세를 부과할 것이라고 예측했고, 좀 더 신중한 연합주의자는 이것이 현실화할까 봐 겁을 냈다. 그러나 가장 정통한 발언은 즉각적이고 잔혹한 징세에 따른 두려움보다 더 근본적인 불안에 집중되어 있다. 연합주의자의 믿음처럼 자치는 정치 안정을 위협하는 한편 주식시장과 아일랜드의 국가 신용도도 위협했다. 자치 위기는 아일랜드 주식시장의 급격한 하락과 관련이 있었으나 여러 연합주의자는 자치를 실행해도 주가 하락이 오래가지 않을 거라고 생각했다. 북부의 자유당 당원이자 유능한 법안 비판자인 사업가 토머스 싱클레어Thomas Sinclair는 자치가 산업, 상업, 농업 등 어떤 형태의 것이든 북부의 번영을 심각하게 파괴할 것이라고 믿었다. 그리고 그는 미래 아일랜드 행정부의 재정 불안정성에서 악의 뿌리를 찾아냈다.** 부채가 많고 불안정한 새 자치정부는 국제통화시장에서 신용을 얻지 못하고 이는 전반적인 번영에 파괴적인 영향을 초래할 터였다. 엄숙하고 절제된 싱클레어의 분석은 아일랜드의 국채 1천만 파운드와 파산 이후 그 혼란스러운 후유증

---

*   Bagwell, "Southern Minorities", p. 187 ("누구도 아일랜드 내 혁명 파벌을 회유하지 않을 것이고 그들이 가장 강한 파벌이 되리라고 생각할 이유는 충분하다").

**   Thomas Sinclair, "The Position of Ulster", Rosenbaum, *Against Home Rule*, p. 177. 1912년 5월 2일자에 실린 사업가 H. T. Barrie의 발언도 볼 것: *Hansard*, 5th ser., vol. XXXVII, col. 2159.

282   버추얼 히스토리

을 다룬 프랭크포트 무어의 희극적 묘사를 연상하게 한다.*

그런데 이 음울한 판타지가 가정하는 자치의 불안정성은 상급 민족주의자의 압력뿐 아니라 얼스터 연합주의자 자신들의 반대에서도 발생했다. 1911~1914년에 있었던 가장 심각한 연합주의자의 발언은 최소한 얼스터에 불안정이 있을 것이라는 추측이었고 많은 사람이 내전이 임박했다고 믿었다. 피터 커-스마일리는 새 행정부가 비정상적인 경찰력 유지비용으로 허리가 휠 것이라고 주장함으로써 확률이 높은 자치 아일랜드의 재정 불안정과 북부의 소요를 관련지었다.** 펨브로크 윅스는 같은 관련성을 좀 더 다른 방식으로 지적했다. 윅스는 자치법안을 강제로 법률화하면 얼스터에서 내전이 일어나고 그 외 아일랜드 전역에서 공공의 신뢰와 안전, 신용이 끝장날 것이라고 예견했다.*** 연합주의자 가운데 섬뜩할 정도로 예지력이 높은 퍼시Percy 백작은 장교이자 7대 노섬벌랜드 공작의 아들로 1912년에 쓴 글에서 임박한 유럽의 격변을 철저하게 확신했고, 남아프리카에서 자신이 겪은 경험을 바탕으로 아일랜드 정치를 예언했다.

퍼시의 일차 관심은 자치의 전반적인 불리한 국방에 쏠려 있었으나 그의 손에는 두 가지 가설이 있었고, 이 장의 마지막 절에서 그것을 간략히 조사해보려 한다. 얼스터를 배제하고 자치 아일랜드를 가정한 그는 이 경우 트란스발과 오렌지 자유국가에서처럼 멈추지 못하고 독립을 향해 밀려갈 것이라고 주장했다.**** 연합주의자는

---

*   Phineas O'Flannagan(F. Frankfort Moore의 가명), *The Diary of an Irish Cabinet Minister: Being the History of the First (and Only) Irish National Administration, 1894* (Belfast, 1893), pp. 28-31.

**   Kerr-Smiley, *Peril of Home Rule*, p. 65.

***   Wicks, *Truth about Home Rule*, p. 220.

****   Earl Percy, "The Military Disadvantages of Home Rule", Rosenbaum (ed.), *Against Home Rule*, pp. 196-197. 이 주제에 관한 더 광범위한 검토는 Major-General Sir Thomas Fraser, *The Military Danger of Home Rule in Ireland* (London, 1912) 참조. 흔히 남아프리카와의 비교를 언급한다. 그 예로 W. F. Monypenny, *The Two Irish Nations: An Essay on Home Rule* (London, 1913), pp. 80-87 참조.

보어 전쟁 기간에 남아프리카 영국령의 오이틀란데르British Uitlanders[19세기 후반 트란스발 지역에 거주하던 영국계 주민. 오이틀란데르는 그곳의 기존 정착민인 보어인이 아닌 외국계 이민의 호칭 – 옮긴이]와 마찬가지로 불친절한 대우를 받을 것이었다. 퍼시는 자치 행정부가 통치하는 통일 아일랜드 개념을 연구했다. 이 선택지에 따르면 최악의 경우 아일랜드는 내전으로 찢기고 잘해야 "오래된 적대감과 종교, 또 다른 것이 치솟아 온갖 종류의 내적 소동으로 이어"진다.[*] 북부에서 막 발생하고 있던 교전 상태를 근거로 판단한 퍼시는 자치 행정부에 반대하는 일체의 봉기가 "일어날 가능성이 매우 높다"고 규정했다. 또한 그는 불안정을 진압하고 더블린 체제의 권위를 복구하려면 군대가 필요하다고 확신했다.[**]

　퍼시가 본 아마겟돈으로 가는 행진은 1914년 8월 현실로 나타났다. 그런데 유럽에 관한 예언의 정확도는 아일랜드 종말론에 품고 있던 그의 두려움이 적어도 한동안 뒤로 밀려났음을 확인해준다. 1차 세계대전이 터지면서 모순적이던 국왕과 반란이 사라지고 봉기파 군대가 국왕의 군대로 변신했다. 정치적 미래주의자는 민족주의자든 연합주의자든 자치의 운명을 유럽 전쟁의 맥락 속에서 성찰했다. 그러나 참호 속에서의 대량 학살이 아일랜드에 어떤 충격을 남길지는 아무도, 심지어 퍼시까지도 감히 상상하지 못했다. 국제 상황의 심각성을 깨달은 사람은 실상 퍼시뿐이지만 그조차 자신이 상상한 전투가 지평선 위에 남긴 깊은 정치적 낙진을 예견하지 못했다. 반면 영국-아일랜드 역사뿐 아니라 유럽의 중심 사건까지 추측한 예언자들은 자치 아일랜드는 아니어도 최소한 1921년 창설한 자치령Dominion, 즉 아일랜드 자유국가Ireland Free State 내의 일부 세력만큼은 정확히 예견했다. 실제로 가톨릭이자 어떤 검소한 정체가 등장해 더 완전한 자율성을 요구했다. 글래드스턴의 자치법안

[*]　　Percy, "Military Disadvantages of Home Rule", p. 196.

[**]　　앞의 책.

을 죽인 것은 얼스터가 아니다. 비록 전쟁 중이긴 해도 이 파벌적이면서 예리하고 정통한 판타지는 사라진 자유당의 아르카디아로 가는 길에서 우리가 만날 수 있는 최고의 안내자다. (그리하여 남은 것은) 영국에 묶이긴 했으나 자치권이 있는 아일랜드, 종교와 문화로 갈라졌지만 애국심 면에서는 통합된 아일랜드다.

자치를 시행하는 아일랜드

자치 아일랜드 정부의 그럴듯한 형태를 보여주는 당대의 증거는 이미 개괄하고 논의한 바 있다. 자치 선동 배경은 대략 윤곽이 나왔고 3차 자치법안의 세부내용도 소개했으며 자치정부와 관련해 당대의 풍부한 추측도 발굴했다. 이제 이 상이한 실타래들을 한데 끌어모으면 여러 가지 반사실 가설을 엮을 수 있다. 이 작업 가운데 첫 번째 가설은 1912년 자치 합의안을 체결했다는 내용이다. 두 번째 가설은 유럽 전쟁이 연기 혹은 무산되었다면, 자유당 정부와 얼스터 연합주의자가 자신들의 행동을 정면으로 마주했다면(1914년 8월 다들 그랬듯 위험에서 몰래 빠져나오기보다) 어땠을까 하는 전제를 만지작거리고 있다.

자치는 1912년 얼스터의 6개 카운티를 일시적으로 배제하는 것을 기초로 합의가 이루어졌다. 1912년 2월 6일 열린 내각회의에서 로이드조지와 처칠은 얼스터 배제 계획을 소개했는데, 둘로 갈라진 내각은 선제 제안에 더 찬사를 보냈고 독자적으로 거래의 필요를 인정해온 애스퀴스는 배제 의견 진영에 무게를 실어주었다.* 아일랜드 담당 장관 비렐Birrell은 로이드조지와 처칠의 지원을 받아 이 제안을 레드

---

* Jalland, *Liberals and Ireland*, p. 67은 애스퀴스가 오랫동안 거래의(그리고 그 가능한 형태의) 필요성을 알고 있었음을 시사한다.

먼드와 아일랜드 의회당이 받아들이게 만들어야 했다. 배제 구도의 일시적인 성격과 연합한 강력하고 통합적인 행정 전선이라는 위장은 아일랜드 지도부, 특히 북부 민족주의 지도자 데블린이 전체 아일랜드 정책에서 조금도 후퇴하지 않으려는 뿌리 깊은 반감을 뒤집는 데 일조했다.[*] 거절 이외의 대안은 아마 해산dissolution과 선거에서 연합주의의 승리뿐이었을 것이다.

자치법안Home Rule Bill은 1912년 4월 일시적인 분할 구도를 포함한 채 출발했다. 한데 로이드조지가 예견했듯 입지를 잘못 선택한 보수파와 얼스터 연합주의자는 분열을 일으켰다. 이때 보수파의 선봉 부대는 여러 방향으로 찢어졌다. 랜스다운 경Lord Lansdown처럼 유력한 남부 연합주의 동조자들은 그 법안에 지독히 불만스러워한 반면, 오스틴 체임벌린Austen Chamberlain이나 휴 세실 경Lord Hugh Cecil 같은 더 열정 없는 인물들은 비록 합의안은 아니어도 자유당의 제안을 협상 기반으로 여겼다.[**] 널리 알려진 것보다 훨씬 더 교감 능력이 뛰어난 보너 로는 얼스터 십자군을 위한 영국의 계획이 리버럴들의 선제 조치 때문에 근본적으로 훼손되었음을 깨달았다. 그는 고전 중인 얼스터를 방어하라는 요청이 있으면 당을 소집해도 분할 거래 회의록과 관련된 시시한 입씨름 때문에 당에도 나라에도 기울어질 수는 없다고 판단했다. 즉, 그는 자유당과 함께 일할 준비를 갖추고 있었다.

그렇지만 보너 로는 아일랜드 연합주의 지도부의 허가를 받아야 했다. 여기서 다

---

[*] 데블린은 1916년 6월 북부 민족주의자가 6개 카운티의 일시적 배제 방안을 지원하도록 했다(전쟁 상황에서 어려운 일이긴 했지만). Phoenix, *Northern Nationalism*, pp. 29-33.

[**] 영국 연합주의자의 얼스터 지원과 그 분파를 알고 싶으면 W. S. Rodner, "Leaguers, Covenanters, Moderates: British Support for Ulster 1913-1914", *Eire-Ireland*, 17, 3(1982), pp. 68-85; Smith, "Bluff, Bluster and Brinkmanship", pp. 161-178도 볼 것. 영국 귀속파의 호전성 문제에 관한 체임벌린의 얼버무림 사례는 *Hansard*, 5th ser., vol. XXXVIII, col. 265 (1912년 5월 7일) 참조. 로이드조지가 보수당 내에서 발생 가능한 어려움을 평가한 증거는 Gilbert, *Lloyd George*, p. 92; Redmond, *Home Rule Bill*, p. 132 참조.

시 한 번 자유당의 제안이 심각하게 분열을 일으키는 방향으로 힘을 발휘했다. 남부 연합주의자는 경악했고 이는 배제한 지역 밖에 살던 얼스터 연합주의자도 마찬가지였다. 운동의 북동부 핵심부에서 온 연합주의 지도부에는 강경파도 몇몇 있었으나(특히 보어 전쟁 참전군인들) 대개는 더 신중했고 애스퀴스의 표면적인 너그러움에 감명을 받지 않았다.* 1886년과 1893년 자치법안을 놓고 싸운 카슨은 애스퀴스가 글래드스턴 공식을 개선한 점을 인정했다. 그러나 예리한 정치적 지성을 갖춘 그는 그 제안 때문에 아일랜드 연합주의의 명분이 겪을 전술상의 어려움을 알아차렸다. 그는 자유당을 신뢰하지 않았지만 함께 일할 준비는 갖추고 있었다. 카슨은 수많은 얼스터 부관들에게 조언을 구했으나 주로 제임스 크레이그의 얘기를 귀담아 들었다. 크레이그는 활동한 기간 내내 자신의 정치적 토대인 동부 얼스터의 관심을 반영했다. 자유당의 제안이 이 핵심부를 보호하는 데다 영국과 하원에서 많은 경험을 한 덕분에 지속적인 반대가 겪을 어려움을 잘 알았던 크레이그는 신중한 수용 쪽으로 조언했다.

거래는 일시 배제라는 기초 위에 타결되었고 법안bill은 법률law로 넘어갔다. 그리고 새 자치법Home Rule Act의 조건에 명시한 대로 1913년 9월 첫 화요일에 아일랜드 새 의회를 소집했다.** 압력과 예측이 많았지만 과거 아일랜드 정당의 통합성을 유지한 이들은 더블린의 새 하원과 아일랜드 새 집행부 내에서 우세한 세력으로 등장했다. 초대 아일랜드 수상은 존 레드먼드다. 하원 164석 가운데 남부 연합주의자와 신페인당 의원들이 점점이 분포했지만 새 상원에서는 남부 연합주의자가 더 유리한 입지를 차지했다. 상원은 할당받은 40석 가운데 비례에 따라 총독이 의석을 배

---

* 강경파는 1913~1914년 얼스터 연합주의 지도부 일부가 공히 표출하던 충동에 지속적으로 제동을 건 것으로 보인다. Jackson, *Carson*, pp. 36-40 참조.

** Redmond, *Home Rule Bill*, p. 132.

당하기 때문이다. 중도파인 윌리엄 오브라이언William O'Brien의 지지자 같은 소수파 입헌 민족주의 일파도 하원과 새 상원에서 의석을 차지했다.

아일랜드 새 행정부가 1911~1912년 연합주의자 전문가들이 추정한 대로 가톨릭과 성직주의자가 우세해지도록 할 것인가? 자치법은 공식적으로 거의 모든 형태의 당파성 입법을 금지했으나 이 금지를 우회할 방법은 분명 있었다(몇몇 연합주의자는 자치주의 징세 체제가 교회 기관에 유리할 것이라고 주장했다).* 그러나 대표적인 민족주의자 중에는 신교도 쪽에 가족 연줄이 있는 사람이 많았다. 일례로 레드먼드의 어머니와 아내는 신교도였다.** 더구나 새 의회에는 (웨스트민스터의 아일랜드 의회당이 그렇듯) 신교도가 비교적 많았고, 그들은 대개 정치적 경량급으로 알려져 있었지만 일체의 터무니없는 성직주의에 항의할 가능성이 컸다. 여기에다 모든 당파적 우세에 걸릴 가장 강력한 브레이크는 일시 분할 조처가 빚어낼 압력에서 나올 터였다. 물론 아일랜드 새 행정부는 여전히 적대적인 북부에 그들의 의도가 공평무사하다는 것을 보여줄 것이었다.

새 의회 내에는 말할 것도 없이 강한 당파 세력이 있었다. 그중 데블린의 당 조직인 오래된 하이버니안단The Ancient Order of Hibernians의 대의원단은 영향력이 컸다.*** 하지만 마찬가지로 유력한 중앙당 입헌 전통과 1차 세계대전에서 피해를 입지 않은 남부 연합주의자가 그들 세력을 상쇄했다. 고조된 당파주의 맥락에서 자치를 개시하긴 했으나 아일랜드 새 행정부가 (적어도 처음에는) 아일랜드 자유국가와 1920~

---

*   Kerr-Smiley, *Peril of Home Rule*, pp. 52-53.

**   Paul Bew, *Ideology and the Irish Question: Ulster Unionism and Irish Nationalism, 1912-1916* (Oxford, 1994), p. 6.

***   가령 *Hansard*, 5th ser., vol. LIX, col. 2284 (1914년 3월 19일)에 실린 조지프 데블린의 발언을 보라. "민족주의자 입장에서는 필요와 욕구를 충족하기 위해 인간적으로 할 수 있는 모든 것을 하고, 심지어 가장 폭력적인 편견마저 발휘하려는 진정한 욕망이 있을 것이다." 아일랜드인이 끼칠 수 있는 영향은 Lord Dunraven의 발언을 보라. *Hansard*, House of Lord, 5th ser., vol. XIII, col. 481 (1913년 1월 27일).

1921년에 생긴 북아일랜드 등의 정치보다 종교 차이에 더 민감할 것이라고 짐작할 이유는 얼마든지 있다.

새 체제와 북부 사이의 관계는 여전히 불안정하고 미묘했다. 자치 합의안이 일시적이라는 사실은 얼스터 연합주의자가 계속 경계심이 많고 방어 조직(명목상의 얼스터 임시정부 같은 조직)을 일부 보유하고 있음을 의미한다. 그들의 태도와 일시 배제 조치의 운명이 어떻게 될지는 예견하기가 지독히 어려웠다. 하긴 여러 자유당 당원이 예견하듯 일시 분할이 얼스터 연합주의 내부에서 커지는 호전성을 흩어버릴 수는 있다. 분할 조치가 연장될 가능성도 있는 마당에 6년 넘게 도전성을 확실하고 지속적으로 유지하기는 힘든 일이다. 결국 새 자치 집행부의 태도에 많은 것이 달려 있었다. 자치 양보를 얻어내는 과정에서 자유당 정부에 심리적 빚을 진 레드먼드는 1914년 8월 영국의 전쟁 준비를 지원하고, 영국군과 함께 싸울 아일랜드 자원병 모집을 독려했다.* 얼스터 연합주의자는 상대적으로 안정된 합헌 맥락에서 '국왕파' 입장을 보여주는 그 증거에 감명을 받을 터였다. 또 광범위하게 통합된 연합주의-민족주의 전쟁관은 국내의 정치 연대를 공고히 하는 데 도움을 줄 것이었다.** 일시 배제가 전쟁 문제와 겹치면 얼스터에 나타난 영국 연합주의자의 열광은 증발하리라. 특히 6개 카운티를 배제하는 동안 새 자치 행정부가 유능함을 입증할 경우(아마 그렇게 되겠지만) 더욱더 그렇다. 따라서 얼스터 연합주의자에게 남은 대안은 영국의 동정심이 시들어가는 맥락에서 혹은 새로운 자치 정치에 가담하는 맥락에서 이러한 조치를 지속하는 일이었다. 이 마지막 대안은 불가능하지 않았다. 1920년 이후 그보다 훨씬 덜 호의적인 여건에서도 여러 얼스터 연합주의자(제임스 크레이그도 분명

---

* Bew, *Ideology and the Irish Question*, pp. 120-123.

** 전쟁 결과 남부 연합주의자와 레드먼드 사이의 친밀감이 더해졌다는 증거는 Buckland, *Irish Unionism*, vol. 1, pp. 29-50 참조.

포함됨)는 분할을 과도기 상황이라 믿었고, 전쟁에 따른 연합이 헌법적 시멘트 노릇을 하리라고 봤다. 그러나 이 교감 태도와 그들이 지지할 정치 연합이 장기간 살아남을 가능성은 전혀 다른 문제다.[*]

더블린의 새 행정부가 얼스터 연합주의자의 의심과 영국의 편견이라는 협공 사이에서 능력을 입증할 수 있을까? 레드먼드, 데블린, 존 딜런 같은 주요 민족주의자가 발휘하는 예리한 정치 지성은 공직의 원칙이나 자치법에 따르는 제약과 연합해 낙관주의의 터전을 제공했다. 나아가 앞을 내다보는 정치적 재능과 경험이 부족한 1920년대 자유국가Free State[아일랜드 자유국, 아일랜드 독립전쟁 끝에 체결된 영국-아일랜드 조약을 바탕으로 1922년에 출범한 아일랜드 자치국. 영국 국왕에게서 벗어난 완전한 독립국은 아니다 - 옮긴이] 장관들은 새로 독립한 아일랜드에 비록 상상력은 부족해도 매우 유능한 행정부를 선사했다. 오랫동안 야당 스타일의 규율로 훈련을 받은 자치 행정부의 입헌 민족주의자들은 오로지 신중한 방식이 아니면 집행 권력을 구사하지 않았다.

헌법의 안정성 위협은 아일랜드의 새 통치자보다 그들의 권위 도구인 자치법에 더 많이 가해졌다. 그 법률은 북부와의 갈등에 반전을 일으킬 수많은 규제와 균형 조항을 포함했으나 영국 의회와 갈등을 빚을 재료도 담겨 있었다. 분쟁은 법률에 약술한 권력 분배나 웨스트민스터 의회의 더 우월한 권위에서도 발생할 수 있다. 총독의 아일랜드 입법 거부권은 영국 의회가 잘못된 조언으로 입법에 간섭하는 문제와 마찬가지로 난제였다. 웨스트민스터에 있는 아일랜드 하원의원은 그 수는 줄었지만 영향력이 매우 컸고, 특히 (1910년처럼) 영국의 두 주요 정당이 의회에서 비등한 힘을 행사할 때는 더욱더 그러했다. 아일랜드가 런던에서 캐스팅보트를 쥐고 있는 상황은 헌법상 많은 이득이 있었는데, 무엇보다 자치와 제국 행정부 갈등이

---

[*] 카슨은 배제된 얼스터가 자치를 받아들일 가능성을 공개적으로 고려했다. *Hansard*, 5th ser., vol. LX, col. 1752 (1914년 4월 29일).

버추얼 히스토리

빈도나 정도 면에서 점점 더 커지는 상황에는 더욱 그랬다.

그 갈등은 분리주의자나 공화파의 명분에도 신빙성을 안겨줄 가능성이 컸다.[*] 더 블린과 런던 사이에 소소한 충돌이 있을 때마다 입헌 민족주의자는 분개하고, 목소리 큰 소수파 신페인당은 민족주의자에게 더 독립 노선을 추구하라는 압박을 가했다. 여기에다 전쟁의 인기가 점점 떨어지고 친영파 입장을 취하는 행정부를 향한 적대감이 심해지면서 지지는 선진 민족주의 명분 쪽으로 넘어갔다. 자치정부는 분리주의자의 입장을 약간이라도 채택해야 간신히 그 정도만이라도 유지할 수 있었다. 정전협약을 체결한 후에는 더 많은 헌법상의 양보 요구가 있을 것이었다. 전쟁 때 발생한 5만 명의 아일랜드인 사상자를 감안할 때 이것은 허용될 가능성이 컸다.

이렇게 반사실 추측을 하다 보면 특정 측면에서 실제 역사 결말과 다르지 않은 1920년대 아일랜드 비전이 만들어진다. 아일랜드는 실제 역사 사례와 가상역사 사례 모두에서 영국제국에 느슨하게 묶인 자치령으로 등장한다. 얼스터를 배제하든 포함하든 반사실 판타지에서 그것은 별 상관이 없다. 얼스터 연합주의자 가운데 자치의 배신을 겪은 뒤 연합 복구를 열성적으로 지지한 사람은 거의 없을 것이다. 또 북부가 더블린 행정부에 가담했다면 연합주의자는 체제의 유력한 멤버로 남아 그 권력을 공고히 하는 데 집중했으리라는 상상에는 몇 가지 근거가 있다. 더블린의 얼스터 연합주의자는 비록 실제로 그랬을 확률은 매우 낮지만 아일랜드와 영국 왕위 사이에 남아 있는 관계를 확보했을 수 있다. 설령 그랬을지라도 아일랜드는 1949년에 가서야 공화국이 되었다.[**] 여기서 강력한 연합주의 대의원이 소속된 독

---

[*]   *Hansard*, 5th ser., vol. XXXVII, col. 1781 (1912년 4월 16일)에서 L. S. 애머리의 발언을 볼 것. "재정 상태 개정은 아일랜드에서 새롭고 더 발전한 민족주의 선동을 시작하는 가장 직접적인 동기다."

[**] Shaw, "Preface for Politicians", p. xxiv. 이 이슈에 관한 흥미로운 성찰을 찾아볼 것. 또 *Hansard*, 5th ser., vol. XXXVII, col. 149 (1912년 4월 15일) 참조. "아일랜드에서 일어나는 사건은 얼스터 출신 정당이 아일랜드 의회에서 더 큰 영향력을 발휘하는 방향으로 작용할 것이다."(William Redmond).

립 아일랜드가 정치와 문화 면에서 안정적인 통치조직을 장기적으로 꾸리기는 어렵다는 점을 강조해야 한다. 실제로는 그 반대를 가정하는 것이 더 타당하다.

자치를 1912년에 시행했다면 영국-아일랜드 전쟁이 벌어졌을 가능성은 거의 없다. 반면 상급 분리주의자가 (맥스위니의 은유를 쓰자면) 제국의 사육제에 가담하는 것처럼 보이는 자치 행정부에 반대해 반란을 일으켰을 가능성은 없지 않다. 결국 자치 아일랜드에서 혁명파 민족주의 전통이 소멸했을 것 같지는 않다. 물론 그 초점이 훨씬 더 불분명한 만큼 대중이 수용하는 정도는 덜했으리라. 그래도 혁명파 민족주의자는 자치 의회를 이전에 비해 더 도전적인 민족주의로 몰아넣었을 확률이 높다. 국내를 불안정하게 만드는 일이 계속 생길 수 있지만 이는 1922~1923년 발전한 민족주의의 상이한 형태보다는 얼스터 이슈 때문에 발생했을 것이다.

일련의 반사실 추측은 또 다른 방향으로 이어진다. 1912년 합의에 도달한다는 생각은 얼스터 연합주의자의 호전성이 유아시절에 꺾이고 또 자유당의 고분고분함과 보수당의 무기력의 혼합물로 훼손되는 상황을 전제로 한다. 하지만 지금 당장은 이 가정을 옆으로 치워두는 게 낫겠다. 역사 기록을 살펴보면 1914년까지는 자유당 정부와 얼스터 연합주의 사이에 진지하게 합의에 도달하려는 제안이 전혀 없었다. 그 무렵 북부의 호전성은 만개했다. 1913년 후반에서 1914년 7월까지 장기적인 외교에서 보이는 것은 협상 진영의 완강한 교착 상태뿐이었다. 이 긴장관계는 1차 세계대전이 터진 뒤에야 풀렸다. 만약 전쟁이 없었다면 어찌 되었을까? 만약 유럽의 다른 나라들이 아마겟돈으로 진군했을 때 영국이 중립으로 남아 있었다면 어떻게 되었을까? 애스퀴스 정부는 아일랜드 내전이라는 대가를 치르고 영국 병사들의 목숨을 사주었을까?

유럽에서 전쟁이 일어나리라는 전망을 매개로 삼아 연합주의 지도부와 자유당 장관들이 얼스터 위기를 탈출한 것은 확실하다. 그 당시와 이후로 더 큰 전쟁 덕분에 더 작고 적어도 영국 헌정 안정성이라는 좁은 관점에서는 더 파괴적인 갈등을 피했다고 생각한 것도 사실이다. 그렇지만 당대 사람들의 이 반사실 추정은 더 충실하게 점검해볼 필요가 있다. 1914년 얼스터에서 내전이 터졌다면 유럽에 참화가 없었을까? 얼스터 내전은 이후 현대 아일랜드의 헌정 역사를 어떻게 바꿔놓았을까?

1914년 7월 열린 버킹엄 궁전 회의[7월 21일에서 24일까지 버킹엄 궁전에서 조지 5세의 중재 아래 아일랜드 내전을 막을 방안을 강구하고자 열린 회의. 애스퀴스, 로이드조지, 아일랜드 민족주의의 존 레드먼드와 존 딜런, 아일랜드 연합주의자 동맹의 에드워드 카슨·보너 로·제임스 크레이그 등이 참석했으나 유럽의 전운으로 구체적인 성과를 얻지 못했다-옮긴이]가 실패하지 않았다면 자치는 아일랜드 전역에서 시행되었으리라. 이 단계에 이르러 1914년 6월 도입해 얼스터의 일시 배제를 제안한 애스퀴스의 수정법안은 대체로 불만스러운 것으로 평가받아 사실상 기각되었다. 유럽 전쟁에 따른 당파 휴전이 없었고 영국이 중립성을 유지했다고 가정하면, 자치법의 기계장치는 행동에 들어가고 아일랜드의 새 하원 선거도 치르며 새 행정부와 런던 사이에 행정 기능의 점진적 분리가 이뤄졌을 것이다.

북아일랜드의 자치 실행은 본래 1911년 결성한 얼스터 임시정부 그늘에서 나와 경쟁적 집행부로 활동하라는 신호로 작용했을 가능성이 크다. (엉성하기는 해도) 이런 상황에 대비한 계획이 있었으니 그때쯤이면 그 계획을 실행했으리라. 그리하여 철도와 통신선을 절단하고 무기창과 보급소를 점령하며 북으로 통하는 간선도로를 폐쇄하거나 방어했을 것이다.* 오래전부터 경찰 병력인 왕립 아일랜드 경찰청이 가장 먼저 국왕파의 쿠데타를 상대하리라는 것을 알고 있던 UVF(얼스터 의용군)와 그 정치적 주인은 경찰을 체포하고 무장해제할 계획을 세워두었다.** 자치의 기계장치,

---

*   Public Record Office of Northern Ireland (PRONI), Crawford Papers, D. 1700/2/17-18, "Record of the Home Rule Movement", fo. 187. PRONI, Spender Papers, D. 1295/2/7, "Contingencies for the Carrying of Home Rule", Charles Townshend, *Political Violence in Ireland: Government and Resistance since 1848* (Oxford, 1983), p. 252.

**   Townshend, *Political Violence*, p. 252.

즉 새 하원 선거 같은 것은 무시당하거나 반군에 유리하게 쓰였을 터다. 북부의 선거는 그저 반란군에게 선거용 위임장을 제공하는 용도로 쓰였을지도 모른다(신페인당은 1918년과 1921년 영국 선거를 이와 비슷한 용도로 활용했다). 정부가 즉각 쿠데타를 진압하려 하지 않으리라는 것은 거의 확실하다. 애스퀴스는 평화로운 도전(그때까지는)이 유혈 반란으로 뒤바뀔까 봐 두려워했으나 그 역시 개입할 더 유리한 기회를 기다리느라 노심초사했을 것이다.*

얼스터 임시정부는 최소한의 무력으로 권력을 장악하고 집행할 계획을 세웠다(카슨은 전술상의 이유와 인간적인 이유에서 얼스터 의용군이 먼저 발사하지 않아야 한다고 강조했다). 마찬가지로 영국 정부도 연합주의 반군과의 유혈 대면을 최대한 피하려 애썼다.** 그러나 양쪽은 이르면 1914년 5월 아일랜드에서 내전을 일으킬 계획을 세웠다. 얼스터 연합주의자가 쿠데타 계획을 세울 때 정부 내의 강경파(처칠과 전쟁성 장관 실리Seely 같은 사람)는 강제 진압 가능성을 논의하고 있었다.*** 얼스터 연합주의자는 1914년 4월 2만 5천 정의 라이플과 탄약 300만 벌을 북부로 반입해 무장을 갖춘 상태였다. 그 외에도 연합주의자에게는 유형과 사용기간이 제각각인 다양한 라이플이 1만 2천~1만 5천 정 있었다. 전체 무장 상태는 1914년 7월 대략 라이플 3만 7천 정이지만 이 수치는 약간 축소한 것일 수 있다.**** 국왕파는 1910년 후반 이후 훈

---

*   앞의 책, p. 269. 정부 전략의 증거를 찾으려면 Jackson, Carson, p. 39도 볼 것. 정부가 영국 귀속파의 시위를 도발할지도 모른다는 연합주의자 지도부의 두려움은 스펜더가 브렛 잉그램 목사Revd Brett Ingram에게 보낸 Spender Papers, D. 1295/2/16, Memorandum을 볼 것(1959). 새 자치 의회를 보이콧하려는 연합주의자의 의도는 J. B. Lonsdale의 1912년 5월 2일자 발언을 볼 것. *Hansard*, 5th ser., vol. XXXVII, col. 2119. 또 J. H. M. Campbell의 발언, *Hansard*, 5th ser., vol. LV, col. 160 (1913년 7월 7일)과 켈러웨이의 사려 깊은 발언, *Hansard*, 5th ser., vol. LVIII, col. 119 (1914년 2월 10일)도 볼 것.

**   Townshend, *Political Violence*, p. 252.

***   Ian Beckett (ed.), *The Army and the Curragh Incident* (London, 1986), p. 9; Townshend, *Political Violence*, p. 269.

****   Stewart, *Ulster Crisis*, pp. 244409.

                                       버추얼 히스토리

련을 계속해왔고 대규모 훈련 캠프로 배런코트(1913년과 1914년 세움)와 티론 카운티(1913년 10월 세움)가 있었다.[*]

국왕파가 쿠데타를 일으켰다면 서로 독립적이지만 상호 연관된 두 가지 반응 형태가 나타났을 것이다. 민족주의자를 상대하는 민병대 세력으로 아일랜드 의용군이 있었는데 그들은 1914년 봄 급속히 세를 확장했다. 특히 다수파가 자치를 지지하는 서부 얼스터에서 크게 확산되었다. 1914년 5월에는 아일랜드 전역에서 의용군 12만 9천 명을 재징집했고 얼스터에서는 4만 1천 명이 모였다. 무장 상태는 나빴지만 열성적인 그들의 지휘부 코너트 레인저Connaught Rangers[영국 육군에 속한 아일랜드 부대. 육박전에 능한 기습부대로 유명함-옮긴이]의 전직 장교는 6월 "아일랜드 바깥에서 민족주의 카운티를 제멋대로 구획하려 시도하는 모든 정부는 우리에게 해명해야 할 것"이라고 선언했다.[**] 어중간한 상태로 게리맨더링을 하려던 정부에는 왕립 아일랜드 경찰청뿐 아니라 여단 부대도 있었다. 이들 역시 얼스터 연합주의자의 잠재적 적이었으나 결코 맹렬한 적은 아니었다.[***]

1914년 자치 실행이 얼스터 의용군과 아일랜드 의용군 사이의 분쟁을 촉발했을 가능성은 매우 크다. 얼스터의 남부와 서부 그리고 벨파스트에서도 연합주의자와 민족주의자가 각각의 명분을 위해 행군하며 어느 정도 무장을 과시했다. 얼스터 의용군이 자신들의 작전 계획을 실행하려는 시도, 가령 민족주의를 지지하는 사우스다운Southdown 지역을 점령하려는 기미가 조금이라도 보였다면 의심의 여지없이 분쟁이 터졌으리라.[****] 한동안은 무기와 인원수가 월등한 얼스터 의용군이 민족주의자

[*] 예를 들면 Philip Cruickshank, *The Tyrone Regiment, U. V. F. : Record og Camp of Instruction* (1913) 참조.

[**] Phoenix, *Northern Nationalism*, p. 14.

[***] Townshend, *Political Violence*, pp. 261-276.

[****] Spender Papers, D. 1295/2/7, "Railway Policy." 얼스터 의용군이 자치를 시행하기 위해 마련한 일련

의 어떤 반대도 물리쳤겠지만 유혈사태와 당파 불안정을 도발하면 그 정치적 대가는 매우 컸을 터다. 왕립 아일랜드 경찰 RIC_{Royal Irish Constabulary} 지역대원들을 평화적으로 무장해제하려던 연합주의자의 막연한 계획은 아무래도 야심이 너무 컸다고 할 수 있다. 무장해제 과정에서 주로 가톨릭교도인 경찰과 신교도인 의용군 사이에 충돌이 빚어졌을 가능성이 아주 크다. 경찰이나 아일랜드 의용군이 얼스터 의용군과 충돌해 유혈사태가 벌어졌다면 어느 쪽이든 영국이 연합주의자의 명분에 지원하는 것은 위험했을 테고, 특히 얼스터 연합주의를 승인한 보수파가 그 같은 유혈이나 파벌 소동과 아일랜드 경찰대원의 암살 및 부상을 겪은 뒤 어찌 유지될지 알기는 쉽지 않다.

애스퀴스 정부는 그런 일을 공적으로는 개탄했지만 사적으로는 그 정치적 횡재를 환영했을 것이다. 여기에 더해 그들은 얼스터 연합주의의 명분 앞에서 영국 육군과 해군의 태도를 단순화하는 데 기여했을 수 있다. 이 태도는 킬데어 카운티의 쿠라_{Curragh}에 주둔한 군대 캠프에서 1914년 3월 일어난 사건 혹은 반란으로 잠시(잠시만) 나타났다. 당시 여단장 한 명과 다른 장교 60명이 얼스터로 북진해 자치를 강요하느니 차라리 사임하겠다고 나섰다.* 이 군사 위기는 얼스터 연합주의자를 진압하려는 일관성 있는 공식 시도가 아니라 군대 지휘관 아서 파젯 경_{Sir Arthur Paget}이 일처리를 잘못한 탓에, 또한 그리 모호하지도 않은 전쟁성의 지시를 왜곡한 탓에 일어난 사건이었다. 예방 차원에서 얼스터에 부대를 주둔시키는 것을 아마겟돈의 서곡으로 받아들인 파젯은 일방적으로 부하장교들에게 사임하라는 선택지를 제

의 비상 계획 중 하나인 이 자료는 "그들이 얼스터에 들어온 뒤 철로에 일종의 보강한 변경 방어시설을 설치해 거기서 모든 기차를 차단하게 해야 한다"라고 권하고 있다. 사우스다운 민족주의자들이 십중팔구 반대할 상황에서 이 계획을 어떻게 실현할 수 있을지는 잘 모르겠다.

* Beckett(ed.), *Army and the Curragh Incident*, pp. 1-29; A. P. Ryan, *Mutiny at the Curragh* (London, 1956); Sir James Fergusson, *The Curragh Incident* (London, 1964).

버추얼 히스토리

안했다. 이해할 만한 일이지만 이 일화로부터 군대가 이견 없이 연합주의 성향이고, 얼스터 의용군에 맞서도록 군대를 투입할 수는 없다는 결론이 추론되었다. 1914년 7월 4일까지도 군대위원회는 얼스터를 군사적으로 강제 진압할 수 없음을 인정했다.[*] 해군 장교들 사이에서도 이와 비슷한 태도에 약간의 압박이 있었다.[**] 이처럼 긴장이 팽팽한 상태의 일화를 잘못 해석하기는 아주 쉽다. 그것은 군대 내의 반란 분위기가 아니라(명령 불복종은 하나도 없었다) 전반적인 연합주의 감성과 선택할 수만 있다면 얼스터에서 어떠한 유혈사태도 피하겠다는 결단을 보여주었다. 입수 가능한 모든 증거에 따르면 선택의 여지는 없었으니 군대 장교들은 자치를 시행하기 위해 북으로 진군하라는 명령에 복종했을 것이다. 반란의 수뇌인 여단장 고프Gough는 "만약 총지휘관이 내 여단에 북쪽 벨파스트로 가라고 명령했다면 나는 당연히 갔을 것"이라고 명확히 발언했다.[***]

쿠라 사태는 의심의 여지없이 자치의 군사적 위치를 훨씬 더 힘들게 만들었다. 설령 그럴지라도 이 어려움을 과장했을 수 있다. 시간이 흘러 쿠라의 부담은 확실히 줄어들었다. 특히 유력한 강압주의자 가운데 하나인 원수 로버트 경이 1914년 11월 사망한 일은 얼스터 연합주의자에게 손실이었다. 그보다 더 결정적으로 만약 얼스터 의용군이 가톨릭계인 아일랜드 의용군이나 경찰에게 발포하는 상황에 말려들었다면 장교들 사이에 연합주의를 향한 동정심이 거의 꺾일 지경으로 내몰렸을지도 모른다. 이런 상황, 그리고 파젯보다 덜 정신 나간 지휘관이 모호하지 않은 지시를 했더라도 또 다른 반란이 일어났을 가능성은 극히 작다.

[*]   Beckett(ed.), *Army and the Curragh Incident*, p. 26.
[**]   앞의 책, p. 24.
[***] Richard Holmes, *The Little Field Marshal: Sir John French* (London, 1981), pp. 179, 183.

얼스터 의용군은 군사적 승리를 거둘 수 있었을까?* 말할 것도 없이 그들은 왕립 아일랜드 경찰과 아일랜드 의용군을 상대로 각각 독자적으로 승리했을 것이다. 그렇지만 다들 주장하듯 그 성공은 자기 파괴적인 결과를 낳았으리라. 그러한 성공은 정부와 군대가 개입할 기회를 주니 말이다. 또한 그 상황에서는 정치적·군사적 이득이 생길 가능성이 있다고 보기 힘들다. 얼스터 의용군은 숫자가 많았고(10만 가량) 중무장했으며 그 지역에 익숙했다. 그래도 전쟁이 가까워질 무렵에는 병사들의 숫자가 슬금슬금 줄었을 것이고 일단 인상적인 무기 수량도 보급상의 어려움을 겪었을 터다. 사실 보급상의 심각한 어려움은 은폐되어 있었다.

연합주의자의 무기는 일부는 구식이고 라이플 종류가 너무 다양했으며 리볼버는 소량이었다. 정반대 측면을 보자면 기관총이나 야전 장비가 너무 적어 효과적인 작전 수행이 힘들었다. 얼스터 의용군이 쓸 수 있는 탄약 분량으로 보아 충분한 훈련은 거의 받지 못했을 테고, 장기전에 돌입하면 탄약이 부족해질 것이 뻔했다. 따라서 "본격적인 군사적 충돌이 있을 경우 얼스터 의용군의 무기 실태로는 보급 상황이 악몽이 되었으리라"는 판단에 의심을 제기하기는 힘들다.** 물론 이러한 어려움은 극복할 수도 있고 의용군이 그 지역을 잘 알므로 게릴라전에 유리할 수도 있지만 그런 전투 형태는 그들이 꺼렸다. 공식적으로 그들은 '정면대결' 방식을 선호했으나 실제 훈련과 조직도는 그들이 전통 방식의 전쟁에 대비하고 있었음을 보여준다.*** 얼스터 의용군이 솜Somme이나 메신Messines에서 독일군과 싸운 영국군만큼 용

---

* 이 논의를 더 충실하게 다룬 것은 Alvin Jackson, "Unionist Myths, 1912-1985", *Past and Present*, 136 (1992), 특히 pp. 178-183 참조.

** Townshend, *Political Violence*, p. 255. 얼스터 연합주의당 하원 의원 R. J. McMordie는 토론 중에 영국 귀속파에게 10만 정의 리볼버가 있다고 단정했지만 그랬을 가능성은 별로 없다. *Hansard*, 5th, ser., vol. XXXVII, col. 289 (1912년 5월 7일).

*** Townshend, *Political Violence*, p. 250.

맹하게 싸웠으리라는 데는 의심의 여지가 없다. 마찬가지로 그들이 그와 비슷한 숫자로 도살당했으리라는 것도 의심하지 않는다. 그러나 연합주의자 정치 지도부도, 영국의 대중 여론도 유혈사태 확대를 허용하지 않았을 것이다. 모든 가능성을 따져보건대 소설 《불타는 북부》에 나온 것처럼 두어 주일간 싸운 뒤 합의안을 조정했을 가능성이 크다.* 1914년 봄 애스퀴스와 로이드조지가 제안한 바를 따를 경우 그것은 일시 배제와 카운티 선택권 혼합이라는 방향으로 이뤄졌을 것이 거의 확실했다.

구할 수 있는 모든 가용 증거로 보아 군대를 얼스터에 투입했다면 얼스터 의용군은 패했을 확률이 높다. 자유당 정부와 얼스터 연합주의자 간의 타협안 역시 어느 정도 예상할 수 있다. 그렇지만 그러한 일화로 장기적인 결과물을 평가하기는 매우 힘들다. 당대 주장을 토대로 할 때 북부 국왕파의 극렬한 연합주의가 영국 정부(설사 자유당 정부라 할지라도)와 그 군대가 가하는 굴욕을 견디고 살아남았을 가능성은 별로 없다. 얼스터에서 있었던 영국군 사상자를 고려하면 보수파의 동정심이라는 것도 매우 의심스럽다. 레드먼드가 일련의 정치적 패배를 겪은 뒤 유권자에게 외면당한 것처럼, 군사적 패배의 여파로 카슨과 크레이그 같은 지도자도 무너졌을 가능성이 있다. 그 시절 사람들의 해설에 나오는 예견을 보면 자치에 약간의 수동적 저항이 따랐을 수 있다.** 홈그라운드에서 패하고 영국의 동정론도 차단당했으니 북부 연합주의자는 북부 민족주의자가 벨파스트 의회에, 1927년 피어너 팔Fianna Fail[아일랜드 공화당 – 옮긴이]이 아일랜드공화국 하원에 들어간 것과 똑같이 불만스러운 태도로

---

* Newton, *North Afire*, p. 200. 아서 밸푸어는 이 상황에 대해 숙고했다. *Hansard*, 5th ser., vol. LIII, col. 1306 (1913년 6월 9일).

** 다이시는 자치 시행과 총선 사이에 얼스터 연합주의가 수동적인 저항을 했다고 주장했다.: *Fool's Paradise*, p. 124. J. B. Lonsdale의 1912년 5월 2일자 발언도 보라: *Hansard*, 5th serl., vol. XXXVII, col. 2123. 크루 경은 납세를 거부하겠다는 연합주의자의 위협을 일축했다. *Hansard*, House of Lords, 5th ser., vol XIV, cols 871-2 (1913년 7월 14일).

더블린의 자치 의회 안으로 슬금슬금 들어갔을지도 모른다. 그런 연합주의자의 존재는 스위스 같은 다문화 민주주의, 캐나다 같이 불안정하더라도 운용 가능한 연방 그리고 체코슬로바키아나 유고슬라비아 같은 실패와 균열이 성공적으로 이루어질 수 있는지 논의해볼 만한 논점을 제공한다. 어느 쪽이든 영국과 아일랜드의 관계가 실제보다 훨씬 더 나았을 가능성은 없다. 연합주의자와 민족주의자를 묶어둘 수 있는 것은 오직 영국의 압제에 따른 적대감뿐이었다.

아르카디아인가?

자치에 실패한 아일랜드 사람들은 1919~1921년 전쟁과 1921년 12월 협약으로 영국으로부터 일종의 독립을 쟁취했다. 얼스터 문제는 1920년 아일랜드 정부법을 바탕으로 착수한 분할 기획에서 다뤘다. 새로운 아일랜드가 출범하면서 빚어진 결과로 영국-아일랜드 관계는 영구히 악화된 듯했다. 특히 북아일랜드에서 파벌들의 관계는 분할 합의안의 성격과 범위 때문에 영구히 나빠진 것처럼 보였다. 돌이켜본다는 유리한 입지에서 말하자면 자치는 아일랜드와 더블린, 런던 사이에 안정적이고 유익한 외교관계를 창출하자마자 금세 스치듯 사라져버릴 기회로 보였다.

그러나 자치가 북아일랜드의 '말썽거리'를 미리 막았을지도 모른다는 견해에는 내적 모순이 들어 있다. 얼스터 문제의 난감함은 대부분 자치 실패가 아니라 자치 방안을 성공적으로 적용한 까닭에 나온 것이다. 북아일랜드 헌법의 토대인 아일랜드 정부법은 분할과 해체의 합법적인 혼합물로, 그것이 남부 민족주의자의 기대를 충족해주지 못했음에도 불구하고 얼스터 연합주의자는 그것을 안타까운 듯 받아들였다. 1920년 법률은 벨파스트에 자치 의회와 집행부를 설립했는데 이 두 가지는 1972년 런던에서 직접통치를 도입하기 전까지 존속했다. 북아일랜드의 자치는 고

질병이라 할 재정 곤란(벨파스트와 런던 사이의 경제관계는 계속해서 신랄한 비난의 재료였고 1924~1925년 이미 개정해야 했다)을 초래했다. 그것은 연합주의라는 한 정치 전통을 지배자로, 북부 민족주의자를 주변적 존재로 만들었다. 북부 자치행정부에서 연합주의가 권력을 행사하는 아이러니는 흔히 강조되어왔다. 그러나 1920년의 진정한 아이러니는 이것으로 연합주의자가 자치에 관한 그들의 비관주의적 예언 가운데 많은 부분을 실현했다는 데 있다. 스토몬트Stormont[북아일랜드공화국의 의사당과 총리 공관인 스토몬트 하우스 – 옮긴이] 치하의 얼스터라는 현실은 자치 아일랜드의 가상현실을 잘 보여준다.

3차 자치법안을 법률화하지 못한 데서 확실히 피치 못할 요소는 전혀 없었다. 1912년 봄 자유당 정부와 얼스터 연합주의자가 합의안을 찾을 기회를 어떻게 놓쳤는지는 이미 밝혀졌다. 분할도 적어도 북부의 6개 카운티를 자치 기획에서 영구히 배제한다는 형태로는 불가피한 일이 아니었다. 얼스터 연합주의자가 더블린 행정부와 최소한 일시적으로는 화해할 기회가 있었다는, 특히 1914년 연합군의 전쟁 준비에 통일 아일랜드가 가담한다는 맥락에서 그렇게 되었을 것이라는 주장은 있었다.

그런데 의회 기준에서 자치의 성공을 주장하는 것은 그것이 정책으로써 성공했다고 말하는 것과는 전혀 다르다. 아일랜드의 영구적인 분할을 피했을 수 있다는 주장도 분할 대신 안정적인 단일 아일랜드 국가가 출현했을 수 있다는 주장과는 거리가 멀다. 자치 위기를 평화롭게 해결하는 유일한 조건은 1912년 자치에서 얼스터의 카운티 4~6개를 일시 배제한다는 결정이었을지도 모른다. 가장 낙관적으로 예측해보자면 이들 카운티는 법적 기한이 끝난 다음 마지못해 자치를 받아들였을 수도 있다. 그렇지만 대량 유혈사태 없이 아일랜드가 재통합을 이룬다고 가정해도 그 국가는 서로를 꺼려하고 문화적으로도 차이가 있는 100만 명 이상의 시민을 수용해야 한다. 만약 그 배후에 있는 추진력이 공통의 가톨릭교와 광범위하게 공유하는 게일 문화를 존중할 만큼 성숙하고 안정적인 민주주의라면 상당히 방어적인 대규모 북부 신교도 공동체는 아마 재앙이었을 것이다. 단일국가가 되기 위해 전체 아일랜드인이 치러야 하는 비용은 십중팔구 분할 비용보다 높았으리라. 불안정한 32개 카운티가 있는 아일랜드와 불안정한 6개 카운티가 있는 북아일랜드가 서로 대립하는 상황이었으니 말이다.

어떤 경우든 자치에 실패하더라도 영국령 아일랜드를 잃는 것은 아니다. 왜냐하면 1912~1914년보다 한참 더 전에 이미 그것을 잃었기 때문이다. 19세기에 공고해진 아일랜드의 민족 정체성은 어느 정도 영국 성향을 의식적으로 거부함으로써 이뤄졌다(예를 들면 스코틀랜드의 민족 정체성과 영국 정체성 사이의 보완관계와 반대 성격). 1920년대에 자치령의 지위를 재규정한 것처럼 1914년 이후 아일랜드 의회가 자치를 더 신속하게 재규정했을 가능성은 있다. 정말로 자치가 자치령 지위의 선구체 역할을 했을 법도 하다. 상급 분리주의자가 가하는 압박이 방어를 위해 더블린에 민족주의 자치 행정부를 세우는 것을 촉진했을 수도 있다. 자치 방안 조건들이 새 행정부와 웨스트민스터 사이의 유감을 촉진했을 가능성 또한 있다. 여기에다 얼스터 연합주의자가 군사적 탄압을 당했을 수 있다는 가능성을 합하면, 자치가 영국-아일랜드 관계에 새롭고 평화로운 시절을 불러오기는커녕 유혈이 낭자한 고통의 시절을 끝도 없이 떠안겼을 가능성이 충분히 있다. 1916년 봉기와 영국-아일랜드 전쟁의 희생자가 없었다면 정치 혜택은 줄어들지 않았을 테지만 북부에서 다른 생명을 잃었을 것이다. 자치가 아르카디아로 향하는 통로라는 비전의 뿌리를 찾아보면 그것은 1914년 정치보다 글래드스턴 식 낙관주의와 근시안에 더 가깝다.

그렇다면 자치를 시행했더라도 관련된 정치적 위험이 엄청나게 크고 그 위험은 현실화할 수 있었다. 그 방안이 통과될 유일한 조건이 일시적인 것이고 실은 영구 분할이었을 수도 있지만, 대체로 오늘날 존재하는 것과 유사한 헌법 결과를 얻었을 확률이 높다. 얼스터 연합주의자가 타협해 자치 아일랜드로 귀착했다면 안정적이고 다원적인 민주주의가 신속하게 출현했으리라고 볼 수도 있다. 그러나 그것은 위험도 높은 전략이었을 테고 자유당의 단기적인 정치적 승리를 위해 종말론을 늦춘 대가를 치러야 했을 것이다. 연합왕국 치하의 북아일랜드는 보스니아와 비슷한 상황에 놓였을 수 있다. 그리고 자치 치하의 아일랜드는 보스니아의 파트너인 유고슬라비아처럼 영국의 안정적이고 민주적인 파트너가 되지는 못했으리라는 것을 입증했을지도 모른다.[*]

---

* 발칸인과의 비교는 1914년 행해졌다. *Hansard*, 5th ser., vol LX, col. 1751 (1914년 4월 6일)에 실린 보너 로의 발언을 볼 것.

4

카이저의 유럽 연합
영국이 1914년 8월에 팔짱을 끼고 있었다면?
-니얼 퍼거슨

재앙을 두려워할 긴박한 원인은 없었다.
-에드워드 그레이 경Sir Edward Grey, 《플라이 낚시Fly Fishing》*

　　•　　Viscount Grey of Falloden, Fly Fishing (1st pub., 1899; Stocksfield, 1990), pp. 12, 15. 이 참조사항과 관련해 샌디 셈플리너Sandy Sempliner에 게 감사한다.

어스킨 칠더스Erskine Childers[아일랜드 저널리스트 – 옮긴이]의 대표적인 성공작《모래톱의 수수께끼The Riddle of the Sands》(1903)에서 등장인물 커러더스와 데이비스는 우연히 독일의 계획을 알게 된다. 그 계획에 따르면 "병사를 가득 실은 다수의 해양용 경선박이 … 일곱 개 함대로 나뉘어 일곱 군데 얕은 후미에서 제국 해군의 호위 아래 동시에 발진해 북해를 가로지른 뒤 영국 해안에 상륙한다." 악몽 같은 이러한 가정은 1914년 이전에도 결코 드물지 않았다. 그 뒤 독일 침공은 작가 윌리엄 르 퀴William Le Queux[프랑스계 영국인. 반프랑스와 반러시아 성향의 기사나 저술로 유명함 – 옮긴이]가 노스클리프 경Lord Northcliffe의 친독일파 신문인 〈데일리 메일Daily Mail〉에 처음 연재한 베스트셀러《1910년 침공Invasion of 1910》에서 묘사했다. 초반에 헛소문을 퍼뜨리던 르 퀴의 관심을 더 깊이 사로잡은 것은 러시아와 프랑스가 침공할 위험이었다. 그러나 (보이스카우트 창시자이자 마페킹 전투[남아프리카의 도시. 보어 전쟁 때 영국이 보어인을 강제로 가둔 마페킹 수용소로 악명 높은 곳 – 옮긴이]의 영웅인 베이든-파월Baden-Powell처럼) 그는 벨기

*   Erskin Childers, *The Riddle of the Sands* (London, 1984, edn.), p.248.

에에 근거지를 둔 위조범들로부터 독일의 거짓 침공 계획을 입수했고 '로이스턴 전투', '런던 공방전' 같은 아슬아슬한 상상력을 발휘하도록 영감을 준 것은 이런 자료였다.* 상상력이 마지막으로 비약한 책은 사키Saki(스코틀랜드 작가 헥터 휴 먼로Hector Hugh Munro의 필명)가 쓴 《윌리엄이 왔을 때When William Came: A Story of London under the Hohenzollerns》다. 이 책은 독일의 전격적인 승리가 남긴 후유증을 서술하고 있다.** 책의 등장인물 머레이 요빌이 아시아에서 돌아오니 영국은 "일종의 알자스-로렌 지방처럼 … 라인강이 아니라 철썩대는 북해 바다에 면한 호엔촐레른 제국에 병합된 상태였다." 리젠트 거리에는 베를린 스타일의 카페가 있고 하이드 파크의 풀밭에서는 배달 음료를 시켜 먹을 수도 있었다. 요빌은 튜턴족의 점령에 저항하길 간절히 원하지만 동시대 토리 일파에게 외면당한다. 토리 일파는 수많은 나치 협력자를 남겨두고 델리로 (조지 5세와 함께) 달아났는데 그중에는 요빌의 부도덕한 아내 세실리와 그녀의 보헤미안 친구를 비롯해 하급 관료 그리고 '어디에든 존재하는' 유대인도 있었다.***

1914년 영국과 독일의 전쟁은 불가피했던가? 정확히 말해 현대사의 어떤 사건도 1차 세계대전 발발만큼 결정론 해석의 대상이 된 것은 없었다. 영국의 대중 소설가만 다가오는 전쟁을 본 것은 아니었다. 독일에서도 전쟁을 피할 길이 없다는 추측이 널리 퍼져 있었다. 수상 베트만홀베크Theobald von Bethmann-Hollweg는 7월 위기 중 어느 중요한 순간에 자신은 "인간의 능력보다 더 강한 운명의 힘이 유럽과 우리

---

*   A. J. A. Morris, *The Scaremongers* (London, 1984), pp. 156ff. I. F. Clarke, *Voices Prophesying War* (London, 1966).

**   Saki, *When William Came: A Story of London under the Hohenzollerns, The Complete Works of Saki* (London/Sydney/Toronto, 1980), pp. 691-814에 재수록.

***   앞의 책, 특히 pp. 706-711. 유대인이 친독일파라는 생각은 현대인에게 좀 놀라워 보일 테지만, 1914년 이전 영국에서는 만병통치약이었다. 말할 것도 없이 보이스카우트 운동은 그런 패배주의 분위기에 도전한다.

국민 위에 드리워져 있음"을 느꼈다고 비서에게 말했다.* 며칠 뒤 실제로 전쟁이 시작되자 그는 사태를 요약했는데 그것은 전쟁의 고전적인 결정론 해명으로 남았다.

"지난세대 동안 모든 국가 정책의 윤곽을 결정한 제국주의, 민족주의, 경제 유물론은 대재앙이라는 대가를 치러야 얻을 수 있는 목표를 설정해놓았다."**

이보다 더한 운명론자는 독일의 참모총장 헬무트 폰 몰트케Helmuth von Moltke[1848~1916년]로 그는 이미 1905년부터 "전쟁이라는 고르곤의 머리가 자신에게 미소 짓고 있음"을 알고 있었다.*** 1914년 9월 사임한 직후 그는 단언했다.

"전쟁은 문명 시대가 어떻게 점진적인 방식으로 차례차례 이어지는지, 각 국가가 세계 발전에서 자신에게 주어진 역할을 어떻게 완수해야 하는지 예시한다."****

몰트케의 결정론은 그의 예전 동료 베른하르디Bernhardi 같은 작가가 대중화했고,***** 이는 그의 오스트리아 상대자 콘라드Conrad가 나중에 한 발언에서도:****** 탐지 가능한 '사회적 다윈주의'와 세기말 신비주의의 혼합물이었다. 이와 달리 이데올로기 전제를 기반으로 유사한 결론을 내릴 수도 있다. 볼프강 몸젠Wolfgang Mommsen이 보여주었듯 "불가피한 전쟁이라는 상투적 주제"는 독일의 전전 좌파나 우파 모두에게 있는 특징이었다. 심지어 레닌과 부하린Bukharin은 말할 것도 없고 힐퍼딩Hilferding과 카우츠키Kautsky 같은 마르크스주의 지식인도 그 전쟁을 예견하지 못했다. 1905년

---

*   V. R. Berghahn, *Germany and the Approach of War in 1914* (London, 1973), p. 203.

**   D. E. Kaiser, "Germany and the Origins of the First World War", *Journal of Modern History*, 55 (1983), pp. 442-474.

***   J. Steinberg, "The Copenhagen Complex", *Journal of Contemporary History*, 3, 1 (1966), p. 41.

****   E. von. Moltke, *Generaloberst Helmuth von Moltke. Erinnerungen, Briefe, Dokumente 1877-1916* (Stuttgart, 1922), pp. 13f.

***** General Friedrich von Bernhardi, *Germany and the Next War* (London, 1914). 몰트케의 종교 성향은 A. Bucholz, *Moltke, Schlieffen and Prussian War Planning* (New York/Oxford, 1991)을 볼 것.

****** James Joll, *The Origins of the First World War* (London, 1984), p. 186.

12월 부르주아 세계 신들의 황혼을 고대한 것은 결코 사회민주주의 지도자 아우구스트 베벨August Bebel뿐이 아니었다.*

영국 정치가들 역시 전쟁을 설명할 때 그런 종말론 언어를 가끔 썼다. 비록 그것이 전쟁 전에 한 것이 아니라 각자의 회고록에 더 많이 나온다는 사실이 중요치 않은 것은 아니지만 말이다. 로이드조지는 《전쟁 회고록War Memoirs》의 유명한 구절에서 "각국은 끓어오르는 전쟁의 솥전을 넘어 그 속으로 미끄러져 들어갔다"라고 말했다. 당시 작동하던 광대하고 비개인적인 힘을 전달하기 위해 그가 쓴 은유는 매우 다양했다. 전쟁은 정치가의 손을 벗어난 "균열"이자 "태풍"이었다. 빅벤이 8월 4일 그 운명적인 시간에 종을 쳤을 때 그것은 "운명의 망치처럼 우리 귀를 두드렸다. … 나는 마치 그 궤도에서 갑자기 이탈당해 거세게 선회하며 미지의 세계로 들어가는 행성 위에 서 있는 기분이었다."** 윈스턴 처칠도 《세계의 위기The World Crisis》에서 이 같은 천체의 이미지를 사용했다.

요즘 각국의 상호관계를 … 거대한 힘의 조직으로 … 간주해야 한다. … 그 조직은 천체처럼 공간 속에서 … 움직일 때마다 깊은 자기적 반작용을 일으킨다. 서로 너무 가까워지면 번개가 번뜩이기 시작하고, 어느 지점을 넘어서면 궤도에서 완전히 이탈할수 있고 … 서로를 끌어들여 당연히 충돌한다.

"위험한 질병"이 유행하고 "막강한 인종의 운명"이 위험에 처했다. "대기 중에는 위험한 분위기가 감돈다. … 민족주의의 열정이 … 모든 땅의 지표 바로 밑에서 타

---

* W. J. Mommsen, "The Topos of Inevitable War in Germany in the Decade before 1914", V. R. Berghahn and M. Kitchen (eds.), *Germany in the Age of Total War* (London, 1981), pp. 23-44.

** David Lloyd George, *War Memoirs* (London, 1938), vol. 1, pp. 32, 34f, 47f.

오르고 있다.* 영국의 외무상 에드워드 그레이 경도 처칠처럼 비참하고 불건전한 대기를 기억했다. 그 역시 로이드조지와 마찬가지로 전쟁의 균열 속으로 쓸려 들어가는 기분을 느꼈다.

이 모든 자연재해 이미지는 충분히 제 기능을 했다. 1차 세계대전이 현대의 최대 재앙으로 여겨지던 시절 그것은 자기들 힘으로는 도저히 전쟁을 예방할 수 없었다는 정치가의 주장을 생생히 보여주는 데 기여했다. 그레이는 회고록에서 전쟁이 "불가피했다"고 명명백백히 단언했다.** 사실 그는 7월 위기 동안 "내가 받은 가장 강한 느낌"은 자신에게 관련 정책을 결정할 아무 힘도 없다는 것이었다고 인정한 1915년 5월부터 이미 이런 입장을 표명하고 있었다.*** 1918년 4월 그는 이렇게 썼다.

"나는 자학하면서 내게 예견력이나 지혜가 있었다면 이 전쟁을 예방할 수 있었을까 물어보곤 했다. 그때마다 결국은 어떠한 개인도 그것을 예방할 수는 없었으리라는 결론에 도달했다."****

몇몇 역사가는 강대국들을 심연으로 밀어 넣은 심오한 자연력이라는 이미지를 즐겨 사용한다.***** 홉스봄은 7월 위기를 폭풍우에 비유했다. 바넷Barnett은 영국 정부를

*   W. S. Churchill, *The World Crisis 1911-1918* (London, 1922), pp. 45, 55, 188.

**   Lord Grey of Falloden, *Twenty-Five Years* (London, 1925), vol. 1, pp. 143, 277; vol. II, pp. 20, 30.

***   C. Hazelhurst, *Politicians at War, July 1914 to May 1915: A Prologue to the Triumph of Lloyd George* (London, 1971), p. 52.

****   G. M. Trevelyan, *Grey of Falloden* (London, 1937), p. 250.

*****   마르크스주의 결정론 사례는 Eric Hobsbaum, *The Age of Empire 1875-1914* (London, 1987), pp. 312-314, 323-327 참조. 전쟁의 책임을 국제관계 체계의 위기에 두는 미국 자유주의 전통을 지지하는 사람은 언제든 있다. A. J. P. Taylor가 말한 "시간표대로 치르는 전쟁", 즉 군사적인 계획의 무자비한 논리 때문에 벌어진 전쟁으로 유명해진 개념도 마찬가지다.

나이아가라 폭포 아래로 떨어지는 술통 안에 든 인간에 비유했다.* 그렇지만 관련자들은 다른 곳, 심지어 자신의 회고록에서도 영국이 1914년 8월 참전 결정을 내리기 전에 계산하고 토론하고 판단할 여지가 어느 정도 있었음을 인정했다. 영국 개입과 관련된 엄밀한 이유로 종종 두 가지를 더 인용한다. 첫째는 영국이 벨기에의 중립성을 보호해야 할 도덕적이고 계약적인 의무를 지고 있었다는 믿음이다. 애스퀴스는 귀에 익은 사립 고등학교 식 어법으로 다음과 같이 말했다.

"덩치 큰 불한당들이 자신을 전혀 건드리지도 않은 희생자를 땅에 쓰러뜨리고 짓밟기 시작할 때 … 우리 같은 혈통과 역사가 있는 사람이 그냥 서서 구경만 하는 것은 불가능하다."**

로이드조지는 여기에 동의했다.

"독일이 벨기에의 국가 위상을 존중했다면 … 열정을 발휘해 그들의 힘을 서서히 없앨 시간은 얼마든지 있었을 것이다."***

벨기에의 중립성이 침해를 받아 영국이 참전했다는 주장은 이후 역사가들이 되풀이했다. 40년 전 A. J. P. 테일러는 "영국은 주권 국가의 독립성을 위해 싸웠다"라고 썼다.**** 가장 최근의 사례에서 마이클 브록Michael Brock은 이것이 애스퀴스 내각의 다수에게 개입을 지지하도록 설득한 결정적인 요인이라고 주장했다.*****

더 중요한 것은(특히 그레이와 처칠에게) 영국이 "자신의 안전과 독립을 위해 독일

*   Hobsbaum, *Age of Empire*, p. 326; C. Barnett, *The Collapse of British Power* (London, 1973), p. 55.

**   H. H. Asquith, *The Genesis of the War* (London, 1923), p. 216.

***   Lloyd George, *War Memoirs*, vol. 1, p. 43f.

****   A. J. P. Taylor, *The Struggle for Mastery in Europe 1848-1918* (Oxford, 1954), p. 527; J. Joll, *Europe since 1870: An International History* (London, 1973), p. 184ff도 볼 것.

*****   M. Brock, "Britain Enters the War", R. J. W. Evans and H. Pogge von Strandmann (eds.), *The Coming of the First World War* (Oxford, 1988), pp. 145-178.

의 공격으로 프랑스가 무너지는 것을 용납할 수 없다"는 두 번째 이유였다.* 처칠에 따르면 "대륙의 독재자"는 "세계 지배"를 목표로 하고 있었다.** 그레이는 회고록에서 두 가지 요점을 지적했다. "우리가 동시에 연합해 참전한 것은 벨기에가 침공을 받았기 때문이다."*** "(그러나) 나 자신의 느낌은 … 우리가 프랑스를 도와야 한다는 쪽이었다."**** 만약 영국이 방관했다면 "독일은 … 유럽 대륙과 소아시아 전체를 지배하게 되었을지도 모른다. 터키는 승리한 독일 쪽에 가담할 테니 말이다."***** "방관하는 것은 곧 독일의 지배, 프랑스와 러시아의 굴종, 영국의 고립을 의미한다. 영국이 개입하길 원한 쪽과 영국을 두려워한 쪽 모두 영국을 증오하리라. 최종적으로는 독일이 대륙 전체에서 힘을 휘두를 것이다."***** 윌슨K. M. Wilson에 따르면 이 이기적인 주장은 입장을 정하지 못한 내각 장관들의 양심을 구제해주었는데, 이는 반대파를 공직에서 밀어내기 위해 정부가 강조한 벨기에의 운명이라는 주장보다 훨씬 더 중요했다. 전쟁을 치른 것은 다른 무엇보다 프랑스와 러시아를 방어하고, 적이 될지도 모를 단일 체제 아래 유럽이 공고해지는 사태를 예방하는 것이 영국의 이익에 부합했기 때문이다.****** 최근의 거의 모든 결론이 그렇듯****** 데이비드 프렌치David French

---

*   Churchill, *World Crisis*, p. 202f.

**   앞의 책, p. 228f.

***   Grey, *Twenty-five Years*, vol II, p. 46, 96도 볼 것.

****   앞의 책, vol. 1, pp. 77, 312.

*****   앞의 책, vol. II, p. 28.

       앞의 책, vol. I, p. 335ff; Gordon Martel, *The Origins of the First World War* (London, 1987), p. 89f.

******   K. M. Wilson, *The Policy of the Entente: Essays on the Determinants of British Foreign Policy, 1904-1914* (Cambridge, 1985), 특히 pp. 96f, 115 참조. T. Wilson, "Britain'a 'Moral Commitment' to France in July 1913", *History*, 64 (1979), 특히 pp. 382-390 참조.

******   D. French, *British Economic and Strategic Planning 1905-1915* (London, 1982), p. 87.

의 견해도 이와 비슷하며,* 시사적인 제목을 단 폴 케네디Paul Kennedy의 《영국-독일 적대관계의 근원The Rise of the Anglo-German Antagonism》도 같은 입장이다.**

독일이 영국에 위협적인 존재라는 발상 자체는 사후 합리화라고 일축할 수 있는 것이 아니다. 위에 인용한 발췌문도 그렇듯 1900~1914년 독일제국이 어떤 식으로든 영국 권력에 군사적 도전을 하려 한다는 견해가 널리 퍼져 있었다. 물론 사키의 저서는 영국 역사가들에게 외국인 공포증 유언비어, 극우파의 징병 캠페인에 속하는 단순한 선전선동물이라고 조롱을 받았다(당시 그런 책은 《급습, 클래런스는 어떻게 영국을 구했는가The Swoop, or How Clarence Saved England》처럼 탁월한 혼성 모방 작품을 쓴 우드하우스P. G. Wodehouse 같은 사람들에게 조롱당했다. 그 책에서 영국은 독일뿐 아니라 러시아, 스위스, 중국, 모나코, 모로코 그리고 미친 물라[19세기 말 소말리아의 독립 영웅으로 모하메드 압둘라 하산Mohammed Abdullah Hassan을 가리킴-옮긴이]에게 동시에 지배를 받는다). 그러나 영국 외무상을 포함해 외무성의 고위 관료들이 독일의 위협이라는 발상을 아주 심각하게 받아들였다는 점을 잊으면 안 된다.*** 외무성의 독일공포증에 끼친 영향 중 가장 잘 알려진 것은 고위 관리 에어 크로 경Sir Eyre Crowe이 1907년 11월에 쓴 메모랜덤이다. 그는 세계무대에서 자신에게 주어진 것보다 더 크고 지배적인 역할을 맡고 싶어 하는 독일의 욕망이 모든 경쟁자를 제압하고 영토를 확장해 힘을 강화하는 한편, 다른 국가들의 협동을 방해함으로써 궁극적으로 대영제국을 무너뜨리고 그 자리를 대체할 수 있다고 경고했다.**** 크로의 분석은 당시 상황이 혁명 후 프랑스가 영국에

---

* M. Howard, "Europe on the Eve of World War 1", idem, *The Lessons of History* (Oxford, 1993), p. 119; Martel, *Origins*, p. 69.

** P. Kennedy, *The Rise of the Anglo-German Antagonism 1860-1914* (London, 1980), 특히 p. 458 참조. "최종 결정은 … 벨기에 이슈를 정치적 위장물로 활용하지 않아도 미리 예측할 수 있었다."

*** 크로, 하딩, 그레이 모두 "독일이 우리를 침공하는 문제를 한없이 연구해왔다"고 인정했다. Morris, *Scaremongers*, p. 158; D. French, "Spy Fever in Britain 1980-1915", *Historical Journal*, 21 (1978).

**** I. Geiss, *July 1914: The Outbreak of the First World War: Selected Documents* (London, 1967),

제기한 도전과 역사적으로 닮은꼴이라는 것을 기반으로 삼고 있다. 외무성의 또 다른 독일공포자 아서 니콜슨 경Sir Arthur Nicolson은 1909년 초반 그레이에게 보낸 편지에 이렇게 썼다.

"독일의 궁극적 목표는 당연히, 의심할 것도 없이, 유럽 대륙 지배권을 손에 넣는 것이며 힘이 충분히 강해지면 해양 패권을 놓고 우리와 경쟁하는 데 있습니다."

외무성은 독일이 세계 권력을 쥐기 위해 2단계 계획을 세웠다고 명백히 밝혔다. 첫째는 유럽의 헤게모니를 쥐는 것으로 이를 얻고 나면 "독일의 야심에는 한계가 없을 것"이었다.* 외교관들만 이런 노선을 주장한 것이 아니었다. 합동참모부 역시 대륙원정군을 파견할 핑계를 구하며 이와 동일한 유추를 사용했다. 그들이 1909년 제국방어위원회에 보낸 메모랜덤에 따르면 "해양통제권이 대규모 육지전이라는 시급한 사안에 반드시 영향을 미친다는 가정은 잘못이다. 트라팔가르 해전은 나폴레옹이 아우스터리츠Austerlitz 전투와 예나Jena 전투에서 승리하고 프러시아와 오스트리아를 궤멸시키는 일을 막지 못했다."** 그 주장은 2년 뒤에도 되풀이되었다. 대륙 패권은 "영국의 중요성과 대영제국의 국가적 위상을 위협할 해군 및 육군 군사력의 우위를 쥔 강대국 또는 강대국들을 제거하는 데 달려 있다."에서 자작Viscount Esher 같은 해군주의자도 가끔은 같은 노선을 따랐다.

"독일의 우위는 전성기 시절 나폴레옹보다 우리에게 더 위협적이다. 독일은 바다의 패권을 놓고 우리와 경쟁하려 한다. … 따라서 '적, 그것은 곧 독일이다L'Ennemi, c'est l'Allemagne'."***

p. 29ff.

*   Wilson, *Entente*, p. 100; Z., Steiner, *Britain and the Origins of the First World War* (London, 1977), p. 42.

**   Wilson, *Entente*, p. 66f.

***   P. J. Cain and A. G. Hopkins, *British Imperialism: Innovation and Expansion 1688-1914* (Harlow,

처칠은 "해군이 없으면 유럽은 한 차례 갑작스러운 발작을 일으켜 … 튜턴족과 튜턴적 시스템이 의미하는 그 모든 상황의 강철 같은 손아귀에 장악당할 것이다"라고 말했다. 로이드조지도 같은 주장을 기억했다. "함대는 … 나폴레옹시대와 마찬가지로 … 우리의 독립을 보장하는 유일한 것이다."* 합동참모총장 로버트슨Robertson이 "유럽 전역과 북해, 발트해를 건너 흑해·에게해·페르시아만·인도양에 이르는 제국을 건설하려는 독일의 야심은 지난 20년 이상 알려져 왔다"라고 썼을 때 그가 범한 잘못은 과장을 살짝 했다는 것뿐이었다.**

그처럼 유력한 당대인들만 독일이 영국을 위협한다는 사실을 확실히 믿은 것은 아니었다. 프리츠 피셔Fritz Fischer의 학술 논문 〈세계 패권 추구Griff nach der Weltmacht〉가 나온 이후 독일 역사학자의 전체 추세는 자신들의 행동이 정당했다고 보는 쪽이었다. 사키와 다른 소문 유발자들은 세부 사실에 부정확한 면이 있고 독일 침공 가능성을 다소 과장하긴 했어도, 군부 엘리트가 지배하는 독일이 결국 전쟁이 불가피하도록 "세계 권력을 향한 공격적인 주문bid for world power"을 계획하고 있다는 점에서는 근본적으로 옳았던 것 같다.*** 최근 독일 저술은 몇몇 눈에 띄는 예외는 있지만 피셔의 주장을 정교하게 다듬을 뿐 수정하지 않는 쪽으로 기울고 있다. 그 결과가 빚어낸 목적론 서술의 고전적 사례는 이마누엘 가이스Immanuel Geiss가 내놓은 《재앙으로 가는 길고 긴 길: 1차 세계대전의 경위 1815-1914The Long Road to Catastrophe: The Prehistory of the First World War 1815-1914》라는 긴 제목(의미심장하게도)의 책이다. 이 책

1993), pp. 450, 456ff.

*   Churchill, *World Crisis*, p. 120; Lloyd George, *War Memoirs*, vol. I, p. 6.

**   J. Gooch, *The Plans of War: The General Staff and British Military Strategy c. 1900-1916* (London, 1974), p. 25.

***   F. Fischer, *Germany's Aims in the First World War* (London, 1967); idem, *War of Illusions: German Policies from 1911 to 1914* (London/New York, 1975).

은 1차 세계대전은 본질적으로 그 반세기 전에 이룬 독일 통일의 불가피한 결과물
이었다고 주장한다.*

그렇긴 해도 영국과 독일 사이에 미리 예정된 전쟁이라는 개념에는 어느 정도 불
편함이 느껴진다. 그로부터 80년이 지난 지금 전쟁으로 치른 희생이 그에 따른 혜
택보다 너무 크게 보인다는 점만 생각해도 그렇다. 영국의 인명 손실은 2차 세계대
전 때의 사상자보다 훨씬 컸는데, 특히 대영제국 전체 인원수를 고려하면 더 그렇
다. 사망자는 90만 8,371명(전투에 징집된 인원의 10분의 1 이상)이고 전체 사상자는
300만 명이 넘는다. '대전쟁Great War'의 망령이 영국인의 뇌리를 계속 점령하고 팻
바커Pat Barker 같은 소설가를 고무하는 것도 의외는 아니다. 여기에다 국가 채무를
6억 5,000만 파운드에서 74억 3,500만 파운드로 늘린 전쟁비용은 수십 년간 저당
권 부담에 짓눌리게 했고, 불황기에 정치인이 활약할 여지를 심각하게 제한했다. 참
전할 무렵 영국은 세계의 은행가였으나 전쟁이 끝난 뒤에는 미국에 50억 달러의
빚을 진 채무국이었다.** 최근 몇몇 사회사가는 전쟁이 본국 발전에 미친 긍정적인
부수 효과를 강조했다. 그러나 수백만 명의 생존자와 부양가족의 이후 생활을 황폐
하게 만든 수량화할 수 없는 심리적 상처는 셈에 들어가지 않았다.

유럽에서 독일의 패권 장악을 방지하기 위해 '대전쟁'이 빚어낸 그 모든 희생을
치른 것이라면 목표를 이뤘을지 몰라도 오래 유지하지는 못했다. 고작 20년 뒤 독
일이 영국, 아니 세계에 더 심각한 위협으로 등장했으니 말이다.*** 여기에다 1차 세

* I. Geiss, *Der lange Weg in die Katastrophe. Die Vorgeschite des Ersten Weltkrieges 1815-1914*
(Munich/Zurich, 1990), 특히 pp. 23f, 54, 123.

** K. Burk, "The Mobilization of Anglo-American Finance during World War One", N. F.
Dreisziger (ed.), *Mobilization for Total War* (Ontario, 1981), pp. 25-42.

*** 독일의 1914년 목적이 1939년과 같다고 보는 것은 역사 기록을 편향적으로 읽는 사람이 아니면 불가능
하다.

계대전에서 상처를 입은 영국은 그 위협에 저항하기가 훨씬 더 힘든 처지였다. 유럽의 과거 동맹국들도 그 나라 자체가 상대적으로 쇠퇴한 것과 별개로 많이 약해졌다. 프랑스는 정치적으로 분열되었고 러시아는 스탈린주의의 손아귀에 붙잡혀 있었으며 이탈리아는 파시즘 치하에 있었다. 그러니 참호 속에서 벌어진 학살의 4년이 시인 윌프레드 오언Wilfred Owen 등이 본 것처럼 정말로 헛된 것이었는지 물어보고 싶은 마음이 생긴다. 로이드조지와 케인스 같은 자유당 당원들, 즉 영국의 전쟁 준비에 기여한 바가 누구에게도 뒤지지 않는 사람들은 독일의 패배는 피와 재화 낭비였다는 결론에 아주 빨리 도달했다. 만약 회유 정책에 조금이라도 명분이 있었다면 1914~1918년 전쟁에는 그런 것이 거의 없었다고 말할 수 있고, 그 역도 참이다.

영국 정책의 기저에 깔린 일관성 결여를 의식한 몇몇 역사가는 이후 영국 정치가들이 주장한(변명조로) 것보다 실제로는 운신의 여지가 더 많았다고 하면서 영국-독일 전쟁의 불가피성 개념에 의문을 표했다. 하지만 검토한 대안은 개입이라는 주제를 변주하는 쪽으로 기우는 편이었다. 2차 세계대전이 한창일 때 집필한 리델 하트는 영국이 원정군을 프랑스가 아니라 벨기에로 파견했다면 혹은 다르다넬스 침공에 더 많은 병사를 투입했다면, 장기화한 대륙 전투에 끌려 들어가지 않고도 1차 세계대전에서 독일을 무너뜨렸을 것이라고 주장했다.[*] 이는 본질적으로 1914년에 관한 수많은 주장 가운데 두 가지를 되풀이한 것에 불과하다. 이와 달리 최근 홉슨Hobson은 1914년 이전에 더 대규모로 대륙에 개입했다면 독일이 애당초 프랑스를 공격하지 못하게 저지했을 것이라고 말했다.[**] 이것 역시 당대에 제기된 주장의 발전 형

[*] B. H. Liddlell Hart, *The British Way in Warfare* (London, 1942), pp. 12f, 29f.

[**] J. M. Hobson, "The Military-Extraction Gap and the Wary Titan: The Fiscal Sociology of Britain Defence Policy 1870-1913", *Journal of European Economic History*, 22 (1993), pp. 461-506.

태다. 프랑스 정부는 영국이 초기에 보다 명확히 프랑스 지지 선언을 했다면 독일을 충분히 저지했을 거라고 주장했는데, 나중에 로이드조지와 랜스다운 같은 그레이의 비판자들도 이 주장을 되풀이했다.* 그러나 그레이의 옹호자들은 독일 합동참모부가 걱정할 만큼 영국 해외원정군BEF이 대규모였는지에 의문을 표했는데** 이는 정당하다. 여기에 홉슨이 제시한 해결책은 영국군 규모가 커져 대륙 식으로 100∼200만의 징병군이었다고 생각하자는 것이었다. 그가 말했듯 이 정도 군대는 세금을 올리거나 돈을 빌려 비교적 쉽게 유지비를 충당할 수 있었다.*** 그렇지만 그러한 반사실 시나리오는 당대 사람들이 자유당 정부 하에서 정치적으로 가능하다고 본 정책과 거리가 한참 멀었다.

그래도 세 번째 가능성은 남아 있는데 그것은 역사가들이 거의 전적으로 무시해 온 영국의 불개입 시나리오다.**** 홉슨이 가정한 반사실과 달리 이것은 정치적으로 비현실적이지 않고 애스퀴스와 그레이의 회고록에서도 그런 사실이 엿보인다. 두 사람 모두 영국은 그 어떤 의무로도 개입하도록 강요당하지 않았다고 강하게 강조했다. 애스퀴스의 말에 따르면 "전쟁이 발발했을 때 우리에게는 참전할지 말지 결정

---

* L. Albertini, *The Origins of the War* (Oxford, 1953), vol. III, pp. 331, 368, 644; Lloyd George, *War Memoirs*, vol. 1, pp. 57f; Hazelhurst, *Politicians at War*, p. 41. 유사한 견해는 M. R. Gordon, "Domestic Conflicts and the Origins of the First World War: The British and German Cases", *Journal of Modern History*, 46(1970), p. 195f 참조.

** Trevelyan, *Grey*, p. 257; Asquith, *Genesis*, p. 202; C. Nicolson, "Edwardian England and the Coming of the First World War", A. O'Day (ed.), *The Edwardian Age: Conflict and Stability 1902-1914* (London, 1979), pp. 145-148.

*** Hobson, "Wary Titan", pp. 495f, 499f. 유사한 제안은 다음을 볼 것. A. L. Friedberg, *The Weary Titan: Britain and the Experience of Relative Decline 1895-1905* (Princeton, 1988), p. 301f; P. K. O'Brien, "Reply", *Past and Present*, 125 (1989), p. 195. 그렇지만 T. J. McKeown, "The Foreign Policy of a Declining Power", *International Organization*, 42, 2 (1991), pp. 259-278에 실린 예리한 비판을 보라.

**** 드문 예외로 Paul Johnson, *The Offshore Islanders* (London, 1972), pp. 365f 참조.

할 자유가 있었다. … (프랑스와의) 중요한 군사적 조약은 없었다. 그저 가능성을 분석하는 것 이상으로 소통하지 않는 제약적인 관계였다.* 그레이는 7월 프랑스와 어떠한 약속도 하지 못하도록 막는 결정을 강요하려는 시도에 정치적으로 반대한다는 것을 비밀에 붙이지도 않았다.** 만약 그레이의 손이 묶여 있었다면 그것을 묶은 것은 운명의 힘이 아니라 내각 동료들이었다. 그 자신도 회고록에서 선택의 순간이 한 번 있었음을 분명히 했다(당연히 그는 자신의 선택이 옳았다고 주장했다).

> 결정을 내려야 하는 순간 우리가 그것을 단번에 했다는 데 감사하자. 우리가 몸을 사리려고 했다가 … 결국은 참전하지 않을 수 없는 처지에 놓이기보다 그 편이 우리의 평판이나 더 나은 결과를 위해 더 나았다. (참전하지 않았다면) 우리는 고립될 가능성이 컸다. 세계에 친구도 없고 누구도 우리를 두려워하거나 우리에게 기대하지 않으며 우리와의 친교를 귀중하게 여기지 않았을 것이다. 우리는 불신을 초래하고 … 명예롭지 못한 역할을 맡았으리라. 한마디로 우리는 혐오 대상으로 전락했을 터다.***

'반사실적' 중립성 무시는 전쟁 후에 나온 그런 감성적인 변명의 설득력에 바치는 헌사다. 우리는 영국이 도덕적이고 전략적인 이유로 '구경만 하고 있을' 수는 없었으리라는 것을 인정한다. 그런데 사정없이 운명론적으로 흘러간 회고록 설명이 아닌 당대의 자료를 꼼꼼히 따져보면 영국이 바로 그렇게 구경만 했을 뻔했다는 사실이 드러난다. 1914년 오스트리아·독일 대 러시아·프랑스 사이에 벌어진 대륙 전쟁이 불가피했다는 것은 부정할 수 없는 일로 보이지만, 그 전쟁에 참여하겠다는

---

*   Asquith, *Genesis*, pp. 57f, 60, 63f, 83.

**   Grey, *Twenty-Five Years*, vol. I, pp. 75, 81, 85, 313, 334f; Trevelyan, *Grey*, pp. 254, 260.

***   Grey, *Twenty-Five Years*, vol. II, p. 35ff.

영국의 결정에 꼭 그랬어야만 했던 요소는 전혀 없었다. 영국이 팔짱을 끼고 있었다면 무슨 일이 일어났을지 알아보아야 그들의 결정이 옳았는지 확신할 수 있다.

더 오래된 반사실: 영국-독일 화친 협약

영국-독일 간의 냉혹한 대립이라는 추정은 세기 전환기에 대영제국을 괴롭힌 신뢰 위기로까지 거슬러 올라간다. 보수당 식, 자유당 식, 1890년대 식 제국주의의 지적 활력에도 불구하고 보어 전쟁은 영국의 사기에 깊은 타격을 가했다. '민족 효율성'이라는 미사여구와 군국주의 '연대'에* 보인 대중의 열광도 광대한 해외제국 유지비용이 초래하는 공식적 · 정치적 우려를 무마해줄 수는 없었다.** 사실 당대 사람들은 제국의 재정비용을 과장하고 국제 자유무역 지역을 유지함으로써 얻는 혜택을 간과하는 경향이 있었다. 실질 국방비 부담은 1885~1915년 보어 전쟁 비용을 포함해 국민총생산의 평균 3.4퍼센트였다. 1905년 이후 그 수치는 3~3.3퍼센트로 꾸준히 유지되었는데, 이는 1945년 이후 기준으로 볼 때 매우 낮은 수치이며 당대 러시아 · 프랑스 · 독일과 비교해도 낮았다.*** 당시 문제가 된 것은 현재의 모든 실용

---

*   '민족 효율성'은 G. R. Searle, "Critics of Edwardian Society: The Case of the Radical Right", O' Day (ed.), *Edwardian Age*, pp. 79-96. 에드워드시대의 호전성은 A. Summers, "Militarism in Britain before the Great War", *History Workshop*, 2 (1976), pp. 106-120 참조.

**   C. Trebilcock, "War and the Failure of Industrial Mobilization: 1899 and 1914", J. M. Winter (ed.), *War and Economic Development* (Cambridge, 1975), pp. 141ff; Cain and Hopkins, *British Imperialism*, p. 452; Barnett, *Collapse*, pp. 75-83; G. W. Monger, *The End of Isolation: British Foreign Policy 1900-1907* (London, 1963), pp. 8f, 15, 110, 147.

***   Hobson, "Wary Titan", p. 478f에 나온 수치. 내가 내린 평가는 N. Ferguson, "Public Finance and National Security: The Domestic Origins of the First World War Revisited", *Past and Present*, 142 (1993), pp. 141-168 참조.

적인 목적을 고려할 때 우리는 강대국으로서 3등급에 불과하다는 아서 밸푸어_{Arthur}

Balfour의 허풍스러운 주장*처럼 "능력 이상으로 팽창했다"는 인식이었다. 결국 제국의 전략을 세우는 갈수록 더 복잡해진 제도적 틀(제국방어위원회와 새로운 제국합동참모부 같은 전혀 효율적으로 합리화하지 못한) 안에서** 합의를 도출했다. 재정적·전략적으로 영국제국 자체를 동시에 방어하기가 불가능하다고 여긴 까닭에 더 이상 고립을 유지할 여유가 없었고, 경쟁 제국들과 외교상 양해를 얻어내야 했기 때문이다.

이 지점에서 독일 자유주의자들이 끝없이 숙고한 더 오래된 반사실 질문 하나를 다시 던져볼 만하다. 만약 영국이 독일과 공식적인 동맹까지는 아니어도 그런 양해에 도달했다면 어떻게 되었을까? 독일 수출업자들이 외국 시장에서 영국에 도전하기 시작하고, 영국 소비 시장에도 들어오면서 당대 일부 영국인이 불안해했으나 경제적인 경쟁이 좋은 외교관계를 방해한다는 발상은 터무니없는 소리다. 그렇지만 관세 논란은 치유가 불가능한 경제 결정론자들에게 전쟁의 전조일 뿐이었다.*** 사실 독일 경제의 성공은 감탄뿐 아니라 적대감도 불러일으켰다. 더구나 독일과 영국의 이해관계가 충돌할 가능성이 높은 해외 지역은 수없이 많았다. 1898년과 1900년 체임벌린은 영국과 독일이 협력하여 중국에서 러시아에 맞서야 한다고 주장했다. 1901년에는 비록 결론은 나지 않았으나 영국-독일-일본의 삼자동맹을 진지하게 논의했다. 1899년에는 영국이 불만을 심하게 터뜨리기는 했지만 사모아를 독일에 넘겨주기

---

*   Monger, *End of Isolation*, p. 13.

**   Lord Hankey, *The Supreme Command* (London, 1961), vol 1: p. 49; Gooch, *Plans of War*, pp. 42-90; N. d'Ombrain, *War Machinery and High Policy: Defence Administration in Peacetime Britain* (Oxford, 1973), pp. 5f, 9f, 14, 76.

***   C. Buchheim, "Aspects of 19th Century Anglo-German Trade Policy Reconsidered", *Journal of European Economic History*, 10 (1981), pp. 275-289; Kennedy, *Anglo-German Antagonism*, pp. 46ff, 262ff; Cain and Hopkins, *British Imperialism*, pp. 461f; Z., Steiner, *Britain and the Origins of the First World War* (London, 1977), pp. 60-63.

                                              버추얼 히스토리

로 합의했다. 그 시기(1902년)에는 포르투갈령 모잠비크와 베네수엘라를 놓고도 영국과 독일 사이에 협력이 이뤄졌다. 오스만제국과 과거 오스만 봉토이던 이집트, 모로코에서도 영국-독일의 협력 기회가 있을 듯했으나 런던에서 의견이 많이 엇갈렸다.* 따지고 보면 "능력 이상으로 팽창한" 강대국(영국의 자기 파악에 따르면)과 "능력만큼 팽창하지 못한" 강대국(독일의 자기 파악에 따르면)이 국제무대에서 수월하게 협력하면 안 될 명백한 이유는 없다. "각국 정책의 근본 우선순위가 상호배타적"이라고만 말하는 것은 그저 거짓일 뿐이다.**

그렇다면 왜 1898년 3월 체임벌린과 독일의 하츠펠트Hatzfeld · 에카르트슈타인Eckardstein부터 시작해 1901년까지 드문드문 이어진 유명한 동맹 논의가 성과를 이루지 못한 것일까?*** 그 전통적인 대답은 독일 수상 뷜로Bülow가 "한 손은 자유롭게 해두기"를 원했다는 것이다. 이는 영국의 해양 패권에 도전할 해군력을 구축하길 원했다는 뜻이다. 영국의 쇠퇴를 영국인보다 더 심하게 과장한 뷜로가 영국과 공식 동맹을 맺는 데 망설였다는 것은 사실이다(알고 보니 영국 수상 솔즈베리 경은 그보다 더 망설였지만).**** 그 이유 중 하나는 말할 것도 없이 영국과의 동맹이 독일의 해군력 구

---

* J. L. Garvin, *The Life of Joseph Chamberlain*, vol. III: *1895-1900* (London, 1934), pp. 246, 250ff, 331-339, 502; J. L. Amery, *The Life of Joseph Chamberlain*, vol. IV, *1901-1903* (London, 1951), pp. 138ff, 159, 163; R. T. B. Langhorne, "Anglo-German Negotiations Concerning the Future of the Portuguese Colonies 1911-1914", *Historical Journal* (1973), p. 364ff; Monger, *End of Isolation*, pp. 19f, 24-29, 39f, 119ff, 145, 186.

** H. W. Koch, "The Anglo-German Alliance Negotiations: Missed Opportunity or Myth", History, 54 (1968), p. 392; P. M. Kennedy, "German World Policy and the Alliance Negotiations with England 1897-1900", *Journal of Modern History*, 45 (1973), p. 625. Grey, *Twenty-Five Years*, vol. I, p. 245도 볼 것.

*** 자세한 내용을 알고 싶으면 Garvin, *Chamberlain*, pp. 259-283, 332-341, 507-508; Amery, *Chamberlain*, pp. 144-155 참조.

**** Kennedy, "Alliance Negotiations", p. 613; Garvin, *Chamberlain*, pp. 268ff, 287-291, 503, 512; Amery, *Chamberlain*, pp. 148-151, 163.

축을 방해할지도 모른다는 믿음 때문이었다.[*] 그렇기는 해도 영국-독일 간 친선이 독일의 세계 정치로 인해 침몰했다는 생각은 오해다. 그와 똑같은 정도로 중요한 것은 체임벌린의 성급한 처신이었다. 그는 봉인해두어야 하는 외교 방안을 연설과 논설 재료로 사용하도록 허락했다. 또 무절제한 체임벌린은 뷜로가 1899년 12월 11일 의회에서 행한 연설, 즉 "평화와 조화 속에서 (영국과) 함께 살아가기 위한 전면적인 호혜성 및 상호 배려를 기반으로 한" 자세와 열의 표명을 '냉담함'으로 해석했다. 그는 나중에 동맹을 제의함으로써 "자기 손가락을 태워버렸다"고 불평했다.[**]

하지만 이것 역시 전체 이야기의 일부에 불과하다. 영국-독일 동맹 프로젝트의 실패를 설명하는 원인으로 훨씬 더 중요한 것은 독일의 힘이 아니라 약함이었다. 결국 동맹이라는 발상을 없던 일이 된 데는 독일만큼(그보다 더하지는 않았더라도) 영국 탓도 있었으니 말이다. 이것은 독일이 영국에 위협적이어서가 아니라 그 반대였기 때문이다. 독일의 해군 계획에 보인 영국의 반응이 이 점을 잘 드러낸다. 1900년 해군성 장관First Lord of Admiralty 셀본Selborne은 힉스 비치Hicks Beach에게 "독일과의 공식 동맹은 계속 팽창하는 해군과 그들의 높아지는 평판을 멈출 유일한 대안"이라고 우울하게 말했다.[***] 그러나 1902년 "독일의 해군 증강 목표가 우리와 전쟁을 벌이는 데 있음을 확신"한 그는 예전 견해를 완전히 바꾸었다.[****] 독일 입장에서 이 깨달음은 재앙이었다. 그들은 아직 해군력을 구축하는 동안에는 자국이 취약할 수밖에 없음

---

[*]   Steinberg, "Copenhagen Complex", pp. 27ff; Kennedy, "Alliance Negotiations", pp. 610f, 619f; Berghahn, *Germany and the Approach of War*, pp. 40f, 53.

[**] Garvin, *Chamberlain*, vol. III, pp. 498, 511-515; Amery, *Chamberlain*, vol. IV, pp. 153, 157, 167-180.

[***] Monger, *End of Isolation*, p. 12.

[****] Amery, *Chamberlain*, p. 197.

을 잘 알고 있었다. 애당초 뷜로는 영국을 상대하며 "나비로 환태하기 전의 애벌레처럼" 신중하게 행동할 필요가 있다고 주장해왔다. 그런데 그 애벌레는 속이 너무 잘 보였다. 1905년 무렵 해군성 제1장관 재키 피셔Jackie Fisher의 초기 해군 개혁을 완료한 해군 정보부 부장Director of Naval Intelligence은 영국의 "압도적인 해군력"을 자신 있게 설명했다.** 반면 1904년 베를린에서는 독일의 취약성을 갑자기 깨달은 영국 해군이 선제 공격을 하지 않을까 두려워하며 패닉 사태가 발생했다.***

영국의 일차 관심은 광대한 해외 분쟁 확률을 높이기보다 줄이는 데 있었다. 자신들의 과대망상에 따라 제국과 해군력을 구축하길 열망하는 독일 같은 강대국이 아니라, 이미 넓은 제국과 해군력을 갖춘 강대국이라면 이는 자연스러운 일이었다. 같은 맥락에서 영국이 (독일이 아니라) 프랑스와 러시아를 향해 더 결실 있는 외교적 접근을 시도했다는 것은 놀랄 일이 아니다. 외무성 차관보로 있던 프랜시스 버티Francis Bertie가 1901년 11월 표현한 다음 발언은 영국-독일 연합에 반대하는 최고의 논리였다. "우리가 유럽과 세계 각지에서 우방인 프랑스, 그리고 넓은 아시아 지역에서 그 국경선이 우리와 인접하거나 거의 인접한 러시아와 절대 우호관계를 유지하지 않아야 한다는 결론이 내려질 경우" 영국-독일 연합을 맺는다는 것이다.****

솔즈베리와 셀본은 프랑스와 독일의 비교우위에 관해 유사한 견해를 취했다. 러시아와 적대하기를 두려워해 1901년 중국에서 영국 정책을 지지하길 꺼려한 독일의 태도는 영국의 견해를 확인해주었을 뿐이다. 아무리 허세를 부린들 독일은 약하

*   Kennedy, "Alliance Negotiations", pp. 618, 621, 625; Garvin, *Chamberlain*, p. 516도 볼 것.

**   A. J. Marder, *British Naval Policy 1880-1905: The Anatomy of British Sea Power* (London, 1964), p. 503.

***   Steinberg, "Copenhagen Complex", pp. 31-38.

**** Wilson, *Entente*, p. 5.

다는 견해 말이다.*

러시아와의 관계 개선은 어떤 제국주의 안건에서도 그 나라와의 전쟁은 피해야 한다는 확신을 기초로 한 것이었다. 영국은 짧은 기간 내에 연이어 만주와 티베트 문제에서 러시아의 요구를 들어줄 것임을 시사했고 흑해해협, 페르시아 심지어 (커즌Curzon의 실망에도 불구하고) 아프가니스탄에서도 불필요한 갈등을 피하려 했다.** 좋은 관계를 향한 이러한 노력은 러시아가 일본에 패하지만 않았다면 프랑스와의 관계처럼 공식적인 이해로 이어졌을 수 있다. 영국은 1902년 일본과 동맹을 체결했다. 이 동맹을 러시아와의 다른 어떤 합의보다 우선시했다는 것은 영국 정책의 명분(근본 이유), 즉 강한 자에게 양보하는 자세를 보여주는 좋은 표시다.*** 프랑스에도 그와 비슷하게 합의를 보아야 할 제국주의적 의제 목록이 있었다. 우선 인도차이나가 있고 그다음에는 모로코, 이집트가 있었다.**** 독일에 거부당해 아직도 골이 나 있던 체임벌린이 식민지 거래를 본격적인 연합의 기반으로 삼으려 하지 않았다면 그 지역에서의 문제도 얼마든지 방치되었을 수 있다.*****

1904년 4월 8일 체결한 영국-프랑스의 화친 협상Entente Cordiale은 식민지 맞거래 같은 것으로, 여기에는 중요한 세 가지 함의가 담겨 있다. 첫째, 러시아와의 관계를 개선하려는 추세를 강화했다. 한쪽과의 우호관계는 다른 쪽과의 우호관계를 함축

Monger, *End of Isolation*, pp. 10, 17, 23-29.

*   Monger, *End of Isolation*, pp. 10, 17, 23-29.

**   B. Williams, "The Strategic Background to the Anglo-Russian Entente of 1907", *Historical Journal*, 9 (1966), pp. 360-366; Monger, *End of Isolation*, pp. 2, 5, 7, 33f, 108, 115ff, 123f, 132, 140ff, 185, 216-220; Gooch, *Plans of War*, p. 175.

***   Monger, *End of Isolation*, pp. 200-202, 214-221.

**** 앞의 책, pp. 39, 113, 129, 134, 144; C. Andrew, "The Entente Cordiale from its Origins to 1914", N. Waites (ed.), *Troubled Neighbours: Franco-British Relations in the Twentieth Century* (London, 1971), pp. 11, 19ff.

***** Garvin, *Chamberlain*, p. 275; Amery, *Chamberlain*, p. 180.

한다.[*] 둘째, 독일과의 우호관계 중요도가 계속 낮아졌는데 그 상황 변화가 1차 모로코 위기 때 분명해졌다.[**] 셋째, 가장 중요한 것으로 해협 양편의 군대 계획자들이 독일과 전쟁할 경우 영국이 프랑스에 해군과 육군을 지원하는 문제를 고려하기 시작했다. 해군력으로 독일을 봉쇄한다는 전략은 예전에도 논의한 적이 있었다. 그러나 프랑스 해군을 지중해에, 영국 해군을 본국 해역에 집중시키는 해군 임무 분담이라는 발상이 등장한 것은 1905년이었다. 동시에 합동참모부는 대륙에 해외원정군을 파견해 프랑스를 지원하는 문제를 고려하면서, 프랑스-독일 국경을 원정군으로 방어하는 것과 북독일을 수륙 양면으로 침공하는 것 가운데 어느 쪽이 나은지를 두고 열띤 논쟁을 벌였다.[***] 전임 종신 차관 샌더슨Sanderson이 지적했듯 1839년 조약은 "(중립성) 보장 및 유지를 위해 어떤 상황에서든 어떤 위험이 있든 물리적 힘을 사용한다는 … 적극적인 청원"은 아니지만, 이와 동시에 벨기에의 중립성이라는 해묵은 문제를 제기했다.[****] 또한 그는 그 조약은 "어떤 정부도 약속하리라고 기대할 이유가 없다고 해석할 수 있다"라고 덧붙였다.[*****]

간단히 말해 토리파의 외교 정책은 더 작은 강대국들과의 선린관계를 희생해서라도 영국 입장에서 가장 큰 위협으로 보이는 강대국들을 회유하겠다는 것이었다. 핵심은 독일이(벨기에처럼) 전자의 범주에 들어가고 프랑스와 러시아가 후자에 속한다

---

[*] Wilson, *Entente*, pp. 71, 74; Andrew, "Entente", p. 22; Monger, *End of Isolation*, pp. 129-133, 192.

[**] 앞의 책, pp. 187ff, 195ff, 223.

[***] A. Offer, *The First World War: An Agrarian Interpretation* (Oxford, 1989), pp. 223f, 230, 291; Monger, *End of Isolation*, pp. 188f, 206ff; d'Ombrain, *War Machinery*. pp. 76-80; French, *British Planning*, p. 22f.

[****] PRO, CAB 16/5 XC/A/035374. 제국의 군사적 필요를 처리하기 위해 수상이 임명한 사람들로 구성된 제국방어위원회 회의록. 1908년 12월에서 1909년 3월까지.

[*****] Monger, *End of Isolation*, pp. 209f, 229.

는 데 있다. 이 규칙의 명백한 예외는 일본이다. 그러나 일본과의 동맹은 유럽에 새로 복잡한 상황을 만들지 않고도 결정할 수 있는 문제였고, 특히 러시아가 1905년 이후 약해져가는 상황에서는 더욱 그랬다. 독일과의 동맹도 마찬가지다. 만약 토리파가 독일과의 동맹 체결이라는 체임벌린의 본래 전략을 따랐다면 결과적으로 프랑스나 러시아와의 관계는 악화되었을 터다.

그 결과 영국이 독일 편을 들어 당대의 말투로 하자면 앵글로색슨의 전통적인 원수 라틴과 슬라브 제국에 대항해 싸우는 또 다른 세계 전쟁으로 이어졌을까? 이것이 우리에게는 망상으로 보이지만 당시에는 이 시나리오든 영국이 프랑스나 러시아와 연합한다는 시나리오든 똑같이 망상으로 보였다. 둘 다 오랫동안 불가능해 보였고 체임벌린의 표현을 빌리자면 "실패하도록 운명이 지워져 있었다." 1900~1905년의 외교 임무는 이 두 가지 선택지 사이에서 고르는 일이었다. 하나는 프랑스나 러시아와 일종의 해외 친선관계를 맺는 것이고, 다른 하나는 그중 하나 혹은 둘 다와 장래에 전쟁을 치를 위험을 지는 것이었다. 그것은 영국이 가까운 해협뿐 아니라 지중해, 보스포루스, 이집트, 아프가니스탄에 이르는 먼 전장에서 싸워야 하는 전쟁이었을 것이다.

영국의 착시가 빚어낸 전쟁

1905년 12월 밸푸어가 사임한 뒤 자유당이 물려받은 외교 유산은 이런 상황이었다. 그 핵심은 영국이 1차 세계대전을 치르지 않을 수 없는 운명을 떠안은 것이 결코 아님을 강조하는 데 있다. 그 유산에서 영국 외교의 우선순위는 프랑스, 러시아, 독일(오스트리아, 이탈리아, 터키를 거느린)순이었다. 그렇다고 독일이 프랑스나 러시아 또는 두 나라를 모두 공격할 경우 영국이 프랑스 방어에 돌이킬 수 없이 끌려

들어간다는 것은 아니었고 러시아는 그럴 이유가 더 적었다. 다시 말해 그 유산은 로즈버리Rosebery 같은 몇몇 비관론자가 겁낸 것처럼 영국과 독일의 전쟁을 불가피한 것으로 만들지 않았다.*

더구나 자유당 정부, 특히 캠벨배너먼Campbell-Bannerman이 이끄는 정부는 첫인상만 보면 독일과 절교하거나 프랑스 혹은 러시아와 친교를 맺을 가능성이 전임자에 비해 낮아보였다. '국내 정치 우선'이라는 개념을 독일에서 영국 역사학으로 수입하려는 시도가 여러 번 있었지만, 1905년 관측자 중 정부의 변화가 전쟁 확률을 높인다고 주장할 사람은 거의 없었다.** 비국교도non-conformist의 양심, 자유무역과 평화에 관한 코브던주의자의 신념Cobdenite[19세기 영국 정치가, 경제학자, 자유무역주의자인 리처드 코브던Richard Cobden의 사상을 말함 – 옮긴이], 현실 정치보다 국제법을 선호하는 글래드스턴의 입장, 과도한 군사비에 따른 위대한 정치 원로들의 반감, 대규모 군대에 보이는 역사적인 거부감은 모두 평화주의 정책을 시사하는 듯한 자유당 전통 가운데 일부에 불과했다. 여기에 아일랜드나 의회 개혁을 향한 그 당의 끈질기고도 산만한 집착이

---

*   Wilson, "Grey", p. 173; Lloyd George, *War Memoirs*, vol. I, p. 1; Brodrick, *Landsdowne and Salisbury*의 Monger, *End of Isolation*, pp. 135, 212, 226에 인용한 예지적인 경고도 볼 것. 또 H. Weinroth, "The British Radicals and the Balance of Power 1902-1914", *Historical Journal*, 13(1970), pp. 659f에 인용한 급진파 'Speaker'의 의심도 볼 것.

**   전쟁을 국내 문제에서 벗어나기 위한 탈출구로 보는 생각은 영국 사례에 적용했다. G. Dangerfield, *The Strange Death of Liberal England* (London, 1935); A. J. Mayer, "Domestic Causes of the First World War", L. Krieger and F. Stern (eds.), *The Responsibility of Power: Historical Essays in Honour of Hajo Holborn* (New York, 1967), pp. 288f, 291f. 비판적인 견해가 필요하면 D. Lammers, "Arno Mayer and the British Decision for War in 1914", *Journal of British Studies*, 11 (1973), 특히 pp. 144, 153 참조. P. Loewenberg, "Arno Mayer's 'Internal Causes and Purposes of War in Europe, 1870-1956': An Inadequate Model of Human Behaviour, National Conflict, and Historical Change", *Journal of Modern History*, 42 (1970); Gordon, "Domestic Conflicts", pp. 197f, 200, 203-213, 224f. 그러나 Nicolson, "Edwardian England", p. 161; K. M. Wilson, "The British Cabinet's Decision for War, 2 August 1914", *British Journal of International Studies*, 1 (1975), p. 148도 볼 것.

더해진다.* 또한 에드워드시대의 '신자유주의'는 공공 재정 재분배와 '사회' 문제에 관한 새로운 관심뿐 아니라 노먼 에인절Norman Angell의 이론처럼 전쟁의 경제적 비합리성을 논하는 다양한 이론을 쏟아냈다.** 최소한 새 정부는 (로이드조지의 말을 빌리자면) "선조들의 무모함으로 높이 쌓인 거대한 군비 지출을 감축"하려 노력할 것처럼 보였다.***

그러나 의도치 않던 결과가 나온다는 법칙은 다른 어느 곳보다 점점 더 심하게 양분되고 있던 자유당 정부에서 더 잘 실현되었다. 애스퀴스, 그레이, 홀데인(나중에 전쟁장관이 되는)은 이미 1905년 새 정부 내에서 국왕을 비롯해 모두가 두려워하는 급진 추세를 맞받아치기 위해 '자유주의 제국주의자' 혹은 '자유주의연맹Liberal League'이라는 파벌을 형성해 함께 행동하는 데 동의했다.**** 그레이를 외무상으로 임명한 것은 그 파벌의 첫 번째이자 가장 중요한 성공이었다. 그레이는 결코 열성적인 제국주의자는 아니었다. 그는 착시로 인한 전쟁의 명분이라는 에인절의 주장 [1909년 프랑스판 〈데일리 메일〉에 발표한 논문 '유럽의 착시Europe's Optical Illusion'와 저서 《거대한 환상The Great Illusion》에서 개진한 내용 – 옮긴이]에 확실히 친숙했다.***** 그는 대규모 군대를 유지하지 않고도 유럽 식 정책을 추구하고 싶어 한 급진주의자의 욕망을 공유했고, 인도 정부를 장악하려 할 때는 존 몰리 같은 글래드스턴주의자의 지원을 환영했다.

---

*   M. Bentley, *The Liberal Mind 1914-29* (Cambridge, 1977), pp. 11-15.

**   Norman Angell, *The Great Illusion: A Study of the Relation of Military Power to National Advantage* (London, 1913).

***   M. Howard, "The Edwardian Arms Race", *Lessons of History*, pp. 82f.

****   Wilson, *Entente*, pp. 18-22; Monger, *End of Isolation*, p. 259.

*****   7월 위기 동안 오스트리아 대사에게 전쟁은 1848년과 비슷한 정도로 "무역에 영향을 줄 만큼 거액의 돈을 소모하게 하고, 유럽의 신용거래와 산업이 동시에든 그 이후에든 완전히 무너질 것"이라고 한 경고를 보라. Wilson, *Entente*, p. 13. 이와 비슷하게 몰리가 1848년과 비교한 내용은 French, *British Planning*, p. 87 참조.

                                버추얼 히스토리

반면 프랑스와의 화친을 지속 및 심화하고 러시아와도 비슷한 합의를 맺고자 하는, 즉 "어떤 대가를 치르더라도 화친"하자는 내각 내 일파의 열성은 대륙의 뒤엉킨 상황에 보이는 거부감과 충돌했다. 사실 이 근본적인 분열은 진작 말썽을 일으켰어야 했다. 그런데 1908년 캠벨배너먼의 후임으로 수상이 된 애스퀴스는 그레이의 입장을 능숙하게 은폐했다.* 내각과 의회의 외교 정책에 직접적인 영향력 행사를 제한하는 것은 외무성 외교관들은 말할 것도 없고 두 사람 모두에게 꼭 알맞았다. 1906년 10월 그레이가 "이제 자유당 하원의원들은 질문하고 토론을 진행하는 기술을 터득해 외교 문제에서 주의를 끌기도 하지만 주위에서 끼어들지 않는 편이 더 좋은 경우가 아주 많다"라고 불평한 것은 그의 전형적인 태도였다. 내각 동료들이 외교 문제를 다룰 때 그레이는 "그들에게는 정면으로 돌진하면 부딪히기만 하는 벽돌담 같은 것이 있다며 그들을 설득"하려 애썼다.**

 말할 필요도 없이 그는 정책에서 반대파의 암묵적 시인이라는 도움과 부추김을 받았다. 우리는 자유당의 소수파 세력이 1906~1914년 꾸준히 줄어들었다는 사실을 언제나 기억해야 한다. 전쟁 이전의 마지막 총선인 1910년 12월 총선에서 자유당과 토리당은 각각 272석을 얻었고 정부는 노동당 하원의원 42명과 아일랜드 민족주의당 84명을 합쳐 다수파를 구성했다. 그 뒤 1914년 7월 보궐선거에서 보수당이 20석 가운데 16석을 얻으면서 다수 의석의 차이는 고작 12석으로 줄어들었다. 이 상황은 그 운명적인 몇 달간 정부가 예산과 아일랜드 자치Home Rule 문제 사이에서 흔들린 이유를 말해준다.*** 보수당 지도부가 그레이의 정책에 동의하지 않았다면 그들은 로이드조지나 자기들이 혐오하는 아일랜드 정책을 편 애스퀴스에게 그랬던

* Lloyd George, *War Memoirs*, vol. 1, pp. 28f, 60; Churchill, *World Crisis*, p. 203.

** Monger, *End of Isolation*, pp. 257, 287; Wilson, *Entente*, p. 34ff.

*** Bentley Brinkerhoff Gilbert, *David Lloyd George: A Political Life: The Organizer of Victory, 1912-1916* (London, 1992), p. 81ff 참조.

것처럼 그레이도 힘들게 만들 수 있었다. 그런데 그들은 그렇게 하지 않았다. 이는 그레이가 그들의 정책을 계속 펼 것으로 믿었기 때문이다. 토리당 원내총무 발카레스Balcarres가 1912년 5월 말했듯 그의 당은 "랜스다운 경이 확립한 영국-프랑스 화친과 랜스다운 경이 시작한 영국-러시아 화친을 그레이가 계속 유지할 것이라는 가정 아래 그를 6년 동안 지지했다."* 밸푸어가 정부를 아주 많이 '사랑'하는 것처럼 보임으로써 자기 당 우파의 분노를 불러일으키지 않으려 애써야 했던 것은 사실이다.** 설령 그럴지라도 내각 자체 내보다 내각 내 그레이의 파벌과 반대파 거물들 사이에 합의가 더 많이 이루어진 것도 사실이다. 이것이 뜻하는 바는 그레이 정책의 세부내용(그 안에는 악마도 있었다)이 의회의 꼼꼼한 비판을 충분히 받지 않았다는 것이다. 더구나 그 비판을 민간 부문과 군사 부문 중 어디에 제기할지에도 대체로 혼란이 있었다. 에셔의 노력에도 불구하고 제국 국방위원회Committee of Imperial Defence는 자유당 정권에서 그 중요도가 줄어들었다. 또한 해군성과 전쟁국War Office의 합의를 이루기가 불가능해 보이던 전략 설계Strategic Planning 대신 유명한 '전쟁서War Book'에 오르는 종류의 병참 시스템에 관한 기술 관료들의 집착이 발전했다. 이 책의 정확성에 견줄 만한 것은 군사 동원 목표나 경제적 함의에 관한 완전한 부정확성 외에는 없었다.***

이 모든 것은 그레이가 나중에 회고록에서 주장한 것보다 훨씬 더 큰 행동의 자유를 안겨주었다. 그가 그런 자유에 익숙하지 않은 사람이 아니라는 점도 지적해야 하는데, 이는 그가 전쟁 전에 낸 덜 유명한 저서 가운데 하나에 잘 나타나 있다. 어

---

*   Wilson, *Entente*, pp. 17, 30ff.

**   Searle, "Critics", pp. 79-96.

***   Gooch, *Plans of War,* pp. 97ff, 265, 289; d'Ombrain, *War Machinery,* pp. 15-22, 88, 93-105, 135, 264, 271ff; Hankey, *Supreme Command,* pp. 84, 118ff, 122; French, *British Planning,* pp. 74-84; Trebilcock, "War", pp. 152ff, 161.

렸을 때부터 노안老眼이 찾아온 시절까지 그레이의 열정 대상이던 플라이 낚시는 결정론 사고방식을 유도할 만한 취미는 아니다. 1899년에 펴낸 그 주제의 책에서 그는 불확실하고 예측 불가능한 그 즐거움을 서정적으로 읊었다. 특히 8파운드(약 3.6킬로그램)짜리 연어 끌어올리기를 묘사한 한 구절은 인용할 가치가 있다.

> 재앙을 두려워할 직접적인 이유는 없다. 하지만 … 그 일이 질질 시간을 끌고 제일 힘든 부분, 즉 고기를 낚는 게 아니라 그것을 땅위로 끌어올리는 맨 마지막 부분일 거라는 어두운 의식이 내게 다가왔다. … (내) 그물로 물고기를 끌어올리려는 어떠한 시도도 내가 처리할 수 없는 재앙을 앞당길 것처럼 보였다. 한 번 이상 실패했는데 실패할 때마다 끔찍했다. … 내가 보건대 작은 낚싯대와 가는 장비Tackle[밧줄과 도르래 - 옮긴이]로 예상치 않게 큰 물고기를 낚을 때의 흥분감만 한 것은 아무것도 없다.*

그레이가 회고록을 쓴 1906~1914년 영국 외교 정책을 해석할 때, 우리가 염두에 두어야 하는 것은 책에 나타난 낙담으로 무너진 변명쟁이가 아닌 강둑에 서서 흥분과 걱정이 뒤섞인 낚시꾼 그레이다. 이 유추를 너무 심하게 적용할 위험도 있지만 거의 언제나, 특히 7월 위기 때 그레이는 그때와 똑같이 처신했다. 그는 물고기를 끌어올릴 것이라고 기대했으나 '재앙'의 위험을 알고 있었다. 그리고 어떤 경우에도 그 결론은 불가피한 것이 아니었다.

한 가지 의미에서 그 유추에 오해의 여지가 있다는 말은 해야겠다. 러시아와 프랑스를 상대할 때 다른 사람들의 고리에 낚인 물고기가 바로 그레이였기 때문이다. 러시아 경우 그레이는 나중에 급진파의 혐오와 전쟁국의 의혹에도 불구하고 자신

---

* 311쪽 주와 같다. Trevelyan, *Grey*, 특히 pp. 7-20; K. Robbins, *Sir Edward Grey: A Biography of Grey of Falloden* (London, 1971) 참조.

이 선임자들의 긴장 완화 정책을 사실상 지속했다고 주장했다.* 더 면밀히 조사해보면 그레이는 랜스다운보다 훨씬 더 많이 나아갔다. 그것은 부분적으로 인도의 방위비 지출 삭감으로 하원 평의원들의 지원을 받으면서 전통적인 "북서 국경지방North-West Frontier"[파키스탄 북서부의 주이자 카이바르 고개가 있는 전략상 요충지. 파슈툰족 내의 복잡한 사정과 생활 여건을 무시하고 영국의 편의에 따라 국경을 긋는 바람에 분쟁이 끊이지 않는 지역 – 옮긴이]의 감정을 더 쉽게 억누른 덕분이다.** 그뿐 아니라 페르시아를 두고 러시아에 상당히 양보했다. 심지어 그는 터키와 발칸반도에서 독일의 영향력이 커지는 것을 견제하고자 러시아가 전통적으로 이 지역에 품어온 야심을 호의적으로 다루려는 낌새도 보여주었다. 그 양보에 고무된 러시아 외무상 사조노프Sazonov는 전쟁이 터지면 영국이 자국을 지지할 것이라고 기대했다. 1914년 5월 해군 문제를 놓고 합동 토의하기로 한 결정이 그의 기대를 전혀 낮추지 않은 것은 분명하다.***

자유당 외무상의 입장에서는 친러시아보다 친프랑스 정책을 추진하기가 훨씬 더 쉬웠고, 그레이는 취임하기도 전에 친프랑스 정책을 추구하려는 의도를 드러낸 바 있다.**** 또다시 토리당 정책이 계속 이어질 듯 보였다. 그러나 그 자신도 인정한 것처럼 그레이는 과거 정부가 그곳에서 받은 요구보다 훨씬 더 멀리 나아갔다.***** 1905년 말에 시작된 영국과 프랑스의 군사적 논의는 새로운 출발점의 표시였다.

---

*   Grey, *Twenty-Five Years*, vol. 1, pp. 153-159. Cf. Asquith, *Genesis*, p. 53.

**   Williams, "Strategic Background", pp. 367-373; Wilson, *Entente*, pp. 6f, 76ff; Monger, *End of Isolation*, p. 285.

***   H. Butterfield, "Sir Edward Grey in July 1914", *Historical Studies*, 5 (1965), pp. 4f, 20f; D. W. Sweet & R. T. B. Langhorne, "Great Britain and Russia, 1907-1914", F. Hinsley (ed.), *British Foreign Policy under Sir Edward Grey* (Cambridge, 1977), pp. 236, 245-254; Grey, *Twenty-Five Years*, vol. I, pp. 284, 297ff 참조.

****   Wilson, *Entente*, pp. 35, 72; Weinroth, "Radicals", pp. 637-661.

*****   Monger, *End of Isolation*, p. 278.

모두들 그레이가 프랑스 대사 폴 캉봉Paul Cambon에게 사실상 낚인 순간 가장 큰 오류를 범했다고 주장해왔다. 그가 군사 계획자들에게 프랑스-독일 전쟁이 터질 경우 바다는 물론 육지와의 합동 작전도 논의하도록 허용함으로써 프랑스 방어를 위해 지금까지 고려해온 것보다 훨씬 더 강한 개입을 시사했기 때문이다. 결정적으로 중요한 것은 합동참모부가 해군 작전만으로는 독일의 프랑스 침공을 예방할 수 없다는 이유로 프랑스-독일 전쟁이 발발할 경우 프랑스나 벨기에에 최소한 10만 명의 원정군을 즉각 파견한다는 견해를 관철시킨 일이었다.* 이러한 논의와 영국의 군사 계획 발전 과정이 화친협정에 비밀 군사의정서 수준의 위상을 부여했다고 주장할 수도 있다. 그것은 분명 외무성 내의 강경파들이 원한 바였다. 1906년 1월 버티(1905년부터 1918년까지 파리 주재 대사)는 모로코에서 프랑스의 이익을 보호하기 위해 "외교적 지지 이상의 것"을 주는 문제를 이야기하고 있었다. 이는 지중해와 북해의 해군 임무 분리에 함축된 것보다 훨씬 더 많은 것을 의미했다.** 실제로 1911년 8월 23일 열린 CID 회의가 실질적인 전쟁위원회였다는(그로부터 16개월 뒤 카이저와 군대 지휘관들이 모인 악명 높은 회의보다는) 주장까지도 프리츠 피셔[1차 세계대전 원인 분석으로 유명한 독일 역사학자. 1차 세계대전 발발 책임은 전적으로 독일제국에 있다고 주장함 - 옮긴이]의 주장

---

*   자세한 내용은 d'Ombrain, *War Machinery*, pp. 75-96, 103-109; Monger, *End of Isolation*, pp. 238-252; Wilson, *Entente*, pp. 63-67; M. Howard, *The Continental Commitment* (London, 1972), pp. 32-46 참조. 이 논의는 1905년 12월부터 1906년 1월까지 화이트홀 가든에서 열린 CID 회의에서 처음 시작했다. 군사정보국장 그리어슨이 런던 주재 프랑스 무관을 만나 프랑스-독일 전쟁에 영국이 개입할 가능성을 의논한 것은 이 시기, 즉 1차 모로코 위기 때문이었다. 본래 그것은 CID에서 에셔와 클라크가 자극했다. 토론은 그들이 원하는 방식으로 이뤄지지 않았는데, 이는 피셔가 해군 참전을 꺼리기도 했지만 무엇보다 프랑스 쪽이 해외원정군 구상에 훨씬 더 관심이 많았기 때문이다. 따라서 토론은 대륙 해외원정군 참모진 중 이 생각을 지지하는 사람들 중심으로 진행되었다. 이후 토론은 해외원정군을 정확히 어디로 파견해야 하는가, 어느 정도 규모여야 하는가, 영국 본토 방어를 위한 정규군 부대를 남겨둘 것인가, 부대를 대륙에 보내는 데 얼마나 걸릴까 등의 문제를 중심으로 이뤄졌다.

**   K. A. Hamilton, "Great Britain and France, 1911-1914", Hinsley (ed.), *British Foreign Policy*, p. 331; Wilson, *Entente*, pp. 88f 참조. Monger, *End of Isolation*, p. 271.

을 거꾸로 세워본다면 가능하다. 확실히 그것은 북독일 해안에서 밀집 봉쇄와 합동 상륙 작전을 구상한 해군성 합동참모부의 원정군 전략이 승리한 것으로 보였다.[*] 위 원회 밖에서는 군사작전국장Director of Military Operations 헨리 윌슨Henry Wilson 장군이 합 동참모부 전략을 그레이와 특히 로이드조지를 포함한 다른 장관들에게 열심히 설 명했다. 그렇다면 그레이가 1914년 초 캉봉에게 사적으로 "프랑스가 부당하게 위 협당하고 공격받을 경우 육군과 해군 지원을 거부할 영국 정부는 없다"라고 한 말 의 의미는 분명했다.[**]

그레이가 전임자들이 택한 해외 화친협정에서 자세를 바꿔 프랑스에 유리한 '대 륙 개입' 쪽으로 기울어진 이유는 무엇일까? 전통적인 대답은 독일의 세계 정치가 아프리카·아시아·근동에서 영국의 이해관계에 점점 더 위협적이고, 더 중요한 이유로는 독일의 해군력 구축이 영국 안전에 심각한 도전을 제기한다고 여겼기 때 문이다. 그러나 면밀히 조사해보면 1914년 이전에는 식민지나 해군 문제가 반드시 영국-독일의 격돌로 이어진 것은 아니었다. 나중에 처칠이 한 말처럼 "우리는 식 민지 팽창에서 독일의 적이 아니었다."[***] 실제로 남아프리카의 과거 포르투갈 식민 지에서 독일의 영향력을 높여주는 쪽으로 길을 열어주는 영·독 합의가 거의 마무 리 단계에 있었다.[****] 그레이도 1911년 "아프리카에서 우리 이웃이 독일이든 프랑스 든 별 문제될 것이 없다"라고 말했다. 그는 친독일 분위기 아래 방치된 포르투갈 식

---

[*]   PRO, CAB 2/2, 제국방어위원회 1911년 8월 23일 114차 회의 속기록. Hankey, *Supreme Command*, pp. 81f 참조. Nicolson, "Edwardian England", p. 149; d'Ombrain, *War Machinery*, p. 102; French, *British Planning*, p. 32f; Wilson, *Entente*, p. 64.

[**] B. Collier, *Brasshat: A Biography of Field Marshal Sir Henry Wilson* (London, 1961), pp. 117-121; Andrew, "Entente", p. 27.

[***] Churchill, *World Crisis*, p. 94.

[****] Langhorne, "Colonies", pp. 363-387.

민지 분할을 최대한 빨리 이뤄내려고 열성이었다.* 오직 13년 전 포르투갈 개입을 공식 취소하길 꺼려한 관리들의 태도로 그것을 공적으로 다루지 못했을 뿐이었다. 그런데 이 문제에 뛰어든 독일 은행들(특히 M. M. 바르부르크 은행)은 이것을 단지 형식상의 문제라고만 생각했던 모양이다.** 심지어 그레이가 모로코에서 프랑스의 이해관계를 먼저 처리하려 했을 때도 독일과의 관계가 완전한 교착 상태는 아니었다. 1906년 그레이는 독일을 위해 본토 대서양 연안에 석탄 처리장을 마련해줄 생각도 하고 있었다.***

영국 정부가 아가디르 사건Agadir Crisis[2차 모로코 사건이라 불리기도 함. 1911년 7월 프랑스의 모로코 파병에 반대해 독일이 군함을 파견한 사건 – 옮긴이] 때 공격 노선을 취해 영국을 "국가 내각에서 아무 비중이 없는 것처럼" 취급하지 말라고 베를린에 명백히 경고한 것은 사실이다. 하지만 애스퀴스조차 비영국령 아프리카 영토와 그 영향력에 관한 프랑스-독일 합의는 자신과 아무 상관이 없음을 인정해야 했다. 어쨌든 독일 정부는 아가디르 사건 이후 한 발 물러섰다. 그 뒤 그레이가 터키로 관심을 돌렸을 때 그는 해협 문제에서 러시아인의 손에 놀아나지 않으면서 반독일 노선을 취하기가 훨씬 더 어려워졌다.**** 그레이는 1912~1913년 발칸 전쟁에서 독일인이 취한 행동에 만족했고, 리만 폰 잔더스Liman von Sanders 사건(독일이 잔더스 장군을 터키군의 군사고문단장Instructor General으로 임명하려다 실패한 사건)은 비교적 걱정하지 않았다. 영국이 베를린-바그다드 철로에 관심을 보이자 여기에 독일이 유화 반응을 보임으로써 관계는

---

*   Wilson, *Entente*, p. 10; Langhorne, "Colonies", p. 369; J. D. Vincent-Smith, "Anglo-German Negotiations over the Portuguese Colonies in Africa 1911-1914", *Historical Journal*, 17 (1974), p. 621f.

**   Max M. Warburg, *Aus meinen Aufzeichmungen* (자비 출판), p. 27f.

***   Grey, *Twenty-Five Years*, vol. 1, p. 117f; Monger, *End of Isolation*, pp. 266, 275ff 참조.

****   W. A. Renzl, "Great Britain, Russia and the Straits, 1914-1915", *Journal of Modern History*, 42 (1970), pp. 3f; Grey, *Twenty-Five Years*, vol. 1, pp. 162ff, 176-189, 272 참조.

더 나아졌다.* 이 관점에서 〈프랑크푸르터 차이퉁Frankfurter Zeitung〉이 1913년 10월 영국과 독일 사이를 두고 "화해", "상호 불신하는 황량한 세월 종식"이라고 말한 데도 이유가 없지는 않았다.** 1914년 6월 27일, 그러니까 사라예보 암살 전날까지도 영국 외무성 입장은 독일 정부가 "평화로운 분위기이며 … 영국과 우호관계로 지내기를 앙망한다"는 것이었다. 심지어 7월 23일에도 영국-독일 관계가 "몇 년 전"의 어느 때보다 더 좋다고 단언하는 로이드조지의 말을 들을 수 있었다.***

　마찬가지로 해군 증강 경쟁을 1차 세계대전의 원인으로 보는 것도 잘못된 판단이다. 양측 모두 해군에 관해 합의하자는 주장을 강력하게 제기했다. 사실 양쪽 정부는 해군 지출 증대가 초래하는 정치적 결과를 감당하기 힘든 상황이었다. 그와 동시에 증가하는 국방비 지출 때문에 진보적 사회 정책에 재정을 분배하기가 크게 힘들어졌다. 자기 당 하원 평의원들과 급진 언론에 해군 평가액을 쉽게 납득시키기 어려웠던 자유당은 무기 지출 비용을 삭감하자고 요청했다. 독일 정부는 더 큰 재정 압박을 받고 있었다. 무엇보다 국방비 부담 증가로 독일제국 연방 체제에 커다란 압박이 가해지면서 정부의 전통 지지자이던 보수파와 소원해질 위험에 처했고, 사회민주당은 국민 차원에서의 진보적인 과세를 더 강하게 주장했다.**** 그런데 왜 아무런 거래가 이뤄지지 않았는가? 거래가 이뤄질 가능성은 수없이 많이 있었다. 1907년 12월 독일이 영국과 프랑스에 북해 총회를 제안했을 때, 1908년 2월 카이저가 독일이 영국 해군의 우위에 도전한다는 것을 공개적으로 부정했을 때, 그 여

---

*　　Fischer, *Germany's Aims*, p. 45f; Grey, *Twenty-Five Years*, vol. 1, pp. 272-275; Butterfield, "Grey", p. 4.

**　　*Frankfurter Zeitung*, 1913년 10월 20일자.

***　　Brock, "Britain Enters the War", p. 164; J. Gooch, "Soldiers' Strategy and War Aims in Britain 1914-1918", B. Hunt and A Preston (eds.), *War Aims and Strategic Policy in the Great War* (London, 1977), p. 23.

****　　Ferguson, "Public Finance and National Security", passim.

섯 달 뒤 카이저가 크론베르크에 있는 찰스 하딩 경Sir Charles Hardinge의 외무성에서 종신 장관을 만났을 때, 1911년 3월 카이저가 해군 군비 지출에 제한을 두자는 해군 합의를 요청했을 때 그리고 가장 유명한 것으로 1912년 2월 홀데인이 베트만홀베크·티르피츠Tirpitz, 카이저와 만나 명분상으로는 대학위원회 업무였으나 실제로는 해군·식민지·비공격 합의 가능성을 논의하기 위해 베를린에 갔을 때가 그런 기회였다.*

전통적인 대답은 독일인이 양보하기를 거부했다는 것이다. 이 점에서 홀데인 위원단이 도착하기 전날 새 해군기지를 완공해 위원단에게 불시에 기습 공격을 가했다고 티르피츠와 카이저에게 많은 책임을 지웠다. 여기에 더해 독일 측이 프랑스-독일 전쟁이 벌어질 경우 영국이 무조건 중립 입장에 있겠다는 요청을 받아들인 뒤에야 해군 이슈를 논의하겠다고 했다는 주장이 있다.** 이것은 상황을 반쪽만 본 것에 불과하다. 나중에 애스퀴스는 독일 쪽이 내세우는 중립성 공식은 "독일이 어떤 구실로든 프랑스를 공격할 경우 우리가 프랑스를 돕지 못하게 막을 것"이라고 주장했다. 실제로 베트만홀베크의 초안에는 다음과 같은 발언이 있다.

계약 당사자인 강대국들은 … 어느 쪽도 도발 없이 상대방에게 공격을 가하거나 공격 목적으로 복합적인 혹은 의도적인 공격에 가담하지 않을 것이다. … 어느 쪽이든 …

---

*   Grey, *Twenty-Five Years*, vol. 1, p. 149; Berghahn, *Germany and the Approach of War*, pp. 67f, 119ff; G. P. Gooch and H. Temperley (eds.), *British Documents on the Origins of the War, 1898-1914*, vol. VI (London, 1930), No. 446; Churchill, World Crisis, p. 96ff; R. T. B. Langhorne, "Great Britain and Germany, 1911-1914", Hinsley (ed.), *British Foreign Policy*, p. 190ff. 독일 편에서 본 상황을 알려면 J. S. Steinberg, "Diplomatie als Wille Vostellung: Die Berliner Mission Lord Haldanes im February 1912", H. Schottelius and W. Deist (eds.), *Marine und Marinepolitik im kaiserlichen Deutschland* (Düsseldorf, 1972) 참조.

**   Berghahn, *Germany and the Approach of War*, pp. 59f, 121f.

공격자라 할 수 없는 국가가 전쟁에 얽혀들면 상대방은 최소한 그 국가에 우호적인 중립자 입장을 취할 가능성이 크다.*

그레이가 제공할 마음이 있는 최대한도는 "도발 없이 독일을 공격하거나 공격에 가담하는 일은 일체 하지 않겠다"는 서약이었다. 그의 말에 따르면 "중립성이라는 단어는 … 우리 손이 묶여 있다는 인상을 줄 것이기 때문"이다.**

이후 영국의 해군력 증강이 독일 측만의 잘못이라는 주장은 회의적인 눈으로 처리할 필요가 있다. 독일 측은 홀데인 사절단에게 실질적인 양보를 했는데 그 논의의 기초에서는 해군 이슈보다 중립성 이슈의 비중이 더 컸다.*** 아마 더 비타협적인 쪽은 영국 측이었을 것이다. 놀랄 필요도 없이 그런 태도는 무적의 힘을 기초로 하는 것이니 말이다. 1904년의 패닉에도 불구하고 독일이 해군력에서 거대한 격차를 좁힐 기회는 별로 없었다.**** 또 해군성은 전쟁이 터질 경우 독일 봉쇄 전략이 효과가 있으리라는 점을 한 번도 의심한 적이 없었다. 실제로 티르피츠가 작성한 어떤 초안보다 이론적으로 훨씬 더 무자비한 대對독일 해군 전쟁의 명료한 청사진이 있었다. 1906년 피셔가 예견했듯 독일과 전쟁을 시작하면 영국 해군은 첫 몇 주 동안 전 세계에서 독일의 상선을 소탕할 것이었다. 이어 헤이그 총회Hague Conference에서 합의한 런던 협약London Convention에 전혀 구애받지 않고 엄격한 봉쇄에 나설 터

---

*   Langhorne, "Great Britain and Germany", p. 293f; *Genesis*, pp. 55, 100에 나오는 애스퀴스 버전 참고.

**   Langhorne, "Great Briton and Germany", pp. 299, 303f.

***   Asquith, *Genesis*, p. 77f; Churchill, *World Crisis*, pp. 103, 114f, 157; Grey, *Twenty-Five Years*, vol. 1, p. 249f; Langhorne, "Great Britain and Germany", p. 296f.

****   Howard, "Edwardian Arms Race", p. 91f. 비관론자들은 독일이 어쨌나 '빨리' 군비를 확장했는지 2~3년 내에 그들이 영국 해군보다 드레드노트dreadnought급 전함을 더 많이 구비할 것이라고 믿었다. 실제로 독일 선박은 모두 9척이었고 영국은 15척을 보유하고 있었다.

였다. 영국의 우위가 명백해 보였기에 피셔, 에서, 윌슨 같은 해군의 고위급 인물은 독일이 영국에 맞서 전쟁을 일으킨다는 것을 상상하지 않았다.* 그에 따라 그레이의 견해는 비타협적이었다. 어떠한 해군 합의도 오로지 '영구적'인 영국의 우위를 기반으로 할 때만 가능하다는 것이었다.** 실제로 처칠이 해군성으로 옮겨간 뒤 알았듯 독일 정부는 1913년에 이 사실을 받아들이도록 강요당했다. 해군성 장관 처칠은 "독일뿐 아니라 세계 전체와의 관계에서도 60퍼센트 표준"을 유지하는 데 관심이 있었다. 그는 불퉁스럽게 물었다.

"왜 우리가 (독일을) 무너뜨릴 수 없을 것이라고 가정하는가? 단종진單從陣 대형을 갖춘 함대 전력 비교연구를 보면 마음이 놓일 것이다."***

1914년이 되자 처칠이 회고한 것처럼 "해군의 군비 경쟁은 더 이상 갈등의 원인이 아니었다. … 우리는 확고부동하게 앞서갔고 … 우리를 앞지를 자가 없음은 확실했다." 나중에 애스퀴스도 이렇게 말했다.

"해군의 지출 경쟁은 그 자체로는 즉각적인 위험 원인이 아니었다. 우리는 바다에서 반드시 필요한 우위를 결단코 유지하기로 결심했고, 그 결심을 실행할 능력이 충분히 있었다."****

* French, *British Planning*; Offer, *Agrarian Interpretation*, pp. 232-241, 252, 260, 277-280, 296ff; Hankey, *Supreme Command*, pp. 77, 88, 91, 97-100; Wilson, *Entente*, p. 106; Churchill, *World Crisis*, pp. 114f, 157.

** Gooch & Temperley (eds.), *British Documents*, vol. VI, No. 456, p. 611. Cf. Cain and Hopkins, *British Imperialism*, p. 458. Cf. D. W. Sweet, "Great Britain and Germany, 1905-1911", Hinsley (ed.), *British Foreign Policy*, p. 230.

*** Churchill, *World Crisis*, pp. 168-177; R. S. Churchill, *Winston S. Churchill*, vol. II. *Companion*, Part III: 1911-1914 (London, 1969), pp. 1820, 1825-1837, 1856f; K. O. Morgan (ed.), *Lloyd George Family Letters, 1885-1936* (Oxford, 1973), p. 165f; Lloyd George, *War Memoirs*, vol. 1, p. 5; Wilson, *Entente*, p. 8.

**** Churchill, *World Crisis*, p. 178f; Asquith, *Genesis*, pp. 143f.

따라서 왜 베트만홀베크가 영국의 해군력 우위를 인정할 테니 대신 대륙에서 중립을 지켜달라고 제안했다가 그레이에게 단번에 거부당했는지는 알기 쉽다. 간단히 말해 영국은 후자를 내줄 필요 없이 전자를 취할 수 있었다. 이해하기가 어려운 것은 영국-독일 화친에 관한 그 어떤 표현도 언급할 여지가 없다는 그레이의 신념이었다. 만약 독일이 식민지 문제나 해군력에서 위협이 되지 않는다면 왜 그레이는 그토록 집요하게 반독일 태세를 취했을까? 그 대답은 단순하다. 그레이가 토리당의 선임자들[솔즈베리 경, 더비 경Lord Derby 등−옮긴이]보다 프랑스나 러시아와의 우호관계에 더 관심이 많았기 때문이다. 전임자들과 달리 그레이는 그들에게 회유(따라서 독일에게는 더 적게 양보하는) 이상을 기꺼이 할 의사가 있었다. 1905년 10월 그는 이렇게 선언했다.

"독일과 우리의 관계에서 우리가 하는 어떤 행동도 프랑스와의 기존 선린관계에 해를 끼치지 않는다." "베를린에서 공손한 말투를 쓰면 프랑스가 그 말을 우리가 영−불 화친 지원에 미온적 태도를 취하리라는 암시로 해석할 위험이 따른다."*

그는 1910년 4월 베를린 주재 대사 에드워드 고셴Edward Goschen에게 이 점을 명확히 밝혔다.

"우리는 러시아와 프랑스로부터 우리를 떼어놓을 독일과의 정치적 양해관계 Political Understanding에 들어갈 수 없다."**

그레이가 독일과의 양해관계는 "다른 강대국들과 우리의 (기존) 관계나 친선 유지와 일관성이 있어야 한다"고 한 말은 사실상 그 양해관계라는 것이 아무 의미가 없다는 뜻이었다.*** 이 점에서 그는 영구 차관보 해럴드 니컬슨Harold Nicholson 같은 외

---

*   Monger, *End of Isolation*, pp. 260, 267ff.

**   Gooch and Temperley (eds.), *British Documents*, vol. VI, No. 344, p. 461; Grey, *Twenty-Five Years*, vol. 1, p. 254ff 참조.

***   Sweet, "Great Britain and Germany", p. 229f.

무성 고위 관리들과 견해가 같았다. 니컬슨은 1912년 독일과의 협의를 그것이 "(프랑스와의) 관계를 심각하게 훼손하고 그 결과는 러시아와의 관계에도 반향을 불러일으킬 것"이라는 이유만으로 반대했다.[*]

　더 면밀하게 따져보면 그레이의 추론에는 심각한 결함이 있었다. 먼저 프랑스나 러시아와의 나쁜 관계가 실제 전쟁으로 이어질 수 있다는 그의 생각은 터무니없었다. 이 점에서 그가 놓인 상황과 그 전임자인 토리당 일파는 크게 달랐다. 당시 그레이 자신은 러시아가 (러일 전쟁) 패배와 혁명에 따른 피해를 복구하려면 10년은 걸릴 것이라고 인정했다. 또 그는 프랑스를 위협적으로 여기지도 않았다. 1906년 그가 시어도어 루스벨트 대통령에게 한 말에 따르면 프랑스는 "평화로운 나라로 공격적이지도 조급해하지도 않았다."[**] 화친의 원래 요점은 프랑스나 러시아와 해외에 관한 의견 차이를 처리하려는 데 있었다. 이 문제를 해결하고 나니 영국과 다른 강대국들 사이에 전쟁이 터질 기회는 희박했다. 1912년 9월 〈맨체스터 가디언Manchester Guardian〉의 편집장 C. P. 스콧Scott에게 "만약 프랑스가 독일에 맞설 때 지원받지 못하면 프랑스는 독일이나 나머지 유럽과 손을 잡고 우리를 공격해올 것"이라고 주장한 것은 그레이의 착각일 뿐이었다.[***] 프랑스와 러시아가 "3국 동맹The Central Powers[1차 세계대전 때 독일, 오스트리아-헝가리, 중부유럽 국가들이 맺은 동맹 – 옮긴이]으로 이탈할지도 모른다는 두려움 역시 그에 못지않게 비현실적이었다."[****] 이것은 외무성이 언제나 떨쳐내지 못한 걱정거리였다. 1905년에도 그레이는 "프랑스를 잃거나 영국과 프랑스

---

[*]　　Wilson, *Entente*, p. 93; Langhorne, "Great Britain and Germany", p. 290f 참조. Grey, *Twenty-Five Years*, vol. 1, p. 251.

[**]　　Sweet and Langhorne, "Great Britain and Russia", p. 243f; Trevelyan, *Grey*, p. 114f.

[***]　　Wilson, *Entente*, p. 101.

[****]　　Wilson, *Entente*, p. 38에 인용한 니컬슨의 구절. 그레이는 원래 러시아와 독일이 동맹을 체결할지도 모른다는 두려움 때문에 행동했는데, 사실 카이저와 차르는 1905년 그것을 시도했다가 실패했다. Butterfield, "Grey", p. 2; Wilson, "Grey", p. 193; Monger, *End of Isolation*, p. 293 참조.

를 떼어놓은 독일이 영국을 원치 않는 사태"를 두려워했다.

버티는 영국이 만약 알헤시라스에 관한 프랑스의 제의에 응하지 않으면 "우리는 … 프랑스인에게 배신자 취급을 당하고 … 독일인에게는 멸시당할 것"이라고 경고했다. 니컬슨은 그답게 "러시아가 베를린 쪽으로 접근하는 일을 막고 … (프랑스가) 배신해서 3국 동맹에 합류하지 못하게 막기 위해" 프랑스나 러시아와 공식 동맹을 맺자고 주장했다. 그레이와 그 휘하 관리들은 "친구로서의 가치"를 잃고 "친구도 없이 홀로 서 있는" 신세가 되는 것을 강박적으로 두려워했다. 그들에게 끊이지 않고 되살아난 악몽은 프랑스나 러시아가 "튜턴족의 품"에 안기는 것이었다. 이 때문에 그들은 독일의 모든 정책이 "3국 연합The Triple Alliance을 … 쳐부수는" 것을 목표로 한다고 보는 경향이 있었다.* 그레이는 그답게 "만약 어떤 불운이나 실수로 우리와 프랑스의 화친이 깨지면 프랑스는 독일과 화친하고, 이어 독일은 우리가 프랑스나 러시아와 불화를 겪게 해 스스로 대륙에서 우세한 존재로 올라설 것"이라고 추론했다.** 프랑스와의 화친을 유지할 결심으로 그레이는 오래지 않아 독일과의 전쟁 가능성을 훨씬 높일 군사 개입에도 기꺼이 응할 의사가 있었다. 그는 독일과의 전쟁에 영국을 끌어들이길 원했다. 그렇게 하지 않으면 독일과 전쟁을 하게 될 테니 말이다. 그런데 이는 완전한 순환논법이다.

이 모든 상황을 정당화하는 가장 강력한 이론은 독일이 프랑스뿐 아니라 영국에 대해서도 과대망상에 가까운 야심을 품고 있었다는 것이다. 우리도 보았듯 이 견해는 보수파 기자들과 독일공포증에 사로잡힌 외교관들이 널리 공유하고 있었다. 그런데 전쟁 전에 외무성이 실제로 베를린에서 받은 수많은 정보와 그들의 경고성

---

* Wilson, *Entente*, pp. 35, 38f, 94, 111, 114f; Monger, *End of Isolation*, p. 270; Howard, *Continental Commitment*, p. 57; Andrew, "Entente", p. 25; Steiner, *Britain and the Origins*, p. 57; Grey, *Twenty-Five Years*, p. 252. Butterfield, "Grey", p. 2도 볼 것.

** Trevelyan, *Grey*, pp. 114f.

버추얼 히스토리

주장이 상충한다는 것은 충격적인 사실이다. 이것은 지금까지 역사가들이 간과해 온 점이다. 사실 1914년 이전에는 첨단 첩보망이 없는 상태라 독일에 관한 군사정보 분야에 쓸 만한 것이 거의 없었다.* 반면 독일 주재 영국 외교관과 역사관의 보고는 고급 정보였다. 1909년 11월 처칠이 보낸 분석은 1907년 크로가 보낸 것보다 훨씬 우수했다. 처칠은 그다지 친독파라 할 수 없었다. 그는 "갈수록 심해지는 자금 융통의 어려움"이 독일의 해군 팽창을 견제하는 방책으로 매우 효과적이라고 주장했는데, 이는 그런 정보를 바탕으로 했음이 분명하다.

> 독일제국의 과도한 지출은 독일이라는 사회와 정치 통일을 유지할 도구들의 제방을 모두 압박하고 위협한다. … 관세 소득에서 큰 부분을 차지하는 식료품 분야에 가한 중과세는 농민과 산업가 사이에 깊은 균열을 만들어냈다. … 직접세는 국가와 지방정부가 차지한다. 제국 의회의 보통선거권이 이 피폐한 분야에 영향을 주리라는 예상 때문에 동일한 우려를 품은 유산계급이 … 통합한다. … 한편 모든 형태의 대중 활동에 매긴 새로운 세금과 늘어난 세금은 좌파 정당, 즉 군비 지출과 다른 여러 가지에 반대하는 정당을 크게 강화하고 있다. 독일제국 채무는 지속적으로 평화를 유지한 지난 13년 동안 두 배 이상 늘어났다. … 독일제국 신용도는 이탈리아 수준으로 떨어졌다. … 이런 상황은 독일 국내가 심각한 긴장 상태에 놓이는 결론을 피할 수 없게 만든다.**

처칠만 독일의 재정적 취약성을 간파한 것은 아니었다. 이미 1908년 4월 그레이도 "독일은 앞으로 2, 3년 동안 재정 상태가 매우 곤란할 것이며 이는 독일을 억제

---

*   French, "Spy Fever", pp. 355-358, 360-365; Andrew, "Secret Intelligence", p. 12ff; Gooch, *Plans of War*, p. 33.

**   Bodl. Lib., Oxford, Harcourt MSS, 577. 이 자료를 알려준 피터하우스의 에드워드 리프먼에게 감사한다.

하는 효과를 낼 것"이라고 지적했다. 그다음 해에 독일 대사 메테르니히Metternich는 국내 정계가 해군 지출에 품는 저항감에 관심을 돌렸다.* 고셴 역시 1911년 독일의 재정 문제를 언급했고 카이저가 그 사실을 부정한 것에 회의를 품었다.** 1913년 논란 대상이던 군비 회계를 제출받자 그는 "모든 계급은 재정 부담이 자기 어깨가 아니라 남의 어깨에 얹힌 것을 반가워할 것"이라고 지적했다.*** 1914년 3월 니컬슨은 심지어 "독일이 군사 목적을 위해 또 다른 재정적 희생을 치를 준비를 하지 않는 한 유럽에서 강대국 패권을 유지할 날이 얼마 남지 않았을 것"이라고까지 말했다.****

독일, 오스트리아, 이탈리아 3국 동맹의 허약성도 잘 알려져 있었다. 다시 말해 영국 관찰자들은 독일이 강한 것이 아니라 약하며 재정적 · 정치적으로나 영국을 상대로 하는 해군 무기 경쟁에서 또는 프랑스와 러시아를 상대로 하는 육지 무기 경쟁에서 이길 수 없음을 인정했다. 처칠이 간파한 유일한 위험은 독일 정부가 내부 상황을 위무하려 노력하는 대신 국외 전쟁으로 탈출구를 모색할지도 모른다는 점이었다. 그레이도 1914년 7월 이 논리를 두 번 언급한 적이 있다. 그것은 독일 관점에서 군사적 균형이 더 나빠지기 전에 러시아와 프랑스를 상대로 선제공격을 벌인다는 논리였다.

진실을 말하자면 과거 독일 정부에 공격 의도가 있었더라도 … 이제는 러시아의 군사적 준비 상황이나 예상되는 군사력 증강, 특히 프랑스 정부의 요청으로 프랑스가 투자해 독일과의 접경지역에 집중한 전략적 철로 건설에 진심으로 놀랐다. … 독일은 겁

---

*   Glen O'Hara, "Britain's War of Illusions. Sir Edward Grey and the Crisis of Liberal Diplomacy" (Oxford University, BA thesis, 1996).

**   Gooch and Temperley (eds.), *British Documents*, vol. VI, Nos 430, 437.

***   PRO, FO 371/10281, 고셴이 그레이에게 보낸 서한, 1913년 3월 3일자.

****   O'Hara, "War of Illusions."

내지 않는다. 자기들 군대가 무적이라고 믿기 때문이다. 그러나 2, 3년 안에 겁을 낼까 봐 두려워한다. … 독일은 미래를 두려워한다.*

그렇다면 그와 외무성, 합동참모부의 거의 모든 고위급 관리는 왜 영국에 직접적인 위협을 제기할 나폴레옹 같은 무력을 갖추는 '독일 구상'이라는 것을 생각해냈는가? 어쩌면 그들은 프랑스에 군사적으로 개입하는 것을 정당화하기 위해 그런 위협을 과장한 것인지도 모른다. 프랑스에 개입하길 선호한 영국은 프랑스나 러시아와 나란히 연대하길 원했고, 바로 그 이유로 유럽 지배라는 거창한 계획을 독일에 떠넘길 필요가 있었다.

유럽 연합을 향한 독일의 요구

여기서 우리는 1914년 독일의 '전쟁 목적'이 무엇이었는가 하는 결정적인 문제를 만난다. 프리츠 피셔에 따르면 그것은 모든 면에서 영국의 독일공포증 환자들이 두려워한 것과 똑같이 급진적이었다. 그 전쟁은 프랑스, 벨기에, 러시아 영토까지 병합해 독일이 유럽 패권을 획득하는 것으로 요약할 수 있는 "독일의 정치적 야심을 실현하려는" 시도다. 그 결과 중부유럽 관세연합과 직접적으로든 간접적으로든 독일의 지배를 받는 폴란드, 발트해 국가들이 세워진다. 여기에 더해 독일은 아프리카에 새 영토를 얻고 이로써 독일 식민지가 하나로 이어지는 중앙아프리카 지

---

*   G. Schmidt, "Contradictory Postures and Conflicting Objectives: The July Crisis", G. Schöllgen (ed.), *Escape into War? The Foreign Policy of Imperial Germany* (Oxford/New York/Munich, 1990), p. 144; Trevelyan, *Grey*, p. 244. 〈더 네이션The Nation〉이 1914년 3월에 썼듯 "프로이센 군대가 압도적인 군사력 비축을 꿈꾸지 않는다면 그들은 열등인간일 것이다.": Weinroth, "Radicals", p. 680.

역을 형성한다. 또 혁명을 발효해 대영제국과 러시아제국을 무너뜨리는 합동 작전도 시행한다.* 이러한 피셔의 추론에는 많은 역사가가 간과해버린 근본적인 결점이 하나 있다. 그것은 결정론 역사학의 전형적인 가정으로 독일이 주장하는 목적이 전쟁 시작 전과 후가 동일하다는 가정이다.** 가령 베트만홀베크의 '9월 강령September Programme'은 독일이 서부에서 신속히 승리할 것이라는 가정 아래 작성한 초안이다. 이는 "우리 정책이 나아갈 방향에 관한 잠정적 메모"로 전쟁 발발 전에 세운 목표를 제시한 최초의 공개 발언이다.*** 이것이 사실이라면 전쟁이 불가피했다는 주장은 무너진다. 어떤 영국 정부도 9월 강령이 제안한 프랑스와 벨기에 관련 영토와 정치적 조건을 받아들이지 않았으리라는 것은 명백하기 때문이다.**** 그 조건대로 벨기에 해안 통제권을 독일에 내주면 '나폴레옹 식 악몽'이 현실화할 게 뻔했다.

그렇긴 해도 피셔와 그 제자들이 영국 참전 이전에 이런 목적이 존재했다는 어떠한 증거도 발견하지 못했다는 것은 피할 수 없는 사실이다. 그들이 그런 목적을 작성하지 않았거나 관련 자료를 파괴 혹은 분실했을지도 모르고, 관련 인사들이 베르사유 조약 중 '전쟁 책임War Guilt' 조항의 타당성을 인정하지 않고 거짓말을 했을 수도 있다. 하지만 실제로는 그럴 가능성이 거의 없다. 피셔가 제출할 수 있는 것은 오

*   Fischer, *Germany's Aims*, passim; idem, *War of Illusions*, p. 470.

**   Butterfield, "Grey", p. 1f.

*** Fischer, *Germany's Aims*, pp. 103~106.

**** 1번 항목은 프랑스에서 "벨포르와 보주의 서쪽 사면을 양도하고 요새들을 습격하며, 됭케르크에서 불로뉴까지 해안 지대를 할양할" 가능성을 제기했다. 브리 지방 철광산은 "어쨌든 양도될" 것이다. 2번 항목은 리에주와 베르비에가 벨기에에서 프러시아로, 또 '국경의 좁은 지역'을 벨기에에서 룩셈부르크로 양도하도록 설정했다. "리에주로 가는 연결 통로가 있는 안트베르펜도 병합할 것인지"는 아직 결정하지 않았다. '군사적으로 중요한 항구'는 독일이 차지한다.: 간단히 말해 벨기에 해안 전역을 "군사적 측면에서 우리가 장악한다." 그런 다음 프랑스령 플랑드르와 됭케르크, 칼레, 불로뉴는 프랑스에서 분할해 벨기에에 준다. 3번 항목은 룩셈부르크를 독일 연방의 한 주로 삼고, 벨기에에서 롱위를 가져올 수도 있다고 밝혔다. 7번 항목은 "독일군이 안트베르펜 요새 안에, 스헬더강 입구에 주둔하게 해주면 그 대가로" 안트베르펜을 네덜란드에 양도할 수 있다고 제안했다.: Fischer, *Germany'a Aims*, p. 105.

로지 전쟁 전에 품은 범게르만 식 사업가적 망상에 불과하다. 어느 것에서나 일관성이 없고 자신이 생각하는 것만큼 정책에 미치는 영향력도 크지 않은 카이저는 이따금 내뱉은 호전적 발언을 제외하면 공식적인 지위도 없었기 때문이다.[*]

독일의 전쟁 전 목표를 파악하려면 먼저 처칠이 독일의 허약성을 얼마나 정확히 간파했는지 깨달을 필요가 있다. 재정 측면에서 독일은 영국과의 해군 군비 경쟁에서 확실하게 패했고, 러시아나 프랑스와의 육지 군사력 경쟁에서도 밀리고 있었다. 또 독일의 주된 동맹국인 오스트리아가 믿을 만하지 못한 이유가 충분했으며, 그들이 구애하던 다른 국가들(특히 터키와 이탈리아)도 믿을 만한 이유가 거의 없었다. 반면 3국 화친 연합은 영국-러시아 해군 회담 소문이 확인해주는 것으로 보였다. 이런 상황에서 합동참모총장 몰트케가 오래 품어온 믿음, 즉 쇠퇴하는 군사적 생명줄을 계속 연장하기보다 러시아와 프랑스를 선제공격하는 편이 나을 거라는 믿음이 사라예보 암살 사건 이전에 이미 유력자들의 마음을 돌려놓고 있었다.

우선 1914년 7월 베트만홀베크가 세운 목표가 외교적 성공을 거둔 것은 분명하다. 그는 오스트리아가 세르비아를 신속히 공격해 양국 동맹Dual Alliance[1879년 프러시아와 오스트리아가 맺은 동맹. 1890년 러시아와 프랑스가 맺은 동맹도 같은 이름으로 불린다 - 옮긴이]을 공고히 하고 3국 동맹Triple Entente[영국, 프랑스, 러시아가 맺은 동맹 - 옮긴이]을 찢어놓기를 희망했다. 이는 영국이 세르비아를 대리하는 러시아의 개입을 지지하지 않으리라고 보았기 때문이다.[**] 처음부터 그는 러시아와 프랑스에 맞서는 전쟁에는 냉철했다.

---

[*] Fischer, *Germany's Aims*, pp. 10, 28, 32ff, 101f; Geiss, *July 1914*, p. 21f; Berghahn, *Germany and the Approach of War*, p. 138ff. 카이저가 틈틈이 자신을 나폴레옹에 비견한 것은 사실이지만 왕의 환상을 독일 정부 정책과 대등하게 취급하면 안 된다. 그는 걸핏하면 영국 외교관들에게 말했다. "우리는 100년 전에 함께 싸웠다. 나는 두 나라가 벨기에의 워털루에서 기념비 앞에 함께 서기를 바란다. … 내가 오스트리아를 원하는 것 같은가? 그 노동자 정치가들을? 천만에." Gooch and Temperley (eds.), *British Documents*, vol. VI, No. 442.

[**] 독일의 원래 목적은 야코프가 리히노프스키에게 보낸 7월 18일자 서한에 명확히 나타나 있다(Geiss, *July*

물론 러시아를 공격자로 보이게 만들 수 있다면 그는 대륙 전쟁도 기꺼이 할 태세였다. 그러한 상황에서는 영국이 끼어들지 않거나 적어도 '즉시' 끼어들지는 않을 것이라고 계산한 것이다.*

핵심은 영국이 즉시 참전하지 않았다면 독일의 전쟁 목표는 9월 강령에 설정한 것과 크게 달랐으리라는 점이다. 베트만홀베크가 1914년 7월 29일 고셴에게 한 발언은 그가 영국의 중립성을 보장받는 대가로 프랑스와 벨기에 양쪽(네덜란드를 포함해) 영토를 온전히 보전해주겠다고 장담할 마음이 얼마든지 있었음을 명확히 보여준다.** 실제로 영국이 끼어들지 않을 경우 그 흥정을 어기는 것은 미친 짓이었을 터다. 그렇다면 독일의 목표에 9월 강령이 기대한 것 같은 영토 변화는 포함되지 않았을 확률이 높다(영국이 거의 관심을 보이지 않은 룩셈부르크만 제외하고). 또 벨기에 연안을 독일이 장악한다는 안건은 어떤 영국 정부도 참아줄 수 없는 일이므로 틀림없이 포함되지 않았을 가능성이 크다. 결국 남는 것은 기껏해야 다음 제안밖에 없다.

14 1914, doc. 30).

* 독일의 1914년 정책에 관한 방대한 문헌 요약은 N. Ferguson, "Germany and the Origins of the First World War: New Perspectives", *Historical Journal*, 35, 3(1992), pp. 725-752 참조. 짐머만 Zimmermann은 "우리는 사촌인 영국이 프랑스가 다시 패할 경우 2류 국가 수준으로 떨어질까 봐 겁을 내는 한 그들이 우리의 적과 한편에 설 것임을 알아야 한다"라고 공개적으로 인정한 몇 안 되는 독일 외교관 가운데 한 명이다. Geiss, *July 1914*, doc. 33.

** Grey, *Twenty-Five Years*, vol. 1, p. 325; Albertini, *Origins*, vol. II, p. 507 참조. 그러나 벨기에의 위상은 "벨기에가 우리의 반대편에 서지 않는다고 할 경우"에만 보장된다는 점, 프랑스 식민지에는 어떤 보장도 주어지지 않는다는 점에 주목해야 한다. 여기서 베트만홀베크가 벨기에의 지위와 영토에 관한 변경 사항을 미리 생각해두었다고 추론할 수 있다. 이 단계에서 벨기에를 그대로 보존할 기회가 적었기 때문이다. 반면 벨기에 침공을 정당화한 몰트케의 초안 포고 87은 그 대가로 벨기에의 중립을 위해 그 주권과 독립을 보장해주고, 전쟁이 끝난 직후 그 나라에서 철수하며 모든 전쟁 피해에 보상해줄 것을 약속했다. Geiss, *July 1914*, doc. 91. 벨기에의 미래는 전쟁 내내 베를린에서 논란의 주제였으나 영국의 의견을 충족시킬 만큼 통합한 벨기에로 복구하는 데 만장일치로 약속하는 것은 불가능했다. 그래도 거의 그렇게 될 뻔했듯 독일이 알베르왕을 설득해 그 나라의 중립성 요구를 포기하게 했다면, 그 이슈를 포기할 수 있었다는 점은 지적해야 한다. Fischer, *Germany's Aims*, pp. 215-225; 420-428.

1. 프랑스 … 전쟁 배상금을 지불한다. 배상금은 프랑스가 앞으로 15~20년 동안 무장하는 데 상당한 액수를 쓸 수 없을 만큼 많아야 한다. 나아가 프랑스가 경제적으로 독일에 의존하게 만들고 프랑스 시장을 우리의 수출 시장으로 확보할 상업 조약을 포함한다. … 이 조약은 우리에게 프랑스 내에서의 재정적, 산업적 행동의 자유를 확보해주어야 한다. 프랑스 기업이 더 이상 독일 기업을 차별대우하지 않도록 말이다.

2. … 공동 관세 조약을 맺어 프랑스, 벨기에, 네덜란드, 덴마크, 오스트리아-헝가리, 폴란드 그리고 가능하면 이탈리아 · 스웨덴 · 노르웨이까지 포함하는 중부유럽 경제 연합Central European Economic Association을 만든다. 이 연합에는 공통의 헌법적 최고 권위가 없으며 회원국들은 공식적으로는 모두 동등하지만 실질적으로는 독일의 지도력 아래 놓인다. 동시에 중부유럽 전역에서 독일의 경제 지배권을 확고히 한다.

(3). 식민지 획득의 일차 목적은 한 덩어리로 이어진 중앙아프리카 식민지 제국을 건설하는 데 있으며 이는 나중에 살펴본다. 러시아와 관련해 실현한 목표 문제도 마찬가지다.

4. 네덜란드 … 어떤 수단과 방법으로든 네덜란드는 독일제국과 더 가까워질 수 있음을 고려해야 한다. 네덜란드의 성향상 이 가까운 관계는 그들에게 어떠한 강압도 없는 자유로운 분위기에서 이루어져야 한다. 네덜란드 식 생활방식에서 어떤 것도 바꾸면 안 되며 새로운 군사 임무도 부여하지 말아야 한다. 그리하여 네덜란드는 외적으로는 독립적이지만 내적으로는 우리에게 의존하는 상태여야 한다. 식민지를 수용하기 위한 공격적이고 방어적인 연합을 고려해볼 수도 있다. 어쨌든 밀접한 관세 동맹은 …*

사실상 9월 강령에서 프랑스와 벨기에의 병합을 제외한 이들 항목에는 "(러시아를) 독일의 동부 국경에서 최대한 멀리 밀어내고 비러시아계 가신家臣 민족에 대한

---

*   앞의 책, p. 104ff.

러시아의 지배력을 무너뜨릴" 자세한 계획을 추가해야 한다. 이 계획은 새로운 폴란드 국가(합스부르크의 갈리치아와 통합한) 건국과 발트해 속주(어떻게든 독립해서 새 폴란드에 합쳐지거나 독일 본국에 합병될) 할양을 시사했다.* 이처럼 편집한 9월 강령 버전도 독일 지도부의 전전 목표를 과장하고 있다. 물론 뷜로는 더 이상 수상이 아니지만 1908년 그가 황태자에게 한 말은 전쟁이 정치적 좌파를 강화하고 제국을 내적으로 약화할 것이라는 베트만홀베크의 견해와 그리 다르지 않았다.

> 어떠한 유럽 전쟁도 우리에게 줄 수 있는 것이 많지 않다. 새로운 슬라브족이나 프랑스 영토를 점령할지라도 우리가 얻을 건 없을 것이다. 제국에 작은 나라들을 병합하면 우리는 그들 나라의 외부로 벗어나려는 요인만 강화해줄 텐데, 그 요인은 독일 내에서 한 번도 부족한 적이 없었다. … 전쟁을 슬쩍 도발해 성공적으로 치러도 나라에는 악영향을 미칠 가능성이 크다. 큰 전쟁이 끝나면 언제나 자유주의 시대가 이어졌다.**

위에서 개괄한 제한적인 전쟁 목표가 영국의 이해관계를 직접 위협했을까? 그것은 나폴레옹 식 전략을 함축하고 있었을까? 그렇지 않다. 9월 강령의 모든 경제적 대의大義는 80년 전에 수립했지만 현존하는 유럽 연합과 별로 다르지 않은 독일이 지배하는 유럽관세연합European Union이었다. 그 주제와 관련된 대다수 공식 발언은 현대에 충격적인 울림을 남긴다. 예를 들면 한스 델브뤼크Hans Delbrück의 "대서양 양안 세계의 막강한 생산 자원을 다룰 만큼 힘이 충분해 단일 관세 단위를 형성

---

* 앞의 책, p. 115ff.

** D. E. Kaiser, "Germany and the Origins of the First World War", *Journal of Modern History*, 55(1983), pp. 442-474; P. Winzen, "Der Krieg in Bülow's Kalkul. Katastrophe der Diplomatie oder Chance zur *Machtexpansion*", J. Dülffer and K. Holl (eds.), *Bereit zum Krieg. Kriegsmentalität im wilhelminischen Deutschland 1890-1914. Beiträge zur historischen Friedensforschung* (Göttingen, 1986).

버추얼 히스토리

할 수 있는 곳은 유럽뿐"이라는 발언과 "스위스, 네덜란드, 스칸디나비아 국가들, 벨
기에, 프랑스, 스페인, 포르투갈까지 또 오스트리아-헝가리를 비롯해 루마니아·
불가리아·터키까지도 포함하는", "유럽합중국United States of Europe"(전쟁 전에 카이저가
쓴 용어)이라는 구스타프 뮐러Gustav Müller의 열정적인 호소, "미국, 영국, 러시아 제국
의 거대하고 폐쇄적인 경제 집단에 맞먹을 만큼 견고한 … 유럽의 모든 나라를 대
표하지만 독일의 지휘를 받는 경제 블록"을 만들고자 하는 루트비히 폰 팔켄하우젠
남작Baron Ludwig von Falkenhausen의 갈망이 있다. 남작의 갈망에는 두 가지 목표가 있
다. 첫째 이 전체 멤버, 특히 독일이 유럽 시장 장악력을 갖춘다. 둘째, 세계 권력 투
쟁에서 연합한 유럽의 모든 경제적 힘을 하나의 통합된 힘으로 인도함으로써 개별
적으로 받아들이는 조건을 넘어 상대방의 시장으로 들어가게 한다.* 당시와 현재 경
제 블록의 다른 점은 1914년에는 영국이 카이저 주도 하의 '유럽 연합' 일원이 되
지 않았을 거라는 데 있다. 오히려 그 해상제국은 손상되지 않은 상태로 스스로 초
강대국 지위를 유지했으리라.

　물론 독일과 영국의 연합은 이뤄지지 않았다. 독일이 요구한 영국의 중립성도 우
리가 알다시피 거부당했다. 그런데 독일 역사가들은 너무 성급하게 베트만홀베크
의 제안을 엉성한 계산착오로 치부해버렸다. 심지어 독일인도 영국의 중립성을 얻
어내리라는 기대는 하지 않았다고까지 주장했다. 그러나 실제 자료 기록은 이러한
주장을 뒷받침해주지 않는다. 그와 정반대로 영국 불개입이라는 베트만홀베크의
희망은 결코 터무니없는 것이 아니었다. 마지막 순간까지도 그레이와 크로의 주장
이 수적으로 더 많은 불개입주의자들을 따라잡으리라고 기대하지 않은 점은 용서
받을 만하다.

---

*　전쟁 기간에 개발한 Mitteleurope의 독일 식 개념을 더 알고 싶으면 Fischer, *Germany's Aims*, pp.
　201-208, 247-256, 523-233 참조.

대륙 불개입non-commitment

프랑스-독일 전쟁에 영국이 개입한다는 가정 아래 이뤄진 전쟁 발발 이전 영국의 군사 계획이 실제로 전쟁을 불가피하게 만들었다고 결론짓는다면 틀린 결론이 될 테니 말이다. 내각 의원의 다수파(의회는 말할 것도 없고)는 처음에 프랑스와의 논의 과정에서 소외되어 있었다. 샌더슨이 캉봉에게 한 말을 빌리자면 프랑스에 군사적으로 개입한다는 발상은 "의견 분열"을 일으켰고 "더 확정적인 어떤 견해가 나왔더라도 내각이 단번에 거부했을 것"이다. 특이하게도 수상 캠벨배너먼조차 처음에는 사태를 잘 모르고 있었다. 사정을 알고 난 그는 "합동 준비에 가해지는 압박감이 … 명예로운 임무와 비슷해질 것"이라는 우려를 표명했다. 홀데인은 합참의장 리틀턴Lyttleton에게 "자신들이 사정을 알게 되었다고 해서 거기에 얽매이는 일은 결코 없을 것"임을 명백히 전했다.[*] 이 상황에서는 그레이가 외무성의 강경파인 맬릿Mallet, 니컬슨, 크로가 선호하는 프랑스와의 공식 동맹을 향해 나아가기가 거의 불가능했다.[**] 더 신중한 사무총장 하딩은 1909년 3월 CID 하부위원회 회의CID Subcommittee Meeting 증언에서 다음과 같이 강조했다.

"우리는 육지에서 (프랑스를) 도울 것임을 보장한 적이 없고 … 프랑스가 군사 지원을 기대할 근거가 있다면 오로지 프랑스의 무관과 우리 측 합동참모 사이에서 있었던 비공식 대화뿐이다."

이에 따라 하부위원회는 "독일이 프랑스를 공격할 경우 해외원정군을 파견할지, 해군에만 의존할지는 상황이 발생했을 때 *당시 정부가 정책 차원에서 결정할 문제*"[***]

***

[*]   Monger, *End of Isolation*, pp. 248-255, 273.

[**]   Wilson, *Entente*, pp, 39, 42f, 51, 123; Grey, *Twenty-Five Years*, vol. 1, pp. 73-81, 95, 281.

[***]   PRO, CAB 16/5 XC/A/035374, 1909년 3월 23일 … 의사록. 강조는 필자. d'Ombrain, *War Machinery*, pp. 95-98 참조.

라고 결론을 지었다.

군사 개입이라는 선택지는 단순히 검토 단계였다(그에 따른 보급도 검토하고). 이는 냉전시대에 소련이 서유럽에 핵 공격을 할 경우 핵 보복을 할지 말지가 미국의 고려사항 중 하나였던 것과 마찬가지였다. 두 경우 모두 같은 점을 구별해야 한다. 단지 전쟁 계획을 세웠다는 이유만으로 반드시 전쟁을 한다는 뜻은 아니라는 말이다. 독일공포증 환자인 에어 크로조차 1911년에 말했듯 "화친 협약entente이 연합alliance은 아니라는 근본 사실은" 인정해야 했다.

"최종 비상사태가 일어났을 때 거기에는 실질적인 내용이 없을 수 있다. 화친 협약은 그저 어떤 사고방식, 즉 두 나라 정부가 공유하는 정책의 일반 견해일 뿐이고 그 내용은 존재감이 없을 만큼 모호하거나 모호해질 수 있기 때문이다."[*]

최종 결정을 내리는 것은 그레이가 아니라 내각이었다. 그레이의 말을 빌리자면 정부는 "어떤 선택이든 할 수 있었다."[**] 대법관 로번Loreburn[Robert Threshie Reid, 1대 로번 백작 ─ 옮긴이]의 관점에서 "순수한 프랑스 식 언쟁"에 끼어드는 것은 생각지도 못할 일이다. 이는 "대체로 보수당원으로 이뤄진 다수파와 행정부 많은 인원의 반대를 감당해야 하는 일이므로 … 곧 현재 정부가 그 결정을 추진할 수 없다는 뜻이다."[***] 1911년 11월 그레이는 프랑스에 관한 일체의 군사적 약속을 분명하게 반박하는 두 결의안을 올렸지만 예상대로 다수파에 밀렸다.[****] 이 이슈는 1912년 11월 다시 상

[*]   K. A. Hamilton, "Great Britain and France", Hinsley (ed.), *British Foreign Policy*, p. 324; Wilson, *Entente*, p. 37.

[**]   그레이가 애스퀴스에게 보낸 서한, 1911년 4월 16일자. Grey, *Twenty-Five Years*, vol. 1, p. 94에 인용한 부분. 그는 이 견해를 다음 달 CID에서 되풀이했다. Wilson, *Entente*, p. 85.

[***]   Wilson, *Entente*, pp. 57, 69. 이와 비슷한 에셔의 견해는 d'Ombrain, *War Machinery*, p. 106ff, 또 Offer, *Agrarian Interpretation*, p. 307f 참조. 급진파와 해군 지지자들은 해외원정군이 앞으로 점점 규모가 커질 징병 계획의 작은 시작일 것이라고 의심했는데, 이 의심은 옳았다.

[****] Wilson, "Decision for War", pp. 149, 156n.

정되었고 내각의 급진파는 해군주의자 행키Hankey와 에셔의 지원을 받아 그레이가 하원에서 프랑스에 관한 어떠한 구속력 있는 비밀 약속도 거절하도록 강제하는 데 성공했다. 홀데인은 자신들이 결정적인 내각 회기를 "일체의 물리적인 방해를 받지 않고" 마쳤다고 느꼈지만, 애스퀴스가 국왕에게 보고한 내각의 결론 요약은 그와 달랐다.

"합동참모부와 다른 국가의 참모부 사이에 이 나라의 육군이나 해군이 직접적이든 간접적이든 개입하게 만들 만한 어떠한 대화도 이뤄져서는 안 된다. … 육지나 바다에서의 합동 작전과 관련된 것도 내각의 사전 승인 없이 소통을 시도해서는 안 된다.*"

베를린 주재 프랑스 무관이 독일과 전쟁을 벌일 경우 "영국은 우리에게 거의 도움이 안 될 것"이라고 결론지은 것은 의외의 일이 아니다. 크로는 계속해서 "프랑스에 관한 우리의 이해를 더 넓고 확정적으로 만들라"고 압박했지만 동맹 반대자들이 상승세를 타고 있었다. 이 추세를 보다 명료하게 밝혀주는 것이 프랑스 해군은 지중해를 맡고 영국 근해는 영국 해군이 맡는다는 해군 영역 분담에 관한 처칠의 1912년 메모다.** 그 메모에서 처칠은 다음과 같이 썼다.

"이 조치는 각 나라의 이해관계가 제시하는 것에 따른 최선이므로 별도로 시행한다. … 그것은 일체의 해군 합의나 관례에서 나온 것이 아니다. … *해군과 육군 배치 중 어떤 것도 … 때가 되었을 때 우리를 드러내기로 결정하더라도 … 그것이 우리를 노출하는 결과를 낳아서는 안 된다.***"

윌리엄 하코트William Harcourt와 에셔가 이 점을 공적, 사적으로 주지시키는 상황에

---

*   Wilson, *Entente*, pp. 28f, 124; Offer, *Agrarian Interpretation*, p. 295; d'Ombrain, *War Machinery*, p. 106f.

**   Wilson, *Entente*, pp. 29, 39, 48, 52f.

***   Hamilton, "Great Britain and France", p. 332; Churchill, *World Crisis*, p. 112f. 강조는 필자.

서 그레이는 캉봉에게 "어떤 정부도 … 전쟁에서 협력하게 만드는 약속"은* 하지 않았다고 말하는 수밖에 도리가 없었다. 영국-러시아 해군 회담에서는 약속한 내용이 그보다 더 없었다. 사실 근동 지역에서 주는 것 없이 받기만 하려는 러시아의 욕심에 대해 런던은 불안해하고 있었다.** 1914년 봄 그레이는 캉봉에게 "우리는 어떤 가설을 전제하더라도 러시아에 아무런 군사 개입도 할 수 없다"라고 말했다. 사라예보 암살이 있기 며칠 전인 1914년 6월 11일 그는 하원에 나가 "만약 유럽 강대국들 사이에 전쟁이 발발한다면 정부 … 또는 의회가 전쟁을 결정하거나 영국이 전쟁에 참여할지 결정할 자유를 저해 및 제한하는 그 어떤 비공개 약속도 없었다"는 확인을 되풀이했다.***

이에 따라 그레이의 전략 중 유일하게 설득력 있는 정당화가 사라졌다. 외무상이된 직후 그는 "러시아, 프랑스, 우리 사이의 화친 협약은 절대 확고할 것"이라고 말했다. "독일을 저지할 필요가 있다면 그렇게 할 수 있다."**** 이것이 1912년 그와 홀데인, 심지어 국왕이 수많은 독일 사절단에게 행한 "영국은 어떤 상황에서도 프랑스가 짓밟히는 것을 용납할 수 없다"는 발언의 토대였다.***** 역사가들은 이 발언을 독일인이 위험을 각오하고 무시한 최우선 약속으로 흔히 간주해왔다. 하지만 독일 정부가 분명히 깨달은 진실은 화친 협약이 그레이가 의도했던 것만큼 "절대적으로 굳

---

*   Grey, *Twenty-Five Years*, vol. 1, pp. 97f; Wilson, *Entente*, p. 26; Offer, *Agrarian Interpretation*, p. 304; d'Ombrain, *War Machinery*, p. 109f.

**   Renzl, "Great Britain, Russia", p. 3. 이 시기에 "러시아와의 친교가 우리에게 미치는 엄청난 중요성"에 관한 대중의 무지를 우려한 니컬슨의 얘기를 알고 싶으면 Wilson, *Entente*, p. 404 참조.

***   Grey, *Twenty-Five Years*, vol. 1, p. 289ff.

**** Monger, *End of Isolation*, p. 281f. 동일한 억지 이론의 크로 스타일 버전을 보려면 앞의 책 p. 271. 니컬슨의 견해는 Wilson, *Entente*, p. 40 참조.

***** Langhorne, "Great Britain and France", pp. 298, 306; Wilson, *Entente*, pp. 92, 98; Schmidt, "Contradictory Postures", p. 139; Fischer, *Germany's Aims*, p. 32.

건한" 것이 아니었다는 점이다. 사실 그는 내각 동료들에게 프랑스나 러시아와의 방어 동맹 구상을 승인하지 말도록 공개적으로 압력을 받아왔다. 독일이 침공할 경우 프랑스가 기댈 것은 윈체스터칼리지 동창생, (옥스퍼드대학의) 발리올칼리지 동창생 그리고 신사로서 그레이의 사적인 약속뿐이었다. 그것은 그레이가 내각 다수파를 자기편으로 돌려놓아야 영국이 개입한다는 뜻인데, 1911년 그레이는 그 일에 완전히 실패했다. 이 때문에 그와 정부 전체가 사임할 수도 있었으나 이는 독일이 전혀 동요할 일이 아니었다.

그렇다면 베트만홀베크가 기꺼이 도박하려 한 것이 그처럼 놀랄 일인가? 만약 〈맨체스터 가디언〉이 1914년 7월에 썼듯 "영국이 동맹 협약 때문에 오스트리아와 세르비아 사이의 분쟁에 끌려 들어갈 위험은 없다"라고 자신 있게 단언할 수 있었다면, 또 애스퀴스조차 7월 24일까지도 "우리가 관객 이상의 존재일 이유를 찾을 수 없었다"면, 베트만홀베크가 그들과 다르게 생각해야 할 이유가 있었을까?* 모든 점을 저울질하면 결국은 영국의 불확실한 입장이 선제공격을 해볼 만하다고 독일을 부추겨 대륙 전쟁이 일어날 확률을 전체적으로 높인 것인지도 모른다.** 물론 그것이 영국의 개입을 불가피하게 만든 것은 분명 아니다. 오히려 1914년 7월의 사건들이 보여주듯 그와 정반대였다.

사라예보 암살 여파로 오스트리아 정부가 런던에서 "세르비아의 굴욕을 어떤 의미로든 보상하라"고 요구하자, 그레이는 처음에 러시아가 어떻게 반응할지 우려했다. 오스트리아와 러시아가 충돌할지도 모른다고 본 그는 그 전 해에 발칸반도에서

---

*   Brock, "Britain Enters the War", p. 146. 영국 불개입은 1914년 로이드조지가 맨션 하우스에서 한 완화적인 연설에서도 추측할 수 있다. Hazlehurst, *Politicians at War*, p. 28. 영국 불개입에 관한 독일의 초기 추측은 Geiss, i, p. 95, docs. 18, 28 참조. 베트만홀베크가 영국의 개입 자체보다 개입 시기를 두고 도박했을 수도 있다. 위기의 결과를 결정하기엔 너무 늦을 거라고 믿은 것이다.

**   이 가능성은 논의했지만 버티가 기각했다. Wilson, *Entente*, pp. 46ff; Monger, *End of Isolation*, p. 279.

                                                      버추얼 히스토리

거둔 외교적 성공을 다시 기대하며 오스트리아가 행할 어떤 보복을 누그러뜨리기 위해 베를린을 간접적으로 압박하려 했다.* 초기에 그레이는 양쪽 모두가 받아들일 만한 조건을 찾기 위해 오스트리아와 러시아에 "한자리에 모여 의논할 것"을 강요했으나, 이것은 때마침 상트페테르부르크에 있던 프랑스 대통령 푸앵카레Poincaré 때문에 뜻을 이루지 못했다. 푸앵카레에게 러시아가 사태를 완화하도록 영향력을 행사할 능력이 있는지도 모르겠고, 독일 정부가 오스트리아를 부추기고 있을지도 모른다고 의심한 그레이는 전술을 바꿔 독일 대사 리히노프스키에게 러시아가 세르비아 편을 들 것이라고 경고했다. 그리고 대륙 전쟁이 벌어지면 1848년 혁명이 재현될 것이라고 예언하며 4대 강대국(영국, 독일, 프랑스, 이탈리아) 중재로 오스트리아와 러시아를 화해시키자고 제안했다.**

　시작부터 그레이는 갈등이 격화될 경우 영국이 어떻게 반응할지 아무런 암시도 주지 않으려 했다. 그는 오스트리아가 독일의 후원을 받아 베오그라드에 극단적 요구를 강요하면 또한 러시아가 세르비아를 방어하고자 동원령을 내리면, 프랑스-러시아 화친 협약과 독일 군사 전략의 본성에 따라 프랑스도 개입하리라는 것을 알고 있었다. 프랑스-러시아 화친 협약의 전략 전체가 그런 식의 프랑스-독일 전쟁을 저지하기 위한 것이었다. 그러나 그레이는 프랑스와 러시아를 강력히 지지한다는 신호를 보내면(예상대로 크로와 니컬슨이 주장한 것 같은) 러시아가 전쟁을 불사하도록 부추길까 봐 우려했다. 그는 진퇴양난에 빠졌다. 어떻게 하면 양국 화친을 위험에 빠

---

* 　Albertini, *Origins*, vol. II, pp. 203-208; Butterfield, "Grey", p. 9f 참조. Geiss, *July 1914*, pp. 95, 138. 빈 주재 러시아 대사는 이미 7월 8일 "러시아는 오스트리아가 전쟁에 달려들면 세르비아를 보호하기 위해 무기를 들지 않을 수 없다"라고 분명히 밝힌 바 있다. 세르비아의 영토 할양과 그보다 덜 무거운 배상 형태를 구분하리라고 본 그레이의 믿음은 상트페테르부르크에서 받아들이지 않았다. 의미심장하게도 그레이는 독일 대사 리히노프스키에게 "현재 영국에서 러시아의 인기가 낮다는 것을 고려할 때, 러시아의 감정을 조심해야 할 것"이라고 경고했다.

** 　Albertini, *Origins*, vol. II, pp. 209-214, 329-338; Geiss, *July 1914*, docs. 44, 46, 57, 80, 93.

뜨리지 않고 양국 동맹을 저지할 수 있을까. 불행히도 그는 자신이 원하던 것과 정반대의 인상을 주고 말았다. 7월 26일 일요일 프랑스는 영국에 일말의 기대를 걸었고 독일은 영국이 틀림없이 중립을 지킬 것이라고 생각했다. 독일 외상 야고프Jagow는 캉봉에게 "당신에겐 당신네 정보가 있고 우리에겐 우리 정보가 있소. 그런데 불행히도 그 정보의 출처는 모두 같소"**라고 말했다. 독일 정부는 망설이지 않고 계속해서 그레이의 중재 제안에 관심이 있는 척했지만 실제로는 그것을 추진할 의사가 전혀 없었다.***

　공평을 기해 그레이의 입장에서 말해보면 애써 모호한 태도를 취하는 그의 전략은 거의 효과를 거둘 뻔했다. 자신들이 보호받지 못한다고 느낀 세르비아 정부는 오스트리아의 최후통첩을 거의 받아들였고 (그레이는 그들의 강력한 용어에 낙담했지만)

---

* 　7월 24일 그가 리히노프스키에게 한 특유의 복잡하게 꼬인 말은 다음과 같다. "프랑스와 러시아에 … 우리가 약속하는 … 동맹은 없다. … 영국 정부는 한쪽 강대국 그룹에 속해 있지만 유럽의 두 그룹 사이에 더 큰 어려움을 유발하려 그렇게 한 것은 아니다. 오히려 우리는 그룹이 … 대립하는 데서 발생하는 어떤 문제도 예방하길 바란다. … 우리는 결코 공격적인 정책을 추구해서는 안 된다. 만약 유럽 전쟁이 일어나 우리가 거기에 참가한다면 공격하는 쪽은 아닐 것이다. 여론이 반대하기 때문이다." 말할 것도 없이 리히노프스키는 그레이가 의도한 대로 "프랑스가 전쟁에 끌려 들어가면 영국은 무관심하게 있지 못한다"는 의미로 해석했다. 위기가 깊어지면서 그는 더 큰 우려를 담아 이런 의미의 발언을 되풀이했다. 그러나 베트만홀베크와 야코프는 독일이 4대 강대국 중재를 지지함으로써 그레이를 충분히 만족시킬 수 있으리라는 결론을 내렸다. Geiss, *July 1914*, docs. 68, 73, 81, 82, 83, 85, 97, 98, 99; Grey, *Twenty-Five Years*, vol. II, pp. 304f, 317. Albertini, *Origins*, vol. II, pp. 336-339, 514; Asquith, *Genesis*, p. 201f도 볼 것. 7월 26일 독일 황태자와 만난 왕은 그와 비슷하게 모호한 노선을 취했다. "우리가 어떻게 해야 할지 모르겠다. 우리는 누구와도 다투지 않고 중립 입장을 유지하길 바란다. 만약 독일이 러시아에 선전포고하고 프랑스가 러시아에 가담한다면 우리도 끌려 들어갈 우려가 있다. 하지만 나와 내 정부는 유럽 전쟁을 방지하기 위해 최선을 다할 것이라고 믿어도 좋다." 앞의 책, pp. 429, 497, 687. 하인리히 황태자는 영국이 "처음에는" 중립을 유지하겠지만 "프랑스와의 관계를 감안할 때 … 장기적으로도 그럴 수 있을지"는 의심스럽다고 결론지었다. 만일 프랑스에 신속히 승리할 수만 있다면 독일 정부는 단기적인 중립성만으로도 충분했다.

** 　Albertini, *Origins*, vol. II, p. 429.

*** 　Geiss, *July 1914*, p. 221, docs. 95, 96; Gery, *Twenty-Five Years*, vol. I, p. 319f.

최소한의 수정만 추가하려 했다.* 그레이의 중재 제안을 진지하게 고려하지 않도록 오스트리아를 설득해온 베트만홀베크와 몰트케는 낙담했으나, 카이저는 세르비아의 응답을 외교적 승리로 떠받들었고 빈에 "베오그라드에서 멈추라"고 요구했다. 말하자면 오스트리아의 요구사항을 실행하도록 보장받기 위해 세르비아의 수도를 일시적으로 점령하라는(1870년 프러시아가 파리를 점령한 것과 같은 방식으로) 얘기였다. 그런데 이 요구에서 러시아가 남쪽에서만 동원령을 내릴 경우(그러니까 독일이 아니라 오스트리아에만 공격 태세를 취한다는 뜻) 독일이 움직이지 않을 거라고 발언함으로써 야고프가 유발한 혼란을 더 부추겼다.** 동시에 러시아 외무상 사조노프는 예상치 않게 오스트리아와 러시아의 양자 간 회담 가능성을 놓고 마음을 바꾸었다. 그레이는 자신이 제안한 4국 회담에 독일 정부가 별로 좋은 반응을 보이지 않자 즉각 이 구상으로 돌아갔다.*** 잠시 동안은 대륙 간의 전쟁을 피할 수 있을 것 같았다. 그러나 그레이에게는 안됐지만 베를린과 상트페테르부르크 사이에는 메울 수 없는 균열이 이미 존재했다. 한편으로 사조노프는 오스트리아가 베오그라드를 점령하도록 내버려둘 마음이 없었다. 그의 관점에서 그것은 발칸반도에서 러시아의 영향력을 뒤바꿀 심각한 반전이었다.**** 다른 한편으로 베트만홀베크는 오스트리아의 최후통첩 조

---

* Albertini, *Origins*, vol. II, pp. 329-334, 340; Geiss, *July 1914*, docs. 50, 79; Churchill, *World Crisis*, p. 193f.

** Geiss, *July 1914*, docs. 103, 110, 112, 114. 독일은 이미 7월 26일부터 러시아가 동원령을 내렸다는 소문을 퍼뜨리기 시작했다. Albertini, *Origins*, vol. II, p. 343.

*** 니컬슨이 말했듯 "사람들은 자신이 사조노프와 같은 입장인지 제대로 모른다." Geiss, *July 1914*, docs. 108, 119, 120; Albertini, *Origins*, vol. II, p. 509; Grey, *Twenty-Five Years*, vol. I, p. 319; Asquith, *Genesis*, p. 190ff. 사람들은 자신이 베트만홀베크와 함께 있는지도 모른다.: 그는 이제 4대 강대국 회의가 중재의 법정에 해당한다고 주장하며 오스트리아와 세르비아를 대등한 입장에 놓는 동시에 사조노프가 리히노프스키에게 한 쌍방적 대화 제안을 고의적으로 언급하지 않았다. 리히노프스키는 "에드워드 경(그레이)에게 모든 사정을 알려주었다"고 불평했다. Geiss, *July 1914*, docs. 90, 100.

**** Geiss, *July 1914*, docs. 121, 122, 123, 128; Albertini, *Origins*, vol. II, p. 510ff.

항을 어떤 식으로든 협상 가능한 것으로 간주할 의사가 없었다.*

이 단계에서 군사 논리가 외교적 계산을 대체하기 시작했다. 오스트리아가 베오그라드에 폭격을 가하기 전에 사조노프와 그의 군대 동료들은 이미 부분 동원령을 내렸다. 러시아가 부분 동원령을 내릴 경우 실제 동원령을 내릴 의도가 있다는 경고를 받은 독일은 그것을 전면 동원령으로 바꾸려고 필사적으로 애썼다.** 이것은 아마 독일인이 러시아뿐 아니라 프랑스도 자체 동원령을 내리게 만들 핑계였을 것이다.*** 오스트리아-러시아 회담이라는 발상은 괴상한 '역주행 경주'에서 잊혀졌다. 그 경주에서 독일은 국내 여론을 조성하기 위해 러시아가 먼저 동원령을 내리게 만들려고 애썼고, 이는 러시아도 마찬가지였다. 이제 대륙 전쟁은 확실하게 불가피했다. 프랑스를 공격하면 영국이 즉각 개입하리라는 것을 드디어 깨달은 베트만홀베크가 오스트리아인을 억지로 협상 테이블에 나가게 하려 했지만, 그들은 군사 작전을 유보하길 거부했다.**** 동원령을 중지해달라는 영국 왕의 요청이 런던에서 상트페테르

---

* Geiss, *July 1914*, doc. 101. 사조노프는 "오스트리아가 … 최후통첩에서 세르비아의 주권을 침해하는 세 가지 요점을 삭제할 준비가 되었다고 선언해야" 동원을 중단할 마음이 있다고 선언했다. 점점 더 절박해진 베트만홀베크는 이 선언을 협상의 기초로 여겨 붙잡았고, 오스트리아 정부는 7월 30일 사조노프의 대화 제안을 받아들였으나 이 단계에서는 이미 군사적 방식이 주도권을 쥐었다. 앞의 책, docs. 140, 141a, 153.

** 러시아는 7월 29일 오데사, 키예프, 모스크바, 카잔 같은 남쪽 지역에서 동원령을 내렸다. 이것은 나중에 차르가 그 나흘 전에 이미 실행했다고 말한 결정으로 독일 대사에게는 "이것이 결코 전쟁이라는 뜻은 아니"라고 확인해주었다. 하지만 푸르탈레스Pourtalès에게 독일이 "동원령으로 압박을 느낄 것이고 그럴 경우 자신들은 즉각 공격 쪽으로 나아갈 것"이라는 말을 들은 러시아는 부분 동원령으로는 불충분하고, 심지어 전체 동원령을 위험하게 만들 수도 있다는 결론을 내렸다. 사조노프가 동요하는 차르에게 전체 동원령에 동의하도록 설득하는 동안 일련의 미친 듯한 회의와 전화 통화가 이뤄졌다. 마침내 그는 7월 30일 오후 2시에 차르를 설득했고 다음 날 동원령이 시작되었다. 베를린에서는 높이 과시하는 군주의 권력이 그 결정을 내리는 순간에는 착각이었음이 입증되었다. Geiss, *July 1914*, pp. 271, 291, docs. 118, 123, 124a, 137, 138, 147.

*** 앞의 책, docs. 91, 111, 114, 115, 125.

**** 앞의 책, docs. 133, 134, 143, 145, 154; Albertini, *Origins*, vol. II, pp. 523-526.

버추얼 히스토리

부르크로 전해졌으나 그것도 소용이 없었다. 러시아 합참의장 야누시케비치는 (그 자신의 표현에 따르면) 차르에게 두 번 다시 취소 지시가 내려오지 못하도록 "전화기를 때려 부쉈다." 그리고 독일은 만약 러시아가 계속 동원을 한다면 자신들도 같은 일을 할 수밖에 없다고 말했다. 이는 곧 벨기에와 프랑스를 공격한다는 뜻이었다.** 다시 말해 러시아가 부분 동원령을 내리기로 결정한 순간부터 테일러가 말한 "시간표에 따라 치르는 전쟁", 그러니 대륙 강대국들 간의 시간차 전쟁이 불가피해졌다는 얘기다. 회고록이나 수많은 결정론 역사학과 반대로 아직 남아 있던 피할 여지는 영국의 개입 문제였다.

그리 놀랄 일도 아니지만 이 시점에 프랑스와 러시아 정부는 영국의 입장을 분명히 해달라고 진지하게 그레이를 압박하기 시작했다.*** 프랑스는 그레이가 "독일과 프랑스 간에 분쟁이 있을 경우 … 영국이 프랑스를 도우러 온다고 발표하면 … 전쟁은 없을 것"이라고 주장했다.**** 하지만 리히노프스키에게 이 점을 인식시키려 오랫동안 애써온 그레이는 자기 혼자만으로는 프랑스와 그런 약속을 할 수 없음을 알고 있었다. 여기에다 화친 협약으로 이미 "도덕적 연대"를 맺었다고 주장하는 프랑스 외무성의 강경파들이 그레이의 편에 늘어선 상태에서 그 사실을 반박하면 "우리의 좋은 명성을 중차대한 비판 앞에 노출"하고 말 것이었다.*****

아무튼 1912년 완벽하게 명료해졌듯 그는 여론이라는 불분명하면서도 자주 출몰하는 존재는 말할 것도 없고, 내각 동료와 자기 당의 지지 없이 행동할 수는 없었

*   Albertini, *Origins*, vol. II, pp. 635-638; vol. III, pp. 378f, 390f.
**   Geiss, *July 1914*, p. 270, doc. 158; Albertini, *Origins*, vol. II, p. 634f; vol. III, pp. 373, 378, 386.
***   Geiss, *July 1914*, docs. 107, 148, 149.
**** 앞의 책, doc. 152.
***** 앞의 책, doc. 164; Hazlehurst, *Politicians at War*, p. 52 참조. Andrew, "Entente", p. 33; Wilson, *Entente*, p. 95; Albertini, *Origins*, vol. III, p. 374.

다. 실은 그 약속에 강하게 반대하는 자유당 정치가와 기자가 상당수 있었다.* 이제 그들의 주장은 전쟁 위협이 런던 금융가에 퍼뜨린 심각한 재정 위기로 더욱 강화되었다.** 7월 30일 하원 외무위원회에 속한 평의원 22명은 아서 폰손비Arthur Ponsonby를 통해 "유럽 전쟁을 지지하는 어떠한 결정도 최대한 강하게 반대하며 정부 지원의 전폭적인 철회"를 요구하는 동의안을 제출했다.*** 내각은 1912년처럼 분열된 상태였고 프랑스 지지를 선언한 쪽은 여전히 소수파에 속했다. 이에 따라 "(지역정부위원회Local Government Board 의장 허버트 새뮤얼의 표현대로) 양측 모두 무엇을 해야 할지 모를 때, 양쪽 모두 위험을 지고 싶은 마음이 적을 것이므로" 그저 아무것도 결정하지 않는다는 결정을 내렸다.****

그레이가 할 수 있는 일은 기껏해야 나중에 신용이 없다는 비난을 모면하기 위해 리히노프스키에게 사적인 의견을 전하는 정도였다.

"만약 (독일과) 프랑스가 개입하면 그때 … 영국 정부는 … 신속하게 마음을 결정하지 않을 수 없을 것이다. 그럴 경우 현실적으로 오랫동안 수수방관하면서 기다릴 수는 없다."*****

그레이의 예전 발언들과 달리 이 입장이 베트만홀베크에게 감명을 주었다는 것은 그레이가 처음으로 영국이 프랑스를 방어하고자 신속히 움직이리라는 암시를

---

*   Kennedy, *Anglo-German Antagonism*, p. 458f.

**   7월 24일에서 30일 사이에 영국채 가격은 대략 5퍼센트 하락했고 유럽의 유가증권 수준도 비슷하게 내려갔다. 금 보유고가 약 16퍼센트 줄어든 영국은행은 7월 30일 기준금리(은행이율)를 8퍼센트로 올리도록 요구했다. 애스퀴스가 여기에서 받은 인상을 알고 싶으면 Albertini, *Origins*, vol. III, p. 376ff 참조.

***   Hazlehurst, *Politics at War*, pp. 36-39; Churchill, *Companion*, Part III, p. 1990f.

****   Hazlehurst, *Politics at War*, p. 78f. 같은 공식을 그레이가 폰손비에게 되풀이한 것도 볼 것. 앞의 책, p. 37; Wilson, "Decision for War", p. 149f.

*****   Geiss, *July 1914*, docs. 130, 133.

주었다는 사실로 설명할 수 있다.' 똑같이 깊은 인상을 준 것은 런던에서 베트만홀베크가 영국에 중립을 지키라고 요구한(그레이가 리히노프스키에게 경고하기 직전에 한 발언) 것인데, 그것이 인상적인 이유는 오로지 프랑스를 공격하겠다는 독일의 의도를 뻔뻔스럽도록 공공연히 드러냈기 때문이다." 그 제안은 직설적으로 거절당했지만 이 거절도 개입하겠다는 약속을 유발하지는 못했다. 처칠이 7월 30일에 내린 제한적 해군 대비령 역시 대륙의 육군 동원령만큼 의미를 갖지 못했다.''' 그레이는 사적으로는 경고를 했지만 공식적으로는 독일에 더 유화적인 노선을 취해 마지막으로 4대 강대국 중재라는 발상을 되살리자는 요구를 내밀었다.'''' 7월 31일 오전 심지어 그는 리히노프스키에게 이런 말까지 했다.

> 만약 독일이 독일과 오스트리아가 여전히 유럽의 평화를 보존하려 노력하고 있음을 명백히 하고, 또 러시아와 프랑스가 그것을 거부하는 것이 어리석은 짓이 될 정도로 합리적인 제안을 내놓는다면 나는 그 제안을 지지할 것이다. … 만약 러시아와 프랑스가 그것을 받아들이지 않을 경우 국왕 폐하의 정부는 그 결과에 어떠한 관심도 기울이지 않으리라고 말할 만큼의 정성도 있다.

---

*   Albertini, *Origins*, vol. II, pp. 501, 514, 523-525.

**   프랑스 영토(프랑스 식민지는 제외)를 온전하게 보장하겠다는 독일의 제안은 사실 독일 선박 소유자 알베르트 발린Albert Ballin이 7월 24일 만찬에서 처칠과 나눈 대화에서 나왔다. Churchill, *World Crisis*, p. 196; Cecil, *Ballin*, p. 207. 베트만홀베크의 제안은 Geiss, *July 1914*, docs. 139, 167; Albertini, *Origins*, vol. II, p. 506; Grey, *Twenty-Five Years*, vol. I, pp. 325f 참조.

***   Geiss, *July 1914*, doc. 151; Albertini, *Origins*, vol. II, pp. 507, 519, 633; Grey, *Twenty-Five Years*, vol. I, pp. 327f; Churchill, *Companion*, Part III, pp. 1989, 1993; Wilson, "Decision for War", p. 153; Churchill, *World Crisis*, pp. 213ff; Offer, *Agrarian Interpretation*, p. 308; Hazlehurst, *Politicians at War*, p. 23.

****   Albertini, *Origins*, vol. II, pp. 511ff, 521ff; Asquith, *Genesis*, p. 198.

그레이가 염두에 둔 '합리적인 제안'이란 "러시아와 독일 사이에 전쟁이 터질지라도 프랑스가 중립 입장을 유지하면 (또는 그들의 영토 밖으로 군대를 내보내지 않으면) 독일이 프랑스를 공격하지 않기로 한다는 것"이었다.* 비관적인 리히노프스키조차 이 제안을 듣고 "전쟁이 일어날 수도 있는데 그럴 경우 영국이 대기하는 태도를 취할 수도 있겠다"고 생각하기 시작했다.** 그런데 파리의 반응은 싸늘했다. 8월 1일 그레이는 캉봉에게 솔직하게 말했다.

> 만약 프랑스가 이 입장을(그러니까 이 제안을) 수용하지 않는다면, 그것은 우리가 속하지 않고 또 알지도 못하는 조건의 동맹에 묶여 있기 때문이다. … 프랑스는 현재 우리가 약속할 입장이 아닌 지원을 기대하지 말고 이 시점에 스스로 결정을 내려야 한다. … 우리는 지금 우리의 이해관계나 깊은 의무와 절실히 관련이 있지 않는 한 대륙에 해외원정군을 파견하자고 의회에 제안할 수 없다.***

리히노프스키에게 말한 사적인 경고는 그레이가 캉봉에게 설명한 것처럼 "프랑스에 관한 약속 … 과 같은 것"이**** 아니었다.

이 결정적인 시기에 보인 그레이의 처신은 애스퀴스 내각 내의 첨예한 분열상을 충실히 반영하고 있다. 7월 31일에 모인 19명의 인물은 대등하지 않은 세 그룹으로 분열되어 있었다. 당의 대다수와 같은 입장인 그룹(몰리, 번스Burns, 사이먼, 비첨Beauchamp, 홉하우스)은 즉각 중립을 선언하자고 했고, 개입을 선호하는 그룹(그레이와

---

*   Geiss, *July 1914*, docs.

**   Albertini, *Origins*, vol. II, p. 639.

***   Geiss, *July 1914*, docs. 162, 177.

****   Albertini, *Origins*, vol. II, pp. 638f, 646-649; vol. III, pp. 373, 380, 384f, 392ff.

처칠뿐)과 부동층(크루, 매케나McKenna, 홀데인, 새뮤얼이 중심이지만 로이드조지와 하코트뿐 아니라 애스퀴스도 여기에 속했다)도 있었다.* 몰리는 러시아 편에 서서 개입 반대를 강력히 주장했고 다수파가 그의 견해 쪽으로 기우는 것이 명백히 보였다. 그러나 "직설적인 불개입이라는 비타협 정책"을 채택한다면 사임하겠다는 그레이의 위협이 계속해서 정체 상태에 머물게 했다.** 내각은 "현재 영국의 선택은 프랑스 지원을 허용하지 않는 것이다. … 우리의 입장에 대해서는 아무 말도 할 수 없다"는 데 동의했다.*** 8월 1일 밤 처칠이 애스퀴스를 설득해 독일이 러시아에 최후통첩을 할 경우 해군을 동원한다는 허락을 얻어냈을 때도 그 교착 상태는 풀리지 않았다.**** 이 허락은 그다음 날 아침 회의 때 몰리와 사이먼이 사임하겠다고 위협하도록 자극했을 뿐이고, 다수파는 다시 한 번 명백한 선언을 하자는 그레이의 거듭된 간청에 맞서 대열을 정비했다. 결정적인 일요일의 첫 번째 회의 때 합의한 상한선은 "만약 독일 함대가 해협에 들어오면 혹은 북해를 지나 프랑스 해안이나 선박에 적대 행위를 하면, 영국 함대가 가능한 한 모든 보호 조치를 한다"는 것이었다.***** 독일이 해군 작전을 펼칠 가능성이 아주 낮다는 점을 감안하면 선전포고와 한참 거리가 먼 데도 이것조차 버겁게 느낀 무역위원회 의장 번스는 사임했다. 새뮤얼은 "문제가 제기되면 애스퀴스는 그레이 편을 들었을 테고 … 다른 세 사람은 입장을 그대로 유지했

---

*   Beaverbrook, *Politicians and the War*, pp. 19ff; Hazlehurst, *Politicians at War*, pp. 49, 84-91; Wilson, "Decision for War", pp. 150ff; Wilson, *Entente*, p. 139. 로이드조지의 1911년 맨션 하우스 연설을 근거로 그가 어떤 식으로든 개입을 약속했다고 보는 것은 잘못이다.

**   Albertini, *Origins*, vol. III, pp. 369f.

***   Wilson, "Decision for War", p. 150.

****   Beaverbrook, *Politicians and the War*, p. 28f; Churchill, *World Crisis*, p. 216f; Churchill, *Companion*, Part III, p. 1997.

*****   Wilson, *Entente*, p. 138ff; Hazlehurst, *Politicians at War*, p. 94; Geiss, *July 1914*, doc. 183; Albertini, *Origins*, vol. III, p. 406f; Offer, *Agrarian Interpretation*, p. 317 참조.

을 것이다. 그 외에 우리는 사임했으리라고 본다"라고 지적했다. 그날 점심 때 비첨의 집에 있던 로이드조지를 포함한 장관 7명은 그 제한적인 해군 작전에도 우려를 표했다.** 그레이가 이미 러시아-독일 전쟁이 일어날 경우 프랑스를 중립으로 두자는 리히노프스키에게 한 제안을 은밀히 철회했다는 사실을, 그리고 리히노프스키가 애스퀴스와의 아침식사 자리에서 눈물을 쏟았다는 사실을 그들이 알았다면 그런 의견을 유보했을지도 모른다.*** 어쨌든 그날 저녁 그레이가 사임하겠다는 위협으로 확보한 벨기에에 관한 약속에 뒤이어 몰리, 사이먼, 비첨은 번스와 함께 사임하기로 했다. 하급 장관 찰스 트리벨리언Charles Trevelyan도 사임했다.

반토리파 전쟁

그렇다면 정부는 왜 해산하지 않았는가? 즉각 대답하자면 애스퀴스가 일기에 기록한 대로 로이드조지 · 새뮤얼 · 피스Pease가 사임하려는 의원들에게 "사임하지 말거나 최소한 보류해 달라"고 간청했고, 이때 "그들이 오늘은 아무 말 하지 않고 하

---

*   Wilson, "Decision for War", p. 154f; Albertini, *Origins*, vol. III, p. 403f. 애스퀴스는 자신이 속한 의회 정당의 약 4분의 3이 "어떤 대가를 치르더라도 절대 불개입"을 지지한다고 평가했다.: Hazlehurst, *Politicians at War*, p. 33; Bentley, *Liberal Mind*, p. 17.

**   Albertini, *Origins*, vol. III, p. 405. 일이 일어난 뒤의 생각이지만 몰리는 로이드조지가 부동층을 선도했다면 "내각은 물어볼 것도 없이 그날 저녁 사라졌을 것"이라고 느꼈다. 하코트가 로이드조지에게 "우리를 지지하여 발언해 달라"고 간청했지만 소용이 없었다.: Gilbert, *Lloyd George*, p. 109.

***   Albertini, *Origins*, vol. III, pp. 381f, 386, 399. 나중에 그레이는 자신은 하원에서 그 제안을 하지 않았다고 부인하며 리히노프스키가 자기 말을 오해했다고 단언했다. 이것은 그가 버티에게 보낸 8월 1일자 편지와 상충한다.: Geiss, *July 1914*, doc. 177. 그레이가 캉봉에게 자신이 리히노프스키에게 제안한 내용을 설명하며 일부러 오해하게 만든 것이 아니라면 말이다.

원 내의 익숙한 자리에 그대로 앉아 있기로 동의했기" 때문이었다.* 이 왕년의 동요자들은 왜 그 결정적인 순간 사임에 단호히 반대했는가? 전통적인 대답은 단 하나 '벨기에'였다.

프랑스를 위해 개입한다는 결정은 1839년까지 거슬러 올라가는 두 가지 조약 아래 "대영제국이 유지하기로 보장해온 … 벨기에의 중립성이 독일의 공격으로 침해당할 경우 더 쉽게 내려졌으리라는 점"은 외무성에서 오래전부터 인정해왔다.** 돌이켜볼 때 로이드조지와 다른 사람들이 자신의 입장과 여론 동향을 전쟁 지지 쪽으로 돌려놓은 중요한 이유 중 하나로 벨기에의 중립성 위배를 꼽은 것도 분명하다.*** 언뜻 이 점은 반박이 불가능할 것 같다. 벨기에의 중립성을 법과 명예의 이름으로 유지하기 위한, "작은 국가들이 짓밟히지 않아야 한다는 … 원칙을 옹호하기 위한", 영국의 "엄숙한 국제 임무"는 1914년 8월 6일 애스퀴스가 하원에서 한 연설 '우리는 무엇을 위해 싸우는가?'의 두 가지 중심 주제였다.**** 그것은 로이드조지가 웨일스에서 성공적으로 수행한 징집 운동의 기본 방침이기도 했다.***** 나중에 나온 로버트 그레이브스Robert Graves와 시그프리드 서순Siegfried Sassoon 같은 전투원들의 회고록(당시의 잡지 〈펀치〉는 말할 것도 없고)이 조금이라도 지침 노릇을 한다면 벨기에 문제는 결정적인 부분을 건드렸다고 말할 수 있다.****** 그렇긴 해도 회의적일

---

*   Albertini, *Origins*, vol. III, p. 483; Hazlehurst, *Politicians at War*, p. 116f; Wilson, "Decision for War", p. 157f; Asquith, *Genesis*, p. 220f.

**   PRO, CAB 16/5 XC/A/035374. 외무성 메모랜덤(CID paper E-2), … 의사록, 1908년 11월 11일; Wilson, "Education", p. 409 참조.

***   Lloyd George, *Memoirs*, pp. 30f, 40; Churchill, *World Crisis*, pp. 65, 199, 219.

****   Albertini, *Origins*, vol. III, p. 513; Asquith, *Genesis*, p. 211.

*****   Hazlehurst, *Politicians at War*, pp. 177, 303.

******   R. Graves, *Goodbye to All That* (Harmondsworth, 1977), p. 60f; S. Sassoon, *Memoirs of a Fox-Hunting Man* (London, 1978), p. 244. 벨기에의 주장에 관한 다른 보기가 필요하면 Brock, "Britain

---

이유는 있다. 1905년 외무성의 견해는 1839년 조약이 "어떤 상황에서 어떤 위험을 지더라도" 벨기에의 중립성을 유지해야 한다고 영국을 구속하지 않는다는 것이었다. 1912년 그 이슈가 등장했을 때 다른 누구도 아닌 로이드조지가 중립성 문제는 영국의 봉쇄 전략에 해를 끼칠 것이므로 "전쟁이 발발할 경우 벨기에는 이 나라에 완전히 우방이 되든 … 아니면 … 확실히 적대국가가 되어야" 한다는 우려를 표명했다.[*] 7월 29일 그 이슈가 제기되자 내각 회의는 독일의 벨기에 침공에 "법적 의무"보다 "정책"에 근거해 반응하자는 쪽으로 의미심장한 결정을 내렸다.[**] 결국 정부 노선은 독일이 벨기에를 침공할 경우 영국의 여론 "방향이 바뀔" 수 있음을 모호하게 경고하는 쪽으로 정리했다. 따라서 그레이는 그 주제에 관한 독일의 얼버무림에 "벨기에의 중립성이 침해받을 경우 … 대중 감정을 통제하기가 지극히 힘들 것"이라는 만장일치의 내각 경고로 대응했다.[***] 여기에 정부 자체를 끌어들이지는 않았는데 이는 놀랄 일이 아니다. 사실 다수의 장관이 벨기에 보전 보장이라는 약속을 회피하고 싶어 했으니 말이다.

비버브룩Beaverbrook이 회고했듯 로이드조지는 독일이 벨기에의 "가장 먼 남쪽 귀퉁이를 스쳐갈" 테지만, 이는 "소소하긴 해도 분명 중립성 침해"라고 주장하려 애쓴 사람 중 하나였다. 그는 (지도를 가리키며) 이렇게 말하곤 했다.

"아시겠지만 이건 작은 일부분일 뿐이고 독일은 자신들이 끼친 피해에 보상할 것

Enters the War", p. 167f; Hazlehurst, *Politicians at War*, p. 47f; Wilson, "Decision for War", p. 159; A. Marwick, *The Deluge: British Society and the First World War* (London, 1991), p. 85f; Albertini, *Origins*, vol. III, p. 518; Bentley, *Liberal Mind*, p. 19f 참조.

[*]   Offer, *Agrarian Interpretation*, p. 305.

[**]   Hazlehurst, *Politicians at War*, p. 73; Wilson, *Entente*, p. 136; Wilson, "Decision for War", p. 149.

[***]   Churchill, *Companion*, Part III, pp. 1991, 1996; Geiss, *July 1914*, docs. 166, 174; Albertini, *Origins*, vol. III, pp. 388f, 399f; Grey, *Twenty-Five Years*, vol. I, p. 329f; vol. II, p. 10; Asquith, *Genesis*, p. 209.

이다."

어쨌든 벨기에는 영국에 도움을 요청하지 않을 것이고, 독일이 아르덴을 통과할 경우 그저 형식적인 항의만 할 것이라고 예상(틀린 예상이지만)한 사람이 많았다. 7월 30일 독일은 공개적으로 영국에 중립을 요구했는데 이때 벨기에에 난입하겠다는 의도를 명백히 시사했다. 한데 야고프가 벨기에의 중립성 보장을 거부한 뒤인 8월 2일 오전에도 로이드조지, 하코트, 비첨, 사이먼, 월터 런시먼Walter Runciman, 피스는 "벨기에 전역을 침공"할 경우에만 전쟁으로 보겠다는 데 합의했다." 찰스 트리벨리언도 같은 견해였다. 그날 저녁 크루가 국왕에게 올린 내각 결의문의 신중한 단어는 이 맥락에서 선택한 것이다.

"(벨기에의) 중립성이 중대한 침해를 받을 경우 우리는 1870년 글래드스턴 씨가 가능할 것이라고 본 상황, 즉 우리의 행동을 강요한 개입이 발생하는 상황에 놓일 것입니다.""

8월 3일 오전 독일이 벨기에에 최후통첩을 보냈다는 소식을 들었을 때 애스퀴스가 깊이 안도한 이유가 여기에 있다. 벨기에 전역을 거침없이 지나가겠다는 몰트케의 요구와 벨기에 국왕 알베르Albert가 조지 5세에게 보낸 간청 그리고 그다음 날 일어난 독일 침공은 애스퀴스의 말을 빌리자면 확실히 "문제를 단순하게 만들었다." 덕분에 사이먼과 비첨이 사임을 철회했기 때문이다."" 그리하여 최후의 순간까지 전쟁 이후 벨기에 보전을 보장하기 위해 애쓴 몰트케와 리히노프스키의 시도는 헛수

---

* Beaverbrook, *Politicians and the War*, p. 22f; Brock, "Britain Enters the War", p. 149f.

** Wilson, "Decision for War", p. 153; Brock, "Britain Enters the War", p. 151; Gilbert, *Lloyd George*, p. 110; Hazlehurst, *Politicians at War*, p. 70f.

*** Albertini, *Origins*, p. 409f. 이 주제에 관한 로이드조지의 고민을 생생하게 입증하는 증거는 Morgan (ed.), *Lloyd George Family Letters*, p. 167 참조. Gilbert, *Lloyd George*, p. 112에 나오는 로이드조지가 스콧C. P. Scott에게 한 언급도 볼 것.

**** Albertini, *Origins*, vol. III, p. 494; Brock, "Britain Enters the War", p. 160.

고가 되었다.* 베트만홀베크가 고셴에게 "영국은 벨기에의 중립성 때문에(고작 종이한 조각 때문에) 무너질 것"이라고 한탄할 때, 그는 핵심을 놓치고 있었다. 몰트케가벨기에 전체를 공격함으로써 그는 자신도 모르는 사이에 자유당 정부를 구원해준것이다.

그렇긴 해도 윌슨이 주장했듯 내각을 개입론 대열에 서게 만든 것은 독일의 벨기에 위협보다는 그레이와 강경파들이 프랑스가 함락되면 발생할 것이라고 늘 주장해온 대로 독일의 영국 위협이었다. 이것은 애스퀴스가 8월 2일 베네티아 스탠리 Venetia Stanley에게 보낸 메모에 적힌 여섯 가지 지침에서도 추론할 수 있다. 그중 6번 항목에서 그는 "벨기에가 독일에게 이용당하거나 흡수되는 것을 막아야 한다"는 영국의 의무를 언급했다. 영국에 프랑스를 지원할 어떠한 의무도 없지만 "프랑스가 강대국 지위에서 밀려나는 것은 영국의 이해관계에 반하며", "우리는 독일이 해협을 적대 세력의 기지로 이용하는 것을 허용할 수 없다"고** 발언한 4번과 5번 항목은 더 중요했다. 마찬가지로 그레이가 8월 3일, 그러니까 독일이 벨기에에 최후통첩을했다는 소식이 전해지기 전에 하원에서 한 유명한 연설의 주요 논점은 "만약 프랑스가 생사를 건 투쟁에서 패해도 … 나는 우리가 단일한 강대국의 지배 아래 들어가 … 서부유럽 전체가 우리를 적대시하는 사태가 발생하지 않도록 … 우리의 힘을 단호하게 사용할 입장에 놓일 것이라고는 … 믿지 않는다"는 것이었다.*** 불개입의 전략적 위험도, 즉 고립과 비우호적인 태도의 위험이 개입의 위험보다 더 커졌다. 그다음 날 그레이가 사적인 대화에서 말한 것처럼 말이다.

"사태는 벨기에로만 끝나지 않을 가능성이 크다. 그다음은 네덜란드, 네덜란드

---

*   Geiss, *July 1914*, docs. 179, 184, 188; Albertini, *Origins*, vol. III, pp. 479, 489, 497.

**   Brock, "Britain Enters the War", p. 145.

***   Albertini, *Origins*, vol. III, p. 486f; Grey, *Twenty-Five Years*, vol. II, pp. 14f; Wilson, *Entente*, p. 144.

다음에는 덴마크 …, 독일이 그런 식으로 유럽을 지배하게 내버려둔다면 영국의 지위는 사라질 것이다."

독일의 정책은 "나폴레옹만큼 나쁜 거대한 유럽의 공격자"라는 존재에 관한 것이었다. 이 논의가 하코트 같은 부동층까지도 돌아서게 한 것은 분명해 보인다.* 벨기에가 "프랑스를 위해 개입하자고 … 호소"할 기회를 제공했다고 한 몰리의 말은 그리 틀린 게 아니었다.**

영국은 왜 1914년 8월 4일 오후 11시에 참전했을까? 여기에는 더 중요하다고 할 수 있는 또 다른 이유가 있었다. 7월 31일에서 8월 3일까지 내각의 단합을 유지해준 것은 무엇보다 한 가지 이슈, 즉 토리파가 복귀할지도 모른다는 두려움이었다.*** 처칠은 이미 7월 31일 F. E. 스미스를 통해 보너 로에게 은밀히 물었다. 이는 최대 8명의 각료가 사임할 경우 "반대파는 … 공석을 채우기 위해 연정을 구성해서 정부를 구원할 준비를 갖출 것인가" 하는 질문이었다.**** 보너 로는 응답을 회피했지만 밸푸어, 랜스다운, 롱Long과 의논한 뒤 애스퀴스에게 서한을 보내 "현재의 교착 상태에서 프랑스와 러시아를 지원하기를 … 망설이는 것은 치명적"이라는 것이 토리당의 견해임을 분명히 했다. 보너 로가 제안한 "그 목적을 위해 필요하다고 간주하는 모든 기준"에서의 "망설임 없는 지원"은 정부가 그 기준에 합의하지 못할 경우 보수파가 기꺼이 자유당을 대신하리라는 숨은 위협이나 마찬가지였다.***** 토리파

---

* Asquith, *Genesis*, p. 212f; Wilson, *Entente*, p. 120; Hazlehurst, *Politicians at War*, p. 114; Brock, "Britain Enters the War", p. 161. 대중이 전략적 논의를 받아들이는 좋은 보기가 필요하면 G. Hodgson, *People's Century* (London, 1995), p. 27f 참조.

** Wilson, *Entente*, p. 146. 이것은 로이드조지의 정부인 프랜시스 스티븐슨 그리고 8월 2일 저녁 로이드 조지와 함께 식사한 램지 맥도널드의 견해이기도 함. Gilbert, *Lloyd George*, pp. 108, 111.

*** Wilson, "Decision for War", 여러 군데.

**** Beaverbrook, *Politicians and the War*, pp. 13-19; Hazlehurst, *Politicians at War*, p. 41.

***** Beaverbrook, *Politicians and the War*, p. 31; Albertini, *Origins*, vol. III, p. 399. 처칠은 스미스F. E.

언론, 특히 노스클리프가 소유한 신문들의 맹렬한 비판을 받아온 지 오래인 그 시점에서 이는 애스퀴스의 결심을 더 굳히기 위해 계산된 것이었다. 그는 내각에게 말했다, 평상시라면 내각 사임은 그처럼 분열된 정부가 항상 하는 행동으로 보이겠지만, 현재 "국가의 상황은 전혀 평상시가 아니며 다른 당의 관점에서 그 문제를 처리할 능력이 있는 사람 혹은 그런 사람이 주도하고 있다고 나 자신을 설득할 수 없다"고.[*] 새뮤얼과 피스는 즉각 그의 논점을 알아차리고 번스에게 "내각의 다수파가 지금 떠나버리면 곧 전시 내각이 들어선다"라고 말했는데, "이것은 그가 제일 꺼려하는 것이었다." 피스는 "다른 대안 내각은 분명 우리보다 평화를 훨씬 덜 우려하는 내각일 것"이라고 말했다. 그는 사흘 뒤 같은 말을 트리벨리언에게도 했고 그때쯤 사이먼과 런시먼도 같은 말을 하고 있었다.[**]

첫눈에는 보수파가 자유당보다 더 전쟁하려는 의지가 강했다는 사실이 결정론자의 주장을 강화하는 것으로 보일지도 모른다. 물론 만약 애스퀴스가 물러났다면 보너 로도 똑같이 참전했을 것이다. 그렇다면 그것이 과연 똑같았을까? 가령 재정법안도 상정하지 못했고 재정적 공황에 빠졌으며 〈가디언Guardian〉과 〈브리티시 위클리British Weekly〉의 평화주의 논설로 공격당한 로이드조지가 중요한 내각 회의에서 그레이에게 등을 돌렸다고 가정해보자. 그랬다면 그레이는 틀림없이 사임했으리라. 이 경우 처칠은 부리나케 달려가 보너 로와 힘을 합쳤을 가능성이 크다. 애스퀴스가 아일랜드의 자치법 때문에 거의 부러질 정도로 팽팽한 긴장 속에서 아슬아슬하게 우위를 지키는 다수파에 기대 버틸 수 있었을까? 그랬을 것 같지 않다. 그러면 보수당 정부는 얼마나 빨리 구성되었을까? 가장 최근의 정부 개편은 질질 끌었

Smith에게 온 이와 비슷한 메시지를 내각에 전달했다. Wilson, *Entente*, p. 141.

[*] Lammers, "Mayer", p. 159; Wilson, "Decision for War" p. 155. 토리당 편에서 이 감정에 보인 보복을 알려면 Sir Woodward, *Great Britain and the War of 1914-1918* (London, 1967), p. 46 참조.

[**] Wilson, "Decision for War", p. 154f.

다. 밸푸어 행정부는 이미 1903년 관세 개혁 문제를 놓고 해체의 길을 걷는 징후를 보였고 1905년 7월 20일 하원에서 패배했다. 1905년 11월에는 체임벌린 지지파의 신뢰를 잃었으며 12월 4일에는 마침내 사임했다. 지방에서 자유당을 지지하는 버팀대를 만들어준 총선은 1906년 2월 7일까지도 완결되지 않았다. 애스퀴스가 1914년 8월 초 사임 압력을 받았다면 문제를 더 신속하게 진행했으리라는 것은 이해할 수 있다. 확실히 처칠의 연정 계획은 대륙 전쟁에 개입할 때 지체하는 일이 없도록 예방 차원에서 고안한 것이었다. 그러면 총선을 앞둔 그 상황에서 대독 선전 포고를 할 수 있었을까? 많은 것이 국왕에게 달려 있었다. 한데 그는 베를린과 상트페테르부르크에 있는 사촌들처럼 심연 속을 들여다본 뒤 전쟁을 하고 싶은 열정을 거의 다 잃어버렸다.* 이런 상황이라 정부 개편으로 영국의 해외원정군 파견이 최소 일주일은 늦춰졌으리라는 추정은 타당해 보인다.

설사 정부가 바뀌지 않았어도 해외원정군 파견은 피할 수 없는 결론이 아니었고, 이것은 프랑스 합동참모부와 논의하면서 윌슨이 작성한 계획대로 진행되지도 않았다.** 실제로는 대륙 개입을 선호하는 결정이 한 번도 내려지지 않았기 때문에 그것에 반대한 과거의 모든 논의는 전쟁이 터지자마자 즉각 표면으로 떠올랐다. 해군주의자들은 언제나처럼 해군력만으로도 전쟁이 판가름 날 수 있다고 주장했다.*** 또한 그들은 육군의 일부나 전부를 본국에 그대로 두어 사회 평화를 유지하고 침공을 막아내는 쪽을 선호하는 편이었다. 다른 사람들은 6개 사단으로 결정적 기여를 하기

---

* 가령 7월 26일 독일 황태자에게 한 덜 강경한 발언을 보라. Albertini, *Origins*, vol. II, pp. 429, 497, 687.

** 전쟁 전에 참모부는 해외원정군을 프랑스와 동시에 동원해 15일(최장 20일) 이내에 프랑스로 파견하는 계획을 구상했다.: PRO, CAB 16/5/XC/A/635374, 1908년 12월 3일 이워트 증언 … 의사록; PRO, CAB 2/2, 제국방어위원회 … 1911년 8월 23일; Monger, *End of Isolation*, p. 251.

*** Albertini, *Origins*, vol. III, p. 503; Hankey, *Supreme Command*, p. 165; Offer, *Agrarian Interpretation*, p. 5 참조.

엔 너무 수가 적다고 걱정했다. "(영국의) 몇 개 사단을 전투에 투입한다고 해서 무슨 눈에 띄는 차이가 생긴다는 건지" 의심한 사람은 카이저뿐이 아니었다.* 해외원정군을 어디로 보낼지, 프랑스의 지휘 아래 얼마나 멀리까지 보낼지를 놓고도 의견이 분분했다.** 4개 사단과 기병대 1개 사단을 (윌슨이 언제나 의도했던) 모뵈주보다 아미앵에 보내기로 한 결정은 이틀간 벌어진 흥정의 결과물이었다.***

주창자들과 그 뒤를 이은 옹호자들이 주장해온 대로 그것은 전쟁 결과에 결정적 차이를 만들어냈는가?**** 몰트케가 작성한 슐리펜 계획Schlieffen Plan은 그 자체의 결함 때문에 영국 해외원정군과 상관없이 어차피 실패했으리라는 주장이 종종 나온다.***** 오히려 프랑스가 방어에 집중하기보다 공격을 감행했다면 지원군 없이도 독일의 공격을 막아냈을지도 모른다. 그러나 그들은 그렇게 하지 않았고 심지어 독일의 착오를 고려해도 초기의 혼란스러운 후퇴와 오스텐트에서의 위장 작전 실패에도 불구하고 8월 26일 르카토와 9월 6~9일 마른에 주둔한 영국군 부대의 존재는 독일

---

* French, *British Planning*, p. 88; Offer, *Agrarian Interpretation*, p. 312. 전쟁 전에 예측한 파견 사단은 최대 6개 사단이었다. 구상한 해외원정군 규모와 관련해 이와 다른 부정적 발언은 Wilson, *Entente*, pp. 47, 63, 65l d'Ombrain, War Machinery, p. 103f; Howard, *Continental Commitment*, p. 46. PRO, CAB 2/2, 제국방어위원회 … 1911년 8월 23일자; Collier, *Brassbat*, p. 117 참조.

** PRO, CAB 16/5 XL/A. 035374, 1909년 3월 23일, 프렌치 장군 증언 … 의사록. Collier, *Brassbat*, p. 119; d'Ombrain, *War Machinery*, p. 109.

*** 사실 키치너는 6일 뒤 윌슨이 모뵈주로 복귀하도록 허용했고, 9월 3일 내각은 제6사단을 파견하는 데 동의했다. Wilson, *Entente*, p. 125; Albertini, *Origins*, vol. III, p. 510f; Hankey, *Supreme Command*, pp. 169ff, 187, 192; Gooch, *Plans of War*, p. 301; Beaverbrook, *Politicians and the War*, p. 36; Collier, *Brassbat*, p. 162ff; Morgan(ed.), *Lloyd George Family Letters*, p. 169; d'Ombrain, *War Machinery*, p. 113f.

**** 이 질문은 1911년 8월 23일 CID 회의에서 매케나가 직접 했고 윌슨은 긍정적으로 대답했다. Hazlehurst, *Politicians at War*, p. 63f: "영국군의 존재나 부재가 … 프랑스의 운명을 거의 확정할 … 것이라고 추정할 이유가 있다." Woodward, *Great Britain*, pp. 32-35 참조.

***** 특히 G. Fitter, *Der Schlieffen-Plan: Kritik Eines Mythos* (Munich, 1956).

이 승리할 가능성을 대폭 줄인 것이 사실이다.* 불행히도 그 사실이 독일을 무너뜨리지는 못했다. 안트베르펜 함락과 예페르의 1차 전투(10월 20일에서 11월 22일까지) 이후 서부 전선에서는 4년 동안 피비린내 나는 정체 상태가 이어졌다.

영국의 해외원정군 없는 전쟁

영국이 해외원정군을 끝내 파견하지 않았다면 독일군은 틀림없이 승전했을 것이다. 설령 그들이 마른에서 저지당했을지라도 키치너Kitchener가 8월 10일 모집하기로 결심한 대규모 영국군 보강부대 없이는 프랑스 방어선이 몇 달 내에 독일군의 공습에 뚫렸을 가능성이 크다.** 또 영국 해외원정군이 당도해도 런던의 정치 위기로 그 시기가 한 주일 늦어지거나 도착 장소가 달랐을 수 있으니 몰트케Helmuth Johannes Ludwig von Moltke(1848-1916)는 여전히 그 선조Helmuth Karl Bernhard von Moltke(1800~1891)[보불 전쟁 승리자 - 옮긴이]의 승리를 되풀이할 수도 있었다. 최소한 그는 엔Aisne으로 후퇴할 마음은 덜 먹었을 터다. 그다음에는? 의혹의 여지없이 독일의 야심에 제동을 걸기 위한 영국의 개입 논의가 계속 이어졌으리라. 특히 보너 로가 수상이었다면 더욱더 그렇다.

물론 전혀 다른 종류의 개입을 시행했을 수도 있다. 프랑스가 이미 패했다면 너무 늦어버린 원정군은 그 쓸모를 상실한다. 원정군을 파견할 경우 됭케르크 같은 소개 작전을 펼쳐야 했을지도 모른다. 독일 쪽 해안에 상륙한다는 해군주의자들의

---

* Hankey, *Supreme Command*, pp. 187-197; Collier, *Brasshat*, pp. 172-190; P. Guinn, *British Strategy and Politics, 1914-18* (Oxford, 1965), p. 37.

** 1915년 8월에서 12월 사이 57만 명이 자원했다. '1차 예페르 전투' 때는 신규 2개 사단과 인도 사단 2개 사단을 배치했다.

오래된 기획은 쓰레기통에 들어갔을 것이다. 때늦은 생각이지만 십중팔구는 다르다넬스 침공의 다른 버전이 군대의 가장 믿을 만한 활용법으로 등장했을 수도 있다(특히 처칠이 해군성에 남아 있었다면 그랬을 테고 그는 거의 틀림없이 남아 있었을 것이다). 위험 부담이 큰 그 사업 외에 영국이 할 수 있는 일은 피셔가 언제나 옹호한 해군력으로 독일과 해상 전쟁을 벌이는 일뿐이었을 거다. 여기에는 독일의 상선을 일소하고 적국과 교역하는 중립국 무역선을 괴롭히며 독일의 해외 자산을 압수하는 일 등이 포함된다. 물론 원정군 전체를 활용했다면 훨씬 더 좋은 성과를 냈겠지만 말이다.

그런 이중 전략은 분명 베를린을 자극했으리라. 그렇다고 그 방식이 전쟁에서 이기게 해주었을 거라는 말은 아니다. 그 방식의 옹호자가 기대한 것처럼 봉쇄가 독일을 굶주리게 해서 항복하게 만들지는 못했을 거라는 증거는 많다.* 또 터키에서 거둔 승리가 서구에서 거둔 승리만큼 독일의 지위를 크게 약화했을 것 같지도 않다. 단지 그 승리로 콘스탄티노플에 자신들의 역사적 구상을 실현한 러시아만 확실한 혜택을 받았을 뿐이다.** 만약 서부 전선에서 소모전이 벌어지지 않았다면 엄청나게 우월한 영국의 인적 자원, 경제적·재정적 자원이 독일의 등뼈를 휘게 해서 확실한 승리를 얻어내지 못했을 것이다. 실현 가능성이 훨씬 더 컸던 것은 외교적 타협(키치너와 나중에 랜스다운이 실제로 옹호했던 종류)이었다. 그랬다면 영국은 벨기에의 정체성과 중립성을 보장해준다는 독일의 약속이나 오스만제국의 전리품 중 일부를 넘겨받는 대가로 적대 행위를 끝냈을 가능성이 크다. 어쨌든 그것이 처음부터 끝까지 베트만홀베크의 목적이었다.

프랑스가 패하고 독일이 벨기에를 원상 복구해준다는 제안이 나온 상황에서, 영국의 어떤 정부든 해전과 중동에서의 예측 불가능한 소모전을 지속하며 그것을 정

---

*   Offer, *Agrarian Interpretation*에 있는 증거를 보라(주장은 보지 말 것).

**   Renzl, "Great Britain, Russia."

                              버추얼 히스토리

당화할 수 있었을지는 알기 힘들다. 무엇을 위한 정당화일까? 쓴맛을 본 자유당이 여전히 독일의 '군사 계급'을 상대로 전쟁을 외치는 것은 상상할 수 있다. 비록 그 주장이 헤이그와의 관계를 개선해주지도 못하고, 더 그럴싸하게 말하자면 베트만 홀베크가 1913년 조세 법안으로 시작해 전시 채권을 위한 법안으로 결실을 맺은 사회민주당과의 신뢰와 협동 정책을 지속할 경우 그 주장을 계속 유지하기도 힘들 었겠지만 말이다.*

그러면 폴란드와 발트해 국가들에서 러시아의 통제권을 유지하기 위한 전쟁은 어떨까? 콘스탄티노플을 차르에게 헌납하기 위한 전쟁은? 가끔 그레이가 그런 전 쟁을 치를 태세를 보였으나 합동참모총장 로버트슨 같은 사람에게 압도당했을 확 률이 높다. 로버트슨은 1916년 8월에도 러시아를 억제하기 위해 "강력한 … 튜턴 족의 … 중부유럽 강대국"을 보존해야 한다고 주장한 사람이다.

이제 최종적으로 역사가는 대륙에서 독일이 거둔 승리를 인정하는 것이 그레이 와 다른 독일공포증 환자들이 당시에 주장한 것처럼, 또 그 뒤를 이어 피셔 일파 역 사가 세대가 인정한 것만큼 영국의 이해관계를 해치는 것이었는지 물어보아야 한 다. 여기서 제안하는 그 대답은 그렇지 않았으리라는 것이다. 에어 크로는 언제나 다음과 같은 질문을 제기했다.

"전쟁이 일어나고 영국이 끼어들지 않은 채 비켜나 있었다면 … 독일과 오스트리 아가 승리해 프랑스를 짓밟고 러시아에 굴욕을 안겼다면, 친구가 없는 영국의 지위 는 무엇이 되었을까?"

역사가의 대답은 이렇다. 1919년처럼 기력이 모조리 쇠한 영국의 지위보다는 나

---

*   Guinn, *British Strategy*, pp. 122, 171, 238; Gooch, *Plans of War*, pp. 30, 35, 278. 프랑스에서 승리 한 독일이 흔히 추측하듯 정치를 우측으로 옮기지 않았으리라는 점을 지적해야 한다. 범게르만주의자와 카이저는 그렇게 생각했을지도 모르지만, 앞서 보았듯 뷜로와 독일은 이기든 지든 전쟁비용이 의회제 민 주주의 쪽으로 더 이끌 거라는 점을 잘 알고 있었다.

앉을 확률이 높다. 전쟁 전 독일의 전쟁 목적에 관한 새로운 평가에 따르면 영국이 단 몇 주일이라도 비켜나 있었을 경우 유럽 대륙은 지금 우리가 아는 것과 별로 다르지 않지만, 영국의 해외 식민지는 두 차례의 세계대전을 겪느라 대폭 축소되지 않았을 거라고 한다. 러시아가 내전과 볼셰비즘의 참화 속에서 완전히 붕괴되는 일도 아마 없었으리라. 농촌과 도시의 격차에 따른 불안이라는 막강한 문제는 여전히 있었겠지만, 제대로 입헌군주제(니콜라이 2세의 하에 뒤이은) 또는 의회제 공화국을 수립해 더 짧은 전쟁을 치르고 성공할 가능성이 더 컸다. 여기에다 재정 면에서 영국의 세계 지배를 사실상 종식한 미국의 막대한 돈과 군사력이 유럽에 유입되는 일도 없었을 것이다.

어찌 되었든 1920년대 유럽에 파시즘은 여전히 있었을지도 모른다. 그렇지만 급진적 민족주의자의 주장이 더 호소력을 발휘한 쪽은 독일보다 프랑스일 가능성이 크다. 심지어 세계대전이 가한 스트레스와 재정 압박이 없었으면 1920년대 초기와 1930년대 초기의 인플레이션이나 디플레이션도 그처럼 심각하지는 않았을 터다. 카이저가 승리했다면 히틀러는 독일이 지배하는 중부유럽에서 실패한 화가이자 군인의 꿈을 이루며 살아갔을 테고, 그런 인생에 불평할 이유는 없었을 것이다.

이마누엘 가이스Immanuel Geiss는 1990년에 발표한 논문에서 다음과 같이 주장했다.

> 유럽이 뭉쳐야 독일과 대륙 서부의 러시아 영토가 그대로 유지된다는 결론에 틀린 점은 하나도 없었다. 통일 유럽은 최대 강대국 독일의 지도력 아래 거의 자동적으로 와해되었으리라. … 다가오는 거대한 경제적, 정치적 파워 블록에 맞서려는 독일의 지도력은 자기들과 대등한 존재에게 지배받는 것에 대한 유럽인의 상상 속 거부감을 극복해야 한다. 독일은 … 유럽의 전체 이익이 독일의 계몽적인 자기 이익과 일치한다는 것을 수정처럼 명료하게 만들기 위해 … 1900년 이후 오늘날의 (독일)연방공화국 지위와 비슷한 어떤 것을 성취하기 위해 … 독일의 지배를 받아들이도록 유럽을 설득해

야 할 것이다.*

　그가 세운 가정은 재통일 이후 시절의 오만함을 무의식적으로 반영하고 있지만, 한 가지 의미에서 그는 절대적으로 옳다. 독일이 두 차례의 세계대전을 겪지 않은 대륙에서 지배자 지위에 오르는 편이 한없이 더 나았으리라는 것 말이다. 물론 이런 일이 발생하지 않은 것은 독일만의 잘못은 아니다. 1914년 대륙 전쟁을 싫어한 프랑스에(그만큼 싫은 마음이 크지는 않던 러시아에도) 싸움을 강요한 것은 분명 독일이다. 하지만 카이저가 옳게 말했듯 대륙 전쟁을 세계 전쟁으로, 독일이 처음에 원한 '유럽 연합 요구'를 계획대로 진행했을 경우보다 두 배는 더 길고 비용을 몇 배나 많이 소모한 분쟁으로 바꿔놓기로 최종 결정한 것은 영국 정부다. 1914년 독일과 맞서 싸움으로써 애스퀴스, 그레이, 그들의 동료는 독일이 대륙에서 최종적으로 패권을 달성하려 할 때 영국이 그것을 억제할 만큼 강하지 않다는 사실을 확실히 하는 데 기여했다.

*　I. Geiss, "The Germany Version of Imperialism: Weltpolitik", Schollgen (ed.), *Escape into War?*, p. 114f.

5

히틀러의 영국

독일이 1940년 5월 영국을 침공했다면 어찌 되었을까?

-앤드루 로버츠

─────

며칠 만에 영국 정규군과 유일한 동맹국의 모든 창고 및 장비를 다 잃었음을, 적이 해안에서 25마일[약 40킬로미터-옮긴이]도 되지 않는 거리에 와 있음을, 국내에서 제대로 무장하고 제대로 훈련받은 부대는 두어 개 대대뿐임을, 영국이 수적으로 우월한 적과 지중해에서 전쟁을 치르고 있음을, 영국 도시들이 제일 멀리 있는 섬보다 더 본토에 가까운 땅에서 시작되는 공습에 무방비로 노출되어 있음을, 수십 개의 새 기지에서 해로가 위협당하고 있음을, 마침내 조지프 경까지도 명백히 깨달았을 때 그는 말했다.

"올바른 시각으로 볼 때 나는 이것이 위대하고 구체적인 성공이라고 본다. … 이 전쟁은 새롭고 영광스러운 단계에 돌입했다."

– 에블린 워Evelyn Waugh, 《깃발을 더 세워라Put Out More Flags》

런던 전역에 철컥거리는 군홧발 소리가 울린다. 대열을 이룬 독일 육군 병사들이 더 몰The Mall 거리를 따라 버킹엄궁을 향해 행진한다. 이러한 상상은 영화와 소설에서 충분히 보아왔다.* 그러면 독일의 영국 침공과 점령이라는 설정은 어느 정도 실제에 근접했을까? 나치즘이 패하고 나서 50년이 지난 지금 우리는 1939년 영국이 히틀러에게 맞서 싸워야 했다는 것을 당연시하는 경향이 있다. 1940년이라는 기적의 해에 그 나라가 처한 압도적인 불리함에도 불구하고 맞서 싸워 결국 승리한 것을 당연시한다는 얘기다. 1995년 2차 세계대전 전승기념일VE Day을 축하하는 동안, 당시 상황이 다르게 전개될 수 있었다는 가능성을 언급한 사람은 거의 없었다. 정반대로 연합국의 승리는 우리의 기억 속에 정의롭고 옳을 뿐 아니라 불가피한 것으로 남았다.

* 그런 소설 작가로는 Douglas Brown & Christopher Serpell, *Loss of Eden* (London, 1940); H. V. Morton, *I, James Blunt* (London, 1940); Noel Coward의 희곡 *Peace in Our Time* (1947); C. S. Forester, *If Hitler Had Invaded England* (London, 1971), Len Deighton, *SS-GB* (London, 1978)가 있다. 이 주제를 다룬 영화로는 *Went the Day Well?* (1943), *It Happened Here* (1960)가 있다(이 장의 초고에 코멘트를 해준 마이클 벌리 교수, 니얼 퍼거슨 박사에게 감사한다).

그러나 역사에서 거의 모든 사건은, 특히 군사 · 외교 분야의 경우 어떤 사건도 불가피하다고 말할 수 없다. 1930년대로 거슬러 올라가 유럽의 정치 상황이 악화되는 동안 영국에 주어진 선택지들을 살펴보면, 우리는 무엇보다 1939년 폴란드 문제를 두고 독일에 선전포고하는 일(윈스턴 처칠의 지휘 아래 견뎌낸 "피와 노력, 눈물과 땀"의 긴 5년은 말할 것도 없고)이 일어날 확률이 가장 낮은 축에 속했음을 알 수 있다. 1939년 전쟁에 이르는 길은 이리저리 꼬이고 고통스러운 과정이었다. 설령 그리 중요한 것이 아닐지라도 한두 가지 요인만 달랐다면 얼마나 쉽게 근본적으로 다른 경로를 택할 수 있었을지는 상상만으로도 가능하다.

히틀러의 부관 프리츠 비데만Fritz Wiedemann은 핼리팩스 경(1937년 네빌 체임벌린Neville Chamberlain이 히틀러에게 보낸 특사이자 뮌헨협정 때 외무상을 지낸 인물)이 "총통이 영국 국민의 갈채를 받으며 영국 국왕 곁에 서서 런던으로 들어오는 것을 내 업무의 절정으로 보고 싶다"라고 말한 적이 있다고 주장했다.* 물론 우리는 핼리팩스가 뮌헨협정에 서명하는 시점에도 회유 정책에 의문을 품고 있었음을 알고 있다. 1939년 폴란드 방어에 영국이 개입하도록 조언한 것도 그였다. 그는 이러한 저지 시도가 실패할 경우에 벌어질 독일과의 전쟁 전망에 깊이 비관적이었다. 또한 그는 1940년 5월 전황이 악화될 무렵 히틀러와의 모종의 평화 협상을 지지한 유력자 가운데 하나였다. 우리는 프랑스가 무너지고 영국이 고립될 위험이 목전에 다가왔음에도 처칠이 이런 주장을 거부했다는 것을 알고 있다. 우리는 영국이 버틸 수 있었고 소련과 미국이 독일과의 전쟁에 가담한 뒤 결국 전쟁에 승리할 수 있었음을 알고 있다. 그러나 그 결과는 결코 사전에 예정된 것이 아니었다.

---

*   Andrew Roberts, *"The Holy Fox": A Biography of Lord Halifax* (London, 1991), p. 103.

오래된 반사실 한 가지: 비회유非懷柔(비타협)

물론 2차 세계대전이 터지기까지 벌어진 사건을 두고 '만약 그랬더라면?'이라는 물음은 여러 번 던져졌다. 하지만 역사가들이 비교적 최근까지 던진 질문은 대체로 히틀러가 권력을 잡는 일을 막도록, 아니면 권좌에 오른 뒤 그의 지위가 굳건해지지 않도록 더 일찍 더 많은 일을 할 수 있었는지 아닌지에 집중되어 있었다. 영국이 제3제국에 더 일찍 맞섰다면? 이 의문은 영국과 히틀러에 관한 반사실 논의에서 전통적인 기반이었다. 그것은 본래 처칠 자신이 제기한 물음이기도 했다. 나중에 그는 이렇게 썼다.

"만약 마지막 순간 프랑스와 영국이 짊어진 전쟁의 위험 부담을 평화 시에 과감하게 상대했다면, 단순 명백한 선언을 하고 그대로 시행했다면, 지금 시점에서 우리의 앞날은 얼마나 달라졌을까."

처칠에게 2차 세계대전은 "일어나지 않을 수 있었던 전쟁"이었다. 처칠과 다른 사람들은 독일의 체코 공격에 저항하겠다는 프랑스, 영국, 소련의 결심을 강력히 전달했다면 독일 군부의 주류에 있던 히틀러 비판자들이 충분히 고무되어 그의 몰락까지는 아니어도 최소한 정책 변화는 이끌어냈을 거라고 믿었다. 처칠은 주장했다.

"연합국이 초기 단계에 히틀러에게 강하게 저항했다면 … 독일인의 삶에서 건전한 요인, 특히 고위 지휘부에 있는 매우 강력한 요인으로 그 나라가 빠져들고 있던 광적인 시스템의 손아귀에서 독일을 구해낼 기회가 주어졌을 것이다."

만약 1930년대에 영국 정부가 공중 방어에 집중하지 않고 독일의 프랑스 공격을 억제하지는 못해도 맞서 버틸 수 있는 상당 규모의 육군을 육성했다면 어떻게 되었을까? 만약 1936년 영국과 프랑스가 독일의 라인란트[독일 중서부의 라인강 양쪽에 펼쳐진 지역 – 옮긴이] 재무장에 저항했다면 어떻게 되었을까? 이는 히틀러 자신도 인정했다.

"만약 프랑스가 라인란트로 진군해 들어왔다면(1920년대에 실제로 일어났던 일) 우

리는 꼬리를 내리고 물러나야 했을 것이다.[*]

잘 알려진 대로 영국은 군사력이 약하지만, 설령 허풍일지라도 체코가 습격당할 경우 방어할 의지가 있음을 영국 정부가 명백히 신호를 보냈다면 어떻게 되었을까? 영국과 프랑스가 스탈린을 설득해 1939년에 그가 독일의 외교관 요아힘 폰 리벤트로프Joachim von Ribbentrop에게 넘어가도록 내버려두지 않고 독일에 대항해 손을 잡았다면 어떻게 되었을까? 이 모든 것은 역사가들이 1930년대를 향해 오랫동안 던져온 수용할 만한 반사실 질문이다. 그런데 그렇게 검토한 대안 시나리오는 사실 훨씬 덜 유쾌한, 즉 독일이 영국에 승리한다는 대안보다 설득력이 떨어진다.

1차 세계대전 이후 영국은 1914년 전쟁을 시작한 자랑스러운 제국에 비해 그림자 수준으로 위축되었다. 경제적으로는 엄청난 전쟁 빚에 짓눌렸고 하락한 파운드화 가치를 다시 끌어올려야 한다는 강박관념으로 끙끙대며 시곗바늘을 전쟁 전 시절로 되돌리려 분투하고 있었다. 1920년 이후로는 전례 없는 수준의 실업이 되풀이되어 수십만 명(얼마 지나지 않아 사상 최초로 수백만 명)이 고통을 받고 무기력해졌다. 1929년에는 월스트리트가 무너졌고 1931년 유럽의 금융공황 여파로 자본주의 자체가 죽음 단계에 들어간 것처럼 보였다. 이것은 영국 외교 정책에 심오한 의미가 있는 두 가지의 직접적인 정치적 결과를 낳았다. 첫째, 사회 안전보장비용이 굉장히 높아졌는데 이는 비틀거리는 경제보다 훨씬 더 빠른 속도로 상승했다. 둘째, 결과적으로 국방비 지출에 대한 제약이 지난 100여 년 동안의 그 어느 때보다 커졌다. 1920~1938년 영국의 국방비 지출은 줄곧 연간 국민소득의 5퍼센트에도 미치지 못했다. 이것은 전례 없이 낮은 비율이다. 제국으로서 영국의 개입이 역사상 최고조에 달했을 때인데도 그랬다. 재무상은 우선순위를 전쟁 전에 유지하던 강한 통화와 균형 예산이라는 전통 정책에 두어야 했다. 전쟁 동안 쌓인 엄청난 채무와 디

---

[*] Paul Schmidt, *Hitler's Interpreter* (London, 1951), p. 320.

버추얼 히스토리

플레이션 정책이 유발한 낮아질 줄 모르는 실업률은 국방에 쓸 자금을 대폭 삭감하게 만들었다.

그렇지만 영국의 안보 수준 저하를 우려한 사람은 1차 세계대전 동안 해군성 장관을 지낸 처칠 같은 몇몇 강경파 인사뿐이었다. 불행히도 그와 그의 동지들은 대중의 지지를 별로 받지 못했다. 1차 세계대전 동안 처칠에게는 전쟁광이라는 평판이 따라다녔고 갈리폴리의 재앙 이후에는 실수하는 사람Bungler으로 알려졌다. 그의 평판에 묻은 얼룩은 그것뿐이 아니었다. 노동조합과 러시아 혁명을 적대시한 그는 노동당에 지독하게 인기가 없었다. 자유당은 그가 국세장관으로 있던 1920년대에 경제를 제대로 다루지 못한 사실 때문에 그를 바보로 여겼는데, 말이 나온 김에 덧붙이자면 그때는 처칠 자신도 국방비를 감축했다. 그는 1930년대에 인도의 정치 개혁 정책을 반대했고, 에드워드 8세와 심프슨 부인의 결혼을 지지함으로써 자기 당 내에서도 심각하게 인기를 잃은 상황이었다.*

대다수 유권자는 전쟁에 신물이 나 있었다. 원칙적으로 어떤 '제국주의' 전쟁이든 반대하는 것은 그저 공산당(모스크바가 노선을 바꾸기 전까지) 그리고 버제스, 필비, 매클린, 블런트 같은 케임브리지대학의 젊은 공산당원뿐이 아니었다. 또한 노동당만 "모든 징집소를 닫고, 군대를 해산하고, 공군을 무장해제하자"라고 청원한 조지 랜스베리George Lansbury처럼 '끔찍한 전쟁 장비를 모두 없애버리자'는 평화주의 입장을 채택한 것은 아니었다. 존 메이너드 케인스John Maynard Keynes 같은 자유주의자와 그보다 더 이전의 전시 수상이던 로이드조지는 이제 1차 세계대전을 젊은 생명의 낭비로 보았다. 그것은 유럽을 지배하겠다는 독일의 욕심을 제압할 일은 전혀 하지 않고, 반대로 독일 국민을 화나게 만들 일은 빼놓지 않고 한 1914년의 외교 실수가

---

*   Robert Rhodes James, *Churchill: A Study in Failure, 1900-1939* (London, 1970); Robert Blake & Wm. Roger Louis (eds.), *Churchill* (Oxford, 1993)도 볼 것.

낳은 결과였다. 수많은 보수파가 전후 독일에 은밀히 동정심을 품었는데 그 동정심은 타협의 밑바탕으로 작용했다.

전쟁을 피하고 싶은 욕구는 얼마든지 이해할 만하다. 참호에서의 헛된 학살은 조국을 위한 죽음이 고귀하다는 생각, 즉 한때 용감한(그리고 단명한) 사립학교에서 교육받은 장교들 세대의 모토였던 그 생각에 뿌리 깊은 반발을 불러일으켰다. 나아가 기술 발달로 새로 전쟁이 터지면 1차 세계대전보다 민간인 희생이 훨씬 더 클 것이라는 두려움도 있었다. 볼드윈Baldwin 수상은 이렇게 예견했다.

"폭격기는 언제라도 침투할 것이다."

처칠도 집중적인 공중 폭격으로 첫 주일에 4만 명의 런던 시민이 죽거나 다칠 것이라고 예상했다.* 미국 대통령 우드로 윌슨Woodrow Wilson의 이상, 그러니까 이제 외교는 비밀 협정과 동맹의 문제가 아니라 새 국제연맹의 영역으로 두어야 한다는 이상은 매력적인 것으로 1934~1935년의 소위 '평화 투표Peace Ballot'에서 천만 명의 표로 드러났다. 매력적이지만 실현 가능성은 없는 집단 안전Collective Security 원리를 끌어안은 것은 요크의 템플Temple 대주교와 캔터베리의 랑Lang 대주교 같은 선한 의도를 품은 성직자만이 아니었다. 그런 감정을 표출한 가장 유명한 시위는 1933년 옥스퍼드 유니언 협회Oxford Union[옥스포드 대학 졸업생들로 이루어진 토론 협회 - 옮긴이] 토론실에서 일어난 시위일 것이다. 그것이 전통적으로 보수적인 옥스퍼드 남자들이 벌인 시위였다는 점이 놀랍다. 이 클럽(협회)House은 '어떤 상황에서도 국왕과 나라를 위해 싸우기를 거부한다'는 의제를 내걸었고 시릴 조드Cyril Joad는 청중에게 경고했다.

"서유럽 강대국과 선전포고를 하면 20분 내에 폭격기가 영국 상공으로 날아올 것이다. 폭탄 하나만으로도 4분의 3평방마일[1.92제곱킬로미터 - 옮긴이] 넓이에 있는 모든 생물이 중독되고 만다."

---

*   Martin Gilbert, *Prophet of Truth: Winston S. Churchill 1922-1939* (London, 1990, edn.), p. 573.

         버추얼 히스토리

이 의제에 동의하는 표를 계산원들이 집계했을 때 결과는 명백하고도 충격적이었다. 찬성 275표, 반대 153표였다. 처칠은 그것을 "비열하고 한심하며 수치도 모르는 자백으로 … 매우 불안스럽고 역겨운 징후"라고 평가했다. 하지만 그 의제를 협회 회의록에서 삭제하자는 그의 아들 랜돌프의 제안은 기각되었다.[*]

재정 압박과 대중의 평화주의는 불운한 수상 네빌 체임벌린의 임기 내내 드러난 외적 허약함을 무엇보다 잘 설명해준다. 그런 상황에서 케인스의 영향을 받은 사람들은 1919년 베르사유 조약이 너무 가혹하다고 믿는 독일을 회유하는 정책에 할 말이 많은 것 같았다. 회유는 사실 전쟁을 피하기(아니면 기껏해야 유보하기) 위해 합법적이라 추정하는 독일의 요구를 들어주는 것을 의미했다. 그중에서 최고는 '자결권' 요구였다. 이것은 베르사유 평화협정에서 폴란드, 체코슬로바키아, 그 밖에 다른 중부유럽 국가들의 독립을 정당화하기 위해 사용한 용어였다. 사실상 영토의 약 10퍼센트를 이웃 국가에 양도해야 했던 독일에는 의도적으로 그것을 적용하지 않았다. 문제는 유럽에 있는 모든 독일인이 단일 왕국으로 통일하면 1914년 때보다 영역이 더 커진다는 데 있었다. 여기에는 체코슬로바키아, 폴란드, 리투아니아의 일부 외에 오스트리아도 포함되었다. 이것이 회유 정책에 담긴 근본 결함이었다. 독일의 '뒷마당'(라인란트 재무장을 정당화하는 데 사용한 구절)은 유럽 평화를 유지하기 위한 비용으로는 너무 컸다. 회유 지지자들, 특히 핼리팩스와 베를린 주재 영국 대사 네빌 헨더슨Nevile Henderson은 처참할 정도로 뒤늦게까지 이 점을 간파하지 못했다.

핼리팩스가 독일에 관해 한 말은 여러 보수파 귀족의 견해를 표현한 것이었다.

"민족주의, 인종주의는 강력한 힘이다. 나는 그것이 부자연스럽거나 부도덕하다고 생각지 않는다! … 나는 이들이 공산주의 등을 진정으로 증오하는 사람이라는 것을 의심하지 않는다! 또 감히 말하건대 우리가 만약 그들의 입장이라면 우리도

---

[*] 앞의 책, p. 456n.

같은 느낌일지도 모른다!"

거드름이 심한 이런 태도는 그의 특징이었다. 핼리팩스는 히틀러와 처음 만났을 때 잠시 그를 하인으로 잘못 알고 코트를 건네줄 뻔했다. 총통이 전임 총독(핼리팩스)에게 인도의 민족주의를 다룰 방법("간디를 쏴버리시오")을 말해주자, 핼리팩스는 "놀라움과 역겨움과 자비가 뒤섞인 표정으로 (그를) 바라보았다." 이와 비슷하게 헤르만 괴링Hermann Göing은 덩치 큰 학생 같은 인상을 주었다. 그는 "작은 남자 요제프 괴벨스Joseph Göbels를 … 약간은 좋아하지" 않을 수 없었다. 그런데 핼리팩스가 히틀러에게 "그단스크, 오스트리아, 체코슬로바키아"는 "유럽의 질서 안에서 시간의 흐름과 함께 저절로 변경 가능하도록 운명 지워진 범주에 속하는 문제"라고 말할 때, 그는 그냥 코트만 건넨 것이 아니었다. 그것은 마치 중부유럽을 넘겨주는 것처럼 보였다.*

물론 영국 입장에서 회유 전략은 싸우고 싶어 안달하는 듯한 독일과 전쟁을 치를 준비를 하지 못한 1938년에는 전혀 비합리적인 정책이 아니었다. 사실 히틀러는 체임벌린의 수에 넘어갔다고 느꼈다. 체임벌린의 외교 노력은 히틀러가 원해 1938년 봄부터 계획해온 체코와의 전쟁을 벌이지 못하게 막은 셈이었다. 가장 최근에 출판한 일기에서 괴벨스는 체임벌린을 차례차례 음모를 꾸미며 체코와 짧고 치열한 전쟁을 치르고 싶어 한 히틀러의 욕구를 꺾어버린 얼음처럼 차가운 영국 여우라고 묘사했다. 실제로 체임벌린이 베르히테스가덴에서 벌인 때로 멜로드라마 같은 외교는 영국이 개입할 위험을 두고 자신이 허세를 떠는 것이 아님을 독일인들이 믿게 하는 데 성공했다.

"체임벌린은 마치 자기 임무를 다했고 더 이상 계속하는 것은 무의미하며 손을 다 털었다는 듯 갑자기 일어나서 떠나는 일도 있었다."

*   Roberts, *Holy Fox*, pp. 54-75.

9월 28일 히틀러는 체임벌린의 보좌관 호러스 윌슨 경Sir Horace Wilson에게 "혹시라도 영국이 세계 전쟁을 원하는지 솔직하게" 물어보았다. 여기에서 그가 체임벌린이 그렇다고 대답할까 봐 겁을 냈다는 추론이 가능하다. 그 엿새 전만 해도 런던이 무력에 헤아릴 수 없을 만큼 겁을 낸다고 확신했던 괴벨스는 "우리에게는 전쟁을 벌일 핑계가 없다. … 수정 조항 때문에 세계 전쟁을 벌이는 위험을 질 수는 없으니까"라고 결론짓지 않을 수 없었다.[*]

만약 그 운명적인 뮌헨에서 체임벌린이 4대 강대국 회의를 열자고 압박하는 대신 체코슬로바키아가 공격당할 경우 그곳을 방어한다는 명시적 보장을 하는 것으로 자제했다면 어떻게 되었을까? 1938년 8월 30일 회의에서 내각이 "만약 히틀러가 체코슬로바키아로 들어간다면 그에게 전쟁을 선포해야 한다"는 데 만장일치로 동의했음을 우리는 알고 있다. 그런데 체임벌린은 이 서약을 비밀로 해두자고 주장했다. 마치 자신은 헤르Herr 히틀러에게 위협적인 말을 한마디도 하고 싶지 않다는 듯이 말이다. 만약 그런 말을 했다면 어떻게 되었을까? 그것이 흔히 나온 주장처럼 히틀러에 대항하는 군사 쿠데타의 신호였을까? 그랬을 가능성은 극히 낮다. 특히 핵심 인물인 독일 참모총장 루트비히 베크Ludwig Beck[2차 세계대전 발생 이전 나치 초기의 독일 참모총장 - 옮긴이]가 이미 그 결정적인 내각 회의 며칠 전에 사임했다(내각 회의 다음 날까지는 발표하지 않은 사실). 어쨌든 체임벌린은 히틀러를 몰아낸다는 생각에 의구심을 품었다.[**] 그는 뮌헨 회담 전날 프랑스의 가믈랭Gamelin 장군에게 물었다.

"독일이 볼셰비키 국가가 되지 않으리라고 누가 장담하겠는가?"

지금 우리는 뮌헨 회담을 체코에 등을 돌린 중대한 배신으로 기억하는데, 실제로 그랬다. 전쟁을 피하기 위해 체임벌린은 사실상 그들에게 수데텐란트뿐 아니라 그

---

[*]   *Sunday Times*, 1912년 7월 1, 12, 19일.

[**]   Roberts, *Holy Fox*, p. 108.

들의 자체 방어력까지 내놓으라고 강요했다. 그렇지만 당시 히틀러는 이것을 자기 정책의 승리가 아니라 패배로 보았다. 그가 원한 것은 외교적 타협이 아니라 신속하고 폭력적인 해결책이었기 때문이다. 독일에서 일어난 평화를 향한 대중적 열광 신호를 보고 분기탱천한 그는 베를린으로 달려가 독일 민중이 전쟁을 준비하도록 새로운 선전 캠페인을 지시했다. 이와 반대로 영국으로 돌아간 체임벌린은 영웅으로 찬양받았다. 사실 뮌헨 회담 무렵 그의 인기는 워낙 높아서 만약 그때 총선을 지시했다면(그의 가장 가까운 보좌관들이 요구했듯) 그가 1931년과 1935년에 비해 압도적인 승리를 거두었으리라는 데는 의심의 여지가 없다.

물론 그가 뮌헨에서 거둔 업적은 수명이 지극히 짧았다. 1939년 3월 15일 히틀러는 과거의 영토를 잃고 쪼그라든 체코에 해준 보장을 그냥 찢어버리고 일방적으로 침공했다. 흔히들 이것을 전쟁을 할 수밖에 없는 선을 넘은 순간으로 간주해왔다. 실은 그 이후로도 회유를 계속하자는 강력한 목소리가 여전히 있었다. 4월 초 폴란드에 해준 보장에서 반드시 그래야만 하는 것은 아무것도 없었다. 프라하 점령 소식을 들은 체임벌린의 첫 반응은 "긴장을 완화하고 독재자와 정상적인 관계를 회복할 길은 없을까" 하는 기대였다. 실제로 폴란드는 전쟁이 발발하고 정보부가 그곳을 중요한 지역으로 만들기 전까지 영국에서 인기 있는 명분이 아니었다. 로이드조지와 여러 사회주의자는 베크 장군의 반유대주의와 비민주적인 정부에 매우 비판적이었고, 그들이 뮌헨 위기 동안 체코에서 테셴Teschen[폴란드와 체코슬로바키아의 분쟁 지역으로 1차 세계대전이 끝난 뒤 양국에 분할되었다 – 옮긴이]을 빼앗은 방식에 정당한 응보를 받는 것뿐이라고 믿었다. 사실 로이드조지는 폴란드에 독립을 주는 것은 마치 원숭이에게 고급 손목시계를 주는 것과 같다고 언급했다. 히틀러가 수데텐란트 책략을 다시 벌였다면, 즉 자결권이라는 기초 위에 프러시아의 항구 그단스크와 폴란드 회랑을 요구했다면 그 대중적인 개전 이유Casus Belli[선전포고의 원인이 되는 사건 – 옮긴이]의 앞길을 막을 것은 거의 없었을 터다. 어쨌든 그단스크 주민의 80퍼센트는 독일로 편입되길 원한다고 했으니 말이다.

폴란드 방어에 가담하기로 결정한 핵심 인물은 실은 그걸 회개하던 핼리팩스였다. 그가 체임벌린, 윌슨, 존 사이먼 경, 새뮤얼 호어 경Sir Samuel Hoare, 버틀러R. A. Butler, 조지프 볼Joseph Ball 등이 모인 강력한 그룹을 장악하는 데 성공하지 않았다면 폴란드 보장은 이뤄지지 못했을 것이다. 그 결정은 어떠한 자문도 받지 않은 채 독일의 폴란드와 루마니아 침공이 임박했다는 근거 없는 소문으로 빚어진 패닉 상태에서 내려졌다. 핼리팩스의 주장은 나치 독일의 진짜 의도라며 끊임없이 흘러 들어온 공개적, 비공개적 정보에서 생명력을 얻었다. 나치 독일은 1938년 11월 히틀러가 시작하고 괴벨스가 조직한 국가 지원 학살령이자 인종 정책인 소위 크리스탈나흐트Kristallnacht[수정의 밤 ‒ 옮긴이]로 더욱더 본색을 드러냈다. 그리고 프라하 함락과 리투아니아의 클라이페다[독일어명 메멜 ‒ 옮긴이] 점령은 그 1년 전 핼리팩스가 주장한, 히틀러에게는 "나폴레옹 정도의 정복욕이 없다"는 주장이 틀렸다는 것을 보여주었다. 체코슬로바키아의 남은 영토를 집어삼키는 것이 민족 자결권의 승리를 나타낸다는 말은 절대로 히틀러의 입에서 나올 수 있는 것이 아니었다. 하원 양편에서 회유에 반란을 일으키게 만든 것은 바로 기만당했다는 이런 뒤늦은 깨달음이었다. 이 상황에서 체임벌린이 폴란드를 두고 체코슬로바키아에서 그랬듯 다시 한 번 물러설 수 있었을까? 그렇지 않다. 그럼에도 불구하고 히틀러는 그가 그렇게 할 것이라고 기대했다는 점을 지적할 필요가 있다. 8월 22일 히틀러는 오버잘츠베르크에서 지휘관들에게 말했다.

"영국은 2, 3년 동안은 전쟁이 터지는 것을 원치 않는다."[*]

이어 리벤트로프의 최대 일격으로 그다음 날 모스크바에서 조인한 나치-소비에

---

[*]   J. Noakes & G. Pridham (eds.), *Nazism 1919-1945*, vol. III: *Foreign Policy, War and Racial Extermination* (Exeter, 1988), p. 741.

트 조약은 그의 패를 강화하는 것으로 보였다. 히틀러가 스탈린을 자기편에 두고 있는데 어떻게 영국이 폴란드에 개입하겠다고 위협할 수 있겠는가? 히틀러는 잠시 망설이기도 하고 8월 26일로 예정한 폴란드 침공을 며칠 미루기도 했으나 나흘 만에 호전적인 태도로 돌아갔다("영국인은 독일이 약하다고 믿는다. 그들은 스스로를 기만하고 있음을 깨달을 것이다"). 다음 날 괴링과 괴벨스가 영국의 비개입에 회의적인 반응을 보였으나 히틀러는 이를 묵살했다.

"총통은 영국이 개입할 것이라고 생각하지 않는다."[*]

전쟁 직전 히틀러의 생각은 틀렸지만 이 사실은 영국의 강경파 정책이 전쟁 경로를 바꾸고 심지어 그 자신도 거꾸러뜨릴 수 있다고 생각한 것이 얼마나 비현실적이었는지 보여준다. 훨씬 더 그럴듯한 반사실은 영국의 정책이 회유 노선을 더 멀리 밀고 나가 독일을 달래고 전쟁을 피하며, 나치즘이 그들의 외교 정책에 내적 영향력을 발휘해 독일의 지속적인 확장에 무감각해지도록 만드는 시나리오다.

평화적 공존: 매력적인 반사실

독일과 동맹까지는 아니어도 공식 이해관계를 맺을 가능성을 놓고 1930년대 내내 진지한 논의가 이뤄졌다. 히틀러는 《나의 투쟁Mein Kampf》을 출간하기 이전부터 영국과 그런 거래를 하고 싶은 욕구를 자주 표현했다.[**] 1933년 11월부터 그는 영국과 일종의 해군 협약을 추진했고 1935년 협정을 조인했다.

---

[*]   *Sunday Times*, loc. cit. Michael Bloch, *Ribbentrop* (London, 1992), 특히 pp. 233-262.

[**]   Geoffrey Stokes, *Hitler and the Quest for World Dominion: Nazi Ideology and Foreign Policy in the 1920s* (Leamington Spa/Hamburg/New York, 1986), p. 93ff.

"영국-독일 연합은 다른 모든 세력보다 더 강력하다."

이 생각은 4년 뒤 히틀러가 폴란드를 침공하기 직전 영국이 개입할까 봐 불안해할 때 다시 부상했다. 그는 1939년 8월 25일 헨더슨에게 "언제나 독일-영국 간의 이해를 원했다"라고 확인해주었다.**

1930년대에 영국에서는 히틀러를 용인하길 열망하진 않았어도 긍정적으로 보는 사람이 결코 적지 않았다. 이 감정은 윌리엄 조이스William Joyce(호호 경Lord Haw-Haw[모슬리와 함께 영국 파시스트 유니언BUF의 중심인물로 독일로 건너가 2차 세계대전 동안 괴벨스 밑에서 나치 측 선전방송을 한 인물. 영국 상류층 악센트로 조롱하는 어조 때문에 붙은 별명이다 - 옮긴이]), **헨리 해밀턴 비미시**Henry Hamilton Beamish, **아널드 리스**Arnold Leese 같은 거의 정신병자 수준의 반유대주의자 부류 밖에도 존재했다. 그들 가운데 일부는 결국 전쟁 중에 독일 측으로 넘어갔다. 악명 높은 사례로 한때 노동당의 총아였다가 무솔리니를 따라 파시스트 길을 걸어간 영국 파시스트 유니언 오스왈드 모슬리 경Sir Oswald Mosley이 있다. 하지만 그보다 훨씬 덜 급진적인 친독일파도 있었다. 독일은 어느 모로 봐도 제국에 위협적이지 않다고 본 제국주의자가 있었고, 독일을 무신론적 러시아 볼셰비즘에 항거하는 보루로 본 보수주의자와 가톨릭계도 있었다. 또 독재자 화법을 찬양한 언론 재벌과 회유 정책이 교역에 이롭다고 본 기업가도 있었다.*** 가장 흥미로운 것은 영국의 많은 귀족층이 친독일 성향이 강했고 때로는 친나치파로 기울었다는 점이다. 예를 들면 리벤트로프는 런던에 대사로 부임한 뒤 첫 몇 달 동안 애슬론 백작Earl of Athlone 같은 앵글로-게르만 귀족들, 로디언 경Lord Lothian 등의 독일 예찬자, 큐나드 부인Lady Cunard 같은 사교계 인사의 환심을 샀다. 로디언은 나치의 반유대주의를

<hr>

•   Noakes and Pridham (eds.), *Nazism*, vol. III, p. 667.

••   앞의 책, p. 746.

•••   Richard Griffith, *Fellow Travellers of the Right: British Enthusiasts for Nazi Germany, 1933-1938* (London, 1983).

"독일인이 전쟁 이후 받아온 외적 박해에 따른 반사작용"이라고 서술했다. 이와 비슷하게 더비 경은 괴링이 영국을 방문하려 한다는 말을 듣자 노슬리홀에 머물도록 초청해 그랜드 내셔널[3월 말에서 4월 초에 리버풀에서 열리는 영국 최대 장애물 경마대회 – 옮긴이]을 관람하게 했다. 런던데리 후작부인과 허트우드의 앨런 경Lord Allen, 스탬프 경Lord Stamp은 모두 히틀러를 만난 뒤 좋은 인상을 받았다.*

특히 신분이 매우 높은 영국인 한 명이 사랑 때문에 자신의 유력한 지위를 포기하지 않았다면, 혹은 당시 수상 스탠리 볼드윈이 이혼에 관해 약간 빅토리아 식 태도를 보이지 않았다면, 영국-독일 친화에 중요한 기여를 했을 수 있다. 에드워드 8세는 심프슨 부인을 사랑했을 뿐 아니라 히틀러에게도 감탄했다. 권위 있는 근거에 따르면 그는 웨일스공이었을 때 친히틀러 입장이었고 다음과 같은 선언을 한 것으로 알려졌다.

"유대인 문제든 다른 무엇이든 독일의 국내 문제에 우리가 개입할 이유는 없다. … 요즘 독재자들은 매우 인기가 있고 머지않아 영국에도 그런 사람이 하나쯤 있으면 좋을 것이다."

1935년 그의 아버지 조지 5세는 현저하게 친독일적인 그의 연설에 그를 꾸짖어야 했다. 1년 뒤 에드워드는 왕위를 계승했고 거의 즉시 라인란트 재무장 문제로 독일과 대립하지 말라고 당시 외무상 앤소니 이든Anthony Eden을 설득하려 애썼다. 또 독일 대사의 호소에 응한 그는 "수상(볼드윈)을 호출했는데" 한 버전에 따르면 그는 이렇게 말했다.

"그에게 내 속마음을 약간 보여주었다. 그 늙은 아무개에게 그가 전쟁을 벌인다면 나는 하야하겠다고 말했는데 엄청나게 난리가 났다. 당신은 걱정할 필요가 없다. 전쟁은 없을 테니까."

*   Bloch, *Ribbentrop*, pp. 91-134.

대사직을 넘겨받은 리벤트로프는 심프슨 부인에게도 굉장히 공을 들였다.* 만약 스탠리 볼드윈이 에드워드에게 양위하라고 압박하지 않았다면 어떻게 되었을까? 몇 가지 대안이 있다. 언론 재벌 비버브룩이 제안한 것 같은 귀천상혼 결혼Morganatic Marriage이 이루어졌을 수 있다. 즉, 심프슨 부인은 에드워드와 결혼하지만 왕족이라는 공식 지위는 얻지 못하는 것이다. 아니면 에드워드가 왕위를 택하고 사랑을 버렸을 수도 있다. 이 문제는 2차 세계대전 역사와 관련이 없는 것으로 보일지 모르지만, 노르웨이 재앙의 여파로 체임벌린이 하원에서 굴욕을 겪은 뒤 1940년 5월 국왕이 행한 역할 때문에 결정적인 것으로 부상했다. 에드워드의 동생이자 마지못해 즉위한 조지 6세는 체임벌린이 사임하기를 원치 않은 열성적인 회유주의자로, 체임벌린의 후임으로 처칠보다 핼리팩스를 원했다. 그는 물러서겠다는 핼리팩스의 결정을 그저 마지못해 받아들였을 뿐이다. 에드워드 8세였다면 다르게 행동했을까? 양위 위기 때 자신을 방어해주려 약간은 무모하게 덤벼든 처칠에게 더 헌신했을 가능성이 있다. 그리고 독일과의 전쟁 가능성에 직면했을 때 그의 친독일 성향은 영향력이 더 컸을 수도 있다.

독일과 화평했을 가능성이 1939년 9월 폴란드를 놓고 벌어진 선전포고로 끝난 것은 아니었다. 히틀러는 영국의 선전포고에 경악해 알프레트 로젠베르크Alfred Rosenberg에게 자신은 체임벌린이 정말로 무얼 원하는지 이해할 수 없다고 말했다. "설사 영국이 승리해도 진짜 승자는 미국, 일본, 러시아가 될 텐데 말이다."** 10월 6일 그는 또다시 평화를 제안했으나 체임벌린은 다시 한 번 이를 일축했다. 하지만 괴벨스의 선전부는 1940년까지도 이 생각을 계속 추진했다.

---

*   Andrew Roberts, "The House of Windsor and the Politics of Appeasement", *Eminent Churchillians* (London, 1994), pp. 5-54.

**   Noakes and Pridham (eds.), *Nazism*, vol. III, p. 758f.

"조만간 영국 내에서 인종적으로 가치 있는 게르만계 인물들이 황인종에게 맞선 백인종의 또는 볼셰비즘을 향한 독일의 오랜 투쟁에 합류해야 할 것이다."*

그는 1940년 5월에 말한 것처럼 "세계를 양분하는 문제를 놓고 영국의 의사를 타진하길" 원했다. 한 달 뒤 그는 영국과의 "합리적인 평화 협정" 가능성을 말했다. 히틀러는 자신이 영국과 싸우고 있다는 사실에 여러 번 거듭 한탄했다. (리벤트로프의 말에 따르면) 그는 "영국제국을 궤멸시키는 것이 바람직한 일인지" 의심했다.** 7월, 그러니까 최후의 평화 제안을 내기 6일 전 그는 프란츠 할더Franz Halder[2차 세계대전 초반 독일 육군참모총장 – 옮긴이]에게 영국과 전쟁하기는 싫다고 말했다. "왜냐하면 우리가 영국 군사력을 무너뜨리면 영국제국은 무너질 테니까. 그건 독일에 도움이 되지 않고 … 이득을 보는 것은 오로지 일본과 미국뿐일 테니까."***

최근 존 참리 같은 수정주의 역사가들은 이 분석이 너무 앞질러간 해석이라고 주장했다. 그들의 주장에 따르면 1945년 영국이 거둔 승리는 처참한 손해를 떠안은 승리였다. 따라서 다른 가능성을 검토했어야 했다. 만약 전쟁이 1939년에 벌어졌는데 그 뒤 영국이 독일과 평화 협상을 진행했다면 어떻게 되었을까? 그들은 그렇게 되었다면 독일이 소련과 싸우느라 기력을 소모한 결과, 영국제국은 손상을 겪지 않고 보수파가 정권을 잡아 영국 경제에 피해가 없었을 것이라고 한다. 참리는 프랑스가 패한 뒤인 1940년 여름 무솔리니를 통해 협상을 시작했다면 많은 사람, 특히 핼리팩스와 버틀러는 이를 타당하게 여겼을 거라고 분석했다.**** 또한 그는 히틀러가 무슨 말을 하든 그것은 필히 "카르타고 식 무조건 항복"을 초래할 것이라는 처

---

*   Willi A. Boelcke, *The Secret Conferences of Dr. Goebbels, 1939-1943* (London, n.d.), pp. 1-62.

**   Noakes and Pridham (eds.), *Nazism*, vol. III, p. 777.

***   앞의 책, p. 783.

****   John Charmley, *Churchill: The End of Glory: A Political Biography* (London, 1993).

칠의 주장을 의심 없이 받아들여서는 안 된다고 주장했다. 수상이 되기 전에는 처칠도 체임벌린에게 독일의 진정한 화평 제안에 문을 닫아걸지 말라고 설득한 바 있다. 그리고 5월 26일 평화 협상을 추진하기 위해 전시 내각을 소집했을 때 영국의 전략적, 경제적 위치가 워낙 위태로운 지경이라 그는 그 선택지가 가진 매력을 부정할 수 없었다.

처칠이 특히 우려한 것은 미국의 구체적인 지원이 부족하다는 점이었는데, 그는 이미 그것이 승리의 열쇠임을 알아보았다. 심지어 그는 이렇게까지 말했다. "이 곤경에서 벗어나기 위해 몰타와 지브롤터, 아프리카 식민지의 일부까지 내줘야 하더라도 난 기꺼이 받아들이겠다." 물론 이런 말을 덧붙이기는 했다. "우리가 받아들일 그 어떤 조건에도 히틀러가 동의할 것이라고 믿기 힘들다." 이틀 뒤 그는 이 점을 되풀이해서 말했다. "독일인은 우리 함대를 … 우리 해군기지를, 그 밖에 많은 것을 요구할 것이다. 우리는 노예국가가 될 것이다."* 그러나 참리는 이 주장이 자기 완결적이라는 취지의 분석을 내놓았다. 처칠은 수상으로서 자신의 위치가 "어떤 대가를 치르더라도 승리하라", "정복하거나 죽거나"의 노선을 유지하는 데 있음을 알고 있었다. 앨런 클라크Alan Clark는 이 구분을 '치명적 개념Lethal Concept'으로 치부해 거부했다.** 클라크에 따르면 영국 본토 공중 결전에서 승리하고 아프리카에서 이탈리아가 패한 1941년 봄까지도 독일과 거래할 수 있었다. 히틀러는 러시아로 방향을 바꾸기 전 옆구리를 안전하게 해두고 싶어 했다. 루돌프 헤스Rudolf Hess는 영국으로 날아가 거래를 트려고 했지만 그의 임무는 처칠이 은폐했다.

처칠이 아닌 다른 사람이 이끄는 정부였다면 영국이 독일과 단독 강화를 맺어 히틀러가 스탈린과 자유롭게 싸우도록 해주었을지도 모른다고 생각할 수 있다. 독일

---

*   앞의 책, pp. 403f; Roberts, *Holy Fox*, pp. 210-228도 볼 것.

**   *The Times*, 1993년 1월 2일.

이 오로지 소련 하나만 상대하는 전쟁이었다면 적어도 영국의 우익에게는 매력이 좀 있었을 것이다. 여러 보수파는 언제나 공산주의를 파시즘보다 더 큰 위협으로 여겨왔으니 말이다. 가령 1940년에는 스탈린에 맞서는 핀란드의 투쟁에 널리 지원이 이뤄졌다. 세인트 조지 연대(아마 존 애머리John Amery가 지휘하는)[영국과 영연방 출신의 전쟁포로 중에서 자원자를 모집해 구성한 일종의 나치 친위대 - 옮긴이]가 공산주의에 맞서 싸우고 독일의 지휘 아래 복무한다는 상상은 스페인과 프랑스 파시스트들이 동부 전선에서 그랬듯 불가능한 일이 아니었다. 심지어 정부 내에서도 처칠과 그의 가까운 지지자들이 새로 구축한 친러 성향에도 불구하고 히틀러와 스탈린이 맞서게 하는 전략을 선호한 사람들이 있었다. 그러나 1942년까지도 토리당 각료 존 무어-브라바존John Moore-Brabazon은 많은 사람의 사적인 속마음을 공개적으로 발언한 탓에 사임해야 했다. 나치 독일과 스탈린의 러시아가 싸우는 것은 우리에게 좋다는 속마음 말이다. 그것은 헨리 키신저가 이란-이라크 전쟁 때 취한 것과 동일한 입장이었다.

"양쪽 모두 질 수 없다는 게 애석하군."

이것이 한마디로 표현한 수정주의자들의 주장이었다. 그렇다면 조만간 어느 한쪽이 마침내 승리했을 때 일어나지 않을 수 없었을 결과는 무엇일까? 무솔리니가 그리스를 침공하려다 실패하고 영국군이 리비아에서 이탈리아군을 공격한 지중해 전쟁으로 관심이 분산되지 않았다면 승자는 독일이었을지도 모른다. 독일이 지중해에 개입하면서 리비아에 군대를 보내야 했고 불가리아, 유고슬라비아, 그리스, 크레타까지 점령했으므로 스탈린을 치려는 바르바로사 작전 개시가 결정적으로 중요한 순간 한 달간 늦어졌다. 만약 히틀러가 영국과 모종의 합의를 했다면 그는 지중해에 전력을 분산하지 않고 계획한 일정에 맞춰 소련을 공격했을 가능성이 크다. 특히 전체 육군, 해군, 공군을 온전히 러시아에 집중할 수 있었을 것이다. 서부에서 제2전선이 열릴 희망도 보급선도 그 어떤 연합군도 없는 상태라면 대숙청을 거친 러시아라는 적군, 즉 난쟁이 같은 핀란드도 제대로 쳐부수지 못한 적군은 패해 우랄산맥 너머로 밀려났을 확률이 높다. 사실 독일 육군은 스탈린그라드를 수중에 넣고 레닌그라드를 포위했으며 모스크바의 외곽 전차 역에 이르렀다. 수정주의자들이 주장하는 것처럼 영국이 1940년이나 1941년에 독일과 화평을 추진했다면 러시아에서 독일이 승리했을 가능성은 확실히 컸다. 그리고 마이클 벌리_{Michael Burleigh}가 다음 장에서 주장하듯 그랬다면 영국의 처지는 매우 취약해졌으리라.

더 나쁜 시나리오: 영국 침공

참리-클라크 테제의 중심 가정은 히틀러의 평화 제안이 진지했다는 점이다. 적어도 공적으로는 그렇게 취급할 수 있었다는 얘기다. 하지만 히틀러의 소위 영국 숭배 성향을 평가할 때, 우리는 앵글로색슨과 게르만 사이에 인종 친화성이 있다는 히틀러의 이론에 근거한 인과적 성찰과 히틀러 식 전략이라는 현실정치를 구분해야 한다. 그 현실정치는 최소한 1936년부터 늘 영국을 독일 세력에 굴복시킬 것을 함축하고 있었다. 영국을 퇴폐적이고 시들어가는 권력으로 여기며 환멸을 느낀 리벤트로프의 영향을 받은 히틀러는 1936년 후반 "정직한 독일-영국 친교도 독일에 아무런 구체적이고 긍정적인 이득을 주지 않으며", 따라서 독일은 "영국과 양해관계를 맺는 데 관심이 없다"는 결론을 내렸다.* 1937년 11월 그가 군 지휘관들과 만난 회의에서 한 말(악명 높은 호스바흐 보고서_{Hossbach Memorandum}에 기록된 내용)처럼 영국은(프랑스와 함께) "증오심이 도발한 적"이고 그들의 제국은 "장기적으로 무력 외교로 유지할 수 없을 것"이었다.** 이것은 영국을 "가장 위험한 적"으로 본 리벤트로

---

*   Noakes & Pridham (eds.), *Nazism*, vol. III, p. 674f.

**   앞의 책, p. 683.

프가 꾸준히 강화한 견해였다.[*]

오스트리아, 체코슬로바키아, 폴란드 침공을 계획하면서 히틀러는 영국이 개입하기에는 약하다는 확신과 개입하더라도 독일이 버텨내리라는 확신 사이에서 동요했다. 1939년 5월 육군 지휘관들과 대화하던 그는 "영국과 평화적 해결이 가능한지에 의심"을 표했다.

"그것은 최후의 대결을 준비하는 데 필요하다. 영국은 우리의 발전을 보며 자국을 약화할 헤게모니 구축을 간파할 것이다. 따라서 영국은 우리의 적이며 영국과의 대격돌은 생사가 걸린 문제다."[**]

1939년 1월 27일자 해군 명령인 Z계획만큼 영국을 바라보는 히틀러의 진짜 태도를 잘 보여주는 것도 없다. 그것은 1944~1946년 대양에 있는 어떤 세력, 즉 영국이든 미국이든 누구에게든 도전할 수 있는 함대 계획이었다. 존 키건John Keegan은 해군과 관련해 그것을 넘어서는 반사실을 제시했다.

"독일이 전쟁을 시작했을 때 카를 되니츠Karl Dönitz가 대서양 전투에서 승리하려면 필요하다고 조언한 유보트[독일의 중형 잠수함 - 옮긴이] 300척을 갖췄다면 영국은 태평양 전쟁에서 미국이 참전하기 오래전에 전투력을 잃고 무너졌을 것이다."[***]

국내에서 생산하는 식량은 전체 소비량의 절반뿐이고 원유, 고무, 비철금속은 전량 수입하는 영국은 독일의 잠수함 봉쇄에 무릎을 꿇었을지도 모른다. 물론 히틀러가 영국의 선전포고에 경악한 것은 사실이다. 그렇다고 그 뒤 그가 내민 평화 제안이 진지했다고 본다면 그건 틀렸다. 1939년 10월 그는 평화를 제안한 지 이틀 만에 폰 브라우히치von Brauchitsch[2차 세계대전 초반 독일 육군총사령관 - 옮긴이]와 할더에게 말했다.

---

[*]   앞의 책, pp. 692-696.
[**]   앞의 책, p. 738.
[***] John Keegan, *The Second World War* (London, 1989), p. 214.

"독일의 전쟁 목표는 … 서구의 최종 군사적 패배다. … 이 근본 목표는 선전용 목적에 따라 수시로 조정해야 한다. … (하지만) 이것이 전쟁 목표 자체를 바꾸지는 않는다. … (그 목적은) 프랑스와 영국 군사력의 완전한 섬멸이다."[*]

심지어 러시아를 공격하겠다는 그의 결정에도 반反영국 목적이 있었다. 영국에 화평을 제안한 지 고작 열이틀 뒤인 1940년 7월 31일 그는 다음과 같이 말했다.

"러시아는 영국이 제일 많이 의지하는 나라다. … 러시아가 무너지면 영국의 마지막 희망은 분쇄될 것이다."[**]

히틀러가 레벤스라움Lebensraum[한 민족의 생존을 위한 미래의 영토. 즉, 독일인을 위한 생존 공간-옮긴이]이라는 인종 목표를 자신의 거창한 전략과 뒤섞으며 계속 전술을 바꾼 사실 때문에 역사가들은 그의 궁극적 의도가 무엇인지 혼란에 빠지곤 했다. 단순한 현실을 말하자면 적어도 1936년 이후 히틀러는 최후의 대결이 불가피하다고 여겼다. 설사 인종적 근거 위에서 그것을 애석하게 여겼거나 그것이 5년 일찍 와버렸다고 해도 말이다. 처칠의 호칭대로 '그 남자'와 화평을 체결했을 수 있고 그럼으로써 대영제국과 보수 세력을 유지했으리라는 생각은 망상이다. 영국이 폴란드를 두고 싸우지 않았다면, 1940년 5월이나 바르바로사 이전에 화평을 맺고자 했다면, 되니츠 제독이 권한 바 있는 유보트 300척에 무릎을 꿇었다면, 이들 대안 시나리오 중 어느 것을 고려해도 결과는 같다. 영국은 제3제국에 항복했을 것이다.

결국 처칠은 옳았다. 1938년 10월 5일 수요일 그가 하원에서 뮌헨협정을 비난하며 대중의 도취증 흐름을 거슬러 헤엄칠 때, 그는 진실의 본질을 건드리고 있었다.

영국 민주주의와 나치 권력 사이에는, 즉 기독교 윤리를 일축하고 야만적인 이교 아래

---

[*]   Noakes & Pridham (eds.), *Nazism*, vol. III, p. 760.

[**]   앞의 책, p. 790. 강조는 원저자.

저주에 갈채를 보내며, 공격과 정복 정신을 뽐내고 박해에서 힘과 도착적 쾌감을 얻으며, 우리가 이미 본 대로 살인적인 무력 위협을 무자비하고 잔혹하게 사용하는 저 세력 사이에는 절대로 우정이 있을 수 없다. 그 힘은 결코 영국 민주주의의 신뢰를 받는 친구가 될 수 없다. 내가 참을 수 없는 것은 우리나라가 어떤 힘 속으로 굴러 떨어지는 느낌, 나치 독일의 영향력과 궤도 속으로 굴러 떨어지는 일, 우리가 그들의 호의나 즐거움에 의존하게 되는 일이다.*

한데 그가 영국이 독일의 힘과 영향력과 궤도 속으로 굴러 떨어지는 느낌을 말했을 때, 처칠의 머릿속에 있던 것은 최악의 시나리오가 아니었다. 따져봐야 할 더 나쁜 가능성이 있었다. 독일이 그대로 침입해 영국을 점령해버릴 가능성 말이다.

1940년 5월 24일 금요일, 하인츠 구데리안Heinz Guderian의 제1기갑사단1st Panzer Division은 프랑스 그라블린 남쪽의 운하화한 아Aa강에 도달했고, 치열한 교전 끝에 강을 건너 교두보를 확보했다. 그들과 탈진한 연합군 병사 40만 명이 발이 묶여 있던 플랑드르 해변과의 거리는 고작 10마일[약 16킬로미터 - 옮긴이]에 불과했다. 그곳에서 가장 위대한 전차 지휘관이 20세기 최대 군사 작전을 펼치려고 최고의 기계화 부대를 정렬하고 있을 때 갑자기 멈추라는 지시가 내려왔다. 구데리안은 항의했으나 사흘이 지나도 그 지시는 여전히 유효했다. 그동안 연합군은 해변 주위에 요새를 구축했고 이후 9일 동안 다이너모 작전Operation Dynamo을 펼쳐 부대원 33만 8,226명을 영국으로 수송했다.

구데리안은 언제나 히틀러의 지시, 즉 참모총장 프란츠 할더와 폰 브라우히치 원수의 반대를 무릅쓰고 내린 지시가 "심각한 결과를 초래한 착오였고 영국 해외원정군을 사로잡기만 했다면 … 영국 침공에 성공하는 데 필요한 여건을 조성했을 것"

---

* Gilbert, *Prophet of Truth*, p. 1,000.

이라고 믿었다.* 역사가들은 그 지시를 내린 이유를 놓고 오랫동안 토론해왔으나, 만약 영국 해외원정군이 통째로 사로잡혔다면 어찌 되었을지 물어본 적은 거의 없었다. 혹은 다이너모 작전 기간에 25만 명의 연합군 부대가 안전을 향해 걸어간 이스트몰의 길이 1,400야드[약 1.3킬로미터 - 옮긴이], 폭 5피트[약 1.5미터 - 옮긴이]의 목제 선창이 그곳을 폭격하려고 일주일 넘게 애쓰던 독일의 스투카 폭격기에 파괴되었다면 어찌 되었을지도 거의 물어본 적이 없었다.**

대제독 에리히 레더Erich Raeder는 1940년 5월 21일 히틀러와 처음 영국 침공을 논의했는데, 이미 그 이전 해에 참모에게 가능성을 조사하라고 지시한 바 있었다.*** 히틀러는 열성이 없었고 그 주제를 다시 논의한 6월 20일에는 유대인을 마다가스카르로 이송하는 일에 더 흥미가 있는 듯했다. 1940년 7월 16일 히틀러는 '영국 상륙 작전 준비'라는 제목이 붙은 총통 지시 16호를 발령했으나 습격에 적합한 시간은 다 지나가버렸다.**** 7월 말 히틀러가 설정한 목표 일자인 9월 15일은 영국 해군과 공중 방어가 파괴되었다는 전제 아래 정한 것으로 달성하기가 불가능했다. 침공 일자는 세 번이나 연기되었고 1940년 12월이 되자 영국 침공 준비는 계획한 소련 공격(히틀러는 이것이 해협을 건너는 공격보다 덜 위험하다고 보았다)을 위한 위장으로 전락해버렸다.***** 만약 히틀러가 시라이언Sealion 작전을 반쯤은 건성으로, 최후 순간에야 해

---

*   General Heinz Guderian, *Panzer Leader* (London, 1952), p. 117.

**   Alistair Horne, *To Lose a Battle* (London, 1969), pp. 611-616.

***   Norman Rich, *Hitler's War Aims: Ideology, the Nazi State and the Course of Expansion* (New York/London, 1973), p. 159ff.

**** Peter Fleming, *Invasion 1940* (London, 1957), p. 37. Cf. Noakes and Pridham (eds.), *Nazism*, vol. III, pp. 783-786; Ronald Wheatley, *Operation Sea Lion: German Plans for the Invasion of England, 1939-1942* (Oxford, 1958).

***** Rich, *War Aims*, p. 161ff. 추가 준비는 1941년 8월 중지했고 그 계획은 다음 해 3월 사실상 무기한 연기되었다.

군참모부가 제안하는 것이 아니라 최고사령부Armed Forces High Command(OKW) 수준에서 여러 해 동안 준비하게 했다면 어떻게 되었을까? 만약 바지선 1,722척, 예인선 471척, 모터보트 1,161척, 수송선 155척이 필요한 것으로 추산한 엄청난 규모의 선박을 배당하고 5월 하순 마스와 스헬더 삼각주를 항해했다면 어찌 되었을까? 영국 남동부에 있던 RAF의 핵심 거점에 5천 명의 낙하산 부대를 떨어뜨려 전투기 사령부Fighter Command의 심장부를 쏠어버리겠다던 에르하르트 밀히Erhard Milch 루프트바페[독일 공군-옮긴이] 장군의 계획이 괴링에게 거부당하지 않고 채택되었다면 어찌 되었을까? 만약 파리가 아니라 런던이 히틀러의 목표 지점이었다면 어떻게 되었을까?*

독일의 영국제도 침공이라는 수많은 역사, 문학 분석은 대부분 1940년 8월이나 9월 혹은 그보다 더 늦게 벌어지는 침공을 가정한다. 그러나 1940년 5월 하순에 독일이 들어왔다면 그들을 맞이한 것은 최근 귀환한 해외주둔군이 아니라 본토에 남아 있던 최소한의 병력뿐이었을 것이다.** 국토방위군에게 지급한 1차 세계대전 때의 주무기이던 스프링필드 라이플 48만 3,924정은 1940년 8월까지 아직 미국에서 도착하지 않았고, 영국 남부 전역에 구축한 방공호 1만 8천 개소 중 대다수는 6월 중순까지 콘크리트로 기초도 다지지 않은 상태였다.*** 당시 런던 남부에 있던 것은 야포 48정, 2파운드 대전차포 54정뿐이었다. 최고사령부OKW의 귄터 블루멘트리트Günther Blumentritt 장군이 전쟁 뒤 한탄한 것처럼 "계획을 완비했다면 됭케르크 작

*   Michael Glover, *Invasion Scare 1940* (London, 1990), p. 50.

**   짧은 참고문헌 목록에는 이미 인용한 연구들 외에 다음 연구를 포함해야 한다. Basil Collier, *The Defence of the United Kingdom* (London, 1957); David Lampe, *The Last Ditch* (London, 1968); Norman Longmate, *If Britain Had Fallen* (London, 1972); Adrian Gilbert, *Britain Invaded* (London, 1990); Peter Schenk, *Invasion of England 1940* (London, 1990); Kenneth Macksey, *Invasion: The German Invasion of England 1940* (London, 1980); idem(ed.), *The Hitler Options* (London, 1995).

***   *Loopholes*(필박스 스터디 그룹이 내는 간행물), vols. I-VI을 볼 것.

전 후 강력한 무력으로 영국으로 건너갔을 수도 있었다." 반면 할더의 말을 빌리자면 침공은 그때까지도 (히틀러가) 기피한 생각이었다.*

　처음에 독일의 13개 사단이 영국 남부 해안에 넓게 퍼져 밀어붙였을 경우, 그들이 낮게 나는 비행기가 투하한 1차 세계대전에서 쓰고 남은 독가스 1,495톤을 온통 뒤집어썼을 수도 있다는 것은 사실이다. 그렇긴 해도 그것은 그들이 대비하고 훈련한 상황이었다.** 만약 그들이 22마일[약 35킬로미터 – 옮긴이] 거리인 영국해협을 건너기만 했다면 인공적이든 자연적이든 그 어떤 장애물, 즉 라이–히스 로열 밀리터리 커낼Rye-Hythe Royal Military Canal 같은 것도 그들의 북진 행군을 오래 막기는 힘들었을 것이다. 1940년 9월 14일 발령한 게르트 폰 룬스테트Gerd von Runstedt 원수의 '영국 땅에서의 초기 전투 예보'에 따르면 "소규모지만 완벽한 기갑부대를 첫 공격의 초기 단계에 투입할 계획이었다.*** 만약 영국 공군이 최근 설치한 레이더의 도움을 받지 못했다면, 독일 공군의 암호를 해독하지 못했다면, 공수부대 총지휘관 쿠르트 슈투덴트Kurt Student 장군이 다우딩 전투기 부대의 핵심 부문을 분쇄했다면, 공중 전쟁도 다른 방향으로 진행되었을 가능성이 크다.

　사실 앨런 브루크Alan Brooke 장군은 7월 20일에야 아이언사이드Ironside 장군에게 본토 방어군Home Forces의 총지휘관직을 넘겨받았다. 그는 곧바로 자기 휘하의 몇 안 되는 탱크를 연안에 더 가까이 배치했다. 그러나 5월 하순에 공격이 있었다면 대다수 영국군이 본토 훨씬 안쪽의 급조한 방어선을 수호하느라 남부 해안 교두보는 그냥 넘겨주는 것이나 마찬가지였을 터다. 독일군은 교전 초기에 켄트주 애시포드에

---

*　Fleming, *Invasion 1940*, p. 35.
**　앞의 책. p. 293.
***　Glover, *Invasion Scare 1940*, p. 180; William Shirer, *The Rise and Fall of the Third Reich* (London, 1964), pp. 912-913.

5. 히틀러의 영국

도달하기를 바라고 있었다.* 1945년 룬스테트가 사람들에게 말한 것처럼 종전 후 독일 장군들은 시라이언 작전은 "어떤 침공도 실행 불가능하다는 것이 명백한 상황에서 일종의 게임 같은 것이었다"고 항의했지만 말이다. 9월 중순에는 해변에서 치열한 저항이 있을 것이라고 예상했으나 5월에 공격했다면 독일군은 기분 좋은 쪽으로 놀랐을지도 모른다. 영국 방어군의 공식 역사가 바질 콜리어Basil Collier가 지적하듯 "셰피에서 라이까지 핵심적인 곳에는 야포 23문을 보유한 제1런던 사단을 배치했는데 대전차포도, 무장전차도, 무장한 전투용 차량도 없었고 본래 구비해야 할 대전차 소총도 6분의 1 정도만 보유한 상태였다."** 6인치 포를 배치한 슈베리니스처럼 방어선을 잘 구축한 곳은 마지노선만큼 쉽게 우회할 수 있었다.

독일 공군과 해군은 영국해협을 건너 군대를 수송하는 데 필요한 핵심적인 열두 시간 동안 해군을 무력화할 수 있었을까? 이런 종류의 도박을 하려면 독일군은 사실상 전체 해군력을 작전에 투입해야 했을 것이다. 반면 아주 짧은 시간, 즉 한나절 만에 공격부대를 수송할 수도 있었다. 우리는 다이너모 작전에 참여한 구축함 50척 중 9척은 격침당하고 23척은 파손되었음을 기억해야 한다. 1940년 6월 영국 해군에는 사용 가능한 구축함이 고작 68척뿐이었다. 1919년에는 모두 433척이었다. 874년 만에 처음 이뤄졌을 수도 있는 영국 침공 방법을 독일이 분명 몰랐을 수는 없다.

나치와의 협력이라는 반사실

점령이란 무엇을 의미할까? 다음 장에서 마이클 벌리는 동부유럽에서 독일이 거

*   Schenk, *Invasion of England*, pp. 263-270; Shirer, *Rise and Fall*, p. 912.

**   Collier, *Defence of the United Kingdom*, p. 494.

둔 승리에 담긴 참혹한 참의를 따로 다룬다. 서유럽이 겪은 일이 영국에는 더 적절한 모델일 텐데 그것은 이와 아주 달랐다. 프랑스, 네덜란드, 그 밖에 서유럽의 다른 점령 지역에서 인종 정책은 동부 전선에서만큼 큰 문제가 되지 않았지만 이곳에서도 유대인은 국적을 불문하고 동부에 있는 죽음의 수용소로 보내졌다. 서유럽에서 벌어진 수탈 모델은 인종보다 경제 문제였다. 특히 프랑스는 독일의 군수물자를 만드는 일종의 젖소 기능을 했고, 전쟁포로 수천 명이 독일에 끌려가 노동력을 제공하면서 비시 정부가 잘 처신하도록 인질 노릇을 했다.

최근 침공과 점령에 보인 영국 국민의 반응이 프랑스나 체코, 룩셈부르크 국민과 다르지 않았으리라는 주장이 유행하고 있다. 그것은 영국인의 국민적 자기기만의 핵심을 찌르는 이슈다. 1995년 전시의 채널제도에 관한 책을 낸 〈가디언〉의 기자 매들린 번팅Madeleine Bunting은 "제도 주민들이 독일군 치하 유럽 전역 사람들처럼 타협하고 협력하며 사이좋게 지냈다는 사실을 감안하면 그 경험은 2차 세계대전이 영국인이 나머지 유럽인과 원천적으로 달랐음을 입증한다는 믿음을 정면으로 반박한다"라고 주장한다. 그녀는 채널제도가 1940~1945년에 겪은 경험은 대륙 유럽인과 영국인의 성격이 다르다는 신화의 설득력을 떨어뜨린다고 믿는다. 그녀의 연구에 비춰볼 때 전쟁에 관한 편협하고 민족주의적인 이해는 폐기하고 그 격동기를 공통적인 유럽 역사 이해로 대체해야 한다.* 그녀의 책에 서평을 쓴 극작가 존 모티머John Mortimer는 채널제도를 "스트레스 아래 놓인 영국인의 성격과 영국 식 미덕을 시험하는 이상적인 시험장"이라고 묘사했다. 그는 "영국인은 시험을 치렀고 그들의 처신은 유럽의 다른 많은 사람보다 더 낫지도 훨씬 더 나쁘지도 않았다"라고 결론

---

*   Madeleine Bunting, *The Model Occupation: The Channel Islands under German Rule 1940-1945* (London, 1995), p. 6. 이와 반대되는 견해는 Charles Cruikshank, *The German Occupation of the Channel Islands* (Oxford, 1975) 참조.

지었다.* 심지어 기자 앤 애플바움Ann Applebaum도 보수지 〈스펙테이터The Spectator〉에 쓴 글에서 "나치에게 점령되었다면 영국인은 다른 패전 국민보다 더 낫지도 더 나쁘지도 않게 처신했을 것"이라고 주장했다.** 다른 저자들은 "영국 국민과 독일군 사이에 서서히 일종의 관계 같은 것이 나타나고 … 입원한 아이들에게는 낯선 억양으로 말하는 산타 할아버지가 선물을 가져다주었을 것"이라고 상상했다.*** 또 다른 역사가들은 "건전한 보통 영국인은 대부분 일종의 평화를 위해서라도 저항을 내려놓고 독일인과 협동하기 시작했을 것"이라고 믿는다.****

이 모든 해설은 채널제도와 영국 본토 사이에 놓인 깊은 차이를 인식하지 못했다. 첫째, 제도의 전략적 중요성이 극히 낮아 전쟁성은 주민들에게 침략군에 저항하지 말라고 지시했다. 반면 본토에서는 처칠이 국민에게 6월 4일 "해안에서 싸우라"고 호소했다. 처칠이 런던에서 말한 것처럼 세인트 헬리어St. Helier[채널제도 저지섬의 수도-옮긴이]가 독일군 전체를 받아들였을 가능성은 거의 없다. 둘째, 채널제도에서는 군인 연령대의 신체 건장한 남자(그들 중 1만 명은 전쟁터에서 훌륭하게 싸웠다)를 포함해 전체 인구의 3분의 1을 대피시켰다. 남아 있던 6만 명을 수비하기 위해 적어도 3만 7천 명 이상의 독일군이 주둔했는데, 이것으로 환산하면 본토 규모를 수비하기 위해 독일군은 3천만 명이 주둔해야 했을 것이다! 셋째, 서리[런던 근교 도시-옮긴이]와 비슷한 건물들이 있기는 하지만 채널제도 주민들을 영국 전체와 대등하게 간주할 수는 없다. 건지섬 사람들은 아직도 저지섬 사람들을 두꺼비라 부르며 1939년에도 그 섬의 방언인 노르만-프랑스어를 널리 쓰고 있었다.***** 본토 인구의 0.1퍼센트가 살

*   *Sunday Times*, 1995년 1월 29일.
**   *Spectator*, 1995년 4월 8일.
***   Gilbert, *Britain Invaded*, p. 100.
****   Lampe, *Last Ditch*, p. 152.
*****   Fleming, *Invasion 1940*, p. 266.

         버추얼 히스토리

고 있는 그 제도는 어느 모로 보든 나머지 영국의 정치적 바로미터로 의미 있게 쓰기엔 통계상 중요도가 너무 낮은 샘플이다. 그 제도의 지리와 사회를 보아도 중요하게 저항할 여지가 아예 없었다. 평평한 지형에 인구밀도가 높은 그곳은 전쟁 기간에 독일인 인구밀도가 독일 본국보다 더 높았다. 정당도 노조도 명백한 저항 중심지도 없는 그 제도는 런던의 이스트엔드나 사우스웨일스의 광산 계곡, 북동부의 공장지대, 글래스고의 슬럼가가 나치 군화의 진군에 보였을 법한 반응을 결코 보일 수 없었다. 심지어 번팅도 "그 제도에는 권력에 저항하는 전통이 없었다. 그들은 엄격하게 서열을 따지고 순응적인 사회였다"라고 인정한다.*

증거로 보건대 만약 독일인이 영국에 상륙했다면 무기와 전장에서의 전술 우위 덕분에 단편적인 교전에서는 승리할지 모르지만, 아무리 급조했을지라도 무기를 든 국민의 본능적이고 무자비한 적대감을 상대해야 했을 것이다. 한 나라를 정복하려면 보병이 타운과 도시를 점령해야 한다. 탱크와 진지에만 갇혀 있는 군대가 반드시 이기는 것은 아니다. 1940년 5월 영국에서 일어난 일을 바탕으로 말한다면 설령 독일이 침공해 무자비하게 굴었더라도 본토 점령은 극도로 어려운 일이었을 확률이 높다. 5월 14일 전쟁성 장관 앤소니 이든은 방송으로 "17세에서 65세 사이 남자는 … 앞으로 나와 지역방위 자원병LDV, Local Defence Volunteers으로 복무해 달라"고 호소했다. 그가 말을 마치기도 전에 전국의 경찰서는 전화 홍수에 잠겨버렸다. 그다음 날 아침에는 엄청나게 많지만 질서정연한 줄이 만들어졌고 24시간도 채 되지 않아 25만 명의 영국인이 자원했다. 5월 말 15만 명 정도의 자원병을 예상한 전쟁사무소는 40만 명을 처리해야 했고 그 수는 줄어들 줄을 몰랐다. 6월 말 최소 145만 6천 명이 나라를 지키겠다고 자원했다. 그중 3분의 1은 1차 세계대전 퇴

*   Bunting, *Model Occupation*, p. 6.

역군인이었다.*

솔직히 그들의 무장은 형편없었다. LDV 부대는 당국에서 내려올 지시를 기다리지 않고 농기구와 소총, 수제무기를 들고 즉시 순찰을 시작했다. 6명 중 1명만 라이플을 받았다. 노엘 카워드Noël Coward가 본토방위대Home Guard의 비가를 쓴 것은 바로 1940년의 이 시기였다.

> 부탁이니 우리에게 브렌 건[공냉식 경기관총 – 옮긴이]을 주겠는가?
> 아니면 수류탄이면 될 거라고 하거나.
> 총탄이 약간 있지, 좀 눅눅하긴 하군.
> 후스 중령은 아쿼버스를 가졌는데 워털루에서 쓰던 것이군.
> 목사의 박차와 갈퀴창과 삽을 가지고 항공대를 방어하기는 좀 힘들어.
> 그러니 우리에게 브렌 건을 배급해주지 못하겠다면,
> 본토방위대도 집으로 가는 게 좋겠어.**

스페인 내전과 바르샤바 봉기에서 보았듯 틀에 구애받지 않는 무장한 대중은 매우 효율적인 게릴라 봉기 세력이 될 수 있다. 6월 와이트섬에 붙은 정보성 포스터를 보면 정부는 온갖 가능한 형태의 저항을 권장할 의도가 있었음이 명백하다.

"이 섬 주민들은 침략자에게 단합해 반대하라. 전체 시민은 모든 독창성과 상식을 동원해 적을 방해하고 좌절시키며 우리 군대를 도와주는 것을 자신의 임무로 여겨라."

역시 당시에 배포한 〈굳게 버티라〉는 소책자는 지나친 열성을 누그러뜨리기까지

---

*   S. P. Mackenzie, *The Home Guard* (London, 1995), p. 34ff.

**   Noël Coward, *The Lyrics of Noël Coward* (London, 1965), p. 275.

해야 했다.

"시민들은 군사 정보를 듣고 독자적인 공격을 시도하러 나서지 말아야 한다.*"

아마 건물이 들어선 지역에서의 저항이 가장 효율적이었을 것이다. 최근 전시의 런던을 다루는 포스트 수정주의 역사가들은 시민 전체가 공습을 위엄 있고 용감하게, 또 단호하고 놀랄 만큼 유쾌하게 감당해낸 모습을 묘사했다.** 대중관찰 운동Mass-Observation Movement의 톰 해리슨Tom Harrison은 전시 신화 타파를 거의 직업으로 삼다시피한 사람이지만 그도 이렇게 말했다.

"대공습 속에서 보여준 그처럼 많은 영국인의 최종 업적은 충분히 엄청났다. 기념비적이라는 말로도 그것을 충분히 높여주지 못하리라. 그들은 군인이나 지도자들을 결코 실망시키지 않았다.***"

독일 침공과 점령에 대응해 야간 공습 때 보인 것과 다른 반응을 보였을 것이라 추측할 이유는 없다. 그랬을 경우 그들의 반응에 나타난 진정한 활력은 그만큼 더 위대했을 것이다. 런던 공습은 1940년 9월부터 시작되었는데, 그때는 1945년 5월 4년간의 폭격과 1년간 1천 대의 폭격기 공습으로 얻어맞은 뒤 마침내 독일의 저항이 무너졌을 때보다 사기가 훨씬 더 높았을 터다. 당시 수상이던 처칠이 다우닝가나 더 몰 거리 혹은 기마근위대 모퉁이에 있는 화이트홀의 방공 벙커에서 죽으리라는 온갖 이야기가 나왔지만, 오히려 그는 더 평범한 니스덴에서 죽음을 맞았을 확률이 높다. 런던 북부의 하이츠에 있는 패덕Paddock 벙커는 글래드스턴 파크의 일부로 보이도록 위장한 곳으로, 그 안에 전시 내각과 직원 200명을 수용하는 지하 도시가 들어서 있다. 처칠이 수도의 저항을 호소한 것은 그곳 방송 스튜디오에서였다.

---

*   Lampe, *Last Ditch*, p. 60.

**   Philip Ziegler, *London at War* (London, 1995), p. 163.

***   앞의 책, p. 178.

1995년 그 장소를 기자들에게 공개했을 때 한 신문이 표현한 대로 "패덕은 처칠이 최후를 맞는 장소가 되었을 법했다. 독일군 탱크가 시립골프장 수비대를 진압하기 위해 돌리스 힐 레인으로 올라왔다면 대영제국은 이곳에서 소멸했을 수 있다."* 전쟁 뒤 처칠은 이렇게 썼다.

"양측에서 벌이는 학살은 처참하고 엄청난 규모였을 것이다. … '나는 혼자 죽지 않는다'는 구호를 써두려고 했다."

물론 독일군에게 점령당한 영국인의 처신을 유추해낼 근거를 채널제도에서만 찾을 수 있는 것은 아니다. 어떤 면에서는 프랑스와의 비교를 더 추천할 만하다. 그러나 이곳에서 일어났을 법한 일의 모델로 비시 프랑스를 드는 사람들은 1940년 영국 국민과 프랑스 국민이 놓인 여건에 깊고도 많은 차이가 있음을 고려하지 않았다. 제3공화국은 조지 6세와 엘리자베스여왕에 비해 시민에게 충성을 요구할 근거가 훨씬 적었다. 1924~1940년 프랑스에서는 수상이 35명이나 교체되었지만 영국은 고작 5명이 바뀌었을 뿐이다. 1934년 2월 6일 런던에서 가장 시끄러운 정치 이슈는 운전시험제 도입 문제인데 반해, 파리에서는 콩코르드 광장 주위에서 벌어진 길거리 싸움으로 15명이 죽고 2천 명 이상이 부상을 당했다. 프랑스 사회와 정치는 크게 양극화되어 1936년 선거에서 좌익 인민전선은 37.3퍼센트, 신파시스트 정당들은 35.9퍼센트의 표를 얻었다. 영국 정치계에서는 누구도 레슬리 호어 벨리샤Leslie Hore Belisha[2차 세계대전 발발 직전 징병제도를 실시한 영국 육군장관. 스페인-포르투갈계인 세파르디 유대인 – 옮긴이]를 두고 악시옹 프랑세즈Action Française[20세기 초반 40년간 프랑스에서 영향력을 발휘한 우익 반공화주의 단체. 군주주의, 민족주의, 반유대주의, 반의회주의, 반혁명 사상을 설파한 이 단체가 발행한 일간지의 이름이기도 함 – 옮긴이]의 샤를 모라스Charles Maurras[프랑스의 군국주의자, 작가. 종전 후 부역 혐의로 종신형을 선고받음 – 옮긴이]가 레옹 블룸Léon Blum에게 한 것처럼

---

*   *Sunday Telegraph*, 1995년 4월 16일.

                                          버추얼 히스토리

유대인 장관은 "총으로 쏴버려야 하는데, 그것도 등 뒤에서" 따위의 말을 하지 않았다.* 1930년대 프랑스 정치의 특징은 부패, 당파 싸움, 선동 정치가, 반의회 연대, 반유대주의, 헌정 그 자체에 대한 광범위한 반대였지만 영국은 그렇지 않았다. 반세기 전 드레퓌스 사건을 두고 벌어진 분열조차 아직 치유하지 못한 프랑스가 나치즘에 대항해 국가적 통합을 이끌어내는 것은 불가능했다. 1940년 6월 9일 앙드레 지드는 일기에 이렇게 썼다.

"만약 독일 지배로 우리가 유복해진다면 프랑스인 10명 가운데 9명은 그것을 받아들이고, 그중 서너 명은 미소까지 지을 것이다."**

같은 시기에 해럴드 니컬슨은 아내에게 나치의 군홧발 밑에서 사느니 자살 약("단검 한 자루bare bodkin")을 갖고 시싱허스트[유명한 영국 식 정원이 있는 켄트주의 소도시 – 옮긴이]로 가겠다고 썼다.

"나는 갑작스럽지만 명예로운 죽음을 전혀 두려워하지 않는다."***

1930년대 중반 영국에는 평화주의가 널리 퍼져 있었지만, 가짜 전쟁Phoeny War[제2차 세계대전 때 영국이 선전포고한 1939년 9월부터 프랑스 공방전이 시작된 1940년 5월까지 양측의 전면적 충돌이 없던 기간을 가리킴 – 옮긴이] 동안 참석률이 매우 낮았던 회의와 노동당 내에서의 평화주의 분위기 결여가 입증하듯 전쟁이 터지려 할 때 심각한 정치 세력은 거의 완전히 증발했다. 어쨌든 프랑스에서 복무 거부는 니힐리스틱하고 부도덕한 어조를 띠고 있었지만, 영국의 평화주의를 움직인 것은 종교적이고 도덕적인 원리였다. '그단스크를 위해 죽겠다고?' 같은 것이 1939년 여름 파리에서 인기 있던 기사 제목이었다. 영국 해설자는 1936년 9월 로제 마르탱뒤가르Roger Martin du Gard처럼

---

* William Shirer, *The Collapse of the Third Republic* (London, 1969), p. 267.

** Eugen Weber, *The Hollow Years: France in the 1930s* (London, 1995).

*** Nigel Nicolson (ed.), *Diaries and Letters of Harold Nicolson, 1939-1945* (London, 1967).

5. 히틀러의 영국   417

쓸 수 없었을 것이다.

"전쟁이 아니라면 무엇이든 좋다! 뭐라도 좋다! … 심지어 프랑스에 파시즘이 오더라도 좋다. 그 무엇도, 그 어떤 시련도, 그 어떤 굴종도 전쟁에 비할 수 없다. 전쟁보다는 히틀러가 낫다!"[*]

정치적 부패 기준에서 영국에는 스타비스키, 하나우, 아우스트리아, 아에로스파시알 사건과 비슷한 스캔들이 없었다.[**] 1870년과 1914년에 이미 프러시아의 침공을 두 번 받은 적 있는 프랑스는 1차 세계대전에서 영국보다 더 심한 피해를 겪었다. 심지어 주택 영업 광고는 침공 경로에서 멀다는 것을 자랑으로 내세우기도 했다.

충성의 최우선 초점이자 국가 정통성의 궁극적 담보인 왕족은 전시 상황으로 인해 국가를 떠나라는 압력을 받았다. BBC가 방송국 함락을 대비해 피난처로 우스터셔주 우드 노튼에 벙커를 준비한 것처럼 왕족도 웅장한 저택 네 곳을 배정해두었다. 우스터 가까이에 있는 보샹 백작의 마드레스필드 코트가 1차 후보지였다. 윈저는 피난처로는 거주가 불가능했다.[***] 그곳에서 그들은 리버풀로 간 다음 캐나다로 옮겨가 왕실을 계속 유지하기로 되어 있었다. 1939년 신문지에 싸서 윈저성으로 가져간 왕관 보석들은 조지 6세의 정통성을 지속하는 상징으로 오타와에서 다시 포장을 풀 터였다. 그런데 왕가의 피난과 관련해 거의 알려지지 않은 각주 하나가 그들의 최종 피난처가 오타와였을지, 정부 청사였을지 아니면 버뮤다였을지 의문을 품게 만든다. 1940년 4월 25일 루스벨트 대통령은 국무장관 코델 헐Cordell Hull에게 다음 소식을 들었다.

[*]   Weber, *Hollow Years*, p. 19.

[**]   Shirer, *Collapse of the Third Republic*, p. 188f.

[***] Michael De-la-Noy, *The Queen Behind the Throne* (London, 1994), p. 119.

국왕과 왕비가 캐나다로 가면 미국에 좋지 않은 정치적 영향을 미칠 것이다. 그들은 행정부의 정치적 반대파들이 대통령이 북아메리카 대륙에 군주제를 세우려 한다고 비난하는 용도로 이용하리라는 데 동의했다. 또한 그들은 국왕이 미국 공화파의 감정을 자극하지 않도록 버뮤다로 피난을 가는 데도 동의했다.*

루스벨트는 이것을 당시 워싱턴 주재 영국 대사 로디언 경에게까지 언급했다. 그 소식은 처칠의 짜증을 돋웠지만 영국 본토의 최종 해방을 위해 미국의 지원이 아주 중요했으므로 행정부가 그렇게 주장했다면 왕족은 캐나다 대신 버뮤다, 델리, 캔버라, 오클랜드 등 다른 곳으로 갔을 확률이 높다. 미국인이 영국 은행의 금과 금고를 캐나다로 운반하는 데는 그런 거리낌이 없었다는 점은 지적해둘 만하다. 그것은 6월 24일 에메랄드호에 실려 그리녹을 떠나기 시작했다. 그런 종류의 영국 재산은 모두 캐나다 선라이프 보험회사의 몬트리올 사무실 지하 3층의 넓이 60평방피트[약 5.3제곱미터 - 옮긴이], 높이 11피트[약 3.3미터 - 옮긴이] 금고에 보관했고 캐나다 기마경찰대원 Royal Canadian Mounted Police 24명이 그곳을 지켰다.**

대도시에서 영국인의 저항을 이끈 인물은 나중에 특수작전부대SOE, Special Operations Executive에 소속된 콜린 거빈스 대령이었을 것이다. 알려지지 않은 영웅 중 한 명인 거빈스는 1940년 5월 보조부대Auxiliary Units(British Resistance Organization)를 조직했다. 그는 영국의 장 물랭Jean Moulin[독일 점령기 프랑스에서 산발적으로 일어난 레지스탕스 운동을 통합 및 조직해 드골의 자유 프랑스군과 연계해 활동한 지도자 - 옮긴이]이 되었을 수도 있다. 그의 부대는 국가적 저항 노력의 핵심을 구성하기 위해 '뒤에 남은' 조직이었기 때문이다. 스윈던Swindon의 하이워스 근처에 있는 콜스힐 하우스Coleshill House를 기지로 한 3,524명

---

*   Longmate, *If Britain Had Fallen*, p. 115.

**   Fleming, *Invasion 1940*, p. 95.

의 남녀는 폭발물, 매복, 게릴라전, 단파 교신을 훈련받았다. 3~5명으로 구성된 순찰대는 숲과 다락방, 심지어 버려진 오소리굴 등을 활용하고 보급품을 잘 갖춘 은신처에서 지내며 밤중에 적선을 넘어가 적을 괴롭혔을 가능성이 크다.* 그렇지만 독일에 점령당한 유럽의 다른 지역에서 기록한 내용을 보건대 보조 부대와 수백만 명의 훈련받지 않은 지지자는 커다란 고초를 겪었을 터다. 인질에게 잔인한 보복을 가하는 것은 기본적으로 행해졌을 것이다. 됭케르크 함락 이후 히틀러는 대륙의 포로수용소에 25만 명의 인질을 수용하고 있었다. 체포된 지역 명사, 즉 시장, 주참사원, 지주, 지역 의회 의장은 나머지 주민들의 양순한 처신을 보장하게 만들고 독일군이 한 명 죽을 때마다 10명씩 총살을 당했으리라. 처칠이 말했듯 "그들은 테러를 활용했을 테지만 우리는 어떤 일이든 감당할 대비를 하고 있었다."**

말할 것도 없이 보복 위협은 지속적 저항이라는 '금언'을 바라보는 일부 사람들의 인식을 바꿨을 수도 있다. 서리의 셈리 그린Shamley Green이 체코슬로바키아의 리디체Lidice나 프랑스의 오라두르-쉬르-글란Oradour-sur-Glane[두 곳 모두 레지스탕스 소탕을 핑계로 한 보복적인 집단 학살로 유명한 마을이다 – 옮긴이] 같은 운명을 맞았다면, 그 점은 더 현저하게 눈에 띌 확률이 높다. 동부지역의 민간 방어를 위한 지역 위원장이자 케임브리지대학의 전직 부참사원이던 윌 스펜스 경Sir Will Spens은 독일이 승리하면 자신의 첫 번째 임무는 주민들의 안녕을 기하는 데 있다고 생각했다. 그는 거빈스의 참모장 피터 윌킨슨Peter Wilkinson에게 자신은 관할 지역에서 활동하는 모든 보조부대원을 체포할 것이라고 위협했다.***

영국을 통치할 임무를 맡은 육군의 집단군지휘관 폰 브라우히치 원수는 1940년

---

*   Peter Wilkinson and Joan Astley, *Gubbins and SOE* (London, 1993), pp. 69-74.

**   Fleming, *Invasion 1940*, p. 293.

***   Wilkinson & Astley, *Gubbins*, p. 71.

9월 9일 '영국 내 군사 정부 조직과 기능에 관한 명령'에 서명했다. 영국이 항복하면 24시간 내에 모든 화기와 무선 장비를 양도하고 고분고분한 처신을 보장할 담보로 인질을 잡아가며 현수막과 포스터를 즉시 설치할 터였다. 가장 가혹한 것은 "17세에서 45세 사이의 신체 건장한 남자는 모두 다른 특별한 지시가 없는 한 각지 상황에 따라 한시도 지체하지 않고 지역 정거장에 집합해 대륙으로 건너가라"는 명령이다.* 이 경우 알베르트 슈페어Albert Speer는 건설 사업에 투입될 여분의 노동력을 확보할 수 있었을 것이다. 방어 경제 지휘부Defence Economic Command 관리들은 전국에서 원자재와 전략 물자를 모조리 앗아갈 것이었다. 파업자, 시위자, 화기소지자들은 모두 군법으로 다스릴 테고 말이다. 전쟁이 계속되는 한 이것은 곧 굶주림과 고된 노역을 의미하지만 상황이 힘들어질수록 프랑스에서의 경험이 보여주듯 저항은 더욱 지지를 받게 마련이다.

영국의 유대인 43만 명에게는 더 심한 고난이 닥쳤을 확률이 높다. 이들 앞에는 피할 수 없는 '동부에서의 재정착', 말하자면 폴란드 절멸 수용소로의 이송이 기다리고 있었다. 유대인들이 크레타와 남프랑스에서 아우슈비츠까지 긴 여정에 시달렸던 것을 생각하면, 히틀러가 영국 본토에 가스실을 지었을 것 같지는 않다. 매들린 번팅은 영국 국민과 경찰이 유대인 색출에 협조하거나 아니면 최소한 방관했을 것이라고 짐작한다.** 하지만 이 견해는 영국 국민이 많은 프랑스인이 그랬던 것처럼 사회적 불화나 전쟁을 유발했다고 유대인을 탓하지 않았다는 사실을 간과하고 있다. 영국 파시스트 연합British Union of Facists(1937년 후반 정규 직원은 고작 40명이었고 의석은 하나도 얻지 못했다) 회원 수가 별로 많지 않았다는 사실은 반유대주의가 프랑스보다 덜 확산되었음을 시사한다. MI5[영국의 국내 정보 전담 정보기관 ─ 옮긴이]와 공안부가 찾

---

*   Shirer, *Rise and Fall*, p. 937f.

**   Bunting, *The Model Occupation*, p. 113.

아내려 무척 애를 쓰고 가끔은 일부러 만들어내려고 했어도 전시 영국에 나치의 배후 조직이 없었다는 것도 시사적이다.* 영국인이 이스트엔드에서 노동자들과 마찬가지로 모슬리의 패거리에 맞서 유대인을 보호한 사례는 비난한 사례보다 당연히 많다. 유대인은 국가적 레지스탕스 활동에서 가장 헌신적인 반나치 활동가로 꼽히고, 자유 폴란드와 자유 체코 군대가 영국 본토 공중 결전 기간 내내 그랬던 것과 비슷한 존재로 평가받았을 것이다.

1940년 8월 1일 괴링은 제국보안본부RSHA, Reichssicherheitshauptamt의 라인하르트 하이드리히Reinhard Heydrich에게 "군사적 침공과 동시에 영국 내에서 독일에 적대적인 수많은 중요 조직 및 협회를 체포하고 전투 활동을 시작하라"고 지시했다. 이들 조직에는 노동조합, 프리메이슨 로지, 사립학교, 국교회, 심지어 보이스카우트도 포함되었다. 독일의 정치적 적을 섬멸하려는 합동 활동을 위해 기동처형대 Einsatzkommandos 6개를 배치할 예정이었다. 배치 예정 장소는 런던, 브리스틀, 버밍엄, 리버풀, 맨체스터, 에든버러(포스 브리지가 파괴될 경우 글래스고)였다. 하이드리히가 그 작전을 감독하도록 SS[나치 친위대-옮긴이]와 고등경찰 지휘관으로 임명한 SS 대령은 베를린대학 경제학부 전임 학장이던 프란츠-알프레트 식스Franz-Alfred Six 박사였다. 나중에 런던이 아니라 스몰렌스크로 간 식스는 수많은 소련 정치국원을 학살한 책임을 지고 20년형을 언도받아 옥살이를 했다.** RSHA는 식스가 개인과 조직을 구분하는 데 도움을 주도록 '보호 관찰' 처분을 받을 사람 2,820명의 이름과 주소 명단을 작성했다. 이 Sonderfahndungsliste GB, 즉 '특별조사목록' 혹은 '블랙 북' 작업은 허술하게 이뤄졌다. 가령 지그문트 프로이트는 1939년 9월 세상을 떠났고, 리

---

*   A. W. B. Simpson, *In the Highest Degree Odious* (London, 1992).

**   사실 그는 고작 4년간 복역한 뒤 1952년 석방되어 포르셰 사장과 갓 출범한 서독일 비밀경찰의 책임자가 되었다. 이 정보를 알려준 마이클 벌리에게 감사한다.

튼 스트래치는 1932년 사망했는데도 명단에 올라 있었다. 그래도 이것은 나치가 정치인—처칠, 이든, 마사릭, 베네스, 드골 등—만이 아니라 문화와 문학계에서도 누구를 자신들의 잠재적인 적으로 여겼는지 보여준다. 누가 봐도 명백한 정치계 인물 외에 그 명단에는 H. G. 웰스, 버지니아 울프, 올더스 헉슬리(1936년부터 미국에서 살던), J. B. 프리스틀리, C. P. 스노, 스티븐 스펜더 그리고 이주해온 예술사가 프리츠 작슬과 좌익 출판인 빅토르 골란스 등이 있었다.* 레베카 웨스트는 자신과 노엘 카워드가 그 명단에 있는 것을 알고 다음 전보를 보냈다.

"세상에, 우리가 누구랑 함께 죽어야 했는지!"

"윈스턴 스펜서 처칠 수상"이 "켄트주 웨스트 햄에 있는 차트웰 저택"에서 참을 성 있게 체포되길 기다리고 있을 것이라고 낙관적으로 예상했을지도 모르지만, 그 명단은 나치가 영국 공적 세계의 상층부를 얼마나 철저히 숙청하려 했는지 잘 보여준다. 한눈에 봐도 독일과의 평화를 옹호한 사람들은 그 명단에서 빠져 있었다. 그 대표적인 인물이 조지 버나드 쇼(1939년 10월 7일 〈뉴 스테이츠맨〉에 다음과 같이 썼다. "우리가 해야 할 일은 그와의 화평 체결이다")와 데이비드 로이드조지(1936년 이렇게 선언했다. "그는 정말 위대한 사람이다. 총통은 그에게 어울리는 이름이다. 그는 타고난 지도자이고 정치인이니까")**다.

이사야 벌린 경에 따르면 누가 독일과 실제로 협력했을지 알아내려는 시도는 "영국인이 할 수 있는 가장 악랄한 게임"이었다.*** 나라의 행정이 한심한 파시스트 광신자와 잔류한 공무원, 야심 있는 불만분자에게 장악될 수도 있는 상황이었지만 매국노 국가의 정치적 정통성을 확립하려면 전국적인 지명도가 있는 유명인사가 꼭 필

*   Imperial War Museum, *The Black Book* (London, 1989).

**   Griffith, *Fellow Travellers of the Right*, p. 222ff.

***   이사야 벌린 경과의 인터뷰, 1988년 12월 8일.

요했을 것이다. 이미 보았듯 이 용도에 가장 잘 부합하는 인물이 윈저공[에드워드 8세의 양위한 이후 호칭 — 옮긴이]이었다. 1939년 그는 사적으로 전쟁에 반대했고 1940년 12월에도 미국 기자들에게 비공개로 영국은 피할 수 없는 볼셰비즘의 승리를 막기 위해 히틀러와 손을 잡아야 한다고 말했다. 1940년 여름에 행한 윈저공의 언행과 관련해 충격적인 서술이 최근 밝혀지면서 그가 나치에 지나치게 고분고분했다는 인상을 주고 있다. 그래도 이 시기 모든 진지한 역사가들은 그가 허영이 많고 순진하기는 했어도 배신이라 할 행동은 하지 않았다는 데 동의했다.[*]

그러나 영국이 함락되었다면 그가 어떻게 처신했을까 하는 것은 또 다른 문제다. 리벤트로프가 그해 5월 하순 남프랑스에 있던 윈저공에게 국가의 상처를 묶는 역할을 하도록 비어 있는 왕좌에 돌아갈 기회를, 그리고 공작부인에게 맥베스 부인 노릇을 할 기회를 아첨하듯 주었다면 그 제안은 쉽게 받아들여졌으리라. 윈저공은 자신의 결정을 살아 있는 하나의 세계 강대국 역할을 하는 온전한 대영제국(히틀러가 여기에 전혀 반감이 없다고 끈질기게 선언한)을 유지하려는 시도였다고 정당화했을 수도 있다. 복위한 공작의 정권을 유지하려면 4년 전의 양위 각서를 포기해야 한다. 나치 치하였다면 BBC의 총국장이 되었을 윌리엄 조이스(호호 경)가 운영하는 괴벨스의 선전 기계는 아마 이 양위 각서를 놓고 영국인의 인식을 바꾸는 쪽으로 작업했을 것이다. 우리는 어떤 노선을 채택했을지 대략 알고 있다. 1940년 9월 조이스는 정치 선언이나 다름없는《영국을 뒤덮은 황혼Twilight over England》을 출간했다. 이 책에서 그는 다음과 같이 썼다.

---

[*]   음모 이론은 Gwynne Thomas, *King Pawn or Black Knight? The Sensational Story of the Treacherous Collusion between Edward, Duke of Windsor and Adolf Hitler* (London, 1995); *Guardian*, 1995년 11월 13일; *Observer*, 1995년 11월 12일 참조. 역사가들의 반응은 *Spectator*, 1995년 11월 18일자에 실린 Michael Bloch; *Times*, 1995년 11월 14일에 실린 John Grigg; *Daily Telegraph*, 1995년 11월 17일자에 실린 Philip Ziegler; *Sunday Telegraph*, 1995년 11월 19일자에 실린 Andrew Roberts의 글을 볼 것.

신성한 헌법과 모든 대중적 표현 원리가 볼드윈과 캔터베리 대주교 같은 두어 명의 강경파 음모가의 도발로 두어 시간 만에 몰락하는 것을 보니 흥미롭다. ··· 에드워드는 주말 동안 왕좌에서 쫓겨났다. ··· 어떤 국민이 왕이나 대통령의 정체를 묻는 것은 그 무엇보다 국민이 자문할 자격이 있는 질문이다. ··· 그런데도 영국 국민의 왕을 빼앗기 전 누구도 영국 국민에게 자문을 구하지 않았다.[*]

에드워드 8세의 왕위 복귀는 민주적 조치라고 설명되었을지도 모른다.

패배에 따른 당혹감과 부도덕, 절망감이 휩쓰는 와중에 일부 협력자가 대체로 애국적인 동기(비록 위장한 상태였겠지만)에서 행동했으리라는 데는 의문의 여지가 없다. 작가 앨런 매시Allan Massie는 《충성의 문제The Question of Loyalties》에서 몇몇 비시 정부 지도자가 적어도 초기에는 일차적으로 독일의 승리가 기정사실로 나타나자 패한 국민을 보호하겠다는 희망을 안고 행동하는 모습을 그렸다.[**] 영국에서는 '왕의 정부'를 지속해야 한다고 주장했을 테고 1688년의 선례와 심지어 장미 전쟁 때의 전례를 인용해 새 체제를 합법화하려 했을 터다. 영국의 페탱 원수 역할을 할 후보로는 로이드조지, 오스왈드 모슬리 경, 새뮤얼 호어 경(이들 중 아무도 RSHA의 '블랙 북'에 실리지 않았다) 그리고 핼리팩스 경이 있었는데 그는 블랙 북 명단에 올라 있었다. 로이드조지는 페탱처럼 1차 세계대전 영웅으로 전직 수상이기도 했다. 히틀러는 그가 자신과 함께 일할 거라고 믿었고 1942년 1월 마르틴 보어만Martin Bormann[히틀러의 개인비서를 지낸 뒤 나치당 총비서에 임명되어 제3제국의 막후 최고 실권자가 된 히틀러의 최측근 – 옮긴이]에게 다음과 같이 말했다.

"만약 로이드조지가 권력을 쥔다면 그는 틀림없이 독일-영국 양해관계의 설계자

---

[*]   William Joyce, *Twilight over England* (London, 1992), p. 50.

[**]   Allan Massie, *A Question of Loyalties* (London, 1989).

가 될 것이다."

　독일인은 그가 전쟁에 회의적이었고 당연히 자신들의 첫 번째 선택을 받을 것임을 알고 있었다. 전쟁이 터지자 로이드조지는 해럴드 니컬슨에게 "여건이 좋지 않으면 우리는 처음 기회가 왔을 때 강화해야 한다"라고 말했다." 1939년 10월 3일에도 그는 하원에서 이 같은 이야기를 다시 했다. 1940년 8월쯤 비버브룩에 따르면 "국민은 두 진영으로 나뉘었다. 윈스턴이 그(로이드조지)를 데려와야 한다고 생각하는 사람들과 히틀러가 그를 임명할 것이라고 생각하는 사람들이었다."*** 1940년 10월 비서에게 "나는 윈스턴이 거꾸러질 때까지 기다릴 것"이라고 말한 로이드조지는 독일의 직접 통치가 불러올 최악의 상황을 누그러뜨리기 위해 권좌로 돌아가는 것이 자신의 임무라고 스스로를 설득했을 것이다.****

　반대로 설사 그가 다시 복무할 준비를 갖췄더라도(1940년 5월 9일 "외국인이 우리 땅에서 모두 쫓겨날 때까지" 싸우라는 명령을 고려할 때 그랬을 것 같지 않은 가정) 영국을 다스릴 인물로 모슬리[영국 파시스트 유니언의 창립자 – 옮긴이]가 선택받았을 확률은 낮다.***** 평화 시 영국 파시스트 유니언이 이룬 정치적 성취가 암담한 수준이므로 장관직에 검은 셔츠단을 앉혔다면 괴뢰정부인 것이 빤히 드러났을 터다. 독일은 제아무리 허수아비라 할지라도 무엇보다 정통성을 원했다. 늘 히틀러보다 무솔리니를 찬미한 모슬리는 전쟁 초기 독일인이 그리 높게 평가한 인물이 아니었다. 1940년 12월 모슬리를 교차 심문한 노먼 버킷Norman Birkett KC는 독일군이 상륙하면 모슬리가 무기를

*　　　Hugh Trevor-Roper (ed.), *Hitler's Table Talk* (London, 1053), p. 260.

**　　Nicolson (ed.), *Diaries and Letters of Harold Nicolson*, p. 35.

***　 Templewood Papers, Cambridge University Library, XIII/17.

****　Colin Cross, *Life with Lloyd George: The Diary of A. J. Sylvester* (London, 1975), p. 281.

*****　Oswald Mosley, *My Life* (London, 1968), p. 401.

들고 독일 편에서 싸울 배신자라는 주장을 "완전히 기각"할 수 있음을 인정했다.[*] 어쨌든 1940년 5월 22일 억류된 모슬리는 독일군이 당도했을 무렵 브릭스턴 감방에서 목이 졸려 죽어 있을 확률이 매우 높았다. 전쟁 전 활동과 체포, 그에게 반대하는 언론 캠페인으로 그의 인기는 그만큼 낮았다.

과거에 대표적인 회유주의자였던 마드리드 주재 영국 대사로 허영심이 아주 강한 새뮤얼 호어 역시 히틀러가 처칠 대신 수상으로 앉히고 싶었을 인물이다.[**] 그런 접촉이 있었다면 그는 우쭐해했을 가능성이 크다. 외무성 차관이던 R. A. 버틀러는 감정보다 현실정치를 더 중요시한 또 다른 정치인이었다. 그는 (1940년) 6월 17일 스웨덴 대사 뵤른 프리츠Byorn Prytz에게 자신의 "공식 태도는 현재는 전쟁을 계속해야 한다는 것이지만, 합리적인 여건에서 합의할 수 있고 완강한 반대자들의 방해가 있지 않는 한 어떠한 타협 기회도 놓쳐서는 안 된다고 확신한다"라고 말했다.[***] 버틀러는 정치를 '가능한 것들'의 예술로 본 타협의 대가였고 처칠 같은 확신 정치가들을 의심했다. 나아가 그는 프리츠에게 독일과 상대하는 정부는 "상식과 허세 없는 자세"를 주조로 해야 한다고도 말했다. 영국판 비시 정부 상황을 놓고 질문을 받자 그의 친구이자 동료인 이넉 파웰Enoch Powell은 수수께끼처럼 말했다.

"랩(버틀러)은 행정가입니다."[****]

체임벌린만큼 열성적인 회유주의자이던 버틀러는 정복자들과의 일처리 절차를 확정해둠으로써 영국 국민의 고뇌를 덜어주는 것이 자신의 애국적 임무라고 여겼을 수도 있다.

---

[*] 앞의 책, p. 402.

[**] Trevor-Roper (ed.), *Table Talk*, p. 255.

[***] Tomas Munch-Petersen, "Common Sense and Not Bravado: The Butler-Prytz Interview of 17 June 1940", *Scandia* (1986).

[****] 사적인 정보.

한편 핼리팩스는 메트로폴리스를 벗어난 곳에서 지속적인 저항 운동을 조직하기 위해 국왕과 왕비(잘 아는 사이였던)를 수행해 캐나다로 가도록 처칠이 선택했을 법한 인물이다. 전직 식민지청 차관이자 인도 총독이며 1938년 초반부터 외무상이던 핼리팩스는 제국 관련 지식이 폭넓고 자유 영국 정부가 상대해야 할 식민지 정치가들을 개인적으로 잘 알고 있었다. 사랑하는 요크셔를 떠날 결심을 했다면 그는 아마 망명 정부의 수상이 되었을지도 모른다. 수상직을 처칠에게 양보한 5월 초 정계의 모든 진영에서 그가 누리던 지지도라면 처칠이 사라졌을 때 그를 다시 수상직에 올려놓을 법했다. 유일한 또 다른 후보자 네빌 체임벌린은 암으로 죽어가고 있었다. 10월쯤 그는 활동이 불가능한 상태였고 11월에 세상을 떠났다.

독일이 프랑스에서 한 것과 마찬가지로 인구가 많은 지역과 수도를 자신들이 차지하고 지방의 온천도시인 비시를 괴뢰정권의 수도로 선택했다면, 해러게이트가 영국판 비시가 되었을 수 있다. 케언, 크라운, 마제스틱, 올드 스완, 그랜비, 임페리얼 같은 넓은 빅토리아 식 호텔에 농업·보건·교통·내무성 등의 부서를 갖추기가 비교적 용이하기 때문이다. 외교와 국방 정책은 독일 육군 총사령관인 브라우히치나 히틀러가 총독 혹은 제국의 수호자로 삼은 누군가가 런던에서 시행했을 것이다. 개조한 극장에서 최종 해체된 프랑스공화국과 달리 비록 줄어들긴 했어도 영국 하원에는 적어도 바스 의회 왕립회의실이 있었으리라.

비시 정부나 캐나다 망명 정부를 넘겨받을 영국 정치가는 누구든 주요 사항으로 제국의 위상을 고려해야 했을 터다. 1937년 히틀러가 그것을 보장한다고 했고 1939년 10월 6일의 평화 제안 연설에서도 긍정적으로 암시했지만, 제국이 영국의 실질 통제권 안에서 오래 유지되었을 가능성은 없다. 히틀러가 러시아를 무너뜨린 뒤 미국으로 관심을 돌렸다면 독일 해군은 카리브해의 영국 기지를 귀중한 전진 항구로 사용했을 가능성이 크다. 프랑스에서도 그랬지만 영국제국은 두 영국 정부 사이에서 틀림없이 갈등의 소지를 제공했을 것이다. 가령 해러게이트(비시) 정부와 오타와(자유 영국) 정부 모두 인도나 다른 영국 식민지의 소유권을 주장할 경우 분쟁이 발생하지 않을 수 없다. 1940~1942년 아프리카에서 비시 정부와 자유 프랑스 정부 사이에 갈등이 일어난 것처럼 말이다. 영국인이 자기들끼리 싸우게 만들면 최종적으로 승리는 나치에게 돌아간다.

괴벨스가 영국인에게 그들이 겪는 재앙의 원인을 어떻게 설명했을지 예상하기는 쉽다. 그는 영국의 패배가 유대인과 사회주의자, 확고하지 못한 민주주의적 '늙다리' 정치가, 처칠파 전쟁광, 무기 공장인 양키 자본가, 외국 금융가 탓이라고 부추겼으리라. 왕족과 핼리팩스가 비겁하게도 달아났다고 주장했을 수도 있다("[흑인의 지배를 겁낸] 백인들의 국외 탈주"를 비웃는 호호 경의 냉소적인 코웃음이 들릴 지경이다). 조이스가 자기 책에 쓴 것처럼 "영국의 패배는 그들의 승리가 될 것"이라는 새로운 희망도 등장했을 것이다. 여기서는 조지프 체임벌린이 20세기 전환점에 했던 앵글로-게르만 동맹 발언이 다시 떠오르고, 로이드조지와 히틀러 사이에 '성공적으로' 협상이 이뤄진다. 또 독일인과 영국인은 볼셰비키인 슬라브족과 자본주의자인 미국인에게 맞서는 자연스러운 아리안 연합군으로 그린다.

괴벨스가 자신의 메시지를 전파하기 위해 고른 매체는 방송 외에 점령 하의 유럽에서 파충류 언론이라 알려진 것들이다. 점령당한 폴란드에서 일반 정부General Government[독일이 폴란드를 점령한 뒤 수립한 괴뢰 정부 – 옮긴이]는 각 도시에서 8개의 (똑같은) 일간지와 6개의 정기간행물을 발행했다. 이것은 전쟁 전부터 폴란드에서 살아온 독일인들이 폴란드인 120명의 도움을 받아 집필한 간행물이다. 정치적으로 중립인 씨앗 뿌리기와 가금류 사육 등을 포함해 폭넓은 주제를 다루는 전문 분야 잡지 역시 허용했다.•

•   Lucjan Dobroszycki, *Reptile Journalism: The Official Polish-Language Press under the Nazis 1939-1945* (New Haven, 1995).

1943년 동부 전선에서 전세가 바뀌어 독일군이 실제로 그랬던 것처럼 고생하기 시작했다면 영국의 '파충류' 언론의 어조는 폴란드 언론과 마찬가지로 미묘하게 바뀌었을 것이다. 그들은 독일 무기와 문화의 영광에서 벗어나 "볼셰비즘 하의 범유럽 공동 투쟁"을 외치는 쪽으로 강조점을 옮겼으리라. 또한 명예와 자부심을 복구할 촉매로써 공동의 유럽문화를 외친 비시 선전가들의 강조를 영국에서도 하나하나 그대로 되풀이했을 터다. 히틀러는 마르틴 보어만에게 말했다.

"영국은 유럽의 경쟁관계를 유지하는 것이 아니라 최선을 다해 유럽 통합을 이뤄내야 한다. 미국과 연합하면 영국은 여전히 세계 문제에서 중재자 노릇을 할 수 있다."

1942년 제국의 경제부 장관이자 제국은행 총재인 발터 풍크Walther Funk 박사는 자신의 저서《유럽 식 경제 사회Europäische Wirtschaftsgeselldchaft》제1장에서 유럽의 단일 통화를 요구했다. 다른 장에서는 공동의 농업 정책, 교환율 메커니즘, 단일 시장, 단일한 중앙은행 등 나치의 청사진을 다뤘다. 거대 화학 산업체 이게파르벤IG-Farben[2차 세계대전 종전까지 세계 최대 화학공업 트러스트. 화학 공업, 제약 산업, 염료 산업 등을 통합함. 히틀러에게 적극 협력한 혐의로 종전 후 연합군이 해체함 – 옮긴이]의 안톤 라이팅거Anton Reithinger 박사는 '새 유럽과 그 공통 면모들'이라는 제목의 장을 썼다.* 새 유럽 질서New European Order에 관한 열망은 일부는 영국의 패배를 더 잘 소화하기 위해, 또 일부는 독일 제국주의의 적나라한 모습을 가리는 무화과 잎사귀의 역할을 위해, 다른 일부는 반슬라브주의와 반미 감정을 높일 길을 닦기 위해 나치 선전기구가 부지런히 양성해왔을 것이다.

지역 독립 운동 역시 런던의 영향을 약화하고자 권장했을 가능성이 크다. 벨기에

---

* *International Currency Review*, Occasional Paper No. 4 (London, 1993년 9월); Robert Edwin Herzstein, *When Nazi Dreams Come True* (London, 1982).

에서 송출한 '라디오 칼레도니아' 방송은 1940년 여름 웨일스와 스코틀랜드의 민족주의자를 부추겨 영국(잉글랜드)의 탄압자에 맞서 봉기하라고 선동했다. 괴벨스는 영국의 국가적 정체성 감각을 약화할 일이라면 무엇이든 패배한 국민에게 선전했을 터다. 1941년 히틀러는 "러시아의 광대한 땅에 거주하는 민족들을 향한 우리의 정책은 온갖 형태의 불화와 분열을 권장하는 것이어야 한다"라고 말했다. 이처럼 소련에 적용한 것을 영국 켈트족 주변부에도 적용했을 확률이 높다. 그러나 그 선전이 수많은 스코틀랜드인에게 먹혔을 것 같지는 않다. 됭케르크 해변에서 어느 아일랜드 부대원이 동료에게 말했다.

"만약 영국도 항복한다면 전쟁이 길어지겠군!"[*]

반면 영국을 점령한 나치가 아일랜드 자유국가의 독립을 존중해주리라고 믿은 사람들은 얼마 지나지 않아 충격을 받았으리라.

나치가 영국인에게 국가적 정체성을 박탈하려 한 또 다른 방법은 신질서New Order의 한 측면으로 히틀러가 깊이 흥미를 보인 건축 분야였다. 잘 알려진 대로 그는 전쟁에서 이긴 뒤 베를린과 독일의 다른 도시들을 채울 대규모 재건축 프로그램을 짜는 데 많은 시간을 보냈다. 이 정책의 반대쪽에는 정복한 도시에서의 건축 약탈 정책이 있었다. RSHA의 세 부문은 '영국을 위한 계획'이라는 메모랜덤에서 상징적인 건축물 모욕을 구상했다. 그 보고서는 이렇게 단언했다.

"넬슨 원기둥은 영국에서 영국 해군의 힘과 세계 지배를 상징한다. … 넬슨 원기둥을 베를린으로 옮기는 것은 독일의 승리를 강조하는 인상적인 방법일 것이다."[**]

그들은 영국의 보물급 예술품 명단을 길게 작성했다. 영국이 국립미술관 회화들을 임시 보관처인 북웨일스의 탄광 갱도에서 캐나다로 안전하게 옮겨두지 않았다

---

[*]   Christopher Beaumont와의 인터뷰, 1995년 2월 5일.

[**]   Longmate, *If Britain Had Fallen*, p. 145.

면, 괴링이 유럽의 나머지 나라 전역에서 그랬듯 가장 위대한 예술품들을 쓸어갔으리라는 데는 조금의 의심도 있을 수 없다. 나치는 엘긴 대리석도 그리스에 돌려줄 계획이었다.*

절대 항복하지 않는다?

끝내 영국이 해방된다는 주제를 다루는 거의 모든 책과 영화, 연극은 이를 당연시한다. 동부 전선에서 기력을 잃은 탓이든, 미국의 원자탄 때문이든, 나치의 경제 기력이 고갈된 탓이든, 나치 치하 영국은 대개 신세계의 도움으로 결국 해방되었으리라고 짐작한다. 그러나 사실 이것은 전체 시나리오 중에서 가장 가능성이 낮은 일이었다. 미국은 히틀러가 자국에 선전포고를 하고 나서야 유럽 전쟁에 참전했다. 미국이 (당시에는 존재하지도 않던) 영국과의 특별한 관계에 따른 감상적 애착으로 참전했으리라는 것은 그저 희망적인 사고에 불과하다. 만약 영국 해군이 독일군 수중에 떨어지면, 아니 더 확률 높은 가정으로 파손당하거나 격침되면 미국은 독일·일본·비시·이탈리아 함대까지도 혼자 상대해야 했을 것이다. 처칠은 루스벨트에게 독일이 침공할 경우 영국 해군을 캐나다로 보내겠다는 약속을 하지 않았다.**

앞서 말했듯 히틀러는 유고슬라비아와 남동부유럽에서 결정적인 몇 주를 허비하지 않고 자신에게 유리한 시간에 러시아를 침공할 수 있었다. 설령 미국이 나치 독일을 적대시했다고 가정해도 태평양에서 일본에게 발이 묶인 미국은 영국이 프랑스와 네덜란드를 지원해준 것 같은 규모로 영국의 레지스탕스를 지원할 수 없었을

* 앞의 책, p. 146.
** Public Record Office, CAB 65/13 WM 143.

터다. 영국해협과 비교하기조차 어려운 대서양 넓이만으로도 그런 일은 불가능하다(미국과 영국은 전시에 소련에 물자를 공급해주고 우방인 러시아 측 항구를 쓸 수 있었지만 점령당한 영국에 그런 장소는 있을 수 없다). 또 나중에 원자탄을 만든 과학자들이 1940년 5월 영국에 있었으므로 독일이 침공에 성공했다면 이들이 붙잡혔으리라는 점도 고려해야 한다. 만약 히틀러가 1940년대 후반 원자탄을 개발했다면 위 공식에 무시무시한 새 요인을 추가해야 한다.

따라서 구데리안이 회고록에 히틀러가 5월 24일 내린 지시는 "전쟁의 전체 미래에 가장 참혹한 영향을 미칠 결과"를 낳았다고 쓴 것은 옳다.* 모든 것은 순전히 나치가 난폭한 무력으로 영국을 굴복시킬 수 있는가에 달려 있었다. 그 대답을 평가하려면 그 결정적인 몇 달 동안 영국 전역에 퍼져 있던 정신을 기억해야 한다. 작가 마저리 앨링엄Margery Allingham은 1941년 이렇게 썼다.

> 5월과 6월(1940년) 그 몇 주 동안 나는 영국인의 99퍼센트가 자신의 영혼을 발견했으며, 어떤 것이든 그것은 영광스럽고 승리에 가득 찬 경험이었으리라고 생각한다. 아무런 열정적 신념 없이 일생을 살았다 해도 정직하고 냉정하게 말해 당신에게 나치에게 휘둘리느니 차라리 죽겠다는 신념이 있음을 발견했다면, 그것만으로도 당신의 삶은 충분히 가치가 있다.**

그러나 1940년 5월 하순 자신의 부하 장교 더글러스 도즈-파커Douglas Dodds-Parker에게 다음 명령을 내린 거빈스 대령의 참모장 피터 윌킨슨은 좀 더 현실적이었다고 할 수 있다.

---

*   Guderian, *Panzer Leader*, p. 117.
**   Margery Allingham, *The Oaken Heart* (London, 1941), p. 163.

만약 영국이 함락되면 전쟁터에서 벗어나라. 남아프리카, 오스트레일리아, 캐나다로 가라. 가서 영국 내의 보조부대와 계속 연락을 취하라. 그리스가 투르크의 손을 벗어나기까지 고작 600년밖에 걸리지 않았음을 기억하라.*

---

*   Douglas Dodds-Parker, *Setting Europe Ablaze* (London, 1983), p. 45.

6

나치 유럽
나치 독일이 소련을 무너뜨렸다면?
–마이클 벌리

———

우리 앞에 있는 과업을 보라! 즐겁고 만족스러운 100년이 우리에게 있다.
– 아돌프 히틀러

바르바로사 작전은 1941년 6월 22일 새벽 6천 문의 대포 굉음과 함께 시작되었다. 오전 후반부에는 독일 공군이 러시아 항공기 890대에 포격을 가했는데, 그중 668대는 지상에 있는 채로 공격을 당했다. 7월 12일에는 러시아 항공기 6,857대가 작동 불능 상태에 빠졌고 독일 항공기 피해는 550대에 그쳤다.* 핀란드인, 루마니아인, 헝가리인, 이탈리아인, 슬로바키아인을 포함해 독일과 추축국[2차 세계대전 때 연합국과 싸운 독일, 이탈리아, 일본의 세 동맹국 - 옮긴이] 병사 300만 명 이상이 북부 · 중부 · 남부 세 집단군으로 나뉘어 각각 레닌그라드 · 모스크바 · 우크라이나 방향으로 전선을 넘어갔다. 그들의 목표는 드비나강에서 드네프르강에 이르는 전선 서쪽의 적군을

* Horst Boog, "Die Luftwaffe", idem et al., *Der Angriff auf die Sowjetunion* (Frankfurt am Mein, 1991), p. 737. 영어권 저술로는 John Erickson, *The Road to Stalingrad* (London, 1993), John Erickson & David Dilks (eds.), *Barbarossa: The Axis and the Allies* (Edinburgh, 1994)가 있다. 독일어권에서 최근 이 주제를 다룬 최고의 연구로는 Gerd Uberschär & Wolfram Wette (eds.), *Der deutsche Überfall auf die Sowjetunion* (Frankfurt am Mein, 1991); Wegner가 편집한 탁월한 선집(444쪽 두 번째 주를 볼 것)과 Reinhard Rütup가 편집한 전시회 카탈로그 *Der Krieg gegen die Sowjetunion 1941-1945* (Berlin, 1991)를 볼 것.

6. 나치 유럽   437

섬멸하는 데 있었다. 그들의 진격 속도가 어찌나 빨랐던지 참모총장 프란츠 할더는 이미 7월 3일 일기에 "러시아 작전은 두 주일 만에 승리를 거두었다"라고 기록했다. 그는 즉각 앞으로 러시아가 회복하는 데 필요한 경제 자원을 없애는 문제로 관심을 돌렸다. 계속 짜증나게 만드는 영국이라는 존재와 캅카스를 지나 이란으로 돌진할 가능성이 있는지의 문제 말이다.* 이 자신감은 군비 정책에도 반영되었다. 1941년 7월 14일 히틀러는 작전의 우선순위를 육군에서 해군과 공군 쪽으로 옮긴다는 포고를 내렸다.**

다들 알고 있듯 히틀러의 낙관적 평가는 지상에서 일어나는 사건들과 점차 어긋나기 시작했다. 지도상의 도로는 실제와 일치하지 않아 열기 속에서 구름 같은 먼지를 피워 올리거나 비가 오고 난 뒤 차량을 진창에 빠뜨리는 흙길이었다. 기갑부대와 기계화 보병부대는 기계가 지치든 말든 앞서서 철컹거리며 달려갈 수 있었지만 보병과 말이 끄는 보급부대는 갈수록 멀리 뒤처졌다.*** 중무장한 보병들은 땀이 난 곳을 정확히 노리고 달려드는 파리와 쏘는 벌레들 속에서 분노와 낙담이 교차하는 기분으로 헤아릴 수 없이 먼 거리의 단조로운 지형을 행군했다.

포로로 잡힌 러시아인이 스몰렌스크에서 30만 명, 키예프에서 65만 명, 뱌지마와 브랸스크에서 65만 명(이들은 대부분 열악한 환경 탓에 죽고 만다)으로 셀 수 없이 많았지만 러시아의 결심이 누그러질 기미는 보이지 않았다. 사실 소련은 시베리아에

---

*   Jeremy Noakes & Geoffrey Pridham (eds.), *Nazism 1919-1945* (Exeter, 1988), vol. III, pp. 818-819.

**   B. Kroener, "Der 'erfrorene Blitzkrieg' Strategische Planungen der deutschen Führung gegen die Sowjetunion und die Ursachen ihres Scheiterns", Bernd Wegner (ed.), *Zwei Wege nach Moscow* (Munich, 1991), p. 144.

***   Alan Clark, *Barbarossa: The Russian-German Conflict 1941-1945* (London, 1995), pp. 56ff, 89f, 88.

서든 급조한 즉흥 민병대로든 어렵지 않게 새 부대를 구성했다.* 스탈린의 270호 명령은 탈주자 가족을 체포하도록 허락함으로써 탈주하려던 자들의 마음을 돌려놓았다. 심지어 항복한 병사들의 친척까지도 국가 지원을 모조리 빼앗겼다. 스탈린은 자신의 잘못을 파블로프 장군에게 뒤집어씌워 총살하기도 했다. 민간 생산시설은 신속하게 군사용으로 바뀌었고 자전거 공장은 곧 화염방사기를 만들어냈다. 대규모 공장은 해체되어 노동력과 함께 우랄산맥, 서시베리아, 카자흐스탄, 중앙아시아로 분산되었다. 예를 들면 1941년 12월 하순 우크라이나에 있던 자포로즈스탈 제철공장은 여섯 주 안에 우랄산맥에 있는 첼랴빈스크로 옮겼다. 비록 공장의 기초를 놓기 전에 땅을 데워 녹여야 했고 영하 45도 추위에 시멘트가 얼어버렸지만 말이다.** 이 대규모 작업이 독일인에게 미친 결과는 "경제적 스탈린그라드"라는 적절한 용어로 묘사되었다.***

소련의 저항은 독일의 계산착오로 인해 복잡해졌다. 7월 하순 모스크바에 공격을 집중하길 원한 장군들의 조언에 반해 히틀러는 중부 집단군Army Group Centre을 스몰렌스크에서 멈추게 했다. 그 측면을 보강하던 무력을 돌려 레닌그라드를 공격하게 하고 남쪽에 있는 도네츠 분지와 캅카스로 돌진하게 한 것이다. 8월 11일 자신감이 줄어든 할더는 독일군의 고려 대상이 아니었지만 어쩐지 마음에 걸리는 러시아 사단 존재에 주목했다.

"우리 기준으로는 무장하지도 않았고 장비도 부족하지만 … 그래도 그들이 거기에 있다. 우리가 12개 사단을 무너뜨리면 러시아는 그냥 12개 사단을 또 데려

* Bernd Wegner, "The Road to Defeat: The German Campaigns in Russia 1941-1943", *Journal of Strategic Studies*, 13 (1990), p. 112f.

** John Barber & Mark Harrison, *The Soviet Home Front 1941-1945* (London, 1991), p. 139.

*** A. M. Belikov, "Transfer de l'industrie Sovietique vers l'Est (juin, 1941-1942)", *Revue d'Histoire de la Deuxième Guerre Mondiale*, 11 (1961), p. 48.

온다.*

중부 집단군이 다시 모스크바로 진격한 타이푼 작전Operation Typhoon은 10월에 시작했는데, 그때는 겨울이 위험할 정도로 다가와 있었다. 12월 초 기온이 영하 30도로 떨어지면서 윤활유와 석유가 굳어버렸고 땅은 딱딱해졌다. 방한복이 없던 병사들은 신문지나 선전용 소책자를 뜯어 작업복 속에 채웠고, 귀중한 가솔린을 태워 피운 모닥불 주위에 비참하게 몰려들었다. 얼어붙은 말 시체는 도끼날도 튕겨냈다. 히틀러는 전술적 철수를 고려하길 거부하며 그 전략을 옹호하는 한 장군에게 조롱하듯 물었다.

"장군, 대체 어디로 후퇴하자는 말인가? 얼마나 멀리 후퇴하고 싶은가? … 50킬로미터쯤 물러서고 싶은가? 거기는 덜 추울 것 같은가?"**

모스크바에 가까이 간 12월 하순 탈진하고 패닉에 빠진 독일군은 겨울용 누비 작업복을 입고 톰슨식 자동기관총을 갖춘 시베리아 사단에 밀려 소련 수도에서 280킬로미터 떨어진 곳에 멈추었다. 겨울이 오기 전에 러시아를 기습해 무너뜨린다는 전략은 실패했고 긴 소모전이 이어졌다. 2월 19일 보어만과 이야기하던 히틀러가 이렇게 중얼거렸다.

"난 언제나 눈이 싫었어. 난 정말 눈을 싫어했어. 왜 그랬는지 이제 알겠군. 그건 예감이었어."***

미친 듯한 항전 지시로 소련군의 겨울 공세를 막아낸 히틀러는 야심적으로 계획한 1942년 여름 작전(블루 작전Operation Blue)의 규모를 줄여 남쪽에 있는 유전을 향해 단 한 번 대규모로 돌진한다는 목표를 세웠다. 기습에 실패한 그가 전 세계 강대

---

*   Noakes and Pridham (eds.), *Nazism*, vol. III, p. 820.

**   앞의 책, p. 829.

***   *Hitler's Table Talk 1941-1944*, Hugh Trevor-Roper (Oxford, 1988), p. 319에 소개한 내용.

국들의 연합 작전에 맞서 장기적인 소모전을 벌이려면 이 지역의 천연자원이 필요하다는 것을 깨달았기 때문이다. 그는 "마이코프와 그로즈니에서 석유를 얻지 못하면 나는 이 전쟁을 청산해야 할 것"이라고 말했다. 다시 한 번 자국 군대 배치에 운명적으로 개입한 히틀러는 각기 다른 목표에 따라 그들을 나누었다. 즉, 남쪽의 석유와 볼가강 서쪽 소련 예비병과의 대격돌이라는 목표를 각각 설정한 것이다.

또한 그는 스탈린처럼 스탈린그라드 전투를 실질적이고도 상징적인 의지력 싸움으로 전환했다. 그을린 벽돌 한 무더기, 파괴된 건물의 한 층 한 층은 모두 대포와 수류탄과 화염방사기와 저격병의 총탄으로 얻은 것이었다. 중앙역은 사흘 동안 주인이 열다섯 번이나 바뀌었다. 그러다가 프리드리히 파울루스Friedrich Paulus 부대가 돌무더기에서 러시아 방어군을 없애려 애쓰는 동안, 소련이 주위에서 깊이 죄어들어 협공하는 바람에 구원부대가 손을 쓸 수 없게 되었다. 고립된 그들에게 독일 공군의 공중 보급마저 실패하자 결국 파울루스와 병사 9만 명은 항복했다.** 스탈린그라드 전투 이후 히틀러의 동맹국인 핀란드, 헝가리, 루마니아는 평화 협상을 하라고 요구하기 시작했다. 하지만 1943년 7월 4일 히틀러는 다시 공세를 개시했다. 이번에는 쿠르스크 돌출부에 집중하는 150킬로미터 전선으로 비교적 제한적인 공격이었다. 2차 세계대전의 최대 전차 전투로 남은 그 전투 결과로 전세의 주도권은 소련 쪽으로 넘어갔고, 이후 소련이 전쟁 속도를 지시했다.

적대적인 두 이데올로기 체제에다 독일이 '열등인간Untermenschen'으로 본 유대인과 슬라브족을 정치-생물학적으로 최종 처리하는 십자군 원정이라는 관점에서 독일의 소련 침공은 그 성격이 서구에서의 작전과는 근본적으로 달랐다. 이는 1939

---

*   Wegner, "Road to Defeat", p. 115f.

**   전투에 관해 독일어권에서 나온 가장 최신 연구는 Wolfram Wette & Gerd Uberschär (eds.), *Stalingrad, Mythos und Wirkichkeit einer Schlacht* (Frankfurt am Mein, 1993) 참조.

~1945년 독일군에게 붙잡힌 서구 연합군 전쟁포로의 사망률은 3.5퍼센트였으나, 빈약하게 급조한 독일군 포로수용소에서 혹은 SD[친위대 소속 보안대 – 옮긴이]나 베르마 흐트[독일 국방군 – 옮긴이] 처형자들의 손에 그대로 살해당한 러시아인이 330만 명이었다는 것이 잘 보여준다. 그중 대다수는 1942년 여름 전에 죽었다.[*] 물론 소련군에 붙잡힌 독일군 사망률도 31.6퍼센트 또는 100만 명에 달했다. 히틀러는 3월 30일 장군 250명에게 행한 연설에서 기본 이념을 설정했다.

"우리는 군인다운 동지의식 관점에서 벗어나야 한다. 공산주의자는 처음부터 끝까지 동지가 아니다. 이것은 절멸 전쟁이다. … 서구에서의 전쟁과는 다르다. 동부에서의 강인함은 곧 미래의 온화함을 의미한다."[**]

나치의 이데올로기가 잔뜩 담긴 지시와 지침, 특히 1941년 3월 13일 군사법정에 관한 선포나 침공 전 육군 고위 지휘관이 발령한 악명 높은 6월 6일 정치국 명령은 베르마흐트가 관례적 전쟁과 인종–이데올로기 전쟁 사이의 경계선을 허물고 SS나 다양한 경찰 집단의 약탈에 기꺼이 동참함으로써 공범이 되는 데 기여했다.[***] 이것은 전쟁 범죄를 미리 계획했다는 증거이기도 하다. 사전에 결정한 전쟁의 이데올로기 성향과 군사적 병사들이 슬금슬금 정치적 병사로 바뀐 현상은 독일군의 선전 배후에서 엄청난 사태를 불러일으켰다. 유대인 220만 명의 조직적인 대량 학살, 정신병원에 있던 집시들 학살을 비롯해 본래 중립적이던 첩보요원 · 강도떼 · 파르티잔 · 태업자 · 스파이 · 저항자 같은 용어를 어떻게 사용하느냐에 따라 한 마을 전

---

[*]   Wegner, "Road to Defeat", p. 109.

[**] Noakes and Pridham (eds.), *Nazism*, vol. III, p. 1,087.

[***] 러시아에 간 독일군의 수정주의와 포스트 수정주의 견해는 O. Bartov, *Hitler's Army: Soldiers, Nazis, and War in the Third Reich* (Oxford, 1991); Theo Schulte, *The German Army and Nazi Policies in Occupied Russia* (Oxford, 1989) 참조. 이 분야의 가장 최근 연구는 Hannes Heer & Klaus Naumann (eds.), *Vernichtungskrieg, Verbrechen der Wehrmacht 1941-1944* (Hamburg, 1995)에 포괄적으로 나와 있다.

버추얼 히스토리

체 주민이 총살당하거나 전신주에 목이 매달려 죽고 헛간과 교회에서 불에 타죽었던 것이다. "파르티잔 활동은 우리에게 반대하는 사람이라면 누구든 절멸할 기회를 준다"는 히틀러의 주장은 그의 전형적인 절반의 진실이었다. 희생자는 사실 누구에게도 적이 아닌 사람일 수 있었다. SS의 장군 에리히 폰 뎀 바흐-첼레프스키Erich von dem Bach-Zelewski는 나중에 다음과 같이 인정했다.

> 파르티잔을 상대하는 싸움은 점차 다른 수단을 실행하는 구실로 쓰였다. 가령 유대인과 집시 절멸, 슬라브인 약 3천만 명의 조직적 섬멸(독일인의 우위를 확보하기 위해) 그리고 총살과 약탈로 민간인을 공포에 몰아넣기 위한 구실이었다.[*]

핀스크에서 군인 한 명이 저격당하자 독일군은 위 공식에 따라 유대인 4,500명을 살해했다.

"파르티잔이 있는 곳에는 유대인도 있고, 유대인이 있는 곳에는 파르티잔도 있다."[**]

좀 더 생각이 있는 독일군 장교들은 '6,000 대 480 문제'로 불린 수수께끼, 말하자면 6,000명이 죽은 파르티잔에게 수거한 라이플이 고작 480정뿐이라는 수수께끼를 걱정하기 시작했다.[***] 그들 중에 원래 파르티잔이 있었다는 주장은 고압적인 독일군 점령의 산물이자, 적에게 빼앗긴 지역에서 자신의 존재를 유지하려는 스탈린의 뒤늦은 시도였다. 실은 소규모 핵심부를 제외한 거의 모든 파르티잔에게는 '자

---

[*]   Matthew Cooper, *The Phantom War: The German Struggle against Soviet Partisans 1941-1945* (London, 1979), p. 56f. 이는 파르티잔 전쟁을 설명한 것 중 여전히 가장 쓸모 있다.

[**]   Ruth Bettina Birn, "Zweierlei Wirklichkeit? Fallbeispiel zur *Partisanbekämpfung* im Osten", Wegner (ed.), *Zwei Wege*, p. 283.

[***]   Cooper, *Phantom War*, pp. 83-88.

원자'(탈영으로 가족이 살해당한 징병자들을 가리키는 완곡 어법)로 있는 것이 독일군 점령
하에서 사는 것보다 아슬아슬하게 나은 선택지였다.

천년제국을 위한 '만약 그랬다면' 시나리오는 대중소설 작가, 군대역사광, 몇몇
전문 역사가를 미칠 지경으로 들뜨게 했다. 렌 데이튼Len Deighton, 로버트 해리스 같
은 작가를 비롯해 가장 최근에는 미국 정치가 뉴트 깅리치Newt Gingrich(역사적 정확
도는 다양하지만)가 제3제국을 대중 스릴러의 배경으로 활용했다.* 랄프 지오르다
노Ralph Giordano 같은 또 다른 사람들은 "만약 히틀러가 전쟁에 이겼다면" 어떻게 되
었을까를 놓고 생각 없이 설명한다. 그들은 여러 이데올로기 성향을 보인 상이한
나치 에이전시 시스템에서는 하나 이상의 가능성이 있을 수 있음을 하나같이 간과
한다.** 더구나 그 작업은 통일한 독일연방공화국의 경제적 · 정치적 위력에 따른
(영미 또는 독일의) 잠재적 불안감을 반영한다. 그것이 가져올 영향을 향한 분노가 깊
기 때문이다. 반면 거의 모든 관심이 지극히 '작전' 차원에 국한된 군대역사가들은
각자의 연구 편의를 위해 그저 군대를 이리저리 배치해볼 뿐이다.*** 그리고 요헨 티
스Jochen Thies 같은 전문 역사가는 질적으로 다른 수준에서 나치 과대망상증의 상징
적 표현에 집중한다. 즉, 그는 전후 시대 건축 계획에서 세계 지배 계획을 도출해내
고 유사 유럽 연합이나 단일 통화를 추구한 나치의 계획을 탐구한다.****

---

* Len Deighton, *SS-GB* (London, 1978); Robert Harris, *Fatherland* (London, 1992); Newt Gingrich and William R. Forstchen, *1945* (New York, 1995).

** Ralph Giordano, *Wenn Hitler den Krieg gewonnen hätte* (Munich, 1989).

*** Kenneth Macksey (ed.), *The Hitler Option: Alternate Decisions of World War II* (London 1995).

**** Jochen Thies, "Hitler's European Building Programme", *Journal of Contemporary History*, 13 (1978); idem, "Nazi Architecture-A Blueprint for World Dominion", David Welch (ed.), *Nazi Propaganda* (London, 1983); Robert Edwin Herzstein, *When Nazi Dreams Came True* (London, 1982). 파시스트와 나치가 생각하는 유럽 통합 개념의 특징은 M. L. Smith & P. M. R. Stirk (eds.), *Making the New Europe* (London, 1990)에도 나온다.

하지만 동부 전선은 즉각적이거나 장기적인 미래와 관련된 잔존 자료가 엄청나게 많아 가설 시나리오를 상상하는 것은 쓸데없는 짓이 되어버린다. 독일군은 3년 넘게 일부 지점에서는 전선 넘어 2,000킬로미터 이상 나아가기도 한 소련의 광대한 지역에서 싸우고 점령했다. 독일이 승리했다면 와해된 소련 영토를 어떻게 다루었을지 우리는 분명하게 볼 수 있다. 설계도는 넘칠 만큼 많이 남아 있다. 그것을 신빙성 있는 반사실로 구축하는 데 상상으로 추가할 것은 오로지 군사 전쟁 승리뿐이다.

로젠베르크의 반사실

만약 히틀러가 휘하 장군들의 조언에 따라 1941년 겨울이 오기 전에 군대역사가 제임스 루카스James Lucas가 상상한(보탄 작전Operation Wotan) 대로 모스크바를 점령했다면 상황은 어떻게 되었을까?* 환상의 세계로 모험을 떠나 다음과 같이 가정해보자. 스탈린과 소련군 최고사령부Stavka 지도부가 점령당한 수도를 탈출하기 전이나 탈출하는 동안 어떤 사고가 발생해 조직적으로 저항할 의지가 무너졌다고 해보자. 실제로 발생한 일을 간략히 설명한 내용의 행간을 읽으면 누구나 히틀러가 옹호한 나치의 조야한 인종 도그마와 군사-경제 필요성이 뒤섞인 지시가 그날 당장 내려지지 않았을 경우, 점령한 소련에서 추진했을 법한 다양한 지배 전략 가운데 일부를 어렵지 않게 알아낼 수 있다. 점령자들은 분열주의 감정을 이용해 발트해, 벨라루스, 캅카스, 우크라이나에 일련의 괴뢰 체제(독일 총독의 통제를 받는)를 세울 것이었다. 이때 볼셰비키의 골격은 탈집단화와 재산 재사유화, 종교 자유 복구 등으로

---

*   James Lucas, "Operation Wotan: The Panzer Thrust to Capture Mpscow, October-November 1941", Macksey (ed.), *The Hitler Options*, p. 54ff.

훼손당할 확률이 높다. 소련의 넓은 지형과 우랄산맥 양쪽의 무기 공장 덕분에 레지스탕스가 사라질 것 같지는 않지만, 볼셰비키 세상은 끝났다고 판단했을 다수의 협력자 때문에 그 효과가 상쇄되었을 가능성이 크다.

그 전략은 분명 실효를 거두었을 터다. 스테판 반데라Stephan Bandera[1909~1959년. 우크라이나의 우파 민족주의자 - 옮긴이] 휘하의 서부 우크라이나 민족주의자들은 독일 침략군이 오기도 전에 르보프에서 반소련 반란(및 학살령)을 일으켰다. 그리고 점령 지역 전체에서 토착민의 대규모 협력이 있었다. 정도는 다양하지만 약 100만 명의 러시아인이 독일 무장군에 가담했는데, 대개는 '히비스Hiwis'라는 독일 식 별명으로 불린 비무장 보조원이었으나 1944년 바르샤바 봉기 진압에 도움을 준 카민스키 여단을 포함해 약 100만 명의 무장 군사협력자도 있었다. 그 외에 블라소프 러시아 해방군, 코사크 부대, 지금은 발트나 우크라이나판 SS부대보다 덜 유명한 칼미크와 타타르 부대도 있었다. 몇몇 민족주의자는 적군보다 독일 육군에서 더 나은 대접을 받았다.* 소련 해체 이후의 러시아 역사가들이 요즘 밝히고 있듯 통제와 경찰 업무, 테러 능력 못지않게 부도덕한 능력도 뛰어난 과거 공산주의자 중에는 점령자들을 보조한 사람들이 있었다.

그들 중 정치 전쟁, 예를 들면 독일 육군 선전분과에서 하는 일에 더 심사숙고한 사람들은 흥분하기 쉬운 이민 분열주의자들을 솔깃한 말로 꾀어 대러시아 주민들

---

* Sergei Kudryashov, "The Hidden Dimension: Wartime Collaboration in the Soviet Union", Erckson & Dilks (eds.), *Barbarossa*, p. 246. 그리고 Jurgen Thorwald, *The Illusion: Soviet Soldiers in Hitler's Armies* (New York, 1975); Sergei Frolich, *General Wlassow. Russen und Deutsche zwischen Hitler und Stalin (Cologne, 1987); Joachim Hoffmann, Die Ostlegionen 1941-1943* (3rd edn., Freiburg im Breisgau, 1986); idem, *Deutsche und Kalmyken 1942 bis 1945* (4th edn., Freiburg im Breisgau, 1986); idem, *Die Geschichte der Wlassow Armee* (Freiburg im Breisgau, 1986); Catherine Andreyev, *Vlasov and the Russian Liberation Movement: Soviet Reality and Emigré Theories* (Cambridge, 1987); Samuel J. Newland, *Cossacks in the German Army 1941 to 1945* (London, 1991) 참조.

과 분리하는 일에 경고를 보냈다. 그보다는 '정복이 아닌 해방을'이라는 구호로 크렘린과 러시아 국민 사이에 쐐기를 박아야 한다는 것이었다.* 점령한 동부 영토를 관장한 히틀러의 장관 알프레트 로젠베르크에게도 총통과 같은 광적인 러시아공포증이 있었으나, 그래도 그는 다른 민족 집단 사이의 차이와 그들의 전략적 쓸모를 이해했다. 우선 리투아니아, 라트비아, 에스토니아, 벨라루스를 보호국으로 구상한 그는 우크라이나를 확대하고 캅카스 연방을 결성함으로써 이들 안전지대로 둘러싸인 대폭 줄어든 무스코비Muskovy[원래 러시아대공국을 지칭했지만 일반적으로 러시아를 가리키는 별칭 – 옮긴이]를 구상했다. 무스코비의 동력은 아시아를 향해 재설정할 것이었다. 캅카스와 무스코비에서의 제국정치위원을 위한 계획도 초보적인 것은 이미 작성했다. 로젠베르크와 그 주위의 동부 전문가들은 심지어 과거 소비에트 중앙아시아를 바탕으로 독일의 선전선동이 묘사한(전형적인 '열등인간') 것처럼 타타르와 투르크를 적절히 재단한 크리미아무프티공국이나 광대한 범투르크인 블록에 광적인 환상을 품을 정도였다.

독일 점령 정책이 원주민에게 양보의 산물을 가장 성공적으로 거두려고 노력한 곳은 과거 소련 북부 캅카스에서였다. 주민들의 비슬라브성 성향, 체첸과 카라차이가 독일군이 오기 전에 소련의 멍에를 벗어던진 사실, 이웃 터키에 호의적인 인상을 주어야 할 필요 그리고 여전히 군대를 갖추고 있다는 사실이 회유하는 태도를 유발했고 이는 다음 군사 지시 어조에도 명확히 드러난다.

1. 캅카스 주민을 친구로 대할 것.
2. 집단 국영농장을 철폐하려 애쓰는 산악부대Mountaineers의 앞길을 방해하지 말 것.

*   Alexander Dallin, *German Rule in Russia, 1941-1945: A Study in Occupation Policies* (2nd edn., London, 1981), p. 509.

3. 모든 형태의 예배 장소를 재개하도록 허용할 것.

4. 사유 재산을 존중하고 습득한 물건의 값을 치를 것.

5. 모범적인 처신으로 주민들의 신뢰를 얻을 것.

6. 주민들에게 영향을 줄 가혹한 수단에는 이유를 설명할 것.

7. 특히 캅카스 여성들의 명예를 존중할 것.[*]

독일 당국은 카라차이 민족위원회를 인정하고 그들에게 과거 소비에트의 국영기업과 삼림을 위임했다. 무슬림 발카르인은 쿠르만 행사Kurman Ait[이슬람의 명절인 희생절 – 옮긴이]에 온 독일 손님들에게 코란과 무기를 선물받고 답례로 말을 주었다. SD가 타트족Tats, 즉 산악 유대인을 살해하려 하자 지역위원회는 군대에 탄원했고 군대는 SD에 계획을 중지하라고 말했다. 가축은 다시 사유화했으며 노동력 징발은 최소한으로 이뤄졌다. 그 보답으로 대다수 주민은 독일 편에서 싸웠고 히틀러는 "믿을 수 있는 것은 무슬림뿐이라고 본다"라고 선언했다. 이 때문에 그들은 전시나 종전 후 소련이 카자흐스탄과 중앙아시아로 이송한 350만 명의 주민과 함께 엄청난 대가를 치르고 만다.[**]

히틀러의 상상

문제는 협력 전략이 정치 비중이 낮은 소수민족 부문에서 나왔다는 데 있었다. 하긴 히틀러의 발언으로 보건대 '협력'은 정치적으로 독일의 군사 전쟁 승리가 안

[*]   앞의 책, p. 241.

[**]   Barber and Harrison, *Soviet Home Front*, p. 114f.

겨주는 결과 중에서도 가장 실현성이 낮은 일이었다. 《히틀러의 일상 잡담Hitler's Table Talk》은 그가 아리아인 예수, 카이사르 군단의 채식주의, 선사시대의 개 그리고 '산악 유대인은 밀렵을 좋아한다'는 주변 일화를 언급한 기록인데 내용으로 보아 히틀러는 동부에 끌리는 동시에 거부감을 느꼈다. 이러한 태도가 암시하는 아이러니에 둔감한 히틀러는 러시아를 사막이라 불렀다. 그의 상상 속에서 자신이 치르는 전투는 그 나라에 과거를 가져다준다.* 눈이 쌓이면 바람이 깨끗이 쓸어버리도록 능선 위에 건설한 넓은 도로는 독일인 마을과 정착촌을 통과한다.** 나아가 크리미아는 독일판 리비에라가 된다.

그는 그다운 태도로 자신이 상상하는 세계의 부정적인 면을 훨씬 더 명석하게 파악했다. 그는 '원주민'이 조야한 형태의 식민지 지배에 복종하게 만들고 싶어 했다. 그런 통치 방식은 너무 야만적이고 비인간적이라 저급한 책에서 읽은 내용이 아닌가 싶다. 어처구니없지만 그는 영국의 인도 통치와 비교하려 했다.

"러시아에서 우리의 역할은 영국이 인도에서 맡은 것과 비슷하다. … 러시아 땅은 우리의 인도다. 영국인처럼 우리는 소수의 인원으로 이 제국을 통치할 것이다."***

그는 그 땅에 독일 농민과 병사, 즉 12년간 군대에 복무한 퇴역병을 정착시킬 꿈을 그렸다. 비록 덴마크, 네덜란드, 노르웨이, 스웨덴 정착민을 위한 공간이 발트해 국가에 있었지만 이들 정착민은 전형적·임의적이고 엉뚱한 자격요건인 '특수 조처'를 바탕으로 배치할 예정이었다. 독일 식민지들은 대규모 농장, 풍부한 물자, 지역 총독의 궁전 같은 혜택을 누린다. 이 식민지 사회는 문자 그대로 혹은 은유적 의미에서 외부인에게는 폐쇄적인 요새다. 히틀러의 생각대로라면 "우리의 순종 남자

---

*   Table Talk, 1941년 10월 17일, p. 68.
**   앞의 책, 1942년 1월 9~10일, p. 198.
***   앞의 책, 특히 pp. 15, 23, 24, 33.

는 그 어떤 원주민보다 우수해야 하기 때문이다." 원주민들은 주인을 필요로 하는 타고난 노예 대중이다. 외부인(즉, 독일인)은 그들이 아니었다면 반사회적인 토끼 같은 습성으로 살아갔을 인간들에게 사회조직 개념을 도입한다.* 건강과 위생은 과거의 이야기가 될 것이다. "러시아인에게는 예방 접종도 없고 더러움을 씻어낼 비누도 없다. … 원하는 대로 혼령이나 숭배하고 담배나 실컷 피우게 하라."** 전형적인 냉담한 태도로 그는 1941년 10월 17일 다음과 같이 말했다.

> 우리는 아이들의 보모 같은 노릇은 하지 않을 것이다. 우리에겐 그들 국민에 관한 한 절대적으로 어떤 의무도 없다. 헛간에서 분투하고, 벼룩을 쫓아내고, 독일인 교사를 제공하고, 우리의 신문을 가져다주고 … 우린 그런 일은 결코 하지 않는다! … 그 나머지에게는 우리의 고속도로 표지판을 알아볼 정도만 알게 하라. 그래야 우리 자동차에 깔려 죽지 않을 테니까!***

러시아인이 반란을 일으키면 "그들의 도시에 그저 폭탄 몇 개만 떨어뜨리는 것으로 충분하다. 그러면 문제는 청산된다."**** 경제 교류는 자원을 극도로 고갈시키는 방식으로 진행한다.

> 추수 때 우리는 중요 지점 중심지에 모두 시장을 연다. 그곳에서 곡물과 과일을 모두 사들이고 우리의 싸구려 공산물을 판매한다. … 우리의 농업기계 공장, 운수 회사, 가

---

*   앞의 책, 1941년 9월 17일, p. 34.
**   앞의 책, 1942년 2월 19~20일, p. 319.
***   앞의 책, 1941년 10월 17일, p. 69.
****   앞의 책, 1941년 8월 8~9일, 9~10일, p. 24.

                                                      버추얼 히스토리

정용품 제조사 등은 그들을 대상으로 엄청난 시장을 얻을 것이다. 그들은 값싼 목면 제품의 훌륭한 시장이기도 하다. 색깔이 현란하면 더 좋다. 선명한 색을 좋아하는 이들의 갈망을 우리가 왜 좌절시키겠는가?*

우크라이나인은 스카프, 구슬, 그 밖에 "식민지인이 좋아할 모든 것"을** 구하려고 안달할 것이다.

히틀러 주변의 대다수 장군이 공유하던 이런 종류의 감성이 대러시아 점령 정책의 기본 어조를 설정했다. 이에 따라 특히 1939년 나치-소비에트 조약으로 스탈린 치하에 들어간 지역에서 볼셰비키 체제에 보이는 만연한 거부감을 밑천으로 삼거나, 소련제국 내에 잠복해 있던 민족적·종교적 깊은 균열을 활용할 가망이 사라졌다. 히틀러는 단순히 어떤 지역의 지원을 얻겠다고 이데올로기성 지상 명령을 뒤로 돌리기를 꺼려했다. 그는 인종 우월감에 젖어 애당초 민족 자율성에 관해 어떠한 양보도 할 마음이 없었다. 나치가 정착할 마음이 없는 지역이나 광범위한 무슬림, 투르크 대중 앞에서 정책을 제시하는 경우를 제외하면 말이다.

이러한 태도는 로젠베르크와 그의 지지자들에게 정치적으로 직접 영향을 미쳤다. 광대하지만 대체로 추상적인 봉토 내에서 고위급을 임명할 힘조차 없던 로젠베르크는 에리히 코흐Erich Koch가 우크라이나의 제국정치위원Reichskommissar으로, 힌리히 로제Hinrich Lohse가 오스틀란트의 제국정치위원으로 임명되는 것을 감내해야 했다. 코흐는 슬라브족 농노를 경멸하는 점에서 히틀러에 비길 만했고, 로제는 놀랍게도 발트해 3국을 심하게 제약하고 약간의 자율성만 허용하려는 로젠베르크의 그 어떤 시도에도 저항하지 않았다. 실제로 분열주의, 더 정확히 말하면 정치 지

---

* 　앞의 책, 1942년 8월 6일, p. 617.
** 　앞의 책, 1941년 9월 17일, p. 34.

도 다시 그리기는 독일의 보호 아래 엄격히 실행되었고 어떠한 자결권도 허용되지 않았다.[*] 독일 침공을 자신에게 유리한 기회로 바꾸려 한 잡다한 파시스트, 민족주의자, 종교 이민자의 열띤 욕망은 대개 아무런 결과도 얻지 못했다. 독일은 처음에 그들을 양성했다가 버렸고 때론 수감하거나 살해했다. 그들 중 여러 명은 나중에 NKVD[내무인민위원회. 소련의 비밀경찰-옮긴이]의 손에 같은 운명을 겪는다(1950년 뮌헨에서 라디오 자유 유럽Radio Free Europe을 위해 일한 스테판 반데라의 사례를 보라).[**]

힘러의 반사실

로젠베르크의 정책을 반대한 것은 히틀러뿐이 아니었다. 그와 로제는 그들의 지역 당국이 베를린에 있는 로젠베르크의 부서와 별개로 활동하던 경제 요원들, 더 중요하게는 하인리히 힘러Heinrich Himmler의 SS 고위급 및 경찰 지도부와 경쟁하는 처지에 놓였다.[***]

지역 주민들이 좋아할 만한 방식으로 볼셰비키 사회-경제 질서를 개혁하려던 모든 시도는 경제적, 군사적 필요성에 가로막혔다. 앞서 말했듯 히틀러가 생각하는 미래의 독일-러시아 경제 관계는 야만적인 수탈에 기초한 것이었다. 실제 관심도 집단 농경 제도를 겉으로만 손질하는 데 그치는 것임이 확실했다. 콜호스 구성원들

---

[*] 앞의 책, p. 46ff. 시대에 좀 뒤진 달린Dallin의 연구는 본질적으로 사실상 권력이 없던 로젠베르크의 기관에 관한 것이며, 군대와 SS경찰 양쪽의 내용은 훨씬 더 빈약하다.

[**] Karl-Heinz Janssen, "Beherrschen, verwalten, ausbeuten!", *Die Zeit*, 1991년 6월 27~28일, p. 45.

[***] Ruth Bettina Birn, *Die höheren SS-und Polizeiführer: Himmlers Vertreter im Reich und in den besetzten Gebieten* (Düsseldorf, 1986).

을 모두 다른 곳으로 보내는 탈집단화는 군대의 식량 공급원 확보에 엄청난 어려움을 떠안겼다. 사실 SS의 입장에서는 콜호스를 작은 농장으로 쪼개 소유주에게 반환하는 것보다 대토지 농장으로 개조하는 편이 훨씬 쉬웠다. 국무부의 식량 장관 헤르베르트 바케Herbert Backe가 말했듯 설사 볼셰비키가 집단 농장을 만들지 않았더라면 독일인이 발명하기라도 했을 것이다. 그런데 독일의 선전 포스터는 '콜호스 종말! 자기 땅을 가진 자영농!'을 선언했다. 여기에는 독일군이 라이플 총신으로 보드카에 취한 관료들을 러시아 농민의 어깨 위에서 치워주는 모습이 그려져 있었다. 현실은 그와 달랐다. 로젠베르크의 1942년 2월 15일자 농업 포고령은 개인 농장을 기초로 하는 공동체 경제를 수립했을지 모르지만, 반봉건적 노동시간과 십일조 같은 헌금 의무는 가증스러운 소련 시스템과 다르지 않았다.* 산업화 경제 하의 소유권 쟁취 투쟁은 독일 전역의 다양한 기관과 사유재산 부문에서 벌어지는 사건이었고 플릭, 크룹, 만네스만 같은 회사가 각자 해당 부문 소련 기업체에 '양부모' 노릇을 했다.

이 경제 수탈이 서유럽(특히 프랑스)에서 거둔 성공의 절반만큼이라도 성공했다면 어떤 사태가 벌어졌을지 추측해보는 것도 재미있다. 사실 그런 일은 일어나지 않았다. 그 주된 원인은 나치 후계자들 중에서도 가장 사악한 자인 SS 제국지도자 하인리히 힘러가 점령지 정책을 결정하는 비중이 커졌다는 데 있다. 힘러의 최우선 관심사는 경제가 아니라 인종 부문이었다. 실은 만약 독일이 전쟁에 승리했다면 어떻게 통치했을지 가장 믿을 만하게 보여주는 것이 힘러의 동유럽 계획일지도 모른다.

힘러는 동부가 SS '소속'이라고 믿었는데 이는 인구이동, 본국 송환, 전체 주민의

<hr>

*   Dallin, *German Rule*, p. 322; John Erickson, "Nazi Posters in Wartime Russia", *History Today*, 44 (1994), pp. 14-19.

절멸 통제권을 갖는다는 뜻이다.* 이 주도권은 바르바로사 작전 훨씬 전부터 점령한 폴란드를 기초로 시작되었다. 1939년 10월 24일 인종적 독일인 강화를 위한 제국 정치위원RKFDV, Reich Commissar for the Strengthening of Ethnic Germandom이라는 직함을 단 힘러는 곧바로 포센에서 SS 지도자들에게 폴란드에 독일인을 정착시키는 문제를 얘기했다.** 각 정착촌의 핵심에는 군인-농민(SS 대열에서 선발한 사람)으로 이뤄진 지도급이 있고 그 주위를 구 제국에서 온 정착민의 농장으로 둘러싸며, 그 바깥에 인종적 독일인이 살아가는 형태였다. 여기서 폴란드인은 농장의 하인과 노동자로 일한다. 제국지도자는 특유의 현학적인 태도로 농장 주택의 벽돌 벽 두께까지 구체적으로 명시했고, 밭에서 땀투성이로 돌아온 농부들을 위해 다락방에 욕실과 샤워기를 설치할 것을 주장했다. 그리고 사치스럽지도, 원시적이지도 않아야 할 농장 주택의 실내에서 저속하거나 도시적인 어지러운 것들을 쓰지 말도록 금지했다.***

1940년 5월 힘러는 '동부의 외국인 처우에 관한 몇 가지 생각'이라는 제목의 메모랜덤에서 폴란드 원주민의 운명을 약술했다. 폴란드는 실질적으로든 상상 속에서든 인종적 구성 요소로 해체될 예정이다. 재독일화에 부적합한 사람들, 말하자면 '잡탕'에서 '건져낸' 자들은 농노 지위로 내려앉는다. 그는 "만약 그들이 한 국민을 최대한 근본적·비독일적·신체적으로 절멸하는 볼셰비키 식 방법을 거부한다면 말인데"라며 설교 투로 불길하게 심사숙고했다. 농노들이 받는 기초 교육은 "최대 500까지 세는 간단한 산수, 자기 이름을 쓸 정도의 글쓰기, 독일인에게 복종하고

---

* 힘러의 이데올로기적 세계관에 관한 최고의 설명은 Josef Ackermann, *Heinrich Himmler als Ideologe* (Göttingen, 1970), 동양에 관한 견해는 특히 p. 195ff 참조.

** 표준 설명은 여전히 Robert Koehl, *RKFDV: German Resettlement and Population Policy 1939-1945: A History of the Reich Commission for the Strengthening of Germandom* (Cambridge, Mass., 1957) 참조.

*** 힘러의 발언 본문은 Rolf-Dieter Müller, *Hitler Oskrieg und die deutsche Siedlungspolitik* (Frankfurt am Mein, 1991), pp. 119-121 참조.

버추얼 히스토리

정직하게 열심히 일하며 잘 처신하는 것이 신의 계명임을 가르친다. 읽기를 가르칠 필요는 없다고 본다." 이 열등한 찌꺼기는 폴란드 일반 정부에서 지도자가 없는 노동계급으로 존재하며 독일의 채석장, 공공건물, 도로건설처럼 대형 자본을 투입하는 기획에 노동력을 제공할 터였다.*

1940년 6월 24일 힘러는 폴란드의 시골 노동력 문제를 다뤘다. 폴란드인은 소도시와 마을을 만들고 사회 기간시설을 개선하는 데 투입되며, 그 일을 마치면 그들의 '8분의 7'은 총독부로 이송한다. 그곳에서 그들은 채석장이나 수확기에 노동력을 제공하는 계절 노동 예비군으로 일한다. 독일인과 폴란드인 사이에 친교는 없다. 그들과의 사이는 '우리와 니그로의 사이나 마찬가지다.' 독일 여성과 성관계를 한 폴란드인은 교수형에 처한다. 폴란드인과 혼인한 독일인은 강제노동수용소로 보낸다.** 힘러의 RKFDV 계획 참모이자 야심만만한 39세 농학자이며 SS 상위지도자(준장급)SS-Oberführer인 콘라트 마이어Konrad Meyer 교수는 이 임의적인 생각을 1940년 2월 그가 작성한 '동부 영토 재건을 위한 계획의 근본 요건들'에 나타나 있듯 냉혹한 기술 관료 계획으로 바꿔놓았다. 이 안건은 340만 명의 폴란드인과 유대인 전원을 '지체 없이Zug um Zug' 이송한다는 계획이었다.*** 마이어는 인종관계, 인종 생물학, 추운 기후에 알맞은 식물 유형 등 모든 분야에서 각자의 전문성을 SS에 제공하는 대체로 신경질적인 학자들의 무모한 돌진이라 할 작업에서 가장 저명한 참여자였다.****

*   Helmut Krausnick, "Denkschrift Himmlers über die Behandlung der Fremdvölkischen im Osten", *Vierteljahreshefte für Zeitgeschichte*, 5 (1957), pp. 194-198.

**   Bundesarchiv Koblenz, NS 19 (alt), 184, "Niederschrift Himmlers über Probleme der deutschen Ostsiedlung vom 24 Juni 1940."

***   "Planungsgrundlagen für den Aufbau der Ostgebiete", R.-D. Müller, Hitlers Ostkrieg (Frankfurt am Mein, 1991), pp. 130-138.

****   Michael Burleigh, *Germany Turns Eastwards: A Study of "Ostforschung" in the Third Reich* (Cambridge, 1988), 특히 p. 155ff 참조. 같은 저자의 "Die Stunde der Experten", M. Rössler & S.

사실 힘러는 그런 사람과 대화하는 것을 분주한 낮 동안의 임무를 마친 뒤 늦은 밤에 취하는 일종의 휴식으로 여겼다.*

1940년 10월 22일 힘러는 마드리드에서 발언하면서 폴란드에서는 연구의 최신 발견을 기초로 재정착이 실행되고 있고 혁명적 결과를 가져다줄 것이라고 발표했다. 여기에는 1941년 전반기에 실행 예정인 20만 제곱킬로미터[한반도나 영국 본토 면적에 해당함 - 옮긴이] 영토를 완전히 갱신하는 '일반 계획'도 있었다.** 실제로 이 단계에서는 아마 총괄 계획이 존재하지 않았겠지만 인구 전체를 이동시키는 업무에서 경쟁자보다 앞지르려는 마음이 있었다면 이 개념은 이리저리 염탐하기에 쓸모가 있었을 것이다. 물론 주민들은 이동했다. 1940년 말쯤 폴란드인 26만 1,517명이 바르테가우에서 쫓겨났고 북실롱스크 1만 7,413명, 그단스크-서프러시아 3만 1,000명, 치헤나우 1만 5,000명으로 총합 32만 5,000명 정도가 쫓겨났다. 바르바로사 작전에 따른 수송의 우선순위 때문에 1941년에는 더 이상 대량 이송을 할 수 없었다. 이후로도 1945년까지 인종적 독일인의 송환 공간을 만들기 위해 합병한 영토 내에서 40만 명이 이리저리 실려 다녀야 했다. 분계선 너머에서는 러시아인도 이와 비슷한 일을 겪었다.

소련 침공으로 힘러의 잠재적 활동 공간은 엄청나게 늘어났다. 침공한 지 이틀 만에 그는 마이어 교수에게 3주의 시간을 주고 늘어난 점령 지역에서 시행할 미래

    Schleiermacher (eds.), *Der "Generalplan Ost." Hauptlinien der nationalsozialistischen Planungs- und Vernichtungspolitik* (Berlin, 1993), pp. 346-355도 볼 것.

*   Gert Gröning & Joachim Wolschke-Bulmahn (eds.), *Der Liebe zur Landschaft. Teil III: Der Drang nach Osten. Arbeiten zur sozialwissenschaftlich orientieten Freiraumplanung*, Bd. IX (Munich, 1987), p. 31, Konrad Meyer의 자서전 p. 31 인용 부분.

**   "Himmler über Siedlungsfragen", Karl Heinz Roth, "Erster 'Generalplan Ost' (April/May, 1940) von Konrad Meyer", *Dokumentationsstelle zur NS-Sozialpolitik, Mitteilungen*, 1 (1985), 다큐멘터리 부록.

버추얼 히스토리

독일인 정착 정책의 포괄적 개요를 작성하라고 요구했다. SS 내에서도 계획은 번잡한 분야였다. 이에 따라 보헤미아–모라비아 제국의 신임 수호자 라인하르트 하이드리히는 1941년 10월 2일 프라하의 취임연설에서 점령 정권의 고위급 인사들에게 자신의 동부 정착 계획을 개괄적으로 설명했다. 이것은 각기 별도인 2개의 도덕적 우주를 기초로 한 계획이다. 우선 독일인은 동족인 네덜란드, 플랑드르, 스칸디나비아 국민을 비교적 건전하게 대한다. 멀리 동쪽에서는 독일군 엘리트가 대규모 기획에 노동력을 제공할 농노들을 (거칠게 표현해) 지배한다. 일종의 인간 간척을 연이어 실시하고 농민들은 언제든 외곽 벽처럼 아시아의 인간적 폭풍우를 막아낸다. 이 일차 방어선을 넘어가면 '보조' 댐의 사슬을 확대한다. 이것은 그단스크–서프러시아와 바르테가우에서 시작해 '공간'을 하나하나 추가함으로써 독일인 정착을 보장해줄 것이다.[*]

　1941년 후반 SS 내의 제국보안본부RSHA는 동부 총괄 계획Generalplan Ost을 작성했는데, 그 내용은 1942년 4월 로젠베르크의 동부 점령지 부서Ministry for the Occupied Eastern Territories에서 인종 정책을 담당한 사무직원 에르하르트 베첼Erhard Wetzel 박사가 쓴 비판적 해설에서 추측할 수 있다. 그 계획은 전쟁이 끝난 뒤부터 실현하기까지 30년을 예상하고 있다. 거기서 다룬 대상은 폴란드, 발트해 국가, 벨라루스, 우크라이나 일부 그리고 잉에르만란드Ingermanland(레닌그라드 주위 지역)와 고텐가우Gothengau(크리미아)였다. 그 계획을 작성한 SS 멤버들은 점령한 동부에 최대 1억 명의 독일인이 정착할 것이라고 상상했다. 이 지역 원주민 4,500만 인구 가운데 3,100만 명은 서부 시베리아로 이송한다. 여기서 베첼은 꼼꼼하게도 SS의 셈법을 시정해주었다. 원주민 4,500만 명에는 분산 정책 이전에 '치워버려야 하는' 유대인

<hr />

[*]　Dietrich Eichholtz, "Der 'Generalplan Ost' Über eine Ausgeburt imperialistischer Denkart und Politik", Jahrbuch für Geschichte, 26 (1982), 다큐멘터리 부록, p. 257f에서 하이드리히의 연설을 볼 것.

500~600만 명도 포함된다는 얘기다. 더구나 출생률 따위의 요건을 함께 고려하면 실제 원주민은 6,000~6,500만 명일 테고, 그중 4,600~5,100만 명은 재정착했을 것이라는 점도 짚어주었다. 이 계획에 따르면 종족별로 각각 다른 비율로 이송한다. 결국 폴란드인 가운데 "80~85퍼센트"(2,000~2,400만 명)가 '분산될' 예정이었다.

베첼은 대폴란드 망명국 수립이라는 발상을 좋아하지 않았다. 특히 폴란드를 러시아인에게 맞서는 세력으로 양성하고 싶어 한 시베리아 거주자들을 적대관계로 만들어버릴 것이므로 더욱더 그랬다. 폴란드인을 유대인처럼 절멸해버릴 수도 없어서 그들을 어떻게 처리할지 고심하던 베첼은 인종적 독일인을 본국으로 송환하는 대가로 폴란드 지식인 계층을 남브라질에 이주하도록 권장한다는 전략을 제안했다. 폴란드의 하층 계급은 시베리아로 가야 했는데 그곳은 여러 민족이 투입되어 인근 러시아인과 명확히 다른 탈자연화·미국화한 뒤죽박죽의 잡탕이 될 터였다. 우크라이나인의 65퍼센트, 백루테니아인의 75퍼센트는 폴란드인과 함께 동쪽으로 갈 것이었다. 베첼은 대단히 비판적인 어조로 제국보안본부의 계획에는 러시아인 이동에 대한 언급이 없다고 말했다. 반면 그는 러시아 인구의 다산성을 어떻게 억제할지는 아주 공들여 길고 자세하게 조언했다. 그것을 장래 전쟁의 잠재 원인으로 보았기 때문이다. 예방약을 대량 생산하는 공장과 별개로 그는 산파들에게 낙태 시술을 가르치고, 부인과 의사를 의도적으로 적게 양성하자고 주장했다. 자발적인 불임과 영아 사망률을 줄이기 위한 공공보건 수단 전면 금지 정책도 포함되었다. 그는 계획에서 다루는 일부 지역 기후가 '노르딕 팔리안Nordic-Falian[현재의 네덜란드 흐로닝언 지역 원주민-옮긴이]' 정착민에게 어떻게 부적합한지 언급하고, 우크라이나 스텝 지역에 나무를 심으면 기후가 좀 더 적합해질 것이라는 관측으로 자신의 해설을 끝맺었다.*

---

*   Helmut Heiber, "Der Generalplan Ost", *Vierteljahreshefte für Zeitgeschichte*, 6 (1958), p. 281ff.

명백한 통계 오류와 RSHA 계획의 보급 부족 문제로 힘러(이 사례를 히틀러에게 보고해야 했을)는 이 과제를 더 유능한 마이어에게 위임하지 않을 수 없었다. 1942년 5월 마이어는 '동부 총괄 계획: 동쪽 개발을 위한 법적, 경제적, 공간적 기초'라는 메모랜덤을 제출했다. 요약 형태로만 존재하는 그 계획은 3개의 광대한 행군자 정착촌Marcher Settlements(잉에르만란드, 메멜-나레우, 고텐가우) 창설을 구상했다. 독일인 이주자가 인구의 50퍼센트를 차지할 그 정착촌은 100킬로미터 간격을 둔 36곳의 정착 거점으로 연결되고, 이곳 거주민 가운데 25퍼센트는 독일인으로 채운다. 그 계획은 완수하기까지 25년이 걸리는데 독일인 정착민 500만 명이 이주하고 660억 제국마르크의 비용이 든다. 점령지 동부 영토를 담당하는 부서의 공식 서한은 SS 소유의 후대 봉토가 될 '행군자 정착촌'에서는 발행하지 않는다. 힘러는 이 계획의 전체 방향에 만족감을 표했으나 그 기간을 20년으로 단축하고 알자스-로렌이나 보헤미아-모라비아 같은 지역을 계획에 넣었으면 했다. 또 일반 정부, 에스토니아, 라트비아의 더 빠른 독일화도 원했다. 마이어는 그 수정사항을 포함하기 위해 '일반 정착 계획' 작업에 착수했다.*

예전 역사가들은 이 계획을 환상을 좇는 책상물림 학자들의 몽상이라며 무시했지만, 이제 여러 독일 역사가가 그것이 진심으로 계획한 것이었다고 주장한다. 총독부 남동쪽에 있는 자모시치Zamosc주[폴란드 남동부의 도시 - 옮긴이]에서 나치가 실제로 행한 것을 보면 이 수정 견해를 지지하는 쪽으로 기운다. 1941년 7월 힘러는 루블린 지역의 SS와 경찰 지도자 오딜로 글로보츠니크Odilo Globocnik에게 이 지역의 독일화를 시작하라고 지시했다. 힘러가 이 지역에 집중한 이유는 '라인하르트 작전' 절멸 수용소 배후의 실무책임자 글로보츠니크라는 효율적이고 열성적인 도구가 있다는 사실 외에도 여러 가지가 있다. 첫째, 자모시치는 우크라이나와 흑해 지역으로 나가

---

* 　마이어의 본문은 Müller, *Hitlers Ostkrieg*, pp. 185-188에서 참조.

는 통로이자 발트해에서 트란실바니아까지 뻗을 독일 정착촌의 연쇄에서 첫 번째 고리가 될 수 있었다. 무엇보다 토양이 비옥하고 인종적 독일인이 대규모로 살았으며, 폴란드인과 우크라이나인 간의 긴장감이 있어서 원주민 분열과 통치 정책을 펴기가 쉬울 것이었다. 둘째, 루블린시는 바펜-SS 부대가 남동부 러시아로 나아가는 핵심 교차로이자 보급 지점이었다. SS 도시는 인근 마이다네크Majdanek 강제노동수용소의 노동력으로 지을 계획이었고, 여기에는 바펜-SS 3개 대대와 SS가 관리하는 다양한 공장을 위한 숙사가 포함되었다.[*]

1941년 11월 글로보츠니크는 계획이 실행 가능한지 시험하기 위해 8개 마을 주민을 실험적으로 재정착하게 했다. 주요 작전은 동부 전선 상황 때문에 어쩔 수 없이 연기했다가 1942년 11월 재개했다. 그 가을에 SS는 주민 선별기준을 네 가지 범주로 작성했다. 그룹 1과 그룹 2는 독일인 선조를 둔 것으로 간주되는 사람들로 전체 주민의 5퍼센트를 차지했다. 그룹 3은 노동력을 위해 강제로 이송된 14~60세의 폴란드인으로 그들에게 딸린 고용 불가능한 부속물인 어린아이와 늙은 친인척은 최근 유대인을 이송해 비어버린 마을에 한데 모아놓고 서서히 죽게 만들었다. 그룹 4(자모시치 인구의 21퍼센트)는 곧바로 아우슈비츠로 보낼 사람들이었다. 우크라이나인은 흐루비에슈프Hrubieszow 카운티에 소집해 그곳에 남아 있던 폴란드 주민들의 예상되는 원망을 받아내는 일종의 인간 완충제 역할을 하도록 새 독일 정착촌 주위에 배치했다.[**] 자모시치 재정착은 최종 목적으로서의 기능도 있었다. 1943년 겨울 그룹 3을 자모시치에서 베를린으로 태우고 간 기차는 그곳에서 소위 '무장한 유대인Armaments Jews'과 그들에게 딸린 이들을 다시 태웠는데 이들은 아우슈비츠로 이송

[*] Bruno Wasser, "Die 'Germanisierung' im Distrikt Lublin als Generalprobe und erste *Realisierungsphase* des 'Generalplan Ost'", Rössler and Schleiermacher (eds.), *Der "Generalplan Ost"*, p. 272f.

[**] Zamosc의 재정착에 관한 자세한 내용은 Czeslaw Madajczyk, *Die Okkupationspolitik Nazideutschlands in Polen 1939-1945* (Cologn, 1988), p. 422ff 참조.

버추얼 히스토리

돼 그곳에서 살해당했다. 그런 다음 기차는 다시 자모시치로 돌아가 그룹 4에 속하는 폴란드인을 태워 차례로 절멸 수용소로 데려갔다. 그곳으로 들어오는 인종적 독일인 정착민만 정규 여객차를 이용했기에 그처럼 가축 수송차 같은 여행을 면할 수 있었다.*

1942년 11월 28일에서 1943년 8월 사이에 10만 명 이상의 폴란드인이 두 차례의 대규모 청소로 300개 이상 마을에서 쫓겨났다. 첫 새벽에 마을이 포위됐고 주민들은 몇 분 안에 짐을 싸야 했다. 그 소문이 신속하게 퍼져 대규모 공황과 탈주가 벌어지면서 첫 번째 청소 때 독일인은 주민의 3분의 1도 되지 않는 사람들을 데려갔는데 그들은 대개 노인, 병자, 여자, 어린아이였다. 약 4,500명의 아이가 부모와 따로 떨어져 독일로 보내졌다. 젊은 남녀는 숲으로 달아나 파르티잔에 가담했는데 이는 1943년 여름에 시행한 두 번째 청소가 '평정' 작전 성격을 띤다는 것을 의미했다. 말하자면 마을 전체가 파괴되고 주민 전체가 살해당한 것이다. 실행 면에서 결점이 많았지만 자모시치로의 이송은 더 넓은 지역에서 인종 청소가 일어날 수 있음을 예시했다.

그리고 내일의 세계는?

힘러는 적군이 동부 프러시아 국경을 넘은 지 한참 뒤까지도 동부의 정착촌이라는 몽상을 품었지만, 전황이 나빠지면서 마이어 교수의 계획은 1943년 봄 중지되었다. 궁극적으로는 연합군의 도덕적, 물질적 힘이 SS의 악몽 같은 시나리오 실현을

---

* Götz Aly & Susanne Heim, *Vordenker der Vernichtung. Auschwitz und die deutschen Pläne für eine neue europäische Ordnung* (Hamburg, 1991), p. 436f.

가로막은 셈이다. 인종적 독일인 수백만 명이 동부유럽에서 쫓겨났고 독일은 45년 동안 분단국가로 지내야 했다. 하지만 독일이 동부 전선에서 승리했다면 소련 국민에게 미치는 영향 이상으로 광범위한 결과를 냈으리라는 사실을 기억해야 한다.

역사가들은 히틀러의 최종 목적이 동부유럽에서 생활공간을 확보하는 것이었는지, 아니면 이것이 세계 지배를 위한 '한낱' 전제조건일 뿐이었는지(결국은 영국, 미국과도 싸우게 된다는 의미)를 놓고 오랫동안 논쟁해왔다. 몇몇 역사가, 특히 휴 트레버-로퍼와 에버하르트 예켈Eberhard Jäckel 같은 사람들은 히틀러가 대륙주의자Continentalist였으며 그의 최종 목적은 동부에 생활공간을 얻고 유대인 문제를 해결하는 것이었다고 주장한다. 반면 귄터 몰트만Günther Moltmann, 밀란 하우너Milan Hauner, 마이어 미켈리스Meier Michaelis 등은 히틀러가 세계주의자Globalist였다고 주장해왔다.* 사실 두 입장은 상호배타적이지 않지만 강조하는 부분은 다르다. 대륙주의자는 히틀러가 동부를 장황하게 언급한 빈도를 중요시하는 반면 환상의 세계에 관한 그의 막연한 말은 중요도를 낮춰서 본다. 세계주의자는 그가 식민지나 미국과의 전쟁을 두고 내키는 대로 발언한 내용을 한데 모아 더 진지하게 다룬다. 안드레아스 힐그루버Andreas Hillgruber 같은 역사가는 히틀러의 발언을 체계화해 공격용 '프로그램'으로 구성했다.

러시아를 정복하고 유럽대륙제국을 창설하면 뒤이어 제국 확장의 2단계를 실시한다. 이때 중앙아프리카 영토를 더 얻고 대서양과 인도양에 강력한 수상 함대를 지원할 체

* H. R. Trevor-Roper, "Hitlers Kriegsziele", *Vierteljahreshefte für Zeitgeschichte*, 8 (1960), pp. 121-133; Eberhard Jäckel, *Hitler's World View: A Blueprint for Power* (Middletown, Conn., 1972); Gunter Moltmann, "*Weltherrschaftsideen* Hitlers", O. Brunner & D. Gerhard (eds.), *Europa und Übersee. Festschrift für Egmont Zechlin* (Hamburg, 1961), pp. 197-240; Milan Hauner, "Did Hitler Want World Domination?", *Journal of Contemporary History*, 13 (1978), pp. 15-32; Meier Michaelis, "World Power Status or World Dominion?", *Historical Journal*, 15 (1972), pp. 331-160.

계적인 기지를 조성한다. 일본은 물론 가능하면 영국과도 연대한 독일은 처음에는 미국을 고립시켜 서반구에 묶어놓는다. 그리고 다음 세대에 이르면 '대륙 전쟁'을 벌여 독일 민족의 독일제국이 세계 패권을 놓고 미국과 싸운다.

뒤이은 연구는 프로그램 개념을 인정하지 않더라도 히틀러의 목적이 전 세계를 겨누고 있었음을 확인해준다. 그것은 히틀러의 1933~1934년 대화록을 직역한 것이 아니라 의역이라 할 헤르만 라우슈닝Hermann Rauschning의 해설을 주목하게 만들었다. 본래 그 해설은 동료 보수파들이 나치즘과 위험한 관계를 맺지 못하게 하려고 계획한 것이었다. 권력 장악 직후인 이 기간에 히틀러는 브라질에 "새로운 독일을 건설"하고 네덜란드의 식민제국, 중앙아프리카, '뉴기니 전체'를 빼앗겠다는 의도를 발표했다. 북아메리카에서 지배적인 것으로 보이는 앵글로색슨의 영향력은 "미국을 세계 독일제국으로 합병하는 예비 단계"로 전환할 터였다. 그는 이 목표를 세계 개혁이나 지성, 자유, 도덕성 억제로부터 인류를 해방시키겠다는 의도의 유사 메시아적 선포와 함께 언급했다.

히틀러와 그의 동맹자들은 전쟁 초반 승리의 파도가 이어지는 동안 이 주제로 되돌아왔다. 1940년 리벤트로프와 외무성 관리들은 영국, 프랑스령 서아프리카, 프랑스령 적도아프리카, 벨기에령 콩고, 우간다, 케냐, 잔지바르, 북로디지아 그리고 유대인 재정착을 목적으로 획득한 마다가스카르 등의 보충적인 식민지 영역을 추가해 '대유럽 경제 공간'을 확대하는 문제를 생각하고 있었다. NSDAP[국가사회주의 독일 노동자당. 나치스-옮긴이]의 인종 정치국은 아프리카 식민지 체제 창설 및 백인과 흑인 간의 관계 규제 체계를 자세히 계획하기 시작했다. 유럽에서는 친절하든 아니든 중립국도 공격당하지 않는다는 보장이 없었다. 타넨바움Tannenbaum 작전은 스위스를 점령하기 위해 계획한 것이었고 점령된 스위스는 이웃 나라들이 나눠 가질 예정이었다. 북극 여우 작전Operation Polar Fox은 스웨덴의 철광석을 확보하려는 것이었다. 이

사벨라 작전과 펠릭스 작전은 각각 포르투갈과 지브롤터를 확보하는 작전인데, 지브롤터의 경우 프랑코의 동의를 얻지 않아도 상관없었다.

히틀러가 동부 전선에서 승리했다면 그는 영국에 강화 조건을 지시할 입장에 놓였을 것이다. 영국 정부가 또다시 평화로운 공존 제안을 거부하면 점령한 동부의 자원이 영국을 상대로 한 장기적인 공중전에 투입되었을 확률이 높다. 그 전쟁에서 승리했다면 독일은 결국 시라이언 작전(앞 장에서 설명함)을 실행했으리라. 이 경우 전쟁은 1940년대 후반까지 이어졌을 가능성이 크다. 러시아가 우랄산맥 너머에서 전열을 가다듬고 미국이 원자탄으로 개입하지 않았다면 유럽대륙과 점령당한 소련 영토에서 나치의 통치가 공고해지는 추세를 뒤집지 못했을 것이다. 영국이 패했을 경우 이 두 가지 중 어떤 것도 장담할 수 없다.* 여기에다 히틀러가 일본과의 동맹을 더 효율적으로 활용했다면 그 전망은 실현하기 힘들다. 일본은 1940년 9월 독일-이탈리아 추축에 공식 가담해 소련과 대영제국을 상대했다. 가령 히틀러는 이집트와 중동에서 영국을 몰아내는 데 집중하고, 일본은 싱가포르와 인도에서 영국을 상대하는 데 군사력을 집중했을 수 있다. 또한 독일과 일본이 소련에 합동 공격을 가했을 수도 있다. 어느 쪽이든 이것은 물리치기 힘든 협공 작전이었을 터다. 당연히 진주만은 공격당하지 않았을 것이므로 미국은 여전히 한쪽에서 구경만 하고 있었을 것이다.

현실을 말하자면 일본은 바르바로사 작전이 개시되기 고작 두 달 반 전에 스탈린과 중립 합의안을 맺었고, 1941년 11월에는 히틀러에게 미국을 공격해도 좋다는 사실상의 허락을 받았다. 그다음 달, 그러니까 12월 6일 러시아는 반격 작전을 개시했다. 그리고 이틀 뒤 일본군은 진주만을 공격해 미국을 전쟁에 끌어들였다. 이

*   Michael Burleigh, " … And Tomorrow the Whole World", *History Today*, 40 (1990), pp. 32-38; Dimitry Oleinikov & Sergei Kudryashov, "What If Hitler Had Defeated Russia?", *History Today*, 45 (1995), pp. 67-70.

실수를 더욱 복잡하게 만든 것은 히틀러가 12월 11일 미국에 선전포고를 한 일이었다. 이 결정은 흔히 근시안에다 치명적인 착오로 여기지만 히틀러는 비교적 이른 단계부터 미국과의 대결을 예상한 것으로 보인다. 한동안 그는 새로운 유럽에서 영국이 독일의 지도력을 인정하고 독일과 함께 미국에 맞서리라는 망상을 끈질기게 품었다.

"그때 나는 살아 있지 않겠지만 언젠가는 영국과 독일이 함께 미국에 맞서 행군하리라는 생각에 독일 국민을 대표해 환호한다."

그는 영국과의 동맹이나 미국의 복종을 유도하는 경제 봉쇄가 모두 이뤄질 가망이 없을 경우, 대서양 건너편을 공격하는 일까지 고려한 듯하다. 실제로 그는 아조레스와 카나리아 제도의 기지에서 미국에 공습을 가한다는 생각을 만지작거리며 항속거리 1만 1,000~1만 5,000킬로미터에 8톤 무게를 달고 갈 수 있는 메세르슈미트 4엔진 폭격기 개발을 주문했다. 이와 유사한 여러 가지 야심이 1939년 1월 27일 내린 그의 특별 'Z플랜' 해군 지시에 분명히 나타나 있다. 1944~1946년이면 트론헤임의 넓은 기지에서 발진하는 함대로 대양에 있는 어떤 군사력에도 도전할 능력을 갖출 터였다. 그 함대에 속할 800척의 배 중에는 길이 300미터에 53센티 구경 대포를 갖춘 10만 톤급 전함도 있었다.

총괄적으로 말해 히틀러의 목표가 거의 무한했다는 증거가 있다. 그의 계획은 비용이나 인원, 그 밖에 다른 요소에 방해받지 않았다. 그가 볼 때 전쟁은 인종과 국가의 '건강'을 위해 긍정적으로 재생을 돕는 가치를 지녔다. 그는 말했다,

"우리는 앞으로 100년 동안 싸울 수도 있다. 만약 그러면 더 좋다. 우리를 잠들지 않게 해줄 테니까."

만약 히틀러가 세운 '소련 패배' 계획의 일부라도 성공했다면 나치제국은 얼마나 오래 유지되었을까? 그가 기대했듯 100년 동안일까? 그것이 히틀러가 전후 독일의 도시 재건을 위해 거창한 기획의 기초로 삼은 가정이라는 점은 확실하다. 실패한

건축학도이자 보헤미아의 시골마을 출신인 히틀러는 건축 계획에 집착했다. 전쟁의 마지막 몇 주 동안 소련군이 허물어진 베를린 시내에서 설쳐대는 동안 그는 햇빛과 비슷하게 만든 조명 불빛 아래에서 건축 모델을 다시 살펴보는 일에 많은 시간을 보냈다. 히틀러 건축의 주요 목표는 인간이 릴리퍼트[《걸리버 여행기》에 나오는 소인국 - 옮긴이] 수준으로 쪼그라들도록 규모의 과잉으로 사람들을 압도함으로써 자신의 체제에 힘과 영원성의 후광을 씌우는 데 있었다. 히틀러는 1941년 다음 발언에서 건축 기능에 관한 자신의 견해를 분명하게 밝혔다.

"제국의 수상관청에 들어가면 세계의 군주들 앞에 서 있는 기분이 들어야 한다."

그는 여기에 정복한 러시아의 생존 주민들과 관련해 전형적으로 야만스러운 굴절을 가했다.

"… 일 년에 한 번 키르기스의 부대는 제국의 수도를 보고 그 석조 기념물의 힘과 장엄함을 마음속에 채우도록 수도에 들어와야 한다.*

위압감을 주려는 그의 태도는 유치하다 싶을 정도로 규모에 집착하는 성향과 함께 나타난다. 1941년 힘러와 대화하던 그는 잠시 생각에 잠겼다가 이렇게 말했다.

"베를린을 미화하는 데 들어가는 것은 어떤 것도 아깝지 않다. … 넓은 대로를 따라오면 개선문, 군사 판테온, 인민 광장이 나타난다. 숨이 멎을 정도의 건물들이다! 그렇게 해야 세계에서 유일하게 우리의 경쟁자인 로마의 빛을 잃게 할 수 있다. 그 광장에 비하면 베드로 사원이 난쟁이처럼 보일 만한 규모로 그곳을 건설할 것이다!**

이처럼 경쟁적으로 거대함에 광적으로 집착하는 증상은 그의 함부르크 재개발

---

* *Table Talk*, 1941년 8월 8~9일, p. 24.
** 앞의 책, 1941년 10월 21~22일, p. 81.

　　　　　　　　　　　　　　　　　　　　　　　버추얼 히스토리

계획에 잘 나타나 있다. 여기에는 엘베강을 가로지르는 거대한 현수교 계획도 들어 있었는데 그 지지대는 높이가 180미터에 달한다. 그는 군 지휘관들에게 그 계획을 다음과 같이 설명했다.

여러분은 아마 묻고 싶을지도 모른다. 왜 터널을 뚫지 않는가? 나는 터널이 쓸모 있다고 생각하지 않는다. 설령 쓸모가 있더라도 나는 함부르크에 세계에서 제일 큰 다리를 지을 것이다. 그래야 외국에서 온 독일인이나 다른 나라와 독일을 비교할 기회가 생긴 사람들이 "미국이나 그곳의 다리가 뭐 그리 특별한가? 우리도 같은 걸 만들 수 있는데" 라고 말할 테니까. 미국과 똑같이 '인상적'인 마천루를 짓게 하는 것은 그 때문이다.

그 마천루에는 엠파이어스테이트 빌딩을 세계 최고층 건물이라는 지위에서 끌어 내리기 위해 설계한 NSDAP의 지역 본부 건물도 들어간다(기반 토양이 약해 원래보다 250미터 낮춰야 했다는 데서 그 건물의 규모를 추측할 수 있다). 그의 근대성, 과대망상증, 조야함이 한데 합쳐진 건물 꼭대기에서는 거대한 네온사인 스바스티카[만卍 자 - 옮긴이]가 빛을 내며 엘베강으로 들어오는 배들을 인도한다.

아무튼 세상에서 가장 큰 건물은 반드시 베를린의 몫이어야 했다. 1950년 건물들을 완공하면 그곳을 '게르마니아'로 개명할 예정이었다.* 광대한 좌표 그리드 형식으로 재건한 그 도시의 대로 폭은 100미터가 넘는다. 그랜드 센트럴 스테이션[뉴욕 중앙역 - 옮긴이]보다 더 큰 기차 정거장에서 나온 방문객들은 넓은 경치와 엄청나게 큰 대리석 건물을 만난다. 나폴레옹의 개선문보다 높이와 폭이 두 배 더 큰 개선문에는 전몰자 명단을 새기고 노획한 적의 무기를 그 목적을 위해 세운 고인돌 위에

---

* 앞의 책, 1942년 6월 8일, p. 523. Hans J. Reichardt & Wolfgang Schäche (eds.), *Von Berlin nach Germania. Uber die Zerstörung der Reichshauptstadt durch Albert Speer Neugestaltungen* (Berlin, 1985).

전시한다. 수천 명이 모일 수 있는 만찬장과 개인용 극장을 갖춘 새 총통궁을 지나면 대회의장이 나오는데 그곳은 세계 최대 회의장으로 꼽힐 만하다. 25만 명을 수용할 수 있는 그곳은 반구형 천장의 조명만으로도 판테온 돔을 둘러싸는 것이 가능하며 수증기가 응결해 실내에 비가 내릴지도 모른다. 위쪽으로 지상에서 290미터 높이에 등불 하나가 독수리를 떠받치는데, 처음 버전은 독수리가 스바스티카 위에 앉아 있는 방식이었지만 수정해서 지구본 위에 앉아 있도록 했다.*

이들 건물을 비롯해 그것과 함께 지을 사열 광장은 행진하고 노래하고 갈채하는 인간의 바다를 보여줄 터였다. 그것은 수백 개 전조등 불빛이 만드는 얼음 같은 빛줄기 아래서 수백만 명이 안무를 펼치는 무대가 되리라. 그리고 그들은 오래오래 존속할 것이다. 히틀러는 이렇게 말한 적이 있다.

"화강암은 우리의 기념물이 영구히 살아남게 해준다. 그것은 바다가 우리의 평원을 뒤덮지 않는 한 만 년이 지나도 지금처럼 서 있을 것이다."

그 재료는 SS가 채석장 근처에 세운 강제노동수용소의 새 세대들이 만들 예정이었다.

독일이 아닌 곳의 건축 계획은 아프리카에서 러시아 평원까지 곳곳에서 빌헬름 크라이스Wilhelm Kreis가 세울 사자에게 바치는 기념물 형태로 이뤄진다. 더 중요한 것은 이들이 유럽의 기간시설을 대폭 변경할 계획을 세웠다는 점이다. 운하는 다뉴브강을 따라 러시아의 곡물과 원유를 운반해오고 3차선 자동차도로는 독일인 관광객이 폭스바겐을 타고 칼레에서 바르샤바나 클라겐푸르트, 트론헤임까지 달리게 해줄 것이었다. 1942년 초반 히틀러와 그의 선임 엔지니어 프리츠 토트Fritz Todt는 4미터 규격 철로를 놓을 계획을 세웠는데, 이 철로는 카스피해에서 우랄산맥까지

*   Wolfgang Schäche, "From Berlin to Germania: Architecture and Urban Planning", David Britt (ed.), *Art and Power: Europe under the Dictators, 1930-1945* (Hayward Gallery, London, 1995), p. 326ff.

버추얼 히스토리

더블데커 기차가 시속 190킬로미터로 달리게 해줄 터였다. 스탈린그라드와 쿠르스크에서 패전한 뒤에도 히틀러는 여전히 인종적 독일인 정착민을 러시아의 여기저기로 싣고 갈 살롱열차[독일식 '리무진', 미국 식 '세단' — 옮긴이]와 식당차를 설계하고 있었다.

물론 궁극적으로 자기 파괴적이고 혼란스러운 제3제국의 성격을 강조하는 역사가들은 그 모든 계획이 환상일 뿐임을 믿게 만들려고 애쓴다. 제3제국은 1945년에 무너지도록 미리 짜여 있었다는 얘기다. 그러나 여전히 분명치 않은 것은 불가피한 나치 패배라는 그들의 추정이 실제로 일어날 수 있던 일의 현실적인 평가에 얼마나 근거하고 있느냐, 단순한 희망적 사고와 목적론 사고에 얼마나 근거하고 있느냐 하는 점이다. 분명 나치의 계획은 너무 기괴한 점이 많아 실현가능한 것으로 보기 힘들다. 그렇지만 모두 그런 것은 아니다. 힘러는 인종 혁명을 계획하고 히틀러는 건축 모델을 수립했으나 다른 기관들은 그들의 기준에서 결코 비현실적이지 않은 일반 독일인의 미래를 측량하고 있었다. 로베르트 레이Robert Ley의 거대한 독일 노동전선기관DAF, German Labour Front Apparatus은 탄압과 테러로 더 유명한 정권 내에서 사회적 진보 성향을 보인 집단이었다. DAF의 부속기관 '노동의 미'와 '기쁨을 통한 힘'은 독일 노동자들이 개선한 노동조건, 저렴한 비용의 휴가, 스포츠를 누리게 하고 더 큰 자존감을 심어주려 노력했다. 이로써 그들은 전통적인 계급적 연대감을 무너뜨리는 동시에 생산성을 높이고자 했다. 심지어 망명한 SPD[독일 사회민주당 — 옮긴이] 지도부도 이 정책의 효율성을 인정했고 과거에 자기들에게 속하던 부문이 프티부르주아적이 되었다고 한탄했다. 전쟁을 시작하고 처음 1년 동안 DAF의 과학 노동 연구소는 건강, 보험, 연금 비용을 포괄적으로 감당할 자세한 계획을 작성했다. 이것은 현재의 결핍을 보상해줄 전후 시책을 기대하게 하는 한편 그 기대에 부응하도록 했다.

지금까지 기념비적인 건물에 정신을 빼앗기는 바람에 소홀히 취급해온 '공공주택 개선을 위한 특별 위임장'을 복지 개혁의 일반 임무로 해석한 레이와 그의 직원들은 피상적으로 베버리지 보고서Beveridge Report[1941년 6월 영국 전시 내각이 창설한 '사회보험 및 관련 서비스에 관한 위원회'가 작성해 1942년 제출한 보고서. 빈곤 해소를 주안점으로 국민의 기본적인 사회생활을 위한 사회보험 실시와 긴급사태에 대처하기 위해 국가 부조를 강화할 것을 주장했다 - 옮긴이]와 약간 비슷한 제안서를 만들었다. 가령 55세 이상 주민이 직장생활의 마지막 10년 동안 받은 소득 평균치의 60퍼센트를 받는 새 국민연금을 시행할 예정이었다. 이러한 계획 외에 자녀 혜택과 건강 지원을 개혁할 수단을 보강했다.*

그런데 이 계획을 자세히 검토하지 않으면 그 혜택이 과거의 수행 성적과 관련이 있으며, 몇몇 범주의 국민은 인종 차별과 반사회적 행동이라는 평계로 일체의 지원도 받지 못한다는 사실이 드러나지 않는다. 공공병원, 공장 의사, 온천과 요양원 보급을 포함한 보건 개혁에도 '당신의 건강은 당신의 것이 아니다'라는 오싹한 구호나 '엔진을 정비하자'는 말처럼 '독일 국민을 주기적으로 정비하자'고 하는 목표에 섬뜩하게 전형화한 집단주의적 · 기계적 인간관이 숨어 있다. 이것은 배의 바닥짐 같은 존재나 반사회적인 인물이 아닌, 인종 기준으로 외부인이라는 이유로 수감되거나 불임수술을 받거나 살해될 일이 없는 독일 국민만을 위한 복지국가였을 것이다.** 무엇보다 오싹한 것은 독일 승리의 이런 반사실 측면이다. 피상적으로는 근대적인 모습을 갖췄기 때문에 그것을 실현하는 모습이 아주 쉽게 상상되니 말이다.

---

* 이 계획을 알고 싶으면 Karl-Heinz Roth (ed.), *Versorgungswerk des Deutschen Volkes: Die Neuordnungspläne der Deutschen Arbeitsfront zur Sozialversicherung 1935-1943*, *Dokumentationsstelle zur NS-Sozialpolitik*, vol. II (Hamburg, 1986) 참조.

** 이 정책에 관한 가장 포괄적인 토론은 Michael Burleigh and Wolfgang Wippermann, *The Racial State: Germany 1933-1945* (Cambridge, 1994) 참조.

7

스탈린의 전쟁 혹은 평화

만약 냉전을 피할 수 있었다면?

-조너선 해슬럼

———————

얄타회담이 아예 없었어도 결과는 비슷했을 것이다. 나는 얄타가 있었든 없었든 역사가 그
자신을 실현했으리라고 생각한다.
  -글래드윈 제브Gladwyn Jebb,* (영국 외교관. 유엔 초기 1대 사무총장이 취임하기 전 사무총장 직무대리)

* Michael Charlton, *The Eagle and the Small Birds-Crisis in the Soviet Empire: From Yalta to Solidarity* (Chicago/London, 1984), p. 50.

'역사가 자신을 실현'한다는 게 무슨 뜻인가? 왜 결과는 비슷했을까? 1945년이
든 그 직후든 다른 일이 발생할 가능성이 있었던가?

　글을 시작하기 전에 내가 이들 질문의 가치에 확고하게 회의주의자임을 먼저 털
어놓는 편이 좋겠다. 한 가지 의문스러운 경우는 역사가가 임의로 자기 마음에 드
는 하나의 변수를 선택해 그 비중이나 진짜 구성을 바꾸고 다른 모든 변수는 불변
으로 유지하는 일이다. 가령 게임에서 패한 역사 속 인물을 하나 골라 상대편의 손
을 묶어둔 채 다시 게임을 벌이되, 규모는 키우고 물질적 · 역사적 힘의 중요도는
줄여 그 인물의 승리와 함께 해피엔딩으로 끝나도록 배열한다. 서구에서 쓴 소련
역사에 그런 희망적 사고는 언제나 넘치도록 많았다. 반스탈린주의에다 마르크스
주의자라고 자백한 모셰 레빈Moshe Lewin은 부하린이 소련 농업의 강제 집단화를 피
하는 동시에 산업화를 확보해 사회주의의 미래를 보장할 수 있었을 것이라고 믿었
다.* 물론 정통 마르크스주의는 특정 인물의 성공이나 실패는 어떤 독자적인 변수

　*　　M. Lewin, *The Peasant and Soviet Power* (London, 1969).

그 자체뿐 아니라 더 큰 상황들이 결합한 결과로 설명해야 한다고 본다. 그러나 이것은 특정 인물에 집착하는(대개는 그 인물의 주요 경쟁자에게 깊은 거부감을 보인다) 역사가가 그 외에 어떤 사건들이 일어나는지 못 보게 만들 위험이 있다. 반사실주의에 대한 더 심각한 반대는 이탈리아 역사가이자 역사철학자인 베네데토 크로체Benedetto Croce가 제기했다.* 그가 주장한 대로 역사의 흐름 속에서 자기 마음대로 한 지점을 골라 그 지점에서 사건들을 재배열하고 과거가 현재에 미치는 영향을 무시하는 것을 정당화하기는 힘들다. 그 위쪽이나 아래쪽의 다른 지점은 왜 안 될까?

적어도 크로체의 불만을 부분적으로 해소해주려면 반사실의 선택은 최대한 의식적으로, 신중하게 열린 마음으로 이뤄져야 한다. 앞으로 나아간다는 것은 하나 이상의 지점에 개입하고, 주어진 어떤 지점에서 하나 이상의 변수를 선택해 그 공식에서 어느 한 요소의 역할을 조명해줄 여러 가능한 결과를 나타내는 것이기도 하다. 이 점을 감안해 냉전의 기원이라는 이슈를 다양한 방향에서 다룰 반사실 질문 세 가지를 골라보자.

1. 미국에 원자탄이 없었다면?
2. 소련 정보부가 영국과 미국의 국가 수뇌부에 침투하는 데 성공하지 못했다면?
3. 스탈린이 소련의 팽창을 민주주의에 친숙한 종류의 세력권으로 제한했다면?

첫 번째 질문은 원자탄이 모스크바와 서구의 관계에 미치는 영향을 탐구한다. 사실 원자탄은 일본 패망이 아니라 러시아를 겁박하기 위한 용도였다는 주장이 있다.**

---

*   B. Croce, *History as the Story of Liberty* (London, 1941), pp. 27-28.

**   이런 종류의 연구로 최근 재출간한 G. Alperovitz, *Atomic Diplomacy: Hiroshima and Potsdam* (London, 1994) 참조.

이 주장은 러시아와 민주 체제 사이의 대립 패턴을 주도한 것이 미국인가 아니면 소련 정책인가 하는 핵심적인 문제를 제기한다. 미국에서 '수정주의' 학파는 일단 원자탄의 위력을 검증하면 1945년 초반 트루먼의 대러시아 전략에서 미국의 외교적 지위가 강화될 것이라는 믿음*에 기인한 측면이 크다는 데 조금도 의심을 품지 않았다. 트루먼이 취임 직후 전임자의 협력 정책을 따르기는커녕 유럽에서 소련의 영향력을 줄이거나 제거하는 것을 목적으로 한 강력한 선제공격을 했다는 믿음,** 스탈린의 접근이 1945년 내내 신중하고 온건해보였다는 믿음***도 그러한 전략의 근거로 작용했다.

두 번째 질문은 첩보전이라는 중요한 이슈를 다룬다. 러시아에 포섭된 스파이 명단에 영국 정부의 고위직이 즐비하다는 것은 잘 알려져 있다. 러시아가 원자탄 제조에 성공한 실험과 관련해 결정적인 정보를 준 스파이를 고용했다는 사실도 똑같이 유명하다. 미국 정부는 원자탄 첩보전의 엄청난 범위를 보여주는 자료들을 공개했다.**** 만약 러시아가 1945년 8월 이전 원자탄에 관해 아무것도 몰랐다면, 민주주의에 맞서는 자국의 팽창 움직임에 서구가 어떤 반응을 보이는지 전혀 몰랐다면, 스탈린은 그런 위험을 무릅썼을까?

전시에 소련, 영국, 미국에는 유럽을 러시아와 서구 세력권으로 양분하는 것을 옹호하는 의견들이 있었다. 대표적으로 막심 리트비노프Maksim Litvinov, E. H. 카, 월터 리프먼Walter Lippmann은 모두 전통적으로 유지해온 다양한 세력권 공간으로 이뤄진 비교적 우호적인 시스템을 예상했다. 그들의 견해에 따르면 이들 나라의 국방과 외

---

*   앞의 책, p. 313.

**   앞의 책, p. 63.

***   앞의 책.

****   이것이 베노나 전보Venona Telegram(소련의 암호 해독 문서)다. 뉴욕 주재 소련 사절단과 모스크바 정부 사이에 오간 통신문을 일부 가로채 해독한 내용을 현재 미국 국가안보국US National Security이 공개했다.

교 정책 부문을 제외한 국내 정치와 사회경제 구조는 이웃 강대국의 부당한 간섭을 받지 않고 작용한다. 이것은 스탈린이 그린 세력권 개념이 아니었다. 그가 볼 때 세력권이란 궁극적으로 완전한 전체 통제를 의미했고 그 해석과 동부 및 중부 유럽에서 그 해석을 실행한 결과는 서구와의 갈등을 유발했다. 그가 리트비노프, 카, 리프먼이 권고한 노선을 따랐다면 어떻게 되었을까? 그랬다면 냉전을 피해갈 수 있었을까?

우리가 따져보고 싶은 것은 이런 질문이다. 여기서 더 나아가기 전에 독자들은 냉전의 기원을 다룬 어떤 해석이든 그 근거를 이루는 자료가 가진 특유의 문제점을 알고 있어야 한다. 냉전 문제 저술의 첫 물결은 전적으로 미국 국립문서고가 소장한 자료를 기초로 했다. 기밀을 해제한 소장물을 처음 공개한 것이 미국 정부였기 때문이다. 더 최근에는 영국과 프랑스도 1940년대 문서고를 상당 부분 기밀 해제했다. 반면 소련은 요지부동으로 공개를 거부했고 공식 역사가들만 극히 일부 자료를 접할 수 있었다. 결과적으로 그들이 쓴 역사는 필히 일방적일 수밖에 없었다. 미국, 영국, 프랑스의 외교 정책 역사가들은 대체로 소련의 행동 동기에 관한 한계를 인정하고 불확실한 결론을 내렸다. 다른 이유도 있지만 더 보수적인 역사가와 수정주의 역사가가 크게 어긋난 이유가 바로 여기에 있다. 소련의 외교 정책 배후를 판정할 길이 없어서 오로지 추론이나 자료 증거를 기초로 이데올로기 우선순위가 이식한 판단에 의존할 수밖에 없기 때문이다.

1991년 소련이 붕괴되자 지금까지 비밀로 남아 있던 모스크바의 문서고 공개가 용이해졌다. 1992년 러시아 외교부는 연구자들에게 자료를 공개하는 데 동의했고 이후 1945~1955년 자료를 많이 공개했다.* 그러나 외교부 내 실무부서의 저

---

* 이것은 오슬로 노벨재단 주도로 1992년 1월 설립한 국제 자문단International Advisory Group과 이룬 합의의 결과다. 이 자문단(초대 의장은 아르네 베스타드Arne Westad였고 현재는 필자가 의장임) 기밀 제한 해제 절차를 위한 기금을 모금해 1917년 이후 소련 외교 정책 분야 자료를 상당량 공개하게 했다. 그중에는 본래 기대한 정도 혹은 마음에 들 만큼은 아니지만 1945년 자료가 상당량 포함되어 있다.

버추얼 히스토리

항으로 가장 중요한 자료인 대사와 외교부 사이의 외교 통신 암호 전보는 기밀 등급 해제 자료에 포함되지 않았다. 더 나아가 외교 문제에 관한 다른 담당 문서고로 RTsKhIDNI(중앙위원회의 국제문제부 문서고가 있는 곳), 국방부, KGB, 대통령문서고(외교 문제에 관한 정치국 문서를 쥐고 있는 곳)는 그 시기 자료를 연구자들에게 공개하길 거부했다. 따라서 냉전의 기원과 관련해 소련의 외교 정책 발전 과정을 분석하는 사람들은 당장은 미국, 영국, 프랑스 문서고에서 발견한 내용에 상응하는 러시아 쪽 자료를 볼 수 없다. 그렇다고 모두 다 그림의 떡은 아니다. 현재 외교부에서 얻을 수 있는 외교 서한, 비망록, 대사 일기, 연례 보고서를 면밀히 조사해 이를 서구쪽 문서고 자료 연구와 합치면 상당히 중요한 내용을 알아낼 수 있다. 그래도 여기서 우리가 말하는 것은 현재 진행 중인 연구이기 때문에 아직은 불완전한 결과밖에 없다.

그러면 이 한계를 염두에 두고 위에서 던진 질문에 답해보자.

미국이 원자탄을 만들지 못했다면 어떻게 되었을까?

미국의 트루먼 행정부가 일차적으로 연합군이 일본 본토를 전면 공격하느라 큰 인명 손실이 나는 일을 피하려고 원자탄을 쓰기로 했다는 것은 많은 증거가 입증하지만, 미국이 러시아의 행동을 제어하기 위해 원자탄을 사용했음을 암시하는 증거도 충분히 있다.* 소련군이 1944년 루마니아와 불가리아에 들어가고 1945년에는 폴란드와 동부-중부 유럽의 남은 지역에 들어간 뒤, 서구 지도자들은 러시아가 태평양 해역에서 적대 행위를 종결하는 데 전면 협조할 생각이 없다는 것을 깨달았

---

*   M. Sherwin, *A World Destroyed: The Atomic Bomb and the Grand Alliance* (New York, 1975).

다. 그들이 적절한 세력권 범위를 넘어서서 확실하게 팽창의 길을 걷고 있다고 믿는 사람들도 있었다.

폭탄을 투하하기 전 트루먼은 포츠담 회담에서 스탈린을 따로 만나 일본에 쓸 예정인 치명적인 신형 무기의 존재를 알려주었다. 스탈린은 아무런 반응을 보이지 않았다고 한다. 하지만 외무상 몰로토프Molotov가 사적으로 말했다.

"저들이 판돈을 더 높이고 있습니다."

스탈린은 미소를 짓더니 대답했다.

"내버려둬. 오늘은 이고르 쿠르차토프Igor Kurchatov[소련 측 원자탄 계획 우두머리 – 옮긴이]에게 작업 속도를 높이라고 말해야 하네."

그러니 원자탄이 스탈린과 그 측근들에게 영향을 미친 것은 확실하다. 스탈린은 미국이 이 신무기 체계를 독점해서는 안 된다며 우려했다. 그렇지만 스탈린이 원자탄 개발을 서두른 것은 일본인에게 폭탄을 쓰기 위해서라기보다 일단 폭발 시험에 성공하기 위해서였다. 트루먼이 자제했더라도 소련의 진행 속도에 주목할 만한 차이는 없었을 것이다.

원자탄이 동서관계 악화에 결정적 영향을 미쳤다는 주장을 지지하는 사람들은 이보다 더 멀리 나아간다. 그들은 미국의 원자탄은 러시아에 겁을 주기 위한 용도였는데 결국 겁을 먹은 러시아는 서구의 영향을 막는 장벽을 더 높이고, 서구가 보호하려 한 사람들을 박해해 멀리 쫓아냄으로써 거꾸로 냉전을 촉진하는 데만 성공했다고 주장한다. 만약 원자탄이 없었다면 동서관계는 다른 길로 나아갔을까? 군비軍備가 냉전에서 갈등의 근본 원인이라는 가정은 핵군축을 옹호하는 사람들에게 하나의 유행처럼 되어버렸다.** 이 가정은 1914년을 전후해 강대국 사이의 무기 경쟁

---

*   현장에 있었던 주코프 원수의 증언. *Vospominaniya I razmyshleniya*, vol. III (Moscow, 1983), p. 316.

**   실제로 대표적 제안자는 자기 책의 최신판을 연방교회협의회Federal Council of Churches 보고서(부록

이 1차 세계대전을 유발한 원인이라고 보는 믿음과 본질적으로 다르지 않다. 논점을 입증하거나 반증하려면 우리는 소련의 원자탄 관련 증거 자료를 최대한 찾아볼 필요가 있다. 차후 개발에서 원자탄이 중심이라고 하는 사람들은 소련의 정책이 순수한 반응에 불과했고 러시아인은 미국이 유발한 공포에 반응한 것뿐이라고 주장하기 때문이다.

실제로 소련의 태도는 공포보다 자기 확신 쪽이 더 강하다. 스탈린이 원자탄을 전쟁의 결정적 요소로 여기지 않았고 외교 협상에서도 흥정용 히든카드로 생각하지 않았다는 신호는 분명 있다. 미국이 전 세계 지배권을 쥐는 데 반드시 필요한 위대한 의지를 갖추지 못했다고 본 스탈린은 어느 정도 미국을 경멸하는 편이었다.

첫 번째 증거는 부정치국장 막심 리트비노프가 한 발언이다. 소련의 새로운 정책 추세에 근본적으로 동의하지 않은 그는 온갖 규칙을 어기면서 서구 기자와 외교관에게 신중하지 못하고 출처도 모호한 브리핑을 똑같이 해주었다. 1946년 미국 기자 호틀레트Hottelet는 리트비노프에게 미국의 원자탄 독점과 원자력 에너지의 국제 규제에 관한 소련의 입장을 질문했다. 리트비노프는 "러시아는 원자력 규제에 동의하지 않을 테고 원자탄이 그 정도로 중요하다고 여기지도 않으며, 핵전쟁을 반드시 두려워하는 것도 아닐 것"이라고 말했다. 이에 더해 그는 지도부가 러시아의 "엄청난 땅과 인력, 천연자원 그리고 흩어져 있는 공장들이 대체로 안전하게 지켜준다"는 신념에 목을 매고 있다고 했다.* 9월 스탈린은 〈선데이 타임스Sunday Times〉의 알

IV), 미국 가톨릭주교 전국 총회의 전쟁과 평화에 관한 목사들의 서한US National Conference of Catholic Bishops' Pastoral Letter on War and Peace(1983) 발췌문(부록 V)으로 마무리했다. Alperovitz, *Atomic Diplomacy*, pp. 321-339. 적어도 이 사실은 핵무기에 관한 필자의 혐오감이 그의 글에 영향을 끼쳤으리라는 것을 시사한다.

* *Washington Post*, 1952년 1월 22일. 독자들은 이 논의와 증거가 J. Haslam, "Le valutazioni di Stalin sulla probabilita della guerra (1945-1953)", A. Natoli and S Pons (eds.), *L'eta dello stalinismo* (Rome, 1991), pp. 279-297에 처음 발표되었음을 알 것이다.

렉산더 워스Alexander Werth[1901~1969년. 러시아 혁명 때 영국으로 이주한 러시아 출생 영국 기자. 종전 후 〈가디언〉의 러시아 특파원으로 활동함. 여기서 〈선데이 타임스〉는 오류로 보임 –옮긴이]에게 "몇몇 정치인이 느끼는 것처럼 원자탄을 그리 심각한 무기로 여기지 않는다. 원자탄은 신경이 약한 사람들을 겁주려고 고안한 것이지만, 그 수가 충분치 않아 핵전쟁의 결과가 어떨지 판단할 수 없다"라고 말했다.* 이 말은 나중에 추예프Chuyev가 기록한 몰로토프의 회고록에서도 되풀이되었다.

"그들(미국)은 당장은 전쟁의 고삐를 늦출 상황이 전혀 아님을 알고 있다. 그들이 가진 원자탄은 전부 합해봐야 한두 개 정도다."**

이것은 스탈린이 한 말치고는 흔치 않게 단정적이었다. 이는 비밀인 미국의 원자탄 재고(혹은 원자탄 부재) 정보가 소련 정보원들에게 들어갔음을 암시한다(더 많은 내용은 아래에 나옴). 의심할 바 없이 이 모든 말에는 허세가 담겨 있다. 만약 미국에 원자탄으로 러시아를 협박할 의도가 있다면 그 위협이 거의 무의미하다는 것을 반드시 보여줄 필요가 있었다. 그렇지만 리트비노프는 스탈린의 지시에 따라 그렇게 한 것이 아니었다. 오히려 나중에 몰로토프가 증언했듯 그는 배신자로 간주되고 있었다. 그는 "리트비노프는 우리에게 완전히 적대적이었다"라고 회상했다.

"우리는 그가 미국 기자와 나눈 대화 기록을 입수했다. … 완전한 배신이었다."***

리트비노프가 이미 시사했듯 원자탄을 냉정하게 평가한 내용은 서구의 명백한 약점과 러시아의 힘의 원천을 기초로 한 전쟁관을 반영하고 있다. 만약 서구에 러

*   *Bol'shevik*, No. 17-18, 1946년 9월. R. McNeal (ed.), *I. V. Stalin: Sochineniya*, vol. III: *1946-1953* (Stanford, 1967), p. 56에 재수록.

**   몰로토프는 1년 넘게 시인 펠릭스 추예프Felix Chuyev에게 자신의 회고록을 구술했다. 구술 테이프는 최소한 한 다큐멘터리 영화제작자가 활용했다. 본문은 *Sto sorok besed s Molotovym: Iz dnevnika F. Chueva* (Moscow, 1991), p. 81 참조.

***   *Sto sorok*, pp. 96-97. 몰로토프는 연도를 착각해 그 일을 1944년으로 기억했다.

시아 군대를 물리치고 그 나라를 점령하기 위해 지상군을 보낼 마음이 없다면 사실상 궁극적인 위협이 될 수 없다. 그러니 러시아가 그런 위협을 진지하게 받아들일 이유는 없었다. 1946년 12월 21일 스탈린은 엘리엇 루스벨트Elliott Roosevelt와의 인터뷰에서 다음과 같이 확신에 찬 의견을 피력했다.

> (나는) 화평이 깨진다거나 군사 분쟁이라는 의미에서 겁낼 일을 한 번도 못 봤다. 강대국 중 누구도, 설사 그들의 정부가 원할지라도 현재로서는 또 다른 연합국 혹은 또 다른 강대국을 상대하려 대군을 소집할 수 없다. 지금은 누구도 국민 없이는 싸울 수 없는데 그 국민이 싸우기 싫어하기 때문이다. 국민은 전쟁에 지쳤다. … 나는 새로운 전쟁이 일어날 위협은 비현실적이라고 본다.*

최종 확인이 필요하면 1949년 8월 말쯤 러시아가 첫 번째 원자탄 기폭 시험을 한 뒤, 한국전쟁이 여전히 진행 중이던 1952년 7월 스탈린이 친소련파 이탈리아 사회주의자 피에트로 넨니Pietro Nenni에게 한 발언을 살펴보라.

"미국에 전쟁을 거론하는 사람이 틀림없이 있지만 그것을 실행할 위치에 있는 사람은 없다. 미국에는 기술력은 있으나 인적 잠재력은 없다. 공군과 원자탄이 있다 해도 제3의 전쟁을 개시하는 데 필요한 군인은 어디 가서 찾아오려는가?"

그리고 이렇게 덧붙였다.

"미국이 모스크바를 파괴하는 것으로는 충분치 않고 마찬가지로 우리가 뉴욕을 파괴하는 것으로도 충분치 않다. 모스크바를 점령하고 뉴욕을 점령할 군대가 필요하다."**

*   *Pravda*, 1947년 1월 23일.

**   P. Nenni, *Tempo di Guerra Fredda: Diari 1943-1956*, ed. by G. Nenni & D. Zucaro (Milan, 1981),

미국의 전임 국무장관 번스는 러시아가 원자탄 발언에 "겁을 먹지 않는다"고 인정했다.[*]

1947년 7월 유럽 재건을 위한 마셜 플랜이 시작되었다. 이것은 미국이 유럽에서 소련의 창을 진심으로 억제하겠다는 명백한 첫 의사표시였다. 소련의 반응은 적어도 공적으로는 몹시 감정적이었고 스탈린은 동유럽 공산당을 몰아붙여 합동 대응하기 위해 그해 9월 공산당 정보국Communist Information Bureau(코민포름)을 설립했다. 여기에 더해 일련의 파업과 군사적 시위가 서유럽 거리를 한 차례 메웠다. 그런데 소련 지도부는 11월까지도 넨니에게 전쟁이 임박하거나 가까워지지 않았다고 장담했다.

"미국은 전쟁을 일으킬 입장이 아니다. 그들은 '공갈 협박'하려는 목적으로 냉전, 즉 배짱 대결을 하고 있다. 소련은 겁먹고 휘둘리지 않을 것이며 우리의 정책을 계속 밀고 나갈 것이다."[**]

어느 소련 외교관은 프랑스에서 "미국은 2, 3년 안에 여기서 쫓겨날 것ils seront fichus d'ici quelques annees"이라고 말했다.[***]

핵무기가 제기한 위협 앞에서 드러낸 소련의 확신, 즉 스탈린 사후 더 확실히 냉정한 평가로 바뀐 확신은 자기 확신 표현과 전체적으로 잘 상응했다. 추축국 군사력이 러시아에 가한 참상과 전쟁에 따른 러시아 쪽 사상자가 약 2,800만 명이라는 사실을 아는 현재 시점에서는 그 확신을 도저히 믿기 힘들 것이다. 하지만 모스크바 측이 계산한 권력 균형은 자본주의 생산수단 대비 사회주의 생산수단의 우월성 가설이 아

　　p. 537.

[*]　　Forrestal diaries에 인용한 부분: Alperovitz, *Atomic Diplomacy*, p. 364.

[**]　　Nenni, *Tempo*, p. 400.

[***]　　Entry, 1948년 4월 19일: V. Auriol, *Journal du Septennat 1947-1954*, vol. II: *1948* (Paris, 1974), p. 189. 프랑스 대통령 오리올Auriol은 일기에 공식 발표 내용을 인용했다.

니라 미국에 전쟁할 의지가 없다는 판단에 의거했다. 그뿐 아니라 만약 미국이 새로 불황에 빠져든다면(모스크바에서는 대다수가 그렇게 예상했다) 그 의지가 더 가라앉아 워싱턴은 틀림없이 1929년처럼 고립 정책을 택할 것이라고 내다보았다.

사실 스탈린과 그의 부하들은 민주주의 진영이 기대한 것보다 미국을 훨씬 덜 두려워했다. 여기서 새로 드러나는 사실은 그 두려움도 미국이 보유한 가장 중요한 무기의 가치가 빠하다는 평가와 자본주의 경제에 구조적 문제가 있어서 결국 와해될 것이고 미국과 쇠퇴하는 영국의 관계가 언제나 불편했다는 평가, 궁극적으로 미국인에게는 스탈린이 처칠에게서 본 그런 결단력이 없다는 평가로 더 심각하게 줄어들었다는 것이다. 스탈린은 서구 강대국을 무모하게 소외시킨 듯했지만 실제로는 계산 가능한 위험만 감수했다. 가령 동부와 중부 유럽에서 반공산주의 저항을 진압했고 독일의 동부 지역에 대규모 군대를 주둔시켰으며 터키에 영토를 요구했다(1945년). 그리고 북부 이란에 공산주의 체제 유지를 시도했고(1945~1946년) 체코슬로바키아를 점령했으며(1948년) 서베를린도 봉쇄했다. 이 모든 것은 스탈린의 허세정책이었다.

소련 정보부가 서구에 침투하지 않았다면 어떻게 되었을까?

미국의 잠재 군사력에 관한 스탈린의 비교적 냉철한 평가는 핵무기가 그다지 압도적이지 않다는 것을 이해한 결과이기도 하지만 부분적으로는 정보 평가에 기반을 둔 것이었다. 그 정보로 그는 핵무기 재고가 없음을 알았고 1948년 여름 서구의 군사적 위상을 보강하기 위해 영국으로 이동한 B-29 비행기에 진정한 핵무기 탑재 능력이 없다는 사실도 알아냈다. 여기에서 냉전의 가장 유명한 이야기 가운데 하나가 나온다. 스탈린이 그런 정보를 얻지 못했다면 무엇이 달라졌을까? 그가 더 신중하게 행동하고 심지어 원자탄의 효율성을 고려해 망설일 수도 있었을까?

그 대답은 종전 후 소련의 팽창주의 동기를 어떻게 해독하느냐에 달려 있다. 알려진 것처럼 여기에는 두 가지 대안이 있다. 하나는 스탈린이 전쟁을 무릅쓰고 팽창의 길로 나아가는 것이고, 다른 하나는 적이 될 만한 세력과 거리를 두고 방어적으로 행동하는 것이다. 스탈린과 몰로토프의 정책을 내부에서 보아온 동시대인 리트비노프는 그것을 두 가지 혼합이라고 해석했지만, 이는 상황을 시정하기 위한 선제 행동을 하지 않으면 전쟁을 유발할 만큼 폭발력 있는 혼합물이었다. 리트비노프는 호틀레트에게 "소련은 영토를 기준으로 한 구식 안보 개념으로 돌아갔다. 영토를 더 많이 확보할수록 더 안전하다는 식이다. 만약 민주주의가 억압받아 굴복한다면 서구는 대체로 짧은 시간 안에 다음 차례 요구를 접할 것"이라고 말했다. 그리고 그 정책의 배후를 두고 "내가 아는 한 그 근원은 공산주의 세계와 자본주의 세계 간의 갈등은 불가피하다는 이데올로기 개념이 지배적이다"라고 했다. 이것은 1946년 6월에 나온 말이다.* 이와 노선이 유사한 대화에서 영국의 이 분야 담당 차관 로버츠는 크렘린은 전쟁을 원할 수 없다고 주장했다.

"리트비노프는 여기에 동의했지만 '히틀러도 원치 않았다. 그러나 여건이 잘못될 경우 상황을 통제해야 하는 사람들이 감당하기에 상황이 너무 강력해질 수 있다'라고 덧붙였다."**

이 말은 충분히 설득력이 있어 보인다. 그렇지만 정말로 중요한 것은 스탈린이 그 팽창을 방어적이든 공격적이든 목표 달성에 얼마나 필수적이라고 보았는가 하는 점이다. 어느 모로 보든 원자탄이 어느 쪽으로도 뚜렷한 영향력을 발휘하지 못했음을 암시하는 힌트뿐이다. 스탈린은 원자탄이 무대에 등장하기 전에 이미 행동 경로를

---

*   *Washington Post*, 1952년 1월 21일.

**   PRO, FO 371/56731, 모스크바의 로버츠Roberts가 런던의 베빈Bevin에게 보냄, 1946년 9월 6일.

결정해놓았다. 무기를 시험하고 일본에 투하했을 때인 1945년 7월과 8월 잠깐 동안 그가 보인 관심은 무관심으로 변하지는 않았어도 확고한 도전의식에 밀려났다.

그러면 스탈린의 냉정한 태도에서 그가 서구의 능력뿐 아니라 그들의 의도까지 내밀하게 알고 있다는 사실이 차지하는 비중은 어느 정도일까? 러시아의 정보 통로는 매우 충격적이다. 한 가지 예만 보자. 코민테른 문서고에는 NKGB(KGB의 전신)의 제1국(외국 정보) 국장 피틴이 코민테른 총서기 디미트로프에게 올린 보고서가 있다. 이 보고서에는 런던 경시청 특수 분과가 다음 몇 주 동안 관찰할 예정인 영국 공산주의자들의 이름과 주소가 자세히 적혀 있다. 더 중요한 것은 5명의 스파이 그룹인 필비, 버제스, 매클린, 블런트, 케언크로스다. 그들은 외교 정책, 국방 정책, 정보 정책의 핵심 비밀을 전부 접할 수 있었다. NKGB 제1국의 제3부인 영국 부문은 전쟁 기간 내내 초점이 "핵 연구, 전시 경제, 영국과 다른 나라들의 관계"에 맞춰져 있었는데* 중요도는 언급한 순서와 반드시 같지는 않다. 비밀정보부SIS, Secret Intelligence Service에서 일한 필비는 차관 지위까지 올라갔다. 버제스는 정보성과 외무성(나중에는 맥닐 장관Minister of State 비서로)에서 잠깐 근무한 기간에도 여러 가지 임무를 수행했다. 매클린은 외무성에서 근무했고(1935년 이후) 최종적으로 미국 담당부서 수장이 된 뒤 탈출했다. 블런트는 MI5에서 근무했으며 케언크로스는 내각 사무국, 암호독해학교, 재무성에서 근무했다. 필비, 버제스, 매클린은 냉전 초반 워싱턴 영국 대사관에서도 근무했다.** 그들이 정보를 어떻게 취급했는지는 유리 모딘Yuri Modin[5명의 스파이 운영자 – 옮긴이]이 다음과 같이 설명하고 있다.

런던에서 온 정보는 거의 모두 암호화한 전보 형태로 모스크바에 도착한다. 그러면 우

---

*   Y. Modin, *My Five Cambridge Friends* (London, 1994), p. 47.

**   C. Andrew & O. Gordievsky, *KGB: The Inside Story of its Foreign Operations from Lenin to Gorbachev* (London, 1990).

리의 비밀정보국 1번 요인이 장갑을 낀 손으로 정치국과 함께 작업하는데 이는 말하자면 스탈린, 몰로토프, 베리아가 그 자리에 참석한다는 뜻이다. 우리의 보고서가 외교문제 담당 정치위원 이하로 내려가는 경우는 거의 없었다. 사실은 몰로토프가 우리가 제공한 정보의 전적인 책임자였고 그는 그것으로 자기가 하고 싶은 일을 했다.*

이 통로로 크렘린은 "원자탄 개발의 기술과 정치 측면에 관한 모든 것을 알고 있었다."**

물론 그들은 그보다 훨씬 더 많은 것을 알고 있었다. 10월 필비는 SIS의 반공산주의 부서인 섹션9의 수장으로 임명되었다. NKGB 본부는 이것을 "더할 나위 없이 훌륭한" 업적으로 보았다.*** 실제로 필비는 1945년 2월 SIS의 우두머리인 멘지스가 "적군이 차지한 영토에 반소련 기관을 세우려는 '호텔(SIS)의 적극적인 작업 과정에 관하여'라는 지시를 내렸다고 보고했다.**** 그에 못지않게 중요한 것은 비밀 정치 정보였다. 1945~1949년 연합국 회담 기간에 몰로토프는 자기 등 뒤에서 연합국 위원들이 소련 정책과 관련해 무슨 말을 하고 있는지 알고 있었다. 1947년 6월 마셜 국무장관이 유럽 복리 계획을 발표했을 때, 그 제안을 받아들여야 한다고 확신한 몰로토프가 사절단을 이끌고 파리로 가서 모스크바의 참여를 협상했다는 사실을 우리는 알고 있다.***** 그러나 그들은 얼마 지나지 않아 협상장을 나가버렸고 동부

*   Modin, *My Five Cambridge Friends*, p. 139.

**   앞의 책, p. 142. 1942년 이후 소련의 폭탄 개발 프로젝트에 미친 영향은 D. Holloway, *Stalin and the Bomb: The Soviet Union and Atomic Energy, 1939-1956* (New Haven/London, 1994) 참조.

***   P. Knightly가 편집하고 서문을 쓴 G. Borovik, *The Philby Files: The Secret Life of the Master Spy-KGB Archives Revealed*, p. 236에 실린 NKGB 자료.

****   앞의 책, p. 240에 인용.

*****   *Sto sorok*, p. 88.

유럽도 함께 끌고 나갔다. 영국 외무상 베빈과 미국 재무부 장관 클레이턴Clayton의 논의 내용, 즉 서구가 동부유럽에서 필요한 러시아의 정치적 양보를 끌어내기 위해 그 계획을 이용하려 한다는 정보가 그들에게 들어갔기 때문이다.* 또 우리는 파리에 처음 도착한 몰로토프가 어떠한 '자료'(영국과 미국의 비밀 통신)도 없고, 런던도 워싱턴도 각자의 파리사절단에게 아무것도 듣지 못했다는 말만 듣자 화가 나서 펄펄 뛰었다는 사실도 알고 있다.**

    그렇긴 해도 정보를 받는 것과 그것을 올바르게 활용하는 것은 전혀 다른 문제다. 사실 스탈린과 몰로토프는 그 모든 정보 때문에 동맹국을 더 강하게 불신했고, 영국과 미국의 의도를 좋은 쪽으로 해석하려는 정보를 불신 혹은 폄하했다. 이는 스탈린과 몰로토프가 어떤 주제에 관해 기본 입장을 정하면 언제나 그 입장을 지지하고 예시해줄 정보를 찾아내라고 NKGB를 들들 볶는다는 뜻이기도 하다. 한 가지 결정적인 사례는 영국과 미국 사이의 갈등 정도에 관한 것이다. 전임 영국 대사 마이스키는 전후 세계에서 가장 두드러진 적대관계는 대영제국과 미합중국 사이일 것이라고 확신했던 모양이다. 물론 모스크바와 그 동맹국들의 관계가 심각하게 악화되자 크렘린은 이 기본 가정을 시정해야 했다. 그러나 근본적으로는 끝내 시정하지 않은 듯하며 조만간 영국과 미국이 반목하지 않을까 하는 기대가 남아 있었던 것 같다. 러시아는 서구 블록이 공고해지고 있다는 사실을 점점 더 인정하기 싫어했고, 적절히 양보하지 않으면 그 블록이 러시아의 이익에 반해 공고해지는 일을

---

* P. Sudoplatov, *Special Tasks* (London, 1994), pp. 230~231. 전직 스파이 슈도플라토프는 정보 출처로 언제나 믿을 만한 존재는 아닐지 모르지만 이 경우 그의 증언은 외무부 파일이 지원한다. M. Narinsky, "The Soviet Union and the Marshall Plan", S. Parish and M. Narinsky, *New Evidence on the Soviet Rejection of the Marshall Plan, 1947: Two Reports* (Woodrow Wilson Center for Scholars, Washington DC., 1994), p. 45. 이 출판물은 우드로윌슨센터를 거점으로 한 국제 역사 프로젝트에서 발행했고 연구 논문 9번으로 등록되어 있다.

** Modin, *My Five Cambridge Friends*, p. 168.

막지 못하리라는 사실도 받아들이지 않았다. 모딘은 "센터는 언제나 영미관계나 영국과 미국 사이에 생길 수 있는 여러 가지 어려움에 매우 흥미가 많았다"라고 회상한다.* 원자탄 프로젝트에 보인 비상한 관심은 자연히 그러한 기대를 권장했다. 당시 영국 전문가들을 받아들인 미국은 영국에 그 프로그램의 혜택을 제공하길 거부했다.

"우리는 미국인이 그 과정의 모든 단계에서 영국을 기만할 의사가 강력했음을 알고 있었다. 그들은 연구 측면에서 영국에 상당히 뒤떨어졌고 그들의 전략은 연합국 전문가들을 이용해 … 일단 따라잡고 나면 그들을 버리는 것이었다. 실제로 그들은 그렇게 했다."**

그런 정보가 없었다면 스탈린은 더 신중해지고 냉전을 기피했을까? 첫 번째 질문의 답에서 우리는 스탈린이 자신이 궁극적으로 추구할 길을 미리 결정했고, 그 길에서 이탈할 정도로 미국을 두려워하지 않았다는 결론을 내렸다. 그렇지만 그 결정은 그의 계승자 흐루시초프Khrushchev가 나중에 취하는 무모하고 직관적인 위험이 아닌 계산된 위험에 근거하고 있었다. 이 견해가 옳다면, 지금까지 활용한 증거들이 그렇다고 알려준다면, 첩보 정보는 그 계산에서 매우 중요한 토대였을 것이다. 몰로토프의 긍정적인 정보 중독과 전적인 정보 의존은 그 때문이었다. 소련 정보부의 내부 역사가들은 스탈린이 미국이 곧 취할 입장에 관한 정보를 듣고 난 뒤 물러선 사례를 하나 이상 인용한다. 1945년 소련이 터키에 하려던 영토 요구 정보가 그 예인데 그들은 1947년 다시 한 번 같은 요구를 했다.*** 아직 같은 파일에서 그 증거를 제시하지 않았지만, 1949년 스탈린이 서베를린에서 결국 물러선 것은 서구의

---

*   앞의 책, p. 193.

**   앞의 책, p. 142.

***   앞의 책, pp. 145-146.

공식 생각을 직접 들은 뒤 러시아의 점령 지역 한복판에 있는 이 자유의 섬과 민주 세계를 연결하는 모든 통로를 성공적으로 차단할 길이 없으리라는 사실을 마침내 납득했기 때문일 가능성은 얼마든지 있다. 서구가 내부 논의를 거쳐 어떤 경우에도 확고하게 버티겠다는 결심을 보이자 첩보로 그 사실을 안 스탈린이 신중해진 것이다. 반면 같은 첩보 경로로 영국과 미국 사이의 내부 불화나 갈등을 목격하면 그가 고무되어 도전적으로 행동하리라고 결론지어도 타당할 것 같다. 만약 스탈린이 이런 사실을 전혀 몰랐다면 리트비노프가 주장했듯 모든 것은 민주 세계가 얼마나 확고하게 자기들 입장을 지키느냐에, 또 스탈린이 그들의 확고한 태도를 어느 정도로 믿었느냐에 달려 있었을 것이다.*

만약 스탈린이 서구의 '세력권' 개념을 받아들였다면?

  스탈린이 서구가 깨달은 것보다 훨씬 더 이르게, 즉 게임 초반에 자신의 행동 노선을 결정했다는 우리의 짐작은 반드시 옳은가? 스탈린은 오랫동안 전제주의 이론가나 단순한 전기작가들과 반대로 대안적 진행 경로 논의를 배제하는 것이 아니라 포함하는 결정 방법을 채택해왔다.** 우리는 스탈린이 전후 유럽이나 극동 지방 양쪽과의 관계에서 서로 다른 시각 아래 계획을 세웠다는 사실을 알고 있다. 그중 하나는 리트비노프 휘하의 위원회에서 작성한 것으로 전후 유럽에서의 영-소 공동 관

---

*   물론 이것은 여기서 다룰 수 없는 다른 반사실 질문, 즉 미국의 자세가 확고하지 않았다면 어찌 되었을까 하는 질문을 제기한다.
**   이 점을 더 알고 싶으면 저자의 저서 *The Soviet Union and the Struggle for Collective Security in Europe 1933-1939* (London/New York, 1984), 그리고 *The Soviet Union and the Threat from the East 1933-1941* (London/Pittsburgh, 1992) 참조.

리에 해당할 만하지만, 스탈린이 궁극적으로 채택한 것보다는 민주주의에 더 가까운 세력권 공간을 기초로 했다. 만약 스탈린이 결정한 형태가 아니라 리트비노프의 모델을 따랐다면 어찌 되었을까? 냉전을 피할 수 있었을까?

이런 질문을 하면 순진하다는 말을 듣겠지만, 그래도 서구 강대국들은 적군이 동부-중부 유럽 땅을 해방시키기 전까지 스탈린이 말하는 세력권이 사실은 통상 식민지화로 불린 것과 가깝다는 것을 완전히 이해하지 못했다. 세력권Sphere of Influence 혹은 영향권Sphere of Interest의 기존 관념은 아메리카 대륙에서 미국 패권을 운영한 먼로 독트린이었다. 어떤 지역이든 외부 권력이 그 지역 내부 문제에 끼어들지 못하도록 강력히 차단하지만, 간헐적·일시적으로 미국의 무장 개입을 허용하는 나라는 자국의 우선순위에 따라 대체로 자치를 행할 수 있을 것이었다. 같은 원리로 영국은 베네룩스 국가들의 지위를 관리해왔다. 영국은 이들 국가가 외부 간섭을 받지 않도록 하는 데 자국 안보가 달려 있다고 보았고, 1794년과 1914년에 영국이 벌인 전쟁은 부분적으로 이 결정적인 원리를 천명하기 위해서였다. 국가 안보 유지에 관한 이 최소주의 접근법은 나치 점령 참상을 막 겪은 강대국보다 최근 침공받은 경험이 없는 강대국들이 더 쉽게 채택했다. 그렇지만 민주 세계는 독일 패배 이후 모스크바가 그 동맹국들을 유럽 안보를 보장하는 중심은 아니더라도 중요한 존재로 간주할 것이라고 생각했다.

러시아와 서구가 세력권 분할에 관한 공동 합의를 끌어내지 못한 진짜 이유가 미국 루스벨트 대통령이 서약을 완강히 거부한 탓이라는 주장이 흔히 제기되었다. 그렇긴 해도 1944년 10월 처칠과 스탈린이 합의한 러시아의 한 가지 실행 방식은 영국이 기대한 것보다 더 식민화에 가까운 방식이었다. 그리고 그 절차는 소련의 야심이 민주 세계를 불안하게 만든 것만큼이나 소련 식이었다. 따라서 루스벨트가 이 문제에 더 적극적이었다면 러시아가 더 고분고분했을 것이라고 가정할 근거는 거의 없다.

만약 스탈린이 서구의 기대에 부응했다면 어땠을까? 그러한 상황 전환이 불가능하다고 치부하기 전에 그때까지의 외교 정책에서 잘 알려진 스탈린의 실용주의와 그가 만든 위원회가 이 선택지를 권고했다는 사실을 곰곰 생각해볼 필요가 있다. 미국의 정치과학자 터커R. C. Tucker 같은 본질주의자는 스탈린의 그런 본성 때문에 결과가 미리 결정되어 있었다고 본다. 스탈린의 외교 정책을 오로지 그의 성격으로만 추론한다면, 1930년대에 그가 자신의 첫 번째 선택과 완전히 충돌하는 다른 정책으로 전환한 사실은 어떻게 설명하겠는가? 스탈린에게 온갖 편집광적 성향이 있긴 했지만 그의 기질에 타인의 영향을 어느 정도 허용하면서 선택지를 고려하는 한 줄기 실용주의가 흐른다고 추측하는 편이 더 신중한 자세다.

서구에서 세력권을 전통 서구식 형태로 제안한 사람은 월터 리프먼(미국에서)과 E. H. 카(영국에서)였다. 1943년 3월 10일자 〈더 타임스〉 논설은 이 접근을 분명하게 옹호했다. 여기서 카는 "동유럽이 안전하지 않는 한 서유럽의 안전은 있을 수 없고, 동유럽의 안전은 러시아의 군사력으로 보강하지 않는 한 얻을 수 없다"라고 했다. 또한 그는 "공정하고 마음이 열린 사람이라면 전쟁 이후 영국과 러시아 간의 긴밀한 협력을 위한 그 설득력 있는 주장에서 반드시 확신을 느낄 것"이라고 덧붙였다. 더 구체적으로 그는 계속했다. "만약 영국 국경이 라인강이라면 같은 의미로 러시아 국경은 오데르강이라고(실제로 그런 말이 나온 적은 없지만) 정당하게 말할 수 있다"는 가정에 런던과 모스크바가 "불만 없이 무조건 합의"해야 한다.

그 논쟁적 발롱 데세[ballon d'essai[여론 동향을 탐지하기 위한 목적으로 흘려보내는 특정 정보나 의견-옮긴이]는 당연히 모스크바에 영향을 미쳤다. 그로부터 몇 주일도 지나지 않은 1944년 3월 31일 외교 문제를 다루는 부정치국원 리트비노프를 의장으로 해 강화 협정과 전후 건설을 위한 준비위원회를 소집한 것은 우연의 소치가 아니다.* 8월 4일

---

* "Komissiya Litvinova po Podgotovke mirnykh dogovorov i poslevoennogo ustroistva. Protokoly

과 9월 21일, 그러니까 그 회의를 종결하기 한참 전에 리트비노프는 자신이 찾아낸 것을 작성했고 11월 15일 그것을 보고했다. 1939년 5월 정치국원 지위를 잃었다가 일본의 진주만 공격으로 미국이 유럽 전쟁에 참전한 이후 미국 대사로 부활한 리트비노프는 여전히 스탈린에게 불신과 존경을 모두 받고 있었다. 만약 스탈린이 민주 세계와 더 가까워질 필요가 있다고 생각한다면 그는 리트비노프를 다시 필요로 할 것이었다. 따라서 어떤 이단 견해도 보이지 않은 사람들이 무자비하게 경찰, 수용소, 처형대에 넘겨지는 와중에도 그는 살아남았다. 애당초 리트비노프를 해임한 이유가 민주 세계를 신뢰했다는 것이었기 때문이다. 이 죄목은 몰로토프에게는 절대 해당되지 않는다. 국제관계에서 제아무리 가능성이 희박해도 그 어떤 선택지도 배제하기 싫어하는 스탈린의 성향 덕분에 리트비노프는 위원회에 들어갔다. 그러나 그의 지위가 비교적 낮았다는 것은 어떠한 기밀자료에도 접근이 불가능하고 오직 외국 신문 발췌만 볼 수 있었다는 것으로 분명해진다. 여하튼 리트비노프의 예리한 지성과 20년 이상 소련 외교 정책의 조타수를 쥐어본 경험은 어떤 면에서든 중요했다.

리트비노프는 러시아와 영국 간의 장기적인 적대감을 이데올로기 차이보다 아시아 변경邊境에 관한 제국주의 분쟁으로 설명했다. 한데 이해관계 충돌은 막다른 골목이 아니라 협상이 가능하다는 것을 의미한다. 그가 보기에 이는 차르시대뿐 아니라 소비에트연방시대도 마찬가지다. 이것은 그가 적어도 1920년 이후 언제나 유지해온 입장이었다. 사실 그가 소련 주류의 사고방식과 어긋난 것은 이처럼 비이데올로기 방식으로 외교 문제에 접근했기 때문이다. 리트비노프의 집단 안보 정책이 1930년대에 와해된 사실이 메울 수 없는 이데올로기 균열을 부각하지 않았던가.

I Zasedanii Kommissii", 1944년 3월 21일~9월 21일, *Arkhive Vneshnei Politiki Rossii*(이하 AVPR), Fond Molotova, Op. 6, Papka 14, dela 141.

그래도 리트비노프는 히틀러와의 동맹으로 형성한 이해관계의 일시적 융합을 기초로 영원한 구조물을 건설할 수 있기를 희망했다. 전후 런던과 모스크바 대립을 최대 위험으로 본 리트비노프는 유럽에서 영국-소비에트 공동 관리 정도의 어떤 합의를 해야 한다고 주장했다.

리트비노프의 세력권이라는 말이 의미했던 바는 영어권 내에서 그 단어의 의미와 동일하다. 연합국 정부 편에서도 기꺼이 이 방향으로 가고자 하는 의사가 있었다는 증거는 리프먼과 〈더 타임스〉(E. H. 카)가 제시했다. 그는 다음과 같이 썼다. "그런 합의에 도달할 수 있다."

> 좋은 이웃으로서 최대한 밀접하게 일한다는 원리는 유럽에서 안보권에 관한 소위 한계 설정의 근거 위에서만 가능하다. 그 최대 영향권으로 소련은 핀란드, 스웨덴, 폴란드, 헝가리, 체코슬로바키아, 루마니아, 발칸반도의 슬라브족 국가 그리고 터키를 동등하게 고려할 수 있다. 영어권에서는 당연히 네덜란드, 벨기에, 프랑스, 스페인, 포르투갈, 그리스가 포함된다.

또한 그는 이란, 아프가니스탄, 신장웨이우얼자치구(중국)에서 영국의 이익(영국에 이로운 쪽으로)과 공존하는 상황을 설명했다.*

이 패턴은 카가 〈더 타임스〉 논설에서 제안한 것과 일치한다. 그렇긴 해도 영국 외교 정책을 대변하는 그 존엄하고 대개는 권위적인 신문은 카의 지시에 따라 더 이상 기존 주류의 합의를 대변하지 않았다. 사실 민주 세계는 이 방향으로 움직이기 싫어했다. 주요 외교 정책 결정에 의회가 개입하는 정치 체제에 묶인 미국은 그

---

* "1944, Komissiya t. Litvinova po podgotovke mirnykh dogovorov i poslevoennogo ustroistva", AVPR, Fond Molotova, Op. 6, Por. 143, Papka 14.

러한 행동을 단호히 삼갔다. 처칠이 1944년 10월 모스크바를 방문했을 때 영국은 리트비노프가 말한 방향으로 움직이는 것처럼 보였지만 말이다. 하지만 그때쯤 스탈린은 이미 휘하 부대를 루마니아와 불가리아로 보냈고 주사위는 던져졌다. 리트비노프가 나중에 한 말을 보면 그가 진정한 기회는 사라졌다고 믿은 것이 이해가 간다. 소련이 더 약했을 때 민주 세계가 더 일찍 행동했다면 거래가 이뤄질 가능성이 분명 있었다는 것이 그의 생각이었다.

스탈린과 몰로토프가 자신들이 점령한 나라에 자국 체제를 강요하는 대신 그러한 선택지를 택했다면 냉전을 피할 수 있었을까? 총검을 겨눠 공산주의를 확대하려한 소련 체제에 동유럽의 다른 나라가 각자 자신에게 맞게 국내 정책을 펼치도록 허용할 의도는 없었을 터다. 이는 전쟁이 끝나면서 그런 혁명적 야심이 시들어버렸다는 카의 주장을 확인해주었으리라. 서구가(1920년대와 마찬가지로) 걱정한 것은 러시아가 중부유럽과 동부유럽에서 공산주의 혁명을 후원할지도 모른다는 것이었다. 그때는 물질 자본이 대규모로 파괴되고 전쟁으로 사회적·경제적 위치에 광범위하게 변동이 일어나고 있었다. 그 토양은 사회 불안을 야기하는 비옥한 온상이 되지 않을까? 또 사회 불안이 그리스에서처럼 혁명이라는 결과로 이어지지 않을까?

공산당이 프랑스와 이탈리아에서 얻은 상당한 표는 영국이 노동당 정부를 선출한 것처럼 서유럽 견해의 동향을 알려주는 명백한 표시였다. 이 상황에서 혁명이라는 이슈를 재확인하는 문제는 적군이 점령한 영토가 소련화함으로써 노골적으로 거부당했다. 그러나 모든 것이 순탄한 항해는 아니었다. 리트비노프의 권고에 독일이 누락된 것은 충격적이다. 다른 위원회, 그러니까 보로실로프Voroshilov의 브리핑에서는 독일이 주제였다.* 사실 독일은 여러 측면에서 동서 간의 차이를 보여주는 결

---

* 보로실로프 위원회에 관한 최초의 자세한 토론을 보려면 A. *Filitov*, "Die UdSSR und das Potsdamer Abkommen. Ein langer und leidvoller Weg", 1995년 5월 22~26일 독일 오첸하우젠에서 열린 회의 때 발표한 내용 참조. 제목은 "Vor 50 Jahren: Die Potsdamer Konferenz, Vorgeschichte, Verlauf

　　　　　　　　　　　　　　　　　　　　　　　　　　　　버추얼 히스토리

정적인 초점이었다. 스탈린은 민주 세계가 소련의 비토 없이 독일의 운명을 결정하게 해서는 안 된다고 굳게 결심했다. 이는 그의 측근들 역시 10월 혁명 뒤 10년 동안 품어온 오래된 희망, 즉 붉은 기를 베를린까지 가져가겠다는 희망을 여전히 품었기 때문이기도 하다. 모스크바가 독일의 운명에 결정적인 역할을 할 유일한 수단은 군사 점령 상태를 유지하는 것인데, 폴란드라는 안전한 연락 경로가 없다면 어떻게 점령 상태를 보장하겠는가? 만약 폴란드가 자체 정부를 선출하거나 군사 쿠데타가 일어나 소련의 이익에 확고하게 적대적인 권력자가 권좌에 오른다면, 그 연락 경로를 안전하게 지킬 가망이 있겠는가?

동유럽의 소련화와 상관없이 독일을 놓고 연합국 사이에 확실한 입장 차이가 생겼을 것으로 보인다. 사실 러시아의 통치자가 스탈린이든 차르든 이 상황에는 별 차이가 없었을 터다. 핵심은 동유럽의 소련화가 장기적인 안보에 도전하는 자연스러운 지정학적 반응이 아니라는 데 있다. 카와 리트비노프 모두 각자 나름대로 신념에 헌신하는 수준으로 노력했지만, 아무리 노력해도 국제관계에서 이데올로기 요소를 제거하고 대신 18세기와 19세기 후반의 전형적 특징이던 힘의 균형이라는 기계적인 철학을 가져다놓을 수는 없는 일이다. 같은 맥락에서 글래드윈 제브가 주장한 것처럼 아마 냉전은 불가피했을 것이다.

und Folge fur Deutscheland, Europa und die Welt."

8

카멜롯, 계속 이어지다
존 F. 케네디가 살았더라면?
-다이앤 쿤즈

잊히지 않게 하라,
거기에 한때 어떤 장소가 있었다는 것을.
잠시 빛난 한순간,
그곳은 카멜롯이라 알려졌다고.
- 카멜롯Camelot [영국 아서왕 전설에 등장하는 궁전-옮긴이]

냉전이 끝난 뒤 사람들은 마르크스와 레닌의 동상을 끌어내렸다. 반면 존 F. 케네디의 이미지는 얼룩은 좀 묻었어도 근본적으로 흠 없이 그대로 남았다. 그가 죽은 뒤 포토맥 강변에 카멜롯 전설이 뿌리를 내렸다. 대부분 케네디 일가와 그의 궁정이 퍼뜨린 이 신화에 따르면 존 F. 케네디는 일종의 현대판 아서왕이었다. 그의 보좌관들은 현대판 원탁의 기사였고 재클린 케네디는 고귀한 귀네비어였다. 최근 들어 케네디의 사생활이 결코 아서왕답지 않았음이 밝혀졌다. 그러나 전성기 때 총격으로 숨진 위대한 대통령이라는 공적 인물로서의 평판은 사생활에 비해 훨씬 덜 비판을 받았다.

놀랄 일도 아니지만 여러 케네디 전설 가운데 그가 살았다면 미국이 베트남 전쟁으로 망가질 일은 절대 없었으리라는 것이 가장 오래 살아남았다. 미국인이 거의 들어본 적도 없는 어느 먼 나라의 전쟁 때문에 민주당 세력이 엄청나게 약해지면서 수많은 미국인이 민주주의 가치에 의문을 품기 시작했다. 그것은 미합중국이 확실하게 패한 첫 번째 전쟁이라는 것에 그치지 않는다. 그 전쟁에서 미국이 보인 수치스러운 모습과 1975년 봄 최후까지 남아 있던 미국인이 불명예스럽게 사이공(호치민시)에서 떠나는 상황은 격렬한 반체제 운동을 유발해 미국 사회에 깊은 골을 남겼다. 그 패배가 잘못된 시간에 잘못 구상한 미국 식 사고의 결과가 아니라 한 남자, 리 하비 오스월드Lee Harvey Oswald[케네디 암살자로 지목받은 인물 – 옮긴이]의 잘못 탓이라고 믿는다면 얼마나 좋을까.

이 신화를 지지하는 훌륭한 후원자들이 있다. 맥조지 번디McGeorge Bundy와 로버트 맥나마라Robert McNamara 같은 전직 대통령 보좌관은 케네디라면 1964년 대통령 선거 이후 미국의 군사 개입을 끝냈을 것이라고 관측했다.* 그보다 덜 훌륭하긴 해도 영향력은 더 큰 영화제작자 올리버 스톤Oliver Stone은 영화 〈JFK〉에서 케네디가 미국을 베트남에서 끌어낼 것을 짐작한 검은 음모가, 즉 군수산업가와 군 장성들(아마 린든 존슨도)이 그를 암살했다고 주장했다.**

케네디 신화는 미국 사회 내에 끈질기게 남아 있는 인종 분열에서 기인한 측면도 있다. 존 케네디는 동생 로버트와 함께 미국 흑인들과 특별한 공감대를 형성했다고 알려져 있다. 어쨌든 존 케네디가 민권 혁명의 시작을 주재하지 않았는가? 1963년 8월 워싱턴에서 있었던 그 감동적인 행진의 기억은 여전히 살아 있고 모든 인종의 미국인이 2명의 케네디에게 계속 횃불을 가져다 바치게 한다. 그들은 존 케네디가 살았다면 지난 30년 동안의 피비린내 나는 인종 분열 없이 제2의 미국 남부 재건이 결실을 맺었을 것이라고 주장한다.

아이들에게는 동화가 필요하다. (그러나) 역사가라면 제대로 알아야 한다. 사실 존 F. 케네디는 평범한 대통령이었다. 그가 재선에 성공했다면 1960년대 연방의 민권

---

* McGeorge Bundy, 1993년 예일대학교 스팀슨 강연; Robert S. McNamara, *In Retrospect: The Tragedy and Lessons of Vietnam* (New York, 1995).

** 스톤의 터무니없는 논제는 역사가 존 뉴먼John Newman의 지지를 받았다. 뉴먼은 *JFK and Vietnam* (New York, 1991)에서 존슨이 대통령이 되는 즉시 케네디의 의도보다 더 심하게 전쟁을 확대했다고 주장했다. 조지 베르나우George Bernau의 소설 *Promises to Keep* (New York, 1988)도 볼 것. 영국 풍자작가 마크 로슨Mark Lawson의 최근작 *Idlewild* (London, 1995)는 일종의 해독제 역할을 한다.

500   버추얼 히스토리

정책은 생산성이 상당히 낮았을 테고 베트남에서 미국의 행동은 실제 현실과 다르지 않았을 것이다. 그의 비극적인 암살은 미국 역사를 위해서는 비극이 아니었다.

신화의 기원

존 피츠제럴드 케네디는 1917년 5월 29일 태어났다. 그의 이름은 부모 양측에게 물려받은 아일랜드계 혈통을 반영한다. 외조부이자 그와 이름이 같은 존 피츠제럴드John Fitzgerald는 WASP[앵글로색슨계 백인 신교도White Anglo-Saxon Protestants – 옮긴이] 특권층에게서 관직을 빼앗아온 첫 세대 아일랜드인에 속했다. 하니 피츠Honey Fitz[존 피츠제럴드의 별명 – 옮긴이]는 세계에서 아일랜드 특성이 가장 강한 도시 보스턴에서 1906~1908년, 1910~1914년 시장으로 있었다. 골수까지 정치가인 그는 투들스라는 23세의 담배 파는 여성과 불미스러운 관계라는 것이 드러나 공직에서 밀려났다.* 그의 딸 로즈는 가정생활과 헌신성을 모토로 하는 가톨릭계의 여성 세계에서 현모양처 교육을 받았다.

케네디 일가는 보스턴의 아일랜드 이민자 사회에서 계층 사다리의 낮은 칸에 속했다. 패트릭 케네디Patrick Kennedy는 나중에 지역 정치인이자 권력 브로커가 된 술집 주인의 아들이었다. 그의 아들 조지프 P. 케네디Joseph P. Kennedy가 미국에서 가장 오래된 하버드대학에 입학한 것은 사실이다. 하지만 케네디가 케임브리지에서 걸어간 길은 시어도어 루스벨트나 프랭클린 루스벨트 같은 WASP 후계자들과는 달랐다. 두 루스벨트가 누린 찬란한 대학 생활에서 큰 비중을 차지하는 엘리트 클럽은

---

*   Doris Kearns Goodwin, *The Fitzgeralds and the Kennedys: An American Saga* (New York, 1987), pp. 246-253.

조지프 케네디 같은 부류에게는 문을 닫았다. 아일랜드 가톨릭계는 그런 배타적 구역에서 환영받지 못했다. 어렸을 때부터 두 루스벨트가 품은 야심의 중심에는 정치가 확고하게 자리 잡고 있었다. 케네디는 정치인인 아버지나 장인과 달리 큰돈을 버는 것을 목표로 했다.

1912년에 졸업한 그가 이후 20년 동안 걸어간 길은 사회적으로는 아니었을지 몰라도 경제적으로는 상승세였다. 그는 은행가, 철강업자, 영화계 재벌, 주류밀매업자, 주식중개인의 길을 걸어갔다. 여기에다 보유하고 있던 월스트리트 주식을 1929년 봄과 여름 사이에 거의 다 팔아치울 정도로 감각이 있어서 그는 털끝만큼도 피해를 당하지 않고 월가의 붕괴 사태를 피했다. 덕분에 사회적으로 존경을 받았고 전국적인 정치권력을 구매해도 좋을 정도의 엄청난 부를 축적했다. 1920년대에 그는 보스턴과 뉴욕 사교계에 끼어들었다. 이어 1932년 민주당 대통령 지명전에서 프랭클린 루스벨트를 후원한 그는 그럴듯한 대가를 기대했는데, 결국 새로 설립된 증권거래위원회SEC, Securities and Exchange Commission 의장이 되었다. 밀렵자였다가 단속반원으로 변신한 조지프는 다른 사람들이 자신이 썼던 불법적인 방법으로 돈을 벌지 못하도록 규제를 강화했다. 그는 해양위원회 의장이라는 다음 직책에 실망했으나 그래도 연이은 정치무대에서의 역할을 최대한 활용했다. 관료제 개편 작업에서 거둔 성공과 자신이 실제로 한 일보다 사람들이 자신이 했다고 생각하는 일이 더 중요하다는 사실을 깨달은 그의 대중 인지도는 꾸준히 높아졌다.

케네디가 성공적으로 해낸 업무에 보상하고 싶어 한(그리고 워싱턴에서 멀리 떼어놓으려 한) 루스벨트는 1938년 조지프를 주영 대사로 임명했다. 판잣집 아일랜드인들을 적대하는 WASP의 편견 속에서 성장한 케네디는 아일랜드계 미국인으로서 세인트제임스궁에 파견된 최초의 주영 대사가 되는 기쁨을 맛보았다. 그와 함께 아내 로즈와 9명의 자녀도 런던으로 갔다. 장남 조 2세는 성취를 더 높은 차원으로 끌어올리기 위한 수단으로 아버지에게 선택받은 부담을 어렵지 않게 감당했다. 조 2세는 정계에 들어갈 꿈을 꾸었고 최고 자리로 올라가는 그의 상승세는 누구도 막지 못할 것이었다. 형의 병약한 버전인 존은 가족의 어릿광대였다. 하지만 케네디가의 양육 원리는 모든 아이에게 동일했다. 승리는 전부가 아니라 하나의 목표일 뿐이다! 성공을 위해서라면 어떤 일이든 하라! 가문, 그러니까 케네디 가문 외에 다른 것을 숭배하지 마라! 가문이 왜 정치권력을 쥐어야 하는가는 논의 대상이 아니었다. 그것은 기정사실이며 권력 그 자체가 하나의 보상이었다. 1960년에 존이 한 다음과 같은 말은 이 가문의 전체적인 분위기를 시사한다.

엘리너 루스벨트(프랭클린의 미망인)가 자신을 싫어한 이유는 그녀가 "내 아버지를 혐오한데다 그의 자녀들이 그녀의 자녀들보다 더 훌륭했다는 사실을 참지 못한 데 있다."는 것이다.

그는 엘리너가 확고한 정치 원칙에 의거해 자신을 싫어할 수도 있다는 생각을 한 번도 한 적이 없었다.* 물론 자기 가문의 숭배는 사실상 부차적인 선善이다. 그러나 민주주의 규칙은 자녀가 아니라 이념에 헌신하는 것을 기초로 한다. 케네디 가문은 자신들을 워싱턴, 제퍼슨, 루스벨트의 상속자로 나타냈지만 사실은 메디치 일가와 더 비슷했다.

존의 경력에는 그의 양육 과정이 잘 반영되어 있다. 형인 조가 전사하면서 그가 상속자로 나섰다. 조의 자리에 들어선 그는 아버지의 계획에 따라 1946년 하원의원, 1952년 상원의원 그리고 1960년 대통령 자리에 성공적으로 안착했다. 케네디 진영이 선거를 "훔쳤다"는 소문은 여전히 남아 있다. 시카고 시장이자 막강한 쿠크 카운티 민주당 조직의 우두머리인 리처드 데일리Richard Daley가 시카고가 속한 일리노이주의 공화당 득표수가 집계될 때까지 시카고의 득표수를 발표하지 않았다는

Gore Vidal, "The Holy Family", idem, *United States-Essays 1952-1992* (New York, 1992). pp. 809-826.

8. 카멜롯, 계속 이어지다

추측이 있다. 이 때문에 시카고의 케네디 득표수는 민주당 후보자 쪽으로 단결했다. 텍사스의 득표수가 케네디-존슨 쪽으로 아슬아슬하게 기울었다는 사실도 눈에 띄었다. 물론 부통령 후보 린든 존슨의 동지들이 그곳 선거 조직을 장악했지만 외형상 각 선거운동은 가족적인 일이었다. 민주당 여성들을 위한 로즈 케네디의 티파티, 동생 로버트의 지도력 그리고 가장 중요한 조의 돈으로 치른 선거전이었다. 그 아버지에 그 아들이었다. 존의 열정은 관직과 여성들에게 똑같이 양분되었다. 조의 정복 대상은 영화배우 글로리아 스완슨Gloria Swanson 같은 유명 인사부터 아들과 딸들의 덜 유명한 친구에 이르기까지 매우 다양했다. 그 아들의 여성 취미는 더 다양했다. 메릴린 먼로부터 나치 · 동독 스파이 · 마피아의 정부들, 친구의 아내, 아내의 친구까지 누구든 가리지 않았다.

제2의 노예해방

케네디 치세는 민권 운동이 절정에 달한 시기와 때를 같이했다. 1세기 전 남북전쟁 이후 남부가 지극히 악랄하게 부정해온 법적, 헌법적 권리를 아프리카계 미국인들이 요구하기 시작한 것이다. 편의시설 분리를 불법으로 규정한 1954년 브라운 대 교육위원회 대법원 판결은 미국 남부의 여러 주에서 혁명과 그에 대응하는 반혁명을 낳았다. 이 판결로 용기를 얻은 아프리카계 미국인은 메이슨-딕슨 라인Mason and Dixon Line[1763~1767년 영국 천문학자이자 측량사인 찰스 메이슨과 제레마이어 딕슨이 미국 독립 이전 펜실베이니아주와 메릴랜드주의 경계 분쟁을 해결하기 위해 설정한 경계선. 모든 주가 노예제를 폐지할 때까지 노예가 있는 주와 없는 주를 나누는 기준이었고 오늘날에는 남부와 북부를 나누는 경계선으로 간주한다 - 옮긴이] 이남의 특징이던 학교, 공원, 버스, 주택, 공공시설의 인종차별 이분법을 폐지하기 위해 전례 없는 규모로 조직을 꾸렸다. 그와 동시에 남부의 백인들도 단결해 온갖 도전에 그들의 '생활 방식'을 강요하려 했다. 1957년 드와이트 아이젠하워 대통령은 개인적으로는 대법원이 각 주가 지원하는 분리 방침을 뒤집지 않기를 원했으나, 마지못해 연방군을 아칸소주 리틀록에 파견해 센트럴고등학교의 안전과 평화를 유지하게 했다.* 당시 상원의원이던 케네디는 연방군 파견을 두고 대통령을 비난했다. 연방군이 성난 학부모들에게 총을 겨누는 사진은 소련에 선전용 잔칫상을 마련해준 격이었다.**

　1960년 선거전에서 케네디 일가는 민권 문제가 이슈로 등장하지 않도록 최선을 다해 막았다. 하지만 10월 19일 마틴 루서 킹 주니어_{Martin Luther King Jr.} 목사가 애틀랜타주 리치 백화점의 인종 분리를 폐지하려 시도하는 과정에서 지역 경찰이 그를 체포했고, 목사는 이내 그 운동에서 가장 유명한 인물로 부상했다. 다른 시위자들은 엿새 만에 보석으로 풀려났으나 목사는 넉 달간 수감형을 선고받았다. 당시 투옥 기간에 그가 살해될지도 모른다는 테러 증거가 많이 있었다. 부통령이자 공화당 대선 후보인 리처드 닉슨_{Richard Nixon}은 킹이 "까닭 없이 유죄 판결을 받는다"고 믿었지만, 법적 조치에 승복해 개입하기를 거부했다. 형의 선거 운동 책임자이던 로버트 케네디는 존에게 전화로 킹 목사 부인을 위로해주도록 했다. 그 결과 1956년 공화당에 투표한 목사와 닉슨을 지지한 그의 아버지 마틴 루서 킹 시니어는 모두 진영을 바꾸었다. 킹 목사 시니어는 이렇게 발표했다.

　"내게는 트렁크에 가득할 정도로 많은 투표자가 있는데 그들을 케네디 진영으로 데려가 그의 품에 안겨주려 합니다."

　닉슨은 여전히 링컨의 당에 감사하는 아프리카계 미국인에게 상당한 지지를 기

---

* 　　Stephen F. Ambrose, *Eisenhower: The President* (New York, 1984, 1985), vol. II, p. 190.

** 　　Richard Reeves, *President Kennedy: Profile of Power* (New York, 1993), p. 356.

대했지만 그의 희망은 사라졌다.* 1월 20일, 지독히 추웠던 그날 취임식에서 케네디는 미국인에게 "긴 황혼녘의 투쟁의 짐을 짊어지라"고 "국가가 무엇을 해줄지 요구하지 말고 당신이 국가를 위해 무엇을 할 것인지 물어보라"고 연설했다.** 마틴 루서 킹은 취임식에 초청받지 못했으나 그의 추종자 수백만 명은 케네디의 낭랑한 목소리를 행동하라는 외침으로 받아들였다. 1961년 봄 인종평등회의CORE, Congress of Racial Equality 회원들은 '프리덤 라이드Freedom Rides'[공공버스 분리에 반대하는 인종차별 반대 시위인 자유의 수레 행진 - 옮긴이]를 시작했다. 그들의 목표는 1960년 12월에 내린 주를 넘나드는 여행자들이 사용하는 시설을 흑인과 백인에 따라 분리하라는 명령은 위헌이라고 한 대법원 판결을 실제로 시행하는지 시험하는 데 있었다. 그들이 사우스캐롤라이나주 록힐에 도착하자 백인 군중 70명이 55세의 흑인 프리덤 라이더를 구타했다. 그다음에는 앨라배마주 애니스턴에서 난동이 벌어졌다. 한 무리의 백인이 매복해 있다가 버스 두 대를 습격했고 불덩이가 되어버린 버스에서 필사적으로 달아나려 애쓰던 라이더들을 공격했다. 전국에서 날뛰는 이 무모한 행태를 찍은 사진들로 인해 케네디는 처음으로 민권 위기를 맞았다. 정부는 프리덤 라이더들이 당국의 뜻대로 행동하지 않아 화가 났고 그들 때문에 공산주의가 선전하며 설치는 것에 분노했다. 존 케네디와 당시 미국 법무부 장관이던 로버트는 두 가지 결론을 내렸다. 그것은 "이 모든 사태와 그 배후에 있는 사람들은 지독한 골칫거리"라는 것, 그리고 내키지 않아도 연방 정부는 라이더를 편들어야 한다는 것이었다.*** 곧잘 그랬듯 케

---

*   Stephen E. Ambrose, *Nixon: The Education of a Politician 1913-1962* (New York, 1987), p. 596f; Taylor Branch, *Parting the Waters: American in the King Years 1954-1963* (New York, 1988), pp. 344-378.

**   *Inaugural Addresses of the Presidents of the United States-Bicentennial Edition* (Washington, 1989), p. 308.

***   Reeves, *Kennedy*, pp. 122-126.

           버추얼 히스토리

네디는 양쪽 극단, 그러니까 민권 운동 시위자들이 내세우는 것과 민권 거부자들이 보여주는 극단 사이의 중도를 걷고자 했다. 무엇보다 대통령은 그 이슈를 두고 아프리카계 미국인과 남부의 백인 누구와도 맞대면하는 일을 피하고 싶어 했다.

케네디는 정치적 필요에 따라 이 이슈에 개입하기를 더욱 꺼려했다. 의회의 가장 강력한 그룹은 남부 민주당 당원이었는데 남부의 뿌리 깊은 일당제 때문에 의회의 강력한 위원회들을 통제하는 힘이 그들에게 쏠려 있었다. 소위 딕시크랫Dixiecrats [1948년 미국 대통령 선거 때 민주당을 떠난 우익 분리파. 민주당의 혁신 정책에 반발하는 남부 지주 계급을 중심으로 이뤄짐. 민주당 주권파States' Rights Democrat라고도 함 – 옮긴이]은 케네디가 추진하려는 모든 법안을 가로막을 힘이 있었다. 케네디는 이들과 싸우지 않고 매수하는 쪽을 택했다. 예를 들면 그는 앨라배마주의 주법원에 남부 상원의원들이 추천한 완고한 분리주의자 법률가를 임명했다.* 대통령은 무슨 일이 있어도 원칙에 호소하지 않으려고 했다. 민권 운동 지도자들이 설정한 의제를 다룰 국가 차원의 준비 체계가 아직 미비하다고 본 케네디는 흑인들이 관용을 보이고 억제하는 방향으로 접근하길 원했다.** 평등권을 기다리며 한 세기를 보낸 아프리카계 미국인은 당연하게도 대통령의 제안을 수용하지 않았고 케네디에게 민권 위기를 정면 돌파하라고 거듭 강요했다.

1962년 공군 퇴역병 제임스 메러디스James Meredith [민권운동가. 인종분리주의를 견지한 미시시피대학교에 처음 입학한 흑인 학생 – 옮긴이]가 미시시피대학교에 입학을 시도했다. 그다음에는 자원병들이 앨라배마대학교에 입학하려 했다. 두 경우 모두 대통령은 연방군을 파견하기보다 관중을 의식하는 분리주의 지사인 미시시피주의 로스 바넷Ross Barnett이나 앨라배마주의 조지 월리스George Wallace와 영합하는 쪽을 택했다. 그는 이리저리, 아래위로 흔들렸고 다른 대통령이었다면 했을 법한 국민에게 보내는 호소

---

*   앞의 책, p. 498.
**   앞의 책, p. 126.

도 하지 않으려 애썼다. 스스로 원칙이 없었던 까닭에 그는 미국을 위해 원칙을 불러넬 수가 없었다.

그러나 민권 운동 이슈는 사라지지 않았다. 의회가 새로운 연방 민권 법안을 승인하도록 행정부가 손을 쓸지(가장 중요한 것)를 비롯해 여러 선택지 사이에서 고심하는 동안, 케네디 형제는 놀랄 만한 정보수집 시스템을 활용했다. 공산당이 민권 운동에 미치는 영향력을 조사하던 FBI의 수장 에드거 후버Edgar Hoover는 킹 목사의 변호사이자 자문관인 스탠리 레비슨Stanley Levison의 전화를 도청한 것 같다. 후버가 이 조처를 자신의 명목상 상관인 법무장관에게 건의했을 때 로버트 케네디는 동의할 수밖에 없었다. 존의 성적 처신에 관한 증거를 FBI가 쥐고 있었기에 대통령과 법무장관은 그의 포로나 마찬가지였다. 케네디 형제가 킹의 성생활(그도 케네디와 취향이 같았다) 정보를 활용하지는 않았으나 그를 본 뒤 킹과 상대하기 싫은 마음이 더 커졌다.* 그런데 앨라배마주 주지사 조지 월리스의 과장스러운 행동[법적으로 대학교의 인종 통합 판결이 나자 인종주의자, 흑백분리주의자이던 월리스가 1963년 6월 11일 흑인 학생의 등록을 막기 위해 앨라배마대학교 강당 정문을 가로막고 섰던 일 – 옮긴이]이 결국 오랫동안 피해오던 TV 발표를 하도록 케네디를 압박했다. 대통령은 전국적인 TV 방송[같은 날 저녁 방송됨 – 옮긴이]에서 터스컬루사 소재 앨라배마대학교 교문 안에서 월리스가 보인 것과 비슷한 태도로 반응했다.

1963년 5월 21일에 행한 18분짜리 발언에서 존 케네디는 링컨의 정신을 되살려 미국 백인들이 무시할 수 없는 원칙에 입각한 호소를 했다. 그로부터 일주일 뒤 케네디는 비분리주의 공공주택 마련과 연방의 강제 조치법 등을 포함한 민권 법안 통과를 의회에 요청했다. 그 대가는 금방 드러났다. 6월 22일 재개발 정비구역을 위한 행정부의 진통제 기금 법안Anodyne Funding Bill for The Area Redevelopment Act이 209 대

---

*　앞의 책, pp. 498-502.

204로 하원에서 패한 것이다. 그 표차는 케네디의 민권 연설 이후 그 법안에 반대 표를 던진 남부의 민주당 하원의원 19명과 공화당 하원의원 20명 때문이었다.* 사실 케네디가 요청한 그 법안은 하원에서 잠자고 있다가 1964년 7월에야 법으로 채택되었다. 케네디가 죽고 나서 그 법이 통과된 것이다. 암살이 내심 민권에 헌신하지 않은 대통령을 그 직위에서 제거하고 대신 헌신한 인물을 올려놓았기 때문이다. 텍사스의 빈곤층 출신인 존슨은 인종 여하를 막론하고 빈민에게 본능적으로 헌신했다. 1964년 민권법Civil Rights Act과 1965년의 투표권 법안Voting Rights Act이 구현한 원칙을 믿은 것은 그였다. 더구나 존슨은 이들 법안을 통과시킬 입법 기술도 갖추고 있었다. 존슨은 결코 순진하지 않았다. 그는 자신의 법안으로 인해 민주당이 '든든한 남부', 즉 이 지역 지배권을 완전히 빼앗기리라는 것을 알고 있었다. 그런데도 그는 케네디의 민권법 발의안 원안을 1964년 법안으로 만드는 데 모든 기량을 쏟았다. 자기 세대 상원의원 가운데 가장 재능이 많았던 존슨은 상원의원들을 구슬리고 강압하며 80일간 계속해서 필리버스터를 진행했다.

1964년 대통령 선거에서 그는 다수의 압도적 지원을 받아 살아남았다. 대선 기간에 존슨은 결핍과 부족을 제거해 "모든 사람에게 건강하고 품위를 지키며 살 기회를 열어주고자" 설계한 빈곤 타개 전쟁에 착수했다.** 그다음 해에 그는 의회에서 의제 수준이던 것을 현실로 바꾸어놓은 법안을 얻어냈다. 동시에 그는 투표권 법안을 도입해 무사히 통과시켰다. 이처럼 텍사스 출신 대통령은 미국의 결핍 계층과 공감했지만 존 케네디 같은 부자 청년은 그렇게 하기가 불가능했다. 권리와 부의 재분배는 가난과 차별을 직접 경험하고 그것을 개선하기 위해 고가의 정치비용을 기꺼이 지불하려는 대통령이 있어야만 가능한 일이다.

---

*   Harvard Sitkoff, *The Struggle for Black Equality 1954-1992* (New York, 1993), pp. 145-147.

**   1964년 경제 기회 법안Economic Opportunity Act 서문.

케네디라면 결코 존슨만큼 민권 노선에 자신의 미래를 걸지 않았으리라. 앞으로 보게 되겠지만 그가 만났을 싸움은 존슨이 1964년에 마주한 것보다 더 힘들었을 가능성이 크다. 설사 그가 그 싸움에서 승리했어도 존슨처럼 민권 프로그램을 달성하고자 정치적 점수를 물 쓰듯 쓰지는 않았을 확률이 높다. 주어진 선택지들의 차이를 면밀히 비교하는 케네디의 습관적인 작업 방식으로는 1960년대에 미국 사회에서 대규모 변화를 이뤄낸 법적, 도덕적, 경제적 지원을 아프리카계 미국인에게 주지 못했을 것이다.

미국의 길고 긴 전쟁

미국의 베트남 개입은 프랑스가 제국주의 관점에서 인도차이나를 지배하길 바라는 영국 대중의 결정에 워싱턴이 반대하지 않기로 한 1945년에 시작되었다.* 그리고 그것은 공산주의 군대가 사이공을 뒤덮고 최후의 잔류 미국인이 굴욕스럽게 달아난 30년 뒤에야 끝났다. 이 분쟁은 아시아에서 벌어진 미국-공산주의 진영의 세 번째 냉전이었다. 1949년 마오쩌둥은 중국의 지배권을 잡는 데 성공했다. 이때 대다수 미국인은 미국과 중국 사이에 특별한 관계가 성립될 것이라고 믿었다. 실제로 프랭클린 루스벨트는 중국을 영국, 미국, 소련과 마찬가지로 전후 세계를 지배할 '4대 경찰' 가운데 하나로 지위를 높여주었다. 그 뒤 20년 동안 '누가 중국을 잃었는가?'라는 질문은 민주당의 뇌리를 떠나지 않았다.

1950년 아시아 본토에서 미국의 또 다른 대결이 시작되었다. 북한 공산당의 남

---

*   George M. Kahn, *Intervention: How America Became Involved in Vietnam* (New York, 1986), pp. 17-20.

버추얼 히스토리

한 침공으로 트루먼 행정부는 미국인이 전혀 예상치 않던 전쟁에 끌려 들어갔다. 피로 얼룩진 팽팽한 전투를 치르면서 미국은 인도차이나를 통제할 능력을 점점 더 상실해가던 프랑스를 지원하고자 대규모 원조를 결정했다. 한국을 전쟁 전으로 되돌려놓기 위해 치른 미국인 5만 명의 죽음은 민주당 정부에 묻은 또 하나의 검은 얼룩이었다. 공산주의 격퇴를 거론한 트루먼의 과감한 발언은 더글러스 매카서(맥아더)Douglas MacArthur 장군의 북진 작전 이후 밀고 내려온 중국군의 학살 속에서 자취도 없이 사라졌다.

1954년 영국과 소련 주재로 열린 제네바 회의는 라오스를 중립적인 독립왕국으로 지정했다. 이후 공산주의 조직 파테트 라오Pathet Lao[라오스의 좌파 민족단체 – 옮긴이]와 중립주의 그룹 그리고 친미 군부 사이에 벌어진 만성 내전으로 그 나라는 혼란에 빠졌다. 제네바 회의는 베트남 분쟁 해결책도 마련하려 애썼다. 프랑스는 그 나라 지배권을 포기했고 제국주의 군대를 무찌른 호치민Ho Chi Minh이 이끄는 베트민Vietminh[일명 월맹. 베트남의 공산주의 독립운동단체 – 옮긴이]은 그 나라 북부 절반에서 잠정적인 통제권을 얻었다. 베트남의 남쪽 절반인 안남[679년 중국 당나라가 하노이에 안남도호부를 설치하면서 부르던 이름 – 옮긴이]은 바오 다이Bao Dai 황제의 통치를 거부하고 응오딘지엠Ngo Dinh Diem을 수장으로 하는 공화정을 선언했다.

제네바협정은 베트남 전국 총선을 1956년 여름에 치르도록 요청했다. 민족주의자 호치민의 높은 인기와 북부 인구의 우세로 공산주의자가 승리하리라는 것을 알고 있던 아이젠하워와 국무장관 존 포스터 덜레스John Foster Dulles는 지엠에게 총선을 취소하도록 부추겼다.* 아이젠하워는 미국의 전투 인력을 베트남에 파견하는 일은 피했으나 긴 재임 기간 내내 베트남군을 교육시킬 프랑스의 책임뿐 아니라 베트

* George C. Herring, *America's Longest War: The United States and Vietnam 1950-1973* (2nd edn., New York, 1986), p. 57.

남에 필요한 자금 부담까지 떠맡았다. 1961년 무렵 지엠 정부는 미국의 해외원조 수혜국 가운데 다섯 번째 나라가 되었다. 남부 베트남 주재 미국 위원단 규모는 세계 최대였다. 원조 자금 중 일부는 난민 재정착에 쓰였는데 미국의 격려에 힘입어 거의 100만 명에 달하는 북베트남인이 남부로 내려왔다. 난민의 압도적 다수는 가톨릭교도였고 이들은 종교가 같은 지엠을 지지했다. 그 보상으로 지엠은 토착민의 다수파인 불교도보다 그들을 우대했다.*

지엠은 미국의 가톨릭교도 공동체와 1949년 타이완으로 달아난 중국 국민당 지도자 장제스를 위해 미국의 지원을 끌어 모으던 '중국 로비스트'에게도 호소했다. 이는 중요한 사실인데, 존 F. 케네디는 베트남의 조직체 미국 친구들American Friends of Vietnam의 한 구성원으로 "베트남은 동남아시아에서 자유세계의 정초석定礎石이자 아치를 버텨주는 쐐기돌, 제방을 막는 손가락"이라고 말했다. 후에에 있던 제국[베트남 최후의 왕조 응우옌Nguyen왕조 – 옮긴이]의 궁정 관료 아들인 지엠은 가족을 우선시한다는 점이 케네디와 같았다. 편집증 환자에 마약중독자인 그의 동생 응오딘누Ngo Dinh Nhu는 무시무시한 국립경찰을 포함해 국내 안전 책임자였고, 또 다른 동생 응오딘툭Ngo Dinh Thuc은 후에의 가톨릭 대주교였다. 셋째 동생 응오딘루옌Ngo Dinh Luyen은 주영 대사였다. 많은 미국인이 싫어한 지엠의 제수 누 부인Madame Nhu이 그 체제의 으뜸 대변인 노릇을 했다. 누 부인의 아버지 트란반추옹Tran Van Choung은 남베트남의 워싱턴 주재 대사가 되었다.**

1950년대의 반공 일색 분위기에서 대통령직을 향해 경주한 민주당 후보들은 외교 정책 스펙트럼의 오른쪽으로 앞 다퉈 몰려갔다. 케네디는 아이젠하워의 외교 정책과 국방 정책을 열렬히 비판했다. 매사추세츠주의 그 젊은 상원의원은 장군 출신

*   Herring, *Longest War*, pp. 51f, 57; Kahin, *Intervention*, pp. 75-77.

**   Reeves, *Kennedy*, pp. 254, 559.

의 늙은 대통령이 미국인의 특권을 쪼그라들게 하고 방어력마저 약하게 만들었다고 주장했다. 그 결과 소련이 냉전에서 승리할 여건을 조성했다는 얘기다. 또한 케네디는 닉슨과의 TV 대선 토론에서 진먼섬金門島[Kinmen, 금문도 – 옮긴이]과 마쭈Matsu섬을 차지하려는 중국 공산당에 약한 태도를 보인다고, 쿠바를 공산주의자에게 넘겨주었다고 아이젠하워 행정부를 비난했다. 케네디의 취임 연설은 이런 호전적인 태도를 반영한다.

> 어떤 국가가 우리의 행운을 원하든 불운을 원하든 우리가 자유와 생존을 보장하고 성공을 위해 어떤 대가든 치를 것이며, 어떤 부담도 짊어지고 어떤 수고도 감당하고 어떤 친구도 지원하고 어떤 적도 대적하리라는 것을 그들이 알게 하자. 우리는 이것, 그리고 그 이상을 호소한다.

케네디는 대통령이 된 후 아이젠하워 행정부가 카스트로를 상대할 계획을 세웠음을 알았다. 그들은 CIA가 지원하는 쿠데타를 벌일 계획이었다. 나중에 한참이나 후회하지만 케네디는 이 계획을 자신이 실행하기로 했다. 1961년 4월 17일 실행한 피그스만Bay of Pigs 작전 실패는 케네디 행정부의 최악의 실패로 남았다. 미국과 그 지도자의 무능 및 무력함이 고스란히 드러났던 것이다. 6개월 뒤의 베를린 위기는 미국의 쇠약함을 보여주는 추가 증거나 다름없었다. 소련 공산당 서기장 니키타 흐루시초프Nikita Khrushchyov와 동독 지도자 발터 울브리히트Walter Ulbricht가 서베를린 주위에 장벽을 쌓기로 한 결정은 서구 연합국에 해결 불가능한 도전을 제기했다. 흐루시초프는 빈 정상회담에서 적을 이리저리 재어본 뒤 실력 부족임을 알아차린 모양이었다. 역사가들은 장벽 건설을 소련이 사실상 미국의 힘을 파악했음을 보여주는 신호라고 결론지었다. 당시 그것은 미국의 힘이 약하다는 상징이었고 이는 라오스에서 정전 협상을 받아들이기로 한 결정도 마찬가지였다.

라오스 해결책으로 베트남의 입장은 더 취약해졌지만 국제 공산주의 반대 투쟁에서 선봉에 선 미국에 베트남의 가치는 더 커졌다. 1961년 1월 19일 마지막으로 케네디를 만난 아이젠하워는 그에게 라오스 상황이 위기 수준으로 악화되었음을 알려주었다.* 그때 케네디는 휘하 관계자들에게 "우리가 동남아시아에서 싸워야 한다면 베트남에서 싸웁시다"라고 말했다.** 1959년 그곳 공산주의 게릴라 부대인 베트콩이 호치민 정부의 허가를 받아 지엠 체제에 반대하는 선전 작전을 벌이자 남베트남 상황은 계속 악화되었다. 1960년 북베트남 당의회North Vietnamese Party Congress는 이 결정을 재확인했고 두 달 뒤 군사 쿠데타가 사이공을 뒤흔들었다.*** 지엠의 결정은 베트콩이 봉기로 나아가는 길을 쉽게 해주었다. 지엠 정권이 농민들을 강제로 통제하면서 베트콩으로 전향하는 사람이 늘어났고, 지엠은 '전제 방식과 소통 부족'으로 반공 과업을 지원하고 싶어 하는 사람들과도 소원해졌다.**** 그는 북부에서 관료들을 데려와 국가 통치를 맡겼는데 그들은 순식간에 농민들을 프랑스 치하에서 그토록 혐오 대상이던 유사농노 신분으로 만들어버렸다. 베트콩이 자신들의 선전이 먹히지 않으면 기꺼이 덜 점잖은 설득 방식을 사용한 까닭에 전국적으로 사이공 정부의 통제력은 급속도로 줄어들었다.

혼란에 빠진 케네디 행정부 관리들은 2단계 대응 방안을 고안해냈다. 다른 누구도 아닌 〈타임〉지라는 권위로부터 공산주의에 강하게 대응하지 못한다는 비난을 들은 대통령은 베트남에서 일정한 선을 그어야 한다고 생각했다. 베트남은 그 자체

*   Arthur M. Schlesinger Jr., *A Thousand Days: John F. Kennedy in the White House* (New York, 1965, 1971), p. 156.

**   Reeves, *Kennedy*, p. 112.

***   *Foreign Relations of the United States 1961-1963*, vol. I: *Vietnam 1961* (Washington, 1988), No. 42, 국방부 차관이 대통령에게 보낸 비망록, 1961년 5월 3일, p. 93.

****   앞의 책, p. 97.

로도 중요했지만 미국이 국제 공산당 투쟁에서 또 하나의 패배를 맛볼 여유가 없다는 점에서도 중요한 나라였다. 대통령은 베트남 특별임무팀을 구성하고 부통령 린든 존슨을 남베트남으로 보냈다. 특별임무팀은 1961년 5월 3일 미국 정부는 "…공산주의자의 공격에 저항하는 베트남을 지지한다는 의도를 확고부동하게 구축할 군사적 안전보장 조치를 취하라"고 권고했다. 그와 동시에 특별임무팀 보고서는 지엠 행정부의 경제적, 정치적 생존력을 공고히 하기 위한 노력을 서두르라고 요구했다.[*] 일주일 뒤 케네디는 특별임무팀 보고서의 여러 내용을 구체화한 국가 안보행동 메모랜덤National Security Action 52호를 승인했다.

그 메모랜덤은 미국의 목적은 "군사, 정치, 경제, 심리, 통치 성격의 일련의 상호 지원 행동"으로 남베트남에서 공산화 도미노 사태를 예방하는 데 있다는 말을 되풀이하고 있다. 그 내용에 따르면 국방부는 "베트남에 미군 개입 가능성을 염두에 둔 병역 규모와 구성"을 지시했다. 그와 함께 워싱턴은 "미국 내에서 지엠 대통령과 그 정부의 신뢰도를 키울 방도를 모색"할 터였다. 이 노력에서 결정적인 것은 존슨의 여행이었다.[**] 케네디 내부자 그룹의 일원이 아닌 부통령은 36시간 동안 체류하기 위해 5월 11일 베트남에 도착했다. 귀빈들과 함께 움직인 존슨은 남베트남 역사와 재판, 헌사를 주제로 한 알맹이 없는 지엠과의 대화에 곁다리로도 거의 끼어들지 않았다. 핵심은 미국의 동맹이 워싱턴의 구상보다 원조 증대에 훨씬 더 관심이 많았다는 데 있다. 사이공에서 존슨은 공적으로는 지엠을 베트남의 윈스턴 처칠이라고 추켜올렸지만 실은 베트남 지도자에게 전혀 환상을 품지 않았다. 사이공을 떠나는 비행기 안에서 한 기자가 부통령에게 그가 한 말이 진심이었는지 묻자 그는

---

[*]   *FRUS*, vol. I, Attachment to No. 42, "A Program of Action to Prevent Communist Demination of South Vietnam", 1961년 5월 1일, pp. 93-115.

[**]   앞의 책, No. 52, National Security Action Memorandum, 1961년 5월 11일, pp. 132-134.

"빌어먹을, 우리에겐 지엠밖에 없잖소"라고 대답했다.* 그의 보고는 그 정권을 지지한다는 것과 베트남이 방대한 군사, 경제 개혁 네트워크를 만들도록 미국이 지원할 필요가 있음을 강조하는 내용이었다.**

봄에 한 권고는 여름쯤 정책으로 확립되었는데 미국 수뇌부 관료들은 전 세계 자유국가 세력의 입지 악화에 경악해 더 빨리, 더 많은 것을 하도록 요구했다. 7월 19일 남부에서 베트콩이 테러 활동에 성공하자 극동 문제 담당 국무차관 윌리엄 번디William Bundy는 합참의장 라이먼 렘니처Lyman Lemnitzer 장군에게 자신이 "북베트남을 응징할 미국의 군사 조처를 평가하기" 시작했다고 말했다.*** 국가 안보위원회National Security Council Staff 회원 로버트 코머Robert Komer가 동료 월트 로스토Walt Rostow에게 한 말은 당시 상황을 잘 보여준다.

"라오스 사태를 겪었고 베를린이 위험한 상황에서 우리는 남베트남을 청소하는 데 전력투구하지 않을 수 없다."****

그러나 자문관들이 그 목적과 관련해 만장일치로 내린 합의에는 적절한 전술에 관한 실망감이 은폐되어 있었다. 해결책을 찾으려던 케네디는 맥스웰 테일러Maxwell Taylor 장군이 이끌고 로스토와 반테러리즘 전문가 에드워드 랜스데일Edward Lansdale이 수행하는 특별사실조사단을 파견했다. 무엇보다 대통령은 테일러에게 "베트남에 SEATO[The Southeast Asia Treaty Organization. 동남아시아 조약기구. 동남아시아 태평양 지역의 집단 반공 군사 동맹. 1977년 폐지됨 – 옮긴이]를 도입하거나 미군을 파견함으로써 어떤 일을

---

*   Lloyd C. Gardner, *Pay Any Price: Lyndon Johnson and the Wars of Vietnam* (Chicago, 1995), pp. 54f.; Robert D. Schulzinger, *A Time for War* (Oxford, forthcoming), ch. V.

**   *FRUS*, vol. I, No. 60, 부통령의 보고서, 날짜 기록은 없음.

***   앞의 책, No. 99, 번디가 렘니처에게 보냄, 1961년 7월 19일, p. 233f.

****   앞의 책, 코머가 로스토에게, 1961년 7월 20일, p. 234.

성취할 수 있는지 평가하라"는 지시를 내렸다.* 그 결과 11월 3일 대통령에게 올라간 보고서는 낙관주의로 포장한 채 미국의 개입 확대를 제시했다. 대통령 특사들은 그들이 본 것이 "흐루시초프의 '해방 전쟁'을 실행하는 사례"였다고 확신했다. 상황이 "심각하긴" 해도 "결코 절망적이지는 않다"고 믿은 그들은 보고서에서 "미국과 베트남의 관계를 … 조언자가 아니라 제한적 동반자 관계로 바꾸고 … 모든 층위에서 미국인이 한 걸음 물러선 조언자가 아니라 친구이자 동반자로서 업무 실행 방식을 실제로 보여줄 것"을 추천했다.** 그 뒤 대통령과 고위급 자문관, 관리들은 12일 동안 미국의 향후 베트남 정책을 토론했다. 테일러는 미군의 베트남 파병을 원했는데 이는 로스토도 지지한 안이었다.*** 행정부 내에서 강경파에 속하는 국방부 장관 맥나마라는 남베트남이 공산주의 손에 넘어가면 동남아시아 본토의 나머지 지역과 인도네시아까지 공산주의 손아귀에 떨어질 것이라고 주장했다. 한데 그는 미군 개입 확장을 주장하면서도 대통령에게 "군사 개입의 최대 한계를 파악해야 한다. … 나는 미군의 최대 한계는 6~8개 사단이나 병사 22만 명을 넘지 않아야 한다고 본다"라고 말했다.****

가능한 선택지 범위를 주제로 띄워두고 방문객들과 대화하는 것이 케네디의 버릇이었다. 그중에는 11월 7일 백악관을 방문한 인도 수상 자와할랄 네루Jawaharlal Nehru도 있었다. 그 8일 후 대통령은 국가안전보장회의의 결정적인 회의를 소집했다. 그가 남베트남의 미군 개입에 계속 회의적이었던 것은 명백하다. 그는 자신도 "북베트남 정규군 20만 명과 게릴라 부대 1만 6,000명을 상대로 수백만 명이 아무

*   Schulzinger, *A Time for War*, ch. V.
**   *FRUS*, vol. I, No. 210, 맥스웰 테일러가 보고서, 부록과 함께 보낸 편지, 1961년 11월 3일, pp. 477-532.
***   앞의 책, No. 233, 로스토가 대통령에게 보낸 비망록, 1961년 11월 11일, pp. 573-575.
**** 앞의 책, No. 214, 국방부 장관이 대통령에게 보낸 비망록 초안, 1961년 11월 5일, pp. 538-540.

런 성공도 거두지 못한 채 사라진 1만 마일 떨어진 지역에 개입하는 것에 강력한 반론을 할 수 있다"라고 말했다. 케네디는 렘니처 장군에게 공산주의 정부가 쿠바에 그대로 남아 있는 상황에서 베트남 군사 개입 확대를 어떻게 정당화할지 물어보았다. 렘니처는 "합동참모부 입장은 이 시점에도 미국이 쿠바를 공격해야 한다는 것이라고 서둘러 덧붙였다."* 하지만 케네디가 1961년 11월 22일 국가안전보장행동 111호 각서NSAM-111를 승인한 것은 부분적으로 미국이 쿠바를 공격하지 않았기 때문이었다.

국무부 법률자문관에게 미국의 베트남 파병은 국제법상 가능한 일이라는 보고를 받은 뒤, 케네디는 미군을 늘려달라는 테일러 보고서의 요청을 전부는 아니지만 일부 허가했다. 그와 동시에 그는 "GVN(남베트남 정부)이 활발한 홍수 시스템과 재건 프로그램을 추진하는 데 필요한" 모든 경제 지원, "군사–정치 정보 시스템" 개선에 따른 인적 자원과 설비, ARVN(남베트남 정규군)의 무력화를 위한 보급 지원 확대를 허가했다.** 대통령은 양쪽 극단, 즉 타협 정책과 전투 부대 즉각 투입은 모두 거부했다. 대신 평소의 버릇대로 중도를 택해 미군의 존재를 자문관 역할이 아니라 합동 작전 담당으로 바꾸었다. 그 과정에서 그는 전쟁을 미국화하고 미국이 분쟁에 개입하는 것을 확정된 일로 만들었다. 앞으로도 워싱턴이 동맹을 실망시킬지 아닐지에 관한 토론은 끝나지 않을 것이었다. 미국 관료들은 그 문제를 붙들고 씨름해야 한다. 미국 스스로 공산주의 봉기에 도전해 패했음을 인정할까? 케네디가 그도, 그 후임자들도 다치지 않고 돌아설 수 없는 루비콘강을 건너버린 전환점이 왔다.

미국 자문관들이 베트남으로 쏟아져 들어갔고 그 숫자는 1961년 12월 3,205명에서 1년 뒤 9,000명을 넘어섰다. 무장한 인력 수송기와 미국산 군사용 항공기 300대

---

* 앞의 책, No. 254, "Notes on NSC Meeting", 1961년 11월 15일, pp. 607-610.
** 앞의 책, No. 272, NSAM No. 111, 1961년 11월 22일, p. 656f; Schulzinger, *A Time for War*, ch. V.

이상이 도착하면서 확대판 반봉기 프로그램인 비프업 프로젝트가 시작되었다.[*] 그런데 미국의 인력이나 물자도 상황에 변화를 주지는 못했다. 1962년 말이 되자 주도권은 다시 베트콩으로 넘어갔다. 12월 12일 대통령이 기자회견에서 전할 수 있는 것은 오로지 다음 내용뿐이었다.

"터널의 끝이 보이지 않는다. 그래도 그것은 일 년 전보다 더 어둡지는 않으며 어떤 면에서는 더 밝다고 할 수 있다."[**]

쿠바 미사일 위기로 인해 미국이 공산주의자 피델 카스트로를 미국 해안에서 91마일[약 146킬로미터 - 옮긴이] 거리에 있는 기지로부터 몰아낼 기회가 사라졌음을 감안할 때, 이 말은 암울한 전조였다. 이 회견 직후인 1963년 1월 2일 압박Ap Bac 전투가 벌어지면서 그나마 미국에 남은 환상마저 모조리 사라졌다. 여러 해 동안 미군 고위급 인사들은 베트콩이 게릴라 식 전술을 포기하고 전통 정규전 방식을 선택한다면 ARVN이 승리할 것이라는 입장을 견지해왔다. 베트콩은 이 기대를 용인해줌으로써 자신들의 기질을 결정적으로 입증했다. 미국 자문관 존 폴 밴John Paul Vann이 소집한 남베트남 최고 부대원 1,200명 이상이 미국 헬기에 타고 베트콩 무선 송신기를 빼앗으려고 압 탄 토이Ap Tan Thoi 마을에 온 날 미국 자문관 3명과 ARVN 병사 61명이 죽었다. 베트콩은 미국 헬기 5대를 격추하고 9대를 파손한 뒤 송신기는 말짱한 상태로 덫을 빠져나갔다. 설상가상으로 남베트남 장군은 부하들에게 공격 명령을 내리길 거부했다. 〈뉴욕 타임스〉 기자 데이비드 핼버스탬David Halberstam이 쓴 것처럼 사이공에 있는 미국 관리들은 이러한 사건 전개에 당황했다.[***]

시간이 갈수록 미국인은 그 원인을 지엠 정부 실패에서 찾았다. 지엠 정부는 남

---

[*] Herring, *Longest War*, p. 65.

[**] Reeves, *Kennedy*, p. 444.

[***] *New York Times*, 1963년 1월 7일; Reeves, *Kennedy*, p. 446.

베트남 지휘관들이 미국 자문관들의 말에 따라 베트콩을 상대로 치열하고 위험한 작전을 펼칠 때 따라올 정치적 비용을 감당할 수 없다고 판단했다. 결국 남베트남 수뇌부는 전투 지휘관들에게 장기 대립을 피하라고 지시했다. 그런 이유로 압박 전투에서 패배한 것이었다.**** 여기에다 정치, 사회, 경제 개혁을 하라는 미국의 요청에 입에 발린 말로만 응대하던 지엠은 1962년 거꾸로 자신의 비판자를 제거하는 작업에 착수했다. 속을 내보이지도 않고 갈수록 미쳐가는 동생 누의 조언을 받은 지엠은 CBS와 NBC 기자들을 추방하고 〈뉴스위크〉 판매를 금지했다. 그런데 비판자를 다루는 그의 행동에는 그런 적을 상대하는 데서 오는 좌절감과 헛수고라는 느낌이 그대로 드러났다. 냉전 기간 내내 미국은 지독히 부패한 동맹자와 손을 잡는 불운을 흔히 겪었고, 그동안 공산주의 체제는 거의 치명적인 범죄 괴뢰들을 양성했다. 신의 눈으로 보면 치명적인 범죄가 훨씬 더 나쁘다. 그러나 합동작전을 수행하는 데는 부패하고 탐욕스러운 괴뢰보다 열성을 다하고 이데올로기적인 살인자들과 함께하는 편이 더 쉽다.

남베트남의 국내 정치는 1963년 5월 더 나쁜 쪽으로 돌아서는 결정적인 전환점을 맞았다. 지엠이 주도하는 소수파 가톨릭 정부와 국민의 80퍼센트를 차지하는 원한 깊은 불교도 다수파 간의 오래된 적대감이 5월 8일 공개 충돌로 폭발했다. 석가탄신일을 맞아 불교도들이 축하 행사 깃발을 올리려는 것을 남베트남 경찰이 최루가스와 곤봉, 총탄으로 저지하자 유혈 시위가 발생한 것이다. 미국 관료들은 어린이 6명과 어른 2명이 사망했다고 보고했다.***** 경찰의 억압은 시위에 더 불을 질렀을 뿐이다. 불교도가 요구한 것은 그저 가톨릭교와 동일한 종교 자유뿐이었는데도 지엠

****   Reeves, *Kennedy*, p. 446; Schulzinger, *A Time for War*, ch. V.

*****   *Foreign Relations of the United States 1961-1963*, vol. III: *Vietnam, January-August 1963* (Washington, 1991), No. 112, 후에 영사관에서 온 전보, 1963년 5월 9일, p. 277f.

은 "NLF[베트남 민족해방전선 - 옮긴이]와 베트콩이 상황을 악용"하는 것이라며 양보하지 않겠다고 거부했다.* 그 절정은 73세의 불교 승려 틱꽝둑Thich Quang Duc이 6월 11일 번잡한 사이공의 한 교차로에서 분신자살한 사건이었다.** 그 지역적 충돌은 갑자기 미국의 위기로 변했다. 케네디 자신도 "역사상 그 어떤 뉴스 사진도 그것만큼 전 세계에서 많은 감정을 유발한 것은 없었다"고 여겼다. 워싱턴 관점에서는 미국의 조언을 거부하고 항의자들에게 양보하지 않은 지엠의 태도가 더 나빴다. 불교도와의 협상은 어떤 결실도 얻지 못했고 또 다른 승려가 자기 몸을 불살랐다. 그런데 누 부인은 CBS 뉴스에서 불교도들이 "수입한 가솔린으로 (승려를) 불에 구웠을 뿐"이라고 말했다. 국무부는 미국 대사 프레더릭 놀팅Frederick Nolting에게 지엠더러 제수를 국외로 내보내도록 하라고 지시했다. 백악관 관료들은 남베트남 정부가 미국 자문관이 전쟁에서 이기기 위해 필요하다고 생각하는 변화를 일으킬 것이라는 희망을 버렸다.***

미국의 해법은 다른 정부가 있어야 한다는 것이었다. 국무부 결론은 "지엠 정권이 자신들이 살아남기 위해 해야 하는 일을 진정 해낼지 우리는 모른다"는 것이었고, 워싱턴은 오랫동안 이어온 그 일가와의 연대를 끊는 쪽으로 움직였다.**** 미국 외교관들은 남베트남 부통령 응엔응옥토Nguyen Ngoc Tho에게 지엠이 권력을 잃을 경우 미국이 그를 지지하겠다고 알렸다. 대통령은 자기 본분을 다하여 다시 한 번 중도 입장을 취하는 국가안전보장행동 249호 각서NSAM 249에 서명했다. 그것은 미국의 이탈이나 전면 군사 작전을 거부하면서 결국 군사 보조 증가와 더 많은 자문관을

*   Schulzinger, *A Time for War*, ch. V.

**   *FRUS*, vol. III, Nos. 163 & 164, 사이공에서 국무부로 보냄, 1963년 6월 11일, pp. 374-376.

***   앞의 책, No 249. Michael Forrestal Memorandum to the President, August 1963, p. 559f; Schulzinger, *A Time for War*, ch. V.

**** *FRUS*, vol. III, No. 230, 국무부에서 베트남 대사관에 보낸 전보, 1963년 7월 19일, p. 517.

권장하는 데에 그쳤다.* 공화당의 강경파 의원 헨리 캐벗 로지 주니어Henry Cabot Lodge Jr.를 미국 대사이자 대통령 개인 특사로 임명한 케네디 역시 8월 15일 회담에서 지엠 정부가 종말 단계에 들어가는 것으로 보인다고 말했다.** 케네디의 결정은 그가 한 예언을 현실로 만들었다. 물론 지엠 정권은 오래전부터 불발로 끝난 쿠데타로 시달리고 있었다. 8월에 가장 심각한 시도가 실패하자 남베트남 장군들은 자신감을 잃었는데 로지는 그 쿠데타를 사전에 승인했다.

혼란스러운 현장 보고서들이 전하는 의미를 제대로 파악하기 위해 케네디는 9월 남베트남으로 조사단을 두 차례 파견했다. 두 번째 조사단에는 당시 합참의장이던 테일러가 국방부 장관 맥나마라와 함께 참여했다. 상황을 낙관적으로 본 그들은 대통령에게 사태가 제대로 전개되면 당시 1만 1,000명에 달하던 미국 자문관을 1965년에 철수시켜도 될 것이라는 소식을 전했다. 또한 테일러와 맥나마라는 그해 말 1,000명의 공병대대를 철수시키자고 권했다.*** 10월 11일 케네디는 맥나마라-테일러 권고안의 실행을 승인했으나 그 철수를 공개적으로 발표하지 말라고 지시했다.**** 그렇지만 미국과 지엠의 관계는 계속 나빠졌다. 이제 누는 대놓고 미국을 비난하면서 미국의 원조 축소가 베트남 와해를 촉진했다고 주장했다. 당시 누군가가 공산주의자들과 대화한다는 소문이 워싱턴에 끈질기게 들어왔다. 남베트남 정규군 장군들은 다시 한 번 미국 관료들에게 접근해 그들이 쿠데타를 일으킬 경우 미국이 보일 반응을 확인하고 싶어 했다. 그동안 남베트남에서 대통령 특사라기보다 속

---

*   Reeves, *Kennedy*, p. 528.

**   *FRUS*, vol. III, No. 254, 편집자 메모, p. 567.

***   *Foreign Relations of the United States 1961-1963*, vol. IV: *Vietnam: August-December 1963* (Washington, 1991), No. 167, 합동참모부 의장과 국방부 장관이 대통령에게 보낸 비망록, 1963년 10월 2일, pp. 336-346.

**** Reeves, *Kennedy*, p. 620.

주 총독 같이 처신하던 로지는 미국의 남베트남 저항세력 지지를 지휘하며 사적인 채널로 대통령과 계속 연락했다. 10월 말 무렵 케네디의 주요 관심사는 통제와 단절을 유지하는 데 있었다. 즉, 상황이 나빠질 경우 부정할 가능성을 없애지 않은 채 쿠데타의 통제권을 쥐려 한 것이다.* 마침내 11월 1일 만성절에 예상하던 일이 일어났다. ARVN 장교들은 미국이 편집한 각본에 따라 사이공 정부를 장악했다. 지엠과 누가 처형당한 것은 각본에 없는 내용이었는데 설득력은 없었지만 공개적으로는 그들이 자살했다고 발표했다. 그들의 죽음은 대통령의 뇌리를 떠나지 않았다. 특히 미국이 그들의 목숨을 구해줄 수 있었다는 사실을 알고 난 뒤에는 더욱더 그러했다.** 그러나 1963년 11월 22일 오후에 발표할 연설 원고에서 대통령은 미국인에게 남베트남을 지원하는 과업에서 지치지 말도록 경고하려 했다. 그 결정이 얼마나 "위험하고 비싼 대가"를 치르더라도 말이다.***

케네디가 살아 있었다면?

케네디가 사망한 그날, 생전에는 그리 존경받지 못하던 대통령을 무덤에서 숭배하기로 결심한 나라가 생겨났다. JFK의 신화화는 존의 죽음을 이용해 그 동생의 경력을 부풀리기로 작심한 케네디 일가가 전심전력으로 권장한 결과다. 사실 로버트는 형의 사후에도 한동안 전쟁을 지지했으나 1968년 린든 존슨 대통령의 확전 입장이 대권 도전에 약점으로 작용한다는 것이 명백해지자 케네디가의 홍보 기구는

*   앞의 책, p. 638.
**   *FRUS*, vol. IV, pp. 427-537; Reeves, *Kennedy*, pp. 643-650.
***   Schulzinger, *A Time for War*, ch. VI.

그의 궤적을 모호하게 만들기 시작했다. 그해 6월 로버트가 암살될 무렵에는 존 케네디가 살아 있었다면 베트남에서 철군했을 것이라는 신화가 충분히 만들어져 있었다.

그러나 앞서 보았듯 그 주장을 받쳐줄 진지한 역사적 증거는 별로 없다. 가령 케네디가 1963년 9월 미국에서 가장 존경받는 TV 기자 월터 크롱카이트Walter Cronkite 와 한 인터뷰(공중파 방송의 중심이 30분짜리 야간 뉴스로 옮겨가는 시점을 알리기 위해 특별히 배치한 인터뷰)는 높이 평가받아 왔다. 그 인터뷰로 지엠과 그 동생을 압박하기로 작심한 케네디는 "결국 이것은 그들의 전쟁이다. 이기든 지든 그들이 할 일"이라고 설명했다. 그런 다음 대통령은 미국의 전국 TV 방송에서 지엠에게 자기 나라 문제를 어떻게 처리해야 할지 명시적으로 말했다. 이를테면 강압적인 반불교도 행동을 멈추고 정책과 인재를 바꾸는 것은 물론 미국의 원조를 횡령하지 말라는 것이었다. 11월 14일에 있었던 마지막 기자회견에서도 대통령은 "미국인을 집에 데려오고 남베트남인이 스스로 자유롭고 독립적인 국가로 처신하도록 하는 것이 우리의 목표"라고 규정했다.* 그런데 그는 그 두 달 전에 다른 저녁 뉴스에서 "우리는 철수하면 안 된다"라고 말한 바 있다. 실은 이쪽이 그가 실제로 추구한 정책과 더 일관성이 있는 발언이었다. 그 모순적인 발언은 그가 자신이 직면한 선택지 앞에서 느낀 절망감을 전해준다. 이것은 그 이전에 아이젠하워가 마주했고 이후 존슨과 닉슨도 만날 선택지였다. 각 시기의 네 대통령은 모두 남베트남을 노골적으로 포기하고 철군하는 것이 불가능하다는 것을 깨달았다.

케네디는 죽음으로써 독배를 존슨에게 넘겨주었다. 쿠데타로 올라선 새 수뇌부는 지엠 정권보다 더 무능했다. 1월 29일 중앙정보부CIA의 지원을 받은 두 번째 쿠데타가 일어나면서 첫 번째 반군을 없애버렸다. 테일러는 맥나마라를 부추겨 "미국

---

* McNamara, *Retrospect*, p. 86f: Reeves, *Kennedy*, p. 58.

의 노력을 가로막는 스스로 씌운 제약을 치워버리고 더 크게 위험할 수도 있는 보다 과감한 행동을 하도록" 만들었다.* 존슨은 모든 교차점에서 군비 증가의 불리한 측면을 알고 있으면서도 그가 두려워하던 확전 속으로 빨려 들어갔다. 전쟁에 패할 경우 국내에서 감당해야 할 역풍과 그가 열렬히 믿던 공산주의의 도미노 이론이 떠안기는 두려움이 그를 가차 없이 확전 쪽으로 밀고 갔다. 1964년 대통령은 의회에서 통킹만 결의안을 얻어내 무제한 전쟁 준비 권한을 허가받았다. 1965년 최초의 미국 전투 부대가 베트남에 도착했고 1967년 미군 전력은 50만을 넘어섰다.

존 케네디가 살아 있었다면 그 역시 똑같은 독배를 마시고 있었을 것이다. 그는 그 전쟁을 미국의 전쟁으로 만든 두 가지 결정을 내린 장본인이었다. 1961년 그는 남베트남으로 흘러 들어가는 미국의 인원과 물자를 대폭 늘렸고 이로써 자문 관계를 동반자 관계로 바꾸었다. 2년 뒤 지엠 정부를 전복하도록 적극 부추기기로 한 그의 결정은 미국이 어느 정도 깊이 개입할지 알려주는 신호였는데, 이는 개입 기간 연장을 확실히 드러냈다. 지엠이 목숨으로 대가를 치른 죄는 전쟁에서 이기기 위한 미국의 처방을 따르지 못했다는 것이었다. 왜냐하면 그것은 케네디가 이기지 않으면 안 되는 전쟁이었기 때문이다. 지엠이 죽으면서 미국 개입은 더 이상 그들의 뜻대로 결정할 수 있는 문제가 아니었다. 손에 피를 묻힌 케네디는 그 분쟁에 등을 돌릴 수 없었고 1963년 떠나지 않기로 한 결정은 확전의 불가피함을 의미했다. 간발의 차이로 승리한 대통령으로서 자신과 동생의 정치적 미래를 확고히 다지기로 결심한 케네디는 다른 모든 결정에서 급격히 방향을 전환한 리처드 닉슨조차 취할 수 없는 걸음을 감히 내딛지 못했을 것이다.

여기서 우리는 케네디 신화의 옹호자들이 거의 던지지 않는 중요한 반사실 질문

---

* Schulzinger, *A Time for War*, ch. VI. 존슨이 대통령으로서 베트남에서 겪은 고생은 Gardner, *Pay Any Price*, 그리고 Schulzinger, *A Time for War* 참조.

을 만난다. 케네디가 살아남았다면 1964년 대통령 선거에서 이겼을까? 그랬을 것이라고(존슨이 거둔 것보다 득표 차는 적어도) 대답할 수도 있으나 이는 그가 베트남 개입을 그대로 유지해야 가능한 일이었다. 1960년대 국내 정치 전체에 반공이 두루 퍼져 있었기 때문이다. 당시 그것은 정치가에게 공기나 다름없었다. 3만 6,000명의 미국인이 죽고 대학 캠퍼스에서 반전 시위가 수시로 벌어지던 1968년까지도 미국인의 절반은 여전히 미국이 베트남에 더 지원해야 한다는 쪽에 표를 던졌다는 사실을 다들 쉽게 잊는다. 그 4년 전이었다면 케네디의 상대자는 틀림없이 공화당 우익의 대표선수인 배리 골드워터Barry Goldwater였을 터다(닉슨은 1962년 캘리포니아 주지사 선거전에서 패배한 뒤 난동을 부려 추방된 상태였고, 동부의 주류층 후보인 넬슨 록펠러Nelson Rockfeller는 서둘러 이혼하고 재혼한 탓에 공화당 평당원들이 정치적으로 받아들이지 않는 인물이었다). 골드워터가 공산주의에 유약하게 대응하는 흔적을 찾아내려 눈에 불을 켜는 상황이라 케네디는 좋든 싫든 개입을 재확인하지 않을 수 없었을 것이다.

1964년 대선 이후에도 케네디가 남베트남 지원을 축소했을 것 같지는 않다. 그는 대선이 있던 해에 존슨이 실제로 내린 것과 동일한 결정(케네디 휘하 인물들의 조언에 따라 내린 결정)을 한 뒤, 후임자가 1965년에 만난 것과 동일한 압박에 직면했을 가능성이 크다. 그도 존슨처럼 갈림길을 만날 때마다 어쩔 수 없이 중도를 택했을 확률이 높다. 군부가 요구하는 정도의 확전은 거부했을지 몰라도 최소한 평화 협상을 추진하지는 않았을 듯하다. 그의 지휘 아래에서도 존슨 대통령 때와 마찬가지로 전투 부대는 계속 투입되었을 것이다. 어쩌면 개입 규모가 더 컸을지도 모른다. 케네디의 개인적 성향은 외교 정책을 주무기로 하는 것이었으니 말이다. 존슨에 비해 국내 분야에서 거둔 성공이 부족한 그는 국제 문제에서 꼭 성공할 필요가 있었다. 역사에서 차지할 위치(그 동생의 정치적 경력은 말할 것도 없고)를 위해 그는 절대 베트남에서의 철수라는 결정이 낳을 정치적 파장의 위험을 무릅쓸 수 없었다.

케네디가 이따금 전투 부대 파병 반대 주장을 깊이 숙고했다는 사실은 그가 절대로 파병하지 않았으리라는 증거로는 빈약하다. 수많은 고위급 관료처럼 대통령은 대통령실을 드나드는 많은 사람을 여러 가지 다른 전략을 궁리하는 반향판으로 활용했다. 따라서 케네디의 발언은 있을 수 있는 모든 선택지를 지지하는 토대로 간주할 수 있다. 실상을 보자면 베트남 분쟁 격화로 그 역시 쉽게 빠져나갈 길이 없음을 알아차렸을 가능성이 크다. 누구보다 그는 미국이 냉전을 치러야 한다는 절대다수 미국인의 믿음을 포기할 수 없었다. 그것은 그 자신이 키워낸 믿음이기도 했다. 결국 JFK가 살아 있었다고 해도 상황은 마찬가지였을 터다.

도입부의 시가 말해주듯 존 F. 케네디의 공직 생활은 확실히 짧았다. 하지만 그것은 찬란하지 않았다. 이는 그가 살아서 2기를 누렸더라도 달라지지 않았을 것이다. 그가 베트남에서 일찌감치 철수할 길은 없었고 또 위대한 사회도 없었으리라.

과거 공산주의 세계는 그 우상을 잃었다. 이제 미국인이 자신의 우상을 포기할 때가 되었다.

9

고르바초프 없는 1989년

공산주의가 붕괴하지 않았다면?

-마크 아몬드

―――――

이 세계의 위대한 인물은 흔히
할 수 있었던 일을 하지 않았다고 비난당한다.
그들은 대답할 수 있다.
우리가 했을 수 있는데도 하지 않은 그 모든 악을 생각해보라고.
― 게오르크 크리스토프 리히텐베르크Georg Christoph Lichtenberg[독일 물리학자이자 작가―옮긴이]

공산주의 붕괴는 이제 역사가 되었다. 그것은 일어날 수밖에 없었던 일로 보이지만 현대역사에서 1989년 베를린 장벽 붕괴, 1991년 크렘린에서 붉은 기가 내려진 일만큼 전문가들이 예측하지 못한 주요 사건도 없었음은 기억해둘 만하다. 대혁명과 대제국 붕괴 뒤에 남은 잔해는 언제나 인상적이며 그 규모 때문에라도 근본적이고 장기적인 원인을 찾아보고 싶어진다. 그러나 역사 변화의 깊은 뿌리를 찾는 것은 역사가들의 직업적 편견Déformation Professionnelle이다. 때론 발생한 일이 반드시 그렇게 되었어야 했던 것은 아니다. 달리 말하면 그것은 그 시간이 임박해서야 불가피해졌다.

1989년 가을의 극적인 사건들은 우리가 그것을 제대로 된 시각으로 보기엔 너무 최근의 일이다. 그렇지만 획일적이고 비효율적이며 억압적이던 공산주의를 상대로 승리하지 않을 수 없다는 서구 신화가 무너질 수밖에 없다는 것은 이미 분명해지고 있다. 아이러니하게도 마르크스주의자가 그들의 체제 등장에 관한 냉엄한 논리를 입증하려 애쓸 때 서구 옹호자들이 비웃던 그 구조적 · 경제적 결정론 주장이 이제 달려나와 서구의 승리가 미리 예정된 것이었음을 입증하려 하고 있다. 실제로 그랬을까? 또 미래의 경쟁자들은 똑같이 내적 모순으로 굴욕적인 실패를 짊어질 운명인가? 이런 생각은 지나친 순환논법이라 설득력이 없다. 어쨌든 프랜시스 후쿠야마Francis Fukuyama가 1989년 자신 있게 '역사의 종말'을 선언한 이후, 그 변덕스러운 여신은 우리가 내보인 자기만족감의 옆구리에 제대로 훅을 몇 차례 날렸다. 이제 누가 자신 있게 민주주의가 결국 승리했다고 외칠 수 있을까? 1989년 동유럽 체제가 그처럼 갑작스럽고 외견상 완벽하게 무너진 것은 당시 수많은 관찰자에게 전신에 퍼진 암세포가 공산주의 체제의 생체기관을 먹어치우고 시체만 남겼음을 확인해주는 표시로 보였다. 대중에게 퍼진 목격담에 따르면 "도대체 무슨 일이 일어난 거예요?"라는 질문에 이런 대답이 돌아왔다고 한다.

> 몇천 명이, 다음에는 몇만 명이, 그다음에는 몇십만 명이 거리로 나왔지요. 그들은 몇 마디를 외쳤어요. "사임하라!", "우리는 더 이상 노예로 살지 않겠다!", "자유선거!", "자유!" 그러자 여리고 성벽이 무너졌어요. 그 성벽과 함께 공산당도 그냥 허물어졌지요. …•

그 이전에도 같은 일이 여러 번 일어났다. 1953년 동독, 1956년 헝가리, 1968년 체코슬로바키아, 1980년 폴란드에서 말이다. 모든 권력을 쥔 공산당 기관은 그 권위를 하룻밤 사이 잃어버렸다. 그러나 그때마다 탱크가 굴러왔고 군중은 해산되었으며 험프티-덤프티Humpty-Dumpty[땅딸보 또는 영국 동요 〈마더 구스〉와 루이스 캐럴의 동화 《거울 나라의 앨리스》에 나오는 달걀 캐릭터. 승리하지 못할 출전자 - 옮긴이]는 다시 자기 자리로 돌아갔다. 심지어 1989년 6월 중국의 덩샤오핑은 베이징과 다른 몇 개 도시에서 벌어진 대

•   Timothy Garton Ashe, *We the People: The Revolution of '89 Witnessed in Warsaw, Budapest, Berlin & Prague* (Cambridge, 1990), p. 139.

중 시위에 군대를 동원해 총격을 가함으로써 "천만 명도 별것 아님"을 보여주었다.

'대중의 불만'으로는 공산주의 붕괴를 설명할 수 없다. 그것은 마개가 채워져 있었을 뿐 언제나 존재했다. 문제는 왜 마개가 열렸고 대중 항의가 시작되었을 때 왜 그것이 즉각 다시 닫히지 않았는가 하는 점이다. 역사에서 주로 동정받는 배역을 맡는 인민The People은 1989년(특히 혁명 때) 일개 매력적인 엑스트라에 불과했고 그들의 익살스러운 장난은 역사가와 다른 관찰자의 시선을 실제 행동에서 벗어나게 만들었다. 어쨌든 1989년 중부유럽에서 일어난 사건들이 관찰자에게 1848년의 짧았던 '인민의 봄'은 떠올리게 하면서 1849년은 그토록 완벽하게 머릿속에서 지워버린 것은 무엇 때문일까? 공산당이 1990년대 초반 2차 자유선거로 중부와 동부유럽에서 권좌에 복귀한 것은 여러 면에서 느리고 비폭력적인 방식으로 1849년이 진행되고 있었음을 시사한다. 정치에 개입하다 보면 인민은 매우 빨리 지친다. 1989년 혁명에서 조직의 부재는 놀라운 일이었다. 다만 폴란드 최초의 독립적인 노동조합 솔리다리티Solidarity는 '지역 저항운동가에게는 사회를 움직일 지렛대가 없다'는 법칙의 예외였다. 거의 모든 저항운동가가 프라하의 지하철이나 라이프치히의 전차를 타는 지역 주민보다 〈뉴욕 리뷰 오브 북스New York Review of Books〉 독자들에게 더 잘 알려져 있었다.

1989년에 관한 진짜 질문은 이것이다. 왜 공산당 체제의 비밀경찰, 군인, 노동자 민병대는 총격을 가하지 않았는가? 이번에는 당의 '칼과 방패'에 무슨 탈이 났는가? 이보다 더 중요한 질문이 있다. 왜 크렘린은 그 제국을 그토록 수동적으로 포기하고 경쟁자인 나토가 수십 년 동안 사회경제적 시스템을 확대할, 그리고 자기 지역 내로 군사력을 미칠 길을 열어주었을까? 왜 소비에트 엘리트들은 중부유럽이 빠져나가게 내버려두었을까? 1989년에도 대중의 항의를 진압하는 데 그리 큰 무력을 쓸 필요는 없었다. 실제로 폴란드의 보이치에흐 야루젤스키Wojciech Jaruzelski 장군이 1981년 자유노조연대를 상대로 사용한 가장 강력한 무기는 물대포였다. 그로부터 8년 뒤 동독 불평분자들은 전국으로 확산된 시위에 가해진 어떤 공격에도 응대할 무기를 갖고 있지 않았다.

이제 더 근본적인 질문으로 나아가보자. 1985년 고르바초프가 시작한 개혁 과정은 정말 필요했을까? 1980년대 중반 그와 다른 소비에트 지도부는 근본적으로 다른 정책을 채택할 수 있었을까, 아니면 출구가 없었을까? 고르바초프가 등장한 것은 그가 등장해야 했기 때문이라고 주장하는 것은 아주 조야한 결정론이다. 고르바초프 자신도 다른 접근법을 취했다면 다른 결과가 나왔을 것이다. 글라스노스트Glasnost[개방 정책-옮긴이]와 페레스트로이카Perestroika[개혁 정책-옮긴이]를 실행한 것이 너무 오래전의 일이라 고르바초프가 검열의 베일을 걷기 전 소비에트 시스템에 관한 학계와 주류의 합의가 얼마나 달랐는지 기억하기는 힘들다. 그것은 서구 학자와 분석가들이 소련의 사회 문제나 소비자 요구에 응하지 못한 무능에 관해 스스로의 망상과 자기 검열을 직시해야만 가능하다. 만약 고르바초프가 일부 서구인이 처음에 우려한 것처럼 냉소적인 여론 조종자였다면(그를 만나기 전 헬무트 콜Helmut Kohl 총리는 그의 선전가적 재능을 괴벨스에 비견했다), 그런 국지적인 문제는 서구의 거의 모든 정책결정자와 여론결정자에게 충분히 은폐할 수 있었을 터다. 냉전시대의 열성적인 레이건파 전사들이 그런 문제에 관심을 가졌다는 사실 자체로 그런 문제는 '합리적인' 학자와 정치인들에게 중요시될 자격을 상실한다. 이와 대조적으로 세베린 비앨러Severyn Bialer 같은 전문가는 1980년 〈타임〉의 다수 독자에게 소련은 '총과 버터'를 동시에 공급해 생활수준을 높이고 서구와 군사적으로 대등해질 수 있는 최초의 국가라고 장담했다.* 1984년 존 갤브레이스John Galbraith는 경제학자로서의 권위를 한껏 발휘해 1인당 노동생산성은 미국보다 소련이 더 높다고 단언했다. 그로부터 1년 뒤 사회학자 데이비드 레인David Lane은 이렇게 주장했다.

* *Time*, 1980년 6월 23일.

시민 입장에서 심리적 헌신도를 기준으로 정통성legitimacy을 평가한다면, … 소련 시스템은 서구의 것만큼 '정통적legitimate'이다. 그들은 그 자체의 역사, 문화, 전통 관점에서 이해해야 한다. 현실 세계에 '진정한' 민주주의는 존재하지 않는다. 소련 체제의 지지율은 높아졌다. 그 정권은 더 이상 강압으로 지배하지 않는다. … 고르바초프나 그 어떤 소련 지도자에게도 급격한 변화를 기대해서는 안 된다. … 그들은 통합 정부다. 대중은 그들의 결정에 의문을 보내지 않는다. … 대중은 그 정부를 수용한다. 정부는 그 절차와 구조가 "대중에게 기정사실로 받아들여졌다"는 의미에서 정통적이다. 대중에게 조직적인 정치 저항은 거의 존재하지 않는다. 영국이나 미국에 있는 공산주의자와 비슷한 존재다.*

좀 더 뒤인 1990년대에 미국의 저명한 소련학자 제리 휴Jerry Hough는 "소련이 통제 불가능한 쪽으로 변한다"는 생각을 일축했다. 그는 말했다,

이것은 증거에 기반을 둔 명석한 평가가 아니라 단지 1989년의 정치 발전이 낳은 새로운 현상을 반영한 판단일 뿐이다. … 적어도 그 나라가 곧 무너질 단계였다고 가정해서는 안 된다. 미국인은 언어 문제로 인한 민족 불안을 거의 경험한 적 없고 자신이 소련에서 본 것에 엄청나게 과잉 반응한다. … 상대적인 관점에서 소련은 보다 안정적인 다민족국가 중 하나로 보인다. … 1989년의 동요는 고르바초프에게 유리하게 작용했다. … 그 동요는 고르바초프에게 경제적으로도 유리하게 작용했다.**

이런 판단을 인용하는 이유는 그것이 통찰력이 있어서가 아니라(없다) 서구에서

---

*   David Lane, *State and Politics in the USSR* (Oxford, 1985), pp. 257, 311, 313.

**   J. Hough, *Russia and the West* (New York, 1990), pp. 205-207.

정통하다고 알려진 사람들의 통상적인 운영 암호Operating Code를 대표하기 때문이다. 왜 공산주의자들은 무너졌는가? 그 대답 중 하나는 '당이 그 자체의 정통성 감각을 잃어서'라는 것이다. 이것은 사실인데 그럼 당원들에게 환멸을 맛보게 한 것은 누구였을까? 협박당한 소수의 반체제 운동가는 분명 아니다. 그 당의 수백만 당원은 대다수가 직업인이고 자기 이익만 좇는 공산당원이라는 것도 새로운 사실이 아니다. 그들은 언제나 그런 식이었다. 적어도 중부유럽에서는 말이다. 공산주의자가 그들의 권력을 주장할 의지를 마비시킨 책임을 물어야 하는(혹은 칭찬해야 하는) 쪽은 공산주의의 제사장이다. 고르바초프의 글라스노스트와 페레스트로이카가 공산주의 붕괴를 유발하지 않았던가. 고르바초프처럼 혁명을 재활성화하려고 노력할 만큼 순진하지 않은 지도자를 둔 세계의 다른 공산주의 지역에서 명백해진 것처럼 노멘클라투라Nomenklatura[소련에서 착취를 일삼은 특권적 지배계층 – 옮긴이] 국가는 살아남는다. 물론 쿠바나 북한에서 국민은 빈곤에 찌들었고 적지 않은 수가 걸핏하면 총질을 해대는 국경수비대와 상어를 무릅쓰고 국외로 달아날 만큼 필사적이다. 그러나 그것이 체제를 흔들지는 않았다. 빈곤과 이동 불가능은 체제 몰락의 원인이 아니라 오히려 살아남는 비밀이다. 진짜 수수께끼는 왜 고르바초프가 지구상에서 그토록 많은 국가가 시도하고 시험한 바 있는 권력의 특허장을 내버렸는가 하는 점이다.

이데올로기의 종말 그리고 이데올로그들의 종말

한 층위에서 보면 고르바초프의 행동은 분명 수많은 공산당이 신뢰를 잃게 만들었다. 그렇다고 공산주의자들이 왜 망명을 포기했는지 설명할 때 종교 때문이라고 유추하는 것은 잘못된 방법이다. 여하튼 공산당은 정신적 약점이 있는 소수에게 호소력을 발휘하는 카리스마 있는 지도자를 중심으로 한 히피 숭배 집단이 아니었다.

공산당은 수백만의 평범한 인간으로 이루어진 관료 체제로 대다수는 무장 세력이었다. 물론 아무리 이기적인 파벌도 한데 묶어두려면 시멘트 역할을 하는 어떤 이데올로기가 필요하다. 설령 그 기저에 냉소적인 이해 계산이 깔려 있다 하더라도 말이다.

고르바초프의 커다란 착오는 이데올로기의 종말을 승인한 점이었다. '컨버전스 Convergence'[공산권과 비공산권의 괴리 축소 – 옮긴이]가 서구 지성인의 이데올로기 비무장 상태를 선전하는 서구의 슬로건인 한 그것은 크렘린에 매우 유용했지만 실제로 이를 선전하는 것은 자살 행위였다. 그런데도 고르바초프는 그것을 자기 화법의 기조로 삼았다. 고르바초프는 1988년 12월 유엔 연설에서 그 직전에 거행한 볼셰비키 혁명 70주년 기념식과 곧 다가올 바스티유 습격 200주년 축하를 언급했다.

> 대체로 두 혁명이 지금까지도 사회 의식에 만연하는 사고 경로를 형성했다. … 그러나 오늘날 우리는 다른 세계를 마주하고 있고 그 세계를 위해 미래로 나아가는 다른 길을 닦아야 한다. … 우리는 보편적 인간 이해로 진보를 형성하는 시대에 들어섰다. … 세계 정치 역시 인간의 보편 가치의 인도를 받아야 한다.[*]

사실 그 체제의 안정에는 서구와의 관계 단절이 필수였다. 한데 서구 기준과 경쟁해야 한다고 믿으면서 술수에 능한 과거의 어떤 면모를 계속 유지하려 애쓰다 보니 고르바초프와 KGB는 실질 소득은 없고 정체 상태의 안정성마저 뒤흔드는 끔찍하고 중대한 잘못을 연이어 범하고 말았다. 물론 레닌은 더 나은 입지로 후퇴하는 것이 탄압받는 혁명가가 따라야 할 최선의 길이라고 자주 주장했으나 고르바초프는 점점 더 압박을 자초했다. 어느 정부에든 무기력은 실망스러운 속성이지만(소련

---

[*] Denis Healey, *The Time of my Life* (Harmondsworth, 1990), p. 531에 인용.

에서는 통상적인) 이것이 좀처럼 치명적인 지경까지 발전하지는 않는다.

1989년 변화를 유도한 진짜 충동이 체제 내, 특히 비밀경찰에서 나왔다는 것은 아무도 의심하지 말아야 한다. 고르바초프와 KGB의 연결 자료는 충실하게 남아 있고 동유럽에서 그가 좋아하는 개혁가들도 직접적으로든 간접적으로든(자국 내 공안경찰을 통해) 그것에 연결되어 있었다. 예를 들어 루마니아의 이온 일리에스쿠Ion Iliescu는 1950년대에 모스크바에서 공부하다가 KGB에 징발된 것으로 보이는데, 나중에 고르바초프를 만났을 때 그는 그 사실을 격렬하게 부정했다. 당시 고르바초프를 알고 있던 또 다른 개혁파 공산주의 지도자는 동독의 마지막 공산당 총리 한스 모드로프Hans Modrow였다. 그는 슈타지Stasi[동독의 비밀경찰 국가보안부 – 옮긴이]의 수상쩍은 개혁 책임자 마르쿠스 볼프Markus Wolf의 가까운 친구이기도 했다.

이제 1989년 11월 17일 프라하에서 일어난 핵심 사건들 중에 고전적인 도발 행위Provokation가 들어 있었음이 분명해졌다. 반체제 운동가에게는 당의 지도자들을 설득해 변화를 지향하는 데 필요한 불만을 들쑤실 능력이 없었으므로 체코의 비밀경찰StB은 저항 자체를 조직해야 했다. 물론 시위(50년 전 반나치 저항을 떠올리게 하는)에 가담한 많은 학생은 이웃 동독 사건에서 자극을 받아 참여할 마음을 먹었다. 그러나 핵심 사건인 소위 '학살'은 연극이었다. 사망한 것으로 알려진 학생 마르틴 슈미트는 실제로 멀쩡히 살아서 StB의 은폐공작담당관으로 근무하고 있었다. 그렇지만 그가 "맞아죽었다"는 소식은 이후 대중의 항의와 프라하 강경파의 몰락을 유발한 불씨였다.

반면 다당제 민주주의에서는 술수를 부리기가 힘들다. 스탈린이 폴란드와 동독에서처럼 명목상으로는 각기 별개의 당파들이 존재해도 모든 정당이 공산당의 지도적 역할을 인정하는 '인민민주주의'를 선호한 것은 이 때문이었다. 그런데 1989년 이러한 '표면 당파들'은 실제로 담당할 진짜 역할이 주어지자 갑자기 피노키오처럼 생명력을 얻었다. 다당제에서 선거를 치르면 예전에 고분고분하던 지도자들이 인

버추얼 히스토리

기 없는 공산당과 거리를 두기 위해 독자적인 역할을 맡을 이유는 얼마든지 있었다. 1989년 3월 소련에서 치른 첫 번째 다수 후보 선거부터 6월의 폴란드 선거를 거쳐 그다음 해에 회오리처럼 불어 닥친 경연 투표에 이르기까지 같은 현상이 되풀이되었다. 허용한 모든 곳에서 사람들은 공산주의자에게 반대투표를 할 기회를 잡았다. 물론 두어 해가 지나면 그들은 비공산주의자가 자신들의 문제를 해결해주지 못하는 것을 보며 환멸을 느낄지도 모른다. 하지만 설령 하향식 결정일지라도 처음 불어온 자유의 바람 속에서 그들은 수십 년간 이어진 비민주적 지배에 패소 판결을 내리고 싶어 했다.

1989년 가을 중반 무렵 에리히 호네커Erich Honecker와 그의 최측근만 제거하는 것으로는 새로 등장한 동부 독일인의 시민적 용기를 가라앉히지 못하리라는 것이 명백해졌다. 정권이 계속 양보하자 시위 규모는 전국적으로 더 커졌다. 호네커의 몰락은 존재 가능한 개혁 공산주의 체제를 도입하기는커녕 인민에게 용기를 불어넣어 장벽을 허물고 국가를 전면 소멸하기 위한 최종 압박을 가하게 했다. 개혁을 진행하면서 볼프-모드로프 그룹의 유사 민주화를 이식하려는 음모가 폭로될 위험에 놓이자, 모드로프는 슈타지와 연결된 다른 개혁 공산주의자들을 정치 전면으로 데리고 나올 방법을 모색했다. 고발자 그레고르 기지Gregor Gysi 변호사[당시 독일사회주의통합당 SED의 중심인물로 이 당을 사회민주당으로 개혁한 주역 – 옮긴이]는 그중 하나였다. 1989년 11월 21일 모드로프는 슈타지 지도자들에게 "기지는 동원 대기 상태의 두뇌집단Klugen Köpfen 소속"이라고 말했다.

불행히도 '똑똑한 두뇌들'은 적어도 동독에서 자기들이 감당할 수 있는 수준 이상을 건드렸다. 일단 정권이 비틀거리고 현실 정치가 개입하자 공산주의자들이 일

---

*　　모드로프는 1994년 10월 31일자 *Focus* 44호, p. 29에 인용. 모드로프 정권 내에 심은 슈타지 직원과 정보자의 길지만 확실치 않은 명단이 필요하면 *Der Spiegel*, 1995년 10월 9일자 pp. 84-92 참조.

상적으로 사용하던 온갖 시뮬레이션과 조작은 힘을 잃었다. 이는 고르바초프와 볼프가 민족주의와 독일 마르크화가 동독인에게 미치는 이중 매력을 과소평가한 탓에 더욱더 그랬다. 자기들 방식으로 너무 영리하다 보니 이 미래의 민주화 조작자들은 사건에 기습을 당했다. 브레즈네프처럼 늙고 교활한 여우라면 절대로 KGB의 전문가들이 인민을 고삐에서 풀어주어도 자기들이 부는 선율에 맞춰 계속 춤추게 할 수 있을 거라고 여길 만큼 순진하거나 자신감이 지나치지는 않았을 것이다. 제국의 운명을 손에 쥐고 재주를 피우려면, 그런 다음 공을 모두 떨어뜨리려면, 특별한 종류의 정치적 두뇌가 있어야 한다.

고르바초프에게 공정하도록 말하자면 그의 여러 가지 오산은 그가 현실을 충분히 접하지 못했기 때문이었다. 노멘클라투라의 제사장 자리를 둘러싼 프로토콜과 특권(크리미아의 휴양지 포로스에 있는 그의 궁전 같은 다차[가족 단위 별장 – 옮긴이]가 상징하는)을 누린 그는 소련의 현실과 차단된 채 살아왔고, 서구 지도자들과의 만남도 스스로를 의심하게 만들지 못했다. 서구가 그를 영웅시하며 갈채를 보내자 고르바초프는 자신의 선전을 믿어버렸다. 이는 그의 계승자들(흔히 너무 빨리 승진했다가 노망한 농민 출신이라고 무시당한)은 절대 범하지 않은 착오였다. 여러 세대에 걸친 우둔한 정치 관료들이 초강대국 소련을 안전하게 이끈 뒤 조종간을 붙잡고 곧바로 바위에 정면충돌한 사람은 총명한 고르바초프였다.

경제 위기의 정치학

고르바초프 자신의 이상주의 탓도 일부 있었다. 그러나 순수한 이상주의자가 정치국 정상까지 오른 일은 한 번도 없었다. 고르바초프는 소련의 애국주의란 진정한 사회주의적 헌신의 표현뿐 아니라 소련이 계속해서 초강대국 역할을 해야 한다는 믿음의 반영이라고 몇 차례 단언했다. 스탈린이 여러 번 시도하고 검증한 국내 권력 구조를 물려받은 그가 그것을 바꾼 이유는 소련이 기술 숙련도 면에서 미국과 경쟁할 수 있으리라는 그의 희망적 사고 때문이었다. 정치의 기본 요소로 '국내 정책 우선'을 주장하는 서구의 마르크스 추종 학자들과 달리 고르바초프가 국내 정체 상태를 체제 위협이라고 부르짖게 만든 것은 국제 지위에 집착한 크렘린의 엘리트들이었다. 그를 지원하는 사람들은 서구가 기술 분야에서 소련에 비해 얼마나 앞섰는지 그 비밀정보를 취급했지만, 미국 정부가 소련을 상대로 그 능력을 쓰기까지는 수십 년이 지나야 한다는 것은 알지 못한 KGB 출신의 온갖 조언자와 자문관이었다. 반대로 서구는 소련과 그 체제가 위협적이지 않은 상태로 존속하는 것을 보는 데 만족했다.

아이러니하게도 고르바초프는 정체 상태를 깨고 나오는 바람에 소련이 능동적으로 아무 일도 하지 않고도 힘의 균형을 결정적으로 자기편에 유리하게 기울일 최선의 기회를 내던져버렸다. 소련 경제를 개혁하려는 그의 열띤 노력은 사실 그 구조에 균열을 일으켜 비틀어버렸고, 브레즈네프 체제에서 물려받은 유산보다 상황을 더 악화시켰다.*

독일인민공화국GDR(동독)도 1989년 파산했는가? 짧은 대답은 '그렇다'이다. 하지만 이것은 자본주의 관점에서만 그렇다. 손익 의미에서 따져보면 동독은 이미 여러 해 동안 밑 빠진 독에 물을 부어오고 있었다. 서구에 진 빚을 갚기 위해 경화를 얻으려는 그들의 노력은 점점 더 치열해졌지만 서구 은행가들을 만족시키려는 실제 압력은 취리히나 드레스덴의 은행가가 아니라 크렘린에서 나오고 있었다. 동독은 서

*   페레스트로이카로 소련 경제의 취약성을 기저부터 강화하는 문제는 Marshall I. Goldman, *What Went Wrong with Perestroika?* (London, 1991) 참조.

구에서 추가로 신규 대출을 받는 데 전혀 어려움이 없었다.[*] 만약 채무자가 은행에서 1,000파운드를 빌렸다가 갚기 힘들어지면 채무자는 곤란해지지만, 100만 파운드를 빌렸는데 갚기 힘들어질 때는 걱정해야 하는 쪽은 은행이라고 지적한 케인스의 말은 유명하다. 만약 동베를린이 경화 채무를 두고 '갚을 수 없으니 갚지 않겠다'는 태도를 취하면 서구 은행들은 집행관을 보낼 수 있는가? 당연히 그들은 상환 일정을 재조정하고 신규 대출을 해주는 식으로 대응한다. 최악의 경우 채무를 탕감해 줄 수도 있다. 사실 처음에 경제 압박은 동쪽(러시아)에서 왔다. 고르바초프는 수십 년간 소련의 '동생들'에게 후하게 주던 보조금을 중단하고 싶어 했다. 1973년 첫 번째 OPEC 유가 쇼크 이후 소련은 동유럽 블록 쪽으로 나가는 에너지 가격을 재조정했지만, 여전히 그들에게 받는 가격은 세계 유가보다 훨씬 낮았다.[**] 동유럽 국가들이 그 가격 상승에 적응하면서 직면한 어려움은 블록 내부 교역에 완전 시장 가격을 적용할 때 겪을 상황에 비하면 무시할 만했다. 1989년 이후 과거 공산주의 블록 전역에서 산업과 경제의 다른 부문이 붕괴된 것을 보면 고르바초프가 제안한 개혁을 시행했을 경우 그 경제에 무슨 일이 일어났을지 알 수 있다.

폴란드와 헝가리는 1989년 이전 여러 자유화 경제 개혁을 시도한 터라 여타 바르샤바 조약 국가들 중에서도 앞서 있었다. 그런데 1989년 이후 그들이 걸어간 길은 현저하게 달라졌다. 폴란드는 가장 급진적인 충격 요법 형태를 추진했고(비록 그 찬미자들이 인정하거나 지적한 것보다 덜 전면적이었지만), 헝가리는 상대적으로 사유화 속도가 느렸다. 1989년 여름 솔리다리티가 이끄는 정부가 출범하기 전 폴란드 경

---

[*] 동독의 '객관적' 경제 문제와 그것을 둘러싼 비관행 방식은 Wolfgang Seiffert & Norbert Treutwein, *Die Schalk-Papier: DDR-Mafia zwischen Ost und West* (Munich, 1992) 참조. 그것이 서구에서 여전히 쉽게 돈을 모을 수 있는 법은 Peter Wyden, *Wall: The Inside Story of Divided Berlin* (New York, 1989), p. 606 참조.

[**] Robert L. Hitchings, *Soviet-East European Relations: Consolidation and Conflict* (Madison, 1983), p. 193.

제는 야루젤스키와 그의 장관들이 협력하고 사실상 소규모 사유 기업에 다양한 인센티브를 제공했어도 자극에 고집스럽게 저항하는 상태였다. 비록 시장판에 제일 먼저 뛰어들 사람은 암시장에서 쌓은 자본과 좋은 연줄을 쥔 공산주의자들일 확률이 높았으나, 정치 개혁이 폴란드의 기업정신을 풀어놓는 데 필요한 것은 분명했다. 1994년 10월 23일 레흐 바웬사Lech Wałęsa가 미국 버펄로에 모인 청중 앞에서 말했던 것처럼 말이다.

> 공산주의자는 지금 최고의 자본주의자이며 그들은 이전의 그 누구보다 자본주의를 방어할 것이다. 물론 우리는 그런 상황을 좋아하지 않는다. 그건 좀 부도덕하다. 이제 특정 인물들이 자본주의를 건설하고 앞자리에 서서 나아갈 테니 말이다. 하지만 그들은 더 효율적이고 더 적극적이다. 우리는 그들을 멈출 수 없고 그 상황을 이기고 살아남아야 한다.*

헝가리의 엄청난 채무는 1990년 비공산주의 정부를 선출했어도 사라지지 않았다. 또 1994년 헝가리의 개혁 공산주의자들이 권좌에 돌아왔을 때도 마찬가지였다. 멕시코보다 더 큰 1인당 채무액이 여전히 헝가리 경제를 짓누르면서 다른 무엇보다 채무 청산을 위해 애쓰는 정부가 몇몇에 불과한 수익성 높은 부문을 사유화하는 일을 어렵게 만들었다. 그럼에도 불구하고 헝가리는 살아남았다.

시장은 소련 역시 살아남을 것이라고 기대했다. 자본주의에서 시장은 항거할 수 있는 것이 아니며 그것은 착오를 범할 수 있고 또 범한다. 불행히도 카를 라데크Karl Radek가 말한 당의 무오류성 주장을 달리 인용해 말한다면 시장에 반하는 옳은 방향

---

* BBC, *Summary of World Broadcasts*, EF/2135, 1994년 10월 25일, A9에 인용. Georges Mink & Jean-Charles *Szurek* (eds.), *Cet étrange post-communisme: rupture et transitions en Europe centrale et orientale* (Paris, 1992), 특히 pp. 75-76.

보다 시장과 함께하는 옳지 않은 방향이 언제나 더 이득이 많다. 세계 자본가들은 늦게는 1988년까지도 크렘린이 처음 발행한 유로채권(정확히 5퍼센트 이율로 10년 만기)을 한도 이상으로 신청했다. 새로운 사업 파트너에게 워낙 자신감이 있던 스위스의 규제위원회Regulators는 한 국가가 채권을 발행할 때 그 부채 담보와 외환 보유고를 밝히라는 통상의 요구 조건을 내걸었다.* 결국 서구 채권자와 잠재 구호가들 앞에서 정치 변화를 불안정하게 만들어 신뢰의 위기를 재촉한 것은 소련 지도부였다.

고르바초프와 총리 니콜라이 리슈코프Nikolai Ryzhkov는 코메콘COMECON[소련과 동유럽의 경제협력기구 – 옮긴이] 국가들이 값싼 에너지와 원자재 수입이라는 방법으로 소련에 보조금을 받는 상황을 형제 국가들 사이의 교역을 위한 경화 결제 시스템으로 바꿔야 한다고 주장했다. 1989년 7월까지 코메콘의 다른 회원국들은 불쾌한 교역 불균형을 기피하거나 없애기 위해 양도 가능한 루블제Transferable Rouble System라는 지불 수수께끼로 이득을 취해왔다. 그 뒤 소련 지도자들은 목이 꺾일 만큼 빠른 속도로 코메콘 회원국들 사이의 결제통화를 양도 가능한 루블에서 달러로 대체하기로 결정했다. 이 신속하고 잔혹한 변경은 바르샤바 조약국들을 위협한 경제 재앙이었다. 실제로 그들의 정치 시스템은 크렘린이 요구한 시장 전환의 전면 충격이 명백해지기도 전에 무너졌다. 그 부담은 고스란히 새로 선출된 민주 정부의 몫으로 남았다.

꼭 이렇게 해야만 했던가? 조야한 시장 관점에서 보면 그것은 타당한 조치였다. 형제 국가를 지원하는 보조금 부담이 소련 인민의 생활수준을 짓눌렀으니 말이다. 하지만 그 목적은 결국 사회나 경제가 아니라 정치에 있었다. 동유럽 국가들은 군

---

*   Judy Shelton, *The Coming Soviet Crash: Gorbachev's Desperate Pursuit of Credit in Western Financial Markets* (London, 1989), pp. 171-172.

사적 패권 외에 경제적 측면에서도 소련과 의존관계로 연결되어 있었다. 그들의 빈곤은 사실 부분적으로는 소련 지배 체제가 살아남게 해준 기능 중 하나였다. 만약 형제 국가들이 원자재와 연료에 시장가격을 지불하는 시장지향적인 국가가 된다면, 그들이 굳이 그것을 소련에서 사와야 할 이유는 없었다. 여러 가지 경제적 이유를 고려한다면 오히려 서구 쪽으로 공급선을 돌리는 편이 낫다.

그러니까 소련의 블록 경제를 개혁하려는 시도는 정치적 존재 자체를 깊이 뒤흔드는 요인이었다. 고르바초프는 동부유럽에서 옛날 소비에트 괴뢰들이 자신이 초래한 변화에 저항하는 데 분개했다. 그렇지만 호네커와 니콜라에 차우셰스쿠Nicolae Ceaușescu는 실질적으로 공산주의를 존속시키는 것이 무엇인지 스타브로폴Stavropol에서 처음 시작할 때보다 더 현명하게 보여주었다. 말할 필요도 없이 고르바초프는 그가 코흘리개였을 때부터 공산주의자로 활약해온 자신들이 훨씬 더 잘 안다고 뻔뻔하게 구는 작은 형제 국가의 지도자들에게 화가 났다. 아이러니하게도 고르바초프가 레닌과 스탈린의 직계 후손이자 마르크스-레닌주의의 진정한 해석자로서 자신의 권리를 가장 교조적으로 주장한 것은 그들의 유산을 불도저로 깔아뭉갤 때뿐이었다. 1991년 8월쯤 고르바초프의 파벌은 그 같은 권위 해체를 권장했는데, 그의 일부 동지가 그것을 멈추고 사태가 혼란해지지 않도록 막으려 할 때는 이미 너무 늦어버렸다. 고르바초프의 순진성은 그가 포로로 잡혔다가 돌아왔을 때의 처신에서 드러났다. 소련 공산당의 루이 16세는 많은 사람이 기대한 대로 굽실거리는 공산당에게 냉소적인 일격을 가해 파산할 위기에서 자신의 지위를 구하려 애쓴 것이 아니라, 여전히 사회 부활을 위한 당의 역할을 이야기했다. 그의 그 민망한 발언은 그가 얼마나 현실과 동떨어져 있는지 말해주는 증거였다. 그를 진지하게 받아들인 쪽은 서구뿐이었다.

페레스트로이카는 소련의 내부 구조 쇠퇴를 가속화했다. 고르바초프의 카타스트로이카Katastroika[재앙을 의미하는 그리스어 katastrophe와 페레스트로이카를 합성한 것으로 '재난의 페레스트로이카' 정도의 경멸하는 의미 – 옮긴이는 소련 경제의 하이테크 산업 경쟁력을 높이기는커녕 소련이 자기 방식대로 그럭저럭 꾸려갈 수 있던 영역조차 훼손했다. 구소련 경제의 기반인 에너지와 원자재 산업은 1985년 이후 지독히 잘못 관리하는 바람에 횡령과 절도가 심했다. 원유와 천연가스 파이프라인이 걸핏하면 파손되어 인적, 생태적 재앙이 동시에 일어났다. 구소련 체제도 그 정도로 부주의하지는 않았다(스탈린이 자기 기획의 인적 비용에 무관심했던 것은 사실이지만 물질 면에서 자원 낭비는 좋아하지 않았다. 원칙이 무너지지 않았다면 기간시설의 관리 소홀이 그처럼 재앙 수준으로 일어나지는 않았을 것이다). 특히 1991년 이후 소련의 원자재(비철금속 같은), 원유, 천연가스 자원 수탈이 광적으로 일어났다. 그러는 동안 국가 경영자들은 전례 없이 흥청망청하는 자원을 착취해 개인적인 욕심을 채우고 정치 주인들에게 뇌물을 바쳤다. 그 결과 세계 시장에서 해당 재화 가격은 더 낮아졌고 그새 자본주의 기업가로 변신한 기업가들이 세금을 납부하지 않아 국가 생존력은 위태로운 지경에 놓였다. 이러한 자원은 대체 불가능한 것이고 또 소련이 무너진 뒤 국가의 불안정한 세금 기반은 그들의 생존력을 더 문제 삼게 만들었다.

흔히 구소련의 자원 수탈 자본주의 단계를 1세기 전 미국의 소위 '강도 재벌' 시기와 비교하지만, 사실 구소련의 자원 할인판매와 19세기 후반의 록펠러나 카네기가 진행한 가차 없는 파이프라인 · 철로 · 제철소 건설은 현격하게 다르다. 구소련 이후 여러 원자재 상인은 사실상 자신들이 앉아 있는 경제 나뭇가지를 톱으로 잘라내느라 분주했으니 말이다.

페레스트로이카와 '충격 요법'은 소련의 자원 기반과 내부 기관 구조를 파괴하기만 했다. 그들이 국민을 위한 물질적 이익을 생산했는가 하는 문제는 논의해볼 만하다. 스탈린 식 경제 모델이 만들어낸 빈곤 경제와 달리 개조한 버전은 권력의 힘줄조차 만들어내지 못했다. 경기 침체가 바람직한 모델은 아니지만 소련의 경우에는 페레스트로이카보다 나았다. 돌이켜볼 때 그것의 사망선고는 과장되었다. 정치적, 군사적 힘이자 생산 수단으로써 그것은 여전히 효능이 있었다. 확실히 말해 하이테크 무기 분야에서는 장기적으로 서구와 경쟁할 소련의 능력은 의심스러웠다. 물론 서구는 중기로 보아도 소련의 방어력을 시험할 가능성이 낮았다. 어쨌든 국가 관리 아래 이뤄진 원자재와 연료 수출은 소련이 노멘클라투라를 위한 소비재뿐 아니라 기술을 불법으로 사오는 전통 관행을 지속할 자금을 마련해주었을 것이다. 현재 통화가치로 매년 170억 달러가 서구 은행계좌와 부동산으로 흘러나가 회수되지 않은 반면, 그보다 규모가 작은 동산 판매는 소련 내부에서 안정화 방안에 필요한 자금을 마련해주었을 거라고 추측해볼 수 있다.

그 책임은 소련 와해를 밀어붙인 객관적 · 경제적 기준이 아니라 소련 엘리트들의 잘못된 정보 분석과 기대치에 있었다. 서구에서 일어난 고르비 열풍이 서기장의 오만을 부추긴 것은 분명하다. 만약 자본가들이 그처럼 감동받았다면 집단 농장에서 일하는 소작농도 설득할 수 있을 것이라고 판단한 것이다.

서구는 체제 와해에 어떻게 반응했을까?

텐안먼 광장 사태 이후 중국과 서구의 관계, 유고슬라비아 와해나 러시아의 체첸 침공에 따른 서구의 반응을 보면 소련이 블록을 유지했어도 유럽이나 미국의 주류 정치 집단이 그리 애석해하지 않았을 것으로 보인다.

1991년 여름 조지 H. W. 부시 대통령이 우크라이나 최고회의 앞에서 행한 악명 높은 '치킨 키예프' 발언[민족주의에 입각한 자결권 주장을 억제하는 내용의 발언. 그 뒤 〈뉴욕타임스〉의 칼럼니스트 윌리엄 새파이어William Safire가 이를 비판하면서 러시아 음식 이름에서 따온 '치킨 키예프' 발언이라는 별명이 붙었다 - 옮긴이]에서 보여주었듯 미국은 소련제국이 사라지는 것을 원치 않았다. '소련 민족Soviet Nation'이라는 발언으로 우크라이나의 공산당 총재들을 즐겁게 해준 부시는 자살적인 민족주의가 고르바초프의 제국에 가한 위협을 경고했다. 그와 동시에 그의 국무장관 제임스 베이커James Baker 3세는 걸핏하면 미국은 절대 분리된 슬로베니아나 크로아티아를 인정하지 않을 것이라고 말했다. 말하자면 부시는 공산주의 종말에서 메테르니히나 다름없었다. 19세기에 살았던 그의 선배처럼 그는 민주주의와 민족주의의 공격을 받으며 낡은 질서를 보존하려 씩씩하게 싸웠고, 메테르니히와 마찬가지로 그도 실패했다.*

대통령 임기 초반 부시는 반공 시위자들을 총격 진압하는 것이 자신의 국제 정책에 영향을 주지 않으리라는 것을 분명히 밝혔다. 1989년 7월 그는 가장 친한 자문관인 로런스 이글버거Lawrence Eagleburger와 브렌트 스코크로프트Brent Scowcroft를 베이징으로 보내 톈안먼 광장에서 일어난 혼란이 미중 무역과 안보 관계에 해를 끼치지 않을 것임을 확인해주도록 했다(이글버거와 스코크로프트는 유고슬라비아 분쟁에서 베오그라드의 '연방제Federal' 이슈를 가장 큰 목소리로 지지하는 쪽에 속했다). 이후 부시의 후임자 클린턴은 중국이 가장 친애하는 국가라는 지위와 그곳을 인권 순위 기록과 연결하는 위선을 끝냈다. 이제 중국은 매년 이 권리를 잃을까 봐 걱정하는 시늉을 할 필

---

* 구소련이나 사회주의 유고슬라비아에서 분리된 작은 국가들을 향한 유럽의 적대감은 내가 쓴 *Europe's Backward War: The War in the Balkans* (London, 1994), pp. 31-57 참조. 부시의 키예프 연설은 3년 뒤 클린턴의 국무장관 워런 크리스토퍼Warren Christopher가 옐친 대통령의 체첸 맹공격을 승인한 발언에서 되풀이했다. "해체되는 러시아는 우리의 이익도, 틀림없이 그들의 이익도 아니다. 나는 이 공화국이 분리되는 것을 막기 위해 그가 할 일을 했다고 본다. … 하지만 나는 여러분이 러시아 연방 내에서 무슨 일이 벌어지는지 알아야 한다고 생각한다. 이 특정 공화국은 연방을 떠나려 하며 옐친 대통령은 그 문제를 처리하려 노력하는 중이다." 1994년 12월 14일 BBC 라디오 4의 프로그램 *Today*에서 방송한 내용. 미 국무부 대변인 마이클 매커리Michael McCurry는 그로즈니의 폐허에 죽어 있는 민간인 수천 명이 워싱턴과 크렘린의 안정적인 관계에 영향을 미치지 않을 것임을 분명히 했다. "체첸은 결코 미국-러시아 동반자 관계를 계측하게 하는 광범위한 바로미터 역할을 하지 않는다."(1994년 12월 14일, *Financial Times*가 인용) EU의 대외 문제 담당 위원 한스 반 덴 브룩Hans van den Broek은 *Le Monde*에서 이렇게 주장했다. 체첸 침공은 국제 문제 분야이며 "우리는 영토 통합성을 보장받기 위한 러시아의 법적 노력을 거부할 수 없다Nous ne pouvons pas refuser à la Russie le droit légal d'essayer de garantir l'intégrité de son territoire." *Le Monde*, 1994년 12월 17일.

요 없이 집단 노동수용소에서 생산한 재화로 미국 시장을 마음껏 채웠다. 1989년 7월 중국의 늙은 대량 학살자들이 홍보용 행동을 하고 달아날 수 있었다면, 동베를린이나 라이프치히 등지에서 총격이 좀 일어났다고 해서 서구에서 진심으로 필사적인 반대를 했을까?(백악관과 강경파 사이의 타협 사례를 들자면 1990년 8월 이라크가 쿠웨이트를 점령했을 때, 부시는 그 이전 해에 발생한 톈안먼 광장의 학생 학살에 따른 비난을 완화하는 대신 중국이 유엔의 이라크 제재를 지원해주길 기대했다)*

영국의 대처나 메이저 총리 휘하에서 바뀐 정책과 달리 부시의 유럽 동맹자들은 유럽 전역에서 냉전 질서가 유지되는 것을 볼 준비를 갖추고 있었다. 1989년 10월 콜의 가장 가까운 동맹자로 알려진 프랑수아 미테랑François Mitterrand은 여전히 버티고 있었다.

"독일 재통합을 운운하는 사람들은 아무것도 모르는 작자들이다. 소련은 절대 이를 받아들이지 않을 것이다. 그것은 곧 바르샤바 조약 기구의 사망이다. 그걸 상상할 수 있는가? 동독은 프러시아다. 그들은 바이에른의 농담을 절대 받아들이지 않을 것이다."

장벽이 열리고 나서 18일 뒤인 11월 27일 콜이 재통합 이야기를 조심스럽게 다시 꺼냈을 때, 프랑스 대통령은 여전히 크렘린이 독일 통일의 물살을 가로막길 고대하고 있었다.

"고르바초프는 분노할 겁니다. 그런 것은 받아들이지 않을 것이오. 불가능합니다! 내가 직접 반대할 필요도 없어요, 소련이 해줄 테니까. 그들은 대大독일을 절대 받아들이지 않을 것이오. …"**

---

*   Bob Woodward, *The Commanders* (New York, 1991), p. 226.

**   Jacques Attali, *Verbatim: III*, "Wir können Deutschland schliesslich nicht den Krieg erklären", *Frankfurter Allgemeiner Zeitung*, 1995년 10월 12일.

미테랑은 고르바초프의 적도 똑같이 적대시했다. 그의 정권은 1991년 4월 보리스 옐친Boris Yel'tsin도 꺼려했다. 러시아 연방 대통령이 유럽 의회를 방문했을 때 장-피에르 코트Jean-Pierre Cots는 그를 비판했고, 유럽 의회 의장 크레스포Crespo 남작은 그에게 "우리는 고르바초프가 더 좋다"라고 확실히 말했다. 이것은 빌뉴스 TV 타워에서 비무장 리투아니아인이 학살된 직후이자 소비에트 부대가 바쿠에서 수백 명을 죽인 지 얼마 지나지 않은 때였다. 1991년 8월 반고르바초프 쿠데타가 일어났을 무렵 미테랑은 프랑스 TV 시청자에게 "반란이 첫 단계에서 성공했다"라고 말했다. 그는 계속해서 '새 소련 당국'을 언급했다*(물론 나중에 옐친이 탱크를 보내 체첸이나 러시아 의회를 공격하자 서구는 도덕성을 내세우는 반응 때문에 그의 지위가 약해질까 봐 우려했다).

미테랑과 유럽의 다른 정부 수반들은 소련연합이 필요시에 무력을 써서라도 독일 재통일을 저지했다면 무척 기뻐했을 것이다. 가령 재통일에 반대한 이탈리아 수상 줄리오 안드레오티Giulio Andreotti는 빌뉴스든 다른 어디서든 반소련 시위를 진압하는 데 탱크를 사용하는 것을 지지했다("가끔은 그런 것들이 필요해"). 이는 베이징대학교의 자랑스러운 명예박사이자 '명예의 인물'인 어떤 사람에게 기대했을 법한 태도였다. 마거릿 대처만 재통일을 후회하면서도 장벽이 상징하던 독재 붕괴를 환영하며 조금이라도 민주주의 원칙을 발휘했다.**

콜 총리는 톈안먼 광장 스타일의 학살이 자기 집 현관 앞에서 벌어졌다면 처리하기 힘들어했을 것이다. 또한 그의 적들은 동독 시위자들이 데탕트를 위험에 빠뜨리고 재통일한 독일을 그리며 신나치 향수를 일깨운다는 선전에 좌절했을 가능성이

---

*   J. Laughland, *The Death of Politics: France under Mitterrand* (London, 1994), p. 255에 인용한 부분. Georges Bortoli, *Une si longue bienveillance: les Français et l'URSS, 1944-1991* (Paris, 1994), p. 222f도 볼 것.

**   군사적 탄압을 옹호한 안드레오티는 내가 쓴 *Europe's Backyard War*, pp. 42-46 참조.

크다. 콜은 동독과 함께 울타리 재건을 시도하기 전에 폭풍을 감당했어야 할 터다. 사회민주당과 서독의 지적 엘리트층은 갱신한 신성한 데탕트 의식이 이어지는 동안 라이프치히 시위자들이 자신들의 일을 알아서 처리하도록 내버려둔다면 얼마든지 지지했으리라. 어쨌든 서독 사회민주당은 1989년에 가서야 동독이 자체적으로 (불법적) 사회민주당을 결성하려는 시도를 지지하지 않았다. 대신 그들은 동베를린에 있는 '동지들'과 합동 논문을 작성하고 여러 차례 회의를 하면서 신중하게 일을 전개했다.

서독에서는 어떤 진지한 정치 세력도 재통일을 선동하지 않았다. 녹색당은 재통일을 반대했다. 사회민주당은 그 이상과 관련해 빈말조차 하지 않았다. 자유민주당은 그 질문을 무시했다. 그들의 연정 파트너인 기독교민주당은 에리히 호네커를 꾀어 1987년 9월 연방공화국을 방문하도록 만든 특종을 자랑하고 있었다. 빌리 브란트Willy Brandt와 헬무트 슈미트Helmut Schmidt가 한 번도 해내지 못한 일 혹은 감히 엄두도 내지 못하던 일이라는 것이었다. 악셀 슈프링거Axel Springer의 신문 〈디 벨트 Die Welt〉도 독일민주공화국이 존재한다는 사실을 홀로 인정하길 거부하던 입장을 1989년 여름(시기조차 흠잡을 데 없이 적절했다) 결국 포기했다. 그 이전까지 DDR(독일민주공화국)을 언급할 때마다 언제나 빼놓지 않고 둘러싸던 인용 부호를 마침내 포기한 것이다. 독일 재통일을 위해 노력한 사람이 누구인지 몰라도 서구는 절대 아니었다.•

• 좌파에서 우파까지 독일 기득권 세력은 동독의 존재를 편안하게 여겼고 그 생존 능력에 의문을 품은 것은 그곳을 실제로 방문한 몇몇 원로뿐이었다. 위르겐 하버마스Jürgen Habermas는 1988년에야 뭔가가 잘못되고 있음을 알아차린 독일의 '비판적' 지식인 세대의 대변인 격 인물로 그때도 다른 쪽 독일 국가의 종말을 예상하지 못했다. 그는 아담 미츠니크Adam Michnik에게 "나는 거의 모든 독일인처럼 (장벽 붕괴에) 경악했다. 1988년 여름 나는 처음 동독 할레에 갔다. 그곳 사람들의 정신 상태는 … 참혹했다. 그들은 냉소적이고 필사적이었다. 낙관적인 전망은 조금도 남아 있지 않았다. 돌이켜 생각해보면 나는 그때 그 시스템이 얼마나 지독하게 잘못되어 있는지 알고 있었다. 그래도 그것의 종말을 기대하지는 않았다"라고 말했다. 1993년 12월 17일자 Der Zeit 참조. 서독 엘리트층이 저항운동가와 탈주자를 어느 정도로 거부

다른 무엇보다 서독은 철저한 '침투' 사회였다. 본의 모든 곳에 존재한 마르쿠스 볼프의 슈타지 정보부는 서독 경제와 문화의 핵심 센터에도 있었다. 총리의 공식 방갈로에 있는 비서에서 미디어 여론 조성자까지 슈타지는 눈과 귀, 필요하다면 입도 심어두었다. 연방공화국에 있는 슈타지의 연락책을 모두 들자면 본의 전화번호부만큼 두꺼워지겠지만 그중 몇몇은 상기할 만한 인물이다. 서독 국방부 장관으로 당시 나토 사무총장이던 만프레트 뵈르너Manfred Wörner의 침대 곁 전화기에는 도청장치가 심어져 있었다. 1980년대 초반 서독 정치는 플리크Flick[프리드리히 카를 플리크Friedrich Karl Flick가 세운 기업으로 나치에 협력해 부를 축적했고 1983년 독일 최대 뇌물 스캔들을 일으켰다-옮긴이] 스캔들로 휘둘리고 있었다. 그 스캔들로 좌우를 막론하고 독일의 대표적인 정치인들이 대기업 플리크로부터 뇌물을 받아왔다는 사실이 드러났다. 이 뇌물 분배의 중심인물은 CDU(기독교 민주연합)의 멤버인 아돌프 칸터Adolf Kanter로 그는 슈타지에서도 일하는 인물이었다.*

했는지는 통일 이후 과거 공산주의자인 슈테판 하임Stefan Heym과 그레고르 기지Gregor Gysi가 저항운동가이던 프레야 클리어Freya Klier가 TV 프로그램 *Talk im Turn*에 출연하지 못하게 막은 것으로도 알 수 있다. 기지가 과거에 슈타지와 협력한 일에 그녀가 관심을 보였기 때문이다. 하임은 '인권 운동 활동가'를 "(1988년) 변화 이후 자신들의 중요성이 사라진 탓에 살아남기 힘들어진 신경증 환자"로 치부했다. 1994년 11월 28일자 *Focus* 참조. 탈주자 올레그 고르디에프스키Oleg Gordievsky는 보수파인 바이에른 기독교 사회주의 연합이 후원하는 것으로 알려진 아샤펜부르크 회의에서 자신이 연단에 설 기회를 박탈당했다고 말했다. 그와 달리 KGB와 슈타지의 회개하지 않은 전직 고위 관리 레오니드 셰르바신Leonid Scherbashin과 미샬 볼프Mishal Wolf는 귀빈 대접을 받았다. 1989년 10월 바츨라프 하벨Vaclav Havel은 서독 엘리트들이 자신 같은 저항운동가의 비판적 활동이 데탕트 분위기를 저해할까 봐 두려워 자신들을 얼마나 냉대했는지 회상했다. 독일인만 그렇게 행동한 것은 아니었다. 소련의 체코 침공을 "데탕트로 나아가는 길목에서 벌어진 교통사고"라 부른 드골주의자 '귀족' 미셸 드브레Michel Debré도 마찬가지였다. 독일 보수파 역시 그것을 데탕트를 방해하는 '장애물 치우기'로 여겼다! Timothy Garton Ash, *In Europe's Name: Germany and the Divided Continent* (London, 1994), pp. 280, 470 참조.

* 슈타지의 어마어마한 서독 침투 정도나 서독 부르주아 지성인(장래의 외무부 장관 클라우스 킹켈이 이끄는)의 완전한 무용성을 조금만 성찰해보아도 부르주아 지성의 활동 가치가 무엇인지 의문이 든다. 또 체키스트Chekist(전 소련의 KGB 요원)들이 자신의 본거지가 곧 몰락하는 것을 어찌 알아차리지 못했는지 생각하게 만든다. 칸터를 알려면 *Der Spiegel*, 1994년 11월 7일자, p. 17 참조.

1989년 9월까지도 빌리 브란트는 재통일을 연방공화국의 '평생 거짓말Lebenslüge'로 치부해 관심을 기울이지 않았다. 1989년 1월 서베를린의 새 시장 발터 몸퍼Walter Momper는 재통일 이슈는 다 끝났다고 발언했다. 동독 관리와의 사적인 대화에서 몸퍼는 서베를린인에게 장벽의 가장 싫은 점은 "독일민주공화국 수도"를 방문할 때 애완견을 데려가지 못하게 막는 규제라고 말했다. 언제나 고분고분한 호네커 동지는 법규를 개정해 반파시스트 보호 장벽의 어처구니없이 적대적인 요소를 제거했다. 한 달 뒤 장벽의 마지막 희생자 크리스 구에프로이Chris Gueffroy는 호네커 휘하의 장벽수비대가 가한 총격에 개처럼 숨졌다.*

좌익이든 우익이든 독일인의 반폴란드 감정은 흔한 현상이었다. 브란트는 1985년 바웬사를 만나기를 거부했다(생일파티에 폴란드 공산주의 수상 라코프스키Rakowski는 초대했지만). 독일의 콜 총리는 서독이 안전하게 살찌도록 해준 '안정'을 위협하는 폴란드의 모든 대중 운동을 철저히 적대시했다. 1985년 콜은 미테랑에게 말했다.

"우리는 야루젤스키를 도와야 합니다. 그가 물러나면 모든 것이 더 나빠질 겁니다. 폴란드인은 언제나 소화할 수 있는 것보다 더 큰 걸 바라보고, 감당할 수도 없는 야심을 품습니다."**

이미 1987년 고르바초프와 셰바르드나제Shevardnadze가 독일 문제를 해결하지 않고는 유럽에서 어떤 정상적인 관계도 구축할 수 없다는 전제 위에 재통일을 전망했다는 것이 사실인지 모르겠지만, 여하튼 고르바초프는 서독 기득권층의 다수가 굳게 닫혀 있기를 원한 문을 실제로 열었다.*** 1990년 콜은 고르바초프가 쟁반에 담아

---

* *Frankfurter Allgemeiner Zeitung*, 1995년 10월 12일자, p. 14에서 "Honeckers Wohlgefallen an Rot-Grun"을 찾아볼 것.

** *The Economist*, 1995년 7월 15일자, p. 91에 실린 Jacques Attali, *Verbatim: II*, 1986-1988에 따른 것. 미테랑이 바웬사보다 야루젤스키를 선호한 것은 Laughland, *Death of Politics*, p. 245 참조.

*** Garton Ash, *In Europe's Name*, p. 109.

선물한 통일을 기꺼이 받아들였으나 그 역시 그것이 받아들여질 수 없는 것임을 오래전에 파악하고 있었다.

정치가로서 콜은 협상 상대와의 공감과 접촉을 매우 강조했다. 덩치가 크다는 점을 제외하면 그는 독일의 첫 번째 통합자와 매우 달랐다. 비스마르크라면 외국 정치가들을 향한 콜의 프티부르주아적 감성을 절대 공유하진 않았을 터다. 콜이 1994년 12월 체첸에 무장 세력을 파견한 옐친에게 개인적으로 숨김없이 공감하는 것 같은 반응을 비스마르크(혹은 아데나워)가 국내 위기를 겪는 외국 지도자에게 보인다는 것은 상상도 못할 일이다.

"내 친구가 어려움을 겪고 있는데 그를 도와주길 거부한다면 나는 얼마나 한심한 인간일까. … 설사 옐친이 잘못을 범했더라도 나는 지금 그와 절연하지 않을 것이다."

1989년 6월 서독을 방문해 그토록 강한 열풍을 불러일으킨 고르바초프는 만약 호네커 부대가 그 두어 달 뒤에 벌어진 저항 운동을 짓밟았다면 완전히 비난을 받았을까? 고르바초프는 소련 부대가 자신의 제국 내에서 탄압할 때마다 그렇게 했던 것처럼 '잠들어 있었다'고 처리할 수 있었을 터다(로널드 레이건의 졸음은 위기 순간마다 공직 부적합성으로 받아들여졌지만, 1989년 4월 9일 고르바초프의 특수 부대가 트빌리시에서 주민들을 살해하고 있을 때 그가 겪은 시차 병이 그의 고결함을 입증하는 또 다른 증거로 받아들여진 것은 이상하다). 또 고르바초프가 까다로운 문젯거리 때문에 어려움을 겪을 경우, 보리스 옐친이 1994년 12월 탱크와 전술 폭격기를 파견했을 때 지지한 콜이 고르바초프는 지지하지 않았을까? 옐친이 1993년 10월 러시아 의회가 선출한 그의 좌파 경쟁자들에게 가한 격렬한 폭격에 서구가 환호했음을 상기하는 것만으로도

•   *Frankfurter Allgemeiner Zeitung*, 1995년 1월 20일자; *International Herald Tribune*, 1995년 1월 20일자.

대답은 충분하다. 그 폭격 직후 클린턴은 옐친에게 전화를 걸어 열변을 토했다.

"당신은 더 강해지고, 더 나아지고 있습니다.*

러시아인도 자신들이 속한 것 같은 사회에서 효과를 볼 수 있는 것은 오로지 독재국가뿐이라는 판단을 서구인이 그처럼 빨리 받아들였다는 점에 주목했다. 1991년 8월 고르바초프에 대항하는 희극 같은 쿠데타가 터졌을 때, 러시아 인민의회 부의장 갈리나 스타로보이토바Galina Starovoytova[러시아 민족학자이자 저항운동가. 1998년 레닌그라드에서 암살당했다 – 옮긴이]는 영국에 있었다.

"미테랑과 콜, 서구 전체가 첫날 보인 반응은 매우 시의적절했다. 쿠데타 초기에 나는 '우리(대처는 제외)는 소련 사람들이 이 군사 정부를 받아들일지 어떨지 기다려봐야 한다'는 말을 들었다."

스타로보이토바는 서구 지도자들이 해체된 소련연방은 물론 민주화한 러시아를 상상도 하지 못한다는 느낌을 받았다.

> 그들은 우리가 완력을 쓰길 원한다. 서구 사업가와 정치가는 중국 사태를 예로 든다. 그들에 따르면 중국 지도자들은 탱크로 민주주의를 탄압했지만 이제 그들의 경제는 정상적으로 발전하고 있고, 그것은 거의 자동적으로 민주주의로 이어질 것이라고 한다. 그들은 서구가 안정을 필요로 한다고 주장한다. 그들은 소련제국의 와해를 두려워한다.**

레이건과 대처를 제외한 서구의 정치 주류는 이데올로기 면에서 반공주의자로

---

*   Elizabeth Drew, *On the Edge: The Clinton Presidency* (New York, 1994), p. 316.

**   John Dunlop, *The Rise of Russia and the Fall of the Soviet Empire* (Princeton, 1993), pp. 121-122 에 인용.

이뤄져 있지 않았다. 1989년이면 레이건은 퇴임한 뒤였다. 총선 전인 1987년 대처가 모스크바를 방문한 일에 고르바초프가 동정적 입장에서 대처하지 않았다면 대처는 1990년까지 살아남지 못했을 것이다. 그녀는 1989년 11월 에리히 호네커의 후임으로 동독의 공산주의 지도자가 된 에곤 크렌츠Egon Krenz와 "필요하다면 은밀하게" 상대하려고 안달하던 닐 키녹Neil Kinnock이나 토리당의 체임벌린 일파 출신의 더 온건하고 고전적인 보수파에게 자리를 내주고(나중에는 그렇게 되지만) 물러났을 수도 있다.*

최후의 오일쇼크

소련 위기에서 결정적 요소는 원유 가격 붕괴였다. 고르바초프의 외교 정책은 불안을 누그러뜨리고 원유 가격 하락을 권장했는데 이 때문에 소련의 원유 소득은 주저앉았다. 이것은 강대국으로서 소련의 이해관계에 필요한 것과 정반대 정책이었고 그들은 1980년대 후반 상황에서 나올 수 있던 가능성들을 무시했다.

다음에 소개하는 시나리오를 검토해보자. 만약 사담 후세인이 1990년 핵무장을 하고 여전히 강경파인 크렘린의 암묵적 동의 아래 쿠웨이트를 침공했다면 어떻게 되었을까? 고르바초프가 바그다드에 반대하는 유엔 규제를 지지했을 때는 이라크를 상대로 전통적인 전쟁을 벌이는 데 콜린 파월Colin Powell의 지지를 얻어내기도 힘들었다. 워싱턴은 쿠웨이트의 알사바Al-Sabah 왕조가 서구에 있는 저택으로 쫓

---

*   Marcel Ophuls, *Walls Come Tumbling Down*, 1990년 11월 10일 방영한 BBC 다큐멘터리. 그 방송은 베를린 장벽 와해를 바라보는 상반된 반응들을 다뤘다. 스탈린주의자로 게으름뱅이인 크렌츠도 당시 EU 수송 담당 위원장보다 대처의 태도가 당시의 분위기에 더 가까웠다고 생각했다.

겨나는 일을 막기 위해 핵전쟁을 감수할까?* 미국이 레이건의 두 번째 임기가 끝난 1988년 이후까지 군비 지출 수준을 유지했다면, 사담이 중동 원유 재고에서 큰 몫을 차지하지 못하도록 막고자 부시(혹은 두카키스)가 핵전쟁 참화를 감수했을까? 그럴 가능성은 매우 낮다. 1991년 1월 사막의 폭풍 작전을 승인했을 때 상원의 표결이 얼마나 아슬아슬했는지 생각해보라. 전략적 여건이 그보다 덜 우호적이라면 에드워드 케네디 상원의원 같은 파멸의 예언자들은 규제 고수에 필요한 최소 세 표 이상을 당연히 휘둘렀을 것이다.** 그것이 미국의 정책이었다면 사담의 전략적 무기고인 핵무기와 화학무기가 지금쯤 어떤 것으로 구성되어 있을까?

이 전망조차 그 대안 시나리오에 담긴 함의를 과소평가하는 것일 수 있다. 레이건 치하 8년 동안 쌓인 1조 달러의 재정 적자는 소련 정책이 군축 쪽으로 크게 이동하지 않았다면 어찌 되었을까? 사실 소련의 군산복합체는 1980년대의 남은 기간에 자원을 탱크와 S-20기 생산에 쓰면서 그럭저럭 버틸 수도 있었다. 앞서 보았듯 소련 와해 이후의 자본 유출은 아직 넉넉한 원자재가 남아 있었고 그것이 현금화해 서구 은행계좌에 들어갔음을 시사한다. 연방 재정적자와 무역적자가 모두 치솟고 그것을 상쇄해 여론 동향을 바꿀 만한 어떤 지정학적 이익도 없는 상황이었다면 미국 국민이 레이건의 후임자로 부시나 다른 공화당원을 택했을 것이라 믿기는 힘들다. 아마 1990년 한여름 무렵이면 미군은 레이건 이후 국방 예산 삭감 작전을 상당히 진행했을 터다. 소련의 위협은 계속되었으므로 서독에 있는 대량의 탱크와 항공기를 걸프만으로 이동하는(1990년처럼) 위험을 질 수는 없었을 것이다. 모든 가능성

---

* 파월 장군은 1990년 8월 이렇게 주장했다. "나는 고위급 지도부가 지난 24시간 동안 벌어진 사건 때문에 우리를 무장 분쟁으로 이끌 거라고 여기지 않는다. 미국 국민은 젊은이들이 갤런당 1.5달러의 유가를 지키기 위해 죽는 것을 원치 않는다." *International Herald Tribune*, 1994년 10월 24일자에 실린 "Inside Story: Why the Gulf War Ended When It Did" 참조.

** 상원은 52 대 47의 표결로 사막의 폭풍 작전을 승인했다. Woodward, *Commanders*, p. 362.

을 고려해볼 때 미군에 사담과 싸우는 동시에 나토를 방어할 여력은 없었다. 이스라엘의 개입에 반대하는 주장은 적어도 1991년만큼 강력했으리라. 아랍에 대항하는 전면전을 누구인들 감당하고 싶겠는가?

걸프전은 그냥 시들어버렸을 수도 있다. 이 경우 고유가가 소련 경제의 안정을 담보했을지도 모른다. 일부 서구 정유사가 크렘린에 찾아와 합동으로 카스피해나 카자흐스탄을 개발해 소련의 전설적인 원유와 천연가스 매장지를 무한정 채굴하자며 손에 모자를 쥐고 굽실거렸을 수도 있다. 중동 원유를 휘어잡은 사담의 목조르기를 피하기 위해 서구는 원유를 제공하는 모스크바에 토지세를 후하게 치렀을 테고, 파이프라인 기술을 제공하기까지 했을 것이다. 1981년 폴란드의 군법통치 선언으로 미국이 항의하는 와중에 독일은 콤소몰Komsomol[소련 공산주의 청년동맹 – 옮긴이] 인원을 동원한 노동과 그보다 덜 자발적인 노동으로 건설한 파이프라인을 따라 시베리아에서 폴란드를 거쳐 들여오는 천연가스 거래를 은밀히 추진했다. 원유도 같은 경로로 수입하지 못할 이유가 있는가? 유럽과의 협동을 구축하고 중동의 긴장을 우회해 피할 수 있는 그런 기회를 누가 감히 거부할 수 있었을까?*

당연히 소련의 일반 시민은 생계가 어려웠고 설상가상으로 예상수명도 줄어들고 있었다. 1985년과 1991년 개혁은 그들에게 거의 혜택을 주지 못했으나 반란의 신호는 거의 없었다. 소득이 많으면 크렘린은 적어도 서구 소비재를 원하는 엘리트층의 열망은 채워줄 수 있었다. 노멘클라투라 700만 명은 서구에서 온 신제품 비디오, 전자오븐, 자동차를 구입하길 원했다. 심지어 그들은 멋진 의류도 더 많이 받을 수 있었다. 청교도적인 고르바초프가 모든 당의 연회에서 금지하려 한 고급 주류가 사회주의 연방의 모든 국영 다차에 비치되었을지도 모른다. 사실 신스탈린주의 체

---

* 파이프라인 문제는 Garton Ash, *In Europe's Name*, pp. 70, 257 참조.; 서독이 1989년까지 천연가스 공급량의 30퍼센트를 소련에서 공급받으려는 계획은 p. 90 참조. 그 계획은 연방공화국의 악명 높은 연료 수입용 경정맥을 좁히는 것까지는 아니어도 확실한 탄압은 되었을 것이다.

제가 경제적으로 더 생존력이 높았던 것은 오로지 그 존재 자체가 전 세계에서 유발했을 긴장 확산 때문이었다. 원유, 천연가스, 금 시세는 치솟았을 테고 이것은 소련의 외환 수입을 보강해주었을 확률이 높다. 그럼으로써 경제, 기술 첩보뿐 아니라 형제 국가를 위한 보조금 마련도 더 쉬웠을 것이고 말이다.*

긴장 완화가 소련에 이익이라는 고르바초프의 믿음은 심각하게 잘못된 것이었다. 소련 경제 같은 이상한 동물이 제대로 작동할 수 있는 세계적인 시나리오는 오직 세계가 두 진영으로 나뉘어야 만들어진다. 자발적인 것일지라도 외적 압력이 없으면 소련이라는 대사기관은 치명적으로 감염되고 만다.

고르바초프는 점점 더 멀리 나아갔고 서구의 여론 형성자들과 대학에서 일방적 무기 폐지론이 날뛰던 1980년대 중반 서구 엘리트에게 가해지던 압박을 실제로 완화했다. 서구 주류층의 다음 세대는 반레이건주의와 반대처주의 사고방식에 매일 구속을 받았다. 1960년대 이후 평화주의 기관들과 핵 공포가 뒤섞인 동료들의 긴 행진은 이제 거의 목적지에 도달하려 한다. 내적 변화에 따른 충격 아래 공산주의가 완전히 기습적으로 와해되지 않았다면 서구의 대다수 지식층은 '실제로 존재하는 사회주의' 분석의 많은 부분에서 우파가 옳았음을 인정하지 않았을 것이다. 장벽이 계속 남아 있었다면 서구 엘리트층의 많은 수가 공산주의의 도덕적, 물질적 결점을 최소한 한 세대 동안 계속 모르고 있었을 가능성이 크다.

1990년대에 소련 공산주의가 살아남았을 경우 1980년대 말 서구의 새로운 경제 침체 현상과 시기가 일치한다. 그 기간에 사담 후세인이 승리했을 수도 있다. 현실에서 서구가 승리한 것은 소련 체제가 갑작스럽게 무능해지고 와해된 데서 비롯되

---

* 페레스트로이카가 야기한 소련 경제 붕괴로 고르바초프는 사실상 이라크의 쿠웨이트 침공으로 초래된 원유 위기를 이용할 위치에 있지 않았다. 소련의 원유 생산고는 실제로 하락했고, 가령 1990~1991년 USSR이 예전 동유럽 위성국가에 판매한 원유는 30퍼센트 줄어들었다. Gale Stokes, *The Walls Come Tumbling Down: The Collapse of Communism in Eastern Europe* (Oxford, 1993), p. 188 참조.

었다. 소련이 서구의 정책결정자들을 그토록 오랫동안 사로잡고 현혹하던 권력의 얼굴을 그대로 갖고 있었다면 그 시기에 크렘린이 어떤 악행인들 못했을까? 또 그것이 성공하지 못하리라고 누가 장담할 수 있을까?

수억 명을 바보로 만든 부패하고 잔혹한 체제가 사라진 것은 충분히 기쁜 일이다. 그러나 그 와해는 역사의 경제적 힘을 통제하는 숨은 손이 예정한 것이 아니었다. 그것은 교과서가 감당할 수 있는 정도보다 훨씬 더 아슬아슬하게 이뤄졌다. 세계의 많은 부분을 쥐고 있던 공산주의의 지배력이 사라진 것은 당연히 좋은 일이다. 그런데 그것이 더 나빠졌다면, 적어도 1989년 10월 라이프치히에서만이라도 더 나빠졌다면 서구에서 최소한 한 그룹은 환호했을 것이다. 만약 소련 체제가 살아남았다면 이런저런 소련학자와 역사가들은 적어도 한 번은 진심으로 이렇게 말했으리라.

"그럴 거라고 말했잖아."

나오는 글

가상의 역사, 1646~1996년

-니얼 퍼거슨

1701년 9월 제임스 3세의 즉위 300주년 기념일이 다가오는 그 시점에 이후 근대사가 나아간 경로를 느긋하게 살펴보는 것은 아주 쉽다. 회고라는 굴절 렌즈로 과거를 돌아볼 때 우리는 흔히 스튜어트왕조가 17세기에 유럽의 다른 지역에서 그처럼 많은 소동을 유발한 종교적·정치적 폭풍을 견뎌내고 성공한 데는 뭔가 그럴 수밖에 없었던 요소가 있었으리라고 어림짐작한다. 오늘날 우리가 아는 세계는 많은 부분을 제임스 3세와 그의 조부 찰스 1세에게 빚지고 있다. 하지만 그들의 업적이 어떤 의미에서든 예정된 것이었다고 생각하는 것은 역사적 결정론의 커다란 오류다. 우연성과 기회의 역할, 수학자들이 '확률 행동Stochastic Behaviour'이라 부르는 것의 역할을 절대 과소평가하면 안 된다.

더 오래전으로 돌아가 제임스의 조부 찰스 1세가 1639년 던스 로 전투에서 스코틀랜드 서약파에게 승리했다면? 이 경우 스튜어트 일가가 거둔 승리의 우연성을 명확히 볼 수 있다. 돌이켜보는 유리한 위치와 역사 연구의 도움을 받아 우리는 찰스의 군대가 트위드강 건너편에서 그들에게 맞서던 스코틀랜드 군대보다 더 규모가 컸고 자금도 넉넉했음을 알고 있다. 또 던스 로에서 왕이 승리했다면 서약파뿐 아니라 스코틀랜드 의회와 교회Kirk에도 죽음의 일격을 가했으리라는 것도 알고 있다. 물론 찰스의 지휘관들에게는 이 중 어느 하나도 지금 우리가 아는 것처럼 명료하게 보이지 않았다. 존 애덤슨이 지적하듯 홀랜드 백작은 레슬리의 스코틀랜드 군대와 마주치자 후퇴하고 싶은 충동에 사로잡혔다.

역사가 중에는 반사실 질문을 던지는 것은 무의미하다고 보는 사람도 있다. 그래도 모험 삼아 그렇게 해보자. 만약 찰스가 결정적인 순간에 물러나 스코틀랜드인과 모종의 타협을 했다면 어떻게 되었을까? 그때 그는 1세기 넘는 동안 국왕이 만날 가장 첨예한 정치 위기에 놓였음을 매우 빠르게 깨달았을 것으로 보인다. 그랬다면 그는 호전적인 스코틀랜드 교회와 까다로운 에든버러 의회의 처분만 기다리는 신세는 면했을 터다. 혹은 영국과 아일랜드에 있는 적들의 손에 그대로 놀아났을 수도 있다.

지난 일이니 하는 말이지만 찰스의 아버지 치세 때 그토록 말썽을 피운 구 청교도는 대부분 1640년대에 수명이 다하고 있었다. 1630년대에 찰스의 재정 정책에 반대한 판사들도 70대였다는 사실을 우리는 안다. 만약 찰스가 1639년 승리 없이 영국에 돌아왔다면 그리고 (합리적인 추측이지만) 그 원정의 책임을 져야 할 인물들을 추방했다면, 늙어가는 세대가 일으킬 최후의 공세 한 차례에 대비할 시간은 있었을지도 모른다. 공포감을 유발한 교황의 음모는 알다시피 과장되었고 1648년 30년 전쟁이 마무리 단계에 들어가면서 곧 희미해졌다. 그러나 대륙에서 여전히 가톨릭이 승리할 가능성이 있었던 1639~1640년에는 그 공포가 절정에 달해 있었다. 여기에다 선박세를 올리려는 찰스에 반대한 법률가들은 의회 동의 없이 세입을 늘리는 데 반박하는 논의를 되풀이하기 위해 스코틀랜드에서 후퇴할 기회를 잡았을 것이다. 설사 총을 한 방도 쏘지 못했을지라도 스코틀랜드 원정은 재무성이 예상한 것보다 더 많은 비용이 들었을 터다. 비록 성사되지 않았지만 찰스가 추가 원정비용을 구하기 위해 런던 시의회에 의지할 수 있었다면 이는 그리 걱정할 이유가 없었다. 또 스코틀랜드에서의 실패는 찰스와 시의회 사이에 관계 위기를 재촉했을 수 있다. 이 경우 그에게는 하나의 선택지 외에 남지 않는다. 즉, 의회를 소집하고 개인 통치를 포기해야 한다.

역사의 결정론 이론을 지지하는 사람은 그 양보의 결과가 무엇일지 상상하는 것이 거의 불가능하다. 또 우리는 청교도 세력이나 코크의 사법적 보수주의에 승리한 스튜어트왕가의 일화에 너무 익숙해져 다른 결과는 상상도 못할 일로 여긴다. 그러나 찰스가 스코틀랜드 위기에서 승리해 이후 20년을 계속 통치하고, 그의 이름과 결부된 본국에서의 관용이나 외국과 평화를 누리는 시대가 결코 필연적인 일은 아니었다. 반대로 스코틀랜드에서 실패했다면 아일랜드에서 그와 비슷한 통치 위기가 앞당겨졌을 수 있다. 몇몇 저자는 그런 상황에서는 1640년대에 그의 통치에 저항하는 본격적인 의회 반란이 일어났을 수 있다고까지 주장했다. 그리고 그 반란 때문에 영국이 이전 몇십 년 동안 유럽 전역을 괴롭혔던 피비린내 나는 내전에 끌려 들어갔을 수 있다고 했다. 개인 통치의 적들이 의회 형태로 원한을 풀 토론장을 복구했다면 찰스의 장관들 중 누가 그 첫 번째 과녁이 되었을지는 분명하다. 아마 로드 대주교와 스트랫퍼드 백작Earl of Stratford이었을 것이다. 왕실과 의회의 목적이 양립 불가능하므로 그대로 반란으로 이어졌으리라는 상상도 가능하다.

가끔 '스튜어트 절대주의'라는 잘못된 이름으로 불리는 사건의 결과를 놓고 충분한 토론이 있었다. 체제 비판자들, 특히 더 퇴영적인 북아메리카의 청교도 정착민들은 웨스트민스터 의회의 상대적 쇠퇴는 곧 영국에서 자유의 종말을 의미한다고 예측했다. 이는 로드가 언젠가는 국교회가 로마 가톨릭을 재수용할 것이라는 잘못된 예언을 지치지도 않고 한 것과 마찬가지다. 그런데 18세기에 스튜어트왕가가 영토를 확대하는 과정에서 부수적으로 발생한 정치적 과다 확장 문제를 그처럼 효과적으로 다룰 수 있었던 것은 의회 내 국왕Crown-in-Parliament[국왕이 의회의 일부로 존재하며 명목상 법안을 승인하는 시스템 - 옮긴이] 패권이라는 엄격한 독트린이 쇠퇴했기 때문이다. 스튜어트 정치 집단은 그 상대편인 합스부르크왕가와 유사하지만 실제로는 프랑스 루이 14세 치하보다 중앙 집중이 훨씬 덜한 체제였다. 1640년대 노년 세대의 두려움에도 불구하고 찰스의 아들은 즉위한 뒤 런던, 에든버러, 더블린 의회의 역할이 늘어나는 것을 보면서 만족해했다.

그렇긴 해도 스튜어트 치세가 어느 정도 복원력과 유연성을 얻은 것은 그들의 비절대주의 성격 덕분이었다. 1660년의 의회 '복고'는 결국 제임스 1세 치세의 힘든 시절로 복귀한다는 뜻이 아니었다. 영국 하원 의회가 국왕의 특권을 저지하고자 하는 공격적인 청교도로 가득 찼던 시절 말이다. 1660년대 의회에는 새로운 세대의 대표자들이 있었고 그들이 볼 때 제임스 1세 시절은 까마득한 과거였다. 그리고 상황이 달랐다면 끓어 넘쳐 열전으로 변했을 만큼 국교를 반대하던 찰스제국 주변부는 양보와 강압의 혼합으로 유지되었다. 스코틀랜드에서 로랜드의 칼뱅 일파와 하이랜드 가톨릭교도 사이의 적대감이 가끔 내전과 닮아가자, 제임스 2세는 상당한 권력을 스코틀랜드 의회를 지배하는 귀족에게 위임한 그 아버지의 본보기를 따랐다. 그 상황에서도 서약파는 자신들의 옛날 명분을 되살리려 했고, 그의 손자 찰스 에드워드는 계속 가톨릭 신앙에 집착하던 하이랜드 씨족의 열렬한 지원을 받아 1745년 컬로든Culloden에서 그들을 결정적으로 진압했다. 아일랜드는 얼스터의 신교도 정착민과 나머지 지역의 다수파인 가톨릭교도 사이에 스코틀랜드와 비슷한 긴장감이 감도는 상태였으나 그보다 더 심하게 자력 해결에 내맡겨졌다. 그 섬의 가톨릭교도는 스코틀랜드 씨족처럼 1640년대 이후 우세하던 로드 식 종교 정책의 수혜자였다.

스튜어트의 정책이 가장 크게 성공한 곳은 미국이었다. 물론 몇몇 급진파(주로 자연법이라는 프랑스 이념의 영향을 받은)가 빠른 속도로 늘어난 식민지들이 멀리 떨어진 영국 왕에게 계속 충성하는 것을 비판했을지도 모른다. 하지만 많은 미국인이 식민지와 영국의 관계는 스코틀랜드와 영국의 관계와 같다는 맨스필드 경의 입장에 동의했다. 대니얼 레너드의 말을 빌리자면 미국인에게 국왕에 대항하는 반란은 마법을 언급하는 것보다 더 불명예스러운 일이었다. 캐나다 퀘벡에서 울프가 패한 뒤 체결한 1763년 파리 평화협정으로 프랑스의 위협이 계속되면서 영국과 미국은 외교 정책 및 안보 면에서 이해관계가 일치한다는 것을 확실히 했다. 여하튼 1760년 벤저민 프랭클린이 주장했듯 멀리 있는 런던이 아니라 14개 식민지 사이에 더 불화가 잦았다. 1754년 제국 내에 식민지연합을 만들자는 제안이 실패로 끝난 것도 그 때문이다.

실제로 과세가 원인인 7년 전쟁 이후 인지법과 1767년의 타운센드 관세를 중심으로 상당한 마찰이 빚어졌다. 1769년 5월 1일 내각은 식민지의 저항에 응답해 근소한 표 차이로 그 모두를 폐기하기로 했다. 이것은 조너선 클라크Jonathan Clark가 주장한 대로 (토머스 웨이틀리의 말을 빌리자면) 하원이 의원 각각의 선거구민뿐 아니라 아메리카 식민지를 포함해 대영제국 평민 전체를 대변한다고 주장하는 명목상 대표제 독트린의 진실성을 입증하는 것처럼 보였다. 동시에 런던 정부는 영국에서 분리된 지역의 화해 불가능한 옹호자들이 1776년 무기를 들었을 때 더 강경한 노선을 택할 필요가 있다고 판단했다. 롱아일랜드와 델라웨어강에서 하우가 워싱턴 부대를 제압하고 버고인이 새러토가 반군에게 승리한 것에 이어 워싱턴이 오판으로 뉴욕을 공격해 영국군이 마지막으로 승리한 뒤, 내전으로 확대될 위험이 있는 분쟁의 싹은 확실히 잘라버렸다.

만약 런던 정부가 다른 노선을 밀어붙였다면 어땠을까? 1760년대 인기 없는 세금을 전부는 아니어도 일부를 고집했다면 어찌 되었을까? 몇몇 역사가는 심지어 미국 독립전쟁이 그 2세기 전 네덜란드의 통합 속주를 합스부르크에서 해방시킨 것처럼 전면전으로 터졌을 수 있다고 주장한다. 만약 영국의 반란 진압이 덜 확고하고 덜 성공적이었다면 어찌 되었을까? 찰스 3세(1766~1788년)[실제 역사의 조지 3세가 아니다─옮긴이]가 아메리카 식민지를 상실했을지도 모른다는 상상은 근사해 보이지만, 클라크가 보여주는 대로 이것이 절대 있을 수 없는 일은 아니었다.

물론 1780년대에 스튜어트 정권이 차지한 지리 범위만으로는 재정 면에서 상대적 허약성을 은폐할 수 없었을 터다. 영국제도와 북아메리카에서 벌인 일에 동의를 얻기 위해 치러야 할 대가의 일부는 낮은 세금이었다. 스튜어트왕가가 북아메리카에서 프랑스의 도전을 완전히 물리칠 수 없음이 입증된 것은 그 이유 때문이라는 주장도 나올 수 있다. 이것과 프랑스가 해외에서 거둔 다른 성공 사례는 부르봉 군주정의 힘을 공고히 하는 데 크게 기여했다. 루이 16세 치세 때 네케르가 시행한 재정 개혁은 의회와의 관계, 즉 1770년에 사실상 사라진 그 관계뿐 아니라 파리 군중과의 관계에서도 군주제 권력을 훼손하려 위협하던 행정적 퇴폐 시대를 끝냈다. 군중은 영국에서처럼 1780년대와 1790년대에 공공생활에 자주 등장했고 식량이 부족해지면 난동을 벌일 위험이 있는 존재였다. 그러나 그때까지도 영국 의회가 제공하던 제한적인 형태나마 왕권 반대에 어떤 제도적 초점이 없으면, 그들은 자유의 이름을 내걸고 더 싼 빵을 달라는 소동을 벌이는 것 외에 다른 어떤 일도 하지 못했다. 상대적으로 서툰 도시 저항이라는 동일한 패턴은 1830년에도, 또 대륙 전체에서는 1848년에도 되풀이되었다. 그렇지만 그 세기 후반에는 중부 프랑스의 산업화 확대, 캐나다와 루이지애나의 대서양 무역 증가로 생활수준이 높아지면서 대중의 정치적 저항이 감소하는 경향이 나타났다. 19세기 경제 발전 과정을 볼 때 1790년대의 성공적인 대중 반란이 부르봉이나 스튜어트 왕가에 맞서 어떤 일을 달성했을지 성찰하는 것은 무의미해 보인다.

아무튼 당시 사람들은 도시의 빵 폭동보다 종교 부흥 범위에 더 큰 감명을 받았다. 영국에서는 이러한 성향이 상대적으로 보수적인 감리교 형태로 나타났다. 아일랜드, 폴란드, 북스코틀랜드에서는 의미는 있지만 평범한 수준의 가톨릭 신앙 부흥이 일어났다. 반면 프랑스와 스페인에서는 간헐적으로 격렬한 우상 파괴 운동이 터져 나왔다(러시아에서 1905년과 1915~1916년에 되풀이된 패턴). 한편 중부유럽에서 천

년왕국파 유대교 예언자 카를 마르크스가 임박한 묵시록의 예언을 내세워 상당수의 추종자를 끌어들였는데, 그들 가운데 많은 수가 유대인이었다. 1847년 마인츠 당국에 체포된 마르크스는 여생의 대부분을 옥에 갇혀 지냈다. 당시 엄격한 검열을 뚫고 살아남은 그의 저술은 거의 없었다. 그래도 그는 러시아 정교 모방자들, 특히 사제인 블라디미르 울리아노프(레닌)에게 간접적으로 영향을 미쳤는데 그의 형은 알렉산드르 1세를 암살하려다 실패한 1881년 저항으로 처형당했다. 그 저항은 성공했을 경우 알렉산드르의 반동적 아들을 왕위에 올려놓아 러시아의 대의제 의회인 두마Duma 창설을 한 세대 연기했을 거라는 점에서 주목할 만하다. 수정주의 역사가들은 그런 대중 운동에서 사실상 유물론 계급 구분이 중요한 역할을 했다고 즐겨 주장하지만, 그 기준에서 교육을 받고 상대적으로 유복한 마르크스와 울리아노프 같은 인물의 주도적인 역할을 어찌 설명할지는 알기 힘들다.

유럽 군주정은 식량 폭동과 종교 숭배라는 쌍둥이 위협에 두 가지 방식으로 대응했다. 처음에 그들은 더 세련되고 효율적인 정책 결정과 행정 형태를 고안하려 노력했다. 그다음에 그들은 (과거에도 그랬듯) 이민을 장려해 국내 문제를 외국으로 내보내려 했다. 그러나 전자의 전략은 그때까지 존재하던 것보다 더 강한 중앙집중화를 의미할 때가 많았다. 그것이 빚어낸 중앙집권화 반대는 그 특이한 정치 언어에 특징을 부여했다. 한편 연합주의자와 연방주의자는 중앙에서 통제하는 경찰력과 관료제도뿐 아니라, 중앙집중화한 수익 모금 기관과 은행 시스템까지 갖춘 보다 효율적인 정부를 추진하도록 지원했다. 심지어 그들은 공동 통화까지도 포함했다. 반면 소위 분권주의자Particularists 혹은 주써권리주의자States' Righters는 자신들이 전통 '자유'라고 본 것들을 방어하려 애썼다(자신들의 입지를 리버럴이나 보수파로 규정하려 한 프랑스 철학 열성 신도들은 곧 구식이고 구태의연한 목소리로 취급받았다). 중앙집권주의자Centralizers와 분권주의자 간의 고전적 대립은 영국령 아메리카에서 대륙 전역의 노예제 폐지(주로 종교적 이유에서)를 원하는 중앙집권주의자와 그것이 각 주의 전통 자유를 침해하는 점에 반대하며 각 주의 권리를 요구하는 세력 간의 대립으로 변했다.

그 갈등은 양측을 중재하고자 한 런던 정부의 온갖 노력도 소용없이 끓어 넘쳐 남북전쟁이 발발했다. 그러나 흔히 그렇듯 그 갈등에서 제국의 영향력은 궁극적으로 분권주의자 쪽으로 기울었다. 리 장군이 게티즈버그에서 결정적 승리를 거둔 이후 북부 주들은 파머스턴Palmerston과 글래드스턴의 타협안을 사실상 강제로 받아들여야 했고, 결국 흑인 노예들은 형식적으로는 해방되었지만 정치 권리는 얻지 못했다(러시아 농노들이 그 시기에 겪은 것과 대략 비슷한 상황). 그리고 대통령 에이브러햄 링컨은 권력을 크게 억압받았다. 이 타협안은 1865년 4월 공식 체결되지만 중앙집권주의자 또는 제국주의자인 존 브라이트John Bright와 벤저민 디즈레일리 등 북부 지지자들의 비판은 잦아들지 않았다. 사실 강제노동의 암묵적 지속 상태가 경제적으로 유지될 수 없으리라는 디즈레일리의 예언은 거짓으로 밝혀졌다. 하지만 그가 옳은 부분은 양측 모두 남북전쟁에서 드러난 양극화를 깡그리 잊을 수는 없으리라는 점이다. 그가 예언한 대로 남북전쟁 이후 미국에서 남북 간의 분열은 점점 심해졌다.

글래드스턴과 그의 후임자들이 그곳과 별로 다르지 않은 아일랜드에서 남북 분열 문제(미국처럼 북부는 산업지역, 남부는 농업지대지만 노예가 아니라 주로 빈농에게 의지한다는 차이가 있다)를 다루려 할 때도 같은 일이 일어났다. 17세기 그 섬의 북부가 스코틀랜드에서 온 칼뱅교도에게 점령당한 까닭에 그것은 종교 문제이기도 했다. 아일랜드의 다른 지역에서는 더블린을 근거지로 설립된(로드가 개혁한) 교회와 농민층의 가톨릭교가 더 크게 분열되었다. 미국과 마찬가지로 중앙집권화 강화에 따른 지역의 저항이 분쟁 원인이었다. 아일랜드 의회의 권력이 강해지면서(1790년대 이후 헨리 그래턴Henry Grattan[1746~1820년. 아일랜드 독립을 주장한 정치가, 웅변가 - 옮긴이]의 영향 아래 꾸준히 확대) 얼스터 신교도는 그들의 전통적인 종교 자유가 위협받을까 봐 두려워했다. 또 다른 내전을 피하기 위해 글래드스턴은 얼스터의 자치를 제안했다. 이는 신교가 우세한 6개 카운티가 있는 벨파스트에 별도의 의회를 둔다는 제안이었다. 그렇지만 그 섬의 번영하는 북부에서 더블린의 권위를 지속하고자 한 아일랜드 수상 존 레드먼드는 이것을 거부했고, 런던에서는 조지프 체임벌린 같은 제국주의자들의 치열한 반대에 부딪혔다. 앨빈 잭슨이 보여주었듯 애스퀴스 정부가 얼스터의 6개 카운티에 합법적 자치를 시행한 것은 1912년에 이르러서였다. 이 제한적 방안조차 가톨릭 아일랜드 자원병과 신교도 얼스터 자원병 사이에 폭력을 유발하는 바람에 영국이 군사적으로 개입해야 했다.

19세기 군주정이 선호한 두 번째 정책, 즉 이민은 까다롭고 복잡한 결과를 낳았다. 1840년대 이후 수백만 명의 아일랜드, 스코틀랜드, 독일, 이탈리아, 폴란드, 러시아 국민이 모국을 떠나라는 권고를 받았다. 러시아인은 거의 모두 동쪽 시베리아로 향했다. 대부분의 유럽인에게 가장 매력적인 방향은 말할 것도 없이 북아메리카였다. 그러나 앵글로-아메리카인과 프랑스-캐나다인은 그들의 눈에 외국인으로 보이는 대규모 민족 이주에 심히 적대적이었다. 아일랜드인과 스코틀랜드인에게는 이런 문제가 없었다(이상하게도 프랑스인은 이민에 열성을 보이지 않았다). 그런데 독일인, 이탈리아인, 폴란드인은 사실상 갈 만한 식민지가 없었다. 세기 중반 중부유럽 지도를 바꿔놓은 정치 변화를 유발한 것은 이처럼 거대한 세계 제국에서 추방되었다는 느낌과 농촌의 과밀 인구가 낳은 사회적 결과로 중부유럽 정부들의 커져가는 공포였다.

이 가운데 가장 중요한 것은 역사 차이를 해소하고 신성로마제국을 개혁해 뭔가 서구 국가와 비슷해지고자 한 오스트리아와 프러시아의 합의였다. 말하자면 이들은 단일 제국 수장의 휘하에 있는 상대적으로 덜 중앙집권화한 연방 같은 것을 지향했다. 장기간의 토론을 거친 뒤 1862~1863년 오스트리아 황제 프란츠 요세프Franz Joseph가 프러시아 왕 빌헬름 1세의 지지를 얻어냄으로써 마침내 합의가 이루어졌다. 빌헬름은 오스트리아를 싫어한 비스마르크의 조언과 반대로 프란츠 요세프가 개혁한 제국의 황제로 통치하는 것을 받아들였고, 외무성은 여기에 영구히 프로이센의 몫으로 한다는 조건을 달았다. 이 양보로 비스마르크의 태도는 금방 변했다. 결과적으로 합스부르크왕가는 롬바르디아에서 뤼베크까지, 마인츠에서 메멜까지 제국의 영토를 넓혔다. 더 넓어진 국가 내에서 그들의 권력은 미국 내 영국의 권력처럼 어떤 면에서는 실질적이라기보다 명목상이었지만 말이다.

이 개혁시대Reform Era는 러시아가 발칸반도에서 오스만제국을 점령하지 못하게 막으려고 영국과 프랑스가 벌인 1854~1855년 전쟁(크리미아 전쟁)과 1878~1879년 전쟁(불가리아 전쟁)으로 더 수월해졌다. 차르가 흑해해협을 통제하지 못하도록 강제하는 한 독일 황제는 피에몬테와 세르비아의 고대 왕국들이 이탈리아나 발칸반도에서 세력을 확장하는 것을 두고 보아도 만족해했다. 애국주의, 즉 자신의 역사적 왕국에 바치는 충성은 합스부르크의 강점을 강화하는 결정적인 출처였다. 그것 대신 언어와 문화를 바탕으로 한 대안 국가를 제안한 몇몇 지식인의 주장은 대체로 관심을 받지 못했지만, 일부 현대 민족주의 연구자는 그 중요성이 과소평가되었다고 믿는다.

이 과정에서 최종 패자敗者는 프랑스였다. 러시아가 불가리아에서 패한 뒤 베르사유에는 영국과 영구 동맹을 굳히려는 꿈을 꾸는 사람들이 있었다. 사실 영국 외무성은 신독일제국에 깊은 의혹을 품고 있었다. 특히 그들이 영국의 해양 패권에 정면도전하는 것으로 간주하던 해군 증강과 식민지 획득 계획에 착수했을 때는 더욱더 그러했다. 영-독 동맹이라는 구상이 성사되지 못한 이유가 여기에 있다. 하지만 캐나다를 잃은 일이 완전히 잊히지 않고 남아 있던 전통적인 프랑스에 대한 적대감과 체임벌린 같은 영국 제국주의자들의 미국화한 영국과 독일화한 유럽 사이의 자연, 문화, 경제 유사성을 향한 믿음 증대가 캉봉 형제를 비롯한 프랑스 친영파의 희망에 찬물을 끼얹었다. 대신 부르봉왕가는 로마노프왕가에 접근했다(가장 크게 중앙집권화한 두 군주정 간의 선천적인 외교 수렴일 것). 베르사유에는 불행한 일이지만 거의 모든 영국 정치가의 관점에서 그 접근의 산물인 프랑스-러시아 동맹은 합스부르크-호엔촐레른의 이 '포위'에 보인 공포를 더 타당한 것으로 만들었다. 독일 해군에 비해 영국 해군의 우위가 명백했고 두 제국 사이에 별다른 식민지 갈등이 없었기에 영-독 적대관계를 염려한 런던의 공포는 곧 사라졌다. 반면 아시아에서 계속 팽창 정책을 편 러시아로 인해 영국의 이해관계는 훨씬 더 크게 위협받는 것으로 보였다.

러시아와 프랑스의 군비 증강은 말할 것도 없이 합스부르크-호엔촐레른 제국의 안보에 직접적인 위협을 제기했다. 이 제국은 심하게 탈중앙집권화한 구조 때문에 인력을 기준으로 이웃에 필적할 재정 자원을 보유하지 못했다. 1910년대에 대륙에서 어떤 종류든 전쟁이 일어난 이유는 이처럼 독일이 안보에 위협을 받았기 때문이다. 물론 영국의 외교 및 군사 그룹 내에는 독일이 영국의 안보를 위협한다는 설득력 없는 주장에 힘을 싣기 위해 프랑스-러시아와 연대해야 한다는 유력한 목소리가 계속 있었다. 에어 크로 같은 반독일파는 계속해서 프랑스에 대륙이 일종의 약속을 해주길 요구했다. 제국주의 정당 지도부에는 이 견해를 지지하는 사람도 있었다. 그러나 친프랑스파는 여전히 1905년 정권을 잡은 자치당 내에서 한참 뒤처지는 소수파였다.

1914년 8월 대륙에서 전쟁이 터졌을 때 내각의 다수파는 웨일스의 비국교도와 열렬한 자치파인 로이드조지가 주장한 불개입 노선을 압도적으로 지지했다. 외적으로 그 전쟁은 프란츠 페르디난트 대공의 목숨을 빼앗으려다 실패한 일이 있던 보스니아-헤르체고비나를 두고 벌어진 것이었다. 불개입 노선은 그 당의 평화주의 전통뿐 아니라 전쟁이 대체로 외교적 해결책을 기다리기보다 군대를 동원하겠다는 러시아 정부의 결정에 따라 독일이 강요당한 것이었다는 깨달음도 반영했다. 자치파의 외무상 그레이와 해군성 장관 처칠의 사임으로 애스퀴스 내각은 해산되었다. 결국 보너 로 휘하의 제국주의 당이 처칠, 그레이와 함께 내각을 구성하는 데 국왕이 동의한 이후에는 제국주의자들이 대륙의 전쟁 결과에 영향을 미칠 여지가 거의 없었다. 처칠이 원망스럽게 언급했듯 독일인이 마른 2차 전투에서 승리했을 무렵 영국이 해외원정군을 파견했더라도 "병력 수도 적고 시기도 너무 늦었을" 것이다. 영국이 강요받은 해군 파견 금지는 프랑스 해안에 일체의 해군 기지를 건설하지 말라는 빈에 보내는 경고에 불과했다.

1915년 독일이 거둔 승리와 그 결과인 베르사유 및 브레스트-리토프스크 조약은 전쟁이 터지기 전부터 독일 정책이 걸어간 경로를 추적한 사람들에게는 놀랄 일이 아니었다. 제국의 외무상 베트만홀베크는 프랑스와 러시아 정부에 상당 액수의 배상금을 물리는 한편 중부유럽관세연합을 설립했는데 독일제국을 비롯해 프랑스, 네덜란드, 피에몬테, 스웨덴이 여기에 속했다. 이것은 공식적으로 균일한 외부 관세 체제를 따르는 자유무역 지역이지만 영국-미국 관찰자들은 오래지 않아 이 새로운 실체를 유럽 연합이라 불렀다. 영국 관점에서 특히 중요한 것은 독일의 승리에 담긴 제한된 군사적 함의였다. 베트만홀베크는 중앙아프리카의 영토 획득과 영국-미국의 봉쇄 해제 대가로 북부 프랑스와 네덜란드의 중립성을 공식 인정하는 데 동의했다. 독일 관점에서 이것은 어려운 양보가 아니었다. 해협 연안에 해군 기지를 세워 영국의 안보를 위협하려는 의도는 애당초 없었으니 말이다.

영국이 그레이와 처칠이 원하는 대로 행동해 1914년 8월 초 보다 효율적으로 개입했다면 독일의 전쟁 목적이 어찌 바뀌었을지는 말할 수 없다. 최근 연구에서 밝혀졌듯 영국의 계획은 독일이 침공할 경우 해외원정군을 프랑스에 파견하는 것이었다. 그러나 그것은 단지 비상대책, 즉 전략적 선택지일 뿐이었고 전쟁 전에 정부가 거듭 밝힌 것처럼 어떤 식으로든 영국을 프랑스 방어에 끌어들이려는 계획은 아니었다. 가끔 사람들은 그레이의 말을 들었다면 대륙 전쟁을 피할 수 있었을 것이라는 주장을 제기한다. 영국이 프랑스에 명백하게 개입했을 경우 독일이 병력 동원을 멈출 마음을 먹었을 거라는 얘기다. 이는 지나친 억측이다. 러시아가 분명하게 병력 동원을 결심한 뒤에는 독일에게는 똑같은 일을 하는 것 외에 선택의 여지가 없었다. 그레이가 내각 동료들을 설득했다면 그가 할 수 있는 최대치는 원정군 파견이었을 터다. 그 규모상 원정군 파견은 기껏해야 독일의 전진을 멈추게 했으리라(최악의 경우 마른에서 허무한 패배에 동참하거나). 이것으로는 독일을 물리칠 수 없다. 영국 개입은 그저 전쟁을 연장할 뿐이고 길게는 2년까지 연장될 수도 있었다.

1914년 영국 개입의 반사실은 생각만큼 어렵지 않다. 이반 블로흐Ivan Bloch와 노먼 에인절 같은 동시대인은 전쟁이 나기 전에 이미 그 결과가 유럽 대폭발이 될 것이라고 예상했다. 그리고 그 전쟁이 경제에 미치는 영향이 너무 무시무시해서 오래 버틸 수 없으리라는 데 다들 동의했다. 7월 위기 동안 그레이도 경제, 사회, 정치 위기가 1848년과 견줄 만하다고 경고했다. 더 나아가 독일의 수많은 해설자는 한 번의 전쟁으로 "왕위가 여러 개" 쓰러질 것이라고 경고하기까지 했다. 장기적 소모전이 이어지는 동안 어느 체제가 먼저 거꾸러질지는 짐작만 할 수 있다. 블로흐에 따르면 당시에는 러시아 국민이 곤경을 더 잘 견뎠으므로 적들보다 더 오래 버틸 것이라고 했다. 최종적으로는 영국-미국의 우월한 경제 자원이 결정적으로 작용해 오히려 독일이 무너질 것이라는 견해도 있었다. 적어도 기존 왕조들은 전례 없는 대중의 거부감을 상대해야 했다. 실제로 벌어진 단기전만으로도 전투원들에게 중대한 정치적 양보를 하지 않을 수 없었다. 러시아와 프랑스에서는 1914~1915년 패배 이후 군주들이 하야했다. 귀족과 장군들의 강한 압박 속에서 하야한 니콜라이 2세는 혈우병에 걸린 아들 알렉세이에게 양위했다. 승리한 독일에서도 종전 후 프러시아 분권주의 정당은 낙심했고 독일의 중앙집권파 정당인 ZPD가 처음 여당 대접을 받았다. 반면 영국에서는 영국을 전쟁에 끌어들인 제국주의자 연정이 1916년 선거에서 쇄신한 자치당에게 밀려나 거의 흔적도 남지 않았다.

다행히 장기전으로 인한 경제 재앙은 없었다. 대신 1916년 이후 시대는 산업경제가 전례 없이 번영했다. 비록 상품 가격의 지속적인 하락으로 농업경제가 점점 더 압박을 받기는 했지만 말이다. 특히 미국은 1913년 통화 시스템을 성공적으로 개혁한 덕분에 영국 은행의 치밀한 감독 아래 뉴욕 금융시장이 번성했고, 영국 은행은 복본위제Bimetallic System로 알려진 전 세계 통화 시스템을 계속 관리했다. 자치파가 〈전쟁의 경제적 결과The Economic Consequences of the War〉라는 논문으로 그레이와 처칠을 획기적으로 공격한 데 따른 보답으로 1920년 젊은 케임브리지 경제학자 존 메이너드 케인스를 은행 총재로 앉히자 성공적인 통화 정책 시대가 열렸다. 밀턴 프리드먼과 다른 사람들이 주장했듯 1920년대 후반 경기대응형Counter-Cyclical 정책을 추진하겠다는 케인스의 결정이 아니었다면, 1929년 9월 세계 주식 시장에 일어난 소규모 불황이 심각한 불황으로 변했을 수도 있었다.

경제 측면에서 1914년 영국이 중립을 지킨 것은 실효성 없는 개입보다 더 나았으리라고 주장한 케인스의 의견은 확실히 옳았다. 그가 지적한 것처럼 전쟁 직전에 나온 베트만홀베크의 중립성 제안에 공식 동의한 영국은 프랑스와 러시아가 독일에 치른 배상금에서 한몫을 챙길 수 있었다. 그러나 몰트케를 저지하기 위해 원정군을 때맞춰 파견하지 않았음을 애석해하고, 영국과 팽창주의자 독일 사이에 앞으로 분쟁이 일어날 것이라고 엄숙하게 예언하는 반대 목소리(괴짜 제국주의자 처칠이 그 대표자)도 여전히 있었다. 이번에는 처칠이 옳았다. 1914년 이후 독일은 변했다. 승리한 독일은 베트만홀베크가 두려워했듯 권력이 군주와 그 관료들에게서 ZPD와 두 고해 정당인 독일신교당PPD, 가톨릭중앙당 쪽으로 이동했다. 특히 1918년에 도입한 비례대표제 때문에 아돌프 히틀러가 이끄는 급진파 노르딕 중앙집권화 독일 아리아 정당NZDAP, Nordic Centralizing German Aryan Party 같은 극단적인 작은 정당에 비례에 맞지 않게 큰 권력을 주는 경향이 있었다. 히틀러는 반유대주의와 신이교주의의 혼합물을 설교하며 신교도와 가톨릭 독일인에게 그들의 역사 차이를 묻어버리라고 요구했다. 히틀러는 1933년, 그러니까 수많은 정치 조작 끝에 새 황제 카를이 NZDAP의 '권력 장악'을 막지 못했을 때 수상으로 취임해 독일의 국내와 외교 정책에 즉각 변동을 일으켰다.

영국-미국 정부가 독일의 공격 가능성을 전적으로 몰랐던 것은 아니다. 1930년 대를 지배할 장관 3명, 즉 북부의 허버트 후버Herbert Hoover, 남부의 휴이 롱Huey Long, 자치 스코틀랜드의 지배자 램지 맥도널드Ramsay MacDonald는 1931년 롱아일랜드에서 만나 장래의 어떤 공격도 억제하기에 충분한 정도의 안정을 유지하기로 결의했다. 그렇지만 이들 중 누구도 진심으로 제국의 안보 유지에는 관심이 없었다. 특히 맥도널드는 자신의 일차적 역할을 브리튼제도에서 교회 참석률을 높이는 것으로 보았다. 사실 1914년에 전쟁을 신성 모독으로 본 사람에게 제국의 관심사 따위는 민망스러운 일이었다. 후버와 롱의 경우 외교 문제에 관심이 없었다. 1932년 대선에서 후버에게 패한 적[현실 역사에서 후버를 이긴 프랭클린 루스벨트를 말함 – 옮긴이]이 불평했듯 미국인은 케인스 식 리플레이션Reflation[디플레이션에서 벗어나 어느 정도 물가가 오르도록 재정과 금융을 확대하는 상태 – 옮긴이]과 미국 식 특허법Licensing Laws을 완화하느라 너무 분주해 독일과 일본을 걱정할 틈이 없었다. 프랭클린 루스벨트는 라디오 방송에서 청취자에게 말했다.

"우리에게 맥주보다 더 소중한 것은 없다."

따라서 독일이 도전했을 때 영국-미국은 맞설 준비를 갖추지 못한 상태였다. 역사가들은 과거 재무장 속도 증가가 '대홍수'의 물길을 돌릴 수 있지 않았을까 하고 쉼 없이 묻고 싶을지도 모른다. 그런 추측은 그저 주장이 더 강한 정책에 맞서 정렬한 세력의 힘을 무시하는 일이다. 히틀러가 이끄는 독일 중앙집권파는 영국-미국의 견해에 조금도 상관하지 않고 1916년 창설한 연방유럽을 변형해 더 중앙집권화한 '지도자 국가'로 만들 능력이 있었다. 무엇보다 독일어권 국가들이 1938년 단일 국가로 통합했다. 오스트리아 군대는 열광적인 환영을 받으며 베를린으로 행진했고, 모라비아와 보헤미아 속주들은 공식적으로 각자의 전통 권리를 박탈당했다. 이런 일은 히틀러가 영국의 신임 수상 클레멘트 애틀리Clement Attlee(맥도널드가 1937년 사망한 뒤 승계한 인물)와 정상회담을 한 이후 이뤄졌다. 그러다가 1939년 독일은 유럽연합의 남은 국가들로 방향을 돌렸다. 1939년 분할된 폴란드는 서쪽 주를 제국에 흡수당했다. 그다음 해는 프랑스와 이탈리아 차례였다.

그런데 정말로 아무도 대비하지 못한 것은 독일의 파리 점령 이후 거의 곧바로 이어진 영국 침공이었다. 사실 히틀러는 이 일에 대비해 상당 기간 은밀히 준비해 오고 있었다. 5월 하순 마스강과 스헬더강 삼각주에서 엄청난 양의 선적이 집중적으로 이뤄졌다. 이 해군력이 진군하자 처칠이 해군성에 있을 때 발주한 것을 포함해 영국 해군의 구식 구축함들은 압도당했다. 방어군은 독일 공군과 우월한 무기(이전 전쟁에서 이룬 혁신의 산물이자 영국에 낯선 탱크를 포함한)를 갖춘 연합 침략군을 당해낼 수 없었다. 5월 30일 상륙한 독일의 13개 사단은 셰피와 라이 사이의 핵심 방어선을 지키던 제1런던 사단을 뚫고 6월 7일 런던 외곽에 도달했다.

1930년대에 거듭된 그리고 침공 전야에도 반복된 히틀러의 평화 제안을 일찌감치 받아들였다면 이 재앙을 피할 수 있었을까? 몇몇 역사가는 그렇다고 주장하며 그 거래를 했어야 한다고 우긴다. 하지만 증거를 보면 히틀러의 제안이 진지하지 않았다는 것은 명백하다. 1936년 이후 그는 영국의 힘을 파괴하는 방향으로 나아갔고 정해지지 않은 것은 타격을 가할 시점뿐이었다. 똑같이 그럴듯한 반사실은 1939년 영국이 폴란드를 선제공격했다는 소식일 것이다. 물론 이것은 처칠이 옹호한 작전이었다. 당시 그 행동 노선은 몹시 위험했는데 무엇보다 영국이 군사적으로 미비했고 또 폴란드 분할 직전 히틀러가 러시아 정부와 협약을 맺었기 때문이다.

그 대안 가설, 즉 독일 무력에 어떤 형태로든 저항해도 소용이 없었을까? 분명 점령군에 저항하는 지속적인 싸움의 대가는 주민들이 간단하게 타협하는 지역(채널제도 같은 곳)에서 더 크다. 반면 처칠과 이든이 대서양 건너편에 세운 '자유 영국 정부'는 상당 정도 대중의 지원을 누렸다. 계속 싸우자는 그들의 호소에 수천 명의 청년이 어떤 대가를 치러야 하는지 돌아보지 않고 응답했다. 군대 경험이 있는 사람은 거의 없었고 제대로 된 장비는 더더욱 없었다. 그래도 그들은 점령자들을 상대로 끈질긴 게릴라전을 이어갔다. 보복으로 총살된 인질의 수가 수천 명이 넘었다. 그러나 망명한 처칠은 장기적인 저항이 있어야 미국 대통령과 휘하 관료들이 자신을 지지한다고 확신했다. 북부 수도인 뉴욕의 신고전주의 식 환경 속에서 처칠은 군대를 동원해 전면전으로 들어가자고 미국을 설득했다.

그럼 세 번의 도전 끝에 마침내 북부 대통령이 된 루스벨트가 다뤄야 하는 상대는 어떤 존재였는가? 영국에는 합법 정부가 있거나 있는 것처럼 보였다. 독일의 압박 아래 양위 사실을 무효화한 의회의 입법에 따라 에드워드 8세가 복귀했다. 로이드조지는 수상직을 받아들였고 그는 새뮤얼 호어와 R. A. 버틀러 등 다른 고위급 정치가들을 불러들여 내각을 구성했다. 이 정부가 점령 당국에 종속된 것은 명백했다. 군대는 폰 브라우히치 장군과 그 위에 더 중요한 인물인 영국 SS 지휘관의 명령을 받았다. 그가 영국에 오자마자 첫 번째로 한 것은 악명 높은 '블랙 북'에 오른 2,000명 이상의 인물을 '보호 감호'하는 일이었다. 그리고 (앤드루 로버츠가 보여주듯) 새 사장 윌리엄 조이스 휘하에 들어간 BBC의 선전 방송은 극도로 설득력이 있었다. 1941년 리벤트로프와 로이드조지가 서명한 영-독 우호조약은 영국의 역사적 운명을 유럽의 일개 섬으로 완수하는 것에 한정했다. 새로운 독일-유럽 연합에 영국이 가입하는 것은 그 이전의 영국-미국 대서양 제국보다 지리적으로 더 합리적으로 보였다. 어찌 되었든 루스벨트에게는 대서양에서 독일 해군과 싸울 배짱이 없었다. 그렇지만 일본이 영국령 아시아에 공격을 감행해 싱가포르, 말레이시아, 미얀마, 인도까지 휩쓸자 루스벨트는 생각을 고쳐먹었다. 처칠은 미국 하원에서 행한(태평양에 있는 가장 중요한 영국-미국 해군 기지를 가리키며) 유명한 연설에서 물었다.

"만약 일본이 진주만을 공격한다면?"

처칠은 미국이 정신을 차리지 않으면 예측하는 것처럼 태평양 전역에 죽의 장막이 드리워질 것이라고 경고했다. 또한 그는 자유 영국이 수집한 정보에 따르면 독일의 군비로 보건대 앞으로 미 해군과 공군을 공격할 것이라고 지적했다.

그런데 유럽에서 독일이 승리하기 위한 열쇠는 동부유럽에 있었다. 극우파와 독일 보수파는 하나의 핵심 요점에서 의견이 일치했다. 그것은 영국-미국을 상대로 승리하려면 동부유럽과 러시아로 팽창하는 것이 필수 전제조건이라는 믿음이었다. 사실 이것은 달성하기가 아주 쉬웠다. 방금 니콜라이 2세의 하야를 강요한 러시아 귀족과 장군들은 자기들이 본래 그리던 영국 식 군주제는 수립하기가 지독히 어렵다는 것을 알았다. 한편으로 도시 노동자와 많은 농민이 더 급진적인 종교 파벌이 요구하는 근본주의 신정정치를 세우려고 계속 소란을 피웠다. 이들의 가장 유명한 '예언자' 울리아노프(레닌)가 독일 첩자임이 밝혀져 1917년 여름 처형된 것은 그 종교적 열심당에게 큰 타격이었다. 다른 한편으로 스튜어트나 합스부르크 노선을 따라 이양한 정치 체제를 채택하길 꺼려하는 중앙집권파의 입장이 있었다. 다른 이유도 없지 않았으나 러시아에는 브레스트-리토프스크 조약이 그들에게 남겨준 국민 장악력이 확고한지 의심할 이유가 있었다. 그러니까 러시아 정부의 진짜 문제는 아시아에서 영국-미국 권력을 위협하던 것과 동일한 문제였다. 제국 정부의 힘을 향한 비러시아 국민의 적대감이 커지는 것 말이다.

독일은 이미 1916년 폴란드, 발트해 국가들과 우크라이나에 명목상의 독립을 줌으로써 차르제국을 무너뜨리는 절차를 밟았다. 1930년대에는 다른 영토 특히 벨라루스, 조지아, 아르메니아도 자율권 확대를 요구하기 시작했다. 아이러니하게도 소수민족에 대한 정부의 어중간한 양보와 우유부단한 정책을 가장 강하게 반대한 사람은 조지아 출신의 사제였다. 나머지 러시아가 악마 같은 외국인 태업자들에게 먹힐 것이라는 이오시프 스탈린Iosif Stalin[본명은 이오시프 주가시빌리 - 옮긴이]의 종말론 경고(다들 독일의 2차 공격을 가리킨다고 생각한 것)는 들어주는 사람 없이 지나갔다. 1941년 6월 독일이 바르바로사 작전을 개시했다. 주가시빌리가 두려워한 대로 또 점령 지역 장관 알프레트 로젠베르크가 기대한 대로 비러시아 민족은 독일의 깃발 아래로 몰려가 그들의 전통 탄압자에게 최종적으로 결정적 승리를 거둘 기회를 잡았다. 그 결과 벨라루스 보호국, 캅카스 연방, 신크리미아 무슬림 공국New Crimean Muftiate이 들어섰다. 코사크, 칼미크, 타타르 군대는 독일 육군에 통합되었다. 독일은 체첸과 북부 코카서스의 카라차이 같은 민족에게도 상당한 정치적 자유를 허용했다.

마이클 벌리가 주장하듯 로젠베르크의 정책은 확실히 히틀러의 입맛에 맞지 않았고, SS 대장 하인리히 힘러의 취향과는 더욱더 어긋났다. 그러나 대규모 인구 이동을 포함해 동부유럽의 민족 재편성이라는 그들의 꿈은 미국과의 전쟁을 위해 독일이 써야 할 귀중한 경제 자원을 소모해버렸다. 강제 재정착과 대량 학살 정책은 히틀러가 강박적으로 혐오하는 유럽 유대인만 대상으로 삼았다. 물론 독일 당국은 인종 말살 정책이 존재했음을 여러 해 동안 부정해왔다. 그렇지만 전쟁 도중과 그 이후 '죽음의 수용소'를 거론하는 사람들은 구체적인 증거가 없다는 말을 믿지 않았다. 1952년 마침내 독일을 물리친 뒤 고고학자들은 아우슈비츠, 소비보르, 트레블링카에서 수용소가 존재했다는 증거를 발견했다. 독일이 이 경악할 만한 학살을 각 지역 비유대인 주민의 눈에 띄는 반대 없이 또 전쟁 활동에 전혀 피해를 끼치지 않고 수행할 수 있었다는 사실이 충격적이다. 몇몇 수용소(특히 아우슈비츠) 인력은 이게파르벤 같은 대규모 산업 시설의 노예 노동력으로 이용했다. 유대인 포로(저명한 과학자들을 포함해)는 독일 원자탄 연구에도 투입되었는데 히틀러는 그 무기가 있으면 자신이 세계의 주인이 될 것이라고 확신했다.

원자탄을 완성할 때까지 히틀러가 오래 살았다면 무슨 일이 벌어졌을지 판단하기는 어렵다. 십중팔구 미국을 원자탄으로 공격했으리라. 천만다행으로 그런 일은 일어나지 않았다. 제3제국의 몰락은 히틀러라는 '거대 괴수Behemoth' 때문에 망명한 비판자들이 오래전부터 예고해왔다. 그들은 그 제국이 자체의 내부 모순 때문에 결국 무너질 것이라고 믿었다. 제국이 동쪽으로 팽창하면서 혼란스러운 점도 분명 있었으나 동부 전선 정책의 급진화가 자기 파괴의 전조는 아니었다. 반면 힘러의 승진과 효율적인 점령 정책은 정복당한 제국에 둘도 없이 끔찍한 힘을 주었다. 제3제국을 진정 끝장낸 것은 1944년 7월 20일 히틀러의 사망이었다. 그는 폰 슈타우펜 베르크라는 귀족 출신 육군 장교가 동부 전선 본부 내에 설치해둔 폭탄으로 목숨을 잃었다. 이후 쿠데타가 이어졌고 힘러의 SS와 히틀러가 아직 살아 있다는 괴벨스의 주장을 믿은 군대 파벌은 격렬하게 저항했다. 독일제국 거의 모든 지역에서 사람들은 전쟁에 지쳤고 새로운 체제를 받아들이는 데도 무기력해졌다. 전통 신앙에 충성한 사람들은 헬무트 폰 몰트케의 새 크라이자우Kreisau[크라이자우어 크라이스Kreisauer Kreis는 나치에 반대해 폰 몰트케를 중심으로 히틀러가 없는 '더 나은 독일'을 논의한 지식인들의 비밀 모임이다. 현실에서 몰트케는 1944년 1월 체포되어 강제수용소로 보내지고 관련자 일부는 7월 20일 히틀러 암살에 실패한 후 슈타우펜베르크와의 관련을 추궁당해 처형되었다 - 옮긴이] 헌법을 적극 환영했다. 그것은 초안을 처음 작성한 장소의 이름을 딴 것으로, 가장 중요한 명분은 히틀러가 등장하기 이전 제국의 구식 연방제 시스템을 복구하는 일이었다. 협상으로 영국-미국과의 전쟁을 끝내려는 몰트케의 결정은 대중의 지지를 얻었지만 더 연로한 몇몇 공동 음모자, 특히 폰 하셀von Hassell의 반대에 부딪혔다.

폰 하셀은 러시아의 복구와 전통적인 '동방의 위협'을 두려워했다. 그러나 1944년에는 그 두려움이 과장된 것으로 보였다. 그 이전 해에 최후의 차르를 끌어내린 종교적 근본주의 물결은 군사상 복구의 시작이라기보다 완전한 러시아 몰락의 마지막 단계로 보였다. 그런데 최근의 연구가 보여주듯 그것은 유럽 정치에서 극적인 반전의 시작이었다. 처칠은 미국의 인정과 신정 체제에 투입할 재정 지원을 확보하는 데서 다시 한 번 옳은 결정을 내렸다. 정교 제사장으로 즉위한 주가시빌리가 유럽 쪽 러시아와 시베리아를 확고하게 장악한 뒤 그와 보좌관들은 영국-미국과의 협동 정책에 합의했다. 이것은 처칠이 원한 것으로 독일을 제물로 삼아 세계를 '세력권들'로 나눈다는 약속이었다. 1950년이 되어서야 러시아는 독일제국을 공격할 마음을 먹었지만, 차르 체제 군대가 이후 신성군대[러시아 정교 군대라는 설정 - 옮긴이]가 그랬듯 거의 자살특공대 수준의 투지로 싸울 것이라고 상상하기는 어렵다.

폰 하셀의 경고가 타당했음을 너무 늦게 깨달은 독일 정부는 비록 사용하지 못했지만 이제 완성한 히틀러의 비밀 무기로 눈을 돌렸다. 신성군대가 벨라루스와 폴란드로 진격하자 독일은 경고를 했다. 만약 주가시빌리가 철수하지 않는다면 볼고그라드시는 파괴될 것이라고 말이다. 독일은 신무기의 억제력을 과장했으나 조녀선 해슬럼이 보여주었듯 주가시빌리에게 그 폭탄은 그저 배짱이 약한 자들을 겁주기 위한 것일 뿐이었다. 동부유럽은 이미 충분히 파괴되었으므로 그 폭탄이 터져도 감당할 만하다는 허세를 부리며 그 제사장은 부대에 계속 진격 명령을 내렸다.

세계 최초의 원자탄 기폭과 볼고그라드시 파괴는 말할 것도 없이 역사적 전환점이었다. 전례 없는 신무기가 등장했지만 싸울 동기가 충만한 수많은 전통 군대 앞에서 그것은 한계를 드러냈다. 주가시빌리 관점에서 독일이 러시아에 투하할 수 있는 원자탄은 기껏해야 2개라 러시아 본토에는 감히 떨어뜨리지 못할 것이었다. 러시아의 선두 부대가 오데르강을 건너 독일로 들어서자 전쟁은 끝난 것이나 마찬가지였다. 공포에 질린 민간인은 괴벨스가 자살하기 직전 '아시아인 무리'라고 부른 존재가 진군해오자 서쪽으로 몰려갔다.

그동안 처칠과 루스벨트는 드디어 합의했던 제2전선을 열었다. 1945년 영국-미국 연합군이 아일랜드와 스코틀랜드에 상륙한 뒤 독일군을 영국 전역에서 남쪽으로 몰아낸 전투는 비관주의자들(총지휘관 아이젠하워도)이 겁을 낸 것에 비해 쉽게 끝났다. 그런데 프랑스 해안에 있는 방어군은 훨씬 더 강하다고 알려졌다. 주가시빌리가 독일에서의 승리를 자기 공으로 돌릴 것이라는 생각이 아니었다면, 1951년 여름 영국-미국 연합군의 노르망디 침공은 이뤄지지 않았을지도 모른다.

하지만 D-데이 상륙 작전의 끔찍한 실패는 러시아의 승리를 더욱 확실히 해주었다. 영국-미국 연합군이 패배 잔해를 정리하느라 정신없는 동안 빈에 도착한 신성군대는 자신들이 사실상 중부유럽을 장악했음을 알았다. 문제는 서쪽에 있는 잔여 독일군이 영국-미국 연합군의 상륙을 저지하느라 지친 상태에서 계속 싸울 것인가

하는 것뿐이었다. 수도가 함락되자 그들은 싸우지 않는 쪽을 택했다. 주가시빌리는 즉각 처칠에게 세력권에 관한 예전의 합의 내용을 사건 추이에 따라 바꾸겠다고 통보했다. 이제 파리(너그럽게도 동부와 서부 파리로 나눈)를 제외한 유럽 전역은 러시아의 세력권이 될 것이었다. 그 일을 마친 뒤 주가시빌리는 모스크바로 돌아가 스스로 차르 이오시프 1세로 즉위했다.

유럽이 러시아의 지배에 굴복한다고 해서 미국도 아시아에서 그처럼 우유부단하게 군 것은 아니었다. 초기 단계부터 미국은 유럽보다 태평양 전쟁에 더 관심이 크다는 것이 처칠의 눈에 명백히 보였다. 루스벨트 사후 그와 달리 영국-미국의 이해관계보다 순수하게 미국의 이해관계에 더 헌신한 신세대 정치가들은 일본이 지배하는 대동아공영권과 계속 충돌하는 시대로 나아가는 길을 닦았다.

일본인은 낡은 유럽 식민지 체제를 제거하는 데는 성공했지만 중국과 인도차이나에서 지역 저항을 완전히 없애지는 못했다. 마오쩌둥과 호치민처럼 구세주 같은 인물이 이끄는 농민 전쟁은 일본군 부대의 손발을 상당 정도 묶어놓았다. 이 전쟁에 소모한 비용 때문에 일본인이 자체 해군력을 증강하는 데도 한계가 있었다. 일본의 지위를 더 약화하고자 한 어떤 미국 정부에든 개입 유혹은 누가 봐도 매우 컸다. 루스벨트는 죽기 전 미래의 강대국은 중국이라고 공개적으로 언급함으로써 이 절차를 이미 시작한 바 있다. 1948년 그의 후임인 듀이는 일본군을 상하이로 몰아내고 있던 마오쩌둥에게 특사를 보냈다. 이와 비슷한 전략을 한국에서도 채택했다. 그러나 이번에는 반군 북한을 도와 일본 영토인 남한을 공격하기 위해 미군 병력을 파견했다.

미국 대통령 가운데 미국-일본 충돌을 심화하는 데 루스벨트 정부의 친영파 총독 조지프 케네디의 아들 존 F. 케네디만큼 크게 활약한 사람도 없었다. 케네디는 1960년 선거에서 주로 북부 도시의 가톨릭교도 덕분에 큰 표 차로 이겼다. 그다음 해에 그는 라틴아메리카에 남아 있던 최후의 나치 잔당 세력인 쿠바를 침공해 작은 승리를 거두었다. 과감해진 그는 한 번 더 군사 개입을 하려고 궁리하기 시작했다. 이번에는 일본이 지원하는 응오딘누 체제에 대항하는 호치민의 베트남 반군이 그 대상이었다.

여러 면에서 JFK는 운 좋은 수상[이 글의 반사실에 따르면 미국은 독립하지 않았으므로 영국-미국 대서양 제국의 대통령이 아니라 수상임 – 옮긴이]이었다. 그는 남부의 상대자 린든 존슨의 정치 경력에 얼룩을 묻힌 흑인 투표권 문제를 겪지 않았다. 또 1963년 11월 댈러스에서 존슨을 방문하던 길에 겪은 암살 사건에서 살아남았다. 그의 중앙집권당은 1964년 선거에서 배리 골드워터가 이끄는 우파에게 승리를 거뒀다. 그러나 케네디의 행운은 베트남에서 그를 저버렸다. 사실 그 전쟁은 인기는 있었지만 케네디가 이길 수 있는 전쟁이 아니었다. 1967년 동생인 법무부 장관 로버트 케네디가 정치적 적들을 도청해왔음이 드러나면서 하야했을 때, 미군 50만 명 이상이 북베트남군과 싸우고 있었다. 일본이 지원하는 베트남 정권은 예상보다 훨씬 더 좋은 장비를 갖추고 있었는데, 이는 일본의 전자기술이 신속히 발전한 덕분이기도 했다. 1968년 선거에서 리처드 닉슨이 압도적인 승리를 거두자 전쟁 종식은 지상명령이 되었다. 탄핵당하기 전에 방송한 닉슨과의 TV 토론에서 초췌한 모습의 케네디는 자신의 괴로움을 뚜렷이 드러냈다.

"내가 1963년 총에 맞아 죽었다면 지금 나는 성인이 되어 있을 것이다."

다이앤 쿤즈의 주장처럼 그 말에 맞는 점도 있었지만 그의 발언은 당시 전 세계적으로 조롱을 당했다. 케네디가 불명예를 겪은 지 20년이 지난 후 그 사건을 돌이켜보면, 그 뒤 영국-미국 제국 해체는 불가피한 결과라는 생각이 든다(영국 수상 해럴드 윌슨Harold Wilson은 베트남 전쟁에 반대했고 이 문제를 두고 상당한 긴장이 있었다). 그런데 마크 알몬드가 보여주듯 러시아 경제는 1980년대 이후 결코 좋은 적이 없었다. 비국교도는 1982년 부친 레오니드가 죽은 뒤 왕위를 계승한 차르 유리 치하에서 이어진 정체된 경제 정책을 충분히 비판할 수 있었다. 물론 미하일 고르바초프

같은 개혁주의자가 요구하는 경제, 정치 개혁 정책도 경제 상황을 악화시켰을 것은 뻔하다. 고르바초프가 유럽 내 러시아 위성국들이 러시아 원유에 지불하는 가격을 올렸다면 심각한 불안정을 유발했을 것이다. 또 프랑스, 독일, 그 밖에 다른 곳에서 자유선거를 실시하자는 그의 주장이 받아들여졌다면 무슨 일이 일어났을지 아무도 모른다. 새 정책이 없더라도 1989년에는 여전히 라이프치히로 탱크를 들여보냈어야 했다. 1953년 베를린에서, 1956년 부다페스트에서 그리고 1968년 프라하와 동부 파리에서 일어났던 일도 마찬가지다.

만약 영국-미국이 라이프치히의 봉기 진압에 훨씬 더 확고한 반응을 보였다면 어찌 되었을까? 다른 것은 몰라도 그들은 러시아가 다른 곳에서 또 다른 공격적 행동을 취하지 못하게 설득할 수 있었다. 하지만 1980년대에 영국과 미국의 정부에는 그런 주장을 할 능력이 없었다. 조지 부시는 그의 전임자에 비하면 기회주의자에 불과했다. 더 중요한 것은 영국의 푸트Foot 정부, 즉 포클랜드 전쟁에서 수치스럽게도 아르헨티나에 패한 대처 정부의 뒤를 이어 1983년과 1987년에 선출된 정부가 모스크바와 가깝다는 비난을 받은 점이다. 바그다드의 술탄 사담 후세인이 오랜 기다림 끝에 오스만의 쿠웨이트 속주를 침공하자 서구는 이를 기습으로 간주했다. 심각한 경기후퇴 상태에 있던 영국과 미국 경제는 원유 가격이 치솟자 전례 없는 불황 속으로 급속히 빠져들었다.

지금 1989~1990년에 있었던 '서구 몰락'을 설명하기 위해 구상한 수많은 이론이 있다. 그것은 대중 소비와 베트남 전쟁 이후 몇십 년 동안 쌓인 과도한 부채 증가, 무절제한 재정 운영 때문이었는가? 아니면 영국과 미국 사이의 근본적인 정치 분열의 결과인가? 어쩌면 50년 전 독일에 점령당한 영국의 유산인지도 모른다. 그러나 토론을 계속하다 보면 당시에는 아무도 그처럼 극적인 일이 일어날 것이라고 예상하지 못했다는 사실을 잊기 쉽다. 소위 영국-미국 체제 전문가들은 1990년대에 대서양 양안의 연방이 무너지는 속도에 그저 경악만 하고 있었다. 먼저 미국의 주들이 스튜어트의 지배에서 독립하겠다고 선언했다. 이어 연쇄반응이 일어나 영국과 아일랜드, 스코틀랜드, 심지어 웨일스 사이에도 역사적 연결이 끊어졌다.

　스튜어트 통치의 400주년(2003년) 기념을 고대하던 사람들은 그 예상치 못한, 아니 혼란스럽기까지 한 역사적 대사건을 씁쓸히 돌이켜볼 뿐이었다. 이와 반대로 모스크바에서는 서구 몰락이 그저 차르 이오시프와 그 후계자들이 그토록 귀중히 여기던 역사 결정론의 타당성을 확인해주는 것으로 보일 뿐이었다.

감사의 말

———

여러 저자가 함께 책을 쓸 경우, 주에서 감사의 뜻을 표하는 것은 개별 기고자들의 몫이다. 그렇지만 엮은이도 더 큰 활자로 감사할 분들의 명단을 작성할 권한이 있다. 옥스퍼드대학 현대사 교수진, 옥스퍼드대학 지저스 칼리지 학장과 교수진, 에이전트 심슨폭스어소시에이츠의 조지아나 카펠에서 맥밀런의 내 편집자인 페터 스트로스와 태냐 스텁스, 내가 쓴 서문과 장에 꼭 필요했던 지원을 해준 옥스퍼드대학 지저스 칼리지의 글렌 오하라와 비비안 브라우어에게 감사의 뜻을 전한다. 그리고 케임브리지대학 코퍼스크리스티 칼리지의 크리스도퍼 앤드루 박사, 캔자스대학 조너선 클라크 교수, 옥스퍼드대학 로이 포스터 교수, 케임브리지대학 트리니티홀 조너선 스타인버그 박사, 옥스퍼드대학 워스터 칼리지 존 스티븐슨 박사, 옥스퍼드대학 노먼 스톤 교수는 이 책에서 내가 쓴 부분에 대해 코멘트를 해주고 특별히 많은 도움을 주었다. 함께 점심이나 저녁 식사를 하고 커피를 나누면서 이 책에서 제기된 이론과 반사실 역사가 실행되었을 경우에 관한 질문을 던져주고 끈기 있게 나를 도와준 친구들과 동료들이 너무 많아 이루 다 헤아릴 수가 없다. 무엇보다도 영감을 끌어내어준 내 아내 수전에게 감사하고 싶다.

공저자 소개

니얼 퍼거슨 Niall Ferguson

금융사와 경제사를 전문으로 하는 21세기 최고의 경제사학자. 하버드대학 역사학과와 비즈니스 스쿨에서 교수로 재직 중이다. 밀접한 교역을 바탕으로 공생해온 중국과 미국의 관계를 '차이메리카Chimerica'라는 신조어로 설명하며, 세계사적 전환의 시점에 경제위기를 예측해 집중 조명을 받았다.

1964년 영국 글래스고에서 태어나 1985년 옥스퍼드대학을 최우등으로 졸업했으며 런던정경대, 뉴욕대, 옥스퍼드대의 초빙교수, 스탠퍼드대 후버 칼리지 선임 연구교수를 지냈다. 2004년 〈타임TIME〉이 선정한 '가장 영향력 있는 100인', 2005년 외교 전문지 〈포린폴리시Foreign Policy〉와 정치 평론지 〈프로스펙트Prospect〉가 선정한 '이 시대 최고 지성 100인'에 올랐다. 2007년부터 시작된 전 세계적 금융위기와 주식시장의 폭락을 파헤쳐 2009년 국제 에미상 최우수 다큐멘터리상을 수상하고 한국에서는 KBS에서 방영된 BBC 〈돈의 힘Ascent of Money〉의 진행을 맡았으며, 〈블룸버그Bloomberg〉와 〈뉴스위크Newsweek〉의 칼럼니스트로도 활동했다. 주요 저서로는 《금융의 지배》《니얼 퍼거슨의 시빌라이제이션》《둠: 재앙의 정치학》《증오의 세기》《제국》《광장과 타워》《콜로서스》《로스차일드》(전2권)《니얼 퍼거슨 위대한 퇴보》《현금의 지배》등이 있다.

존 애덤슨 John Adamson

케임브리지대학 피터하우스 선임연구원. 17세기 영국의 정치사와 문화사에 관해 광범위하게 집필해왔다. 1990년에 왕립역사학회의 알렉산더 상을 수상했고, 《1500~1750년의 유럽 왕궁들The Princely Courts of Europe 1500-1750》《귀족들의 반란: 찰스 1세의 몰락The Noble Revolt: The Overthrow of Charles 1》을 썼으며, 두 번째의 책으로 새뮤얼페피스 상을 받았다.

J.C.D. 클라크J. C. D. Clark

캔자스대학에서 영국사를 담당하는 조이스앤엘리자베스홀 특임교수. 지은 책으로 《변화의 다이내믹The Dynamics of Change》《1688~1832년 영국 사회English Society 1688-1832》《혁명과 반란Revolution and Rebellion》《자유의 언어, 1660~1832: 영국-미국 세계에서의 정치적 논의와 사회적 다이나믹The Language of Liberty, 1660-1832: Political Discourse and Social Dynamics in the Anglo-American

World》《새뮤얼 존슨: 왕정복고에서 낭만주의에 이르는 시기의 문학, 종교와 영국 문화 정치Samuel Johnson: Literature, Religion and English Cultural Politics from Restoration to Romanticism》《우리의 그늘진 현재: 모더니즘, 포스트모더니즘, 종교Our Shadowed Present: Modernism, Postmodernism and Religion》《장벽에 적힌 글: 종교, 이데올로기, 정치The Writing on the Wall: Religion, Ideology and Politics》《왕정 복고에서 종교개혁에 이르기까지: 영국 역사 1660~1832Restoration to Reform: British History, 1660-1832》등이 있다.

앨빈 잭슨Alvin Jackson

에든버러대학 역사, 고전, 고고학과 과장이자 리처드 롯지 경 역사학 교수. 더블린대학, 벨파스트 퀸스대학, 보스턴 칼리지에서 가르쳤다. 《얼스터 당The Ulster Party》《에드워드 샌더슨 대령: 빅토리아 시대 아일랜드에서의 토지와 충성심Colonel Edward Saunderson: Land and Loyalty in Victorian Ireland》《자치: 아일랜드 역사, 1899~2000Home Rule: An Irish History, 1800-2000》《아일랜드 1798~1998: 전쟁, 평화, 그 이후Ireland 1798-1998》그리고 영국과 스코틀랜드, 영국과 아일랜드 연합의 비교 연구 결과를 담은 책《두 연합: 아일랜드, 스코틀랜드, 영국의 생존The Two Unions: Ireland, Scotland, and the survival of the United Kingdom, 1707-2007》을 냈다.

앤드루 로버츠Andrew Roberts

런던 킹스칼리지 전쟁연구학과 방문교수이자 스탠퍼드대 후버연구소 로저앤마사머츠 방문연구원, 나폴레옹연구소의 특별회원. 울프슨 역사 상과 논픽션 부문의 제임스 스턴 실버펜 상을 수상한 《솔즈베리: 빅토리아 시대의 거인Salisbury: Victoriam Titan》《나폴레옹과 웰링턴Napoleon and Wellington》《히틀러와 처칠: 리더십의 비밀Hitler and Churchill: Secrets of Leadership》《1900년 이후 영어권 사람들의 역사A History of the English-Speaking Peoples Since 1900》《주인과 지휘자Masters and Commanders》《전쟁의 폭풍The Storm of War》《나폴레옹Napoleon the Great》을 썼다. 왕립문학학회와 왕립미술학회의 회원이며, 영국 텔레비전과 라디오에 자주 출연한다. 〈선데이 텔레그래프Sunday Telegraph〉, 〈스펙테이터Spectator〉, 〈리터러리 리뷰Literary Review〉, 〈메일 온 선데이Mail on Sunday〉, 〈데일리 텔레그래프Daily Telegraph〉에도 기고한다.

마이클 벌리Michael Burleigh

버팅엄대학 역사학 교수. 뮌헨에 있는 현대사 연구소의 학술 자문위원회 회원이며, 왕립역사학회의 회원이다. 옥스퍼드대 뉴칼리지와 런던 스쿨오브이코노믹스에 재직했으며, 카디프대학에서 현대사를 담당하는 특별연구교수로 있었다. 럿거스대학에서 라울 발렌베리 인권의장을 맡았고, 워싱턴 앤드 리대학의 윌리엄 랜드 케넌 역사학 교수, 스탠퍼드대학의 크래터 방문교수를 지냈다.《제3제국: 새 역사The Third Reich: A New History》는 2001년에 새뮤얼 존슨 상을 수상했으며,

그 외에《세속의 권력들Earthly Powers》《신성한 원인들Sacred Causes》《피와 분노: 테러리즘의 문화
사Blood and Rage: A Cultural History of Terrorism》《도덕적 전투: 2차 세계 대전의 역사Moral Combat:
A History of World War Two》등의 책을 썼다.

조너선 해슬럼Jonathan Haslam
국제연구센터 국제관계사 교수이자 케임브리지대학 코퍼스크리스티 칼리지 선임연구원, 영국학
술회 회원이었으며, 현재 프린스턴대 고등연구소 역사학과 조지 F. 케넌의 교수로 있다. 저서로
《1933~1939년 소련과 유럽 집단 안보를 위한 투쟁The Soviet Union and the Struggle for Collective
Security in Europe 1933-1939》《1933~1941년 소련과 동쪽으로부터의 위협The Soviet Union and the
Threat from the East 1933-1941》《성실성의 악덕: E. H. 카, 1892~1982The Vices of Integrity: E. H. Carr,
1892-1982》《닉슨 행정부와 아옌데의 칠레의 죽음: 조력 자살 사건The Nixon Administration and the
Death of Allende's Chile: A Case of Assisted Suicide》《필연성만 한 미덕은 없다: 마키아벨리 이후 국제
관계에서의 리얼리스트적 사유No Virtue Like Necessity: Realist Thought in International Relations Since
Machiavelli》《1917~1989년 러시아 냉전: 10월 혁명에서 장벽의 붕괴에 이르기까지Russia's Cold
War 1917-1989: From the October Revolution to the Fall of the Wall》이다.

다이앤 쿤즈Diane B. Kunz
역사가이자 뉴욕변호사협회 소속 변호사. 입양 문제에 집중하는 정책 싱크탱크 입양정책센터의
집행부장이자 미국 입양변호사협회와 미국 생식보조기술변호사협회의 명예회원이기도 하다. 예
일대학 역사학 조교수로 재직했으며, 콜럼비아대학에서 역사와 국제관계를 가르쳤다.《영국의 금
표준을 위한 1931년 전투The Battle for Britain's Gold Standard in 1931》《수에즈 위기의 경제 외교The
Economic Diplomacy of the Suez Crisis》《버터와 총: 미국의 냉전 경제 외교Butter and Guns: America's
Cold War Economic Diplomacy》등을 썼다.

마크 아몬드Mark Almond
옥스퍼드대학 오리엘 칼리지에서 현대사를 강의했고, 앙카라 빌리켄트대학 방문교수를 지냈다.
지은 책으로《니콜라이와 엘레나 차우세스쿠의 성공과 몰락The Rise and Fall of Nicolae and Elena
Ceausescu》《유럽의 뒤로 가는 전쟁: 발칸에서의 전쟁Europe Backward War: the War in the Balkans》《러
시아의 바깥 테두리: 통합과 해체Russia's Outer Rim: Integration or Disintegration》《혁명: 변화를 위한
500년간의 투쟁Revolution: 500 Years of Struggle for Change》《봉기! 세계를 형성해온 이데올로기적
변동과 정치적 소요Uprising! Ideological Shifts and Political Upheavals That Have Shaped the World》등이
있다.

버추얼 히스토리

버추얼 히스토리

1판 1쇄 발행 2024. 4. 15. | 1판1쇄 발행 2024. 4. 30. | 엮은이 니얼 퍼거슨 | 옮긴이 김병화 | 발행인 박강휘 | 발행처 김영사 | 등록 1979년 5월 17일(제406-2003-036호) | 주소 경기도 파주시 문발로 197(문발동) 우편번호 10881 | 값은 뒤표지에 있습니다. ISBN 978-89-349-0170-9 03900

옮긴이
김병화

대학에서 고고학과 철학을 공부했다. 뜻이 맞는 이들과 함께 번역기획모임 '사이에'를 결성해 전문번역가로 활동하고 있다. 《증언: 드미트리 쇼스타코비치 회고록》《세기말 비엔나》《파리, 모더니티》《짓기와 거주하기》《음식의 언어》《문구의 모험》《외로운 도시》《불쉿잡》《일의 역사》등 다수의 책을 우리말로 옮겼다.